Das Buch
Hitler

Über die Herausgeber:

Henrik Eberle, geboren 1970, arbeitete nach dem Studium der Geschichte und angrenzender Fächer in Halle (Saale) zunächst als Journalist, später als wissenschaftlicher Mitarbeiter am Lehrstuhl für Zeitgeschichte der Martin-Luther-Universität Halle-Wittenberg. 2002 promovierte er mit einer Dissertation zur Wissenschaftspolitik des Nationalsozialismus. Zurzeit lehrt er Geschichte an der Universität Halle. Veröffentlichungen (Auswahl): *Kopfdressur. Zur Propaganda der SED in der DDR* (1994), *Mit sozialistischem Gruß* (1998), *Einverstanden! E. H.* (zus. mit Denise Wesenberg, 1999), *Die Martin-Luther-Universität in der Zeit des Nationalsozialismus* (2002).

Matthias Uhl, geboren 1970, studierte von 1990 bis 1995 Geschichte, Osteuropäische Geschichte und Politikwissenschaften in Halle (Saale) und Moskau. Von 1996 bis 2000 war er wissenschaftlicher Mitarbeiter am Lehrstuhl für Osteuropäische Geschichte der Martin-Luther-Universität Halle-Wittenberg und promovierte zum Dr. phil. Seit September 2005 arbeitet er am Deutschen Historischen Institut (DHI), Moskau. Veröffentlichungen (Auswahl): *Stalins V-2* (2001), *Ulbricht, Chruschtschow und die Mauer* (zus. mit Armin Wagner, 2003), *Lexikon der Geheimdienste im 20. Jahrhundert* (zus. mit Helmut Roewer u. Stefan Schäfer, 2003).

Henrik Eberle und Matthias Uhl (Hg.)

Das Buch
Hitler

Geheimdossier des NKWD für Josef W. Stalin,
zusammengestellt aufgrund der Verhörprotokolle des
Persönlichen Adjutanten Hitlers, Otto Günsche,
und des Kammerdieners Heinz Linge, Moskau 1948/49

Aus dem Russischen von Helmut Ettinger

Mit einem Vorwort von Prof. Dr. Dr. h.c. Horst Möller,
Direktor des Instituts für Zeitgeschichte, München-Berlin

Weltbild

Genehmigte Lizenzausgabe für Verlagsgruppe Weltbild GmbH,
Steinerne Furt, 86167 Augsburg
Copyright © 2005 by Verlagsgruppe Lübbe GmbH & Co. KG, Bergisch Gladbach
Redaktion: Boris Heczko, München, und Inge Leo, Wertingen
Einbandgestaltung: Büro 18, Friedberg (Bay.)
Umschlagmotive: Valentin Agapov/Shutterstock (Akte); akg-images (Adolf Hitler)
Gesamtherstellung: CPI Moravia Books s.r.o., Pohorelice
Printed in the EU
ISBN 978-3-8289-4489-3

2012
Die letzte Jahreszahl gibt die aktuelle Lizenzausgabe an.

Einkaufen im Internet:
www.weltbild.de

Inhalt

Horst Möller
DAS BUCH HITLER
Versuch einer Einordnung

Zwei Diktatoren: Bündnis und Krieg

Warum interessieren sich Diktatoren füreinander, warum insbesondere die beiden an Brutalität nicht zu übertreffenden Führer derjenigen fanatischen Ideologien, die im 20. Jahrhundert Europa in den Abgrund geführt haben? War es die wechselseitige Faszination des Totalitären? War es eine innere Verwandtschaft des Herrschaftstyps trotz aller äußeren Feindschaft? War es der Wille, die Herrschaftstechnik des Feindes zu kennen, um aus ihr zu lernen? Wie dem auch sei, *Das Buch Hitler* – eine ungewöhnliche Quelle – verdanken wir Stalins Neugier in Bezug auf Hitler – eine Neugier, die keineswegs nachließ, als Hitler am 30. April 1945 in der Berliner Reichskanzlei Selbstmord begangen und sich damit der Verantwortung für die grauenhafte Katastrophe entzogen hatte, in die er und das auf ihn eingeschworene nationalsozialistische Regime Deutschland und seine Nachbarn getrieben hatten. Eine Antwort aber scheidet definitiv aus: Stalins Interesse an Hitler war nicht durch Abscheu vor Hitlers Verbrechen geprägt, und er war offenbar auch nicht sonderlich an ihnen interessiert – in dieser Hinsicht war er mit Hitler durchaus konkurrenzfähig. An Vorsicht und rationalem Kalkül war er diesem indes überlegen, ein Hasardeur war Stalin nicht. Und vielleicht liegt hier ein Grund für sein besonderes Interesse an Hitler, hatte er sich doch einmal völlig in dem deutschen »Führer« getäuscht: als Stalin im Frühjahr 1941 die Warnungen Marschall Schukows vor einem möglichen Angriff Hitler-Deutschlands in den Wind schlug und damit fast den Untergang der Sowjetunion riskierte – vermutlich, weil er Hitler die gleiche Machtrationalität unterstellte, der er selbst folgte.

Diese Überschätzung Hitlers ging mit der Unterschätzung seiner fanatischen rassistischen Ideologie einher.

Doch haben sich nicht allein die Diktatoren füreinander interessiert, sondern auch die Historiker für die Frage, was beide unterschied, worin sie vergleichbar waren und wie ihre Wirkung – die gemeinsame und die gegensätzliche – auf das 20. Jahrhundert gewesen ist. Dieses historiographische Interesse hat sogar zu einer Doppelbiographie der in ihnen personifizierten, einander feindlichen und doch ähnlichen ideologischen Extreme geführt: So hat der große englische Historiker Alan Bullock, der 1952 die erste und für Jahrzehnte grundlegende wissenschaftliche Biographie über Hitler veröffentlicht hatte, später Hitler und Stalin gemeinsam dargestellt.[1]

Diese Parallelität lag nicht allein in vergleichbaren Herrschaftstechniken, sondern auch darin, dass ihre Leben seit 1939 stärker noch als in der ideologischen Gegensätzlichkeit in der Praxis aufeinander bezogen waren. Die partielle Kooperation Hitlers und Stalins hat die erste Phase des Zweiten Weltkrieges nach dem von beiden Seiten geführten Angriff auf Polen geprägt, ihre fundamentale ideologische Feindschaft die säkulare Wendung des Krieges nach dem deutschen Angriff auf die Sowjetunion am 22. Juni 1941 herbeigeführt. Dieser Krieg ist, wie schon Andreas Hillgruber in seinem grundlegenden Werk *Hitlers Strategie. Politik und Kriegführung* 1965 festgestellt hat, als »ideologischer Vernichtungskrieg« geplant und realisiert worden.

Nach dem »diplomatischen« Akt, dem deutsch-sowjetischen Nichtangriffspakt mit dem geheimen Zusatzprotokoll – dem »Hitler-Stalin-Pakt« vom 23. August 1939 –, folgte der militärische auf dem Fuße: Der Pakt diente der Vorbereitung des Krieges[2] und gab Hitler den Weg frei, um den geplanten Angriff auf Polen

---

[1] Alan Bullock, *Hitler. Eine Studie über Tyrannei*, neubearb. dt. Ausgabe, Düsseldorf 1989; ders., *Hitler und Stalin. Parallele Leben*, Berlin 1991.

[2] Vgl. Hermann Graml, *Europas Weg in den Krieg. Hitler und die Mächte 1939*, München 1990, sowie Horst Möller, *Europa zwischen den Weltkriegen*, 2. Aufl., München 2000, dort auch weiterführende Literatur.

mit geringerem Risiko durchführen zu können. Stalin folgte Hitler und begünstigte die deutsche Ausdehnung nach Osten durch die korrespondierende Expansion der Sowjetunion nach Westen: Die Aufteilung Polens zwischen den Diktatoren wurde definitiv besiegelt, als Stalin nach dem am 1. September 1939 erfolgten deutschen Angriff nicht lange zögerte und die Rote Armee am 17. September in Ostpolen einmarschieren ließ. Die Behandlung der polnischen Gefangenen und der Zivilbevölkerung durch beide Aggressoren war durchaus vergleichbar, auch wenn Stalin nicht rassistischen, sondern machtpolitischen und imperialistischen Motiven folgte. Ebenso wenig zögerte Stalin, es Hitler gleichzutun und sich die anderen, von Hitler zu diesem Zeitpunkt nicht beanspruchten Teile Osteuropas einzuverleiben, unter anderem die baltischen Staaten und Teile Finnlands.

Das Schreckensregiment der deutschen Besatzungsherrschaft schon bei Beginn des Krieges fand seine Analogie in der sowjetischen: Symbol dafür war das ostpolnische Katyn, wo nach dem sowjetischen Einmarsch auf Stalins Weisung und Beschluss des Politbüros der KPdSU nach heutigem Kenntnisstand 25700 polnische Offiziere und Zivilisten durch das NKWD ermordet wurden. Als im Februar 1943 deutsche Soldaten tausende von Leichen entdeckten, schob Stalin das Massenverbrechen den deutschen Besatzern in die Schuhe. Beides war nicht ungewöhnlich, Besatzungsverbrechen dieser Art wurden des Öfteren der jeweils anderen Seite angelastet und für den wechselseitigen Propagandakrieg instrumentalisiert. Und schon zu diesem Zeitpunkt verstieß auch die Sowjetunion gegen die Genfer Konvention von 1929 zur Behandlung der Kriegsgefangenen: Da die Sowjetunion Polen nicht den Krieg erklärt hatte, behandelte die Rote Armee die gefangenen polnischen Soldaten nicht nach kriegsvölkerrechtlichen Grundsätzen, sondern als Verbrecher und deportierte sie in Straflager.

»Das härteste Schicksal erlebten zunächst die Menschen im sowjetischen Besatzungsgebiet. Die Sowjetisierung wurde als Klassenkampf organisiert, dem die bürgerlichen Eliten, vorwiegend polnischer Nationalität, zum Opfer fielen... Das Gewaltregime der sowjetischen Geheimpolizei unter Lawrenti P. Berija wird seit den Neunzigerjahren durch die neue polnische Historiographie gründlich erforscht. So ist heute deutlich erkennbar, dass es sich in seinen Auswirkungen kaum von der mörderischen Politik unterschied, die auf der Gegenseite Heinrich Himmler mit seinem SS- und Polizeiapparat durchführte.«[3]

Mit dem beiderseitigen Angriff auf Polen und der Aufteilung Osteuropas in eine deutsche und eine sowjetische Machtsphäre rückten die beiden Diktatoren geographisch in eine unmittelbare Nachbarschaft. Die unvorstellbare Barbarisierung des Krieges, der nur ein Ziel – das der Vernichtung des Feindes – kannte, ließ von vornherein keinen Interessenausgleich zu: Wer nicht siegte, musste untergehen. Der militärische Sieg entschied über das Schicksal der Diktatoren, und seit Hitlers größtem militärischem Fehler, dem Angriff auf die Sowjetunion, war diese mit den ideologisch mindestens so gegensätzlichen westlichen Staaten, vor allem den USA und Großbritannien, alliiert.

Folgte aus dieser Konstellation persönlicher Hass? So zwangsläufig das scheint, so wenig war es dauerhaft der Fall. *Hitlers Tischgespräche*, aber auch die Tagebücher des Reichspropagandaministers Joseph Goebbels bieten eine Fülle anderer Zeugnisse: Bezeichnend war schon die generelle Äußerung Hitlers über Kommunisten wenige Wochen nach dem Angriff auf die Sowjetunion: »Der Pakt mit Russland hat mich nie bestimmt, der Gefahr im Innern gegenüber eine andere Haltung einzunehmen. Aber an sich sind mir unsere Kommunisten tausendmal sympathischer als zum Beispiel ein Starhemberg.[4] Es waren robuste Naturen, die, wenn sie länger in Russland gewesen wären, vollkommen geheilt zurückgekommen sein würden.«[5]

---

[3] So die neueste Gesamtdarstellung von Rolf Dieter Müller, *Der Zweite Weltkrieg 1939 bis 1945*, Stuttgart 2004, S. 70f.; dort auch die neueste Literatur.

[4] Rüdiger Fürst von Starhemberg hatte am Hitler-Putsch am 9. 11. 1923 teilgenommen, war später aber zu den »Austrofaschisten« gegangen und 1938 emigriert.

[5] Dr. Henry Picker, *Hitlers Tischgespräche im Führerhauptquartier 1941–1942*, neu hrsg. von Percy Ernst Schramm in Zusammenarbeit mit Andreas Hillgruber und Martin Vogt, 2. Aufl., Stuttgart 1965, S. 139.

Am 23. März 1942 erklärte Hitler, man müsse an Stalin schätzen, dass er die Juden nicht an die Kunst heranlasse.[6] Am 11. April 1942 lobte er seinen Antipoden: Gemeinschaft lasse sich nur durch Gewalt schaffen, und »wenn Stalin beim russischen Volk in den vergangenen Jahren Methoden angewandt habe, wie sie damals Karl der Große beim deutschen Volk angewandt hätte, so dürfe man mit Rücksicht auf den derzeitigen kulturellen Stand der Russen nicht den Stab darüber brechen. Auch Stalin habe aus der Erkenntnis heraus gehandelt, dass man die Russen zu einer straffen staatlichen Organisation zusammenfassen müsse, wenn man den Daseinskampf der gesamten in der UdSSR vereinigten Völkerschaften politisch sichern … wolle«.[7]

Tatsächlich sah Hitler in Stalin ein Genie,[8] dessen Beseitigung des Marschalls Tuchatschewski zum eigenen Machterhalt unvermeidlich gewesen sei, weil Welten zwischen den früheren zaristischen Offizieren und ihm gelegen hätten.[9] Stalin sei in seiner Weise ein »genialer Kerl«, man müsse »unbedingten Respekt« vor ihm haben, auch seine Wirtschafts- und Sozialpolitik verdiente nach Hitlers Meinung Anerkennung.[10]

»Charismatisches Führertum« – Hochschätzung im Vernichtungskrieg?

Noch bezeichnender ist vermutlich die Charakterisierung, »wenn Churchill ein Schakal sei, so sei Stalin ein Tiger«.[11] Und tatsächlich fällt in allen einschlägigen Bemerkungen Hitlers immer wieder auf, mit welchem Hass und welcher Verachtung er über die demokratischen Staatsmänner der Zeit wie Churchill oder Roosevelt herzog, während sich über Stalin nur ausnahmsweise einmal eine kritische Äußerung findet. Diese »Seelenverwandt-

---

[6] Ebd., S. 200.
[7] Ebd., S. 270.
[8] Ebd., S. 376 und 465.
[9] Ebd., S. 464f.
[10] Ebd., S. 468.
[11] 27. 7. 1942, ebd., S. 487.

schaft« basierte ideologisch auf der Verherrlichung des charismatischen Cäsarismus, der die Ideologien transzendierte und deshalb ihre Inhalte gegenüber der Verherrlichung des Herrschertypus bedeutungslos werden ließ.

Es ist kein Zufall, dass in den Jahren nach dem Ersten Weltkrieg beispielsweise Oswald Spengler einem auf Gefolgschaft beruhenden Staatssozialismus huldigte, den er als preußisches Erbe ansah und zu dem die Bereitschaft zum Krieg gehörte: Hierin kam für ihn die Funktionstüchtigkeit des Staates zum Ausdruck.[12] »*Ein leitender Typus ist notwendig*, der die schöpferischen Eigenschaften des Volkes im Hinblick auf seine geschichtliche Lage zusammenfasst und herausbildet…« Dieser Führer eines »nach Befehl und Gehorsam gegliederten Staates« müsse die Kräfte eines Volkes zusammenfassen und seine wahren Werte und Ziele verkörpern, meinte Spengler. Die historischen Beispiele, die er nannte, zeigen, wie sekundär die ideologischen Inhalte selbst für seine Bewertung waren: »Sowjetrussland *war* Lenin, Südafrika *war* Rhodes, Mussolini *ist* Italien.«[13] Insofern geht es hier nicht allein um die Frage, inwieweit der Nationalsozialismus von der feindlichen Ideologie des Bolschewismus fasziniert war und er auch deshalb als Reaktion auf die weltrevolutionäre Sendung der russischen Oktoberrevolution 1917 zu verstehen ist. Auch die Vorbildrolle, die Stalin und die bolschewistischen Gewaltexzesse für Hitler gespielt haben, ist hier nicht das ausschlaggebende Element,[14] sondern das herrschaftstechnisch übereinstimmende Prinzip der Führerdiktatur, zu deren Instrumenten eine Gewaltausübung zählte, deren Grenzen nur der jeweilige Führer bestimmte: Sie erwuchs in vielen Spielarten in der Zwischenkriegszeit aus antidemokratischem Denken, das

[12] Oswald Spengler, *Preußentum und Sozialismus*, München 1920. Vgl. insgesamt Horst Möller, »Oswald Spengler – Geschichte im Dienste der Zeitkritik«. In: *Spengler heute. Sechs Essays mit einem Vorwort von Hermann Lübbe*, hrsg. von Peter Christian Ludz, München 1980, S. 49–73, insbes. S. 56ff.
[13] Oswald Spengler, *Neubau des Deutschen Reiches*, München 1924, S. 28, 104.
[14] Vgl. Ernst Nolte, *Der europäische Bürgerkrieg 1917–1945. Nationalsozialismus und Bolschewismus*, Frankfurt/Main, Berlin 1987 u. ö.

sich gegen den liberalen Rechts- und Verfassungsstaat und seine
differenten europäischen Erscheinungsformen richtete. Und insofern gab es auch eine Verwandtschaft zwischen der 1917 in der
russischen Oktoberrevolution erfolgenden Selbsternennung von
Lenins Bolschewisten zur gesellschaftlichen, politischen und in-
tellektuellen Avantgarde, die als Minderheit das »richtige« ge-
sellschaftliche Bewusstsein besaß, und der Elitentheorie des italienischen Nationalökonomen und Soziologen Vilfredo Pareto,
der den italienischen Faschismus Mussolinis beeinflusste.

In der Praxis führte diese Paradoxie ähnlicher Herrschaftsma-
ximen und feindlicher Ideologien sowohl zu auf der Straße aus-
getragenen brutalen Auseinandersetzungen zwischen Kommunisten und Nationalsozialisten wie zu gemeinsamen Aktionen
zur Zerstörung der Weimarer Demokratie, sei es bei der Instru-
mentalisierung von Obstruktionsmehrheiten in den Parlamen-
ten, sei es in Form gemeinsam organisierter Demonstrationen
oder Schlägereien mit der Polizei.

Die auf den ersten Blick paradox anmutende Hochschätzung
Hitlers für Stalin selbst während des Vernichtungskrieges kann
man als »Kollegialität der Diktatoren« (Percy Ernst Schramm)
bezeichnen, doch liegt sie tiefer: im Glauben an die Allmacht des
Diktators und die Gewalt als entscheidendes Mittel der Herrschaftsausübung. Und für beide bildeten Kampf und Krieg die
Bewegungsgesetze der Geschichte, Klassenkampf für die Kommunisten und Rassenkampf für die Nationalsozialisten, wie das
bereits Hannah Arendt erkannt hat.[15]

Charakteristisch für die praktischen Konsequenzen solcher
Herrschaftsauffassung ist aber auch, wie Stalin auf der einen,
Hitler und sein Sprachrohr Goebbels auf der anderen Seite ein
durchaus paralleles Problem ihrer Machtausübung, die Rolle des
traditionellen Offizierskorps und der Generalität, bewerteten.
Neben der zitierten Aussage Hitlers finden sich beispielsweise

---

[15] Vgl. Hannah Arendt, *Elemente und Ursprünge totaler Herrschaft*, zuerst engl. New
York 1955, dt. 1955 u. ö.

auch in Goebbels' Tagebuch zahlreiche positive, ja dessen Vor-
bildfunktion zeigende Charakterisierungen Stalins. Stalin sei ein
»sehr kühler Rechner... der vor allem die Möglichkeiten und
Auswirkungen einer großen Volksbewegung richtig einzuschätzen versteht«.[16] An anderer Stelle erklärt Goebbels, Stalin habe
es richtig gemacht, indem er die reaktionäre Generalsclique habe
umbringen lassen: In Deutschland hätte man ähnlich verfahren
sollen. Bezeichnenderweise reagierte Stalin nach dem Attentat
vom 20. Juli 1944 mit Unverständnis auf die Tatsache, dass Hitler
nicht schon vorher die traditionellen Militäreliten beseitigt hatte.
Keine Frage, Hitler und Goebbels haben Stalins Machttechnik
mit größter Aufmerksamkeit verfolgt, und Stalin war ähnlich
stark an Hitlers Herrschaftssystem interessiert. Deswegen ließ
das NKWD die gefangenen persönlichen Adjutanten Hitlers,
Otto Günsche und Heinz Linge, Aufzeichnungen und Aussagen
über Hitler zusammentragen und unter Anleitung des Oberst-
leutnants Fjodor Karpowitsch Parparow in den Jahren 1948/49
das *Buch Hitler* zusammenstellen.

Diktaturvergleich und Totalitarismusmodell

Wenngleich die vergleichende Analyse diktatorischer Herrschaft
Konjunkturen unterlag, haben doch schon (nach früher Verwendung der Begrifflichkeit im italienischen Faschismus in den
1920er-Jahren) die zeitgenössischen Politikwissenschaftler in den
1930er-Jahren die Strukturähnlichkeiten totalitärer Herrschaft
herausgearbeitet und den Begriff Totalitarismus in erster Linie
auf die bolschewistische und die nationalsozialistische Diktatur,
auf Stalin und Hitler, bezogen. Zu diesem Zeitpunkt, also vor
dem Zweiten Weltkrieg, waren zahlreiche kommunistische
Massenverbrechen in der Sowjetunion bereits geschehen (der

---

[16] 25.7.1944. In: *Die Tagebücher von Joseph Goebbels*, hrsg. v. Elke Fröhlich im Auftrag
des Instituts für Zeitgeschichte, Teil II, Bd. 13, München 1995, S. 162.

Klassenmord bzw. der bewusst herbeigeführte Hungertod mehrerer Millionen russischer Großbauern, der Kulaken, die »Parteisäuberungen« mithilfe von willkürlichen Verhaftungen und Schauprozessen, die allein 1937/38 nachweislich mindestens 681692 kommunistische Partei- und Wirtschaftsfunktionäre das Leben kosteten),[17] während die größten Massenverbrechen der nationalsozialistischen Diktatur (der millionenfache systematische Mord an den europäischen Juden in den besetzten Ländern, der Massenmord an den Sinti und Roma und anderen Minderheiten, schließlich die Kriegsverbrechen) erst ab 1939 bzw. 1941 stattfanden. Diese Verbrechen, vor allem die Singularität des Judenmordes, aber auch die Gegensätzlichkeit der beiden Ideologien, schließlich der statische Charakter des Totalitarismusmodells, waren allerdings auch die Gründe für die heftige Kritik an diesem Modell.

Nach der über Jahrzehnte kaum bestrittenen Gültigkeit dieses Interpretationsansatzes, der sich während des Kalten Krieges zwischen den westlichen Demokratien und kommunistischen Diktaturen verstärkte, wurden seit den 1960er-Jahren zunehmende Zweifel angemeldet, ob der Begriff Totalitarismus der historischen Realität beider Diktaturen entspreche. Für diese Skepsis waren unterschiedliche Gründe verantwortlich, sowohl historiographische als auch politisch-gesellschaftliche.

Die zunehmende Erforschung der nationalsozialistischen Diktatur konnte sich – anders als die der kommunistischen Diktaturen – auf riesige Quellenmassen stützen, die zum größten Teil schon bald nach deren Ende zugänglich wurden. So vergrößerte sich nicht allein die Kenntnis vom Ausmaß ihrer Massenverbrechen, vielmehr differenzierte sich auch die Analyse der Gesellschafts- und Herrschaftsstruktur: Dadurch wurde der Begriff »totalitär« als angemessene Kennzeichnung der

---

[17] Helmut Altrichter, *Kleine Geschichte der Sowjetunion 1917–1991*, 2. durchges. u. erw. Aufl., München 2001, S. 72 ff., 92. Die »Bevölkerungsverluste« einschließlich der fünf bis acht Millionen Hungertoten zwischen 1927 und 1939 werden auf zehn bis zwölf Millionen Menschen geschätzt.

historischen Realität von zahlreichen Interpreten infrage gestellt.[18]

Einerseits war es dem Regime nicht gelungen, eine wirklich totale Erfassung der Bevölkerung zu realisieren, andererseits wurde der polykratische Charakter der Herrschaftsstruktur mit zahlreichen, zum Teil konkurrierenden Machtzentren und der improvisatorische Charakter vieler Entscheidungen Hitlers deutlich; zum Teil wurde dieser Charakterzug seiner Herrschaft so stark betont, dass Hitler als »schwacher Diktator« (Hans Mommsen) erschien. Stalin teilte eine solche Einschätzung zweifellos nicht, sonst wäre sein Interesse für Hitler geringer gewesen, und er hätte so intensive Recherchen über seinen Antipoden kaum durchführen lassen. Und schließlich wusste er zu genau, dass ihm ein schwacher Diktator wohl kaum derart gefährlich hätte werden und der sowjetischen Bevölkerung solche Blutopfer hätte abverlangen können.

Die politisch-moralische Kritik unterstellte fälschlich, die gemeinsame Kennzeichnung »Totalitarismus« für die Diktaturen Stalins und Hitlers verharmlose die nationalsozialistischen Verbrechen durch den Vergleich. Komparatistische Fragestellungen zählen aber zum normalen Instrumentarium politikwissenschaftlicher und soziologischer Typologie in der Geschichtswissenschaft,[19] eine Verharmlosung ist damit nicht verbunden.

Und schließlich war die Kritik am Totalitarismus-Modell als vermeintlichem Produkt des Kalten Krieges nicht allein historiographisch falsch, da dieses Modell lange vorher in den USA zum Teil von Immigranten aus dem nationalsozialistischen Deutschland entwickelt worden war, sondern selbst politisch bedingt: Im Kontext des erstarkenden Neomarxismus sollten die kommunistischen Diktaturen als moralisch besser hingestellt werden, zumal zahlreiche Linksintellektuelle noch bis zur Niederschlagung des Ungarnaufstands durch sowjetische Truppen 1956 und der Abrechnung mit dem Stalinismus durch Nikita Chruschtschow

---

[18] Vgl. vor allem Martin Broszat, *Der Staat Hitlers*, 1969, zahlreiche Neuauflagen.

[19] Vgl. an diesem Beispiel Horst Möller, »Diktatur- und Demokratieforschung im 20. Jahrhundert«. In: *Vierteljahrshefte für Zeitgeschichte*, 51 (2003), S. 29–50.

auf dem XX. Parteitag der KPdSU 1956 an ihrer Stalin-Vereh-
rung festhielten und danach oftmals einem »Reformkommunis-
mus« huldigten. In der Sache wurde solchen Illusionen der Boden
entzogen durch Untersuchungen, die ehemalige Kommunisten
verfasst haben – eine Tendenz, die zwar schon mit den Werken
Arthur Koestlers begonnen hatte,[20] doch erst mit dem Werk des
großen französischen Historikers François Furet *Das Ende der
Illusion. Der Kommunismus im 20. Jahrhundert*[21] sowie dem von
Stephane Courtois mitverfassten und herausgegebenen *Schwarzbuch des Kommunismus*[22] Tiefen- und Breitenwirkung erlangte.

In diesen Werken wurde nicht allein der totalitäre Charakter der kommunistischen Diktaturen herausgearbeitet, sondern
ebenso ihre Massenverbrechen, darunter die millionenfachen
Morde während der Herrschaft Stalins. Auf der anderen Seite
hat die Historiographie zur nationalsozialistischen Diktatur
nicht nur ebenfalls eine größere Kenntnis des verbrecherischen
Charakters Hitlers und seiner Gehilfen erbracht, sondern auch
die Überzeichnungen der These einer polykratischen und impro-
visatorischen Herrschaft korrigiert: So allgemein akzeptiert viele
Erkenntnisse dieser Herrschaftsinterpretation auch sind, wohl
kein ernst zu nehmender Historiker teilt heute noch die absurde
Annahme, Hitler sei ein »schwacher Diktator« gewesen. Hinzu
kam, dass schon früher die polykratischen Züge durchaus gesehen worden waren, jedoch als planmäßige Herrschaftstechnik
gedeutet wurden: »Divide et impera«.[23]

Das Ende der kommunistischen Diktaturen in Ost- und Ost-
mitteleuropa hat nach 1991 den Diktaturvergleich erneut befördert. Und dazu zählen die Kriterien des Totalitarismusmodells,
auch wenn die Mehrheit der Historiker gegen seine Dogmatisie-

---

[20] Z. B. *Darkness at Noon*, 1940, dt. 1948 u. d. Titel *Sonnenfinsternis*.
[21] Frz. 1995, dt. München 1996.
[22] Frz. 1997, dt. München 1998; vgl. Horst Möller (Hg.), *Der ›rote‹ Holocaust und die
Deutschen. Die Debatte um das »Schwarzbuch des Kommunismus«*, München 1999; Helmut
Altrichter, »Offene Großbaustelle Russland. Reflexionen über das *Schwarzbuch des Kommunismus«*. In: *Vierteljahrshefte für Zeitgeschichte*, 47 (1999), S. 321–361.
[23] Vgl. Karl Dietrich Bracher, *Die deutsche Diktatur*, 1969 (7. Aufl. 1997).

rung ist und eine Anwendung als heuristisches, flexibel zu applizierendes Interpretationsmodell befürwortet. Die Herrschaftskennzeichen, die von Hans Kohn, Carl J. Friedrich, Zbigniew Brzezinski und anderen Autoren bis hin zu Hannah Arendt entwikkelt worden sind, kennzeichnen die kommunistische, die faschistische und die nationalsozialistische *Herrschaftstechnik*, wenngleich nicht alle Faktoren die gleiche Relevanz haben, die Ideologien unterschiedlich oder gegensätzlich waren, schließlich die Reichweite der jeweiligen »totalen« Herrschaft differierte: Doch geht es hier zunächst um die Intention, eine totalitäre Herrschaft ausüben zu wollen, nicht um die Lücken, die die Realisierung faktisch ließ. Eine Gleichsetzung der Verbrechen ist damit nicht verbunden, da Formen und Zielgruppen des Massenmordes, auch die historischen Kontexte und Spezifika keineswegs identisch waren.

Diese übereinstimmenden Kriterien totalitärer Herrschaft in nach heutigem Kenntnisstand zu modifizierender Form sind: das Ziel totaler Erfassung und Gleichschaltung der Bevölkerung durch eine Partei und ihr untergeordnete Massenorganisationen, Einparteienstaat mit Entscheidungs- und (politischem) Elitemonopol; Geheimpolizei mit Einsatz terroristischer Mittel, Nachrichtenmonopol, allgemein gültige Herrschafts- und Gesellschaftsideologie, Personenkult – der sich bei Stalin ebenso findet wie bei Mussolini, Hitler, Mao oder Fidel Castro –, Freund-Feind-Denken, Ausgrenzung, Diskriminierung oder Ermordung von Minderheiten, ein prinzipiell unbegrenztes Gewaltmonopol.[24]

Das Interesse Stalins an Hitler erstreckte sich allerdings nicht bloß auf die Herrschaftstechnik, sondern sehr weitgehend auch auf Persönliches. Um ihn zufrieden zu stellen, haben die Autoren eine Fülle von Informationen zu seinem alltäglichen Verhal-

---

[24] Vgl. H. Möller, »Diktatur- und Demokratieforschung«, a.a.O., S. 35f.; ders., *Europa zwischen den Weltkriegen*, S. 137ff.; Karl Dietrich Bracher, *Zeitgeschichtliche Kontroversen*, München 1976; ders., *Die totalitäre Erfahrung*, München 1987; Bruno Seidel / Siegfried Jenkner (Hg.), *Wege der Totalitarismus-Forschung*, Darmstadt 1968; Eckhard Jesse (Hg.), *Totalitarismus im 20. Jahrhundert. Eine Bilanz der internationalen Forschung*, 2. erw. Aufl., Bonn 1999; Detlef Schmiechen-Ackermann, *Diktaturen im Vergleich*, Darmstadt 2002.

ten zusammengetragen, darunter auch Klatsch und Tratsch, die keine quellenmäßige Basis haben: Passagen dieser Art sind denn auch aussagekräftiger für den Auftraggeber oder die Annahmen, die die Autoren über dessen Neugier hatten als über Hitler selbst. Auf der anderen Seite machen nicht allein Stalins Interesse, sondern auch der Zeitpunkt und die Quellenbasis den Text interessant; die Herausgeber haben dies im Einzelnen beleuchtet.[25]

Was hätte Stalin über Hitler wissen können? Zeitgenössische Deutungen

Zwar hat es auch zu diesem frühen Zeitpunkt schon Deutungen Hitlers, sogar Biographien gegeben, doch authentische Berichte aus seiner Umgebung gab es nur wenige, die überdies sehr spezifischer Natur waren, beispielsweise die zahllosen Stellen in den Tagebüchern von Joseph Goebbels, die aber immer der Perspektive des Tagebuchschreibers verpflichtet sind. Vor der Arbeit an dem für Stalin bestimmten *Buch Hitler* konnten naturgemäß in Deutschland keine authentischen Aufzeichnungen aus Hitlers engster Umgebung erscheinen. Zu den ersten zählten die 1951 durch Gerhard Ritter veröffentlichten Tischgespräche Hitlers, denen die von Hugh Trevor-Roper 1953 herausgegebene, ebenfalls noch unzulängliche Ausgabe *Hitler's Table Talks* folgte.

Eine der ersten Publikationen dieser Art war das zuerst 1940 veröffentlichte Buch des ehemaligen Danziger Senatspräsidenten Hermann Rauschning, *Gespräche mit Hitler.*[26] Rauschning, der 1931 in die NSDAP eingetreten war, ursprünglich antisemitische Positionen vertreten und einem Führerkult angehangen hatte, geriet nach der Machtergreifung mit dem Danziger Gauleiter Forster aneinander und musste auf Druck Hitlers am 24. November 1934 zurücktreten. 1936 emigrierte Rauschning über Polen in die Schweiz, 1948 in die USA. Seine beiden Bücher

[25] Siehe Einleitung und Kommentar von Matthias Uhl und Henrik Eberle zu diesem Band.
[26] 2. Aufl., Wien 1988.

über den Nationalsozialismus enthalten eine persönliche Abrechnung mit dem NS-Regime, das versuchte, deren Publikation
zu verhindern. Zwar hat das erwähnte Buch die Hitler-Forschung beeinflusst und wurde international ein Erfolg, doch erwies es sich später als Fälschung: Tatsächlich handelte es sich
nicht um die Wiedergabe authentischer Gespräche, sondern um
auf persönlicher Kenntnis beruhende Fiktionen, die Rauschning
für den amerikanischen Geheimdienst zum größeren Teil erfunden hatte. Sie dienten der alliierten Propaganda.

Bei seinem kurz vorher publizierten Werk *Die Revolution des
Nihilismus*[27] handelt es sich um eine Deutung des Nationalsozialismus. Es beruht auf der damals ungefähr fünf Jahre dauernden
Herrschaft Hitlers und der Erfahrung der Emigration, die den
nationalrevolutionären Ausgangspunkt Rauschnings modifiziert
hatten. Dieses Buch besitzt durchaus erhebliches historiographi-
sches Interesse als substanzielle und gedankenreiche Interpretation der nationalsozialistischen Diktatur als Produkt der Krise
der Zwischenkriegszeit, beispielsweise durch Rauschnings Darstellung des Herrschaftssystems, ist aber im Kern kein biographi-
scher Text zu Hitler, selbst wenn es den selbstzerstörerischen
Machiavellismus Hitlers als sich kontinuierlich steigernden Prozess analysiert.[28]

Auch bei den anderen frühen Veröffentlichungen zu Hitler
handelte es sich um Deutungen und nicht um authentische biographische Zeugnisse. Solche Interpretationen erschienen im In-
und Ausland, wie im Falle Rauschnings des Öfteren verfasst von
Emigranten, also in Bezug auf seine Politik von meist mehr oder
weniger hellsichtigen Gegnern Hitlers. Darunter waren schon
früh biographisch ansetzende Studien, in Deutschland beispielsweise von Theodor Heuss, *Hitlers Weg* (1932), oder in Großbri-

---

[27] 1938, 2. Aufl. neu hrsg. mit einer Einleitung von Golo Mann, Zürich 1964.
[28] Vgl. zum Quellenwert: Theodor Schieder, *Hermann Rauschnings »Gespräche mit Hit-
ler« als Geschichtsquelle*, Opladen 1972; Martin Broszat, »Enthüllung? Die Rauschning-
Kontroverse (1985)«. In: *Nach Hitler. Der schwierige Umgang mit unserer Geschichte*,
Beiträge von Martin Broszat, hrsg. von Hermann Graml und Klaus-Dietmar Henke,
München 1986, S. 249 ff.

tannien von Wyndham Lewis, *Hitler* (London 1931). Seit 1933 häuften sich die meist publizistischen Auseinandersetzungen.[29]

Diejenigen, die die frühesten gewichtigen Darstellungen über Hitler und den Nationalsozialismus veröffentlicht haben, darunter zwei wichtige Biographien sowie Analysen des nationalsozialistischen Herrschaftssystems, die für die spätere Forschung enorme Bedeutung erlangt haben, waren Emigranten.

Rudolf Olden – 1933 emigrierter Publizist und Jurist, zuvor politischer Redakteur des *Berliner Tageblatts* und Verteidiger Carl von Ossietzkys im Hochverratsprozess – veröffentlichte 1935 im Amsterdamer Exilverlag Querido nach kleineren Vorstudien die Biographie *Hitler*, die neben lebensgeschichtlichen Kapiteln, zum Beispiel über Hitlers Kindheit, die Auseinandersetzung Hitlers mit der Reichswehr schildert. Sie betrachtet Olden als einen Sektor der »herrschenden Klasse«, den einzigen, den Hitler »achtete«, die »bewaffnete Macht«. Auch hier handelt es sich, wenngleich auf Hitler konzentriert, um die psychologische und politische Deutung eines Typus.

Bald darauf folgte, ebenfalls das Werk eines Emigranten, die zweibändige Biographie *Hitler* von Konrad Heiden, 1936/37 im Europa Verlag Zürich erschienen. Heiden, ebenfalls Jurist und Publizist, hat sich wohl als Erster so intensiv und kritisch mit dem Aufstieg des Nationalsozialismus befasst und für die *Frankfurter Zeitung* schon von 1923 bis 1930 als Münchner Korrespondent hierüber berichtet, bevor er seine Beobachtung 1930 von Berlin aus fortsetzte. Hier organisierte er einen Pressedienst, der über die nationalsozialistische Propaganda berichten sollte, und warnte bereits früh vor der Unterschätzung des Nationalsozialismus. 1933 floh er zunächst ins Saargebiet und von dort aus nach Frankreich.

Schon 1932 und 1934 hatte er Bücher über den Nationalsozialismus veröffentlicht. Seine Biographie Hitlers ist die erste

---

[29] Vgl. die Bibliographie bei Gerhard Schreiber, *Hitler Interpretationen 1923–1983*, 2. verb. u. erg. Aufl., Darmstadt 1988, S. 337 ff.; Ian Kershaw, *Der NS-Staat. Geschichtsinterpretationen und Kontroversen im Überblick*, 2. Aufl., Reinbek b. Hamburg 2001; Klaus Hildebrand, *Das Dritte Reich*, 6. neu bearb. Aufl., München 2003, S. 152 ff., 166 ff.

wirklich bedeutende, die schon damals grundlegende Frage-
stellungen auch der späteren Forschung aufwirft, beispielsweise
Hitlers Prinzipienlosigkeit oder das Verhältnis der in *Mein
Kampf* formulierten Ziele zum Opportunismus seiner praktischen Politik thematisiert: Die spätere Kontroverse über Plan-
mäßigkeit oder Improvisation findet sich bereits hier, ohne dass
Heiden eine definitive Antwort gibt. Damit liegt er sehr nah an
heutigen Interpretationen, die beide Elemente am Werk sehen.
Heiden sah auch die künftige fundamentale Erschütterung der
Welt durch Hitler voraus, zeigte seine Weltherrschaftspläne
ebenso auf wie das Ziel, eine rassistisch definierte arische Herr-
schaftselite zu formen.[30] Heiden beschäftigte sich intensiv
mit dem »unglücklichen Menschen«, seinen nächtlichen Gesell-
schaften, seiner Schlaflosigkeit, seiner engeren Umgebung[31] –
Themen, die dann später im *Buch Hitler* auftauchen, aber auf
positivistischere Weise behandelt werden und – anders, als das
bei Heiden sein konnte – stark auf die Kriegsphase bezogen
sind.

Schließlich sind zwei weitere grundlegende Werke zu erwähnen, die, wenngleich historiographisch von ungleichem Gewicht, die spätere Forschung befruchtet haben, ohne auf Hitler
zentriert zu sein, jedoch die Herrschaftsstruktur betreffen. Beide
Analysen sind ebenfalls in der Emigration, in den USA, veröffentlicht worden: das Buch des Juristen und Politikwissenschaft-
lers Ernst Fraenkel, *Der Doppelstaat. Recht und Justiz im Dritten
Reich*,[32] sowie Franz Neumanns *Behemoth. Struktur und Praxis des
Nationalsozialismus 1933–1944*.[33]

Das Buch Fraenkels richtet sich streng auf die Rechts- und
Staatsstruktur, in der der nationalsozialistische Maßnahmenstaat
den herkömmlichen Rechts- und Normenstaat überlagerte. Neu-
mann gab hingegen eine zahlreiche Faktoren, darunter die »mono-

---

[30] Vgl. K. Heiden, *Hitler*, Bd. II, *Ein Mann gegen Europa*, S. 237, 239 f.
[31] Ebd., S. 190.
[32] Amerikan. 1940, dt. Frankfurt/Main 1974.
[33] Amerikan. 1942, dt. 1977.

polkapitalistischen« Voraussetzungen einbeziehende, stark marxistisch geprägte Interpretation.

Diese Werke lagen also schon einige Jahre vor, als Stalin seine Recherchen in Auftrag gab. Der Diktator hat sie wohl ebenso wenig gekannt wie das NKWD, das für ihn Fakten über Hitler zusammentrug: Sie waren sehr viel stärker auf das Persönliche und das Alltagsleben konzentriert, eine Strukturgeschichte der Herrschaft war ebenso wenig ihre Sache wie die psychologische Deutung des Typus Hitler im Kontext der Krisen der 1920er- und 1930er-Jahre.

Die großen Biographien von Alan Bullock (zuerst 1952, vollständig überarbeitet 1964, deutsch 1967), das in der Darstellung und Interpretationsleistung unübertroffene Werk von Joachim Fest (1973) bis hin zur die gesamte Literatur und die einschlägigen Quellen auswertenden zweibändigen Biographie von Ian Kershaw (1998/2000), schließlich die meisterlich pointierenden *Anmerkungen zu Hitler* (1978) Sebastian Haffners beziehen selbstverständlich persönlichen Lebensweg und Strukturprobleme, Epochendeutung und biographische Interpretation ein, wie das auf sehr ergiebige Weise auch für Brigitte Hamanns *Hitlers Wien* (1996) gilt. Sie umfassen im Rahmen der Ergiebigkeit auch biographische Quellen, die seit den 1950er-Jahren reichlich sprudelten. Diese Memoiren besaßen jedoch meist nicht mehr die Authentizität wirklich zeitgenössischer Zeugnisse, wie dies für die unter sehr spezifischen Umständen zusammengetragenen Informationen der zwei Personen aus dem engsten persönlichen Umfeld um Hitler gilt.

Von zahlreichen aufschlussreichen Details abgesehen, handelt es sich beim *Buch Hitler* wohl um den einzigen, durch monatelange Recherchen und Verhöre des Geheimdienstes erstellten biographischen Text, der für beide, Stalin und Hitler, aussagekräftig ist, übrigens auch für das, was offenbar bewusst ausgelassen wurde: den Hitler-Stalin-Pakt vom August 1939, den Anfang vom Ende der direkten politischen Beziehungen beider Diktatoren.

Vorwort der Herausgeber

Als sich Adolf Hitler am 30. April 1945 kurz vor halb vier Uhr im unterirdischen Bunker der Reichskanzlei erschoss, standen die Spitzen der Roten Armee nur noch ein paar hundert Meter entfernt – ihnen wollte Hitler unter keinen Umständen in die Hände fallen. In einem Käfig über den Roten Platz getragen und von einem wütenden Mob grausam gelyncht zu werden, das war die grässliche Zwangsvorstellung, die er gegen Ende seines Lebens mit dem Bolschewismus verband.

Josef Wissarionowitsch Stalin hingegen kam seit dem deutschen Überfall auf die Sowjetunion am 22. Juni 1941 von seinem Hitler-Trauma nicht mehr los – und bezweifelte die Nachricht vom Selbstmord des Diktators. Er glaubte an Hitlers Flucht und ein geheim gehaltenes Asyl bei den West-Alliierten, denen er unterstellte, sie wollten den Krieg gegen die Sowjetunion weiterführen. Die Berichte über Hitlers Tod klangen allzu widersprüchlich, und je mehr angebliche Hitler-Leichen präsentiert wurden, desto mehr ließ sich Stalin verunsichern. Von mehreren ranghohen Funktionären des Regimes wusste man bald zuverlässig, dass sie entkommen waren. Unzufrieden mit den sowjetischen Ermittlungsergebnissen, erteilte Stalin Ende 1945 dem Volkskommissariat für Innere Angelegenheiten (NKWD) den Auftrag, die letzten Tage im Bunker unter der Reichskanzlei zu rekonstruieren und Hitlers Tod definitiv nachzuweisen.

Zur Durchführung der »Operation Mythos« – so der Deckname des Unternehmens – wurde beim zuständigen Volkskommissar Sergej Kruglow eine Arbeitsgruppe aus hochrangigen Offizieren gebildet. Hier liefen alle Fäden zusammen. Mitarbeiter des NKWD beschafften sämtliche verfügbaren Unterlagen über Hitler und sein Regime, die Offiziere der Abteilung für Kriegsgefangenenwesen fahndeten in den Lagern nach Mitarbeitern des Diktators, die immer neuen Verhören unterzogen wurden.

Auch das Innenministerium (MWD), die Nachfolgebehörde des NKWD, befasste sich regelmäßig mit der »Operation Mythos«. Stalin ließ sich von seinem Stellvertreter im Ministerrat, dem langjährigen Innenminister und Geheimdienstchef Lawrenti P. Berija, mehrfach über den Fortgang der Recherchen berichten.

Am 29. Dezember 1949 erhielt der Diktator eine Art Abschlussbericht von 413 Schreibmaschinenseiten über das Leben Hitlers in den Jahren 1933 bis 1945 mit dem Titel *Das Buch Hitler*. Nach der Lektüre ließ Stalin den Text in sein persönliches Archiv, das Archiv des Generalsekretärs, einordnen. Dieses Exemplar wird noch heute im persönlichen Archiv des russischen Präsidenten aufbewahrt, wo es für ausländische Nutzer nicht zugänglich ist.

1959 hielt es Stalins Nachfolger, Nikita S. Chruschtschow, für opportun, in die in der Bundesrepublik erbittert geführte Debatte um Hitler und den Zweiten Weltkrieg einzugreifen. Er gab Anweisung, parteitreuen Historikern bestimmte Materialien aus den Akten der »Operation Mythos« zugänglich zu machen. Daraufhin wurde von dem *Buch Hitler* eine Abschrift für die Ideologische Kommission beim Sekretariat des Zentralkomitees der KPdSU angefertigt und am 20. April 1959 ZK-Sekretär Leonid Iljitschow übergeben. Der gewünschte Zweck ließ sich mit dem Dokument jedoch nicht erreichen, gab das *Buch Hitler* doch eine Version der Geschichte des Zweiten Weltkrieges wieder, die der offiziellen Parteipropaganda nicht entsprach. Außerdem waren zahlreiche Details über die Diplomatie des nationalsozialistischen Deutschland, die Kampfhandlungen an der deutsch-sowjetischen Front und den Untergang des Dritten Reiches bisher anders dargestellt worden – Grund genug, die Akte weiterhin unter Verschluss zu halten. Sekretär Iljitschow sperrte sie und ließ sie in den Aktenbestand der »Allgemeinen Abteilung« einordnen.

Mit Öffnung des Parteiarchivs im Jahr 1991 bestand für ausländische Historiker die Möglichkeit, KPdSU-Akten einzusehen.

Aufgrund der Einordnung des *Buches Hitler* in den Bestand der Allgemeinen Abteilung und einer nicht ohne weiteres nachvollziehbaren Verschlagwortung in den Findbüchern des Archivs blieb die Akte mit der Nr. 462a lange unentdeckt. Erst die von Matthias Uhl vorgenommene systematische Durchsicht der Bestände der Allgemeinen Abteilung im Rahmen eines Forschungsprojektes des Instituts für Zeitgeschichte förderte das *Buch Hitler* schließlich zutage. Ein russischer Kollege mit Zugang zum Präsidentenarchiv hat Abschrift und Original überprüft und die Echtheit der Akte beglaubigt. Bei der Akte Nr. 462a handelt es sich um eine wortidentische Abschrift des NKWD-Dossiers aus dem Jahr 1949.

Wichtigste Grundlage für das spätere Manuskript der Arbeitsgruppe des MWD waren die Aussagen und Niederschriften zweier Männer, die Hitler jahrelang Tag für Tag aus nächster Nähe erlebt hatten: Heinz Linge und Otto Günsche. Ihnen befahl Hitler auch die Verbrennung seiner Leiche (und die seiner Ehefrau Eva). Seit 1935 gehörte Linge dem Begleitkommando des Führers an, 1939 wurde er sein persönlicher Diener, später Chef des persönlichen Dienstes bei Hitler. Günsche kam 1936 ins Begleitkommando, 1943 ernannte ihn Hitler zum Persönlichen Adjutanten. Nach kurzem Fronteinsatz war er ab Februar 1944 erneut Persönlicher Adjutant Hitlers. Beide waren in der Nacht vom 2. zum 3. Mai 1945 in sowjetische Gefangenschaft geraten.

Vier Jahre lang, von 1946 bis 1949, mussten Linge und Günsche Auskunft über Hitler geben. Immer wieder fragten die Vernehmer nach den Lebensumständen des Diktators, nach seinem Verhältnis zu den Spitzen der Wehrmacht, nach Details zu Vorgängen im jeweiligen Führerhauptquartier. Wegen der starken Zweifel an Hitlers Selbstmord schaffte man Linge und Günsche 1946 sogar nach Berlin, wo sie noch einmal exakt den Ablauf der letzten Stunden im Leben Hitlers wiedergeben und den genauen

Platz der Verbrennung bezeichnen mussten. Nach ihrer Rück-
kehr forderten die Offiziere des MWD sie – und andere einstige
Mitarbeiter Hitlers auf – auf, ihre Erinnerungen schriftlich nie-
derzulegen. Gleichzeitig wurde der Druck auf die prominenten
Häftlinge erhöht, indem man ihnen den Status als reguläre
Kriegsgefangene aberkannte. Für den Fall, dass sie sich weiger-
ten, ihre »Erinnerungen« zu Papier zu bringen, drohte die
Staatsanwaltschaft, sie als Kriegsverbrecher anzuklagen.

Vermutlich war es Linge, der sich als Erster bereit erklärte,
»Memoiren« zu verfassen. Seine Einzelzelle war von Wanzen be-
völkert, er wurde gedemütigt und mehrfach ausgepeitscht. Sein
Vernehmer verhörte ihn mit unerbittlicher Geduld, die ihn, so
Linge später, »schier zur Verzweiflung brachte«. Günsche wird
einer ähnlichen Prozedur unterzogen worden sein. Immerhin erklärte er sich im Frühjahr 1948 bereit, einen Text über die deutsch-
britischen Friedensgespräche zu Papier zu bringen, der umgehend Stalin vorgelegt wurde.

Die Offiziere der Sonderkommission nahmen die Aufzeichnungen später zu den Akten der »Operation Mythos« und über-
gaben die Autoren einem Sondergericht. Linge und Günsche
wurden zu je 25 Jahre Zwangsarbeit verurteilt. 1955 wurden sie
mit den letzten Kriegsgefangenen aus sowjetischer Haft entlassen. Linge reiste in die Bundesrepublik weiter. Günsche, in die
DDR verbracht, wurde dem Ministerium für Staatssicherheit
überstellt. Für ihn – wie für viele andere von sowjetischen Ge-
richten Verurteilte – öffneten sich die Tore des Zuchthauses
Bautzen 1956.

Beteiligt an der Abfassung des *Buches Hitler* waren mehrere
Offiziere, dazu Dolmetscher und Übersetzerinnen. Der Chef
der Kommission, Oberstleutnant Fjodor Karpowitsch Parparow,
kontrollierte regelmäßig den Fortgang der Arbeiten und redi-
gierte die Endfassung des Textes. Zweifellos war er für einen

Auftrag wie die Bearbeitung des *Buches Hitler* qualifiziert. Er hatte Rechtswissenschaften studiert und arbeitete seit 1926 für den sowjetischen Auslandsnachrichtendienst. Seine Felderfahrung sammelte er in Deutschland, wo er – getarnt als Kaufmann aus Costa Rica – mehrere Quellen in der NSDAP und im Auswärtigen Amt anwarb. Am ergiebigsten war für ihn die bisher nicht identifizierte Agentin »Elsa/Juna«. Hierbei handelte es sich um die Frau eines hochrangigen deutschen Diplomaten in der näheren Umgebung des späteren Außenministers Joachim von Ribbentrop.

Nach kurzem Einsatz in der Türkei und den Niederlanden geriet Parparow in die Mühlen der stalinistischen »Säuberungen«. Offenbar entsprachen seine Deutschland-Berichte nicht den politischen Prämissen des Hitler-Stalin-Paktes. Unmittelbar nach dem Angriff der deutschen Wehrmacht wurde er rehabilitiert und verhörte seit Ende 1941 als Angehöriger der 4. Verwaltung des Volkskommissariates für Staatssicherheit im Hinterland der sowjetischen Front deutsche Kriegsgefangene. Sein wichtigster Häftling war der Generalfeldmarschall Friedrich Paulus, den er in wochenlangen Gesprächen langsam und beharrlich auf die Seite der Sowjetunion zog und für den Nürnberger Hauptkriegsverbrecher-Prozess als Belastungszeugen präparierte.

Obwohl Parparows Deutschkenntnisse als exzellent geschildert werden, gestaltete sich die Transformierung der Verhörprotokolle und der Aufzeichnungen von Linge und Günsche zum *Buch Hitler* offenbar schwierig. Schon bei der Übertragung ins Russische musste Parparow zwei konträren Anforderungen gerecht werden: Der Text sollte authentisch wirken, also die Aussagen bis in die Nuancen exakt und möglichst in Linges und Günsches Worten wiedergeben, aber er musste auch den Lesegewohnheiten und Erwartungen des Auftraggebers – Josef Stalin – entgegen kommen. Zwischen diesen beiden Polen entwickelte Parparow einen eigenen Stil der Darlegung, ein merkwürdiges Gemisch aus Authentizität und gestanztem Amtsrussisch, dem man den Erwartungsdruck deutlich anmerkt.

Auch wenn Duktus und Aufbau des Textes unverkennbar die Herkunft des Materials zu erkennen geben – das Verhör und den Bericht –, so steht andererseits außer Zweifel, dass das Autorenkollektiv des NKWD zuweilen der Versuchung nicht widerstehen konnte, dramatische oder besonders emotionale Situationen auszuschmücken. Der eklatanteste Verstoß gegen die Regeln einer nüchtern-sachlichen Berichterstattung findet sich gleich am Anfang des *Buches Hitler*. Die offenbar aus dramaturgischen Gründen für notwendig erachtete Wiedergabe einer Schlüsselszene aus dem Jahr 1933 ist eindeutig nicht authentisch. Hierdurch soll lediglich die Figur Hitler eingeführt und auf die zentrale Stellung seiner persönlichen Garde, der SS-Leibstandarte »Adolf Hitler«, hingewiesen werden. Erst für die Zeit nach 1935 nimmt der Text den Charakter eines Augenzeugenberichtes an. Für zahlreiche Begebenheiten in späteren Jahren, zumal einige Vier-Augen-Gespräche Hitlers, sind die Aussagen von Linge oder Günsche die einzige Quelle. Sie berichten von Lagebesprechungen, von denen keine Protokolle mehr existieren, und sie erinnern sich an Situationen, die andere Zeitzeugen vor Gericht oder in ihren Memoiren wohlweislich verschwiegen. Genau registrierten sie auch den körperlichen und geistigen Verfall des Diktators, ohne Einblick in die medizinischen Dossiers zu haben.

Was das *Buch Hitler* von vergleichbaren Dokumenten unterscheidet, ist die existentielle, unmittelbar lebensbedrohende Situation, unter der es entstand. Zum einen mussten Linge und Günsche ständig auf der Hut sein, bei einer falschen oder auch nur unpräzisen Auskunft schon am nächsten Tag der Unwahrheit überführt zu werden. Zum anderen konnten sie, da sie in Einzelhaft saßen, weder ihre Aussagen noch ihre »Verteidigungsstrategie« abstimmen. Die Vernehmer ihrerseits suchten während der mehrjährigen Verhöre memorierte Ungenauigkeiten auszumerzen und befragten Linge und Günsche immer wieder aufs Neue zu denselben Vorgängen.

Was Linge und Günsche berichteten, wurde mit den Aussagen anderer Gefangener abgeglichen. Wenn man bedenkt, dass weder den Vernehmern noch den Befragten Aufzeichnungen zur Verfügung standen, ist das Ergebnis um so beeindruckender. Im *Buch Hitler* werden Fakten und Daten überwiegend exakt benannt, Szenen korrekt beschrieben und selbst Dokumente präzise wiedergegeben. Der Vergleich eines von Günsche memorierten Schriftstücks mit dem inzwischen publizierten Original zeigte, dass er in der Wiedergabe das Wort »erfolgt« anstelle von »erhalte« einsetzte und »übernehme« statt »übernehmen muss« schrieb. Auch an Aussprüche Hitlers erinnerten sich Linge und Günsche mit großer Präzision. Ein Abgleich mit den publizierten Reden und Schriften Hitlers sowie mit anderen Zeitzeugenberichten ergab Abweichungen, jedoch keine gravierenden Ungenauigkeiten.

Linges Stärke lag sicher in der Wiedergabe von Alltagsbegebenheiten, Stimmungen und in der Beschreibung des engeren Kreises um Hitler. Von ihm dürfte der größte Teil jener Passagen stammen, für die sich Stalin besonders zu interessieren schien und die man am besten wohl als Klatsch und Tratsch am »Hofe Hitler« qualifiziert. Der fronterfahrene Günsche verfügte über einen ausgeprägten militärischen Sachverstand. Die von ihm memorierten Begebenheiten sind ausgesprochen kühl wiedergegeben. So beschreibt er die Verhaftung und Hinrichtung von Hitlers »Schwager« Hermann Fegelein absolut emotionslos. Dabei war er es, der Hitler davon überzeugte, dass es notwendig sei, diesen einem Standgericht zu übergeben.

Während die Bearbeiter des NKWD Inhalt und Duktus der Aussagen nur in Ausnahmefällen verändert haben dürften, spiegelt sich ihr Einfluss in der Terminologie deutlicher wider. Der Text verrät das ängstliche Bestreben der Verfasser, Stalins Anforderungen an ein solches Manuskript im Vorhinein unbedingt gerecht zu werden, ja sich dem Stil des Generalsekretärs und obersten Kriegsherrn weitestgehend anzupassen. Hätte der Bericht ihm missfallen oder auch nur Fragen aufgeworfen, so hätte das für die

Beteiligten nicht absehbare Folgen haben können. Passagen, die nicht mit Stalins Vorstellungen kompatibel waren, wurden gestrichen. So finden sich im endgültigen Text nur zwei versteckte Hinweise auf den Hitler-Stalin-Pakt von 1939. Die Beflissenheit der Bearbeiter zeigt sich darin, dass die Namen handelnder Personen, ihre Funktionen und sonstige für den Zusammenhang wichtige Erläuterungen häufig wiederholt werden (wie das auch Stalin in seinen Reden und Publikationen tat) und in Klammern oder Fußnoten einige – oft überflüssige – Hinweise zu Deutschland und zur deutschen Politik erfolgen. Was Stalin den Zugang erleichtern sollte, führte zu Redundanzen, die dem heutigen Leser ungewohnt erscheinen.

Was auffällt, ist die sparsame Verwendung der offiziellen Bezeichnungen für die nationalsozialistischen Einrichtungen. Die von den Befragten mit Sicherheit benutzten Begriffe tauchen im Text häufig nur in Umschreibungen auf. So ist viel von Hitlers Leibwache, aber nie vom Führer-Begleitkommando, selten von der Leibstandarte die Rede. Die NSDAP taucht nie mit ihrem offiziellen Namen und der entsprechenden Abkürzung, sondern nur als nationalsozialistische Partei auf (wobei das Adjektiv kleingeschrieben wird). Wenn offizielle Termini gebraucht werden, dann meist in Anführungszeichen: »Drittes Reich«, »Braunes Haus«, »Wolfschanze«, »Hitlerjugend« oder »Volkssturm«.

Der Gebrauch von Personennamen ohne Vornamen, Rangbezeichnung oder Adelsprädikate soll Distanz andeuten. Nicht anders verhält es sich mit der durchgängig gebrauchten Vokabel »Schloss« für Hitlers Berghof. Zwar erscheint diese Bezeichnung für die Residenz angesichts ihrer Größe und der am Obersalzberg zügig errichteten Infrastruktur nicht abwegig, aber Linge und Günsche haben dieses Wort ganz sicher nicht benutzt. Anstelle der üblichen Formulierung »deutscher Gruß« oder »Hitlergruß« wurde »Faschistengruß« gebraucht, auch die Charakterisierung des SD-Chefs Ernst Kaltenbrunner als »Schlächter« dürfte von Parparows Redaktion in den Text hineingeschrieben worden sein.

Auffällig ist zuletzt ein – meist unbeholfen gebrauchtes – stilistisches Mittel. Um den Bericht aufzulockern und Spannung zu erzeugen, wechseln die Redakteure zuweilen abrupt die Zeitform. Läuft die Erzählung insgesamt im Imperfekt ab, so springt sie plötzlich ins Präsens, wenn eine Szene besonders hervorgehoben werden soll. Dabei geht es innerhalb weniger Zeilen oft hin und her, und nicht immer ist die dabei verfolgte Logik zu erkennen.

Die Reihe der redaktionellen Eingriffe und stilistischen Besonderheiten ließe sich fortsetzen. Die wenigen Beispiele dürften jedoch genügen, die Überzeugung der Herausgeber plausibel zu machen, dass jede nachträgliche Vereinheitlichung und Glättung des Textes den Charakter des historischen Dokuments in unzulässiger Weise verfälscht hätte. Die Übersetzung durch Helmut Ettinger folgt daher dem Original. Die Authentizität des *Buches Hitler* beruht ja nicht nur auf dem, was mitgeteilt wird, sondern auch auf der Art und Weise seines Zustandekommens. Die Umständlichkeiten des Stils, in denen sich sowohl die komplizierte Entstehungsgeschichte als auch das heikle politische Umfeld niederschlagen, sind als wesentlicher Bestandteil des Dokuments anzusehen und müssen hingenommen werden.

Das Buch Hitler enthält die Schilderungen zweier SS-Offiziere, die mit Hitler täglich zu tun hatten, ohne ihm jedoch menschlich nahe zu sein. Sie bewunderten ihn und waren gläubige Nationalsozialisten, verstanden aber – wie die meisten Zeitgenossen – nicht, welche Ziele der Diktator wirklich verfolgte. In ihren Erinnerungen haben sie manches distanzierende Urteil sicher schärfer herausgestellt, dabei aber nie ihre unmittelbare Nähe zu Hitler geleugnet. Entstanden ist mit dem *Buch Hitler* ein ebenso einmaliges wie eigenartiges Dokument: Gestützt auf das Material von zwei SS-Sturmbannführern, hat ein Autorenkollektiv des sowjetischen Inlandsgeheimdienstes die Biographie Hitlers über vier Jahre so lange bearbeitet, bis sie an die Lesegewohnheiten des Auftraggebers angepasst war.

Der Text der Akte Nr. 462a aus dem ehemaligen Parteiarchiv enthält nicht nur viele bisher unbekannte Details zu Hitlers Politik und Kriegführung, er vermittelt auch ein ungeschminktes Bild, wie es in der Umgebung Hitlers wirklich zuging. Darüber hinaus spiegelt sich in diesem Dokument auf das Eindrücklichste die Auseinandersetzung zwischen dem Führer des Großdeutschen Reiches und jenem Mann, der eine Zeitlang glaubte, sich Europa mit ihm teilen zu können, und der ihn dann in einem mörderischen Ringen, das Millionen Menschen das Leben kostete, bezwang. Das *Buch Hitler* bildet gleichsam die Quintessenz des Antagonismus zwischen Hitler und Stalin, eines Gegensatzes, in dem zahlreiche Historiker von Alan Bullock bis Richard Overy einen Schlüssel zum Verständnis der Geschichte des letzten Jahrhunderts gefunden haben.

Berlin, Halle, am 3. Januar 2005
Matthias Uhl und Henrik Eberle

Das Buch Hitler

aus der Akte Nr. 462a im
Bestand 5 Verzeichnis 30 im Russischen
Staatsarchiv für Zeitgeschichte, Moskau

1. Kapitel

Sommer 1933. Die Sonne scheint auf den Wilhelmplatz in Berlin. Dort befindet sich die Reichskanzlei. Nachdem Hitler am 30. Januar 1933 an die Macht gekommen ist, hat hier die neue Ära des »Dritten Reiches« begonnen. Hinter den Gardinen eines Fensters im ersten Stock steht ein Mann mittlerer Größe, dem eine Haarsträhne in die Stirn fällt. Das ist Hitler. Leicht nach vorn gebeugt, beobachtet er das militärische Zeremoniell, das unten im »Ehrenhof« abläuft. Dort findet die Wachablösung statt, zelebriert von den Soldaten seiner Leibwache, SS-Leibstandarte »Adolf Hitler« genannt.[1] Hoch fliegen die Beine der SS-Leute, hart knallen die beschlagenen Stiefel auf den Asphalt. Die Männer stehen stramm, den Blick starr nach vorn gerichtet. Die Wachablösung ist beendet, und Hitler tritt vom Fenster zurück. Schon 14.00 Uhr – Zeit für Hitlers Mittagessen.

Heute speisen mit ihm die Adjutanten Wilhelm Brückner und Julius Schaub, der Kommandeur der Leibstandarte Sepp Dietrich und Reichspressechef Otto Dietrich. Linge hat Telefondienst in Hitlers Speisezimmer. Die Tischgespräche dringen bis zu ihm.

Die Einwürfe der Adjutanten lassen unschwer erkennen, dass sie aus ihrer Stellung persönlichen Vorteil ziehen wollen, bevor es zu spät ist. Hitler meint ironisch, er habe nicht die Absicht, den Posten des Reichskanzlers so schnell wieder aufzugeben. In schneidendem Ton ruft er aus: »Man hat mir vorausgesagt, dass

[1] Am 17. 3. 1933 aus zunächst 120 Mann gebildete bewaffnete Truppe, die in erster Linie für den persönlichen Schutz Hitlers zuständig war und zugleich Repräsentationsaufgaben wahrnahm. 1938 durch Zusammenschluss mit den Politischen Bereitschaften der SS-Verfügungstruppe auf die Stärke eines motorisierten Infanterieregiments gebracht, in Berlin-Lichterfelde kaserniert. Nach dem Polenfeldzug in die Waffen-SS integriert, 1940 Ausbau zur Brigade, 1941 zur Division. Im Oktober 1943 Umbildung zur 1. SS-Panzerdivision, an zahlreichen Kriegsverbrechen beteiligt. Im März 1945 nach der gescheiterten Offensive am Balaton (Plattensee) Rückzug nach Österreich, ergab sich dort Anfang Mai 1945 den alliierten Truppen.

ich mich nur Monate halten werde. Aber die werden sich noch wundern. Ich bleibe!«

Hitler kündigt an, jeden Widerstand mit allen Mitteln brechen. »Ich bin kein Kanzler wie Bismarck, der nur der Reichskanzler des Kaisers war. Ich habe meine Partei! Ich bin der Führer! Welche Eigenschaften muss ein Führer haben? Vor allem einen Namen, der stets in aller Munde ist. Deshalb habe ich den Gruß ›Heil Hitler!‹ eingeführt, der meinen Namen enthält. Da bin ich aber froh, dass ich nicht Oberhubinger oder Unterkirchner heiße!* Die Massen müssen den Führer immer vor Augen haben… Alle Kameras sind auf mich gerichtet: Die Menge sieht jeden meiner Schritte. Der Führer muss die Massen mitreißen wie ein Schauspieler – seine Kleidung, seine Mimik und seine Gesten – alles ist wichtig…«

Das Mittagsmahl ist beendet. Hitler erhebt sich in glänzender Stimmung. Die Hände in den Jackentaschen, trällert er vor sich hin: »Schön ist jeder Tag, den du mir schenkst, Marie Luise« – ein Schlager aus den Berliner Vergnügungslokalen, der es ihm angetan hat.

Plötzlich hält er inne und sagt, zu den Adjutanten gewandt: »Wie glücklich bin ich, dass die Vorsehung mich dem verzweifelten deutschen Volk in seiner Schicksalsstunde als Retter geschickt hat.«

In den Kellern des Hotels Prinz Albrecht in der Berliner Prinz-Albrecht-Straße, wo sich die Gestapo befand, waren in jenen Tagen Häftlinge eingesperrt, die von Hitlers »gottgewollter« Mission nichts hielten.[2] In diesem Gestapo-Gefängnis saßen besonders wichtige Personen ein.

---

* [Anmerkung des sowjetischen Bearbeiters:] Alte bayerische Familiennamen, die in Witzen und Anekdoten vorkommen.

[2] Die Zentrale des Geheimen Staatspolizeiamtes befand sich im Gebäude der früheren Kunstgewerbeschule (Prinz-Albrecht-Straße 8), das Hotel Prinz Albrecht (Prinz-Albrecht-Straße 9) war ab Ende 1934 Dienstsitz der SS-Führung. Die 1933 geschaffene Geheime Staatspolizei (Gestapo) fungierte bis 1945 als politische Polizei des Reiches und

Nach dem »Ermächtigungsgesetz« wurden hunderttausende aufrechter Deutscher in die Konzentrationslager geschickt – nach Oranienburg, Buchenwald oder Dachau.[3] Wegen Baufälligkeit längst stillgelegte Gefängnisgebäude führte man auf Weisung Himmlers »zum Schutz von Volk und Vaterland« erneut ihrer Bestimmung zu.

In der Reichskanzlei war bekannt, dass Hitler Gefängnisse und Konzentrationslager persönlich mit immer neuen Häftlingen belieferte.[4] Dabei erklärte er: »Wir hätten viel zu tun, wenn wir unsere Zeit mit Gerichtsprozessen verschwenden würden. Auf die Herren Juristen kann ich mich nicht verlassen. Es ist doch viel praktischer zu verhaften… ohne dass die Paragraphenreiter einbezogen werden… Dieses Recht nehme ich mir. Ich bin mein eigener Justizminister!«

Die Keller des Hotels Prinz Albrecht konnten bei weitem nicht alle wichtigen »politischen Verbrecher« des »Dritten Reiches« fassen. Sie drängten sich auch im berüchtigten Columbiahaus in Berlin-Tempelhof, einem wegen Baufälligkeit stillgelegten Fabrikgebäude, wo die Gestapo ebenfalls ein Gefängnis eingerichtet hatte.[5]

---

diente als zentrales, nichtmilitärisches Organisationselement der nationalsozialistischen Herrschaftsausübung und -sicherung nach innen. Zunächst unterstand sie Hermann Göring, ab 1934 Heinrich Himmler. Ab 1939 war die Gestapo zudem mitverantwortlich für den organisierten Terror in den von Deutschland besetzten Gebieten.

[3] Das Ermächtigungsgesetz (Gesetz zur Behebung der Not von Volk und Reich) trat am 24.3.1933 in Kraft. Es ermöglichte der Reichsregierung für die Dauer von vier Jahren die Verabschiedung von verfassungsändernden Gesetzen ohne Beteiligung des Reichstags und des Reichsrates. Das befristete Gesetz ist mehrfach verlängert worden; womit der damit faktisch verhängte Ausnahmezustand bis zum Mai 1945 Verfassungswirklichkeit blieb. Die Konzentrationslager Dachau (20.3.1933) und Oranienburg (21.3.1933) waren als die ersten beiden regulären KZ nach dem Reichstagsbrand im März 1933 geschaffen worden, das KZ Buchenwald hingegen erst am 15.7.1937.

[4] Hitler ordnete nur selten persönlich Einweisungen in Konzentrationslager an. Zeitzeugen erinnern sich jedoch, dass Hitler häufig damit drohte, jemanden in ein KZ bringen zu lassen.

[5] Im 19.Jahrhundert erbauter Militärarrest Ecke Columbiadamm/Golßener Straße, später Gefängnis, dann als Fabrik, ab 1933 als Konzentrationslager genutzt. Das als Folterzentrum berüchtigte Columbiahaus wurde 1936 geschlossen und 1938 abgerissen. In den drei Jahren der Nutzung durch SA und SS waren hier etwa 8000 Menschen inhaftiert.

Aufseher in diesen Berliner Gestapo-Verliesen waren ausgewählte Nazis, die sich vor Hitlers Machtübernahme, darauf
»spezialisiert« hatten, Kommunisten aus dem Hinterhalt zu ermorden und kommunistische Kundgebungen in den Straßen
Berlins auseinander zu knüppeln. Ihre Wachstuben waren mit
Plakaten beklebt, auf denen es hieß: »Führer befiehl, wir folgen!«

Die Gefangenen wurden gefoltert, mit Füßen getreten und
unmenschlich misshandelt.

Die Aufseher meinten grinsend: »Wir haben hier unseren
Spaß... Himmler hat gesagt: ›Die Unverbesserlichen bleiben im
Gefängnis, bis sie schwarz werden... So bahnen wir den Weg zur
nationalen Wiedergeburt.‹«

23. Juni 1934. Auf besonderen Befehl sind die Tore der Kasernen in Berlin-Lichterfelde, wo die SS-Leibstandarte »Adolf
Hitler« untergebracht ist, geschlossen. Niemand darf die Kaserne verlassen. Die Männer haben Befehl, sich in voller Mon-
tur schlafen zu legen. Koppel und Stahlhelm liegen auf dem
Schemel. Die Maschinengewehre stehen auf dem Tisch. Schon
eine Woche lang wird jede Nacht Probealarm ausgelöst. Niemand weiß, was eigentlich los ist. Die Vorgesetzten hüllen sich
in Schweigen.

Am Abend des 29. Juni wurden endlich mehrere Einheiten
der Leibstandarte auf dem Bahnhof Lichterfelde-Ost in Waggons verladen und nach München gebracht. Schon beim Einsteigen sickerten Gerüchte durch, der Stabschef der Sturmabteilun-
gen (SA), Ernst Röhm, einer von Hitlers engsten Mitkämpfern,
bereite einen Aufstand vor. Es hieß, Röhm, hinter dem die SA
stand, verlange von Hitler für seine Verdienste bei der Machtübernahme einen höheren Posten im Staat.

Am 30. Juni wurden die Einheiten der Leibstandarte nachmittags auf dem Münchner Hauptbahnhof ausgeladen und mar-

schierten zum »Braunen Haus«.* Auf dem Balkon des »Braunen Hauses« stand Hitler. In Viererreihen defilierten die SS-Männer im Stechschritt an ihm vorbei.

Zu diesem Zeitpunkt war der so genannte »Röhm-Putsch« mit der Festnahme Röhms und seiner Helfershelfer bereits niedergeschlagen. Die Aktion wurde von Hitler persönlich geleitet. Am frühen Morgen des 30. Juni war er mit einer Wagenkolonne unter verstärkter Bewachung nach Bad Wiessee (zwei Autostunden von München entfernt) gefahren, wo sich Röhm mit seinem Stab befand.

In Bad Wiessee ertappte Hitler Röhm, den SA-Obergruppenführer in Schlesien Heines und andere hohe SA-Führer im Bett mit jungen Homosexuellen. Er befahl, alle festzunehmen. Röhm wurde ins Münchner Polizeigefängnis gebracht. Dort wurde er aufgefordert, sich selbst das Leben nehmen, wofür man ihm eine Pistole in die Zelle legte. Röhm warf sich schluchzend zu Boden und flehte um sein Leben. Von der stolzen Pose und den hohlen Phrasen, die das deutsche Volk von diesem Führer der nationalsozialistischen Partei und des »Dritten Reiches« kannte, blieb nur ein jämmerliches Winseln.[6]

Röhm wurde erschossen.

Offiziell hieß es, Röhm sei wegen Homosexualität hingerichtet worden. Aber Hitler verschwieg dem deutschen Volk, dass Homosexualität in führenden Kreisen der nationalsozialistischen Partei und der Hitlerjugend weit verbreitet und geduldet war.

Den wahren Grund, weshalb er Röhm als seinen Rivalen erschießen ließ, enthüllte Hitler seiner engeren Umgebung mit den Worten: »Ich lasse nicht mehr mit mir spaßen! Soll das allen meinen versteckten und offenen Feinden als Warnung dienen! Ich bin kein Kanzler vom alten Schlag. Ich bin Hitler! In Partei und Staat ist nur einer Herr im Haus, und das bin ich!«

---

* [Anmerkung des sowjetischen Bearbeiters:] »Braunes Haus« hieß im Volk das Palais in München, wo die Führung der Nazipartei ihren Sitz hatte.

[6] Röhm winselte nicht. Als der SA-Chef es ablehnte, sich selbst zu töten, wurde er von zwei SS-Offizieren erschossen. Seine letzten Worte waren: »Mein Führer, mein Führer!«

In den Tagen des »Röhm-Putsches«, der ein Machtkampf zwischen Hitler und Röhm war, wurden zahlreiche unschuldige Menschen erschossen, die dem »Dritten Reich« aus diesem oder jenem Grund nicht genehm waren.[7]

SS-Männer der Leibstandarte, die in Lichterfelde zurückgeblieben waren und an den Erschießungen in Berlin teilgenommen hatten, berichteten ihren aus München zurückkehrenden Kameraden Einzelheiten. Lastwagenweise seien Gefangene auf das Kasernengelände in Lichterfelde gefahren worden. Die Gefangenen wurden mit nacktem Oberkörper an die Kapellenwand auf dem Kasernenhof gestellt und dort erschossen.[8]

Die Mitglieder des Erschießungskommandos berichteten: »Ihr könnt euch nicht vorstellen, wie betrunken wir waren. Man hat uns ohne Ende Schnaps zu saufen gegeben.«

In jenen Tagen wurde auch der frühere Reichskanzler und Kriegsminister, General von Schleicher, »unschädlich gemacht«. In der Reichswehr war bekannt, dass Schleicher als Gegner Hitlers eine Militärdiktatur befürwortete.

Auf Himmlers Anweisung drangen zwei Gestapo-Leute in die Berliner Wohnung des Generals ein. Schleichers Tochter, die ihnen öffnete, wurde auf der Stelle erschossen. Die Gestapo-Leute stiegen über ihre Leiche, und als Schleicher nach seiner Pistole griff, erschossen sie ihn und seine Frau.[9]

---

[7] Bei der irreführend als »Röhm-Putsch« bezeichneten Mordaktion wurden mindestens 85 hohe SA-Führer und prominente Gegner der NSDAP erschossen. Insgesamt kamen zwischen dem 30.6. und dem 2.7. mehrere hundert, möglicherweise bis 1000 Menschen ums Leben. Das am 3.7.1934 erlassene »Gesetz über Maßnahmen der Staatsnotwehr« erklärte die Mordaktion nachträglich für rechtens.

[8] In Lichterfelde erschossen SS-Männer der Leibstandarte »Adolf Hitler« insgesamt 14 Personen, darunter die SA-Führer von Berlin und Brandenburg mit ihren Adjutanten.

[9] Die Tür wurde den Gestapo-Beamten nicht von Schleichers Tochter, sondern von seiner Haushälterin geöffnet. Sie überlebte den Mordanschlag auf General von Schleicher und dessen Frau. Nach ihrer Zeugenaussage hatte der General auch nicht zur Waffe gegriffen, sondern lediglich auf die Frage der Gestapo-Beamten, »ob er General von Schleicher sei«, mit »Jawohl« geantwortet, woraufhin diese das Feuer eröffneten. Der General wurde beseitigt, weil er 1932 zusammen mit rechten Kräften versucht hatte, die NSDAP zu spalten und Hitler von der Regierungsverantwortung fern zu halten.

2. Kapitel

Zwar hatte Hitler nun Gegner und Rivalen in der Partei aus dem Weg geräumt, konnte aber nach wie vor nicht den Alleinherrscher spielen. Generalfeldmarschall Paul von Hindenburg, der greise Reichspräsident, stand ihm noch im Weg. Für den Ehrgeizling Hitler war es unerträglich, im Schatten einer solchen Persönlichkeit zu stehen.

Am 9. September 1934 starb Hindenburg endlich.[10] Nach dessen Tod erklärte sich Hitler zum Staatsoberhaupt und zum Obersten Befehlshaber der Reichswehr. Das Amt des Reichspräsidenten eignete sich Hitler ebenfalls an. Jetzt hatte er alle Zügel der Macht in der Hand.

In seiner ersten Reichstagsrede nach Hindenburgs Tod erklärte Hitler, er verzichte auf das Gehalt, das ihm als Reichspräsident zustehe.[11] Diese Erklärung war ein ebenso demagogischer Trick wie Goebbels' Propagandageschichten für das deutsche Volk, in denen Hitler als selbstloser Mensch dargestellt wurde, der seinem Volk dienen wolle.

Mit seiner Machtübernahme wurde Hitler zu einem der reichsten Männer Deutschlands. Er hatte Einkünfte in Millionenhöhe, und brauchte natürlich das Präsidentengehalt nicht. Sein Buch *Mein Kampf*, das Pflichtlektüre war, brachte ihm enormen Profit.[12]

[10] Reichspräsident Generalfeldmarschall Paul von Beneckendorff und von Hindenburg verstarb bereits am 2.8.1934 auf seinem Gut Neudeck. Reichswehrminister Blomberg ordnete daraufhin die Vereidigung der Reichswehr auf den »Führer des Deutschen Reiches und Volkes, Adolf Hitler«, an.

[11] Hitler hatte bereits im Februar 1933 auf das Reichskanzlergehalt in Höhe von 47200 Mark jährlich verzichtet. Als am 12.3.1935 seine Existenz als deutscher Steuerzahler offiziell endete, ließ er sich allerdings neben dem Gehalt des Reichskanzlers auch das des Reichspräsidenten überweisen.

[12] Sein Buch *Mein Kampf* verkaufte sich 1930 54000-mal, 1931 waren es 50808 Exemplare, 1932 90351 und 1933 854127 Stück. Gegenüber dem Finanzamt gab Hitler für das Jahr 1933 ein Einkommen von 1232335 Mark an, die Hälfte versuchte er als berufsbedingte Ausgaben zu deklarieren. In den Folgejahren zahlte der Eher-Verlag für *Mein Kampf* ein bis zwei Millionen Mark an Tantiemen, die sich Hitler jedoch nicht vollständig auszahlen ließ. 1944 be-

Hitler war Mitbesitzer des Parteiverlages Eher. Dieser schluckte einen Verlag nach dem anderen und wurde schließlich zu einem der größten Pressekonzerne Deutschlands.[13] Dank seiner Monopolstellung warf er kolossale Dividenden ab. Den Löwenanteil davon erhielt Hitler.[14] Hitler verfügte auch ohne jede Kontrolle über die Parteikasse der nationalsozialistischen Partei.[15]

Die war im Grunde genommen ein grandioses kapitalistisches Unternehmen. Neben Mitgliedsbeiträgen und Großspenden von deutschen Industriellen und Bankiers flossen die Einnahmen verschiedener Unternehmen, darunter Güter in Mecklenburg und Bayern, in die Parteikasse.

Um Profit zu machen, wurde sogar eine Kette von Hotels gegründet, die über ganz Deutschland verstreut war. Sie hieß Parteihotel-Konzern Färber. Direktor war der Altnazi Färber, ein Freund Martin Bormanns.

Aber selbst diese riesigen Einnahmen genügten Hitler nicht. Entgegen den vor seinem Machtantritt geltenden Regeln ordnete er an, den »Staatsfonds« und den »Repräsentationsfonds« der Kontrolle des Rechnungshofes zu entziehen, um ungehindert Geld für persönliche Zwecke ausgeben zu können.[16] Dabei er

---

trug sein Guthaben beim Verlag 5525811 Mark. »Pflichtlektüre« war *Mein Kampf* allenfalls für Parteigenossen, doch auch Ehepaare erhielten es nicht selten bei der Trauung geschenkt.

[13] 1944 kontrollierten die NSDAP-eigenen Standarte GmbH und die Herold Verlagsgesellschaft, zu denen auch der Eher-Verlag/Zentralverlag der NSDAP gehörte, mit ihren Tochtergesellschaften etwa 90 Prozent der gesamten deutschen Presse und einen großen Teil des Buchmarktes. Hitler hatte den Kauf des *Völkischen Beobachters* mit Spendengeldern finanziert und war zunächst als Eigentümer eingetragen. Seit Mitte der 1920er-Jahre kontrollierte sein Vertrauter Max Amann den Zentralverlag der NSDAP.

[14] Hitler setzte das Geld im Wesentlichen zur Finanzierung des Parteiapparates und für die politische Arbeit ein. Die hier suggerierte persönliche Bereicherung war nicht Zweck der wirtschaftlichen Tätigkeit der NSDAP, zumal die gigantischen Bauprojekte – etwa im Falle des Berghofs und der Reichskanzlei – mit staatlichen Mitteln bestritten wurden.

[15] Mit der 1933 vorgenommenen Einstufung der NSDAP als Körperschaft öffentlichen Rechts war der Zugriff der Partei auf staatliche Mittel gewährleistet. Hitler verfügte also nicht nur unbeschränkt über die Parteikasse, sondern auch über sämtliche staatlichen Ressourcen.

[16] Gemeint sind die Haushaltstitel »Zur Verfügung des Reichskanzlers zu allgemeinen Zwecken« und »Allgemeine Bewilligungen« des Reichspräsidenten. Ab 1935 fand keine Prüfung des Rechnungshofes mehr statt. Hitler verwandte dieses Geld vor allem für Dotationen an »verdiente« Beamte oder Militärs, mithin zur Korrumpierung der staatstragenden Eliten.

klärte er: »Ich lasse nicht zu, dass diese alten Sklerotiker mir vorschreiben, wie viel ich ausgeben darf!«

Hitler kaufte auf dem Obersalzberg bei Berchtesgaden riesige Grundstücke auf und ließ sich dort ein luxuriöses Schloss bauen, das unter dem Namen »Berghof« bekannt geworden ist. Um das Schloss zu errichten, wurde am Obersalzberg Abriss in großem Stil betrieben. Dem Erdboden gleichgemacht wurden Wohnhäuser, Pensionen, selbst ein Erholungsheim für gelähmte Kinder, die man aus ganz Deutschland zur Klimakur dorthin brachte.[17]

Hitlers Palast mit seinen gepflegten Parkanlagen und Straßen kostete etwa 100 Millionen Mark.[18] Für seinen Bau wurden nicht nur Gelder des Volkes verschwendet, sondern auch Menschenleben geopfert. Gebaut wurde an fast unzugänglichen Felswänden in großer Höhe. Sprengungen, die ohne ausreichende Vorsichtsmaßnahmen durchgeführt wurden, lösten Lawinen und Steinschläge aus. Es herrschten Arbeitsbedingungen wie für Sträflinge, und es kam zu Todesfällen.[19]

Das Schloss Berghof wurde in einer Höhe von 1000 Metern am Hang des Obersalzbergs beim Luftkurort Berchtesgaden in den Bayerischen Alpen errichtet. Es bestand aus 60 Räumen, die mit teuren Möbeln, wertvollen Gobelins sowie Gemälden holländischer, italienischer und deutscher Meister ausgestattet waren.

Die Bilder kaufte Hitler bei der Münchner Antiquitätenhändlerin Frau Almers und beim Berliner Antiquitätenhändler

---

[17] Zwischen 1933 und 1937 kaufte die NSDAP auf dem Obersalzberg 54 Grundstücke mit einer Fläche von rund 2 900 000 Quadratmetern auf, Hitler selbst erwarb 80 000 Quadratmeter, die bayerische Forstverwaltung trat das Kehlstein-Areal mit etwa 6 700 000 Quadratmetern ab. Im Zuge der Ausbauarbeiten wurden 50 Häuser abgerissen. Hatte man die Vorbesitzer zunächst noch großzügig abgefunden, so erhöhte sich später der Druck zum Hausverkauf. Einigen Eigentümern drohten die Bevollmächtigten der NSDAP mit der Einlieferung ins Konzentrationslager.

[18] Die Höhe der Baukosten für das gesamte Areal ist nicht ermittelbar.

[19] Beim Ausbau des Obersalzbergs wurden bis zu 6000 Arbeiter eingesetzt. Zunächst Deutsche, nach Kriegsbeginn vor allem tschechische und italienische Facharbeiter, zu keiner Zeit Zwangsarbeiter. Sie waren in Barackenlagern untergebracht und einer strikten Arbeitsdisziplin unterworfen. Bei Verstößen gab es abgestufte Strafen: Geldbußen, Entzug von Lebensmittel- und Raucherkarten, Arrest. Während der Bauarbeiten auf dem Obersalzberg und am Kehlstein-Areal kamen insgesamt 14 Arbeiter bei Unfällen ums Leben.

Haberstock sowie über seinen Fotografen Hoffmann und den Direktor der Dresdener Gemäldegalerie.[20]

Im Parterre lag Hitlers Speisezimmer. Es war ganz mit heller Kiefer getäfelt. Die Ausstattung bestand aus Tafelsilber, teurem Porzellan und Kristall, das Millionen kostete. Das Geschirr stammte aus Staatsbeständen, vor Hitlers Machtantritt war es für Regierungsempfänge in Berlin bestimmt. Auf dem Tafelsilber waren außer dem deutschen Adler und dem Hakenkreuz die Initialen »A. H.« (Adolf Hitler) eingraviert. Der Tisch war mit Goldleuchtern in Form von Engelsfiguren geschmückt, die Schalen für die Kerzen in den Händen hielten.

In dieser Etage befanden sich auch der Salon und die große Halle. Den Salon beherrschte ein Ofen, auf dessen braunen Kacheln sich Reliefs von Mädchen mit Nazifahnen und jungen Trommlern befanden. Dort hing auch ein sehr wertvolles, altes italienisches Gemälde mit einer Darstellung des Kolosseums in Rom.

An den Salon schloss sich auf der einen Seite der Wintergarten mit Terrasse an, auf der anderen Seite die riesige Gesellschaftshalle von über 200 Quadratmeter Größe, die vom Salon mit einer Portiere abgetrennt war. Aus dem Salon führten einige Stufen hinunter. Neben der untersten Stufe stand auf einem Podest ein Kopf des Zeus, der von Ausgrabungen in Italien stammte. Die Attraktion des Raums war ein riesiges Panoramafenster von 32 Quadratmetern aus Glasscheiben, die ganz heruntergelassen werden konnten. Hitler machte jeden Gast auf dieses Fenster aufmerksam, durch das sich ein herrlicher Blick auf die Alpen und die Stadt Salzburg in Österreich eröffnete. Stolz erklärte Hitler, er habe sein Schloss eigentlich wegen dieses Fensters bauen lassen. Vor dem Fenster stand ein langer Marmortisch, wo

---

[20] Der Leiter der Staatlichen Gemäldegalerie Dresden, Prof. Dr. Heinz Posse, war ab 1939 als Leiter des »Sonderauftrages Linz« mit der Auswahl von Gemälden für Hitlers Residenzen und dessen geplantes Museum in Linz befasst. Der Sonderstab plünderte dafür Museen in den besetzten Ländern und erwarb über Mittelsmänner Gemälde und Plastiken aus jüdischem Besitz zu Bruchteilen ihres eigentlichen Wertes.

Hitler, wenn er in der Kriegszeit auf dem Obersalzberg weilte, seine Lagebesprechungen abhielt. An den Wänden der Halle hingen Gobelins und Gemälde, darunter die *Venus* von Tizian.[21] Der Fußboden war mit rotem Velours ausgelegt, auf dem seltene persische Teppiche lagen. Auf dem Bechstein-Flügel stand eine Büste von Richard Wagner. Hier, am großen Kamin, pflegte Hitler seine Abende im intimen Kreis bei Tee und Schallplattenmusik vom Grammophon zu verbringen.

Aus der Vorhalle des Schlosses führte eine breite Marmortreppe in den ersten Stock. In der Vorhalle hing ein Porträt von Bismarck, das bei Einbruch der Dunkelheit angestrahlt wurde.

Im ersten Stock lagen Hitlers Privaträume, an die sich die Zimmer seiner Geliebten Eva Braun anschlossen. Eines der Zimmer in Hitlers Appartement war eine Bildergalerie. Hier stand ein Schrank von hohem Wert, der einst Friedrich II. gehört hatte. Der Schrank war mit verschiedenen Edelhölzern verkleidet. Hitlers Arbeitszimmer war hellbraun getäfelt und mit Möbeln aus poliertem Ahorn eingerichtet. Über dem Kamin hing ein Porträt von Moltke.

Eva Brauns Räume hatte man mit exklusivem Luxus ausgestattet.

Zum Schloss gehörte ein Grundstück von etwa drei Quadratkilometern, das bis zur Spitze des Kehlsteins in 1800 Meter Höhe reichte.

Auf dem Berggipfel hatte man das »Kehlsteinhaus«, einen Teepavillon, errichtet, dessen Größe und Bauweise an eine mittelalterliche Burg erinnerten. Er bestand ganz aus grauem Granit. Im Teepavillon gab es einen Rittersaal von 15 Meter Durchmesser. Die hohen Fenster waren in tiefe Nischen eingelassen. Zwischen den Fenstern hatte man vergoldete Kandelaber angebracht, die große Wachskerzen trugen. Außer diesem Saal gab es dort ein geräumiges Speisezimmer, ein Wohnzimmer, Räume für

[21] Gemeint ist das Bild *Venus und Amor* von Paris Bordone, das Hitler für 90 000 Mark von Haberstock kaufte. Bezahlt wurde das Gemälde aus NSDAP-Mitteln, die von der Reichskassenverwaltung der Partei angewiesen wurden.

Hitlers Leibwache und das Personal sowie ein weiteres Wirtschaftsgebäude.

Auf den Kehlstein führte eine Autostraße, die in einem Tunnel im Fels endete. Von dort gelangte man mit einem Fahrstuhl in den Teepavillon. Die Straße auf den Kehlstein hat 13 Millionen Mark gekostet.[22]

Auf dem Schlossgelände gab es Almen und Rotwildgehege. Zum Schloss gehörte ein Gutshof mit modernster technischer Ausrüstung, der Hitler und sein Gefolge mit Lebensmitteln belieferte. Hitler meinte zuweilen, dass es »den Kühen hier besser geht als den Menschen«. Und fuhr im Scherz fort: »Hier möchte man gern eine Kuh sein, nicht wahr?«

Im Herbst 1935 gab Hitler als Staatsoberhaupt seinen ersten offiziellen Empfang für die Industrie- und Finanzmagnaten Deutschlands.

In der Reichskanzlei erwartet man die Ankunft der Gäste. Der Luxus dieses Empfangs soll alle rauschenden Feste des Kaisers in den Schatten stellen. Hitlers Gemächer zieren Gold, Bronze und Gobelins von sagenhaftem Wert. Den hell erleuchteten und festlich geschmückten Sälen nähert sich eine grauhaarige Frau im teuren Abendkleid. An ihrem faltigen Hals blitzen altehrwürdige Brillanten. Das ist die Gattin von Hjalmar Schacht, dem Reichsbankpräsidenten und Reichswirtschaftsminister. Heute, bei dem ersten großen Empfang für Industrielle und Bankiers, wird sie die Hausherrin spielen, denn Schacht ist die Hauptperson auf dem Bankett.

Er ist der Initiator dieser Begegnung der Industriellen und Finanziers mit Hitler, welche die Übereinstimmung der Interessen des Kapitals und der Hitlerregierung demonstrieren soll.

---

[22] Die Gesamtkosten für den Bau des Kehlsteinhauses lagen bei insgesamt 29,6 Millionen Mark.

In Erwartung der Gäste wandelt Hitler im Frack, begleitet von seinem ersten Kammerdiener Linge, durch die Säle mit den in Gewächshäusern gezogenen duftenden Blumen.

Der ehemalige Gefreite Hitler ist aufgeregt: Zweifel quälen ihn, ob er sich so bewegen kann, wie es sich in dieser eleganten Gesellschaft geziemt. Er geht die für die Gäste gedeckten Tische entlang und rückt hier und da ein Besteck zurecht. Unmittelbar vor Eintreffen der Gäste hat er vor dem Spiegel noch einmal den Gesichtsausdruck geprobt, mit dem er den »hohen Herren« gegenübertreten will.

Die Gäste fahren vor. Diener in blauen, goldbetressten Livreen sind ihnen beim Aussteigen aus den Luxuslimousinen behilflich. Mädchen in braunen Seidenkleidern mit Spitzenschürzchen und -häubchen nehmen den Gästen die Mäntel ab.

Auf ein Zeichen von Meißner, dem Chef der so genannten Präsidialkanzlei, stößt Zeremonienmeister Jungfer, der mit Degen und Dreispitz unter dem Arm bereitsteht, seinen Stab dreimal auf den Boden und verkündet die Namen der eingetroffenen Gäste.

Hitler begrüßt sie mit einer tiefen Verbeugung. Anschließend hält er vor den Gästen eine Rede. Darin geht er auf sein vor der Machtübernahme gegebenes Versprechen ein, das Kapital könne sich seiner Positionen sicher sein.

»Jetzt kann man feststellen«, führt Hitler aus, »dass der Staat zum wichtigsten Auftraggeber der Industrie geworden ist und für ihre Entwicklung sorgt. Für mich steht Aufrüstung jetzt an erster Stelle. Ich werde Deutschland eine Macht verleihen, die in der Welt nicht ihresgleichen hat. Kanonen – das ist meine Außenpolitik!«[23]

Als Hitler geendet hat, applaudieren die Industriellen, Bankiers, Mitglieder des Kabinetts und Reichsleiter. Das Diner beginnt. An den Tischen sieht man die Monopolherren Krupp,

---

[23] Hier handelt es sich um eine ideologisch motivierte Verkürzung durch die sowjetischen Bearbeiter. Vergleichsweise unverblümt über die Notwendigkeit der deutschen »Wiederwehrhaftmachung« äußerte sich Hitler auch am 16.3.1935, am 4.4.1935, am 21.5.1935 und am 16.9.1935, dem »Tag der Wehrmacht«.

Röchling, Kirdorf, Vögler, Poensgen, Stinnes, Schröder und Pferdmenges. Hitler sitzt neben dem Kanonenkönig Krupp von Bohlen und Halbach.

Linge, der hinter Hitlers Stuhl Aufstellung genommen hat, hört, wie Krupp diesem zuflüstert: »Ich habe von Schacht erfahren, dass es mit der Valuta derzeit Schwierigkeiten gibt, die sich auf den Import von schwedischem Stahl auswirken können...« Hitler erwidert selbstsicher: »Herr Geheimrat, dafür finden sich Valuta, und wenn ich sie aus dem Boden kratzen muss. Boden, aus dem man Eisen und Kohle holen kann, werden wir ebenfalls bekommen. Sie wissen, welchen Boden ich meine. Bedenken Sie nur, was für eine Rasse in dem Raum lebt, der sich vor unserer Haustür nach Osten erstreckt. Das sind Menschen zweiter Klasse. Man muss diesen Menschen die Sorge um einen so großen Raum und seine richtige Nutzung nehmen.«

Krupp pflichtet ihm bei und entwickelt seinerseits die Theorie, dass Deutschland das historische Recht auf Kolonialbesitz im Osten habe.

Spät am Abend geht das Fest zu Ende. Hitler zieht sich bestens gelaunt in seine Privaträume zurück. Im Anrichteraum trinken Bedienstete und Ordonnanzen die Weinreste aus.

In den ersten Novembertagen des Jahres 1935 besichtigten Hitler, Heß und Goebbels Kriegsschiff-Modelle, die im so genannten Kongresssaal der Reichskanzlei unmittelbar neben Hitlers Wohnräumen ausgestellt waren. Diese Modelle hatte das Oberkommando der deutschen Kriegsmarine Hitler im Zusammenhang mit dem Bauprogramm der Marine nach Abschluss des Flottenabkommens mit England geschickt.[24]

---

[24] Im so genannten Flottenabkommen vom 18.6.1935 vereinbarten das Deutsche Reich und Großbritannien eine neue Obergrenze für die Stärke der deutschen Kriegsmarine (bis zu 35 Prozent der Gesamttonnage des Britischen Reiches und Commonwealth). Während Großbritannien das Flottenabkommen als Auftakt für weitere Rüstungsbe-

Das Flottenabkommen zwischen Deutschland und England, das Ribbentrop am 18. Juni 1935 in London unterzeichnete, versetzte Hitler in helle Begeisterung. Er erklärte, das Flottenabkommen mit England sei sein erster großer außenpolitischer Erfolg. Nach Hitlers Einschätzung bedeutete das Flottenabkommen erstens, dass England damit die deutsche Aufrüstung entgegen dem Versailler Vertrag offiziell anerkannte und dass, zweitens, die Fragen der Abrüstung und eines Systems der kollektiven Sicherheit an Bedeutung verloren.

Bei der Besichtigung der Kriegsschiff-Modelle erklärte Hitler: »Wir täuschen sie und bauen eine Flotte, wie wir sie für nötig halten. Als Ribbentrop nach London gefahren ist, habe ich ihm gesagt: ›Paragraphen spielen für uns keine Rolle. Die Politiker der Weimarer Republik waren so blöd, jeden Paragraphen ernst zu nehmen. Wir wissen schon, wie wir die nötige Tonnage tarnen können.‹«[25]

Aus dem Kongresssaal gingen Hitler, Heß und Goebbels in Begleitung von Adjutant Brückner und Kammerdiener Linge in den Rauchsalon hinüber, wo am Kamin bereits Hitlers Pilot Baur und sein Fotograf Hoffmann saßen.

Beim Eintreten verkündet Hitler mit wichtiger Miene: »Ribbentrop hat sich als erstklassiger Diplomat erwiesen. Das ist mir an ihm sofort aufgefallen.«

»Aber Hindenburg wollte ihn nicht«, entgegnet Goebbels. Hitler nimmt Platz und hebt mit der tiefen Stimme des verstorbenen Hindenburg an: »Mein Kanzler, ich habe gehört, Sie haben da einen jungen Mann, den Sie zum Außenminister machen wollen. Ich möchte ihn aber nicht auf diesem Posten sehen.« Ringsum schallendes Gelächter.

---

grenzungsverhandlungen sah, feierte Hitler den Vertrag als Erfolg seiner Politik der Revision der Ergebnisse des Ersten Weltkriegs, da er faktisch die bestehenden Rüstungsbegrenzungen des Versailler Vertrags im maritimen Bereich beseitigte.

[25] Hier spielt Hitler offensichtlich auf den Washingtoner (1922) und den Londoner Flottenvertrag (1930) an, die u. a. Höchsttonnagen und Höchstkaliber für verschiedene Kriegsschiffstypen festlegten. So hatte der 1939 in Dienst gestellte schwere Kreuzer *Admiral Hipper* eine Wasserverdrängung von 18 200 Tonnen, während lediglich 17 500 Tonnen erlaubt waren.

Hitler, der zu Hindenburgs Lebzeiten vor dem Volk so tat, als hätten beide ein Verhältnis wie Vater und Sohn, wendet sich Goebbels zu und fährt in spöttischem Ton fort: »Erinnern Sie sich an die Geschichte mit der Hakenkreuzfahne, Doktor?« Und wieder mit Hindenburgs tiefer Stimme: »Es heißt, über Goebbels' Ministerium weht eine neue Fahne. Ich möchte das nicht.«

Die Stimmung ist ausgelassen. Goebbels reißt einen Witz nach dem anderen. Dieser unscheinbare Kerl, der noch dazu hinkt, hat sich wegen einer hübschen Filmschauspielerin wieder einmal mit seiner Frau überworfen und verbringt daher seine Abende lieber außer Haus.[26]

Goebbels erzählt die neueste Anekdote über Göring, der Phantasieuniformen und Orden so vergöttert, dass er sich sogar einen an den Pyjama gesteckt haben soll. Die Geschichte gefällt Hitler sehr. Im Scherz beauftragt er Hoffmann, aus Gold- und Silberpapier einen prächtigen Orden zu basteln und Göring zusammen mit einer bombastischen Urkunde zu überreichen. Hoffmann will sich ausschütten vor Lachen. Dieser verwachsene Mann, der sich das Monopol auf alle Fotografien von Hitler verschafft hat und mit Staatsaufträgen riesige Summen verdient, ist jeden Abend betrunken.

Hitler, immerhin das Oberhaupt des nationalsozialistischen Staates, findet nichts dabei.

Bevor Hoffmann auftauchte, fragte er gewöhnlich: »Na, in welchem Zustand ist er?«

Auch jetzt warnt Hitler seinen Hoffotografen, der in eine Schnapswolke gehüllt ist, er solle dem Kamin nicht zu nahe kommen, sonst könnte er in die Luft fliegen.

Hoffmann fängt an, Spottverse auf die Massenverhaftungen unschuldiger Menschen im Dritten Reich vorzutragen, wobei er sich beinahe totlacht. Sie handeln von zehn Brüdern, die einer

---

[26] Goebbels hatte sich gerade in die Schauspielerin Lida Baarova verliebt. Seine Frau Magda verließ das gemeinsame Heim und reiste zur Kur nach Dresden. Erst Hitlers Intervention brachte das Ehepaar wieder zusammen.

nach dem anderen ins KZ kommen.[27] Der Witz daran soll sein, dass sie so typische Verfehlungen begehen, wie Sonaten von Mendelssohn zu spielen oder Bücher von Heine zu besitzen. Als Hoffmann, nach Luft ringend, rezitiert:

»Der vierte lachte über Ley,*

Ach! Da waren's nur noch drei ...«

brüllt die ganze Runde vor Vergnügen, und Hitler schlägt sich begeistert auf die Schenkel. Übermütig erklärt er: »Die Engländer glauben, ich sitze in der Reichskanzlei wie eine bissige Bulldogge, die man nicht reizen darf. Gut, dass sie uns jetzt nicht sehen können. Heute sollte man die Reichskanzlei Restaurant ›Zum fröhlichen Kanzler‹ nennen.«

Am 9. November 1923 organisierte Hitler in München einen Putsch. Mit einer Hand voll Nationalsozialisten wollte er damals in Bayern die Macht erobern und von dort auf ganz Deutschland ausdehnen. Am Vorabend, dem 8. November 1923, versammelten sich die Beteiligten im Münchner Bürgerbräukeller.

Hitler, der theatralische Auftritte liebte, erschien in dem Bierlokal mit einer Pistole in der Hand, schoss in die Decke und erklärte, die »Revolution« habe begonnen. Am nächsten Tag, dem 9. November, versuchten die Münchner Nationalsozialisten unter Hitlers Führung, die Regierungsgebäude zu besetzen. Vor der Feldherrnhalle, einem Denkmal am Odeonsplatz, wurden die Putschisten von Regierungstruppen auseinander getrieben. Dabei kamen 15 Nationalsozialisten ums Leben.[28]

Nach Hitlers Machtantritt wurde der Jahrestag des Putsches in München alljährlich gefeiert.

---

* [Anmerkung des sowjetischen Bearbeiters:] Ley: Führer der nationalsozialistischen »Arbeitsfront«.

[27] Das populäre Lied von den »Zehn kleinen Negerlein« war die Vorlage für zahlreiche Spottverse.

[28] Außerdem starben vier Angehörige der Landespolizei.

Am 8. November 1935 fuhr Hitler von Berlin nach München, um diesen Tag zu begehen.

Wie gewöhnlich stieg er in seiner Wohnung am Prinzregentenplatz 16 ab. Hier hatte Hitler bis zur Machtübernahme gewohnt. Vor dem Haus angekommen, verließ er in Zivil und mit tief ins Gesicht gezogenem Velourshut den Wagen. Einer am Armaturenbrett befestigten Büchse entnahm er eine Hundepeitsche, die er in jenen Jahren immer bei sich trug. Vor dem Hauseingang hatte sich eine Menschenmenge versammelt. Eine abgehärmte Gestalt, offenbar eine Arbeiterfrau, stürzte aus der ersten Reihe hervor und wollte sich Hitler nähern. Hitlers Leibwächter von der SS, die inzwischen aus den Autos gesprungen waren, rissen sie zurück. Aber sie konnte noch rufen: »Führer, haben Sie Erbarmen! Mein Mann sitzt schon über zwei Jahre unschuldig im KZ!« Hitler, der den Schrei der Frau hörte, beschleunigte seine Schritte und verschwand im Hauseingang. Als er die Treppe hinaufging, fuchtelte er mit der Peitsche herum und schrie seine Leibwächter an: »Dass mir so was nicht wieder passiert! Sonst landen Sie selber im KZ!«

In der Wohnung wurde Hitler von seiner Münchner Haushälterin, Frau Winter, begrüßt. Dieser Ort hat sein Geheimnis. Unter den 15 Zimmern ist eines seit 1932 immer verschlossen. Darin stehen von Motten zerfressene Polstermöbel, die eine dicke Staubschicht bedeckt. Modergeruch liegt über dem Raum. Vor 1932 hatte hier Hitlers junge Nichte Nicki gewohnt, die seine Geliebte war.[29] Das Verhältnis von Onkel und Nichte endete mit dem Selbstmord des Mädchens. Noch einige Jahre nach Nickis Tod – bevor er Eva Braun kennen lernte – öffnete Hitler jedes Jahr an ihrem Todestag das Zimmer mit einem Schlüssel, den er bei sich trug, und verbrachte dort mehrere Stunden. Warum Nicki aus dem Leben schied, ist ein Geheimnis geblieben. Um den

---

[29] Die Geschichte der Beziehung zwischen Angela (»Geli«) Raubal und Hitler erfuhren Linge und Günsche aus zweiter Hand. Ihr wirklicher Kosename scheint ihnen unbekannt gewesen zu sein. Interessant ist, dass beide eine sexuelle Beziehung Hitlers zu seiner Nichte für absolut glaubhaft hielten.

Selbstmord zu vertuschen, verbreitete Hitlers Stab, ein Schuss habe sich gelöst, als sie seine Pistole reinigte.

Am Abend des 8. November begab sich Hitler im Braunhemd der Nazipartei und mit dem »Blutorden«[30] auf der Brust in den Bürgerbräukeller, wo ehemalige Putschteilnehmer versammelt waren. Den »Blutorden« hatte man nach Hitlers Machtübernahme eingeführt. Dieser wurde an die Teilnehmer des Putsches verliehen. Am Eingang des Bierlokals wurde Hitler im Namen aller Anwesenden vom »Alten Kämpfer«* Christian Weber begrüßt. Dieser in ganz München verhasste Nationalsozialist war damals Staatsrat von Bayern. Ihm gehörten Pferde, Rennställe und Rennbahnen, Autobuslinien und Tankstellen. Die Versammelten bereiteten Hitler einen stürmischen Empfang. Nach alter deutscher Sitte erhoben sie ihre Bierkrüge zum Gedenken an die gefallenen Putschisten.

Hitler hielt eine Rede. Im Kreis alter Parteimitglieder tat er sich keinerlei Zwang an. Brüllend schlug er mit der Faust auf den Tisch. Sein Gesicht war verzerrt, der Kopf ruckte wild hin und her, die Haarsträhnen fielen ihm tief in die Stirn. Seine Rede klang wie damals, als er noch ein Großmaul und politischer Abenteurer war. Hitlers Rede traf genau den Geschmack der Versammlung. Es waren Leute mit finsterer Vergangenheit, die, einmal zu Reichtum und Macht gekommen, ein ungezügeltes, ausschweifendes Leben führten.

Als Hitler der im November 1923 getöteten Putschisten gedenkt, erklärt er in mystischem Ton, er habe die Macht mit Blutopfern errungen, die auf dem »Altar des Volkskampfes« dargebracht worden seien. Er spricht von der Wiedergeburt des deutschen Militarismus, von der Reinheit der deutschen Rasse, von den wohlhabenden Bauern, die Träger des deutschen Blutes

---

* [Anmerkung des sowjetischen Bearbeiters:] Alte Kämpfer wurden die Nazis genannt, die bereits vor der Machtübernahme im Jahr 1933 Parteimitglieder waren.
[30] Blutorden der NSDAP: gestiftet im März 1934, verliehen an Personen, die am 9.11.1923 an bewaffneten Auseinandersetzungen beteiligt oder dazu in Marsch gesetzt worden waren.

sind, von seiner Entschlossenheit die Ideen der Demokratie aus-
zurotten und von den Kommunisten, die in Gefängnissen und
Konzentrationslagern sitzen.

Mit dem hysterischen Ruf »Heil!« beendet Hitler seine Rede und verlässt den Kreis seiner mit dem »Blutorden« dekorierten »Alten Kämpfer«. Von seinem hochroten Gesicht rinnt der
Schweiß. Er ist völlig heiser und bringt kaum noch einen Ton
heraus. Mit zitternder Hand rückt er das verrutschte Koppel-
zeug zurecht. Das Braunhemd klebt am Rücken. Linge hilft
ihm in den Ledermantel und bringt ihn zum Wagen. Sobald
Hitler in dem vorgeheizten Auto sitzt, werden seine Beine in
eine Decke gehüllt, der Mantel bis zum Kinn zugeknöpft und
der Kragen hochgeschlagen. So schnell wie möglich geht es zur
Wohnung zurück, wo das Personal den völlig entkräfteten Hitler mit heißen Bädern und Betäubungsmitteln wieder aus der
Trance holt.

Am nächsten Tag, dem 9. November, erreichte der Mythos
der nationalsozialistischen Partei, der zwölf Jahre zuvor in
Münchner Bierkellern entstanden war, seinen Höhepunkt. Bei
dumpfem Trommelwirbel und Böllerschüssen marschierten die
alten Teilnehmer des Hitlerputsches unter Hakenkreuzfahnen
durch die Straßen von München. An der Spitze des Zuges der
Gauleiter von Franken, Julius Streicher, der wegen Vergewaltigung mehrfach vorbestraft war.[31] Die erste Reihe bildeten Hitler,
Göring, Rosenberg und Himmler in Braunhemden, alle mit dem
»Blutorden« geschmückt. Nur der »Alte Kämpfer« Röhm fehlte.
Seinen Platz unter den Putschisten nahm jetzt Kriegsminister
von Blomberg ein. In diesem Jahr wurden die Särge der 15 ge-
töteten Putschteilnehmer auf Lafetten vom Friedhof in die
»Ehrenhalle« überführt, die man nach Hitlers Weisung auf dem
Königsplatz errichtet hatte.[32]

---

[31] Streicher war nicht wegen Vergewaltigung, sondern wegen der Teilnahme am Putsch
und wegen »übler Nachrede« zu Gefängnisstrafen verurteilt worden.
[32] Es handelte sich um zwei »Ehrentempel« an der Ostseite des Königsplatzes, die nach
Entwürfen von Paul Ludwig Troost erbaut wurden.

Die Stadt München war mit rotbraunen Bannern geschmückt, die das vergossene Blut symbolisieren sollten, darauf befanden sich drei goldene Runen, dem altgermanischen Gott Wotan geweiht. Die Flammen, die aus den vielen mit Öl gefüllten, auf Pylonen ruhenden Schalen stiegen, sollten die Opferfeuer germanischer Priester symbolisieren, aus denen laut der Überlieferung der nordischen Sagen die Helden nach Walhalla aufstiegen, dem Arkadien der alten Germanen.

So ließ die nationalsozialistische Partei die Mythen eines vor tausenden von Jahren verschwundenen Kults wieder auferstehen – und das im streng katholischen München.

3. Kapitel

Ende Februar 1936 traf sich Hitler in der Reichskanzlei mehrfach zu Besprechungen mit Heß, Goebbels, Göring, Kriegsminister Blomberg und Außenminister Neurath, an dessen Stelle 1938 Ribbentrop trat. Dabei wurde die Remilitarisierung des Rheinlands erörtert.[33]

Kriegsminister Blomberg wies darauf hin, dass dies ein riskantes Unternehmen sei. Deutschland verfügte zu dieser Zeit nicht über genügend Truppen für den Fall, dass die Westmächte mit Waffengewalt reagierten.

Ein von Blomberg vorgelegtes Memorandum des deutschen Generalstabs enthielt dazu folgende Überlegungen: Das im Locarno-Pakt[34] festgelegte Statut des Rheinlands stellt aus französischer Sicht eine notwendige Voraussetzung für die Sicherheit Frankreichs dar. Außerdem ist ein neutralisiertes linksrheinisches Gebiet seit Richelieu ein wichtiges Element der französischen Politik, die auf Vorherrschaft in Mitteleuropa zielt.[35]

Die Remilitarisierung des Rheinlands wäre daher ein Schlag gegen zwei Hauptpunkte der französischen Politik: dem Streben nach Sicherheit, das sich nach dem Ersten Weltkrieg weiter verstärkt hat, und der militärischen Vormachtstellung in Mitteleuropa.

Das Kräfteverhältnis zwischen Deutschland und den Westmächten, den Partnern des Locarno-Pakts, schätzte der deutsche

---

[33] Das Rheinland war im Zuge des Versailler Vertrags entmilitarisiert worden. Die Vertragsbedingungen untersagten dem Deutschen Reich auf dem linken Rheinufer sowie auf einem 50 Kilometer breiten Streifen des rechten Rheinufers Befestigungsanlagen zu errichten oder Truppen zu stationieren.

[34] Am 16.10.1925 abgeschlossenes Vertragswerk zwischen Belgien, Deutschland, Frankreich, Großbritannien, Italien, Polen und der Tschechoslowakei. Es bestand aus dem Rheingarantiepakt, in dem Deutschland die im Versailler Vertrag festgelegte deutsche Westgrenze und die Entmilitarisierung eines 50 Kilometer breiten Streifens des rechtsrheinischen Gebiets anerkannte, sowie verschiedenen Schiedsabkommen und -verträgen.

[35] Die erste dieser Besprechungen zur Rheinland-Besetzung fand am 12.2.1936 statt. Am 2.3.1936 lagen die ausgefertigten militärischen Befehle vor.

Generalstab als durchaus ungünstig für Deutschland ein. Nach seiner Auffassung war allein die französische Armee den Streitkräften, über die Deutschland zu diesem Zeitpunkt verfügte, deutlich überlegen.

Dagegen betonte Außenminister Neurath, die außenpolitische Situation für die Remilitarisierung des Rheinlands sei günstig, und sagte zu Hitler: »Jetzt oder nie!«

Der geriet über die Haltung Blombergs und des Generalstabs in Zorn und brüllte: »Was für ein unnormaler Zustand! ... Im nationalsozialistischen Staat muss die Armee die kämpferische Seite sein!«[36]

Als Hitler die Militarisierung des Rheinlands beschloss, ging er von folgenden Voraussetzungen aus:

– Frankreich wird keine entschiedenen Maßnahmen ergreifen, wenn es der Unterstützung Englands nicht sicher ist;

– England wird sich auf keinen bewaffneten Konflikt mit Deutschland einlassen, da in der Rheinland-Frage vor allem französische Interessen betroffen sind;

– England wird eine friedliche Regelung der Rheinland-Frage sogar unterstützen, weil ein Konflikt mit Deutschland Frankreich unweigerlich zwingen würde, sich auf den französisch-sowjetischen Beistandspakt zu besinnen, den die französische Volksfront-Regierung 1935 geschlossen hat. Das aber würde Sowjetrussland Tür und Tor zur Einflussnahme auf die Politik in Europa öffnen, was der Politik des englischen Kabinetts zuwiderläuft.

Goebbels rief pathetisch aus: »Mein Führer, wir sind ein junges Volk, die Franzosen haben sich überlebt, und die Engländer sind alt geworden. Das Recht der Jugend spricht für uns, es ist das einzig gültige Recht des Stärkeren!«

Die Remilitarisierung des Rheinlands begann am 7. März 1936, einem Sonntag, in aller Frühe.[37] Der Generalstab legte Hit-

---

[36] Neben der militärischen Führung befürchteten auch die Vertreter des Auswärtigen Amts mögliche negative diplomatische Auswirkungen. Goebbels beschimpfte sie daraufhin bei einer Besprechung am 6.3.1936 als »Angstmeier«.

[37] Der 7.3.1936 war kein Sonntag, sondern ein Sonnabend.

ler eine Zusammenstellung der Reaktionen der ausländischen Militärattachés auf diese Entwicklung vor. Grundlage waren offizielle Gespräche mit dem Abteilungsleiter im deutschen Generalstab, dem früheren Militärattaché Rabe von Pappenheim.

Aus den Aufzeichnungen über die Gespräche, die am 7. März stattfanden, ging hervor, dass der französische Militärattaché General Renondeau, der wie sein Botschafter François-Poncet für einen Kompromiss mit Nazideutschland eintrat, über diesen deutschen Schritt höchst irritiert war. Die Unterredung zwischen Renondeau und Pappenheim nahm beinahe dramatische Formen an.

Auf Pappenheims Frage, wie er die entstandene Lage beurteile, antwortete Renondeau, in dieser höchst angespannten Situation habe die Meinung von Botschaftern und Militärattachés keine Bedeutung, jetzt müssten die Regierungen sprechen. Auf Pappenheims nächste Frage, wie die französische Regierung nach seiner Meinung auf die Lage reagieren werde oder was er an der Stelle des französischen Regierungschefs täte, erhob sich Renondeau und verkündete mit echt französischem Pathos: »Ich, teurer Freund, ich würde Ihnen den Krieg erklären!«

Der englische Militärattaché Oberst Hotblack leitete das Gespräch mit einer sarkastischen Bemerkung ein. Er sagte zu Pappenheim, er sei der deutschen Regierung dankbar, dass sie ihm mit ihren Maßnahmen am Rhein einen »angenehmen Sonntag« bereitet habe.*

Hotblack reagierte auf die Vorgänge wesentlich gelassener als sein französischer Kollege. Besonders bemerkenswert ist Hotblacks Erklärung, man müsse jetzt alles tun, um übereilte, unüberlegte Aktionen zu vermeiden, die dann nicht mehr zu korrigieren wären. Aus dieser Erklärung könnte man schließen, dass man in der englischen Botschaft die Möglichkeit einer Vermittlerrolle Englands ins Auge fasste.

---

* [Anmerkung des sowjetischen Bearbeiters:] Die Remilitarisierung des Rheinlands begann an einem Sonntagmorgen.

Der amerikanische Militärattaché Major Truman[38] und sein Gehilfe Major Crockett, die für die Innen-, Außen- und besonders die Militärpolitik Hitlerdeutschlands immer besonderes Verständnis zeigten, brachten ihre völlige Billigung dieses Schritts im Rheinland zum Ausdruck und gratulierten Pappenheim dazu.

Zugleich äußerten sie Befürchtungen wegen möglicher Gegenmaßnahmen anderer Mächte. Nach ihrer Meinung würden sich die am Locarno-Pakt interessierten Staaten aus Prinzip – ganz zu schweigen vom militärpolitischen Aspekt der Angelegenheit – nicht einfach damit abfinden, dass Deutschland die übernommenen Verpflichtungen einseitig verletze. Wie der englische Militärattaché Hotblack erklärte auch Truman, es sei notwendig, dass von außen ein Vermittler eingreife, um die Atmosphäre zu entspannen.

Pappenheim gewann den festen Eindruck, dass Truman in der Vermittlungsfrage die Meinung von Dodd, dem amerikanischen Botschafter in Berlin, wiedergab. Aus Trumans Worten konnte man schließen, dass die Remilitarisierung des Rheinlands den amerikanischen Botschafter wenig berührte. Ihn erschütterte lediglich, dass »der Gewaltakt der Deutschen das allgemeine Prinzip der Unantastbarkeit von Verträgen verletzt«.

Die Militärattachés der kleinen Länder, die Frankreich immer noch als Siegermacht mit einer erstklassigen Armee sahen, waren der Meinung, Frankreich dürfe und werde die Besetzung des Rheinlands nicht hinnehmen, sondern kämpfen.

Der belgische Militärattaché, General Schmit, war sehr erregt. Er erklärte mit allem Nachdruck, die Westmächte duldeten nicht, dass Deutschland den Locarno-Pakt einseitig bräche. Besonders hob er hervor, dass die Remilitarisierung des Rheinlands die Lebensinteressen Belgiens verletze. Das Gespräch mit Pappenheim beendete Schmit mit kaum verhüllten Drohungen.

Am Abend des 7. März war die Remilitarisierung des Rheinlands mit lächerlich geringen Kräften vollzogen. Aus militärischer

---

[38] Gemeint ist Truman Smith, 1935 bis 1939 US-Militärattaché in Berlin, 1939 bis 1945 Deutschlandspezialist des Militärischen Nachrichtendienstes und persönlicher Berater von General George C. Marshall.

Sicht war das der reine Bluff. An die Westgrenze (Aachen, Trier, Saarbrücken) wurden ganze drei Bataillone verlegt. Ihnen unterstellte man dann Polizeieinheiten, die auf dem linken Rheinufer stationiert waren und jetzt in die Armee eingegliedert wurden.[39]

Einige Tage zuvor hatte man auf Hitlers Befehl Soldaten in Zivil, die aus dem Rheinland stammten, dorthin in Urlaub geschickt. Im Koffer trugen sie ihre Uniform und ihre persönliche Waffe bei sich. Sie hatten den Auftrag, am 7. März in Reih und Glied durch Städte und Dörfer zu marschieren, um die Franzosen mit der Tatsache zu konfrontieren, dass »deutsche Truppen eingerückt« seien.

Zu gleicher Zeit verkündete Goebbels im Rundfunk dem deutschen Volk und der ganzen Welt: »Ununterbrochen passieren deutsche Truppen die Brücken über den Rhein. Flugzeugstaffeln in endloser Folge verdunkeln den Himmel...«

Hitler und Göring hörten Goebbels' Rede an einem Empfänger der Marke Siemens im Musiksalon. Hitler schlug Göring auf die Schulter und meinte: »Göring, eigentlich sind wir doch richtige Abenteurer.«

England übernahm die Rolle des Vermittlers. Der deutsche Generalstab meldete Hitler, der englische Militärattaché Hotblack fordere von Deutschland eine »versöhnliche Geste«, damit Frankreich vor der Welt sein »Gesicht« wahren könne. Auch der amerikanische Militärattaché Truman riet mit für ihn ungewöhnlicher Beharrlichkeit zu einer solchen »Geste«.

Im Bericht des Generalstabs hieß es, aus den Gesprächen mit Truman könne man schließen, dass er den Auftrag seines Botschafters, vielleicht sogar des amerikanischen Generalstabs habe, eine Vermittlerrolle Englands über seine militärischen Kanäle zu unterstützen.

Hitler machte keinerlei Zugeständnisse, verabreichte den Westmächten jedoch, wie er sich ausdrückte, »Beruhigungspil-

---

[39] Im entmilitarisierten Rheinland waren bereits vor dem Einmarsch der Wehrmacht zwei Landespolizei-Brigaden, bestehend aus kasernierten Hundertschaften der Schutzpolizei, stationiert. Am 8.3.1936 wurden diese offiziell in die Wehrmacht eingegliedert.

len«: In einer Reichstagsrede bot er Frankreich und Belgien heuchlerisch an, mit Deutschland einen Nichtangriffspakt für 25 Jahre zu schließen.

Der Bluff mit dem Rheinland war vollständig gelungen.

Nach der Remilitarisierung des Rheinlands reiste Hitler dorthin, um sich dem Volk als einfacher Bürger im abgetragenen Ledermantel zu zeigen. Anschließend fuhr er nach München zu seiner Geliebten Eva Braun.

Eva Braun war eine Lehrerstochter. Bevor sie Hitler kennen lernte, arbeitete sie in Hoffmanns Fotoatelier. Nachdem Hitlers Nichte Nicki 1932 auf so rätselhafte Weise Selbstmord begangen hatte, brachte Hoffmann Hitler mit Eva Braun zusammen, die damals 20 Jahre alt war. Sie wurde Hitlers Geliebte. Er wies an, für sie in der Wasserburger Straße unweit seiner Münchner Wohnung eine Villa zu bauen.[40] Dort besuchte er sie jedoch nur selten. Er zog es vor, sie bei sich am Prinzregentenplatz zu empfangen, um diese Verbindung vor dem Volk geheim zu halten.

In München angekommen, rief Hitler Eva Braun zu sich. Bis sie eintraf, unterhielt er sich in bayerischer Mundart mit seiner Haushälterin Anni Winter, die ihm den neuesten Münchner Klatsch erzählte. Hitler hörte ihr gern zu. Diese durchtriebene Person hatte großen Einfluss auf ihn und spielte bei der Verteilung von Staatsämtern in Bayern eine wichtige Rolle. Sie machte Hitler auf Freunde aufmerksam, die nach Posten, Titeln und Auszeichnungen gierten. Vorwiegend protegierte Anni Winter kriminelle Elemente aus dem Kreis ihrer Parteigenossen.

Eva trifft mit einem Köfferchen ein. Sie ist ein sportlicher Typ: schlanke Figur, frische Gesichtsfarbe. Sie kleidet sich mit Geschmack. Rasch läuft sie die Treppe hinauf. Linge öffnet ihr.

---

[40] Das Haus Wasserburger Straße 12 erwarb Fotograf Hoffmann 1935 im Auftrag Hitlers für 35000 Mark. 1936 zog Eva Braun ein, 1937 oder 1938 wurde es auf ihren Namen überschrieben.

Als Hitler die Stimme seiner Geliebten vernimmt, eilt er ihr freudig entgegen. Er macht einen Scherz über Eva Brauns neues Hütchen. Hitler führt sie in sein Arbeitszimmer, wo heiße Schokolade und Tee, Kognak, Pralinen, Obst und gekühlter Champagner bereitstehen. Stundenlang gehen beide Hand in Hand im Zimmer auf und ab. Dann liest Hitler die Abendzeitungen, während Eva es sich am Kamintisch gemütlich macht, von diesem und jenem nascht. So verbringen sie gewöhnlich die Zeit, die sie beisammen sind. Erst nach Mitternacht zieht sich Hitler in sein Schlafzimmer zurück, wo Linge wie immer etwas Obst, Tee und Stimulanzmittel bereitgestellt hat, die ihm von seinem neuen Leibarzt, Dr. Morell, verordnet worden sind. Eva begibt sich in das für sie vorbereitete Zimmer oder wird von Linge nach Hause begleitet.

Morell ist ein Scharlatan im weißen Kittel, der die Lebemänner vom Kurfürstendamm* mit Hormonpräparaten beliefert. Hoffmann, der mit Morell befreundet ist, seitdem dieser ihn wegen einer Geschlechtskrankheit behandelte, empfahl ihn Hitler, der diesem sehr bald den Professorentitel verlieh und ihn für »besondere Verdienste bei der Erforschung von Sexualhormonen« mit dem Goldenen Parteiabzeichen ehrte.[41] Morell gab Hitler stimulierende Spritzen. Hitler nannte Morell seinen Retter, besonders im Krieg, als er keinen Tag mehr ohne diese Spritzen auskommen konnte.

Hitlers Verhältnis zu Eva Braun war eindeutig unnormal. Im Berghof lief Eva oft mit verweinten Augen und gequälter Miene herum. Abends zog sie sich früh zurück, während Hitler bis in die tiefe Nacht mit seinen engsten Mitarbeitern belanglose Gespräche zu führen pflegte. Die Kammerfrau fand Eva oft in Tränen aufgelöst. Wenn Hitler nicht da war, lebte sie förmlich auf,

---

* [Anmerkung des sowjetischen Bearbeiters:] Eine vornehme Straße im Westen Berlins.

[41] Morell war Facharzt für Haut- und Geschlechtskrankheiten. Darüber, dass er Hitler, wie hier suggeriert, sexuell stimulierende Mittel verordnete, existieren keine Aufzeichnungen.

gab sich ungezwungen und fröhlich, tanzte sogar. In Hitlers Umgebung hieß es, Eva Braun sitze in einem »goldenen Käfig« und sei als Hitlers Bettgenossin zu einem entsagungsvollen Leben verurteilt.

Im Mai 1937 fuhr Hitler zu einer Landwirtschaftsausstellung nach München.[42] Während des Rundgangs trat der Verbindungsoffizier zur Kriegsmarine, Kapitän Albrecht,[43] auf Hitler zu und erstattete ihm Meldung. Hitler brach die Besichtigung ab und fuhr in seine Wohnung am Prinzregentenplatz zurück. Dort verschwand er mit Albrecht in seinem Arbeitszimmer. Sie erwarteten die Ankunft des Oberbefehlshabers der Kriegsmarine, Admiral Raeder.

Hitler war sehr erregt. Die Luftwaffe der Spanischen Republik hatte den Kreuzer *Deutschland* angegriffen, der in den spanischen Gewässern aufseiten Francos operierte.[44] Hitler beschloss, Vergeltung zu üben. Nach einem halbstündigen Gespräch mit Raeder erhielt Hitlers Leibwache den Befehl, den Rückflug nach Berlin vorzubereiten.

An diesem warmen Maiabend brachten Hitlers drei Limousinen ihn vom Flugplatz Berlin-Tempelhof in die Reichskanzlei. Hitler betrat das Gebäude aber nicht wie gewöhnlich durch den Haupteingang, sondern unbemerkt durch den Park an der Göringstraße. Seine Rückkehr nach Berlin sollte geheim bleiben. Von Blomberg, Göring und Raeder, der gleichfalls nach Berlin geflogen war, und etwas später auch von Neurath kamen durch den Wintergarten.

Dort hielten sie eine Besprechung ab.

---

[42] Am 30. 5. 1937 eröffnete Hitler in München eine Leistungsschau des Reichsnährstandes.
[43] Im Mai 1937 war Kapitänleutnant Karl-Jesko Otto von Puttkamer Marineadjutant Hitlers, Kapitänleutnant Alwin-Broder Albrecht trat die Stellung erst im Juni 1938 an.
[44] Am 29. 5. 1937 bombardierten zwei Flugzeuge der Luftwaffe der Spanischen Republik das vor Ibiza liegende und in spanischen Gewässern operierende Panzerschiff *Deutschland*, nachdem dieses die Maschinen unter Beschuss genommen hatte. Bei dem Luftangriff verloren 31 Matrosen ihr Leben, weitere 75 wurden verletzt.

Hitler schimpft wütend auf den Kommandanten des Kreuzers *Deutschland*[45] und nennt ihn einen Schlappschwanz, weil er trotz erstklassiger Flak kein einziges gegnerisches Flugzeug abgeschossen hat. Noch während der Besprechung gehen chiffrierte Funksprüche an die deutschen Kriegsschiffe im Mittelmeer. Sie bringen der Bevölkerung der spanischen Hafenstadt Almería den Tod.[46] Hitler bittet Linge, auf dem Tisch des Wintergartens eine große Karte der Iberischen Halbinsel auszubreiten. Sie liegt sonst in seinem Arbeitszimmer; auf ihr verfolgt er den Verlauf des Bürgerkrieges in Spanien.

Hitler, der sich für einen Feldherrn hält, erläutert Blomberg, Göring und Raeder, welche Schritte nach seiner Meinung notwendig sind, um die Blockade von Madrid zu vollenden. Er kritisiert und beschimpft Franco: »In militärischer Hinsicht ist Franco völlig unfähig. Ein typischer Feldwebel und sonst nichts. Wozu habe ich ihm überhaupt Faupel geschickt? Wo hat der seine Augen? Er hat Franco überhaupt nicht in den Griff bekommen.«

Faupel hat Hitler im Herbst 1936 angeblich als seinen Botschafter, in Wirklichkeit aber als Militärberater in Francos Stab nach Burgos entsandt. Der betagte General, der nach dem Ersten Weltkrieg als Militärinstrukteur in Peru tätig war, hat dort Erfahrungen im Bürgerkrieg gesammelt.

Hitlers Eingreifen in den Spanischen Bürgerkrieg begann im Juli 1936, als er gerade die Bayreuther Wagner-Festspiele besuchte.

Die altgermanischen Themen, die Wagner besingt, passten zu Hitlers perverser Vorstellung von der Reinheit der germanischen Rasse. Daher pflegte er auch Freundschaft mit Wagners Verwandten. Wagners Schwiegertochter Winifred nannte Hitler »Wolf«. Das gefiel ihm sehr, der Vergleich mit diesem blutgierigen Tier imponierte ihm.

---

[45] Kommandant der *Deutschland* war Kapitän zur See Paul Fanger, er wurde im September 1937 von seinem Seekommando entbunden und zum Kommandanten der Befestigungen von Ostfriesland ernannt.

[46] Am 31.5.1937 beschossen das Panzerschiff *Admiral Scheer* und vier Torpedoboote der deutschen Kriegsmarine die spanische Hafenstadt Almería. 21 Bewohner der Stadt kamen bei dem völkerrechtswidrigen Angriff ums Leben, weitere 55 wurden verletzt.

An einem der letzten Festspieltage empfing Hitler insgeheim Graf Welczeck, den deutschen Botschafter in Spanien, der ihn in Begleitung von Vertretern der spanischen Falangisten aufsuchte.[47]

Danach begannen Flugzeuge der deutschen »Lufthansa«,[48] Städte der Spanischen Republik zu bombardieren und marokkanische Einheiten Francos nach Spanien zu transportieren. Zur selben Zeit lauschte Hitler in der erlesenen Gesellschaft von Europäern und Amerikanern, die zu den Festspielen gekommen waren, als begeisterter Verehrer Wagners Oper *Walküre*.

Franco aber gelang es auch mit den fremden Truppen aus Marokko nicht, die Armee der Spanischen Republik zu besiegen. Zwar konnte er in die Vororte von Madrid einrücken, aber seine Kräfte reichten nicht aus, um die Stadt einzunehmen.

Auf einer Besprechung bei Hitler in der Reichskanzlei im Juli 1937 wurde der Beschluss gefasst, die Militärhilfe für Spanien zu verstärken. Man stellte Franco starke Luftwaffen- und Panzerverbände zur Verfügung. Die deutsche Luftwaffe operierte über der Spanischen Republik als Legion »Condor« unter dem Befehl des Luftwaffengenerals Sperrle, der später im Zweiten Weltkrieg zum Generalfeldmarschall befördert wurde.

Neben der Unterstützung durch Luftwaffe und motorisierte Verbände lieferte Deutschland an Franco regelmäßig Waffen, Munition und weiteres Kriegsmaterial. Zur Tarnung wurden die Waffen in Hamburg an einem abgelegenen Kai, dessen Zugang von der Polizei bewacht war, auf zivile Frachtschiffe verladen. Diese fuhren unter dem Geleitschutz deutscher Kriegsschiffe, die allerdings einen gewissen Abstand hielten, bis zur spanischen Küste.

Um die militärische und technische Hilfe für Franco zu organisieren und die verschiedenen in Spanien agierenden Waffengattungen zu koordinieren, wurde beim Oberkommando der

---

[47] Johannes Graf von Welczeck wurde 1926 zum Botschafter in Spanien ernannt und im April 1936 nach Paris versetzt. Welczecks Sohn, Johannes Bernhard, war mit Sigrid von Laffert verheiratet, die zum engeren Kreis um Hitler gehörte. 1941/42 amtierte er an der deutschen Gesandtschaft in Madrid als Militärattaché.

[48] Die deutsche Luftwaffe war 1935 gebildet worden; bis zu diesem Zeitpunkt operierte man unter dem Deckmantel der zivilen Fluggesellschaft.

deutschen Wehrmacht ein »Sonderstab W« gebildet. Sein Chef war General Jaenecke.[49]

Er erstattete Hitler persönlich Bericht über den Verlauf des Bürgerkriegs in Spanien und über die Erfahrungen, welche die deutschen Truppen im Kampf gegen die Spanische Republik sammelten. Bei der Berichterstattung bestand Hitler darauf, die Kampfhandlungen gegen die Republikaner maximal zu entfalten. Er erklärte, er werde Franco alles geben, was notwendig sei, um ganz Spanien so schnell wie möglich zu besetzen.

Der Sommer 1937 ging dahin. Deutschland arbeitete fieberhaft an seiner Aufrüstung. Für den Herbst jenes Jahres waren Manöver aller Waffengattungen der neu ausgerüsteten deutschen Armee angesetzt. Dabei sollten die nach dem Versailler Vertrag verbotenen modernen Waffen und Verbände – schwere Artillerie, Panzer, Panzerabwehrkanonen, motorisierte Einheiten, Luftwaffe und Fliegerabwehr-Artillerie – zum ersten Mal in großem Umfang erprobt werden.[50]

»Die Front nach Osten!« – Unter dieser Losung fanden in diesem Jahr die Herbstmanöver in Mecklenburg und Pommern statt.[51] Die Aufgabe bestand darin, den Kampf zweier Gegner im Ostseeraum zu simulieren. Dieses Problem spielte eine wesentliche Rolle in dem vom deutschen Oberkommando erstellten Plan für die Kriegführung im Osten. Es war klar, dass als künftiger Gegner Sowjetrussland ins Auge gefasst wurde. Die Manö-

---

[49] Die erste Besprechung der neu gebildeten Abteilung »Dienststelle General Wilberg« fand am 27.7.1936 statt, um die Einzelheiten der Unterstützung für die aufständischen spanischen Militärs zu erörtern. Aus ihr entstand der »Sonderstab W«.

[50] Deutschland war der Besitz von Flugzeugen, Panzern, Flak und schwerer Artillerie durch den Versailler Vertrag verboten worden. Im Rahmen der Zusammenarbeit zwischen Reichswehr und Roter Armee wurden diese Waffen jedoch von 1925 bis 1933 in der Sowjetunion erprobt.

[51] Die Manöver der deutschen Wehrmacht fanden vom 19. bis zum 30.9.1937 statt. Erstmals waren an ihnen alle drei Teilstreitkräfte der Wehrmacht beteiligt. Ein »Motto« hatte das Manöver nicht.

ver sollten die unter Bruch des Versailler Vertrags wiederherge-
stellte militärische Stärke Deutschlands demonstrieren. Mit der
Anwesenheit Mussolinis bei den Manövern wollte man die militärische Bedeutung der ein Jahr zuvor geschaffenen Achse Berlin–Rom besonders herausstellen.

Der in politischer und in militärischer Hinsicht aggressive
Charakter der Manöver war so eindeutig, dass man ihn auch in
England nicht missverstehen konnte.

Trotzdem teilte Major Haig, der Gehilfe des englischen Militärattachés in Berlin, kurz zuvor dem deutschen Generalstab
mit, der britische Generalstabschef habe den Wunsch geäußert, zu
den Herbstmanövern dieses Jahres eingeladen zu werden. Dem
Wunsch des britischen Generalstabs wurde stattgegeben. Er erhielt eine Einladung zu den Manövern der deutschen Wehrmacht.
Daraus ergab sich eine pikante Situation: Im September 1937 standen auf einem deutschen Truppenübungsplatz Seite an Seite Hitler, Mussolini und der verantwortliche Vertreter des britischen
Generalstabs, Feldmarschall Montgomery-Massingberd.[52]

Hitler und Mussolini zeigten sich mit strahlender Miene in
Siegerpose.[53] Auch Montgomery-Massingberd schien zufrieden – wahrscheinlich, weil hier alles nach Osten gerichtet war
und britische Interessen unberührt blieben.

In Hitlers Umgebung stellte man mit Befriedigung fest, die
Teilnahme eines Vertreters des britischen Generalstabs als Hitlers Gast an den Manövern sei eindeutiger Beweis dafür, dass
England den Aufbau und die Verstärkung der deutschen Wehrmacht nicht nur hinnahm, sondern sogar mit Wohlwollen sah.

Damit leistete England der Welt einen schlechten Dienst.

---

[52] Anstelle von Montgomery-Massingberd beobachtete die deutschen Herbstmanöver
der damalige britische Generalstabschef, Feldmarschall Cyril John Deverell.
[53] Der Besuch der Truppenübung erfolgte am 26.9.1937, dabei wurde den Manöver-
gästen ein von mehreren Bombergeschwadern unterstützter Großangriff zweier Panzer-
brigaden vorgeführt.

4. Kapitel

Den November 1937 verbrachte Hitler auf seinem Schloss Berghof. Eva Braun hatte dort ihre Freundinnen um sich versammelt. Das waren Frauen, die sich leichtfertig, zuweilen anstößig benahmen, wie sie es aus der Münchner Bohème gewohnt waren. Bei Tisch unterhielten sie sich hemmungslos über die intimsten Dinge. Wenn ihnen die Ordonnanzen von der SS Erfrischungen aufs Zimmer brachten, liefen sie halbnackt herum, ohne sich zu genieren. Und wenn es abends Filme gab, redeten sie laut darüber, wie die Schauspieler gebaut waren. »Was für ein wunderbar männlicher Typ!«, konnte man da hören. Ganz offen tauschten sie sich auch über die ungewöhnlich hochgewachsenen Soldaten von Hitlers Leibwache aus. Besonders genossen sie es, wenn der Fotograf Hoffmann seine zynischen Witze machte oder der Leibarzt Morell aus seiner Praxis am Kurfürstendamm plauderte.

Hitler nahm von dem Geplapper der Damen in jenen Tagen kaum Notiz. Er hielt das für normal, denn für ihn galt der Grundsatz: Eine Frau hat dumm zu sein.

Ihn beschäftigte damals nur eine einzige Frage: Österreich. Da es dort immer wieder zu Zusammenstößen zwischen Nationalsozialisten, die von Berlin aufgehetzt wurden, und Anhängern der Regierung Schuschnigg kam, mussten sich viele österreichische Nazis nach Bayern absetzen.

Aus ihnen wurde die so genannte »Österreichische Legion« aufgestellt und von österreichischen Offizieren und Unteroffizieren aus der Leibstandarte »Adolf Hitler« im Exerzieren und im Straßenkampf ausgebildet. Der Stab der österreichischen SA, den man nach München verlegt hatte, schleuste die in der Österreichischen Legion ausgebildeten Kämpfer für Sabotageakte nach Österreich ein. Auf Hitlers Wunsch wurde vor dem Berghof zu seinen Ehren eine Parade der Österreichischen Legion abgehalten. Hitler rief sie dazu auf, im Kampf für ein nazistisches Österreich nicht nachzulassen. Schließlich sei es seine Heimat, die so oder so an das Deutsche Reich angeschlossen werde.

Am 14. November erwartete man auf dem Obersalzberg den Besuch von Halifax, Lordsiegelbewahrer im Kabinett von Chamberlain.[54] In seiner Person nahm England mit Hitler Verhandlungen über den Anschluss Österreichs an Deutschland auf. Gegen 3.00 Uhr nachmittags traf der hoch gewachsene, hagere Halifax auf dem Berghof ein. Der Hausherr erwartete ihn persönlich an der Tür, drückte ihm herzlich die Hand und geleitete ihn dann zur Garderobe.

Als Halifax den Mantel abgelegt und zwei wollene Pullover ausgezogen hatte, wirkte er noch magerer. Er folgte Hitler in dessen Arbeitszimmer, wo das Gespräch in Gegenwart von Neurath und des Dolmetschers Schmidt stattfand. Etwa eineinhalb Stunden später kamen Halifax und Hitler wieder heraus. Ihre Mienen zeigten völliges Einverständnis.

Als Halifax abgefahren war, blieb Hitler in Hochstimmung zurück. Er rieb sich die Hände und schlug sich auf die Schenkel, als hätte er gerade ein gutes Geschäft gemacht.

Beim abendlichen Gespräch amüsierten sich Eva Brauns Freundinnen über Halifax' Aufzug und seine lange, dürre Gestalt. Hitler nahm ihn in Schutz. Er lobte ihn als klugen Politiker, der Deutschlands Ansprüche voll unterstütze. Hitler betonte, Halifax habe ihm versichert, England werde Deutschland nicht an seiner Politik gegenüber Österreich hindern. Mehr noch, Halifax habe erklärt, England wolle mit Deutschland parallel zur Achse Berlin–Rom einen Vertrag schließen. Dieser solle die deutsch-italienischen Beziehungen allerdings nicht beeinträchtigen. Freudig rief Hitler aus: »Ich habe doch immer gesagt, dass die Engländer mit mir an einem Strang ziehen werden, denn sie lassen sich in ihrer Politik von dem gleichen Grundsatz

---

[54] Der Besuch von Lord Halifax auf dem Obersalzberg fand nicht am 14.11., sondern erst am 19.11.1937 statt. Zudem war Edward Lord Halifax zu diesem Zeitpunkt nicht mehr Lordsiegelbewahrer, sondern Vorsitzender des Geheimen Rates im britischen Kabinett.

leiten wie ich: An erster Stelle steht die Vernichtung des Bolschewismus.«[55]

Nach der Begegnung mit Halifax rief Hitler den österreichischen Legionären zu, die vor dem Schloss Berghof vorbeidefilierten: »Bald naht die Stunde, da eure Wünsche sich erfüllen!«

Kaum war das Jahr 1937 zu Ende, da erreichten die von der Hitlerpartei in Wien geschürten Unruhen das Stadium, das Hitler brauchte. Aber seine gute Stimmung nach dem vielversprechenden Treffen mit Halifax war dahin. Die Regierung in Wien leistete gegen den »Anschluss« nach wie vor hartnäckigen Widerstand.

Schuschnigg und die österreichischen Monopolherren widersetzten sich dem Anschluss, weil dieser ihnen die wirtschaftliche Unabhängigkeit raubte und ihre eigenen aggressiven Pläne durchkreuzte. Für sie galt die Formel: Österreich ist der zweite deutsche Staat, der eine besondere Mission in Südosteuropa zu erfüllen hat. Die Lebensfähigkeit eines von Deutschland unabhängigen Österreichs begründeten die Kreise um Schuschnigg damit, dass Österreich im Krieg 1914–1918 slawische Völkerschaften in den Kampf für die deutsche Nation geführt hatte.

Über das Verhalten der Regierung Schuschnigg empört, rief Hitler den Regierungschef zu sich auf den Obersalzberg. Am 11. Februar 1938 traf der österreichische Kanzler dort ein.[56] Hitler empfing Schuschnigg ohne jedes Zeremoniell in seinem Arbeitszimmer. Seine Miene war düster, die Stirn gerunzelt. Damit wollte er Schuschnigg von vornherein klar machen, welcher Sturm ihn erwartete. Das Gespräch führte Hitler ohne Zeugen.

Bald aber war seine Donnerstimme über die ganze Etage zu hören: »Gnädiger Gott! Was denken Sie sich eigentlich? Ich, ein

---

[55] Halifax notierte am 21. 11. 1937 auf der Rückfahrt von Berlin nach Calais über sein Treffen mit Hitler und dessen Verständigungswillen mit England: »Wenn ich mich nicht vollkommen täusche, wollen die Deutschen von Hitler bis zum Mann auf der Straße im Allgemeinen freundschaftliche Beziehungen zu Großbritannien.«

[56] Das Treffen mit Schuschnigg, der von hohen Beamten und dem deutschen Botschafter in Wien, Franz von Papen, begleitet wurde, fand nicht am 11., sondern am 12. 2. 1938 auf dem Obersalzberg statt.

Österreicher von Geburt, bin von der Vorsehung bestimmt, ein großdeutsches Reich zu schaffen! Und Sie stellen sich mir in den Weg! Ich werde Sie zertreten!«

Hitler läutete nach Linge, der an der Tür des Arbeitszimmers Dienst tat. Als dieser eintrat, erblickte er den zusammengesunkenen Schuschnigg und den wutschnaubenden Hitler. Mit funkelnden Augen herrschte er Linge an: »General Keitel soll kommen!«

Wegen Schuschniggs Besuch hielt sich Keitel bereits seit dem frühen Morgen im Schloss auf. Gestiefelt, gespornt und in voller Bewaffnung wirkte er wie der Kriegsgott Mars persönlich.

Keitel war Hitlers treuester General. Er hatte Blomberg abgelöst, der wegen seiner Unentschlossenheit bei der Remilitarisierung des Rheinlands in Ungnade gefallen war. Diesen sollte Hitler später noch oft erwähnen: »Er ist zu weich für mich. Bei meinen weiteren Plänen kann ich ihn nicht brauchen.«[57]

Als Hitler Keitel zu sich rief, saß der im Wintergarten. Er schnallte seinen Säbel um, warf wie Hitler noch einen prüfenden Blick in den großen Spiegel, ob er auch kriegerisch genug aussehe, und eilte dann waffenklirrend die Treppe zu Hitlers Arbeitszimmer hinauf.

Kurz darauf geleitete Keitel Schuschnigg nach unten. Die SS-Leute, die überall herumstanden, fanden, dass Schuschnigg ziemlich kläglich wirkte. Der zog sich völlig verwirrt und mit einer fahrigen Bewegung zurück, die, wie die SS-Leute lachend meinten, wohl einen Hitlergruß andeuten sollte.

Beim Abendessen führte Hitler vor, wie er den unglückseligen Kanzler »fertig gemacht« hatte: »Als Keitel eintrat, habe ich ihn gefragt: ›Wie viele Divisionen stehen an der Grenze, Keitel?‹ Und weiter: ›Was berichtet die Aufklärung über die Armee des Gegners, Keitel?‹ Und Keitel antwortete verächtlich: ›Nicht der Rede wert, mein Führer.‹ Es gab nur einen Auftritt – den des ›Kriegsgottes‹ Wilhelm Keitel«, lachte Hitler schallend.

---

[57] Entlassungsgrund Blombergs war seine Heirat mit einer vorbestraften Prostituierten.

Bald nachdem Hitler Schuschnigg empfangen hatte, kehrte er nach Berlin zurück. In der Reichskanzlei kursierten Gerüchte, laut Informationen des deutschen Botschafters in Österreich, von Papen, lege sich Schuschnigg weiterhin quer und habe England um Hilfe gebeten. Nun setzte in der Reichskanzlei hektische Betriebsamkeit ein. Hitler empfing Henderson, den englischen Botschafter in Deutschland. Außerdem hatte er mehrere Besprechungen mit Göring, Keitel und dem Oberbefehlshaber des Heeres, von Brauchitsch. Mit Wien wurde fieberhaft telefoniert. Am Nachmittag des 11. März erschien Göring bei Hitler. Abends kam ein Anruf aus Wien. Hitler ordnete an, das Gespräch in den Musiksalon zu legen, der besser abgeschirmt war. Am Apparat war Seyß-Inquart, der Führer der österreichischen Nazis. Bevor Hitler ein Wort sagen konnte, riss die Verbindung ab. Ferngespräche brachten ihn immer aus der Fassung, aber jetzt war er doppelt nervös.

Mit dem Telefon stand Hitler auf Kriegsfuß. Oft wurde seine Leitung von fremden Gesprächen überlagert, was zu absurden Situationen führte. Als jemand Hitler fragte, wer er sei, und er wahrheitsgemäß antwortete, hieß es am anderen Ende: »Du bist wohl übergeschnappt!« In Bayreuth fragte ihn einer am Telefon nach der Uhrzeit. Dann wieder, als Hitler mit Eva Braun sprach, hielt man ihm entgegen: »Privatgespräche sind hier nicht gestattet.«

Bei dem Ferngespräch mit Wien am 11. März war die Telefonvermittlung der Reichskanzlei der Situation offenbar nicht gewachsen. Aus unerfindlichen Gründen reichte der Strom nicht, um das Gespräch in die Privaträume des Führers zu legen. Hitler und Göring mussten schließlich in die Vermittlung kommen, wo Hitler den Hörer nahm. Nach einer langen Pause meldete sich jemand, aber es war nur der Fernmeldemechaniker. Hitler verlor endgültig die Nerven und übertrug Göring die »schwere« Aufgabe.

Göring, der mit seiner Leibesfülle fast den ganzen Raum für sich braucht, bekommt schließlich Verbindung zu Seyß-Inquart. Er ruft in den Hörer: »Hallo, Seyß, was ist denn bei euch los?« Er hört eine halbe Minute zu und stellt dann Hitler halblaut eine

Frage. Dieser stand am Sofa, ein Knie darauf gestützt, und drehte aufgeregt an der Schnur eines Vorhangs. Plötzlich riss er so stark daran, dass der ganze Vorhang auf das Sofa fiel. Hitler schrie: »Ja, ja, er soll handeln!« Göring beendete das Gespräch mit den Worten: »Alles in Ordnung, wir sind uns einig. Auf baldiges Wiedersehen!«

Dass Schuschnigg zur Frage des Anschlusses Österreichs an Deutschland eine Volksabstimmung ansetzte, brachte Hitler zur Weißglut.

Am nächsten Tag, dem 12. März, um 9.00 Uhr morgens, startete Hitler, von Jagdflugzeugen begleitet, in Berlin und landete auf dem Flugplatz Oberwiesenfeld bei München.

Von dort fuhr er mit dem Auto zum Stab der Heeresgruppe von Bock, der sich in Mühldorf an der österreichischen Grenze befand.

Am selben Tag marschierten deutsche Truppen in Österreich ein.

Hitler erreichte mit der Vorausabteilung seiner Leibstandarte gegen Abend Linz. Dort verkündete er vom Rathausbalkon den Anschluss Österreichs an das Deutsche Reich. Neben ihm stand der neue österreichische Kanzler, sein Günstling Seyß-Inquart. Schuschnigg hatte ihm eiligst den Posten des Kanzlers abgetreten.

Am 14. März traf Hitler in Wien ein. Die Leibstandarte hatte bereits die Gewährleistung der Sicherheit in der Stadt übernommen. Hitler stieg im Hotel Imperial ab, wo Kardinal Innitzer von der katholischen Kirche »seinen Führer« willkommen hieß. In Wien rief Hitler das Großdeutsche Reich aus.

Einen Tag später trug die Wiener Garnison bereits den deutschen Adler an der Uniform.

Durch den Anschluss Österreichs hatten Deutschlands Verbündete Ungarn und Italien jetzt mit ihm gemeinsame Grenzen. Die

Tschechoslowakei dagegen war von Norden, Süden und Westen eingeschlossen.

Auf der Tagesordnung stand nun die Einverleibung dieses friedlichen Staates. In der deutschen Presse war ganz offen von einer Annexion der Tschechoslowakei als Teil des Plans von Hitlers Aggression in Richtung Osten die Rede.

Die Vorbereitung begann damit, dass die Sudetendeutschen, die in den Grenzgebieten der Tschechoslowakei siedelten, von der Führung ihrer nationalsozialistischen Organisation zu Provokationen gegen die Tschechen aufgehetzt wurden.[58]

Auf dem Parteitag der nationalsozialistischen Partei Deutschlands in Nürnberg in der ersten Septemberhälfte des Jahres 1938 erreichte die Verleumdungskampagne gegen die Tschechoslowakei ihren Höhepunkt.

Der Parteitag fand unter der Losung eines »Großdeutschlands« statt und diente der Entfaltung der deutschen Expansion nach Osten. Hitler spielte sich dort als Beschützer der Sudetendeutschen auf, die angeblich von den Tschechen geknechtet würden. In seiner Rede vom 12. September erklärte Hitler: »Ich dulde nicht länger, dass die Tschechen dreieinhalb Millionen Deutsche bevormunden!«[59] Seine hysterische Rede war voller Schmähungen und Beleidigungen an die Adresse der Tschechoslowakei.

Zugleich liefen die militärischen Vorbereitungen. Deutsche Truppen unter dem Oberbefehl des Generals von Leeb wurden an der tschechischen Grenze zusammengezogen. Der österreichischen Armee, die nun in die deutsche Wehrmacht eingegliedert war, wurde von General List eilig preußischer Drill beigebracht.

---

[58] In der nach dem Ersten Weltkrieg gebildeten Tschechoslowakei lebten rund 3,5 Millionen Deutsche. Seit 1933 verschärften sich die Spannungen zwischen der deutschen Minderheit und dem tschechoslowakischen Staat, die Hitler zum Anlass nahm, die Abtretung des Sudetenlandes an das Deutsche Reich zu fordern.

[59] Wörtlich sagte Hitler: »…aber ich stelle die Forderung, dass die Unterdrückung der 3,5 Millionen Deutschen in der Tschechoslowakei aufhört und an dessen Stelle das freie Recht tritt.«

Die Bündnisverpflichtungen Frankreichs gegenüber der Tschechoslowakei kümmerten Hitler wenig. Er meinte: »Die Franzosen werden die Maginot-Linie[60] nicht überschreiten.«

Hitlers Rede auf dem Nürnberger Parteitag und die deutschen Truppenkonzentrationen an der tschechischen Grenze verfehlten in London ihre Wirkung nicht.

Am 15. September, der Parteitag war kaum zu Ende, landete der englische Premierminister Neville Chamberlain auf dem Salzburger Flughafen, der in der Nähe von Hitlers Schloss Berghof lag. Auf dem Flughafen hießen Außenminister Ribbentrop und der Chef des Protokolls, Freiherr von Dörnberg, Chamberlain samt Mitarbeitern willkommen.[61]

An der Treppe zum Schloss wurde Chamberlain von Hitler persönlich in Naziuniform erwartet. Neben ihm standen seine Adjutanten Brückner und Schmundt sowie der Gesandte Hewel, Ribbentrops ständiger Beauftragter bei Hitler.

Hitler begrüßt Chamberlain mit erhobenem Arm. Der winkt freundlich mit dem Hut. Sie drücken sich die Hand, stellen einander ihre Mitarbeiter vor und gehen dann die breite Treppe hinauf. Am Schlosseingang ist ein Zug SS-Männer mit Trommeln platziert. Hitler und Chamberlain schreiten die Ehrenwache ab. Chamberlain winkt mit dem Hut, an seinem linken Arm hängt ein Regenschirm.

Hitler führt Chamberlain zur Garderobe und dann in sein Arbeitszimmer im ersten Stock, wohin ihm Ribbentrop und der Dolmetscher Schmidt folgen. Chamberlains Mitarbeiter wer-

---

[60] Nach dem französischen Kriegsminister André Maginot benannter, 150 Kilometer langer Befestigungsgürtel an der französisch-deutschen Grenze, der aus 39 Festungswerken, 70 Bunkern, 500 Artillerie- und Infanterieblöcken sowie 500 Kasematten, Unterständen und Beobachtungsposten bestand. Die zwischen 1929 und 1932 gebaute und als unüberwindbar geltende Maginot-Linie führte in Frankreich zu einer fatalen Fehleinschätzung der militärischen Lage und damit zu einer Defensivstrategie, die letztlich im Frühjahr 1940 die Niederlage zur Folge hatte.
[61] Chamberlain, der lediglich bis München flog und von dort mit dem Zug nach Berchtesgaden reiste, wurde von seinem Wirtschaftsberater und dem Leiter der Mitteleuropa-Abteilung im Foreign Office begleitet. Neville Henderson, der britische Botschafter in Berlin, war ebenfalls anwesend.

den in den Wintergarten geleitet, wo man ihnen Kaffee serviert.

Nach einem dreistündigen Gespräch mit Hitler verabschiedet sich Chamberlain wieder. Vor dem Schloss empfängt ihn noch einmal der Trommelwirbel der Ehrengarde, Hitler begleitet den englischen Premierminister zum Wagen, wo beide einen herzlichen Händedruck wechseln.

In Begleitung von Ribbentrop kehrt Chamberlain nach Salzburg zurück und verbringt dort die Nacht im Hotel Österreichischer Hof. Am nächsten Tag fliegt er nach London zurück.

Nachdem Chamberlain abgefahren ist, geht Hitler mit dem Gesandten Hewel auf und ab. Nach und nach öffnen sich die Zimmer, wo Eva Braun mit ihren Freundinnen auf die Abfahrt der englischen Gäste gewartet hat. Allmählich verflüchtigt sich die offizielle Atmosphäre im Schloss.

Der Gesandte Hewel berichtet, die britische Regierung sei vom militanten Ton des nationalsozialistischen Parteitages aufgeschreckt worden; daher wolle Chamberlain persönlich Hitler aufsuchen, um sich ein Bild über seine Forderungen zu machen. Diese laufen gegenwärtig darauf hinaus, dass Deutschland Anspruch auf das Sudetengebiet erhebt. Chamberlain hat zu verstehen gegeben, dass London dazu eine wohlwollende Haltung einnimmt. Er sei bereit, noch einmal anzureisen, um zu erörtern, wie die Übergabe des tschechoslowakischen Sudetenlandes an Deutschland zu bewerkstelligen sei.

Linge schaut auf die Uhr. Zeit für das Abendessen. Er meldet Hitler, dass alles bereit sei. Im Speisezimmer begrüßt Hitler die Damen, die aus ihren Villen gekommen sind – die Gattinnen von Generalbauinspekteur Albert Speer und Reichsleiter Martin Bormann. Hitler führt Frau Speer zu Tisch, deren Ehemann später als Aufseher riesiger Sklavenheere aus Kriegsgefangenen und friedlichen Bürgern bekannt werden wird. Ihnen folgt Bormann mit Eva Braun. Die Übrigen tun es ihnen gleich, und bald ist das Speisezimmer vom Stimmengewirr der Tischgespräche erfüllt. Die Frauen, die Chamberlain durchs Fenster beobachtet haben, machen sich über den altmodischen Engländer lustig, der sich nie von seinem Regenschirm trennt. Hitler erklärt großsprecherisch: »Der Alte hat zum ersten Mal im Leben ein Flugzeug bestiegen, um zu mir zu kommen.« Dann meint er ironisch: »Der wird wohl noch einmal als Zielscheibe für euren Spott herhalten müssen.«

In der Tat flog Chamberlain eine knappe Woche später, am 20. Oktober,[62] wieder nach Deutschland – diesmal mit einem ganzen Stab von Mitarbeitern. Für die Verhandlungen wurde diesmal Bad Godesberg am Mittelrhein ausgewählt, hundert Flugminuten von London entfernt. Als Gesprächsort diente das Hotel Dreesen.

Der Eigentümer Dreesen und seine Frau waren Hitlers alte Parteifreunde. Schon vor 1933 hatte er bei ihnen gewohnt. Nach Hitlers Machtübernahme wurde Dreesen Vorsitzender des nationalsozialistischen Hotelierverbandes.[63] Zu Ehren der Briten ist das Hotel Dreesen mit neuen Möbeln und Teppichen ausgestattet worden. Dort nehmen Hitler und sein Gefolge Quartier. Chamberlain wird auf dem gegenüberliegenden Rheinufer im Hotel Petersberg untergebracht.

Am Abend des 22. September setzt man die englischen Gäste mit der Motorfähre nach Bad Godesberg über. Ribbentrop und Freiherr von Dörnberg begleiten Chamberlain zu dem nahe gelegenen Hotel, wo Hitler ihn erwartet.

Demonstrativ und entgegen allen Regeln der diplomatischen Etikette trägt Ribbentrop einen einfachen Straßenanzug, dazu das braune Nazihemd.

Durch ein Spalier von SS-Leuten erreichen sie das Vestibül des Hotels und gehen in den ersten Stock hinauf. Das größte

---

[62] Hier ist den Bearbeitern offensichtlich ein Fehler unterlaufen, wie dem weiteren Kontext des Dokuments zu entnehmen ist. Die britische Verhandlungsdelegation reiste am 22. 9. 1938 an.

[63] Fritz Dreesen ermöglichte Hitler nach der Entlassung aus der Haft 1925 einen kostenlosen Erholungsurlaub im familieneigenen Rheinhotel. Die NSDAP nutzte das günstig gelegene Haus seitdem gelegentlich für Tagungen und offizielle Empfänge. Dreesen war nicht Vorsitzender des Deutschen Hotel- und Gaststättenverbandes, engagierte sich aber in verschiedenen Gremien.

Zimmer in Hitlers Appartement dient als Besprechungsraum. Hitler ist schon da.

Eine Stunde später erscheint Chamberlain erneut im Vestibül, überall sind SS-Posten aufgestellt. Er wirkt nicht mehr so zufrieden wie vor dem Gespräch. Chamberlain steigt in sein Auto, das ihn zur Fähre bringt.

Hewel äußert gegenüber Brückner und Linge: »Der Führer und Ribbentrop wissen, wie man mit den Engländern umspringen muss. Sie schrauben ihre Forderungen immer höher, und Chamberlain muss ständig tiefer in die Tasche greifen. Aber die City interessiert Moral nicht, dort kennt man nur das Geschäft. Die vornehmen Gentlemen wissen selbst, dass sie große Halsabschneider sind.«

Abends meldete Dörnberg, der im Hotel der Engländer wohnte, dass Henderson, der Botschafter aus Berlin, dort aufgetaucht sei. Einige Zeit später suchte Henderson Hitler im Hotel auf, um mit ihm im Auftrag Chamberlains zu verhandeln. Er wurde zu Hitlers Arbeitszimmer geführt. Der in der Tür stehende Ribbentrop fragte Henderson grob und ohne Umschweife: »Nun, Mr Henderson, was sagt Mr Chamberlain?« Henderson drängelt sich an ihm vorbei durch die Tür. Hitler äußerte nach Gesprächen mit Henderson häufig, dieser agiere zugunsten Deutschlands und übermittle alle Wünsche der Deutschen diensteifrig nach London.

Als Henderson gegangen ist, wird Hewel zu Hitler und Ribbentrop gerufen. Anschließend muss eine Sekretärin zu Ribbentrop zum Diktat. Aus seinem Zimmer hört man die Schreibmaschine klappern. Dort formuliert man in aller Eile Hitlers Forderungen an die Tschechoslowakei, die noch am selben Tag den Engländern übergeben werden sollen. Die getippten Seiten bringt Hewel zum Korrekturlesen zu Hitler und wieder zu Ribbentrop zurück. Manchmal kann man auch Ribbentrop selbst mit den Blättern in der Hand zu Hitler eilen sehen. An der Formulierung der Forderungen war auch Gaus, der Leiter der Rechtsabteilung des Auswärtigen Amtes, beteiligt. Endlich steht der Wortlaut der Forderungen fest. Aber Hitler gibt sich noch nicht zufrieden. Er ruft Linge zu sich und ordnet an, Hewel möge den letzten Teil des Textes noch einmal bringen. So geht es bis spät in die Nacht. Auch im Hotel Petersberg am anderen Rheinufer, wo Chamberlain logiert, brennt noch lange das Licht, und die Fähre eilt viele Male von einer Seite des Rhein zur anderen.

Zwanzig Stunden später, am Abend des 23. September, erscheint Chamberlain noch einmal in Hitlers Hotel. Beide sprechen in Anwesenheit von Ribbentrop und Schmidt lange miteinander. Während des Gesprächs wurden Karten der Tschechoslowakei benötigt, die Hewel brachte. Als er wieder aus Hitlers Arbeitszimmer herauskam, meinte er zufrieden, jetzt laufe die Sache wie geschmiert. Vielsagend fügte er hinzu: »Der Führer springt mit Chamberlain nicht sehr gnädig um und hat starken Druck ausgeübt. Chamberlain hat im Namen Englands recht eindeutige Versprechungen hinsichtlich der Übergabe des Sudetenlandes an Deutschland gemacht. Er wird auch auf unsere anderen Forderungen eingehen müssen.«

Bald darauf waren die Verhandlungen abgeschlossen. Hitler und Chamberlain kamen die Treppe herunter. An einer Palme im Vestibül stellte sich ihnen Hitlers Fotograf Hoffmann in den Weg. Mit Blitzlicht machte er eine vielsagende Aufnahme: Hitler mit dem britischen Premierminister Chamberlain unter der »Friedenspalme«.

Chamberlain flog nach London zurück, Hitler nach Berlin. Dort erwartete er die Antwort der tschechoslowakischen Regierung auf seine Forderungen, die von den Engländern übergeben worden waren. Aber Prag beugte sich nicht.[64] Hitler ist außer sich

---

[64] Großbritannien und Frankreich unterstützten die Tschechoslowakei in dieser Haltung. Chamberlain drohte Hitler mit »offensiven Maßnahmen« und versetzte die Flotte in Kriegsbereitschaft. Frankreich berief Reservisten ein.

vor Wut. Er sagt: »Wir führen keine Verhandlungen mehr. Wir schlagen los!« Seiner Leibwache gibt er den Befehl, statt der schwarzen SS-Uniform die graue der Wehrmacht anzulegen, um seine kriegerische Stimmung zu demonstrieren.

In diesen Tagen ging Attolico, der italienische Botschafter in Berlin, in der faschistischen Uniform der italienischen Schwarzhemden bei Hitler ein und aus. Am 27. September 1938 erschien er viermal. Als er die Reichskanzlei an diesem Tag zum dritten Mal verließ, sagte Hitler in einem Ton, in dem sich Ärger und Zufriedenheit mischten, zu Linge, der ihm die Zeitungen brachte: »Der hat die Hosen voll! Wenn wir uns nach seinem Rat richten würden, dann brächten wir die Sache nie zu Ende.«

Spätabends wurde in der Reichskanzlei bekannt, Hitler habe sich von Mussolini überreden lassen, der Einberufung einer Konferenz der vier Mächte Deutschland, England, Frankreich und Italien zur Sudetenfrage zuzustimmen.[65] Am 28. September bereitete sich Hitler frühmorgens auf die Abreise nach München vor, wo die Konferenz stattfinden sollte.[66] Abends fuhr Hitlers Zug vom Anhalter Bahnhof in Berlin ab und hielt am nächsten Morgen in Kufstein/Tirol. Hier sollte er den Duce auf dem Weg nach München treffen.

Auf dem Bahnsteig keine Menschenseele. Der Bahnhof ist geschlossen. Auf dem gegenüberliegenden Gleis rollt der Zug des Duce ein. Aus einem Wagen tritt Mussolini auf den Bahnsteig hinaus. Hitler eilt ihm entgegen. Er drückt beide Hände seines Verbündeten und schaut ihn mit weit geöffneten Augen bedeutungsvoll an. Sie steigen in Hitlers Salonwagen und setzen die Fahrt nach München gemeinsam fort. In München fahren

---

[65] Mussolini wiederum erfüllte mit dem Vermittlungsangebot einen Wunsch Chamberlains.

[66] Der italienische Botschafter Bernardo Attolico suchte die Reichskanzlei nicht am 27., sondern am 28.9.1938 mehrmals auf, um Mussolinis Vorschlag zur Einberufung einer Konferenz zu übermitteln. Um 15.00 Uhr teilte er diesem telefonisch Hitlers Zustimmung mit. Der Beschluss über die Einberufung der Münchner Konferenz wurde am 28.9.1938 um 19.40 Uhr amtlich bekannt gegeben. Hitler bereitete seine Abreise nach München folglich erst am späten Nachmittag des 28.9. vor.

Hitler und Mussolini zusammen zum Prinz-Carl-Palais, wo der Duce mit seinem Schwiegersohn, Außenminister Graf Ciano, untergebracht ist.

In Münchens Straßen deutete nichts darauf hin, dass eine Viermächtekonferenz bevorstand. Auf Hitlers Befehl waren in diesen Tagen alle öffentlichen Ovationen untersagt. Damit wollte er den ausländischen Staatsmännern zu verstehen geben, dass das nationalsozialistische Deutschland internationale Konferenzen verachtete. Für Konferenzen und Parlamentssitzungen hatte Hitler nur ein Wort übrig: »Schwatzbude«.

Chamberlain wurde auf dem Flughafen Oberwiesenfeld bei München von Ribbentrop und dem in der Uniform eines SS-Brigadeführers erschienenen bayerischen Staatsrat Christian Weber empfangen. Diesen Münchner Großspekulanten und erbitterten Gegner des Bolschewismus hielt man für geeignet, bei der Begrüßung des Premierministers Seiner Majestät des britischen Königs zugegen zu sein.

Für Chamberlain und seine Mitarbeiter war das Hotel Regina reserviert. Den französischen Premier Edouard Daladier begrüßte Göring auf dem Flughafen. Daladier nahm im Hotel Vier Jahreszeiten Quartier. Die Konferenz trat am 29. September im »Braunen Haus«, dem Sitz der nationalsozialistischen Partei, zusammen.[67]

Vor Konferenzbeginn holte Hitler Mussolini ab und fuhr mit ihm zusammen in den »Führerbau«. Dort erwarteten sie in Hitlers Arbeitszimmer die Ankunft Chamberlains und Daladiers. Gegen 1.00 Uhr mittags kündigte der Trommelwirbel der aufgezogenen SS-Ehrengarde die Ankunft Chamberlains an. Er erschien in Begleitung von Ribbentrop.

Man nahm ihm den Mantel ab, und Chamberlain stieg die mit Blumen geschmückte Treppe zu Hitlers Arbeitszimmer hinauf. Überall in den Korridoren standen SS-Männer mit unbe-

---

[67] Die Konferenz fand im so genannten Führerbau, einem 1937 fertiggestellten Repräsentationsbau der NSDAP in München statt. In den folgenden Passagen des russischen Textes ist die Bezeichnung korrekt.

wegten, eisigen Gesichtern. Sie hatten Befehl, den Eindruck abmarschbereiter Soldaten zu erwecken. Ihren Gruß »Heil Hitler!« erwiderte Chamberlain mit einem freundlichen Nicken.

Wie seine SS-Leute gab sich auch Hitler als strammer Soldat. Mit seinem Auftreten wollte er Chamberlain demonstrieren, dass ein Mann vor ihm stand, den die Tschechen erzürnt hatten. Zusammen mit Mussolini saß er in der Mitte des Raums und wartete, ohne sich zu erheben, dass Chamberlain auf ihn zutrat. Im Blitzlicht des Fotografen Hoffmann streckte Hitler Chamberlain kalt und mit unbewegtem Gesicht die Hand entgegen.

Auch Mussolini begrüßte Chamberlain reserviert.

Nun öffnete sich die Tür, und Daladier kam herein. Hitler empfing ihn auf dieselbe Weise wie Chamberlain.

Ohne weitere Umstände forderte Hitler die Regierungschefs von England, Frankreich und Italien auf, am runden Tisch beim Kamin Platz zu nehmen.

Hitler setzte sich wie immer mit dem Rücken zum Fenster, damit sein Gesicht im Schatten blieb. Links von ihm saß Chamberlain, besorgt und verwirrt. Daladier und Mussolini nahmen auf dem Sofa links von Hitler Platz; beide hatten eine würdige und entschlossene Miene aufgesetzt.

So begann die berüchtigte Münchner Konferenz.

Nach der Mittagspause kommt Dolmetscher Schmidt aus Hitlers Arbeitszimmer. Er bittet, dass General Keitel und Oberst Schmundt gerufen werden, die eine Generalstabskarte mitbringen sollen.

Die Konferenzteilnehmer stehen jetzt an einem langen Tisch, auf dem die Karten ausgelegt werden. Die Konferenz erhält den Charakter einer Grenzkommission.

Gegen Abend erreichte Hitler das Ziel, das er sich für diesen Tag gesetzt hatte. Die internationalen Verträge, welche die territoriale Integrität der Tschechoslowakei schützten, waren nur noch ein Fetzen Papier. Auf Hitlers rhetorische Frage »Und wenn die Tschechen nicht wollen?« antwortete Daladier, obwohl zwischen Frankreich und der Tschechoslowakei ein Bündnisvertrag bestand, in scharfem Ton: »Wenn sie nicht wollen, Eure Exzellenz? Sie müssen wollen!«

Hitler wirkt ungewöhnlich frisch. Er ist in Hochstimmung. Linge befiehlt er, das Gästebuch des »Braunen Hauses« zu bringen. Alle Regierungschefs der vier Mächte – Hitler, Mussolini, Chamberlain und Daladier – setzen ihre Unterschriften unter das für die friedliebenden Völker so verhängnisvolle Datum des 29. September 1938 – zur »freundlichen« Erinnerung.[68]

So geht die Münchner Konferenz zu Ende.

Hitler und Mussolini fuhren in einem Wagen zum Bahnhof. Hier verabschiedete sich Hitler von Mussolini. Als der Zug des Duce schon anrollte, beugte sich Mussolini weit aus dem offenen Fenster und drückte Hitler noch einmal beide Hände. Vom Bahnhof fuhr Hitler in seine Wohnung am Prinzregentenplatz.

Chamberlain und Daladier informierten die Vertreter der Tschechoslowakei, die sich in München aufhielten, über die Ergebnisse der Konferenz: die Abtrennung des Sudentenlandes und der an Österreich grenzenden Gebiete von der Tschechoslowakei. Zur Teilnahme an der Konferenz, die über das Schicksal ihres Landes entschied, wurden die Tschechen nicht zugelassen. Sie warteten die Ergebnisse im Hotel Regina ab, wo auch die englische Delegation unter Führung Chamberlains wohnte. Zu der Entscheidung, die Tschechen unter einem Dach mit den Engländern unterzubringen, hatte Ribbentrop grinsend bemerkt: »Dort machen sie keine Dummheiten.«

Daladier flog am nächsten Morgen nach Paris zurück. Am selben Tag, dem 30. September, bat Chamberlain um eine weitere Unterredung mit Hitler. Der Gesandte Hewel brachte ihn zu Hitlers Privatwohnung am Prinzregentenplatz. Das sollte den inoffiziellen Charakter des Treffens unterstreichen. Eine Stunde später ließ Hitler die Sekretärin Johanna Wolf kommen. Bald darauf hört man in Eva Brauns Zimmer eine Schreibmaschine

---

[68] Die Verhandlungen dauerten 13 Stunden, unterzeichnet wurde das so genannte Münchner Abkommen tatsächlich am 30. 9. 1938 um 2.30 Uhr.

klappern. Dort tippt die Sekretärin eine gemeinsame Erklärung Adolf Hitlers und Neville Chamberlains ab. Die Reinschrift der Deklaration legt sie Hitler und Chamberlain in mehreren Exemplaren vor. Beide unterschreiben das Dokument. Es verkündet der ganzen Welt, dass die deutsch-englischen Beziehungen von entscheidender Bedeutung für die Sicherung des Friedens in Europa seien und dass sie das Münchner Abkommen (über die Teilung der Tschechoslowakei) »als symbolisch für den Wunsch unserer beiden Völker« ansehen würden, »niemals mehr gegeneinander Krieg zu führen«.

Mit glücklicher Miene steckt Chamberlain das Dokument in die Innentasche seines Anzugs und drückt Hitler lange die Hand.

Als er auf die Straße tritt, zieht er betont freundlich den Hut als Antwort auf den Hitlergruß der SS-Männer, die ihre Verwunderung über den zufriedenen Chamberlain nicht verbergen können.

Am selben Tag besteigt Chamberlain erneut die Maschine, die ihn dreimal nach Hitlerdeutschland gebracht hat.

Schon einen Tag später, am 1. Oktober 1938, überschritten deutsche Truppen unter dem Befehl des Generalobersten von Leeb die Grenze der Tschechoslowakei und passierten ungehindert die von dem französischen Festungsbauer Maginot angelegte Befestigungslinie, die der französische Ministerpräsident Daladier und der englische Premier Chamberlain für Hitler geöffnet hatten.[69]

Das Sudetenland und einige Gebiete an der ehemaligen österreichischen Grenze wurden dem »Dritten Reich« einverleibt. München, die Frucht der Bemühungen Englands und Frankreichs, Hitlers Aggression von West nach Ost zu lenken, geriet so zum Prolog des Zweiten Weltkrieges.

In London und Paris präsentierte man der Öffentlichkeit die Ergebnisse von München als »Rettung des Friedens«.

Ribbentrop berichtete Hitler, dem aus München nach Paris zurückkehrenden Daladier sei am Flughafen Le Bourget ein tri-

---

[69] Die Tschechoslowakei hatte zwischen 1936 und 1938 an der Grenze zum Deutschen Reich und zu Polen mit französischer Hilfe eine Befestigungslinie errichtet.

umphaler Empfang bereitet worden. Mitglieder des französischen Kabinetts, Abgeordnete des Senats, Vertreter von Industrie und Banken sowie Angehörige des diplomatischen Korps seien erschienen. Man habe Daladier zu seinem diplomatischen Sieg gratuliert. Der ebenfalls anwesende amerikanische Botschafter Bullit wollte unbedingt mit dem deutschen Botschaftsrat in Paris Bräuer, der den abwesenden Botschafter Graf Welczeck vertrat, eine Zigarette rauchen – die »Friedenspfeife«, wie er sich ausdrückte.

Daladier wurde unter Hochrufen »Es lebe Daladier! Es lebe Chamberlain!« förmlich zum Auto getragen.

Das Schicksalsjahr 1939 brach an.

Als Hitler am 12. Januar von einer Geburtstagsvisite bei Göring in die Reichskanzlei zurückkam, traf er im halbdunklen Rauchsalon am brennenden Kamin Heß, Goebbels und den SS-Gruppenführer Wilhelm Keppler an. Keppler trug den Titel eines »Kommissars für Wirtschaftsfragen«. Er war einer der Hauptverantwortlichen für die wirtschaftliche Expansion des Hitlerreiches. Er entschuldigte sich, dass er den Führer kurz behelligen müsse, und folgte Hitler in den Musiksalon. Eine halbe Stunde später verließ Keppler den Musiksalon und sagte beim Abschied zu Heß und Goebbels: »Ich weiß nicht, wo mir der Kopf steht. Der Führer sagt, nun ist die ganze Tschechoslowakei an der Reihe. Für mich ist es jetzt das Wichtigste, die Eingliederung der Industrie des böhmisch-mährischen Beckens vorzubereiten. Die brauchen wir unbedingt.«[70] Damit verließ Keppler lachend und in großer Eile die Reichskanzlei.

---

[70] Bereits am 21.10.1938 gab Hitler Weisung zur Vorbereitung der »Erledigung der Resttschechei« sowie zur »Inbesitznahme des Memellandes«.

In seinem hemmungslosen Größenwahn genügte Hitler die Alte Reichskanzlei nicht mehr. Er befahl, an der Voßstraße einen neuen Palast zu errichten – die so genannte Neue Reichskanzlei.

Wenn Vertreter ausländischer Staaten künftig die Neue Reichskanzlei betraten, sollten sie von der Größe Hitlers und der Aura seiner grenzenlosen Macht überwältigt sein. Auf dem Neujahrsempfang sagte Hitler zu seinen Adjutanten: »Wenn diese Herren in den Mosaiksaal kommen, müssen sie sofort die ganze Erhabenheit des Großdeutschen Reiches spüren. Die langen Korridore werden meine Besucher in Ehrfurcht versetzen.«

Und in der Tat zwang Hitler die ausländischen Diplomaten zu Neujahr, alle Korridore der Neuen Reichskanzlei abzuschreiten, um schließlich bei ihm zu erscheinen.[71] Das sollte die gespannte Erwartung ins Unermessliche steigern, endlich den »Steuermann Europas« zu erblicken, als den er sich sah. Auf seinen besonderen Befehl hatte man das Palais des Eisenbahnkönigs Borsig als einen Flügel in die Reichskanzlei eingebaut. Von der Wilhelmstraße bis zur Göringstraße erstreckten sich nun Bauten von riesigen Ausmaßen und unerhörtem Luxus.

Über den großen »Ehrenhof« gelangten die Besucher in die Vorhalle mit rosagrauen Marmorsäulen und vergoldeten Kandelabern. Daran schloss sich der mit einem gewaltigen deutschen Adler geschmückte Mosaiksaal an. Von dort führten Marmorstufen in den von einer Kuppel überwölbten Granitsaal, wo exotische Pflanzen dufteten. Hier begann eine mit rotem Marmor ausgelegte Galerie, für die das Schloss Ludwigs XIV. in Versailles als Vorbild gedient hatte.[72] Auch die Fensternischen waren mit Marmor ausgekleidet, den die indirekte Beleuchtung zum Glitzern brachte. Die Wände hatten italienische Fachleute mit gemahlenem und mit Zement vermischtem Marmor verkleidet und geschliffen. Alles glänzt und funkelt. Die Gobelins stammen aus

---

[71] Die Reichskanzlei wurde am 12.1.1939 mit dem Neujahrsempfang für das diplomatische Corps offiziell eingeweiht.

[72] Der Spiegelsaal des Schlosses in Versailles ist, einschließlich der beiden Vorräume, 86 Meter lang. Die Marmorgalerie in der Neuen Reichskanzlei maß 146 Meter.

Habsburger Schlössern und dem Wiener Rothschild-Palais. Die Galerie endet am großen Empfangssaal, den gewaltige Kronleuchter in blendendes Licht tauchen. Der Teppich, der den Boden bedeckt, ist so riesig, dass man ein Stück Wand herausnehmen musste, um ihn in den Raum bringen zu können. Die Säle sind mit teuren Intarsienmöbeln ausgestattet; mit Einlegearbeiten sind auch die Türen geschmückt. Das an diesen Saal anschließende Studierzimmer ist mit Edelholz getäfelt.

Hitlers neues Arbeitszimmer ist 25 Meter lang.[73] An den Wänden und am Kamin – verschiedenfarbiger Marmor. In einer Nische hängen kostbare Bilder; über dem gewaltigen Kamin ein monumentales Porträt von Bismarck. Auf dem riesigen Marmortisch steht Friedrich II. hoch zu Ross als weiße Marmorfigur. Ein Blickfang sind auch die bis zum Boden reichenden schweren Vorhänge an den acht Fenstern. Am Tag fällt der Blick auf die Säulen und Springbrunnen im Park sowie auf ein gläsernes Teehäuschen, das mit Bronze und Porphyr geschmückt ist.

Wegen des sumpfigen Untergrunds wurde die Reichskanzlei in eine Betonwanne gesetzt. Der Bau des ganzen Komplexes kostete insgesamt 300 Millionen Mark.[74] Als alles fertig war, fand Hitler den Palast nicht prächtig genug und beschloss, ihn eines Tages Heß zu überlassen und selbst einen noch imposanteren Bau am Tiergarten neben dem Reichstag zu beziehen, der jedoch erst im Entwurf vorlag. Der künftige Palast sollte so riesig sein, dass darin mindestens 300 bis 400 Lakaien hintereinander aufgereiht Platz fanden.[75]

---

[73] Das Arbeitszimmer war 27 Meter lang, 14,5 Meter breit und 9,75 Meter hoch.
[74] Die Baukosten der Neuen Reichskanzlei beliefen sich auf 88,9 Millionen Mark.
[75] Hitler plante, so erinnerte sich der Architekt Albert Speer, die Reichskanzlei etwa zehn bis zwölf Jahre lang selbst zu nutzen. Danach wollte er in den geplanten Führerpalast umziehen, der noch gigantischere Ausmaße haben sollte.

Am Abend des 14. März 1939 war die Neue Reichskanzlei hell erleuchtet. Hitler hielt die Zeit für gekommen, die zweite Runde der Politik von München abzuschließen.

In der letzten Woche hatte es in der Vorhalle und den Sälen der Reichskanzlei von Diplomaten, Beratern und Experten nur so gewimmelt. Unter ihnen war der Führer der slowakischen Separatistenpartei, Tiso.[76] Auch Diplomaten aus Budapest und Warschau suchten Hitler in diesen Tagen mehrfach auf. Nach München hatte man dort – wie Hitler – ebenfalls Appetit auf tschechisches Gebiet bekommen.[77]

Heute geht es in der Reichskanzlei ungewöhnlich lebhaft zu. Keitel, Schmundt und Offiziere des Generalstabs verschwinden in Hitlers Räumen und legen im Wintergarten Pläne für den Einmarsch in die Tschechoslowakei aus.

»Dieses Mal«, sagt Hitler, »brauche ich keine Konferenzen. In München haben sie A gesagt, jetzt müssen sie B sagen.«

Hitlers Eisenbahnzug hat Order erhalten, die Kessel zu heizen. Sein Stab bereitet sich auf die Abreise vor.

Auf Hitlers Tisch liegt eine Mappe mit der ausführlichen Biographie des Präsidenten der Tschechoslowakischen Republik, Hácha. Er hat Beneš abgelöst, der nach den Münchner Beschlüssen über die Abtrennung des Sudetenlandes zurückgetreten ist.

Hitler erwartet von einer Minute zur anderen das Eintreffen Háchas, den er zu sich nach Berlin beordert hat.[78] Im »Ehrenhof« tritt eine Kompanie der Leibstandarte »Adolf Hitler« an, um den Staatschef der Tschechoslowakei zu empfangen. In einer Stunde

---

[76] Hitler hatte am 13. 3. 1939 den slowakischen Ministerpräsidenten Tiso erfolgreich unter Druck gesetzt, einen Tag später die Unabhängigkeit der Slowakei zu proklamieren.

[77] Am 2. 10. 1938 besetzten im Zuge des deutschen Einmarsches im Sudetenland polnische Truppen das bei Teschen befindliche Olsagebiet. Am 14. 3. 1939 begannen ungarische Einheiten mit der Besetzung der bisher zur Tschechoslowakei gehörenden Karpatho-Ukraine.

[78] Hácha war gegen Abend in Berlin eingetroffen und wurde im Hotel Adlon einquartiert. Hitler, der seine übliche Zermürbungstaktik einsetzte, ließ den tschechoslowakischen Regierungschef bis 1.00 Uhr warten, bevor er ihn in der Neuen Reichskanzlei empfing.

wird er das nicht mehr sein. Hácha trifft in Begleitung seines Außenministers Chvalkovský ein. Nach dem endlosen Gang durch das ganze Gebäude der Neuen Reichskanzlei erscheinen sie vor Hitler. Der hat diesmal keinen Spiegel gebraucht, um den nötigen Gesichtsausdruck zu proben. Als die beiden eintreten, steht er da mit der Miene des größten Herrschers aller Zeiten. Die Türen schließen sich.

Nach einer frostigen Begrüßung forderte Hitler die Tschechen Hácha und Chvalkovský auf, am Tisch Platz zu nehmen, wo sich auch Ribbentrop, Göring und der Staatssekretär im Reichsministerium des Inneren, Stuckart, niederließen. Letzterer ist mit der Verwaltung der besetzten Länder betraut.

Hácha wird mit der Forderung konfrontiert, ein bereits vorbereitetes Dokument zu unterschreiben, das Tschechien zu einem Protektorat Deutschlands und die Slowakei zu einem unabhängigen Staat erklärt.

Diesmal ließ es Hitler nicht dabei bewenden, dass Keitel wie im Fall des österreichischen Kanzlers Schuschnigg in der Rolle des Kriegsgottes Mars auftrat, um die Konzentration deutscher Truppen an der Grenze zu verdeutlichen. Er erklärte Hácha ohne Umschweife, dass die deutsche Wehrmacht bereits dabei sei, die Tschechoslowakei zu besetzen.

Hácha weigert sich, das Dokument zu unterschreiben. Die Atmosphäre in Hitlers Arbeitszimmer spitzt sich zu. Ribbentrop springt auf und stürzt zu Hácha, um diesem das Papier noch einmal zur Unterschrift vorzulegen, das Hitler soeben unterzeichnet hat.

Hitler droht Hácha: »Wenn Sie nicht unterschreiben, dann werden deutsche Bomber Prag in Schutt und Asche legen!«

Nach Mitternacht wurde Hitlers Leibarzt in das Arbeitszimmer gerufen, außerdem von Hitlers Leibwache die SS-Männer Bornhold, Hansen und Köster.[79] Bald darauf tauchten sie mit

---

[79] Möglicherweise handelte es sich um August Körber, Mitglied des Führer-Begleitkommandos seit 1933.

Háchas reglosem Körper auf, den sie in einen Nebenraum trugen. Morell verabreicht Hácha, der ohnmächtig geworden ist, eine Spritze. Nach einigen Minuten gelingt es dem Arzt, Hácha wieder zu sich zu bringen.

Hácha wird erneut zu Hitler geführt. Man drückte ihm einen Füllfederhalter in die Hand und versicherte ihm, niemand habe die Absicht, sein Land zu germanisieren. Dem tschechischen Volk werde volle Selbstständigkeit gewährt (so wie die, welche er im Augenblick genoss). Endlich gab Hácha nach und unterschrieb.

Nachdem Hitler Hácha die Unterschrift abgerungen hat, fällt ihm ein, dass für das Dokument eine Begründung gebraucht wird. Auf der Stelle wird ein »Appell« der Tschechoslowakischen Republik mit der Bitte an Deutschland formuliert, sie unter seinen militärischen Schutz zu nehmen und so von den »inneren Unruhen« und »dem Druck auf ihre Grenzen« zu befreien. Hácha unterschreibt auch das.

Dann weist Hitlers Adjutant Schaub die Telefonvermittlung an, eine Verbindung nach Prag herzustellen.

Stockend und heftig nach Atem ringend, setzte Hácha die Prager Regierung von den unterzeichneten Dokumenten in Kenntnis. Die Streitkräfte der Tschechoslowakei erhielten den Befehl, die Waffen niederzulegen.

Der Morgen des 15. März brach an. Hácha verließ die Reichskanzlei.

Eine halbe Stunde später raste Hitlers Wagen bereits zum Anhalter Bahnhof. Sein Zug stand schon unter Dampf. Aber Hitler ließ noch nicht abfahren. Zusammen mit Keitel wartete er auf Berichte, wie die Besetzung der Tschechoslowakei vorangehe. Auch Himmler – blass und mit stechendem Blick hinter den runden Brillengläsern – befand sich in Hitlers Zug. Er wollte die Liquidierung der tschechischen Patrioten persönlich leiten.

Als sich Hitler davon überzeugt hatte, dass ihm bei einer Fahrt in die Tschechoslowakei keine Gefahr drohte, rollte der Zug an. Auf einem kleinen Bahnhof in der Nähe von Reichenberg im Sudetenland stieg er aus.

Eine Wagenkolonne stand bereit. Hitler fuhr auf direktem Weg nach Prag. Um Mitternacht rollten die riesigen Mercedes-Limousinen durch die Straßen der verschlafenen, friedlichen Hauptstadt der Tschechoslowakei. In den Schaufenstern Nachtbeleuchtung. Militär war fast nirgendwo zu sehen. Auch keine Polizei. Die Chauffeure verfuhren sich. Als sie den Hradschin endlich gefunden hatten, waren alle froh. Dieses historische Schloss auf einer Anhöhe in Prag ist der Amtssitz des Präsidenten der Tschechoslowakischen Republik.

Hitler steigt aus. Beim Schein der Laternen bleibt er vor dem Portal des altehrwürdigen Schlosses über den Dächern von Prag stehen. Er hat sein Ziel erreicht. Er wandelt auf den Spuren von Kaiser Ferdinand, der hier den Dreißigjährigen Krieg begonnen hat. Die Bewohner des Schlosses werden gezwungen, ein Zimmer für ihn herzurichten.

Hitler lässt sich in einem der Räume des Schlosses nieder. Um ihn versammelt sich ein vielköpfiges Gefolge. Außer den Generalen tragen fast alle SS-Uniform. Da ist Himmler mit seinem Stab, der knappe Meldungen entgegennimmt. Gruppenführer Karl Frank beugt sich immer wieder zu ihm hinab. Frank ist einer der Führer der »Fünften Kolonne« in der Tschechoslowakei und Himmlers Bevollmächtigter. In dieser Nacht leitet er eine Operation in Prag, mit der alle Feinde des Großdeutschen Reiches rücksichtslos ausgeschaltet werden sollen.

Hitler möchte die Anwesenden bewirten. Aber es ist nichts da, womit er den gastfreundlichen Hausherrn spielen kann. Das bringt ihn sofort in Wut. Aus dem ganzen Schloss wird im Eiltempo alles Ess- und Trinkbare herbeigeschafft und auf den Tisch gestellt.

Hitler verbringt hier fast die ganze Nacht in lebhaftem Gespräch. Man erörtert und beschließt, wie man am nächsten Tag weiter vorgehen will. SS-Gruppenführer Stuckart, Staatssekretär im Reichsministerium des Inneren, notiert gemeinsam mit Frank und Himmler Maßnahmen, wie das besetzte Land verwaltet werden soll.

Das dürftige Licht des kleinen Kronleuchters kann das Halbdunkel nicht aus dem Zimmer vertreiben. Die Gestalten mit den Hakenkreuzen an den Ärmeln werfen lange Schatten. Inzwischen stürmen Himmlers und Franks Leute durch die Straßen und Gassen von Prag und nehmen Massenverhaftungen vor. Hitler kommt wieder auf die Grundsätze des Umgangs mit den Slawen zurück. Er erklärt: »Wer die Deutschen als Vertreter der Herrenrasse nicht achtet, muss mit Enteignung, Gefängnis und Tod bestraft werden. Dörfer, in denen der deutschen Herrschaft Widerstand geleistet wird, sollen niedergebrannt und dem Erdboden gleichgemacht werden.«

Hitler philosophiert auch über den deutschen »Lebensraum« und sagt, er habe für Deutschland neue politische Gestaltungsmöglichkeiten, Quellen des Reichtums und eine führende Stellung erkämpft.

Als es hell wird und die Gestapo ihr Werk im Wesentlichen getan hat, füllt sich der Platz vor dem Prager Schloss mit deutschen Soldaten. Die Besetzung ist vollzogen.

Reichsminister Frick mit seinen Ministerialräten trifft ein. Neurath als Diplomat alter Schule wird zum Reichsprotektor der Tschechoslowakei ernannt. Auch er erscheint mit seinem in aller Eile aufgestellten Stab.

Nach dem Mittagessen fährt Hitler durch die Straßen von Prag. Wie in einer deutschen Stadt steht er hoch aufgerichtet in seinem Wagen, damit die Tschechen ihren neuen Herren sehen können. Am nächsten Tag fährt sein Zug über Wien nach Berlin zurück.

Hitler herrscht jetzt über zwei Reiche. Er besitzt die Residenzen der Hohenzollern und der Habsburger. Auf dem Weg nach Berlin teilt er seiner Begleitung mit: »Der Einmarsch in Prag hat mir besser gefallen als das Hin und Her von München.«

5. Kapitel

Nach der Annexion der Tschechoslowakei wurde der Ostsee-
hafen Memel am 22. März 1939 unter stillschweigender Zustimmung der Westmächte von Litauen abgetrennt und an Deutschland angeschlossen.[80]

Zu der besonderen Leichtigkeit, mit der das Problem der Abtrennung des Memellandes von Litauen gelöst wurde, bemerkte
Hitler zu Linge: »Ja, Linge! Sie leben in einer großen Zeit. Solche Kleinigkeiten erledigen wir jetzt nebenbei. Sie kennen doch
die Fabel vom Elefanten und der Maus, wo der Elefant die win-
zige Maus so nebenbei zertritt? Es ist ein Naturgesetz, dass der
Starke den Schwachen schluckt.«

Mit der Einverleibung des Memellandes tat Deutschland
einen weiteren Sprung nach Osten.[81] Herr über das Gebiet wurde
der Gauleiter von Ostpreußen, Koch, ein kleiner Mann mit Bull-
doggengesicht und erbitterter Feind Russlands. Koch verglich
sich gern mit den mittelalterlichen Deutschrittern und erklärte
stolz, sein Gau Ostpreußen werde bei der deutschen Expansion
nach Osten eine besondere Rolle spielen.

Die Deutschritter unternahmen im Mittelalter Raubzüge gegen die slawischen Völker, die damals an der Ostseeküste siedelten, und zwangen sie in die Sklaverei.

Zu Hitlers Zeit im 20. Jahrhundert ließ Koch an den Gebäu-
den von Behörden Spruchbänder mit der Devise der Deutschritter aufhängen: Für Lebensraum im Osten![82]

[80] In der Nacht vom 22. zum 23. 3. 1939 hatten die Außenminister des Deutschen Reiches und Litauens in Berlin den Vertrag zur Abtretung des Memelgebietes an Deutschland unterzeichnet. Hitler befand sich zu diesem Zeitpunkt an Bord des Panzerschiffs
Deutschland auf dem Seeweg nach Memel, wo er am 23. 3. nachmittags eintraf.
[81] Das Memelgebiet gehörte bis 1919 zum Deutschen Reich. Eine Volksabstimmung er-
brachte 1921 ein Votum mit 90 Prozent Zustimmung für die Bildung eines Freistaats nach
Danziger Muster. Litauen besetzte das Territorium 1923. Zwischen der deutschen Bevöl-
kerungsmehrheit und dem litauischen Gouverneur kam es immer wieder zu Konflikten.
[82] Ein entsprechendes Motto des Deutschen Ordens gab es nicht.

Das nächste Opfer der deutschen Aggression nach der Einverleibung des Memellandes war Polen. Um die Kriegsvorbereitungen gegen Polen zu tarnen, warf Hitler die Probleme Danzig und polnischer Korridor auf.[83]

Am 18. April, zwei Tage vor Hitlers 50. Geburtstag, traf der Führer der nationalsozialistischen Organisation in Danzig, Albert Forster, in der Reichskanzlei ein, wo er häufiger Gast war.

Da Hitler gewöhnlich erst gegen zwölf oder 1.00 Uhr mittags aufstand, musste Forster warten. Er ging ins so genannte Treppenzimmer, wo Hitlers Sekretärinnen arbeiteten. Dort traf er neben den Sekretärinnen Daranowski und Schroeder auch Linge an.

Forster verbreitete sich über die Schwierigkeiten, die er als Gauleiter von Danzig zu bewältigen hatte. »Wenn nur schon Krieg wäre!«, rief er aus. »Dann müsste ich mich nicht mehr mit diesen verdammten Polen herumärgern. Ich will doch nicht nur Gauleiter von Danzig sein. Nein! Ich werde Gauleiter von ganz Westpreußen, wenn wir die Polen dort rausgejagt haben.«

Am Abend des 19. April saßen Heß und Forster im Rauchsalon der Reichskanzlei beisammen. Sie warteten, dass es Mitternacht wurde, um Hitler, der am 20. April das fünfzigste Lebensjahr vollendete, zum Geburtstag zu gratulieren.

Gegen Mitternacht erschien Hitler im Rauchsalon. Heß beglückwünschte ihn im Namen der nationalsozialistischen Partei. Nach ihm gratulierte Forster. Er sagte: »In meiner Person, mein Führer, gratuliert Ihnen die ganze Stadt Danzig. Mein Führer! Danzig schaut voller Hoffnung auf Sie und harrt der Stunde der Erlösung.«

Hitler dankte für die Glückwünsche. Mit stolzgeschwellter Brust erklärte er: »Schade, dass ich nicht zehn Jahre früher die

---

[83] 1919 wurde Danzig im Zuge des Versailler Vertrags zum Freistaat unter Kontrolle und Verfassungsaufsicht des Völkerbundes erklärt. Das Territorium galt als polnisches Zollgebiet und wurde von Polen nach außen vertreten. Um Polen einen Zugang zum Meer zu eröffnen, erhielt es einen Teil Westpreußens, den so genannten Korridor.

Macht ergriffen habe. Jetzt bin ich schon fünfzig Jahre alt. Ich kann meine Pläne nicht länger aufschieben. Ich muss für Deutschland Lebensraum und Quellen des Reichtums sichern. Ein Genie wird nur einmal in hundert Jahren geboren. Deshalb kann ich die Erfüllung meiner Aufgaben nicht meinen Nachfolgern überlassen. Sie werden nur eine Aufgabe haben – in der Hand zu behalten, was ich erobert habe. Morgen auf der Parade werde ich der ganzen Welt beweisen, dass ich keinen Krieg fürchte.«

Hitler saß mit Heß und Forster bis tief in der Nacht zusammen. Das Gespräch drehte sich um die Reaktion, welche die Einverleibung der Tschechoslowakei in England ausgelöst hatte. Hitler meinte ironisch: »Ich verstehe gar nicht, weshalb sich London so wundert. Das hätten sie doch voraussehen müssen.«

Hinsichtlich der Verhandlungen, welche die Engländer gerade in Moskau führten,[84] fragte Forster: »Worüber beraten die dort so lange? Wollen sie sich ernsthaft mit den Russen einlassen?«

Heß: »Diese Verhandlungen sind ein weiterer Trick der Londoner Regierung, um die englische Öffentlichkeit zu besänftigen. Chamberlain und Halifax müssen die Opposition kaltstellen. Weder England noch Frankreich werden sich auf ein Abkommen mit den Sowjets einlassen.«

Hitler: »Das ist nicht die Hauptsache. Die Verhandlungen in Moskau sind ein doppeltes Spiel. Die Engländer wollen uns mit Moskau schrecken. Wir kennen ihre Position ganz genau. Sie möchten so wenig wie möglich Abstriche vom Versailler Diktat machen und – über Moskau – mit uns im Westen eine Vereinbarung erreichen. Frankreich ist gar nicht der Rede wert. Es schwimmt voll im Fahrwasser Englands.«

Forster: »Das beste Gegengift wäre, den Briten einen ordentlichen Schrecken einzujagen.«

---

[84] Seit März 1939 führten Großbritannien und Frankreich Verhandlungen mit der Sowjetunion über den Abschluss eines Beistandspaktes.

Heß: »Die Demonstration der militärischen Stärke Deutschlands auf der Parade morgen wird den Engländern eine eindrucksvolle Warnung sein.«

Hitler: »Die Engländer sind schlechte Schauspieler. Ihre Tricks beeindrucken mich überhaupt nicht. Mit ihren Manövern in Moskau wollen sie mich glauben machen, sie könnten auch anders.«

Am nächsten Tag, dem 20. April, weckte Linge Hitler bereits um 8.00 Uhr morgens.

Hitler legte die braune Parteiuniform an, wählte aber als Oberbefehlshaber der Wehrmacht statt des gewöhnlichen Koppels den goldenen Paradegürtel der deutschen Generalität.

Lange stand er in seinem Schlafzimmer vor dem Spiegel und weidete sich an seinem Bild wie ein eitler Pfau. Immer wieder zupfte er seinen Rock glatt. Dann setzte er eine feierliche Miene auf und schritt die Treppe in die Vorhalle hinab.

Die Reichskanzlei gleicht einem Blumenmeer. Die Vorhalle ist mit Palmen und exotischen Pflanzen geschmückt. An den Türen stehen Diener in prächtigen Livreen mit silbernen Achselschnüren und Orden auf der Brust. In der Mitte haben sich die Adjutanten und Verbindungsoffiziere, Hitlers persönliche Leibwache und die Piloten seiner Flugzeugstaffeln aufgereiht, dazu Angehörige der Leibstandarte in der schwarzen SS-Uniform mit dem kürzlich eingeführten Riemen, welcher der Garde Wilhelms II. nachempfunden ist. Die Offiziere der Leibstandarte tragen – wie die der Wehrmacht – silberne Achselschnüre und den Gürtel der Paradeuniform.

In der Vorhalle gratuliert Hitlers Adjutant Brückner im Namen aller Angehörigen seines Persönlichen Stabs. Dann beginnt im »Ehrenhof« eine Militärkapelle zu spielen.

Linge reicht Hitler die goldverzierte Mütze und Handschuhe. Auf ein Zeichen verstummt die Musik. Im »Ehrenhof« ist eine Kompanie des traditionsreichen Ehrenbataillons der Berliner Garnison angetreten. Der Kommandeur in der Paradeuniform des Heeres gibt den Befehl: »Präsentiert das Gewehr!« In der Tür erscheint Hitler. Der Kommandeur des Ehrenbataillons erstattet mit dem faschistischen Gruß Meldung.

Die Kapelle spielt jetzt »Deutschland, Deutschland über alles«, das Horst-Wessel-Lied,* die nationalsozialistische Hymne, dazu Hitlers Lieblingsstück, den »Badenweiler-Marsch«. Nun fährt Himmler mit seinen engsten Mitarbeitern von Polizei und SS in zwei Limousinen vor. Sie kommen in SS-Paradeuniform mit schwarzem Stahlhelm. Hitler empfängt ihre Glückwünsche und geht gemeinsam mit ihnen vom »Ehrenhof« auf die Wilhelmstraße hinaus. Hier nimmt er, in seinem Mercedes stehend, eine Parade von SS- und Polizeieinheiten ab.

Danach begibt er sich zurück in die Reichskanzlei. Göring, Heß, Goebbels, Ribbentrop, Neurath, Keitel und weitere Größen Hitlerdeutschlands erscheinen. Göring ist von oben bis unten mit Kreuzen behängt. Zu seinen unzähligen Orden hat er heute den höchsten angelegt, den ihm der schwedische König verliehen hat – eine breite Goldkette, über der Schulter zu tragen. An seinem Hals prangt der Orden des Goldenen Vlieses, verliehen von Franco für die Hilfe der deutschen Luftwaffe im Kampf gegen die Spanische Republik. Alle gratulieren Hitler und versichern ihm feierlich ihre Treue.

Nun werden Hitler Geschenke überreicht. Einen besonderen Platz nehmen die von Industriemagnaten geschickten Modelle von Panzern, Geschützen, Flugzeugen und Kriegsschiffen ein, dazu ein Modell der »Siegfried-Stellung«[85] mit elektrischer Be-

---

* [Anmerkung des sowjetischen Bearbeiters:] Die Hymne Hitlerdeutschlands wurde nach dem Zuhälter und SA-Mann Horst Wessel benannt, der für seine Morde an Kommunisten bekannt war. Arbeiter aus dem Berliner Wedding töteten ihn kurz vor Hitlers Machtübernahme. Anmerkung der Herausgeber: Die Lebensgefährtin des fanatischen Nationalsozialisten prostituierte sich aus finanzieller Not, Wessel war nicht ihr »Zuhälter«, sondern erhielt von ihr finanzielle Zuwendungen, um sein Studium zu finanzieren. Getötet wurde er von ihrem einstigen Zuhälter, der nach der Entlassung aus dem Gefängnis erbost darüber war, dass sich die Frau in Wessel verliebt hatte. Der einstige Zuhälter war Mitglied des Roten Frontkämpferbundes, was sowohl Kommunisten als auch Nationalsozialisten die Gelegenheit gab, den Mord politisch zu deuten. Er wurde wegen Totschlags zu einer Haftstrafe verurteilt und 1933 von Nationalsozialisten ermordet.

[85] Alliierter Name für den so genannten Westwall. Die zwischen 1938 und 1939 gebaute, 630 Kilometer lange Befestigungslinie entlang der deutschen Westgrenze bestand aus

leuchtung. Sie sollen den Geist des Dritten Reiches verkörpern. Hitler schätzte diese Geschenke sehr und beschäftigte sich stundenlang damit. Nach der Überreichung der Geschenke verlässt er mit seinem ganzen Gefolge die Reichskanzlei und begibt sich zum Brandenburger Tor.

Seine schwarze gepanzerte Limousine trägt die »Standarte des Führers« mit Hakenkreuz und vier Adlern in den Ecken.

Hinter dem Brandenburger Tor sind die Truppen zur Parade angetreten. Hitler reckt sich im Wagen zu seiner vollen Größe auf und fährt die Front, die längs des ganzen Tiergartens Aufstellung genommen hat, mit erhobenem Arm ab. Auf dem Platz vor der Technischen Hochschule sind Tribünen aufgebaut. Hier verlässt er den Wagen. Die anwesenden Diplomaten und Militärattachés des Auslands erheben sich von ihren Plätzen.

Hitler, Göring, Heß, Goebbels, Ribbentrop, Neurath, Keitel und Hitlers Adjutanten nehmen auf der Tribüne unter einem roten Samtbaldachin mit goldenen Fransen Platz.[86]

Die Parade beginnt. Hitler tritt einige Schritte nach vorn. Den Zug eröffnet das Fahnenbataillon. Vor Hitler senken sie ihre Banner. Alle Anwesenden erheben sich. Das Orchester spielt »Deutschland, Deutschland über alles« und das Horst-Wessel-Lied, die nationalsozialistische Hymne. Dem Fahnenblock folgt die Infanterie. In schnurgeraden Reihen marschieren die Soldaten in Tarnanzügen vorbei.[87] Danach kommen Luftwaffenregimenter und Einheiten der Marineinfanterie.[88] Besonderes Aufsehen erregen die Fallschirmjäger in Marschuniform und Stahlhelm; sie werden zum ersten Mal auf einer Parade gezeigt.

---

rund 14 000 Bunkern, Kampfanlagen und Unterständen. Ihr Bau kostete rund 3,5 Milliarden Mark.

[86] Die Farbe des Baldachins war hellgrau, fast weiß. Seine Kante schmückten tatsächlich goldene Fransen, außerdem verschiedene Partei- und Staatssymbole (Adler, Hakenkreuze, Eiserne Kreuze).

[87] Während des Vorbeimarsches trugen die Soldaten, außer den erstmals gezeigten Fallschirmjägern, Paradeuniform.

[88] 1938 hatte die Kriegsmarine zwei Marine-Sturmkompanien als Marineinfanterie aufgestellt. Bei den an der Parade teilnehmenden Einheiten handelte es sich jedoch um Angehörige der schwimmenden Verbände der Kriegsmarine.

Anschließend nimmt eine riesige Kolonne motorisierter Infanterie die ganze Breite der Straße ein. Dröhnend fährt die schwere Artillerie vorbei, deren Motorengeräusche sich mit dem Klang einer Hornisteneinheit mischen. Nach einer kurzen Pause erscheint die Kavallerie. Dann rollen die Panzer. Zum Abschluss braust eine Staffel von Flugzeugen neuester Typen über die Köpfe hinweg, wie man sie in Europa noch nicht gesehen hat.

Hitlers Augen glänzen im Triumph. Hochgestimmt kehrt er in die Reichskanzlei zurück. Ihm folgt eine lange Wagenkolonne mit den zum Bankett in der Reichskanzlei geladenen Gästen. Das sind Minister, Reichsleiter, Gauleiter, SA- und SS-Führer, die Chefs der Fliegerstaffel und des Kraftfahrkorps der nationalsozialistischen Partei sowie Vertreter des militärischen Oberkommandos.

Am Abend nahm Hitler die Glückwünsche privater Besucher entgegen. Unter ihnen eine nicht mehr junge, mittelgroße Dame mit kastanienbraun gefärbtem Haar. Das war der Filmstar Leni Riefenstahl, deren Stern im Sinken begriffen war, eine Frau, die Hitler schon seit 1931 leidenschaftlich verehrte. Im Gegenzug erhielt sie Großaufträge für Filme von den Parteitagen der nationalsozialistischen Partei und den Olympischen Spielen 1936 in Berlin.

Leni Riefenstahl bleibt in einigen Metern Entfernung vor Hitler stehen und schaut ihren Führer mit weit geöffneten Augen unverwandt an. Ihren geschminkten Lippen entreißt sich ein durchdringender Schrei: »Aaa!« Dann schlägt sie, sichtlich erschüttert, die Hände vors Gesicht. Als sie sich wieder gefangen hat, stammelt sie kaum hörbar: »Mein Führer!« Sie stürzt auf ihr Idol zu und streckt ihm beide Hände mit einem riesigen Nelkenstrauß entgegen. Hitler nimmt die Blumen mit selbstgefälliger Miene entgegen und reicht sie an Linge weiter. Dann bietet er ihr seinen Arm und führt sie in den Musiksalon.

Nachdem Leni Riefenstahl gegangen war, empfing Hitler seine Schwester Angela, die mit dem Dresdener Professor Hammitzsch verheiratet war. Nach dem Tod ihres ersten Mannes Raubal war Angela zunächst Hitlers Haushälterin auf dem Obersalzberg gewesen. Er warf sie hinaus, weil sie sich für eines der Opfer des Massenmords nach dem »Röhm-Putsch« am 30. Juni 1934 eingesetzt hatte.[89] Seitdem empfing er seine Schwester nur noch einmal jährlich – an seinem Geburtstag.

Am 21. April begab sich Hitler von Berlin zu Eva Braun auf den Obersalzberg.[90]

Dort eingetroffen, erfuhr er von Bormann, dass die »getreuen« SS-Ordonnanzen Wibizek und Sander auf der Fahrt zum Obersalzberg mehrere der ihm zum Geburtstag überreichten Modelle gestohlen hätten. Hitler befahl, sie zu verhaften, und schrie rasend vor Wut: »Ins Konzentrationslager mit den Lumpen! In den Steinbruch! Ja, ja, sie sollen Steine brechen! Und nie wieder herauskommen!«

Den ganzen Sommer 1939 blieb Hitler auf dem Obersalzberg. Seine Zeit verbrachte er wie gewöhnlich in der Gesellschaft Eva Brauns und ihrer Freundinnen. Dabei zog er sich häufig zurück, las Kriminal- und Abenteuerromane. Wegen dieser Schundliteratur wurde ein Ofensetzer, der in Hitlers Schloss arbeitete, im Sommer 1939 ins KZ geschickt. Er setzte in Hitlers Arbeitszimmer einen Ofen aus Kacheln, die eine Freundin Eva Brauns, die Münchner Künstlerin Stork, mit Szenen aus dem Leben der nationalsozialistischen Partei bemalt hatte. Der Ofensetzer erzählte anderen Arbeitern im Berghof von Hitlers »gehaltvoller« Bibliothek. Davon erfuhr der SD. Auf Hitlers Befehl verschwand der Mann im Konzentrationslager Dachau.

Man schreibt den 29. August 1939. In der Reichskanzlei herrscht kriegerische Stimmung. Hitlers nächste Umgebung weiß, dass der Krieg gegen Polen beschlossene Sache ist und der Überfall der deutschen Truppen auf Polen jeden Augenblick erfolgen kann.

---

[89] Anton Joachimsthaler, der beste Kenner der Verhältnisse in Hitlers Umgebung, geht davon aus, dass Hitlers Schwester Differenzen mit dessen neuer Geliebter Eva Braun hatte und deshalb im Herbst 1936 ihre Stelle als Haushälterin auf dem Berghof aufgeben musste. Eine Fürsprache von Angela Raubal für ein Opfer des Röhm-Putsches ist nicht belegt.

[90] Hitler reiste erst am 3. 5. 1939 auf den Berghof.

Hitlers Leibwache wird mit Maschinenpistolen bewaffnet. Die »Führerkolonne« aus starken Geländewagen der Firma Krupp,[91] die Hitlers Stab gewöhnlich bei Ausfahrten zu Manövern benutzt, ist an die deutsch-polnische Grenze geschickt worden, von wo aus Hitler in einigen Tagen den Verlauf der Militäroperation in Polen verfolgen wird.

Die Botschafter Englands und Frankreichs, Henderson und Coulondre, haben vergeblich um eine Audienz bei Hitler gebeten. Dieser hat befohlen, sie an Ribbentrop zu verweisen.

»Ich will sie nicht mehr empfangen«, sagte er, »soll Ribbentrop sich mit ihnen befassen. Ich habe nicht die Absicht, die polnische Frage in Verhandlungen mit Polen, Engländern oder Franzosen zu lösen.«[92]

Am 31. August ordnete Hitler unvermittelt an, den Reichstag einzuberufen. In der Nacht zum 1. September diktierte er den Sekretärinnen in seinem Arbeitszimmer die Rede vor dem Reichstag, in der er Polen den Krieg erklären wollte. Zu diesem Zeitpunkt hatte der deutsch-polnische Krieg de facto bereits begonnen, denn in der Nacht zum 1. September drangen deutsche Truppen in Polen ein.[93]

---

[91] Hitler nutzte ausschließlich Fahrzeuge der Marke Mercedes-Benz, für Fahrten an die Front und zu seinen Führerhauptquartieren verwendete er das geländegängige Modell 770 G4 W 31. Die angebliche Verwendung von Krupp-Geländewagen sollte in den Augen der sowjetischen Bearbeiter wohl seine enge Anbindung an das »Monopolkapital« demonstrieren.

[92] Der britische Botschafter Neville Henderson wurde am 29.8.1939 gegen 19.00 Uhr in der Reichskanzlei von Hitler persönlich empfangen, wo ihm dieser eine Note an die britische Regierung aushändigte, die faktisch ein Ultimatum an Polen darstellte. Dem schloss sich eine heftig geführte Unterredung an, in der Henderson noch lauter als Hitler brüllte. Dazu der britische Botschafter in einem Schreiben an Halifax: »Ich hatte das Gefühl, dass ich Hitler mit seinen eigenen Mitteln entgegentreten müsse… Ich ging deshalb dazu über, Herrn Hitler zu überschreien. Ich sagte ihm, dass ich mir eine derartige Sprache weder von ihm noch von irgendjemand anders anhören werde.«

[93] Am 1.9.1939 um 4.45 Uhr eröffnete das im Danziger Hafen liegende Linienschiff *Schleswig-Holstein* das Feuer auf die polnische Westerplatte. Dieser Zeitpunkt galt lange als der offizielle Beginn des Zweiten Weltkrieges. Bereits um 4.40 Uhr hatten jedoch deutsche Sturzkampfbomber die polnische Kleinstadt Wielun, 100 Kilometer östlich von Breslau, angegriffen und zu 60 Prozent zerstört. 1200 Zivilisten verloren bei den Luftangriffen ihr Leben. Dem war bereits eine weitere Kampfhandlung vorausgegangen. Ein deutsch-slowakisches Kommando besetzte am 26.8.1939 den Jablonka-Pass. Man hatte vergessen, den Kommandeur von der Verschiebung des Angriffstermins zu unterrichten.

Am 1. September gegen 10.00 Uhr morgens fuhr Hitler, nachdem ihm Morell ein aufputschendes Mittel gespritzt hatte, zur Reichstagssitzung, die im Gebäude der ehemaligen Kroll-Oper stattfand.*

An diesem Tag trug Hitler zum ersten Mal statt der braunen Parteiuniform einen feldgrauen Rock, den Linge erst wenige Tage zuvor für ihn bestellt hatte.

Da der Reichstag kurzfristig einberufen worden war, konnten viele Abgeordnete von außerhalb Berlins nicht zur Sitzung erscheinen. Ihre Plätze nahmen SS-Männer aus Hitlers und Görings Leibwache ein. Sie spielten die Rolle von Abgeordneten und »stimmten« für den Krieg gegen Polen.

Die in der Kroll-Oper versammelten Nationalsozialisten bereiteten Hitler einen stürmischen Empfang. Nachdem Göring, der den Vorsitz führte, die Sitzung eröffnet hatte, hielt Hitler seine Rede.

Er gab sich als Anhänger des Friedens, beschuldigte Polen, es habe Deutschland überfallen, und erklärte, er sei nun gezwungen, den Kampf um die Existenz des deutschen Volkes zu führen.

Während seiner Rede schaute Hitler mehrmals wie zufällig zu der Loge hinüber, in der die ausländischen Diplomaten saßen. Auf der Rückfahrt in die Reichskanzlei meinte Hitler zu seinen Adjutanten, er habe es einfach genossen, wie die Gesichter der Engländer und Franzosen beim Zuhören immer länger wurden.

Hitlers Rede mit Deutschlands Kriegserklärung an Polen löste im Reichstag stürmische Ovationen aus. In der Diplomatenloge spendeten die Botschafter Japans und Italiens heftigen Beifall. Zum Zeichen ihrer Zustimmung zum Krieg erhoben

---

* [Anmerkung des sowjetischen Bearbeiters:] Die Sitzungen des Reichstags wurden in der Kroll-Oper abgehalten, seit die Nationalsozialisten 1933 den Reichstag mit der provokatorischen Absicht in Brand gesteckt hatten, die Kommunistische Partei Deutschlands zu verleumden. In diesem Zusammenhang wurde dann in Leipzig der Prozess gegen Dimitroff inszeniert. Anmerkung der Herausgeber: Obwohl sich zahlreiche Historiker in der Bundesrepublik und der DDR mühten, die Schuld der Nationalsozialisten am Reichstagsbrand zu belegen, gelang bisher kein schlüssiger Nachweis. Als Alleintäter muss tatsächlich der geistesgestörte niederländische Kommunist Marinus van der Lubbe gelten.

sich die Abgeordneten gemeinsam mit Hitlers und Görings Leibwächtern von ihren Plätzen. Göring als Vorsitzender stellte »Einstimmigkeit« fest.

Auf dem Weg von der Kroll-Oper zur Reichskanzlei bekundeten große Menschenmengen Unter den Linden und in der Wilhelmstraße Hitler ihre Begeisterung über den Krieg gegen Polen.

Wie immer nach einer großen Rede kehrte Hitler erschöpft und völlig durchgeschwitzt in die Reichskanzlei zurück. Er nahm ein heißes Bad und schluckte das Betäubungsmittel Ultraseptyl, das ihm Morell verschrieben hatte.[94]

Am Abend desselben Tages trug Ribbentrop Hitler die Noten des englischen und französischen Botschafters vor, in denen gefordert wurde, die feindseligen Handlungen gegen Polen sofort einzustellen und die deutschen Truppen zurückzuziehen. Dazu bemerkte Hitler: »Wir werden ja sehen, ob sie Polen zu Hilfe kommen. Die kneifen wieder.«

Am Morgen des 3. September überreichten Henderson und Coulondre Ribbentrop Noten, in denen es hieß, dass England und Frankreich sich im Kriegszustand mit Deutschland befänden.[95] Hitler bekam einen Wutanfall. Mit Schaum vor dem Mund rannte er im Wintergarten hin und her und brüllte in Gegenwart von Ribbentrop, Heß, Goebbels, Himmler und anderen, die sich dort versammelt hatten: »Die Polen sind eine jämmerliche, zu nichts fähige, großmäulige Bande. Das wissen die Engländer genauso gut wie wir. Die Herren Briten kennen das Recht des Stärkeren. Was niedere Rassen betrifft, so sind sie überhaupt unsere Lehrmeister gewesen. Es ist unerhört, uns die Tschechen und Polen, dieses Pack, das keinen Deut besser ist als Sudanesen oder Inder, als souveräne Staaten hinzustellen – und nur des-

---

[94] Ultraseptyl war kein Betäubungsmittel, sondern ein gängiges, entzündungshemmendes Chemotherapeutikum. Morell verordnete dieses Sulfonamid häufig, entgegen der empfohlenen Verabreichung auch vorbeugend in niedrigen Dosen.

[95] Die englische Kriegserklärung wurde gegen 9.00 Uhr nicht Ribbentrop, sondern dem Chefdolmetscher des Auswärtigen Amtes, Paul Schmidt, überreicht, da der Reichsaußenminister vorgab, verhindert zu sein. Die französische Kriegserklärung nahm dann Ribbentrop um 12.20 Uhr entgegen.

wegen, weil es diesmal um die Interessen Deutschlands und nicht Englands geht. Meine ganze England-Politik ging davon aus, dass beide Seiten die natürlichen Realitäten anerkennen, und jetzt wollen sie mich an den Schandpfahl nageln. Das ist eine unerhörte Niedertracht!«

Gegen 8.00 Uhr abends raste Hitlers Wagenkolonne zum Bahnhof. Hitler bestieg seinen Zug, der von nun an »Führerhauptquartier« hieß, und fuhr zum polnischen Kriegsschauplatz.[96]

Hitler und sein Stab richteten sich auf dem Truppenübungsplatz Groß Born an der deutsch-polnischen Grenze in Pommern ein.[97]

Die Kampfhandlungen gegen Polen wurden nach dem Plan durchgeführt, den der Chef des deutschen Generalstabs, Halder, ausgearbeitet hatte.[98] Nach drei Wochen Krieg waren von Polen nur die Ruinen von Warschau, verbrannte Städte und Dörfer, verwüstete Felder, Kriegsgefangenenlager und eine Bevölkerung übrig, die Hunger und Not litt.[99] Ihre Regierung hatte sie im Stich gelassen und sich nach London abgesetzt.[100]

Wie alle deutschen Soldaten fühlten sich die SS-Männer von Hitlers Begleitkommando als Herren der Lage. Aber vor einzelnen Verzweiflungsakten polnischer Patrioten mussten sie auf der Hut sein.

---

[96] Der »Führersonderzug« diente während des Polenfeldzugs als Führerhauptquartier, da Hitler einen Angriff Frankreichs für Mitte September erwartete und für eine rasche Verlegung des Befehlsstandes bereit sein wollte.

[97] Der Truppenübungsplatz Groß Born lag 50 Kilometer nördlich von Schneidemühl.

[98] Der Operationsplan für den Fall »Weiß«, die Besetzung Polens, war unter der Leitung Walter von Brauchitschs im Wesentlichen durch Franz Halder erarbeitet worden.

[99] Nachdem die deutschen Truppen bis Mitte September 1939 die unterlegene polnische Armee zerschlagen hatten, griffen am 17.9.1939 von Osten her zwei sowjetische Fronten an und besetzten, entsprechend dem Geheimprotokoll des deutsch-sowjetischen Nichtangriffsvertrags, die Gebiete, die Russland zwischen 1918 und 1920 an Polen abtreten musste. Während des Feldzugs bis zum 6.10.1939 verlor die polnische Armee 70 000 Soldaten, 133 000 wurden verwundet und 917 000 gefangen genommen. Die Verluste der Wehrmacht beliefen sich auf 10 572 Tote, 3 407 Vermisste und 30 322 Verwundete, bei der Roten Armee gab es 973 Tote und 2002 Verwundete.

[100] Die polnische Regierung war am 17.9.1939 zunächst nach Rumänien geflohen. Am 30.9.1939 wurde in Paris unter General Wladyslaw Sikorski eine polnische Exilregierung gebildet, die sich im Sommer 1940 nach dem deutschen Einmarsch in Frankreich nach London absetzte.

Trotz grausamster Unterdrückungsmaßnahmen der deutschen Strafkommandos ergab sich das polnische Volk nicht und kämpfte um seine Unabhängigkeit. Als Hitler eines Tages von einer Inspektionsfahrt durch Polen zu seinem rollenden Hauptquartier in Groß Born zurückkehrte, beschoss eine Gruppe polnischer Patrioten Fahrzeuge der »Führerkolonne« mit SS-Leuten aus Hitlers Leibwache. Aus diesem Anlass fand beim Chef des Polizeikommandos in Hitlers Stab, Högl, eine Besprechung über den verstärkten Schutz Hitlers statt, an der auch Himmlers Stabschef Baron von Alvensleben teilnahm. Danach lud Alvensleben Högl, Linge und weitere SS-Männer aus Hitlers Stab ein, mit ihm ein Kriegsgefangenenlager in der Nähe von Groß Born aufzusuchen und sich dort die »polnischen Tiere« anzuschauen.

Der Lagerkommandant, ein Major, führte sie durch die Baracken, wo gefangene Polen in Schmutz und drangvoller Enge lagen.

Gefangene, deren Gesichter Alvensleben nicht gefielen, wurden auf seinen Befehl von den Wachsoldaten auf der Stelle ausgepeitscht. Daran beteiligte sich auch Alvensleben persönlich. Der Aristokrat und Gutsherr Alvensleben trat die von den Schlägen halb ohnmächtigen Gefangenen mit Füßen und brüllte, man müsse »mit diesen Bestien so umgehen, dass sie wissen, wer ihr Herr ist«. Beim Abschied forderte sie der Lagerkommandant auf, doch öfter vorbeizuschauen. Er werde dann noch »spannendere Szenen« organisieren.

Im von den Deutschen eroberten Polen wurde eine Kolonialverwaltung unter Leitung von Hans Frank als Generalgouverneur eingerichtet. Frank war ein alter Komplize Hitlers seit der Gründung der nationalsozialistischen Partei. Von Beruf Anwalt, hatte er Hitler vor Gericht verteidigt, als dieser im November 1923 wegen der Organisierung des nationalsozialistischen Putsches in München angeklagt war. Vor 1933 verteidigte Frank SA-Leute, die wegen der Ermordung von Kommunisten und anderen fortschrittlichen Deutschen vor Gericht standen. Nach Hitlers Machtübernahme wurde Frank für seine »Verdienste« zum Präsidenten der Akademie für Deutsches Recht ernannt. Franks Tätigkeit in Polen bestand vor allem aus Orgien im Königsschloss von Krakau und der massenhaften Vernichtung von Menschen in Auschwitz und Majdanek.

Als Hitlers Sonderzug nach dem Polenfeldzug zurückfuhr, wurde er an einer Station aufgehalten, wo auf dem Abstellgleis ein Lazarettzug mit Verwundeten stand. Hitler äußerte den Wunsch, sie zu besuchen. Mit geheuchelter Trauermiene ging er durch die Waggons mit verwundeten Soldaten. Während des ganzen Krieges war Hitler danach nie wieder in einem Lazarett oder einem Sanitätszug. Er begründete das damit, dass ein Feldherr sich keine Sentimentalitäten leisten könne.

Der Jahrestag des nationalsozialistischen Putsches, den Hitler im November 1923 in München organisiert hatte, wurde 1939 unter Kriegsbedingungen begangen. Dabei hatten weder Engländer noch Franzosen, die sich nun mit Deutschland im Kriegszustand befanden, irgendetwas unternommen, das auf Kampfhandlungen gegen Deutschland hindeutete.[101]

Zu der Begegnung mit den »Alten Kämpfern« im Münchner Bürgerbräukeller wählte Hitler statt des für diesen Tag üblichen Braunhemds seinen grauen Militärrock, an den er den »Blutorden« heftete. Da er dringend nach Berlin zurückmusste, begann die Veranstaltung diesmal eine Stunde früher.[102]

---

[101] Der so genannte Sitzkrieg an der deutschen Westfront währte vom 3.9.1939 bis zum deutschen Angriff im Westen am 10.5.1940 und kennzeichnete eine nahezu kampflose Kriegsphase. Die Gefechtshandlungen am Westwall waren in dieser Zeit überwiegend durch örtliche Aufklärungsvorstöße und Artillerieduelle sowie Flugblattaktionen geprägt.

[102] Die Veranstaltung begann eine halbe Stunde früher, um 20.00 Uhr. Da Hitlers Zug jedoch aus München um 21.31 Uhr abfahren musste, hatte er seine Rede außerdem gekürzt und um 21.07 Uhr den Bürgerbräukeller verlassen. Die von Georg Elser gelegte Bombe detonierte um 21.20 Uhr.

Vor den in dem Bierkeller Versammelten hielt er eine kurze Rede, in der er erklärte, wie glücklich er sei, den Kampf des deutschen Volkes anführen zu können. Unter donnernden »Heil!«-Rufen verließ Hitler die Versammlung und fuhr zum Bahnhof, wo sein Zug bereits unter Dampf stand.

Unterwegs, kurz vor Nürnberg, ging ein Funkspruch ein, dass es im Bürgerbräukeller nach Hitlers Abfahrt eine Explosion gegeben habe. Einzelheiten wurden nicht mitgeteilt.

Auf dem Bahnhof in Nürnberg erwarteten der Nürnberger Bürgermeister Liebel und der Polizeipräsident der Stadt, Martin, voller Aufregung Hitlers Zug. Sie stiegen in seinen Wagen. Dort nahm sie Linge in Empfang. Martin bat Linge, dem Führer unverzüglich zu melden, dass er eine dringende Nachricht für ihn habe. Hitler, der gerade erst von dem eingegangenen Funkspruch gehört hatte, ging in den Gang hinaus und fragte Liebel und Martin sofort: »Was ist passiert?«

»Mein Führer«, antwortete Martin, »ich habe gerade aus München die Nachricht bekommen, dass ein Anschlag auf Sie vorbereitet war. Ungefähr eine Stunde nachdem Sie die Versammlung im Bürgerbräukeller verlassen haben, hat es dort eine starke Explosion gegeben. Die Menschen, die noch im Saal waren, sind unter der einstürzenden Decke begraben worden.«[103]

Hitler erbleichte. Nach Luft ringend, fragte er: »Wo ist Himmler?«

Martin antwortete, Himmler sei in München geblieben und leite persönlich die Ermittlungen. Hitler erregte sich noch mehr und befahl, Himmler mitzuteilen, er möge so lange in München bleiben, bis alle an der Sache beteiligten Verbrecher dingfest gemacht seien. Dann, etwas gefasster, fügte er zornig hinzu: »Sagen Sie ihm, er soll rücksichtslos vorgehen und die ganze Bande mit Stumpf und Stiel ausrotten.«

---

[103] Elser hatte die Bombe in einer Säule neben dem Rednerpult deponiert. Beim Einsturz der Decke kamen acht Menschen ums Leben, über 60 wurden schwer verletzt.

Liebel und Martin stiegen wieder aus. Die Nachricht von dem misslungenen Anschlag auf Hitler lief in Windeseile durch den ganzen Zug. Man beglückwünschte den Führer zu seiner wunderbaren Rettung. Hitler erwiderte darauf, er stehe unter dem besonderen Schutz der Vorsehung.

Die Ermittlungen ergaben, dass in einer Säule vor der Bühne des Bürgerbräukellers, von der aus Hitler seine Rede hielt, eine Höllenmaschine installiert war. Die Kellner sagten aus, in den letzten Tagen vor dem Anschlag sei ein ihnen unbekannter Mann mehrfach im Bürgerbräu gesehen worden. Seine Personenbeschreibung wurde unverzüglich an alle Grenzübergänge geschickt, was schließlich zur Verhaftung eines gewissen Elser führte, der in die Schweiz fahren wollte. Bei der Vernehmung sagte Elser aus, er habe die Höllenmaschine dort angebracht. Er tat das ohne Helfershelfer und wollte Hitler töten, um die politische Ordnung in Deutschland zu ändern. Obwohl es keine weiteren Hinweise gab, wollte Hitler nicht glauben, dass Elser den Anschlag allein organisiert hatte. Er gab Befehl zu Massenverhaftungen.[104]

Der SD war der Meinung, der Anschlag auf Hitler sei das Werk des englischen Geheimdienstes gewesen. In diesem Zusammenhang dachten sich SD-Mitarbeiter ein Funkspiel mit einer Station des englischen Geheimdienstes in Holland aus, bei der sie sich als eine antifaschistische Widerstandsgruppe in Deutschland ausgaben.

Bei dieser Operation gelang es dem deutschen SD, den englischen Spion Captain Best an die holländisch-deutsche Grenze zu locken. Dort erschossen die SD-Leute ahnungslose holländische Grenzwachen und verschleppten Best auf deutsches Ge-

---

[104] Elser war bereits vorher bei dem Versuch festgenommen worden, die Grenze bei Konstanz illegal zu überschreiten. Die Beamten fanden bei ihm eine Postkarte mit der Ansicht des Bürgerbräukellers, Notizen über die Herstellung von Sprengstoff und mehrere merkwürdig anmutende Metallteile. Erst nachdem die Meldung über das Attentat eingetroffen war, ergab sich die Verbindung zu Elser.

biet.[105] Bei Bests Vernehmung konnte keine Beteiligung des englischen Geheimdienstes an Elsers Attentat auf Hitler festgestellt werden. Best verschwand in einem KZ, Elser aber wurde für den Bau von Höllenmaschinen in der Diversionsabteilung des SD eingesetzt.[106]

[105] Das Funkspiel des SD-Ausland mit dem Residenten des MI 6 in den Niederlanden begann bereits im Oktober 1939, um den unerlaubten Abfluss von Informationen zu den deutschen Angriffsabsichten im Westen zu prüfen. Dabei wurde dem MI 6 vorgespielt, mit der deutschen Militäropposition in Verbindung zu stehen. Einen Tag nach dem Attentat wurden bei einem grenznahen Treff die britischen Agenten Sigismund Payne Best und Richard Stevens überwältigt und aus den neutralen Niederlanden nach Deutschland verschleppt, um sie als Hintermänner des Anschlags präsentieren zu können. Die Entführung ging als der so genannte Venlo-Zwischenfall in die Geschichte ein.

[106] Best und Stevens wurden bis Kriegsende im KZ Sachsenhausen festgehalten. Elser war zunächst ebenfalls in Sachsenhausen inhaftiert und wurde Ende 1944 oder Anfang 1945 ins KZ Dachau verlegt. In der Haft baute Elser im Auftrag des Reichssicherheitsdienstes ein Modell seiner Bombe nach, für den SD arbeitete er nicht. Am 5.4.1945 erging an den KZ-Kommandanten von Dachau die Anweisung, Elser unauffällig zu liquidieren, was am 9.4. geschah.

6. Kapitel

Im Dezember 1939 kam Hitler wieder auf sein Schloss Berghof.[107] Eines Abends bestellte er Göring, Heß, Keitel, Funk und den Reichsminister für Bewaffnung und Munition Fritz Todt zu einer Besprechung auf den Berghof. An die Tür der großen Halle, wo die Besprechung stattfand, hängte Linge ein Schild »Bitte nicht stören«, damit Eva Braun und ihre Freundinnen sich an diesem Abend von diesem Raum fern hielten, der von dem Salon nebenan nur durch einen Vorhang getrennt war.

Als Göring auftauchte, stürzten die Ordonnanzen aus der Garderobe auf ihn zu, denn er legte nie dort ab. Da er immer als schwerbeschäftigter Mann erscheinen wollte, warf er Mantel, Hut und Marschallstab seinen Ordonnanzen im Gehen zu. Mit weit ausholenden, energischen Schritten seiner walzenförmigen Beine, die in gespornten Stiefeln steckten, stürmte er in die Halle. Einige Minuten später kamen Heß, Funk, Todt und Keitel. Linge meldete Hitler, alle Herren seien zur Stelle.

Hitler ging, in Gedanken versunken, die kurze Treppe hinunter, gefolgt von Linge. Vor der Halle straffte sich Hitler und trat mit festem, raschen Schritt ein. Die Anwesenden rissen den Arm zum Gruß hoch. Hitler begrüßte Göring, Heß, Funk, Keitel und Todt leutselig. Alle traten an den riesigen Marmortisch heran. Hitler eröffnete die Besprechung mit der Feststellung, dass die Leitung der gesamten Kriegsindustrie Göring übertragen werde. Er erhalte alle Vollmachten zur Sicherung der wirtschaftlichen Grundlagen des Krieges. Nach Hitler erklang Görings schnarrende Stimme. Er sprach über den Zustand der Rüstung und malte die glänzende Perspektive einer permanent wachsenden, gigantischen Rüstungsindustrie. Seine Darlegungen zeugten von bedingungslosem Optimismus.

---

[107] Hitler wohnte vom 20. bis zum 22.12.1939 auf dem Berghof.

Hitler stützt sich mit seinem ganzen Gewicht auf den Tisch, sodass sich seine Finger biegen. Er erklärt, die günstige militärische Lage Deutschlands und die Siegesstimmung der deutschen Truppen müssten umfassend genutzt werden, das Schicksal selbst diktiere das weitere Vorgehen. Die deutsche Militärmaschine laufe auf vollen Touren und dürfe nicht gestoppt werden. Die Franzosen müssten sich dem Kampf stellen. »Wir werden sie schon aus der Maginot-Linie herauslocken. Was meinen Sie, Keitel?«

Keitel lacht selbstgefällig und sagt: »Das wird ein Großreinemachen werden.«

»Deutschland ist voller Entschlossenheit«, stimmt auch Göring Hitler zu, »und wir sind in der Lage, den Fehdehandschuh aufzunehmen. Die Westmächte sollen dafür bezahlen, dass sie uns den Krieg erklärt haben.«

Am 23. Dezember 1939 fuhr Hitler über Weihnachten vom Obersalzberg ins Rheinland, um die am Rhein und an der belgischen Grenze aufmarschierten Truppen zu inspizieren. Am 24. Dezember hielt der »Führerzug« am Güterbahnsteig einer kleinen Station in der Nähe von Aachen. Hitler fuhr mit dem Wagen zum Standort einer Truppeneinheit. In den Häusern des kleinen Städtchens hörte man den Gesang von Kinderstimmen – das größte religiöse Fest des Jahres wurde gefeiert. Aber die Familien sind getrennt, viele Väter und Brüder beim Militär. Sie stehen in Polen, liegen in den Bunkern der »Siegfried-Stellung« oder befinden sich im ganzen Rheinland in Gefechtsbereitschaft.

Eine SS-Streife schreitet in gemessenem Tempo die 14 Waggons von Hitlers Zug ab. Auch die Bahnpolizei ist zur Stelle. Hinter der Lokomotive und ganz am Ende des Zugs befindet sich je ein Waggon, der mit zwei vierläufigen Fliegerabwehr-Geschützen bestückt ist, um möglichen Angriffen aus der Luft zu begegnen. Diese Wagen blieben während des ganzen Krieges in Hitlers Zug. Die Artilleriesoldaten in warmen Mänteln blicken in die dunkle, frostklare Nacht und treten von einem Fuß auf den anderen, um sich warm zu halten.

Auf der Zufahrtsstraße zu Hitlers Zug hört man die starken

Motoren dreiachsiger Geländewagen, die sich mit abgedunkelten Scheinwerfern nähern. Linge steigt aus dem Waggon. Hitlers Wagen rollt auf den Bahnsteig. Plötzlich hört Linge eine laute Stimme. Auf dem Kotflügel des zweiten Wagens, der Hitler folgt, sitzt mit rückwärts gewandtem Gesicht der betrunkene Bormann und grölt einen rheinischen Karnevalsschlager. Linge öffnet den Schlag, um Hitler aus dem Wagen zu helfen. Bormann steigt vom Kotflügel des zweiten Wagens und schwankt zum Zug. Er tritt Hitler in den Weg. »Mein Führer, das ist nicht Ihr Waggon«, lallt er, »nein, mein Führer, das ist natürlich nicht Ihr Waggon. D-d-d-der steht weiter hinten.«

Linge erklärt, dass sie vor Hitlers Waggon stehen.

»Also«, meint Hitler, »ich hatte doch Recht, natürlich ist das mein Waggon.«

Bormann rückt die schief sitzende Mütze gerade und hat alle Mühe, in den Nachbarwaggon zu steigen.

Einige Zeit später erscheint Bormann im Gang von Hitlers Waggon. Mit dümmlichem Lächeln nähert er sich Hitlers Abteil. Vor sich her trägt er ein Tannenbäumchen. Eva Braun hatte es auf dem Obersalzberg geschmückt und Bormann gebeten, es Hitler zu Weihnachten zu bringen. Bormann gibt Linge mit Grimassen zu verstehen, dass dies eine Überraschung für Hitler sein soll. Plötzlich fällt ihm das Bäumchen aus der Hand. Nüsse und Glaskugeln rollen von den Zweigen. Wie betäubt steht Bormann mit aufgerissenen Augen da. Angst packt ihn.

»Schnell, schnell!«, zischt er Linge an, der sofort zur Stelle ist, um das Bäumchen aufzuheben. Bormann nähert sich jetzt vorsichtig Hitlers Abteil. Er übergibt diesem einen Brief von Eva Braun und das Weihnachtsbäumchen. Zugleich wünscht der Chef der nationalsozialistischen Partei,[108] der sich vor Trunkenheit kaum auf den Beinen halten kann, dem Führer im Namen der Partei frohe Weihnachten.

---

[108] Bormann war zu dieser Zeit Persönlicher Sekretär und Chef der Stabskanzlei des Stellvertreters des Führers, Rudolf Heß.

Hitlers Zug rollt in Richtung Bad Ems. In diesem Kurort steht das motorisierte Infanterieregiment der SS-Leibstandarte »Adolf Hitler«.

In Bad Ems angekommen, fuhr Hitler mit seinem Wagen zum Kurhaus, wo die Männer der Leibstandarte Weihnachten feierten. Er wurde vom Kommandeur der Leibstandarte, Sepp Dietrich, begrüßt. Als Hitler in den Saal kam, kommandierte Sepp Dietrich in halb familiärem Ton: »Ruhe, Leute!« Hitler lässt sich auf den lockeren Ton ein, um zu demonstrieren, dass er und seine Leibstandarte fest zusammengehören. Von Sepp Dietrich begleitet, schritt Hitler die langen Reihen der strammstehenden SS-Männer ab, die er mit erhobenem Arm begrüßte. Er nahm an einem der weiß gedeckten Tische Platz, die in Hufeisenform im Saal aufgestellt waren. Auch die Offiziere und Soldaten der Leibstandarte setzten sich wieder. Vor jedem SS-Mann lagen als Hitlers Weihnachtsgeschenk Süßigkeiten und Kognak. Vor den Tischen befand sich eine Bühne, auf der die Kapelle der Leibstandarte spielte. Rechts neben der Bühne stand ein großer, festlich geschmückter, im Glanz der Kerzen strahlender Tannenbaum. Vor der Bühne war ein Rednerpult aufgebaut.

Nachdem das Orchester einige Märsche gespielt hatte, ergriff Sepp Dietrich das Wort zur Begrüßung. Seinen dreifachen Hochruf auf Hitler beantworteten die SS-Männer jedes Mal mit einem donnernden »Heil!«.

Dann trat Hitler ans Rednerpult. Er sagte: »Ihr Soldaten der Leibstandarte steht jetzt am Westwall,[*] um für Deutschland Lebensraum zu erobern. Aus der Enge herauszutreten ist unser Lebensrecht. Jetzt fällt es England plötzlich ein, sich uns in den Weg zu stellen und den Krieg zu erklären. Der wahre Grund dafür ist nicht der Polenfeldzug. Es sind in Wirklichkeit die englischen Plutokraten, die voller Neid sehen, wie sich die deutsche Wirtschaft entwickelt. Das Volk, das sich einen riesigen Lebens-

---

[*] [Anmerkung des sowjetischen Bearbeiters:] Gemeint ist die Maginot-Linie. Anmerkung der Herausgeber: Der sowjetische Bearbeiter hat Unrecht, Hitler meinte tatsächlich den Westwall.

raum erobert hat, sind die Engländer. Ich werde die englische Herrschaft brechen! Die Zukunft gehört den Deutschen, nicht den Engländern, die bereits Anzeichen von Altersschwachsinn zeigen. Ihr, die Soldaten meiner Leibstandarte, seid die Auserwählten des Schicksals, die Garantie für Deutschlands Sieg!«

Hitlers Rede wurde mit donnerndem Beifall beantwortet. Immer wieder erklangen Rufe: »Sieg Heil, Sieg Heil!«

Danach nahm Hitler wieder am Tisch unter den SS-Männern Platz. Die Kapelle spielte fröhliche Märsche. Für die SS-Leute wurde Punsch ausgeschenkt.

Es folgten Sketche, in denen die Mitglieder der englischen Regierung verhöhnt wurden. Chamberlain erschien mit törichtem, mürrischem Gesicht und Regenschirm am Arm.

In Hochstimmung verabschiedete sich Hitler von den SS-Leuten. Von Bad Ems fuhr er auf den Obersalzberg zurück, wo er gemeinsam mit Eva Braun das neue Jahr 1940 feierte.[109]

Ende März 1940 wurden die Oberbefehlshaber von Heer, Luftwaffe und Kriegsmarine zu einer Besprechung in die Reichskanzlei beordert. Im Westen war die Lage unverändert. Die englischen und französischen Truppen blieben passiv. Ihre »Kampfhandlungen« beschränkten sich darauf, schon einmal ihr Siegeslied erschallen zu lassen. »Wir trocknen unsere Wäsche in der Siegfried-Stellung«, sangen sie.

An der Besprechung bei Hitler nahmen Göring, Keitel, Halder, Jodl, Brauchitsch, Raeder und General Falkenhorst teil. Dabei wurde der Plan zur Besetzung Norwegens und Dänemarks erörtert.[110] Falkenhorst war zugegen, weil man ihm das Kommando der Besatzungstruppen in Skandinavien übertragen hatte.

---

[109] Hitler verbrachte die Zeit vom 31.12.1939 bis zum 5.1.1940 auf dem Berghof.
[110] Bereits am 1.3.1940 hatte Hitler seine Weisung für den Fall »Weserübung«, die Besetzung Dänemarks und Norwegens, unterzeichnet. Am 5.3.1940 besprach er mit den Oberbefehlshabern der drei Wehrmachtteile Details der Operation. Am 26.3. berichtete

Nach der Besprechung lud Hitler Göring und Raeder zum Essen ein. Zu dritt speisten sie in Hitlers Esszimmer. Dem Tischgespräch war zu entnehmen, dass Raeder den Plan der Besetzung Norwegens kritisch sah, weil er Gegenwehr der englischen Flotte und schwere deutsche Verluste befürchtete. Dazu sagte Hitler: »Wenn die deutsche Marine je eine Existenzberechtigung hatte, dann jetzt. Ich werde nicht zulassen, dass die Flotte in den Häfen rostet wie unter Wilhelm II.[III] Eher riskiere ich, sie zu verlieren. Auch wenn unsere Kreuzer untergehen, so erfüllen sie doch eine wichtige Mission. Sie werden in der Geschichte der deutschen Kriegsmarine ein ruhmreiches Kapitel schreiben!«

Göring unterstützte Hitler und betonte, wie notwendig es sei, Norwegen zu erobern. Es solle, wie er sich ausdrückte, zum deutschen Flugzeugträger gegen England werden.

Am Ende des Essens war Hitler prächtiger Laune. Nicht ganz ernst erzählte er eine Episode aus der Zeit vor seiner Machtergreifung. 1925 bemerkte er einmal, dass sich um seinen Wagen, der ihn am Münchner Bahnhof erwartete, eine Menschenmenge versammelt hatte. Die Leute lachten über ein Pferd, das Stroh aus einem aufgeplatzten Sitz in Hitlers Wagen riss und hemmungslos verspeiste. Hitler war das so peinlich, dass er zu Fuß nach Hause ging. Über Hitlers Geschichte mussten alle lachen.

In den folgenden Tagen – im April 1940 – begannen die Landeoperationen der deutschen Truppen in Norwegen und Dänemark. Hitler verschlang pfundweise Pralinen.

»Das ist Nervennahrung«, erklärte er Linge.

Der Meteorologe aus dem Luftfahrtministerium, den Göring empfohlen hatte, lieferte der Reichskanzlei jeden Tag den Wet-

der Oberbefehlshaber der Kriegsmarine, Großadmiral Erich Raeder, Hitler über den Stand der Vorbereitungen zur Invasion. Am 1.4.1940 trug der mit der Leitung des Unternehmens beauftragte General Nikolaus von Falkenhorst Hitler vor, es folgte eine Besprechung mit den beteiligten Kommandeuren. Einen Tag später legte Hitler bei einer Zusammenkunft mit Göring, Falkenhorst und Raeder den 9.4.1940 als Angriffstermin fest.
[III] Im Ersten Weltkrieg war die deutsche Hochseeflotte – bis auf die Skagerrak-Schlacht – kaum eingesetzt worden, der Schwerpunkt der Seekriegführung hatte auf dem U-Boot-Krieg gelegen.

terbericht. Nach seinen Prognosen wurde der Beginn der Operation in Norwegen festgelegt. Der Mann, der keine Ahnung hatte, wozu seine Wetterberichte benötigt wurden, verstarb bald nach der Besetzung Norwegens.[112] Hitler witzelte darüber: »Den hat der Schlag getroffen, als ihm klar wurde, was seine Wetterprognosen bedeuteten.«

Hitlers Plan ging auf. Norwegen und Dänemark wurden besetzt.[113] Dabei erschien die englische Flotte vor der norwegischen Küste. Obwohl sie auf eine lächerlich schwache deutsche Streitmacht traf, die in der Hauptsache aus Minenlegern und Torpedobooten bestand, nahm sie den Kampf nicht auf, sondern kehrte nach England zurück. Als sie erneut vor den Küsten Norwegens auftauchte, waren bereits vollendete Tatsachen geschaffen. Ohne von England behelligt zu werden, konnten die Deutschen in Norwegen Truppen anlanden.

Später versuchten die Engländer selbst, in Norwegen an Land zu gehen.[114] In Trondheim setzten sie unbedeutende Kräfte ab, die aber von den Deutschen vernichtet wurden. Bei gefallenen englischen Offizieren fand man Geheimbefehle zur Durchführung der Landeoperation. Diese enthielten höchst detaillierte Vorschriften, z.B. in welche Richtung die englischen Soldaten nach der Landung an der norwegischen Küste marschieren sollten – nach rechts oder nach links, wie sie ihre Gewehre zu halten hatten usw. In den Befehlen war auch die Ausrüstung genau beschrieben, welche die englischen Truppen mit sich führten. Sie bestand in der Hauptsache aus Lebensmitteln und Sportgeräten.

---

[112] Gemeint ist Dr. Kurt Diesing, Angehöriger des Reichswetterdienstes.

[113] Während die Besetzung Dänemarks fast kampflos erfolgte, leisteten die Norweger trotz unterlegener Kräfte heftigen Widerstand. Erst am 9.7.1940 befahl König Haakon VII. die Einstellung der Kämpfe.

[114] Zwischen dem 14. und 20.4.1940 landeten englische, französische und polnische Streitkräfte bei Andalsnes, Harstadt, Namsos und Narvik. Die bei Andalsnes und Namsos gelandeten Truppen sollten in einer Zangenbewegung auf Trondheim vorstoßen. Der Angriff scheiterte jedoch, und die alliierten Streitkräfte wurden Anfang Mai evakuiert. Demgegenüber gelang zunächst der alliierte Vorstoß auf Narvik, das am 28.4. besetzt wurde. Anfang Juni mussten die Truppen wegen der kritischen Lage in Frankreich abgezogen werden.

Als diese Geheimbefehle Hitler vorgelegt wurden, lachte er und meinte ironisch, die Engländer seien in Norwegen gelandet, um Sport zu treiben, nicht, um zu kämpfen.

Nachdem die deutsche Wehrmacht Dänemark und Norwegen besetzt hatte, griff sie im Mai 1940 Frankreich an. Am 10. Mai, dem ersten Tag der Offensive, fuhr Hitler aus Berlin in sein Hauptquartier namens »Felsennest«, das man auf einem Hügel bei Euskirchen im Rheinland eingerichtet hatte.[115] Hitlers Bunker lag vollständig unter der Erde, ohne dass man an der Oberfläche eine Erhöhung erkennen konnte. Über den Eingang war ein Tarnnetz gespannt. Hitlers Räume – Schlaf- und Arbeitsraum – waren feldmarschmäßig eingerichtet. Im selben Unterstand hatten auch Keitel, die Adjutanten Schmundt und Schaub sowie Linge ihr Quartier. In 30 bis 40 Metern Entfernung gab es ein Kasino mit Betonwänden. 200 Meter weiter stand hinter einem Waldstück eine ebenfalls mit Netzen getarnte, aus Holz errichtete Baracke für Besprechungen. Hier war Jodl untergekommen. Das Gelände mit den drei Bauten auf einem Hügel hatte man mit Stacheldraht umzäunt. Es hieß Sperrkreis I.

Der Rest von Hitlers Hauptquartier befand sich in dem Dorf, das am Fuße des Hügels lag.

Das deutsche Heer drang in Eilmärschen über Belgien und die Niederlande nach Nordfrankreich vor. Die angreifenden Verbände schnitten beträchtliche Kräfte des Gegners ab, darunter auch Einheiten des britischen Expeditionskorps, und nahmen sie bei Dünkirchen in die Zange.[116] Die Engländer wichen rasch

[115] Die eigentlich als Hauptquartier vorgesehene Anlage »Adlerhorst« bei Bad Nauheim war noch nicht fertig gestellt. »Felsennest« lag auf einem Hügel im Dorf Rodert bei Bad Münstereifel, zwölf Kilometer von Euskirchen entfernt.
[116] Der »Sichelschnitt«, also der Vorstoß starker deutscher Panzerverbände durch die als unwegsam geltenden Ardennen zur Kanalküste, war die Abkehr von einem modifizierten »Schlieffenplan«, den der deutsche Generalstab im Oktober 1939 vorgelegt hatte. Die Panzerdivisionen der Heeresgruppe A legten innerhalb von sechs Tagen 250 Kilometer

zurück, wobei sie ihren Rückzug von französischen Truppen sichern ließen. Der Ring um Dünkirchen zog sich immer enger zusammen. Wie bei einer Treibjagd schossen deutsche Artillerie und Panzer auf Engländer, die in kopfloser Panik zur Küste zurückfluteten.

Am flachen Ufer bei Dünkirchen bauten die Engländer Behelfsbrücken, indem sie Lastwagen ins Wasser stellten, über die sie ihre Schiffe zu erreichen suchten. Um der Hölle von Dünkirchen zu entkommen, warfen viele Kleidung und Waffen fort, sprangen ins Wasser und versuchten, die Schiffe schwimmend zu erreichen.

Mit den pausenlosen Angriffen der deutschen Luftwaffe, die den Luftraum ungehindert beherrschte, strebte die Hölle von Dünkirchen ihrem Höhepunkt zu. Die deutschen Schlachtflieger erreichten die fliehenden Engländer nicht nur zu Lande, sondern auch zu Wasser. Schiffe, von Soldaten überfüllt, sanken im deutschen Bombenhagel.[117]

Die gesamte Bewaffnung und Ausrüstung, die das englische Expeditionskorps im Stich ließ, fiel den Deutschen in die Hände. Um ihre Haut zu retten, überließen die Engländer die französischen Verbündeten ihrem Schicksal. Diese kämpften und fielen für sie im Gefecht.[118]

zurück und schnitten in Belgien und dem westlichen Nordfrankreich 42 Divisionen der Alliierten ab. Die Heeresgruppe B ging im Norden vor, die Heeresgruppe C rückte am Westwall und an der Oberrhein-Front vor. Die Verletzung der belgischen Neutralität löste bei einigen hohen Militärs massive Bedenken aus, die jedoch von Hitler und den Verfassern des Sichelschnittplans beiseite geschoben wurden.

[117] Insgesamt blieben die deutschen Luftangriffe bei Dünkirchen weit unter den in sie gesetzten Erwartungen. Während Göring großspurig angekündigt hatte, die Evakuierung aus der Luft zu verhindern, waren die alliierten Verluste mit 7000 Toten und 72 versenkten Schiffen relativ gering.

[118] Im Rahmen der Operation »Dynamo«, so die Codebezeichnung für die Evakuierung der alliierten Truppen aus Dünkirchen, gelang es, 338 000 Soldaten, unter ihnen 123 000 Franzosen, nach England zu transportieren. Damit rettete die britische Militärführung den Kern ihres Expeditionskorps und verhinderte eine Kapitulation Großbritanniens. Begünstigt wurde die Evakuierungsaktion durch einen Haltebefehl Hitlers, der am 24.5.1940 die 18 Kilometer vor Dünkirchen stehenden deutschen Panzerdivisionen anwies, den Vormarsch sofort einzustellen. Spekulationen, dass er dadurch eine Verständigung mit Großbritannien erreichen wollte, sind unbestätigt. Als Ursache für den Haltebefehl werden auch Befürchtungen vor einem Flankenangriff des französischen Heeres,

Als der Befehlshaber des Expeditionskorps mit den kläglichen Resten seiner Truppen auf die Britischen Inseln zurückkehrte, wurde er für diesen »glänzenden« Sieg der englischen Waffen von Churchill mit dem »Bath-Orden«, dem »Orden vom Bade«, ausgezeichnet. In Kreisen des deutschen Oberkommandos lachte man viel darüber, wie passend man Wavell[119] für das »kalte Bad« im Wasser des Ärmelkanals dekoriert hatte.[120]

Die Flucht der Engländer aus Frankreich gab dem deutschen Oberkommando die Möglichkeit, unverzüglich große Verbände aus dem Raum Dünkirchen an die Somme- und Oise-Front zu werfen, am 5. Juni die französischen Befestigungen am Südufer der beiden Flüsse zu durchbrechen und am 14. Juni Paris einzunehmen.

Die französischen Kriegsgefangenen zeigten sehr drastisch, was sie vom Verhalten der Engländer bei Dünkirchen hielten. Wenn sie in Gefangenenlagern auf Engländer stießen, wurden diese verprügelt, als Feiglinge, Egoisten und Verräter beschimpft. Daher sahen sich die Deutschen gezwungen, französische und englische Kriegsgefangene in der ersten Zeit in getrennten Baracken unterzubringen.

Hitler, der vor Begeisterung ganz aus dem Häuschen war, reiste nach Dünkirchen.[121] Bei der Rückkehr berichtete er, in den von den Engländern fluchtartig verlassenen Stabsunterkünften habe er sogar noch intakte Feldtelefone vorgefunden. Voller Verachtung erzählte er Göring, wie die Engländer ihren gesamten

Koordinationsprobleme und die Versicherung Görings, die Reststreitmacht werde von der Luftwaffe »erledigt«, genannt. Insgesamt kann bei der Obersten Wehrmachtsführung eine noch bestehende Unsicherheit über das tatsächliche Potenzial der Panzerwaffe angenommen werden.

[119] Das britische Expeditionskorps in Frankreich wurde von Feldmarschall John Standish Gort kommandiert, Feldmarschall Archibald Wavell war zu diesem Zeitpunkt Oberbefehlshaber aller britischen Landstreitkräfte im Nahen Osten.

[120] Bei der Aufnahme in den bereits 1399 gegründeten Orden war ursprünglich als Initiationsritus ein Bad vorgesehen. Gort erhielt das Knight Grand Cross of the Order of the Bath am 2. 6. 1940.

[121] Vom 1. bis zum 2. 6. 1940 machte Hitler einen Frontbesuch im südlichen Belgien und nördlichen Frankreich, der u. a. über Brüssel, Gent, Ypern, Langemarck, Lille, Lens, Arras und Cambrai führte. Dünkirchen selbst besichtigte er erst am 26. 6. 1940.

Tross in Dünkirchen im Stich gelassen hatten. »Sie haben nur an ihr Leben gedacht«, sagte Hitler. »Ja, Menschenkolonnen mit der Peitsche traktieren, das können sie. Aber auf dem Schlachtfeld sind sie elende Feiglinge.«

Auch Göring war in Hochstimmung. Beim Warten auf den Wagen vor dem Unterstand schilderte er Hitler sein jüngstes »Abenteuer«. Einige Tage zuvor war er in einem Lokal am Rhein gewesen. Alle Gäste seien aufgestanden, nur zwei katholische Priester nicht. »Denen habe ich es aber gezeigt. Ich habe sie ins KZ geschickt«, sagte Göring lachend. »Und habe befohlen, dort eine Stange mit einer alten Mütze von mir aufzustellen. Jetzt müssen sie jeden Tag daran vorbeimarschieren und den nationalsozialistischen Gruß üben.«[*]

Hitler lachte und klopfte Göring wohlwollend auf die Schulter. Als es mit dem Spaß genug war, drückte Göring ihm die Hand, hob wichtig seinen Marschallstab, setzte sich in den Wagen und fuhr zu seinem Stabsquartier.

Bevor der Mai endete, war die volle Niederlage Frankreichs bereits abzusehen. Zu dieser Zeit erhielt Hitler einen Brief von seinem Achsenpartner Mussolini.[122] Daran empörte Hitler vor allem, dass Italien, das sich sechs Monate lang herausgehalten hatte, jetzt plötzlich um jeden Preis in den Krieg eintreten wollte. Um die Beute nicht mit Mussolini teilen zu müssen, sagte Hitler, gegenwärtig brauche er Italien nicht, denn Frankreich liege ihm bereits zu Füßen.

Auf Mussolinis Brief antwortete er, Italiens Kriegseintritt sollte aufgeschoben werden, bis die deutsche Luftwaffe die französischen Flugplätze in Südfrankreich zerstört habe, was den ita-

---

[*] Ergänzung 2006: Die Pfarrer hießen Johannes Schulz und Josef Zillicken.
[122] Der Brief Mussolinis wurde Hitler am 30.5.1940 vom italienischen Botschafter Alfieri übergeben.

lienischen Truppen militärische Operationen erleichtern werde.[123] Ungeachtet der »überzeugenden« Argumente Hitlers erklärte Italien Frankreich bald darauf den Krieg.[124] So »einmütig« handelten die Partner der Achse Berlin–Rom.

Hitler beschäftigte die Frage sehr, welche weiteren geheimen Ziele Mussolini verfolgte – außer dem, seinen Teil an der Beute in Frankreich zu sichern.

Gibraltar? Malta? Oder wollte die italienische Marine etwa Suez angreifen? Ende Mai erteilte Hitler Ribbentrop den Auftrag, den italienischen Botschafter Alfieri aus Berlin nach Bad Godesberg ins Hotel Dreesen einzubestellen. Hitler wies an, Alfieris Besuch so zu gestalten, als empfange er einen gegnerischen Parlamentär. An diesem Tag wurden sogar die Wegweiser an Alfieris Fahrtroute entfernt, damit er nicht herausbekam, dass Hitlers Hauptquartier sich in Euskirchen, eineinhalb Autostunden von Bad Godesberg, befand.

Auf dem Weg zum Treffen mit Alfieri wirkte Hitler gereizt. Er müsse unbedingt wissen, was die Italiener im Schilde führten, denn seit Italiens Kriegserklärung habe das italienische Oberkommando nicht die geringsten Anstalten gemacht, aktiv in die Kampfhandlungen einzugreifen.

Hitlers Gespräch mit Alfieri im Hotel Dreesen dauerte etwa eine Stunde. Aus dem Zimmer, in dem es stattfand, war bald Hitlers gereizte Stimme zu hören. Er überschüttete Alfieri mit zornigen Vorwürfen. Er ließ an ihm seine ganze Wut aus und brüllte, er könne nicht verstehen, warum sich Italien so passiv verhalte. »Können Sie mir das erklären? Können Sie mir endlich eine klare Antwort geben? So kann das nicht weitergehen!«, schrie Hitler.

In seinem Stab wusste man, dass er nicht über Italiens Passivität erzürnt war, sondern weil Mussolini gegen seinen Willen

---

[123] Seine Antwort an Mussolini übermittelte Hitler am 31.5.1940.
[124] Italien erklärte am 10.6.1940 Frankreich und Großbritannien den Krieg. Die unverzüglich gestartete Offensive in Hochsavoyen brachte trotz des Einsatzes von 32 Divisionen nur unbedeutende Geländegewinne.

Frankreich den Krieg erklärt hatte. Alfieri fuhr verstört und niedergedrückt vom Hotel ab. Bald nach ihm brach auch Hitler auf.

Beim Abendessen im Hauptquartier schwieg er mürrisch. Keitel, Jodl, Bormann, Dietrich, Hewel, Hoffmann, Morell und die Adjutanten wechselten verstohlene Blicke. Hoffmann, diesem Hofnarren, gelang es schließlich nach und nach, Hitlers Schwermut etwas zu verscheuchen.

Nach dem Essen blieben Keitel, Jodl, Bormann und Hewel zurück. Vor ihnen machte Hitler noch einmal seinem Ärger Luft. »Die Kriegserklärung Italiens, die wir im vergangenen Herbst so dringend gebraucht hätten«, erläuterte er, »machte Viktor Emanuel* anfangs davon abhängig, dass Mussolini dem Kronprinzen das Kommando über eine Armee überträgt. Das lehnte der Duce natürlich ab.« Den Anwesenden war klar, was Hitler meinte. Kronprinz Umberto war als Anglophiler bekannt.

Jodl pflichtete Hitler eilfertig bei: »Natürlich, mein Führer, Sie haben doch immer gesagt: ›Warum jagt der Duce diese ganze Savoyer-Dynastie nicht einfach davon?‹«

»Sehen Sie«, meinte Hitler darauf, »Mussolini hat kein leichtes Spiel mit ihnen. Die Armee unterstützt den König, die Kirche steht auf seiner Seite, der Hof ist nur mit Intrigen beschäftigt, und in der faschistischen Partei gibt es viele fremde Elemente.«

Jodl meinte, die Italiener sollten wenigstens der englischen Flotte im Mittelmeer das Leben schwer machen. »Ich habe Alfieri gefragt«, fuhr Hitler fort, »was Italien für Pläne hat. Wir warten die ganze Zeit auf einen Vorstoß der italienischen Armee. Dem Botschafter hat es die Sprache verschlagen. Es ist klar geworden, dass sie überhaupt keine ernsthaften Pläne haben. Auf meine kategorische Frage, weshalb die Italiener so untätig sind, hat Alfieri doch ganz frech geantwortet, an der Front wäre Regenwetter.«

---

* [Anmerkung des sowjetischen Bearbeiters:] Viktor Emanuel ist der König von Italien.

Keitel warf empört ein: »Was geht nur in diesem Mussolini vor?«

Auch Bormann ließ erstaunte und verächtliche Ausrufe hören.

Zum Ende des Gesprächs hob Hitler hervor, die Passivität der Italiener habe auch ihr Gutes, denn so könne man ihren Appetit auf Frankreich deutlich zügeln.

Anfang Juni wurde Hitlers Hauptquartier von Euskirchen nach Brûly-de-Pesche nördlich von Rocroy nahe der belgisch-französischen Grenze verlegt.[125] Auf Hitlers Anweisung wurde dieses Quartier »Wolfsschlucht« genannt. So tauchte Hitlers Spitzname »Wolf« zum ersten Mal im Namen seines Hauptquartiers auf.

Die »Wolfsschlucht« lag in einem Wäldchen. Dieses Hauptquartier war eilig errichtet worden und hatte provisorischen Charakter. Hitler bewohnte eine einzeln stehende Holzbaracke, wo außer ihm noch Brückner, Schmundt und Linge untergebracht waren. Daneben befand sich ein Unterstand aus Beton mit nur einem einzigen Raum. Der Speiseraum war 80 bis 100 Meter von Hitlers Unterkunft entfernt. Keitel, Jodl und Bormann sowie der Rest des Stabs hatten sich in der Schule und in Wohnhäusern des evakuierten französischen Dorfes Brûly-de-Pesche eingerichtet. Die Lagebesprechungen wurden im Schulgebäude abgehalten. Dort befanden sich auch die Stabsquartiere Brauchitschs und Görings.

In diesen Tagen brachte sich Himmlers Chauffeur beim unvorsichtigen Umgang mit einer Maschinenpistole im Wagen selbst ums Leben.[126] Der SS-Mann wurde in dem belgischen Ort Brûly-de-Pesche begraben. Bei der Beerdigung sagte Himmler: »Er ruht in deutscher Erde. Dieses Land wird für immer uns gehören.«

In der ersten Junihälfte 1940 kam Reichsleiter Amann auf Hitlers Einladung in dessen Hauptquartier. Der ehemalige Feldwebel war im Ersten Weltkrieg Hitlers Vorgesetzter beim Regi-

---

[125] Die Verlegung erfolgte am 6.6.1940.
[126] Himmlers Fahrer, SS-Obersturmführer Hans Bastians, erschoss sich am 14.6.1940. Er war der erste Tote im Führerhauptquartier.

ment »List« gewesen.[127] Nach Hitlers Machtantritt wurde er Generaldirektor der Verlagsgruppe Eher, deren Miteigentümer Hitler war.

Nach Amann traf Wiedemann, ein weiterer alter Kamerad Hitlers aus dem Regiment »List«, im Hauptquartier ein. Der war zunächst nach Amerika ausgewandert. 1933 hatte ihn Hitler nach Deutschland zurückgerufen. Als Augenzeuge seiner »Heldentaten« im Ersten Weltkrieg sollte er in Deutschland Lobgesänge auf ihn anstimmen.

Gemeinsam mit Amann und Wiedemann wollte Hitler die ehemaligen Stellungen des Regiments »List« in Frankreich während des Ersten Weltkrieges besuchen.[128] Mit einem Geländewagen von Krupp verließen sie unter verstärktem Geleitschutz das Hauptquartier. Hitlers Wagenkolonne raste über französische Straßen durch Städte und Dörfer, vorbei an Ruinen, frischen Gräbern und von Granaten zerfurchten Feldern. Die zurückflutenden Flüchtlinge wichen zur Seite, wenn Hitlers Fahrzeuge mit heulenden Sirenen auftauchten. Auch Gruppen erschöpfter französischer Kriegsgefangener begegneten ihnen.

Hitler versuchte anhand einer Karte die Orte zu finden, wo das Regiment »List« gekämpft hatte oder einquartiert gewesen war. In der Gegend des Chemin des Dames gab Hitler das Zeichen zum Anhalten. Die ganze Gesellschaft stieg aus. Hitler schritt rasch übers Feld und blieb bei halb eingestürzten Schützengräben stehen. Mit einer Art Wiedersehensfreude wies er auf Gruben, in denen Unrat und verrosteter Stacheldraht lagen. Voller Stolz erinnerte er sich, wie er in dieser Gegend Meldegänger gewesen war. Hitler lebte richtig auf. Seit langem hatte man ihn nicht mehr so gesehen.

---

[127] Das bayerische Reserve-Infanterieregiment 18 war im September 1914 aus zusammengelegten Feldbataillonen gebildet worden. Nach dem Tod des am 31.10.1914 gefallenen Kommandeurs, Oberst Julius List, wurde es später auch Regiment »List« genannt. Hitler diente vom 16.8.1914 bis zum 14.10.1918 im Regiment »List«, wo er meist als Meldegänger eingesetzt wurde.

[128] Der Besuch der ehemaligen Schlachtfelder des Ersten Weltkrieges fand am 25. und 26.6.1940 statt.

Am Abend des 15. Juni 1940 ging in Hitlers Hauptquartier die erste Meldung darüber ein, dass von der französischen Regierung ein Waffenstillstandsangebot zu erwarten sei. Sie kam vom deutschen Botschafter in Madrid, von Stohrer, zu dem der dortige französische Geschäftsträger Kontakt aufgenommen hatte. Die Nachricht verbreitete sich wie ein Lauffeuer im ganzen Hauptquartier. Alle beglückwünschten einander und wiederholten Hitlers Worte, dass der Waggon im Wald von Compiègne, in dem die Deutschen 1918 um Waffenruhe gebeten hatten, jetzt der Ort des deutschen Triumphes sein werde. Hitler wies an, dieses Ereignis zünftig zu feiern. Bald war sein ganzer Stab betrunken.

Aufgrund der Nachricht aus Madrid arbeitete das Oberkommando der Wehrmacht unverzüglich den Entwurf eines Waffenstillstandsvertrags mit Frankreich aus. Seine Grundidee war die vollständige Kapitulation Frankreichs. Er sah die Besetzung des ganzen Landes und die Entwaffnung der französischen Armee vor. Soldaten und Offiziere sollten gefangen genommen und die gesamte Ausrüstung der Armee Deutschland als Kriegsbeute übergeben werden. Hitler stimmte diesem Entwurf nicht zu.

Am 17. Juni gab er Keitel und Jodl Richtlinien für einen neuen Entwurf der Bedingungen für einen Waffenstillstand mit Frankreich. Dabei äußerte er folgende Überlegungen: England wird versuchen, die französische Regierung vom Abschluss eines Waffenstillstands abzuhalten und sie zur Fortsetzung der Kampfhandlungen zu bewegen. Dazu passt Churchills Vorschlag, ein englisch-französisches Bündnis auf der Grundlage einer weitgehenden juristischen Vereinigung beider Länder zu schließen. Daher ist es für die deutsche Politik wichtig, einen Keil zwischen Frankreich und England zu treiben. Mit der Forderung nach bedingungsloser Kapitulation Frankreichs und Besetzung seines gesamten Staatsgebietes ist das nicht zu erreichen. Das birgt die Gefahr in sich, dass die französische Regierung den Abschluss eines Waffenstillstands ablehnt, nach Nordafrika flieht und von dort aus zusammen mit England den Krieg fortsetzt. Deshalb muss man der französischen Regierung eine goldene Brücke bauen, damit die Franzosen die Waffenstillstandsbedingungen akzeptieren können. Das Ziel des Ganzen besteht darin, Frankreich aus dem Krieg herauszuführen – nach Möglichkeit samt seinen Kolonien – und England zu isolieren.

Als das offizielle Ersuchen der französischen Regierung nach einem Waffenstillstand eingegangen war, begannen am 16. Juni in Rom Verhandlungen zwischen der deutschen und der italienischen Regierung. Dort wurde vereinbart, dass sich Hitler und Mussolini bereits am 18. Juni in München treffen sollten, um miteinander die Waffenstillstandsbedingungen für Frankreich abzustimmen.

Am Abend des 17. Juni flog Hitler mit Keitel, Ribbentrop und seinem persönlichen Gefolge nach Frankfurt am Main, wo sein Sonderzug bereitstand. Als dieser am Morgen des 18. Juni in München eintraf, fuhr Hitler, von der Bevölkerung bejubelt, mit seiner Begleitung zum »Führerbau« am Königsplatz.

Am selben Vormittag begrüßte er Mussolini auf dem Münchner Hauptbahnhof. Nach dem Mittagessen im »Führerbau« sprachen Hitler und Mussolini in Hitlers Arbeitszimmer miteinander. Im selben Raum hatte kaum zwei Jahre zuvor, am 29. September 1938, die »historische« Konferenz zwischen Hitler, Mussolini, Chamberlain und Daladier stattgefunden. Die Folgen der Münchner Konferenz sind bekannt: Hitler besetzte die Tschechoslowakei, das Memelland, Polen, die Niederlande, Belgien, Dänemark, Norwegen und vernichtete Frankreich. Ihr Ergebnis waren hunderttausende Gefallene auf den Schlachtfeldern, Ruinen, Hunger und Elend der Völker.

Bei der Unterredung zwischen Hitler und Mussolini war anfangs ein kleiner Kreis von Mitarbeitern zugegen: von deutscher Seite Keitel und Ribbentrop, von italienischer Ciano. Der zweite Teil des Gesprächs fand unter vier Augen statt. Unmittelbar nach dem Ende der Besprechung brachte Hitler Mussolini zum Bahnhof, und dieser reiste aus München ab. Noch am selben Abend kehrte Hitler in sein Hauptquartier zurück.

Nach dem Abendessen im Zug berichtete er von den Ergebnissen der Verhandlungen mit Mussolini. Er wies auf die übertriebenen Ambitionen der Italiener hin. Italien verlange, dass Frankreich ihm Savoyen, das Gebiet um Nizza, die Insel Korsika und Tunesien abtrete. Damit wolle es sich die Vorherrschaft über das Mittelmeer sichern. Dazu erklärte Hitler, er habe Mussolinis Eifer dämpfen können. Er zeigte sich zufrieden, dass dieser nachgegeben hatte.

Am 19. Juni mittags war Hitler wieder in Frankfurt am Main, von wo er zu seinem Hauptquartier in Brûly-de-Pesche flog. Dort gaben Hitler und Keitel unverzüglich Befehl, die »Stätte des Waffenstillstands« im Wald von Compiègne für die bevorstehenden Verhandlungen mit Frankreich herzurichten. Den Gedanken, den neuen Waffenstillstand am gleichen Ort abzuschließen, wo Deutschland am 7. November 1918[129] seine Kapitulation hatte akzeptieren müssen, und damit den Akt von 1918 öffentlich zu annullieren, hatte Hitler bereits Anfang Juni 1940 ausgesprochen, als sich die militärische Niederlage Frankreichs abzeichnete.

Am 20. Juni wurde der Text des Waffenstillstandsvertrags mit Frankreich fertig gestellt. Hitler persönlich diktierte die so genannte Präambel zu dem Dokument. Diese verfolgte nach seiner Auffassung ein doppeltes Ziel: Erstens sollte sie die Franzosen psychologisch darauf einstimmen, die deutschen Bedingungen zu akzeptieren, denn darin wurde dem Mut und »heroischen Kampf« der französischen Armee großer Respekt gezollt. Zweitens begründete Hitler in der Präambel die deutschen Forderungen mit der Notwendigkeit, den Krieg gegen England fortzusetzen, womit sich der Hauptstoß des Vertrags nicht gegen Frankreich, sondern gegen England richtete.

Am Abend desselben Tages erhielt Günsche von Hitler den Befehl, bei den Verhandlungen im Wald von Compiègne an-

---

[129] Die Verhandlungen zur Beendigung der Kämpfe an der deutsch-französischen Front begannen am 7. 11. 1918 im Wald von Compiègne, der Waffenstillstand wurde am 11. 11. 1918 geschlossen.

wesend zu sein und für seine persönliche Sicherheit zu sorgen. Günsche sollte an der Tür der Glaswand stehen, die den Waggon in zwei Teile trennte, damit man ihn in der ganzen Größe seiner fast zwei Meter von allen Seiten sehen konnte. Er hatte den Befehl, auf jedes Mitglied der französischen Delegation zu schießen, das es wagen würde, sich Hitler gegenüber ungebührlich zu benehmen.

Der Beginn der Verhandlungen im Wald von Compiègne war auf den Vormittag des 21. Juni festgesetzt. Er musste jedoch verschoben werden, da die französische Delegation wegen der von Truppen und Flüchtlingen verstopften Straßen nicht rechtzeitig in Paris eintraf.

Keitel und Jodl fuhren am Morgen des 21. Juni mit ihren Wagen aus Hitlers Hauptquartier zur so genannten »Stätte des Waffenstillstands«.

Dieser historische Ort war extra für die Verhandlungen hergerichtet worden. Der Waggon, in dem man 1918 nach der Niederlage Deutschlands den Waffenstillstand mit den Franzosen unterzeichnet hatte, wurde aus der von den Franzosen eigens dafür gebauten Museumshalle herausgeholt. Man stellte ihn an die gleiche Stelle, wo er im November 1918 gestanden hatte, auf die Schienen, die im Zentrum der Anlage noch erhalten waren. Das Nebengleis, wo sich damals der Waggon der deutschen Delegation befunden hatte, war jetzt leer.

Im Waggon selbst hatte man nichts verändert. Es war ein gewöhnlicher Speisewagen der internationalen Schlafwagengesellschaft, in dem man ein Abteil zu einem Beratungsraum umfunktioniert hatte. Darin standen ein großer Tisch und rundherum Stühle.

Vor der Allee, die zur »Stätte des Waffenstillstands« führte, befand sich ein von den Franzosen aufgestelltes Siegesdenkmal, das einen gestürzten deutschen Adler darstellte. Dieses wurde mit Hakenkreuzfahnen verhängt. In der Allee hatte man eine Ehrenkompanie postiert. Im umliegenden Wald waren Kanzlei, Telefonvermittlung und Funkstation in Zelten untergebracht.

Mittags trafen Göring, Brauchitsch, Raeder, Ribbentrop und Heß ein, die Hitler zur feierlichen Übergabe der Waffenstillstandsbedingungen herbeizitiert hatte. Schließlich erschien Hitler persönlich. In Herrscherpose schritt er die Ehrengarde ab, besichtigte das mit Hakenkreuzfahnen verhüllte Denkmal und die Gedenktafel, die vom Sieg der Franzosen über die Deutschen im Jahr 1918 kündete.

Als es hieß, die französische Delegation nähere sich aus Richtung Paris, stiegen Hitler, Göring, Brauchitsch, Raeder, Ribbentrop, Keitel, Heß und Jodl in den Waggon. Alle nahmen am Tisch Platz.

Die eine Tischseite wurde für die französische Delegation freigehalten. Günsche mit Stahlhelm, die geladene Pistole in der Tasche, nahm an der Tür Aufstellung, die ins Nachbarabteil führte. Rechts von ihm stand Dolmetscher Schmidt.

Gegen 14.00 Uhr erschien die französische Delegation in Begleitung des deutschen Generals von Tippelskirch. Ihr gehörten als Delegationsleiter Armeegeneral Huntziger, General Parisot von den Landstreitkräften, General Bergeret von der Luftwaffe, Vizeadmiral Le-Luc von der Marine und Botschafter Noël an.

Am Eingang zur Allee stieg die französische Delegation aus den Wagen. Man führte sie an dem verhüllten Siegesmonument und der Ehrengarde vorbei in den Waggon. Als die Delegation hereinkam, erhoben sich Hitler und sein Gefolge schweigend von ihren Plätzen. Erschrocken hielten die Franzosen inne. Sie hatten nicht erwartet, einen geschlossenen Aufmarsch der deutschen Führung vor sich zu sehen. Schweigend und mit strenger Miene forderte Hitler sie mit einer knappen Geste auf, Platz zu nehmen.

Als sich alle gesetzt hatten, erhob sich Keitel. In aller Ruhe klemmte er sich das Monokel ins Auge und begann die Präambel des Vertrags zu verlesen. Dolmetscher Schmidt übersetzte ins Französische.

Dann übergab Keitel dem Leiter der französischen Delega-

tion, General Huntziger, den Wortlaut des Waffenstillstandsvertrags auf Deutsch und Französisch sowie die Karte Frankreichs,
auf der die Demarkationslinie zwischen dem besetzten und dem
unbesetzten französischen Gebiet eingezeichnet war. Damit war
die zeremonielle Überreichung der Waffenstillstandsbedingungen zu Ende. Hitler, Göring, Brauchitsch, Raeder, Ribbentrop
und Heß erhoben sich und verließen den Waggon. Nur Keitel
und Jodl blieben zurück, um die Verhandlungen mit der französischen Delegation zu führen, dazu einige Mitarbeiter und Dolmetscher Schmidt.

Als Hitler aus dem Waggon stieg, intonierte eine Kapelle die
deutsche Nationalhymne. Keitel und die übrigen im Waggon
verbliebenen Deutschen sprangen auf und rissen den Arm zum
faschistischen Gruß hoch. Keitel sang laut mit, und alle übrigen
Deutschen im Waggon stimmten ein. Auch die Franzosen erhoben sich von ihren Plätzen. Ein Mitglied der französischen Delegation hatte Tränen in den Augen. Hitler wartete das Ergebnis
der Verhandlungen nicht ab, sondern flog am selben Tag in sein
Hauptquartier zurück.

Als Hitler gegangen war, forderte Keitel die Franzosen auf,
den vorgelegten Wortlaut des Waffenstillstandsvertrags zur Kenntnis zu nehmen. Danach bat der französische Delegationsleiter
Huntziger Keitel, sich per Telefon mit der französischen Regierung in Bordeaux in Verbindung setzen zu dürfen. Da Keitel
fürchtete, die Verhandlungen könnten hinausgezögert werden,
reagierte er zunächst ausweichend. Er erklärte, die französische
Delegation müsse die Vollmacht haben, den Waffenstillstand
selbstständig zu schließen. Huntziger bestätigte, dass die französische Delegation diese Vollmacht habe, betonte aber, die Waffenstillstandsbedingungen entschieden über das Schicksal des
französischen Volkes, weshalb er es für notwendig halte, die französische Regierung zu informieren. Dabei verwies Huntziger darauf, dass es der deutschen Delegation 1918 ebenfalls gestattet
wurde, ihre Regierung zu konsultieren.

Keitel gab nach.

Huntziger ließ sich mit dem französischen Oberbefehlshaber General Weygand in Bordeaux verbinden. Das Telefongespräch der französischen Delegation mit Bordeaux wurde vom Dolmetscher, dem Gesandten Schmidt, mitgehört. Als Erstes fragte Weygand Huntziger, wo er sich befinde. Dieser antwortete: »Das kannst du dir doch denken.« Darauf Weygand: »Mein armer Freund!« Dann erkundigte sich Weygand nach den Waffenstillstandsbedingungen. Huntziger erwiderte, sie seien hart, und zählte sie Punkt für Punkt auf. Weygand versprach, er werde eine klare Antwort geben, sobald er Pétain informiert habe. Die Verhandlungen im Waggon wurden fortgesetzt.

In deren Verlauf stellte Huntziger Keitel die Frage, welche Waffenstillstandsbedingungen Italien zu stellen gedenke. Er äußerte die Befürchtung, die italienischen Bedingungen könnten schwer und ungerecht sein.

Keitel antwortete ausweichend, die italienischen Bedingungen seien ihm nicht bekannt. Italienisch-französische Verhandlungen würden sofort nach Unterzeichnung des deutsch-französischen Vertrags aufgenommen werden. Sichtlich erregt erwiderte Huntziger, Frankreich brauche eigentlich keinen Waffenstillstand mit Italien, da dieser an der französisch-italienischen Grenze de facto bereits bestehe, seit Italien den Krieg erklärt habe. Sollten die italienischen Bedingungen Frankreichs Ehre verletzen, werde die französische Regierung nicht darauf eingehen. Hier wurde General Huntzigers Ton besonders scharf, und er betonte jedes Wort: »Dem werden wir nicht zustimmen.«

Dann ergab sich eine pikante Situation. An der »Stätte des Waffenstillstands« im Wald von Compiègne tauchte unerwartet der italienische Militärattaché in Berlin auf und begann einen deutschen Offizier nach dem Gang der Verhandlungen mit den Franzosen auszufragen. Es bedurfte einiger Anstrengungen, um zu verhindern, dass der italienische General der französischen Delegation unter die Augen kam.

Am Abend des 22. Juni stellte Keitel den Franzosen ein Ultimatum. In einem knappen Schreiben forderte er General Huntziger auf, spätestens in einer Stunde mitzuteilen, ob die französische Delegation bereit sei, die Waffenstillstandsbedingungen anzunehmen. Anderenfalls gehe die deutsche Delegation davon aus, dass die Verhandlungen zu nichts geführt hätten. Dann würden die Kampfhandlungen in voller Stärke wieder aufgenommen. Huntziger übermittelte den Inhalt des Briefes unverzüglich an Pétain nach Bordeaux. Es verging keine halbe Stunde, bis Huntziger erklärte, die französische Delegation sei bereit, den Waffenstillstandsvertrag zu unterzeichnen.

Am 24. Juni lud Hitler Keitel, Jodl, Bormann, Hewel, seine Adjutanten und einige weitere Personen aus dem Hauptquartier abends ins Kasino ein. Hitler war bester Laune. Er äußerte sich befriedigt über den bisherigen Verlauf des Krieges und zeigte Optimismus, was das weitere Verhalten Englands betraf. »Die westeuropäischen Probleme werden jetzt gelöst, und uns bleibt nur, mit Sowjetrussland fertig zu werden«, erklärte Hitler und rieb sich die Hände.

Um Mitternacht hörten Hitlers Gäste die Rede von Goebbels im Rundfunk, die am Anfang und am Ende mit aufgezeichnetem Kampfgetöse unterlegt war. Die Hörer glaubten, es handle sich um eine Übertragung von der Front. Tatsächlich stammten die Geräusche aus dem Rundfunkstudio in Berlin.

Im Oktober 1940 beschloss Hitler, mit Franco zu Verhandlungen über eine Beteiligung des franquistischen Spaniens am Krieg zusammenzutreffen. Die Begegnung mit Franco fand in Hitlers Zug auf der Bahnstation Hendaye in der Nähe von Biarritz statt.[130] Das Gespräch, an dem Hitler, Keitel, Franco, der spanische Außenminister Serrano Súñer und Dolmetscher Schmidt teilnahmen, dauerte etwa vier Stunden.

---

[130] Hitler und Franco trafen sich am 23. 10. 1940 in Hendaye.

Dort wurde die Eroberung der englischen Festung Gibraltar nach einem vom deutschen Generalstab ausgearbeiteten Plan unter dem Codenamen »Isabella/Felix« erörtert.[131] Danach leitete man folgende Maßnahmen ein:

– Man bildete zwei Stäbe: einen taktischen Stab unter dem Kommando des deutschen Generals Lanz und einen Versorgungsstab, den der deutsche General Jaenecke führte.

– Fünfzig deutsche Offiziere in Zivil wurden mit falschen Pässen und spanischen Visa nach Spanisch-Marokko geschickt. Sie hatten den Auftrag des deutschen Generalstabs, das Straßennetz in der Gegend von Gibraltar auf seine Tauglichkeit für deutsche motorisierte Einheiten und Artillerie zu erkunden.

– Eine spanische Division unter dem Befehl von General Asensio übte in der Nähe von Algeciras den Sturm auf Gibraltar.

– Deutsche Artillerieverbände in Frankreich trainierten nordwestlich der Stadt Besançon den Beschuss von Felsen, die denen von Gibraltar ähnelten. Der spanische Generalstab schickte dem deutschen Generalstab Gesteinsproben von der Festung Gibraltar zur Analyse im Heereswaffenamt des Oberkommandos des Heeres.

Keitel beschrieb voller Begeisterung ein gigantisches Spezialgeschütz von Krupp, das eine Reichweite von fast 200 Kilometern hatte.[132] Hitler entschied, es Franco für die Zerstörung von Gibraltar zur Verfügung zu stellen.

Der Plan »Isabella/Felix« sollte im Januar/Februar 1941 ausgeführt werden. Aber Hitler verwarf diesen Plan bald wieder und

---

[131] Während der Plan »Felix« die spanische Besetzung Gibraltars mit Unterstützung deutscher Truppen vorsah, sollte das Unternehmen »Isabella« im Fall einer britischen Landung auf der Iberischen Halbinsel ausgeführt werden. Ziel war es, die Briten mit deutschen Truppen vom europäischen Festland zu vertreiben sowie die spanischen und portugiesischen Atlantikhäfen zu besetzen.

[132] Keitel spielte hier auf das Eisenbahngeschütz 21-cm-K. 12 V an, das von der Firma Krupp entwickelt worden war und 1,5 Millionen Reichsmark kostete. Die 33 Meter lange Kanone verschoss 107,5 Kilogramm schwere Granaten bis zu 115 Kilometer. Nachteilig war die geringe Lebensdauer des Geschützrohrs, die bei 90 Schuss lag. Während des gesamten Krieges wurden damit lediglich 72 Granaten gegen die englische Kanalküste verschossen.

verzichtete auch auf die offene Kriegsbeteiligung Spaniens, weil er beschlossen hatte, Sowjetrussland in kürzester Frist zu überfallen.[133]

Hitler erklärte, Spaniens Kriegseintritt würde es erforderlich machen, die lange Küstenlinie der Pyrenäenhalbinsel gegen angloamerikanische Landungsmanöver zu verteidigen, wodurch starke deutsche Kräfte gebunden wären. Außerdem sehe sich Deutschland dann gezwungen, die Versorgung Spaniens mit Kriegsmaterial, Treibstoff und Lebensmitteln zu übernehmen. Als der Beschluss gefasst war, die Sowjetunion nach dem Plan »Barbarossa« anzugreifen, hatte Hitler offenbar kein Interesse mehr, auf der Pyrenäenhalbinsel einen neuen Kriegsschauplatz zu eröffnen.[134] Eine Politik der »wohlwollenden Neutralität« Spaniens erschien ihm jetzt günstiger.

Unter der Maske der Neutralität gestattete Franco-Spanien deutschen U-Booten und anderen Kriegsschiffen die Reparatur und Versorgung in spanischen Häfen. Spanien unterstützte die deutsche Luftwaffe, die über dem Atlantik angloamerikanische Schiffe angriff, stellte ihr seine Flugplätze und Funkstationen zur Verfügung.

Was die Kriegswirtschaft betraf, so spielten die Wolfram- und Molybdän-Erzlieferungen aus Spanien für die deutsche Kriegsindustrie eine bedeutende Rolle. Außerdem half Spanien, die Wirtschaftsblockade gegen Deutschland zu umgehen, indem es aus Amerika defizitäre Rohstoffe importierte und an Deutschland weitergab. Aus Berichten von Admiral Canaris, Chef der Abwehr beim OKW, über die Hilfe, welche die spanischen Behörden der deutschen Aufklärung gewährten, geht hervor, dass

---

[133] Der Plan »Felix« wurde von Franco abgelehnt. Zwar hielt er ihn für durchführbar, das politische Ergebnis wäre jedoch eine enge Bindung an das Deutsche Reich und damit die Invasion Großbritanniens auf der Iberischen Halbinsel gewesen. Offenbar überzeugte ihn das Konzept für »Isabella« nicht.

[134] Nach dem Treffen mit Franco unterschrieb Hitler am 18.12.1940 die Weisung Nr. 21 für den »Fall Barbarossa«. Sie beginnt mit den Worten: »Die deutsche Wehrmacht muss darauf vorbereitet sein, auch vor Beendigung des Krieges gegen England Sowjetrussland in einem schnellen Feldzug niederzuwerfen«. Die Vorbereitungen für den Angriff gegen die Sowjetunion sollten bis zum 15.5.1941 abgeschlossen sein.

die Abwehr an mehreren Orten Spaniens mit Wissen der Franco-Regierung Stützpunkte einrichtete.

Die deutsche Aufklärung übermittelte aus Spanien nach Berlin wertvolle Informationen über die Verteilung der englischen Land- und Seestreitkräfte, über die Tätigkeit des britischen und amerikanischen Geheimdienstes in Spanien und Spanisch-Marokko, über die Verbindungen englischer und amerikanischer Kreise zu höchsten Stellen in Vichy-Frankreich und über die politische Stimmung unter den arabischen Stämmen von Französisch-Marokko.

Nachdem Frankreich kapituliert hatte, gab das deutsche Oberkommando den Befehl, nach dem Plan »Seelöwe« eine Landeoperation in England vorzubereiten.

Die Kriegsmarine erhielt den Auftrag, die notwendigen Mittel zum Übersetzen zu beschaffen und in Bereitschaft zu halten. Dafür sollten die Befehlshaber der Armeen alle in ihrem Bereich befindlichen See- und Flussschiffe zusammenziehen.[135] Die Truppen führten Landungsmanöver durch. Dem Oberkommando des Heeres wurden Marineoffiziere als Berater zugeteilt. Zu dieser Zeit waren beide Luftflotten – die der Feldmarschälle Sperrle und Kesselring – im Westen konzentriert. Als der Plan »Seelöwe« ausgearbeitet wurde, war das deutsche Oberkommando der Ansicht, der Hauptfaktor einer erfolgreichen Landeoperation sei die Überlegenheit der deutschen Luftwaffe gegenüber der englischen. Nach der Auffassung Hitlers und des deutschen Oberkommandos wurde die Überlegenheit der englischen Flotte durch die der deutschen Luftwaffe ausgeglichen. Dabei hielt man es

---

[135] Bis Mitte September 1940 hatte die Kriegsmarine im Ärmelkanal 168 Truppentransporter, 1975 Prahme, 100 Küstenmotorschiffe, 420 Schlepper und 1600 Motorboote zusammengezogen. Mit ihnen sollten in drei Wellen 260 400 Mann, 34 200 Fahrzeuge und 61 983 Pferde auf die Britischen Inseln gebracht werden. Am 12. 10. 1940 wurde »Seelöwe« zunächst auf 1941 verschoben und am 10. 1. 1941 endgültig zu den Akten gelegt.

für besonders günstig, dass die deutsche Luftwaffe im schmalen
Ärmelkanal gegen die englische Flotte operieren konnte, der
zwischen Calais und Dover kaum 30 Kilometer breit ist.[136]

Den Termin für die Landung schob Hitler immer wieder hinaus, weil er hoffte, England schon durch die Drohung mit dem
Einmarsch zum Friedensschluss bewegen zu können. Er war der
Meinung, nach der Niederlage Frankreichs und dem Schlag, den
die Engländer bei Dünkirchen hatten hinnehmen müssen, werde
eine drohende Invasion zusammen mit dem U-Boot-Krieg und
den deutschen Luftangriffen ausreichen, um die Engländer zum
Frieden zu zwingen.

Hitler erklärte in diesem Zusammenhang, wenn Churchill sich
stur stelle, werde er England in die Knie zwingen. Zunächst aber
müsse er mit Sowjetrussland fertig werden. Als sich im Herbst
1940 die Vorbereitungen zum Überfall auf Sowjetrussland verstärkten, wurde das Unternehmen »Seelöwe« zur Tarnung des bevorstehenden Überfalls auf Sowjetrussland und der damit verbundenen Umgruppierung der Kräfte nach Osten benutzt. Hitler gab
Befehl, die Vorbereitung der Operation nach dem Plan »Seelöwe«
den ganzen Winter über fortzusetzen, um den Eindruck zu erwecken, die Invasion in England werde im Frühjahr 1941 erfolgen.

Am Tag nach dem Treffen mit Franco hielt Hitlers Zug auf einer
kleinen Eisenbahnstation 50 Kilometer nördlich von Tours in
Südfrankreich.[137] Hier war eine Begegnung mit dem Chef der

---

[136] Am 1.8.1940 hatte die Luftwaffe die Weisung erhalten, »mit allen zur Verfügung stehenden Mitteln« die britischen Luftstreitkräfte niederzukämpfen. Am 13.8. begann mit
dem »Adlertag« die Luftschlacht um England. Es gelang nicht, die britische Jagdabwehr
entscheidend zu schwächen, weshalb die Luftwaffe wegen der steigenden Verluste ab
September 1940 zur Bombardierung englischer Städte überging. Im Mai 1941 musste die
Luftschlacht wegen der Kämpfe auf dem Balkan und des bevorstehenden Angriffs auf die
Sowjetunion abgebrochen werden. Bis zu diesem Zeitpunkt hatte die Luftwaffe über
England 1142 Bomber, 802 Jäger, 330 Zerstörer und 128 Sturzkampfbomber verloren.
[137] Das Treffen von Hitler mit Pétain und Laval fand am 24.10.1940 in Montoire sur le
Loir statt.

Vichy-Regierung, Pétain, und seinem Ministerpräsidenten Laval vorgesehen. Im Unterschied zu der Arroganz, mit der Hitler den Franzosen in Compiègne gegenübergetreten war, wollte er hier seinen Wunsch demonstrieren, mit der Vichy-Regierung politisch zusammenzuarbeiten. In seinem Auto fuhr er Pétain und Laval entgegen.

Nach einer kurzen Strecke stieg er aus und erwartete sie. Bald erschienen auch Pétain und Laval, Letzterer mit seiner unvermeidlichen weißen Krawatte.

Dem betagten Pétain begegnete Hitler so ehrerbietig wie seinerzeit Hindenburg. Laval behandelte er wie einen Verbündeten. Liebenswürdig bot Hitler Pétain an, zu ihm ins Auto zu steigen. Der schon ziemlich gebrechliche Pétain, der sich aber forsch und gerade zu halten suchte, stieg in Hitlers Wagen. Hitler folgte ihm. Laval und Keitel nahmen das zweite Auto. Sie fuhren zu der Bahnstation, wo Hitlers Zug stand. Zu Ehren Pétains und Lavals war dort eine deutsche Ehrengarde angetreten. Hitler schritt mit seinen französischen Gästen die Front ab. Danach gingen sie zum Zug. In Hitlers Salonwagen fand eine Besprechung statt, an der neben Pétain und Laval auch Keitel und Dolmetscher Schmidt teilnahmen. Es ging um die Einbeziehung der gesamten französischen Industrie in das Kriegspotenzial Deutschlands und um die Frage, wie die Pétain-Regierung Deutschland im Krieg gegen England unterstützen könnte. Das Gespräch dauerte etwa zwei Stunden.

Danach schritten Pétain, Laval und Hitler erneut die Ehrengarde ab. Zum Abschied drückte Hitler Pétain lange die Hand. Auf Lavals Gesicht erschien ein liebenswürdiges Lächeln. Nach der Verabschiedung kehrte Hitler in seinen Wagen zurück. Er war in bester Laune. Beim Abendessen zeigte er sich besonders stolz darauf, dass Laval ihn in dem Gespräch mit Napoleon verglichen habe. Was den Krieg gegen England betraf, sicherte Laval Deutschland volle Unterstützung zu, erklärte aber zugleich, man dürfe den gemeinsamen Feind – Sowjetrussland – nicht vergessen und müsse die Kanonen rechtzeitig gegen diesen Feind richten. Damit spielte er auf Napoleons Russlandfeldzug im Jahr 1812 an und gab Hitler zu verstehen, ihm werde gelingen, was Napoleon nicht zu vollbringen vermochte. Hitler charakterisierte Laval als geschickten Politiker und treuen Freund der Deutschen. Im Scherz meinte er, dessen rassische Reinheit sollte man aber besser nicht prüfen: Als typischer Südeuropäer fiele er dabei bestimmt durch.

Pétain habe sich, so Hitler, wie ein »besiegter Held« verhalten, was ihm sehr gefallen habe.

Um Mitternacht startete Hitlers Zug zur Fahrt durch ganz Frankreich nach München.

Im März 1941 besprach sich Hitler in seiner Münchner Wohnung am Prinzregentenplatz mit Göring. Danach wollte er zum »Führerbau« fahren und bot Göring an, ihn zu begleiten. Seit dem Anschlag auf Hitler im Münchner Bürgerbräukeller im November 1939 waren sie nicht mehr zusammen in einem Wagen gefahren. Auf diese Vorsichtsmaßnahme hatten sich Hitler und Göring verständigt, damit »Führer I« und »Führer II« nicht gleichzeitig außer Gefecht gesetzt werden konnten.

Auf der Fahrt zum »Führerbau« begleitete sie Linge. Im Wagen drehte sich das Gespräch zwischen Hitler und Göring um den Krieg gegen Sowjetrussland. Offenbar setzten sie eine Debatte fort, die sie bereits in der Wohnung begonnen hatten. Hitler sagte, mit dem Krieg gegen Sowjetrussland dürfe man nicht länger warten. Göring dagegen war der Meinung, man sollte erst das Hinterland gegenüber England absichern. Hitler erklärte kategorisch, der Krieg gegen Sowjetrussland sei beschlossene Sache, und mit England »rechnen wir später ab, wenn der sture Churchill nicht zur Vernunft kommt«.

Im März und April 1941 waren die Vorbereitungen zum Überfall auf Sowjetrussland in vollem Gange. Starke Truppenverbände, die in Frankreich, Belgien, Holland, Dänemark und

Norwegen zur Invasion in England nach dem Plan »Seelöwe« bereitstanden, wurden nach Osten in die Nähe der sowjetischen Grenze verlegt. Elite-Panzerdivisionen, die an der Besetzung Jugoslawiens und Griechenlands teilgenommen hatten, wurden eilig umgruppiert und sofort nach Osten in Marsch gesetzt, wo sie den Überraschungsschlag gegen Sowjetrussland führen sollten.[138]

Im Mai 1941 kehrte Hitler aus Mönichkirchen südlich von Wien, wo er die Operationen deutscher Truppen gegen Jugoslawien und Griechenland beobachtet hatte, auf Schloss Berghof zurück.[139]

Am 11. Mai gegen 10.00 Uhr morgens erschien im Vorraum von Hitlers Arbeitszimmer Hitlers Adjutant Albert Bormann, der Bruder von Martin Bormann, mit dem Adjutanten von Heß, SA-Oberführer Pintsch. Pintsch hielt einen versiegelten weißen Umschlag in der Hand. Albert Bormann bat Linge, Hitler zu wecken und ihm zu melden, Pintsch habe einen dringenden Brief von Heß zu überbringen. Linge klopfte an die Schlafzimmertür.

Man hörte, wie Hitler mit verschlafener Stimme fragte: »Was ist denn los?«

Linge erstattete Meldung. Darauf die Antwort: »Ich komme gleich.«

Einige Minuten später kam Hitler unrasiert aus seinem Arbeitszimmer, das an den Schlafraum anschloss. Er trat auf Pintsch zu, begrüßte ihn und verlangte nach Heß' Brief. Mit die-

---

[138] Im Frühjahr 1941 stand die im Oktober 1940 begonnene italienische Offensive gegen Griechenland kurz vor dem Scheitern, sodass Hitler einen Angriff gegen Südosteuropa befahl, um eine Niederlage des Verbündeten abzuwenden. Im so genannten Balkanfeldzug eroberten deutsche Truppen zwischen April und Juni 1941 Jugoslawien und Griechenland.

[139] Hitler befand sich vom 12.4. bis zum 25.4.1941 im Führerhauptquartier »Frühlingssturm« bei Mönichkirchen. Von seinem Sonderzug »Amerika« aus leitete er den Balkanfeldzug. Nach einem kurzen Zwischenhalt in Berlin traf er am 10.5.1941 auf dem Berghof ein.

sem in der Hand eilte er die Treppe in die große Halle hinunter. Linge, Pintsch und Bormann waren noch auf der Treppe, da läutete Hitler bereits. Als Linge in die Halle kam, stand Hitler an der Tür mit dem geöffneten Brief in der Hand.

»Wo ist der Mann?«, knurrte er.

Linge holte Pintsch. Hitler fragte ihn: »Kennen Sie den Inhalt dieses Briefes?«

Pintsch bejahte. Beim Verlassen des Raums sah Linge, wie Pintsch und Hitler an den großen Marmortisch traten. Einige Minuten später läutete es wieder. Linge ging hinein. Hitler stand noch immer am Tisch. Neben ihm Pintsch. Hitler sagte: »Högl soll kommen.«

Högl, der Chef des Polizeikommandos bei Hitlers Stab, war rasch zur Stelle. Hitler befahl ihm, Pintsch zu verhaften. Högl, der Pintsch gut kannte, nahm ihn fest. Dieser war fassungslos. Wie sich später herausstellte, berichtete Pintsch Högl, er sei überzeugt gewesen, dass Heß mit Wissen und Zustimmung Hitlers nach England geflogen sei. Daher begriff er überhaupt nicht, weshalb man ihn verhaftete. Heß hatte Pintsch bereits Ende Januar 1941 im Vertrauen mitgeteilt, er habe die Absicht, auf Hitlers Entscheidung hin nach England zu fliegen, um die im August 1940 begonnenen Verhandlungen zu Ende zu führen. Von Heß wusste Pintsch, dass im August 1940 auf Initiative des Duke of Bedford und weiterer einflussreicher englischer Politiker in Genf eine Begegnung britischer Bevollmächtigter mit dem deutschen Professor Albrecht Haushofer stattgefunden hatte, der von Heß zu Vorbesprechungen mit den Engländern dorthin gesandt worden war.

Während dieser Verhandlungen hatten die Engländer erklärt, ihr Land sei bereit, Friedensverhandlungen mit Deutschland aufzunehmen. Als Vorbedingung forderten sie die Aufkündigung des Nichtangriffspaktes, den Deutschland 1939 mit Sowjetrussland geschlossen hatte. Heß erklärte Pintsch, Hitler und er seien bereit gewesen, diese Bedingung der Engländer zu akzeptieren, Hitler habe aber den Beginn konkreter Verhandlungen mit England aufschieben wollen, bis der Balkan besetzt war. Aus dem Gespräch mit Heß wurde Pintsch klar, dass sich die Politik Deutschlands in dieser Zeit auf die Vorbereitung des Krieges gegen Sowjetrussland konzentrierte.

Nach Pintschs Verhaftung befahl Hitler, sofort Martin Bormann zu rufen, der zu dieser Zeit Heß' Stabschef war. Bald wurde bekannt, dass Hitler Bormann anstelle von Heß zu seinem Stellvertreter in der Partei ernannt hatte. Leute, die Bormann gut kannten, spürten hinter dessen zur Schau getragener Trauermiene die tiefe Befriedigung darüber, dass seine Stunde gekommen war. »So ein Heuchler!«, meinten die SS-Männer untereinander. »Ein Vegetarier, der sich von Räucherwurst ernährt«, nannten sie den frisch gebackenen Nachfolger von Heß deswegen, weil er Hitler seine vegetarischen Gerichte aufschwatzte und später in seiner Villa fette Räucherwurst in sich hineinstopfte.

Nach dem Gespräch mit Bormann rief Hitler Göring und Ribbentrop auf den Berghof. In der Zwischenzeit wurde Reichspressechef Dietrich, der sich dort ebenfalls aufhielt, zu Hitler bestellt. Hitler wies Dietrich an, ihm alles zu melden, was man in England über Heß' Flug schrieb. Zugleich verbot er ihm, vor der Presse etwas darüber verlauten zu lassen.

Am Abend des 11. Mai, nachdem Göring, Ribbentrop und Bormann auf dem Berghof eingetroffen waren, sprach Hitler mit ihnen. Sie saßen sehr lange beisammen. Mehrmals ließen sie Dietrich kommen und fragten, ob aus England nichts zu hören sei.

Über Heß wurde nichts berichtet.

Spät am Abend teilte Dietrich mit, nach einer Meldung des englischen Rundfunks sei Heß mit dem Fallschirm in einer entlegenen Gegend Nordenglands gelandet. Den Polizisten, die ihn festnahmen, habe er erklärt, er sei gekommen, um seinen Freund, den Duke of Hamilton, zu besuchen.

Hastig fragte Hitler nach, ob die Engländer etwas über Heß' Absichten berichtet hätten. Dietrich antwortete, davon sei keine Rede. Daraufhin wies Hitler Dietrich an, den Flug in der deutschen Presse als Tat eines »Unzurechnungsfähigen« darzustellen.

Aus Hitlers Umgebung sickerte durch, dass die Entscheidung, Heß für geistesgestört zu erklären, in Hitlers Besprechung mit Göring, Ribbentrop und Bormann gefallen war.

Als aus London die Meldung kam, der Duke of Hamilton bestreite, mit Heß bekannt zu sein, entfuhr es Hitler spontan: »Was für eine Heuchelei! Jetzt will er ihn nicht einmal kennen!«

Bei den Gesprächen in Hitlers Stab über den Flug von Heß wurde unter dem Siegel der Verschwiegenheit geäußert, dass dieser ein Memorandum über die Friedensbedingungen mit England bei sich habe: Heß hätte es aufgesetzt und Hitler zugestimmt.

Dessen Hauptpunkt sei gewesen, dass England Deutschland freie Hand gegenüber Sowjetrussland lassen werde, während Deutschland England den Erhalt seines Kolonialbesitzes und die Vorherrschaft im Mittelmeerraum garantiere.

Außerdem würde in dem Memorandum herausgestellt, dass ein Bündnis »der großen Kontinentalmacht Deutschland« mit der »großen Seemacht England« ihnen die Herrschaft über die ganze Welt sichern werde.

Zudem wurde bekannt, dass Heß seit dem Februar 1941 intensiv mit der Ausarbeitung der politischen und wirtschaftlichen Vorschläge befasst gewesen sei, die die Grundlage der Verhandlungen mit den Engländern bilden sollten. Daran waren weiter beteiligt: der Chef der Auslandsorganisation der nationalsozialistischen Partei Bohle, der Ministerialrat im Reichswirtschaftsministerium Jagwitz, General Karl Haushofer und Heß' Bruder Alfred, Bohles Stellvertreter.

Adjutant Pintsch, den Hitler hatte verhaften lassen, wurde der Gestapo in Berlin übergeben. Dort verlangte man von ihm die Aussage, er habe in den Tagen vor dem Flug bei Heß Anzeichen einer psychischen Störung bemerkt.

Nachdem Pintsch bei der Gestapo unterschrieben hatte, dass er über alles, was mit dem Flug nach England zusammenhing, Stillschweigen bewahren werde, wurde er auf freien Fuß gesetzt – auf Hitlers Anordnung, wie man ihm bei der Gestapo mitteilte.

Nach seiner Freilassung wurde Pintsch, der den Generalsrang hatte, zum Soldaten degradiert und in eine Strafkompanie an der Front geschickt. Offenbar hoffte man, sich auf diese Weise eines Zeugen in einer so delikaten Sache entledigen zu können. Aber Pintsch blieb am Leben, und im Dezember 1944 geruhte Hitler sogar, den Soldaten zum Leutnant zu befördern.

Heß' Frau wurde nicht verhaftet, sondern lebte weiter auf ihrem Landgut. Hitler ordnete an, ihr eine bedeutende Summe auszuzahlen. Sie stand mit ihrem Mann in England weiterhin in Briefwechsel. Die Briefe gingen über Martin Bormann.

7. Kapitel

Im Frühjahr 1941 hatte Hitler die gesamte Schwerindustrie Frankreichs, Belgiens, der Niederlande, der Tschechoslowakei, Italiens, Ungarns, Rumäniens und der Balkanstaaten in den Dienst des Krieges gegen Sowjetrussland gestellt. Die Industrie dieser Länder wurde den Aggressionsplänen Deutschlands gegen Sowjetrussland untergeordnet. Nachdem er die enormen industriellen und menschlichen Ressourcen des eroberten Europas mobilisiert hatte, diktierte Hitler in der Nacht zum 22. Juni 1941 in der Reichskanzlei seine Rede vor dem Reichstag, den man anlässlich des Überfalls auf Sowjetrussland für diesen Tag einberufen hatte. In Hitlers Arbeitszimmer wechselten die Sekretärinnen Daranowski und Schroeder einander ab. Hitler diktierte bis 5.00 Uhr morgens. Im Adjutantenzimmer wurde der Wortlaut der Rede für die Presse vervielfältigt. Linge brachte alle 15 Minuten die Seiten aus Hitlers Arbeitszimmer.

Um 5.00 Uhr legte sich Hitler schlafen. Um 8.30 Uhr stand er wieder auf.

Vor seinem offiziellen Auftritt sprach sich Hitler mit rauer Stimme und entzündeten Augen die prägnantesten, für die Psyche der Deutschen bestimmten Stellen laut vor, wobei er nach der besten Intonation, Gestik und Mimik suchte.

Mit dieser Rede erklärte Hitler Sowjetrussland den Krieg.

Am 22. Juni gegen 10.00 Uhr morgens fuhr er im grauen Waffenrock zur Sitzung des Reichstags in die Kroll-Oper. Vor der Abfahrt aus der Reichskanzlei spritzte Morell ihm noch ein Aufputschmittel.

Gegen 11.00 Uhr Berliner Zeit wurde der Welt der Überfall Deutschlands auf Sowjetrussland, mit dem es einen Nichtangriffspakt geschlossen hatte, bekannt. Vor dem Reichstag erklärte Hitler heuchlerisch, er habe nach langem Nachdenken den

Entschluss gefasst, der Bedrohung Deutschlands aus dem Osten zuvorzukommen.

Am selben Tag fuhr Hitler vom Stettiner Bahnhof nach Ostpreußen in das für ihn im Wald bei Rastenburg errichtete Hauptquartier, das auf seinen Befehl wiederum nach dem Namen des Raubtiers »Wolfschanze« genannt wurde.

Hitler, der sich so plötzlich der »Gefahr eines Überfalls aus dem Osten« ausgesetzt sah, fand in Rastenburg auf einer Fläche von zwei Quadratkilometern zahlreiche Betonbunker und Holzbaracken vor, die man bereits vor eineinhalb Jahren gebaut hatte.

Die Errichtung des Hauptquartiers bei Rastenburg war bereits vor dem Frankreichfeldzug als Teil der Vorbereitungen zum Überfall auf Sowjetrussland in Angriff genommen worden.[140]

Hitlers Stab, der unterwegs ständig Meldungen darüber erhielt, wie sich der Angriff auf den völlig ahnungslosen russischen Nachbarn entwickelte, nahm das neue Hauptquartier freudig in Besitz.[141]

Von allen wurde ein Blitzsieg erwartet. Die Hitlerführung versuchte jedem Deutschen einzuhämmern, der Feldzug gegen Sowjetrussland sei ein Blitzkrieg. Für die Mitarbeiter von Hitlers Stab gab es besondere Vorträge, in denen die Rote Armee als schwach, unzulänglich bewaffnet und schwer mobilisierbar dargestellt wurde. Die sowjetischen Stäbe bezeichnete man als militärisch unerfahren.

Wenn Hitler auf den Lagebesprechungen die Berichte über die deutschen Truppenbewegungen in Sowjetrussland entgegen-

---

[140] Der Auftrag zum Bau der »Wolfschanze« wurde unmittelbar nach dem Besuch des sowjetischen Außenministers Wjatscheslaw M. Molotow im November 1940 erteilt. Bis zum April 1941 sollten die Bauarbeiten abgeschlossen sein. Während seines Besuchs entwarf der sowjetische Außenminister einen territorialen Forderungskatalog, der für die deutsche Führung einen künftigen Konflikt als unausweichlich erscheinen ließ. Unter anderem reklamierte Molotow die türkischen Meerengen und den Balkan als sowjetische Einflusssphäre, was den deutschen Zugriff auf das rumänische Erdöl, das eine entscheidende Voraussetzung für die deutsche Kriegführung war, erschwert bzw. unmöglich gemacht hätte.

[141] Völlig »ahnungslos« war die sowjetische Führung durchaus nicht, hatte sie doch von ihren Nachrichtendiensten zahlreiche Hinweise auf den bevorstehenden Angriff erhalten.

genommen hatte, eilte er in Siegerpose ins Kasino, wo er auf einer Russlandkarte an der Wand persönlich mit einem dicken Rotstift die neuen Positionen der deutschen Wehrmacht eintrug. Dann verweilte er dort lange im Kreis der Generale und Offiziere des Hauptquartiers.

Ende August 1941 kam Mussolini auf Hitlers Einladung in die »Wolfschanze«.[142] Er wurde mit großem Pomp empfangen. Hitler platzte fast vor Stolz und Selbstzufriedenheit. Mussolini gratulierte ihm überschwänglich. Zu diesem Zeitpunkt befanden sich die von Mussolini an die Ostfront entsandten italienischen Truppen bei Uman auf dem Marsch. Hitler und Mussolini flogen in dieses Gebiet.[143]

Die Maschinen vom Typ Focke-Wulf 200,[144] die Hitler, Mussolini und ihr Gefolge benutzten, landeten auf einem Feldflugplatz in der Nähe von Uman. Dort hatte man unter freiem Himmel für die Ankommenden eine lange Tafel gedeckt.

In einem Hangar trugen der Chef der Heeresgruppe Süd von Rundstedt, der Oberbefehlshaber der Panzerarmee von Kleist, und der Befehlshaber der Luftwaffe in der Ukraine Löhr, vor großen Operationskarten stehend, Hitler und Mussolini die Lage an der Front vor.

Nach der Berichterstattung wollten Hitler und Mussolini die italienischen Schwarzhemden in Augenschein nehmen. Sie starteten in zehn Krupp-Geländewagen.

Im ersten fuhr Hitlers Heeresadjutant Major Engel, der ihnen den Weg wies. Bei ihm war ein Fotoreporter, den Hoffmann geschickt hatte. Im zweiten Wagen, der mit Standern des Füh-

---

[142] Mussolini traf am 25.8.1941 in der »Wolfschanze« ein.
[143] Der Flug nach Uman erfolgte am 28.8.1941.
[144] Focke-Wulf 200 Condor: Fernaufklärer und Langstreckenflugzeug mit einer Reichweite von 4400 Kilometern. 1937 Erstflug als Passagierflugzeug, im gleichen Jahr wurde ein Exemplar als so genannte »Führermaschine – Immelmann III« von der Regierungsstaffel übernommen. Später kamen zwölf weitere Maschinen hinzu.

rers und des Duce geschmückt war, saßen Hitler und Mussolini. Mit ihnen fuhren Schmundt, Linge und Dollmann. Letzterer war als Dolmetscher bei Mussolini tätig und ständig in Italien stationiert. Das Auswärtige Amt hatte ihn dorthin geschickt. Unterwegs führte Hitler Mussolini seine »neuen Besitzungen« vor. »Schauen Sie, Duce«, sagte er und wies auf die Schwarz-erde-Felder, »hier ist der fruchtbarste Boden der Welt. Ihre Italiener müssen sich drängen und steinigen Boden bearbeiten, hier aber liegen gewaltige Räume mit dieser reichen Erde. Das wird die Kornkammer des neuen Europas.«

Hitlers Wagenkolonne erreichte die Kreuzung zweier breiter Straßen. Hier sollte eine italienische Division an Hitler und Mussolini vorbeidefilieren.[145] Aber die Division verspätete sich. Beide beschlossen, ihr entgegenzufahren. Bald tauchte in der Ferne die Spitze der Einheit der Schwarzhemden auf. Hitler und Mussolini machten sich für die Begegnung bereit. Ihre Fahrzeuge hielten am Straßenrand. Aber der Befehlshaber der italienischen Division, der im Wagen an der Spitze fuhr, und auch die ersten Lastwagen mit italienischen Soldaten, die Hitler und Mussolini an der vereinbarten Straßenkreuzung vermuteten, fuhren achtlos an ihnen vorüber. Bald jedoch entdeckten die Soldaten Mussolini und grüßten ihn mit lauten Rufen. Der Divisionskommandeur sprang von seinem Fahrzeug und rannte auf Hitler und Mussolini zu, wobei er seinen auf dem Kopf tanzenden Stahlhelm festhalten musste. Völlig außer Atem stand er schließlich vor Hitlers Wagen stramm. Man konnte sehen, dass er vor Aufregung nicht wusste, wem er Meldung erstatten sollte, Hitler oder Mussolini. Hitler wies mit einer knappen Handbewegung auf den Duce. Während die SS-Männer aus Hitlers Leibwache im Hintergrund über die Verwirrung des »schneidigen« italie-

---

[145] An Hitler und Mussolini paradierten Einheiten des »Corpo di Spedizione Italiani in Russia« (Italienisches Expeditionskorps in Russland) vorbei. Das Korps bestand aus zwei Infanteriedivisionen und einer schnellen Division und umfasste rund 62 000 Mann. 1942 wurde das Korps zur 8. italienischen Armee, bestehend aus zehn Divisionen, erweitert. Die Masse der 8. Armee ging während der sowjetischen Winteroffensive 1942/43 am Don unter.

nischen Generals grinsten, nahm der Duce die gestammelte Meldung mit wichtiger Miene entgegen.

Die Division fuhr wieder an. Die italienischen Soldaten sangen auf ihren Wagen so etwas wie eine Tarantella. »Seht mal, der Duce«, zwinkerten Hitlers Leibwächter einander zu, »der steht da, als sei er Cäsar persönlich.«

Sichtlich bewegt von der Inspektion seiner Truppen versicherte Mussolini Hitler auf der Rückfahrt mit ausladenden Gesten, er werde weitere italienische Divisionen an die Ostfront schicken, natürlich nur die besten.

Die SS-Leibstandarte »Adolf Hitler« stand seit Beginn des sowjetisch-deutschen Krieges an der Ostfront. Vor dem Abmarsch dorthin war sie im Mai 1941 eilig aus Griechenland nach Brünn in der Tschechoslowakei verlegt worden, wo man sie auffüllte und zur Teilnahme am Überfall auf Sowjetrussland vorbereitete. Ende Juni 1941 überschritt die Leibstandarte die deutsch-sowjetische Grenze östlich der Stadt Lublin. Als motorisierte Infanteriedivision wurde sie in die Panzerarmee unter dem Befehl des Generals von Kleist eingegliedert und hatte den Auftrag, mit einem Panzerkorps in Richtung Rowno – Schitomir nach Kiew durchzubrechen.[146]

Für den Krieg gegen Sowjetrussland wurden in der Leibstandarte Sonderbefehle ausgegeben, welche die Kompaniechefs den SS-Männern während der Ausbildung vor Überschreiten der russischen Grenze verlasen.

In diesen Befehlen hieß es, der Krieg gegen Russland sei unter der Devise zu führen:

– »Schlag den Russen den Schädel ein, dann bist du vor ihnen für immer sicher!«

---

[146] General Kleist kommandierte die zunächst nach ihm benannte Panzergruppe »Kleist«, die am 25.10.1941 in Panzergruppe 1 umbenannt wurde. Die SS-Division Leibstandarte »Adolf Hitler« selbst unterstand zunächst dem XIV. motorisierten Korps und wenig später dem III. motorisierten Korps der Panzergruppe Kleist.

– »Du bist der uneingeschränkte Herr dieses Landes! Leben und Tod der Bevölkerung liegen in deiner Hand!«

– »Wir brauchen die russischen Weiten ohne Russen!«

Den SS-Männern der Leibstandarte wurde befohlen, die russischen Städte und Dörfer dem Erdboden gleichzumachen. Die Leibstandarte sollte sich einen so schrecklichen Ruf erwerben, dass allein ihr Name die Russen in Furcht und Schrecken versetzte.

Den SS-Männern wurde eingehämmert, die Leibstandarte habe auf ihrem Marsch durch Russland verbrannte Erde zu hinterlassen. Sollte der Führer in eine solche Gegend kommen, musste ihm sofort klar sein: Hier ist meine Leibstandarte durchgezogen.

Beim Marsch auf Kiew stieß die Leibstandarte in einer Ortschaft bei Rowno auf starken Widerstand einer russischen Garde-Einheit.[147] Der Ort konnte erst eingenommen werden, als man die gesamte Artillerie und alle Panzer der Division ins Gefecht warf. Zur Vergeltung für den Widerstand des russischen Militärs wurden etwa zwanzig zurückgebliebene Frauen, Kinder und Greise erschossen. Man trieb sie auf einem Platz zusammen und beschoss sie aus den Panzerwagen der Aufklärungsbataillone. Die Ortschaft wurde bis auf die Grundmauern niedergebrannt.

Beim weiteren Vormarsch geriet die Leibstandarte Mitte Juli in einen starken Gegenstoß der Russen, der ihre linke Flanke bedrohte. Die Kämpfe tobten eine ganze Woche lang und wurden von beiden Seiten mit großer Erbitterung geführt. Bereits am ersten Tag gab Kommandeur Sepp Dietrich den Befehl aus: Gefangene werden nicht gemacht, Erschießung an Ort und Stelle. Überall wurden Sonderkommandos mit dem Auftrag ge-

---

[147] Der Titel »Garde« wurde den ersten sowjetischen Einheiten am 18. 9. 1941 verliehen. Damit zeichnete die sowjetische Militärführung Truppen aus, die sich bei Kämpfen gegen die Wehrmacht besonders bewährt hatten. Garde-Einheiten waren zumeist personell und materiell besser ausgestattet als die regulären Verbände der Roten Armee. Da die Kämpfe um Rowno Anfang Juli 1941 stattfanden, kann die Leibstandarte damals noch nicht gegen Garde-Einheiten gekämpft haben.

bildet, in den eroberten Ortschaften systematisch Haus für Haus niederzubrennen und Einwohner, die sich in Kellern und Schutzräumen versteckt hielten, mit Granaten »auszuräuchern«.

Anfang August schwenkte die Leibstandarte nach Uman ein. Obwohl seit dem Überfall auf Sowjetrussland kaum sechs Wochen vergangen waren, hatte sie bereits bedeutende Verluste zu verzeichnen, die über jene der Feldzüge gegen Polen, Frankreich und Griechenland hinausgingen. In den Kompanien wurden die Munitionsträger knapp. Dafür setzte man unter Todesdrohung zwangsweise russische Kriegsgefangene und Zivilisten ein. Auf Befehl des Kommandeurs der Leibstandarte, Sepp Dietrich, wurden die russischen Träger nach äußeren Rassemerkmalen ausgesucht, denn sie sollten sich unter seinen SS-Leuten bewegen. Sie mussten blond und blauäugig sein. Im Gefecht hatten sie Munition für die Maschinengewehre heranzuschaffen. Viele von ihnen kamen im feindlichen Feuer um. Schadenfroh meinten die SS-Männer: »Diese Iwans sind für Großdeutschland gestorben.«

In den Kämpfen bei Cherson wurde der Hund des Kommandeurs des Aufklärungsbataillons, Sturmbannführer Meyer, von einem Splitter getötet. Um seinen toten Hund zu rächen, ließ Meyer über 30 friedliche Bewohner zusammentreiben, die er eigenhändig erschoss.

Als die deutschen Truppen Anfang September in breiter Front auf den Dnjepr vorrückten, wurde die Leibstandarte zum Auffüllen in die Gegend südlich von Dnjepropetrowsk verlegt. Wo ihre Einheiten einrückten, wurden die Bewohner, die den Beschuss überlebt hatten, wie Vieh in Scheunen zusammengepfercht. Jeden Tag jagte man sie zu den niedrigsten Arbeiten hinaus, wobei sie schrecklich geschlagen wurden. Was sie besaßen, nahmen die SS-Leute mit.

Mitte September fuhr Günsche, der in der Leibstandarte an der Ostfront gedient hatte, aus der Gegend um Dnjepropetrowsk zur Junkerschule der SS nach Bad Tölz in Bayern.

Unterwegs machte er einen Abstecher zu Hitlers Hauptquartier in der »Wolfschanze«. Er wollte dort seine Freunde aus Hitlers Leibwache besuchen, bei der er von 1936 bis 1941 gedient hatte, bevor man ihn zu den Einheiten der Leibstandarte versetzte.

Gegenüber Schaub und anderen Kameraden äußerte er sein Erstaunen darüber, wie grandios und massiv dieses Hauptquartier im Vergleich zu denen im Westen angelegt war. Günsche stellte die Frage, ob der Führer etwa hier zu überwintern gedenke. Alle mussten lachen. Schaub erklärte wichtig: »Überwintern? Wo denken Sie hin? Gegen Russland führen wir einen ›Blitzkrieg‹. Weihnachten werden wir bestimmt wie immer auf dem Obersalzberg feiern.«

Als Hitler hörte, Günsche sei von der Ostfront gekommen, ließ er ihn in seinen Bunker rufen. Er empfing ihn im Besprechungsraum. Als Günsche eintrat, ging Hitler mit großen Schritten auf und ab und pfiff leise vor sich hin. Er war prächtig gelaunt. Hitler gab Günsche die Hand und fragte: »Na, Günsche, wie geht es Ihnen? Was machen Dietrich und meine Leibstandarte?«

Günsche berichtete, die SS-Männer seien in hervorragender Stimmung, sie fänden Geschmack am Krieg in Sowjetrussland, aber die Russen leisteten hartnäckigen Widerstand. »Den werden wir bald brechen, das ist eine Frage der Zeit«, erwiderte Hitler. »Ich habe befohlen, vor Moskau Panzerarmeen mit über 2000 Panzern zusammenzuziehen. Moskau wird angegriffen und fallen, dann haben wir den Krieg gewonnen.«

Hitler erklärte Günsche, er habe nicht vor, das gesamte Territorium Russlands zu erobern. In erster Linie gehe es darum, die aktiven Kräfte zu vernichten und lebenswichtige Gebiete zu besetzen. Wenn der Ural erreicht sei, werde er das Signal zum Halten geben. Der Rest Russlands werde verhungern. Für den Fall, dass die Russen versuchen sollten, jenseits des Ural wieder Kräfte zu sammeln, dann habe er für diesen Fall eine starke Luftwaffe. »Als Umgestalter Europas stehe ich dafür ein, dass in diesem

Land eine neue Ordnung nach meinen Gesetzen einzieht!«, erklärte Hitler zum Schluss. Bei den letzten Worten war sein Gesicht rot angelaufen. Er entließ Günsche mit dem faschistischen Gruß.

Im November 1941 wurde die Lage der deutschen Truppen, die vor Moskau stecken geblieben waren, unter den Schlägen der Russen mit jedem Tag kritischer. In den Berichten von der Ostfront, die Linge Hitler vortrug, war immer häufiger vom hartnäckigen Widerstand des Gegners die Rede. Linge, der Hitlers Stimmungen kannte, stellte fest, dass dieser sehr reizbar geworden war. Besonders während der Lagebesprechungen hackte er nun ständig auf Halder, Brauchitsch und Keitel herum. Die Besprechungen fanden täglich um 12.00 Uhr in Keitels Bunker in der »Wolfschanze« statt.

An einem der ersten Dezembertage ertönte aus dem Besprechungsraum die Stimme Hitlers, der per Telefon mit Guderian sprach. Dieser kommandierte die Panzerarmee vor Moskau.[148]

Hitler brüllte in den Hörer: »Guderian! Halten Sie sich um jeden Preis! Ich schicke Ihnen Verstärkung! Ich mobilisiere alles, was ich habe! Sie können sich fest darauf verlassen! Halten Sie nur durch, halten Sie auf jeden Fall durch!«

Bald darauf trafen Berichte ein, Guderian weiche zurück. Unter den Offizieren der Leibwache hieß es, dass Hitler mit seinem Generalstab nicht zufrieden sei.

Die Besprechungen über die Lage an der Ostfront verliefen nun immer stürmischer. Hitler schrie, hieb mit der Faust auf den Tisch und warf den Generalen vor, sie seien unfähig zu kämpfen. Diese stürzten oft aus dem Besprechungszimmer auf den Gang des Bunkers hinaus, um sich nach Hitlers Schimpfkanonaden

---

[148] Guderian war Befehlshaber der 2. Panzerarmee.

wieder zu fassen. Einmal tauchte während einer Besprechung der Oberbefehlshaber der Heeresgruppe Nord, Generalfeldmarschall Leeb, auf dem Korridor auf. Äußerst erregt rannte er hin und her. Im Nebenraum, der auf den Korridor hinausging, hielten sich Keitels Adjutant Gabriel und Linge auf, der sich wie immer zu Hitlers Verfügung hielt. Leeb blieb an der Tür stehen und meinte zu Gabriel: »Was soll ich denn machen, wenn der Führer mir nicht mehr glaubt?«

Die Niederlage vor Moskau und die erfolglose Blockade Leningrads führten zu einer Zuspitzung des Verhältnisses zwischen Waffen-SS und Wehrmacht. Die SS-Leute warfen der Wehrmacht vor, ihr fehle es an echtem Angriffsgeist und sie gehe nach Schulmethoden vor. Die Wehrmachtsoffiziere klagten ihrerseits, die SS-Verbände seien besser ausgerüstet und bewaffnet als sie. Außerdem hätten sie in den Streitkräften eine Sonderstellung. Man warf sich gegenseitig Überheblichkeit vor.

Die standhafte Verteidigung Leningrads, das Hitler mit Zermürbungstaktik besiegen wollte, brachte diesen zur Weißglut. Wutschnaubend schrie er: »Ich mache diese Stadt dem Erdboden gleich und lösche ihre Bevölkerung aus! Leningrad wird nie wieder erstehen! Darauf leiste ich einen heiligen Eid!«

Wenn er sich etwas beruhigt hatte, sagte Hitler in diesen Tagen immer wieder: »Einen Sieg ertragen kann jeder. Eine Niederlage – nur der Starke!«

Der Oberbefehlshaber des Heeres, von Brauchitsch, ließ sich nach dem Debakel vor Moskau im »Führerhauptquartier« überhaupt nicht mehr blicken. Es hieß, er sei krank, aber das glaubte niemand. Bei der Information der Mitarbeiter des Hauptquartiers über die Lage an der Front erklärte Schmundt zweideutig, Brauchitsch sei aus gesundheitlichen Gründen beurlaubt und der Führer habe das Kommando über das Heer selbst übernommen.[149]

---

[149] Hitler entließ Generalfeldmarschall Walter von Brauchitsch am 19.12.1941 als Oberbefehlshaber des Heeres.

Außer Brauchitsch löste Hitler in dieser Zeit die Chefs von Panzerarmeen, Guderian und Hoepner, den Oberbefehlshaber der Heeresgruppe Nord, Leeb, sowie weitere Generale ab.[150]

Als die Japaner am 7. Dezember 1941 die amerikanische Kriegsflotte in Pearl Harbor überfielen, fasste man in Hitlers Hauptquartier wieder Mut. Die Niederlagen der deutschen Wehrmacht bei Moskau und Leningrad waren vergessen. Deutschland erklärte den Vereinigten Staaten von Amerika den Krieg.[151] An diesem Tag drehte sich das Gespräch beim Mittagessen um die kämpferischen Fähigkeiten der Amerikaner. Halder folgerte aus seinen Erfahrungen im Ersten Weltkrieg spöttisch, amerikanische Offiziere hielten keinem Vergleich mit preußischen stand. Die amerikanischen Offiziere wären Geschäftsleute in Uniform, die um ihr Leben zitterten. Mit ihrer Kriegskunst sei es nicht weit her.

Einige Tage später tauchte Schmundt in Linges Zimmer auf, um wie gewohnt ein Gläschen Schnaps mit ihm zu trinken. Bald darauf erschien auch Hitler, der manchmal bei Linge hereinschaute, um an seinem Radio leichte Musik zu hören. Hitler nahm von Linge den neuesten Frontbericht entgegen, setzte sich an den Schreibtisch und verlangte seine Brille. In dem Bericht wurde mitgeteilt, dass deutsche U-Boote amerikanische Schiffe versenkt hatten. »Lesen Sie, Schmundt«, sagte Hitler zu seinem militärischen Flügeladjutanten. »Sehen Sie, wie günstig der offene Krieg gegen Amerika für uns ist? Jetzt können wir richtig zuschlagen.«

Hitler wies darauf hin, dass die Amerikaner nun auf dem pazifischen Kriegsschauplatz gebunden seien. Das lasse darauf hof-

---

[150] Guderian wurde am 25.12.1941 seines Kommandos enthoben. Den Befehlshaber der 4. Panzerarmee, Generaloberst Hoepner, stieß Hitler am 8.1.1942 aus der Wehrmacht aus. Der Chef der Heeresgruppe Nord, Generalfeldmarschall Wilhelm Leeb, wurde am 16.1.1942 wegen eigenmächtiger Frontkorrekturen entlassen.

[151] Hitler erklärte den USA am 11.12.1941 den Krieg, ohne vorher eine Studie über die Folgen eines amerikanischen Kriegseintritts ausarbeiten zu lassen.

fen, dass deutsche U-Boote die Versorgung Englands aus den USA noch wirkungsvoller stören könnten.

Hitler lehnte sich weit zurück und ließ sich voller Verachtung über die Amerikaner aus. Er wies darauf hin, dass amerikanische Autos bei internationalen Rennen noch nie gewonnen hätten. Amerikanische Flugzeuge sähen nur schick aus, aber ihre Motoren seien nichts wert. Das sei für ihn Beweis, dass die gepriesene amerikanische Industrie stark überschätzt werde. Sie habe keine besonderen Leistungen aufzuweisen, sondern nur Mittelmaß und viel Reklame.

Nachdem Hitler und Schmundt gegangen waren, schaute der Chef von Hitlers Personenschutz, Schädle, bei Linge herein. Er fing ein Gespräch darüber an, dass die Lage an der Ostfront schlecht sei. Schädle bemerkte, der Führer sei schon lange nicht mehr an die Front gefahren. Die Truppen müssten den Führer sehen. »Womit beschäftigt sich der Chef denn die ganze Zeit, zum Teufel noch mal?«, fragte Schädle.

Linge wusste genau, womit sich Hitler beschäftigte, sagte aber nichts.

Hitler verbrachte seine Zeit in den Lagebesprechungen, schwatzte mit dem Fotografen Hoffmann und dessen Kumpanen, las Abenteuerromane, zeichnete unverständliche Bauprojekte, weil er sich für einen großen Künstler hielt, zog sich abends mit Schaub zurück, der ihm mit einem Diaprojektor Farbfotos nackter Pariser Tänzerinnen zeigte, oder führte seinen Hund, den schottischen Terrier »Burli«, aus, den Bormann ihm beschafft hatte. Im Hauptquartier nannte man das Tierchen wegen seiner geringen Größe im Scherz nur den »großdeutschen Reichshund«.

Anfang Dezember 1941 ging der Wunsch von Hitlers Leibwache endlich in Erfüllung: Schmundt gab den Befehl, einen Flug an die Front bei Taganrog vorzubereiten. Das waren vom Hauptquartier fast 2000 Kilometer. Das Wetter war kalt und neblig. Hitlers Pilot Baur fand es wenig günstig für einen solchen Flug. Keitel begab sich in Hitlers Bunker und begann in dem unterwürfigen Ton, den er im Gespräch mit Hitler stets anschlug, diesen zu bitten, den Flug an die Front wegen des schlechten Wetters abzusagen.

»Nein! Nein!«, unterbrach ihn Hitler. »Jetzt ist es sehr wichtig, dass sie dort im Süden durchhalten. Selbst meine Leibstandarte weicht zurück. Ich muss unbedingt fliegen.«

Keitel versuchte Hitler in untertänigstem Ton zu erklären, er fürchte, Hitler könnte etwas zustoßen. »Sie sind der einzige Mensch, mein Führer, auf dem alles ruht!«

Hitler erwiderte geschmeichelt: »Also gut, sehen wir, wie morgen das Wetter ist.«

Am nächsten Tag entschied Hitler, nach Taganrog zu fliegen.[152] Um die Mittagszeit landete seine Maschine in Poltawa. Hitler, Schmundt, Morell und Linge stiegen in einen Bomber der Marke Heinkel[153] um und flogen, von Jagdflugzeugen begleitet, nach Mariupol. Die Maschine schaukelte stark. Hitler sah blass und elend aus.

Auf dem Flugplatz von Mariupol nahmen von Reichenau und von Kleist Hitler in Empfang. Von dort fuhr er mit ihnen in die Kaserne, wo der Stab der Armee untergebracht war.

Im schlecht beleuchteten Korridor des Stabs stieß Linge auf einen Mann in Schafspelz und Pelzmütze, an welcher der Totenkopf der SS prangte. »Da seid ihr ja endlich, Kameraden!«, rief er aus.

Es war Sepp Dietrich, der Kommandeur der SS-Leibstandarte »Adolf Hitler«. Er fragte, wo der Führer sei. Man führte ihn zu Hitler. Die mit Dietrich angereisten SS-Leute berichteten

---

[152] Hitler flog am 2. 12. 1941 nach Mariupol. Von dort reiste er zusammen mit dem Kommandeur der SS-Division Leibstandarte »Adolf Hitler«, Sepp Dietrich, zum Stab der Heeresgruppe Süd nach Taganrog.

[153] Heinkel He-111: zweimotoriger Standardbomber der deutschen Luftwaffe mit einer Reichweite von 1950 Kilometern.

Linge, die Russen ließen ihnen keine Ruhe. Ohne Hemmungen schimpften sie auf das Kommando der Wehrmacht und äußerten die Hoffnung, der Führer möge sich den Truppen zeigen, um ihnen wieder Mut zu machen.

Aber Hitler beließ es bei dem Besuch im Armeestab. Er hinterließ den Befehl, das Donezbecken um jeden Preis zu halten, und flog am nächsten Morgen zurück nach Poltawa. Dort gab es eine unfreiwillige Verzögerung wegen schlechten Wetters. Reichenau, der zu gleicher Zeit wie Hitler aus Mariupol abgeflogen war und dessen Stab in Poltawa saß, war nicht zu sehen. Mit der »Wolfschanze« bei Rastenburg kam keine Telefonverbindung zustande. Hitler wurde sichtlich nervös. Eine ganze Stunde lang wartete er in großer Erregung im überheizten Büro des Flugplatzkommandanten. Schließlich traf Reichenau ein. Sein Pilot hatte den Flugplatz nicht finden können. Das Wetter war abscheulich – keine Sicht und große Kälte. Hitler sagte sofort zu, als Reichenau ihn in seine Wohnung einlud.

Am nächsten Tag kehrte er in sein gemütliches Hauptquartier zurück, wo ihn Keitel freudig begrüßte. Mit seiner »Heldentat« war Hitler sehr zufrieden.

8. Kapitel

Nach einer Besprechung bei Hitler in der »Wolfschanze« im Frühjahr 1942 kam der Reichsminister für Bewaffnung und Munition Fritz Todt unter geheimnisvollen Umständen ums Leben.[154] Das Flugzeug des Ministers explodierte nach dem Start auf dem Flugplatz bei Rastenburg in einer Höhe von etwa dreißig Metern. Todt und die Besatzung verbrannten. Die Ursache der Explosion blieb ungeklärt. In Hitlers Hauptquartier gingen vage Gerüchte um, hier sei ein feindlicher Geheimdienst am Werk gewesen.

Zum Nachfolger Todts ernannte Hitler den Architekten Albert Speer. Der war auf diesem Posten der Verbindungsmann zwischen den Großindustriellen und dem militärischen Oberkommando.

Speer erschien häufig im »Führerhauptquartier«. Wenn er mit dem Kurierzug aus Berlin eintraf, der zwischen der Hauptstadt und dem Hauptquartier pendelte, wartete er häufig in Linges Raum, bis Hitler aufwachte. Von dort führte Speer auch Telefongespräche. Er sprach mit seinem Stellvertreter Saur oder mit dem Heereswaffenamt. Zwischen seinem Ministerium, der militärischen Führung und den Industrieunternehmen herrschte wegen der Teilung der Beute im Osten zuweilen ein scharfer Ton.

Einmal klagte Speer gegenüber Schaub, der sich gerade in Linges Zimmer aufhielt, über die Schwierigkeiten, die es bei der Verteilung der erbeuteten Industriebetriebe und Rohstoffressourcen in den besetzten Gebieten Sowjetrusslands gab. Speer sagte, die Herren von der Industrie kümmerten sich vor allem um ihren eigenen Vorteil. Vertreter der Großfirmen folgten den Truppen auf dem Fuß und verlangten die Übergabe von erbeuteten Betrieben und Rohstoffen.

Krupp, Röchling und andere Magnaten der Schwerindustrie forderten den Löwenanteil für sich, weil sie sich um das Vaterland

---

[154] Fritz Todt starb am 8.2.1942.

verdient gemacht hätten. Speer meinte, bei Hitler müsse unbedingt eine Besprechung mit den Industriellen einberufen werden, um wenigstens eine gewisse Ordnung in die Kriegswirtschaft zu bringen. Diese sei besonders notwendig, da das deutsche Oberkommando plane, im Kaukasus anzugreifen und die Erdölfelder von Baku zu erobern. Im Mai 1942 lud Hitler auf Speers Vorschlag die Großindustriellen in sein Hauptquartier ein.[155]

Es kamen: Dr. Hermann Röchling, Chef der Reichsvereinigung Eisen, Dr. Albert Vögler, Vorstandsvorsitzender des Konzerns Vereinigte Stahlwerke, Dr. Walter Rohland, der Leiter des Hauptausschusses Panzerwagen, Erich Müller, der Generaldirektor der Krupp-Werke und rechte Hand des Kanonenkönigs Krupp, Paul Pleiger, Vorstandsvorsitzender der »Hermann-Göring-Werke«, zugleich Vorsitzender der Reichsvereinigung Kohle und andere.

Vor der Besprechung bat Hitler seine Gäste zum Mittagessen. Der Tisch bog sich unter der Last erlesener Delikatessen aus Produkten, die Reichskommissar Koch, der ehemalige Gauleiter von Ostpreußen, für das Hauptquartier in der Ukraine beschafft hatte. Als beim Essen das Gespräch auf die Produktionskapazitäten der Rüstungsindustrie kam, begannen die Industriellen über Arbeitskräftemangel zu klagen. Hitler fragte, welchen Eindruck die französischen Arbeiter machten, welche die Regierung Pétain nach Deutschland geschickt habe. Die Industriellen antworteten, die Franzosen arbeiteten gut, aber es seien zu wenige. Dann kam das Gespräch auf den Einsatz russischer Kriegsgefangener als Arbeitskräfte. Hitler fragte, wie die Russen arbeiteten. Die Industriellen antworteten, die Russen versuchten sich vor der Arbeit zu drücken, man müsse sie scharf überwachen und Zwangsmaßnahmen anwenden.

Einer von ihnen bemerkte, als Anreiz sollte man Tabak an die Russen ausgeben, die stark rauchten. Hitler erwiderte, er werde

---

[155] Am 6.5.1942 wurde unter dem Vorsitz von Speer ein Rüstungsrat gegründet, dem neben den Militärs der einzelnen Wehrmachtteile auch verschiedene Industrielle angehörten. Hitler empfing sie am 18.5.1942 in der »Wolfschanze«.

sofort anweisen, dass als Prämie für gute Arbeit aus Wald- und Feldkräutern »Tabak« für die russischen Kriegsgefangenen hergestellt werde. Die Industriellen forderten eine Erhöhung der Anzahl russischer Kriegsgefangener in den Betrieben. Hitler versicherte ihnen, er werde sich persönlich darum kümmern, dass die Industrie ausreichend Kriegsgefangene und aus Russland verschleppte friedliche Bewohner als Arbeitskräfte erhalte. Selbstgefällig erklärte er, bei den bevorstehenden militärischen Operationen an der Ostfront seien so viele Kriegsgefangene zu erwarten, dass die Industrie sie gar nicht alle werde einsetzen können.

Nach dem Essen begab sich Hitler mit den Industriellen ins Teehaus, wo es einen großen Besprechungsraum gab. Dort waren für die Industriellen Wein, Champagner, Kognak und Havanna-Zigarren bereitgestellt.

Die Besprechung fand hinter verschlossenen Türen unter strikter Geheimhaltung statt.

Im selben Monat traf Antonescu auf Hitlers Einladung im Hauptquartier ein.[156] Er wurde in dem eigens für Gäste errichteten Bunker einquartiert. Dort sprach Hitler mit ihm. Als Dolmetscher fungierte Schmidt. Antonescu sprach Französisch. An der Tür des Zimmers, wo das Gespräch stattfand, standen Schmundt und Linge in Erwartung Hitlers. Das Gespräch zwischen Hitler und Antonescu verlief sehr lebhaft.

Es ging um die Teilnahme rumänischer Truppen am Sturm auf Stalingrad. Antonescu versprach Hitler, dafür ein großes Truppenkontingent bereitzustellen, wies aber darauf hin, dass die rumänischen Einheiten schlecht bewaffnet seien.[157] Hitler bat

---

[156] Die Besprechung mit Marschall Ion Antonescu in der »Wolfschanze« fand am 11.2.1942 statt.
[157] Insgesamt stellte Rumänien 1942 für die Ostfront 27 Divisionen bereit, die in der 3. und 4. rumänischen Armee zusammengefasst waren und bei der Heeresgruppe B eingesetzt wurden.

Antonescu um genauere Angaben, wie viele Waffen die Rumänen brauchten. Der erwiderte, er habe die vollständigen Daten
nicht bei sich, werde sie aber sofort bei seiner Rückkehr nach Bukarest übermitteln lassen. Nach dem Gespräch nahm Antonescu
an Hitlers Lagebesprechung teil. Am nächsten Tag begleitete
Hitler Antonescu zum Flugplatz. Er verabschiedete sich betont
herzlich von ihm.

Bald nach Antonescus Abflug gingen die rumänischen Waf-
fenforderungen im Hauptquartier ein. Beim Mittagessen im Kasino sagte Hitler zu Keitel und Jodl, die Rumänen hätten unerhörte Forderungen gestellt. Er denke nicht daran, sie zu erfüllen.
»Die Waffen brauche ich selber«, sagte Hitler. »Für ihr Erdöl be-
zahle ich mit Autos, Motorrädern, Fahrrädern und meinetwegen
auch mit Kinderwagen, aber nicht mit Waffen. Mit deutschen
Waffen können die sowieso nicht umgehen.«

Keitel redete Hitler nach dem Munde. Die Rumänen hätten
viel mehr Waffen gefordert, als sie brauchten. Hitler meinte, offenbar wollten sie daran verdienen, oder vielleicht Reserven an-
legen, um nach Kriegsende gegen die Ungarn loszuschlagen. Dabei machte sich Hitler über den Wiener Schiedsspruch[158] lustig,
laut dem Rumänien auf Hitlers Forderung hin Transsilvanien an
Ungarn hatte abtreten müssen. Hitler verhehlte nicht, dass der
Streit zwischen Ungarn und Rumänien um Transsilvanien ihm
in die Hände spielte. Er gab ihm die Möglichkeit, Rumänen und
Ungarn wie ein Schiedsrichter in den Krieg gegen Sowjetrussland zu hetzen: die Ungarn für Transsilvanien und die Rumänen
für eine mögliche Revision des Wiener Schiedsspruchs.

Hitler berichtete von seinem Gespräch mit dem ungarischen
Regenten Horthy vor dem Krieg gegen Sowjetrussland, wobei er

---

[158] Mit dem zweiten Wiener Schiedsspruch wurde Rumänien von Deutschland und Italien am 30. 8. 1940 gezwungen, Nordsiebenbürgen und den Szekler-Zipfel an Ungarn ab-
zutreten. Rumänien büßte 43500 Quadratkilometer und 2,5 Millionen Einwohner ein.
Zugleich gaben Deutschland und Italien eine Bestandsgarantie für das verbliebene rumänische Staatsgebiet ab. Nach Ende des Zweiten Weltkrieges initiierte die Sowjetunion
eine erneute Grenzveränderung. Als Kompensation für die Abtretung Moldawiens erhielt Rumänien Nordsiebenbürgen zurück.

dessen Wiener Dialekt nachahmte. Als Hitler Horthy aufforderte, in den Krieg gegen Sowjetrussland einzutreten, habe der
geantwortet: »Geistig sind wir gerüstet, aber materiell nicht.«
Alle Anwesenden lachten.

Als sich der Schwerpunkt des Krieges an den Südabschnitt der
Ostfront verschob, wurde Hitlers Hauptquartier Ende Juni 1942
in die Ukraine verlegt.[159] Es befand sich jetzt mehrere Kilometer
von Winniza entfernt in einem Waldstreifen. Auf Hitlers Weisung wurde es »Wehrwolf« genannt.[160] In der Nähe des Hauptquartiers befanden sich der Stab des Oberkommandierenden des
Heeres und der Stab Görings. Himmlers Stab war am Rande von
Schitomir eingerichtet.

Als Hitler im »Wehrwolf« ankam, erwartete ihn dort der
Kommandant des Hauptquartiers, Oberst Thomas. Hitler,
Thomas, Schmundt und Linge gingen in den Vorraum des
Hauses. Hier hing eine auf Holz gemalte Karte des europäischen Teils Sowjetrusslands. Die von den Deutschen erreichten Positionen waren mit Pfeilen markiert. Hitler gefiel,
wie die Karte gemacht war. Er trat an sie heran, um sie sich
genauer anzusehen. Mit dem Finger auf Rostow und Stalingrad weisend, sagte er zu Thomas: »Auf dieser Karte werden
Sie bald Korrekturen eintragen müssen. Wir führen jetzt einen
Schlag, der Russland in die Knie zwingt! Die ganze Welt wird
aufmerken!«

Thomas stellte Hitler die Anlagen des Hauptquartiers und besondere Sicherheitsmaßnahmen vor. Das Gelände war von einem
breiten Schutzstreifen aus Bunkern, Fliegerabwehr-Kanonen und
Panzern gesichert sowie von Panzergräben und Minenfeldern umgeben.

---

[159] Hitler traf am 16.7.1942 im Führerhauptquartier »Wehrwolf« bei Winniza ein.
[160] Ursprünglich trug es den Namen »Eichenhain«.

Hitlers Chef des Sicherheitsdienstes, Rattenhuber, hatte eine Sondergruppe des RSD gebildet, welche die Zufahrtswege zum Hauptquartier bewachte und die Bevölkerung in der Umgegend beobachtete.

Thomas meldete weiter, um die Wachsamkeit des Personals zu schärfen, sei am Vorabend von Hitlers Ankunft das Gerücht ausgestreut worden, ein Russe in der Uniform eines deutschen Majors habe auf das Gelände des Hauptquartiers vorzudringen versucht, um Hitler zu ermorden.

Hitler nickte zustimmend und fragte: »Wer hat die Anlage gebaut?«

Thomas antwortete: »Hauptsächlich Russen, die in den Lagern zusammengezogen sind.«

Hitlers Miene verfinsterte sich. Er sagte zu Thomas: »Sie müssen alle erschossen werden, ohne eine Sekunde zu verlieren. Sie wissen zu viel über mein Hauptquartier.«[161]

Thomas knallte die Hacken zusammen, antwortete, »Zu Befehl, mein Führer!«, machte auf dem Absatz kehrt und ging.

Zusätzlich zu diesen Schutzmaßnahmen für das Hauptquartier hatte Himmler bei seinem Stab in Schitomir eine Sondereinheit namens »Reichsführer SS« zusammengestellt, welche die Gegend regelmäßig nach Partisanen durchkämmte.[162]

Im Herbst 1942 geriet der Wagen von Himmlers Piloten, Sturmbannführer Schnäbele, in einen Hinterhalt von Partisanen. Im Auto saßen Schnäbele, ein weiterer SS-Offizier und zwei Russinnen, die sie in ihr Quartier mitnehmen wollten. Himmlers Pilot und der SS-Offizier wurden von den Partisanen getötet. Als man ihre Leichen entdeckte, befahl Himmler, die ganze Gegend abzusuchen. Die Partisanen wurden nicht gefunden.

---

[161] Beim Bau der Anlage »Wehrwolf« wurden zwischen November 1941 und September 1942 bis zu 8000 Angehörige der Organisation Todt und 1000 Zwangsarbeiter aus der Sowjetunion eingesetzt. Hinrichtungen dieses Ausmaßes sind nicht dokumentiert.

[162] Bei dieser Einheit handelte es sich um das im Februar 1941 aufgestellte Begleitbataillon Reichsführer SS, die im Februar 1943 zur Sturmbrigade erweitert wurde; im Oktober 1943 zur 16. SS-Panzergrenadier-Division umgebildet, wurde sie in Italien gegen Partisanen eingesetzt und war an zahlreichen Kriegsverbrechen beteiligt.

Himmler machte Hitler Meldung. Der befahl, alle unschuldigen Bewohner der Dörfer zu erschießen, die in der Nähe des Ortes lagen. Die Erschießung der russischen Bürger wurde von einer Einheit Himmlers vorgenommen. Dabei spielten sich herzzerreißende Szenen ab. Frauen, die um Gnade flehten, wurden mit dem Gewehrkolben niedergeschlagen und dann erschossen. Kinder, welche die Mütter an sich pressten, wurden ihnen entrissen und vor ihren Augen getötet. Die Leichen der erschossenen Männer, Frauen und Kinder wurden in zuvor ausgehobene Gruben geworfen. Die SS-Leute aus Hitlers Leibwache kamen eigens aus Winniza herbei, um der Vergeltungsorgie beizuwohnen.

Am ersten Tag nach seiner Ankunft im Hauptquartier bei Winniza geriet Hitler wieder in Siegesstimmung. Er befahl Linge, ihm Schreibgerät, Reißzeug, einen Atlas, eine Lupe und eine mehrfarbige Karte zu bringen, auf der die Rohstoffvorkommen Russlands eingetragen waren.

Hitler war sehr erregt. Er wies auf Rostow und sagte zu seinem Flügeladjutanten Schmundt: »Ja, Schmundt, wenn wir dieses Gebiet haben, dann mache ich mir um die Fortsetzung des Krieges keine Sorgen mehr.«

Hitlers Finger wanderte weiter bis zum Kaukasus: »Und hier holen wir uns das Öl, das wir so dringend brauchen.«

Er zog mit dem Finger einen Kreis um Astrachan am Kaspischen Meer. »Hier durchtrenne ich Moskaus Lebensnerv, und dann ist Schluss«, sagte Hitler schließlich, wobei er das Wort »Schluss« besonders betonte.

In den letzten Junitagen des Jahres 1942 beginnt der Angriff der deutschen Truppen auf den Kaukasus und in Richtung Stalingrad. In Hitlers Hauptquartier herrscht Hochstimmung. Es wird viel Schnaps getrunken. Auch das üppige Essen spielt eine Rolle. Das verdankt man den Bemühungen des »Reichskommissars der Ukraine«, Koch. Der füllt die Vorratskammern von Hitlers Hauptquartier mit Lebensmitteln, die er der ukrainischen Bevölkerung raubt.

Auf den Straßen nach Winniza rollen in endloser Folge Wagen mit Lebensmitteln. Ukrainische Bauern bringen unter deutscher Bewachung Mehl, Butter, Speck, Eier und Geflügel ins Lager des Hauptquartiers, treiben Vieh dorthin.

Hitlers Adjutant Schaub verwaltet ein besonderes Kontingent von Lebensmitteln, die auf Hitlers Weisung an seine Freunde und alte Nationalsozialisten in Deutschland geschickt werden.

Die Versorgung Eva Brauns in München mit Lebensmitteln hatte Hitler Linge übertragen. Der sandte ihr die Esswaren per Sonderkurier. Vor allem bat sie um mehr ukrainischen Speck, den sie besonders mochte.

Mit seinen Lieferungen versorgte Koch nicht nur das »Führerhauptquartier«, sondern auch die Reichskanzlei in Berlin und Hitlers Schloss Berghof auf dem Obersalzberg. Dorthin gingen enorme Mengen Mehl, Zucker, Butter, Speck, Fleischwaren, Eier und Geflügel.

Im Juli 1942 kam Alfred Rosenberg, der neu ernannte Reichsminister für die besetzten Ostgebiete, in einer braunen Operettenuniform mit viel Goldbesatz in Hitlers Hauptquartier bei Winniza. Rosenberg, ein Baltendeutscher, war als »Ideologe« der nationalsozialistischen Partei zwar im Bereich des faschistischen Denkens allmächtig, genoss aber als Praktiker und Organisator bei seiner Umgebung keinen großen Respekt.

Nach Rosenberg erschienen im Hauptquartier die aufgeblasenen, aufeinander eifersüchtigen »Herren« der besetzten sowjetischen Gebiete: Erich Koch, genannt »Kaiser der Ukraine«, Wilhelm Kube, ein Säufer und Wüstling, ehemals Gauleiter der Kurmark Brandenburg, jetzt Generalkommissar für Weißruthenien, und Hinrich Lohse, der wohl beleibte ehemalige Gauleiter von Schleswig-Holstein, der jetzt Reichskommissar des Ostlandes war. Ihnen folgten der Reichsminister für Ernährung und Landwirtschaft Backe und der Staatssekretär im Reichsverkehrsministerium Ganzenmüller. Als Letzter erschien – wichtig wie immer – Göring. Er trug seine taubenblaue Marschalluniform, die mit unzähligen Orden behängt war, und schwenkte den Marschallstab aus Gold und Elfenbein.

Hitler hatte sie zusammengerufen, um mit ihnen über die Ernährungslage in Deutschland zu sprechen. Er wollte, dass der Transport von Lebensmitteln aus Deutschland für die Truppen an der Ostfront eingestellt und deren Versorgung aus den Lebensmittelvorräten der besetzten sowjetischen Gebiete organisiert werden sollte.

Die Versammelten warten darauf, bei Hitler vorgelassen zu werden. Ihnen schließt sich Bormann an. Sie reden über den Schwarzmarkt in Deutschland, der sich inzwischen stark ausgebreitet hat.

Göring sagt zu Backe: »Es schieben alle. Wenn es für Schieberei Gefängnis geben soll, dann muss man das ganze deutsche Volk einsperren. Das ist nicht das Problem. Das Problem ist, alles aus Russland rauszuholen, was es hier gibt. Dann werden wir keine Sorgen mit dem Schwarzmarkt mehr haben.«

Nach einiger Zeit wurde Linge, der bei ihnen stand, zu Hitler gerufen. Bald kam er zurück und erklärte: »Der Führer lässt bitten.«

Göring stürzte zu Hitlers Blockhaus, um als Erster einzutreten. Rosenberg folgte ihm auf dem Fuß, aber Koch überholte ihn und kam vor seinem Minister an. Als Letzter trat Bormann ein und nahm bedeutungsvoll neben Hitler Platz, um allen Anwesenden die Macht zu demonstrieren, die seit Heß' Flug nach England auf ihn übergegangen war.

Nach der Ernährungsfrage stellte Hitler die Forderung, den Zustrom von Arbeitern aus den besetzten Gebieten für die deutsche Industrie zu verstärken. Er erklärte, er habe den Industriellen versprochen, Arbeitskräfte zu liefern.

Hitler wies Bormann an, Sauckel zu rufen, der am selben Tag im Hauptquartier eingetroffen war und in Bormanns Haus Hitlers Weisungen erwartete. Fritz Sauckel, der Gauleiter von Thüringen, hatte das KZ Buchenwald bei Weimar aufgebaut und besaß bereits genügend Erfahrung im Einsatz von Menschen zur Zwangsarbeit. Hitler übertrug ihm die Zuständigkeit, für die Massendeportation der Bevölkerung aus Sowjetrussland und den besetzten europäischen Ländern nach Deutschland.

Als Sauckel zur Stelle war, zog sich Bormann zurück, um Hitlers Ernennungsbefehl für ihn auszufertigen. Hitler korrigierte den Text zweimal, bevor er ihn unterschrieb. Von diesem Augenblick an lag das Schicksal von Millionen Menschen – Russen, Ukrainern, Weißrussen, Letten, Litauern, Esten, Polen, Tschechen, Franzosen, Belgiern, Niederländern, Serben und Griechen – in der Hand des Herrn von Buchenwald.[163]

Als Bormann den von Hitler unterschriebenen Ernennungsbefehl für Sauckel entgegennahm, erklärte er: »Das ist ein Triumph der nationalsozialistischen Partei.«

Im Herbst 1942 wurde die Siegesstimmung im Hauptquartier stark gedämpft. Wegen der erbitterten Gegenwehr der Russen saßen die von General Paulus befehligten Truppen bei Stalingrad fest. Die Offensive von Lists Verbänden im Kaukasus kam nicht voran. Nach anfänglichen Erfolgen blieb List in den Bergen stecken. Er konnte Hitlers Befehl nicht erfüllen, entlang der Schwarzmeerküste bis nach Tiflis vorzustoßen und dann die Ölfelder von Baku einzunehmen.

Als Hitler auf einer Lagebesprechung gemeldet wurde, Lists Truppen hätten den Gipfel des Elbrus erstiegen und dort die Hakenkreuzflagge gehisst, bemerkte er mit bitterem Spott: »Die wollen wohl dem sportlichen Ehrgeiz der Engländer nachei-

---

[163] Sauckel wurde am 21.3.1942 zum Generalbevollmächtigten für den Arbeitskräfteeinsatz ernannt. In den folgenden Monaten erhielt seine Dienststelle schrittweise weitere Vollmachten, u. a. über den Einsatz von Arbeitern aus den besetzten Ostgebieten. Weißruthenien bezeichnete im nationalsozialistischen Sprachgebrauch Weißrussland, das Reichskommissariat Ostland umfasste die bis zur deutsch-sowjetischen Übereinkunft unabhängigen baltischen Staaten.

fern?«[164] Hitler setzte List als kommandierenden General ab, ohne ihn zu einem persönlichen Gespräch zu empfangen.[165]

Dann ließ er Generalstabschef Halder kommen. Linge brachte ihn zu Hitler. Der empfing Halder kalt und fragte ihn, ob er nicht aus gesundheitlichen Gründen einen längeren Urlaub nehmen wolle. Halder hielt sich ganze zehn Minuten bei Hitler auf. Dann ging er »in Urlaub«.[166]

Hitler aber zog sich von nun an vollkommen von den Generalen zurück und kapselte sich ab. Er ging nicht mehr mit ihnen ins Kasino und aß mittags allein in seinem Arbeitszimmer. Abends bat er Linge, ihm Schallplatten mit Trauermusik aufzulegen. Er griff zu Büchern wie *Ich, Claudius, Kaiser und Gott*, das die grausamen Kämpfe der römischen Kaiser um den Thron beschreibt, oder einem Werk über die Feldzüge Kaiser Friedrichs II. aus dem Geschlecht der Hohenstaufen im 13. Jahrhundert. Außerdem war er in einem Zustand höchster Reizbarkeit. Jede Fliege an der Wand konnte ihn in Wut bringen. Wegen eines harmlosen Schmetterlings geriet er außer sich. Man tat alles, um keine Fliegen, Mücken oder Schmetterlinge in seine Nähe zu lassen. Hitlers Quartier bekam Gazefenster. Jeden Morgen gingen Ordonnanzen mit Fliegenklatschen umher und vernichteten auch das letzte Insekt. Auf den Tischen standen Gläser mit Honig, von der Decke hingen Fliegenfänger. Im Korridor und vor dem Haus waren blaue, von Drahtnetzen umgebene Hochspannungslampen zur Insektenvernichtung angebracht.

Bormann erhielt von Hitler den Auftrag, ihm einen Schäferhund zu besorgen. Seinen schottischen Terrier schickte er Eva Brauns Mutter als Geschenk nach München. Die neue Schäferhündin nannte Hitler »Blondi« nach ihrer Vorgängerin, die er auf

---

[164] Am 21.8.1942 hissten Gebirgsjäger der 1. Gebirgsdivision die Reichskriegsflagge auf dem Elbrus, dem höchsten Berg des Kaukasus. Die Besteigung war zwar militärisch ohne Belang, wurde jedoch in Deutschland propagandistisch verwertet.

[165] Generalfeldmarschall Wilhelm List wurde am 9.9.1942 von Hitler seines Kommandos enthoben.

[166] Hitler entließ Generaloberst Franz Halder als Generalstabschef des Heeres am 24.9.1942.

seinem Schloss Berghof wegen ihres hohen Alters hatte erschießen lassen müssen.

Hitler wies Bormann an, von den Lagebesprechungen steno-
grafische Protokolle anzufertigen. Da er den Generalen nicht
mehr traute, sollte jedes Wort, das dort fiel, festgehalten werden.
Für diesen Dienst wurden Stenografen und Schreibkräfte herbeibeordert, die früher bei Reichstagssitzungen, im Ministerka-
binett oder in der Kanzlei der nationalsozialistischen Partei Protokoll geführt hatten. In Anwesenheit Bormanns nahm Hitler
ihnen persönlich den Eid ab, über den Inhalt der von ihnen zu er-
stellenden Protokolle strengstes Stillschweigen zu bewahren.[167]

Für die Mitschrift waren stets zwei diensthabende Stenografen zugegen. Sie notierten jedes Wort Hitlers und aller Teilnehmer. Die Stenografen und Schreibkräfte waren in einem besonderen Haus auf dem Gelände des Hauptquartiers untergebracht,
das streng bewacht wurde. Dort wurden die Protokolle verschlüs-
selt und aufbewahrt. Zutritt hatten nur Bormann, der Oberst im
Generalstab Scherff, der in Hitlers Auftrag die Geschichte des
Krieges schrieb, und Hitlers Adjutanten. Hitler befürchtete, die
Protokolle könnten entwendet oder verändert werden.

Seinen Flügeladjutanten Schmundt beförderte Hitler zum
Generalmajor und ernannte ihn zum Chef des Heerespersonal-
amts. An einem Septemberabend kam Schmundt in Hochstim-
mung in Linges Zimmer. »Lass uns einen heben«, erklärte er.
»Ich hab was zu feiern. Eben hat mir der Führer das Goldene
Parteiabzeichen verliehen.«

Für den parteilosen Schmundt war das in der Tat ein großer
Vertrauensbeweis, denn dieses Abzeichen erhielten nur alte Nationalsozialisten, die seit dem Gründungstag der Partei, dem
24. Februar 1920, dabei waren. Beim Anstoßen sagte Schmundt:
»Ja, Chef des Heerespersonalamts zu sein, ist keine leichte Aufgabe. Der Führer will, dass die höchsten Kommandoposten mit
Leuten besetzt werden, die ihm erstens persönlich ergeben sind,

---

[167] Die Lagebesprechungen wurden erstmals am 12. 9. 1942 protokolliert.

die zweitens genügend flexibel sind, um seinen genialen Ideen und Plänen zuzustimmen, und die drittens im Krieg keinerlei Erbarmen zeigen. Das werde ich durchsetzen. Für Halder ist bereits guter Ersatz gefunden. Der Führer hat immer gesagt, dass Halder ein schwachsinniger Dorfschulmeister ist. Bis der ein Wort herausbringt, hat sich die Lage an der Front schon wieder geändert. General Zeitzler, der bisher Stabschef bei den Generalfeldmarschällen von Kleist und von Rundstedt war, wird in einigen Tagen hier sein. Das ist ein Mann, wie er dem Führer gefällt. Er ist quicklebendig. Außerdem kennt er euren Sepp Dietrich gut. Ich bin sicher, dass der Führer mit ihm zurechtkommt. Die Generale haben den Führer betrogen. Sie waren nicht in der Lage, seine Pläne an der Front zu verwirklichen. Der Führer sagt, dass er Friedrich den Großen erst jetzt richtig versteht. Als der sich im Siebenjährigen Krieg hintergangen fühlte, zog er sich von seinen Generalen und von seinem Bruder Prinz Heinrich zurück und lebte nur noch mit seinen Hunden.«

Schmundt hatte viel getrunken. Mitternacht war lange vorbei. Er stimmte das Soldatenlied »Es reiten die blauen Dragoner« an. Linge drückte die Tür seines Zimmers fest zu, damit er Hitler nicht weckte. Ein Lied folgte auf das andere. Im Morgengrauen nagelte Schmundt zum Spaß die Tür des Zimmers von Schaub zu, das neben dem Linges lag. Der saß zu dieser Zeit noch im Kasino und soff mit dem Fotografen Hoffmann.

Anfang Oktober 1942 erschien Günsche, aus Frankreich kommend, im Hauptquartier. Nachdem er im Mai 1942 die Junkerschule in Bad Tölz absolviert hatte, kehrte er in die Leibstandarte zurück und wurde als Offizier zur besonderen Verwendung im Stab eingesetzt. Die Leibstandarte stand damals in der Normandie, wohin man sie im Juni 1942 von der Ostfront verlegt hatte. Dort sollte sie nach den schweren Verlusten bei den Kämpfen am Mius und am Asowschen Meer wieder aufgefüllt werden.

Günsche kam mit dem Auftrag Sepp Dietrichs ins »Führerhauptquartier«, die Stimmung dort zu erkunden und herauszufinden, was Hitler mit der Leibstandarte weiter vorhatte.

Günsche wurde von Hitler empfangen. Der war sehr blass und hatte dunkle Augenringe. Er winkte Günsche zu sich heran, drückte ihm flüchtig die Hand und fragte ihn, in welchem Zustand die Leibstandarte sei. Günsche meldete, die friedliche Atmosphäre in Frankreich bekomme ihr gut. Die Auffüllung durch neu ausgebildete Rekruten verlaufe reibungslos. Die Leibstandarte sei wieder kampfbereit.

Hitler lächelte.

An der Atlantikküste standen damals sehr schwache Kräfte. Der Atlantikwall,[168] dessen Uneinnehmbarkeit die deutsche Propaganda stark übertrieb, bot keinen realen Schutz. Er bestand aus leichten Feldbefestigungen, etwas Küstenartillerie und einer begrenzten Zahl von Unterschlupfen für U-Boote bei Saint-Nazaire und Lorient. Um den Eindruck zu erwecken, im besetzten Westfrankreich seien viele Truppen konzentriert, wurden an sichtbaren Stellen Stabsflaggen gehisst. Es sollte so aussehen, als befänden sich dort zahlreiche große Stäbe, die aber in Wirklichkeit gar nicht existierten.

Zum selben Zweck paradierte die Leibstandarte von Zeit zu Zeit mit neuen Panzern, Tross und voller Ausrüstung durch Paris. Dabei wurden die Marschkolonnen maximal auseinander gezogen, um den Eindruck einer gewaltigen Streitmacht zu erwecken. Panzer rollten mit Höchstgeschwindigkeit über die Champs-Élysées bis zum Triumphbogen, wo Generalfeldmarschall von Rundstedt, der Oberbefehlshaber der Heeresgruppe West, den Vorbeimarsch der Leibstandarte abnahm. Fotografen und Reporter brachten solche Propagandamanöver als Demonstration der Stärke der deutschen Truppen im Westen in Kinos und Presse.

---

[168] Als Atlantikwall bezeichnete die deutsche Propaganda die Verteidigungsanlagen am Ärmelkanal und an der französischen Atlantikküste. Trotz der 12000 Bunker, Kasematten und Unterstände blieb die Küstenbefestigung lückenhaft und konnte die alliierte Landung im Juni 1944 nicht verhindern.

Im Gespräch mit Günsche erläuterte Hitler, er sei das Risiko der Entblößung der Front im Westen eingegangen, um im Osten mächtigere Schläge führen zu können. Man habe bereits Herbst. Die See sei stürmisch. Die Engländer hätten den geeigneten Augenblick verpasst und könnten bis zum kommenden Frühjahr keine Landeoperationen mehr durchführen. Er werde sich nicht scheuen, alle Kräfte, darunter auch die Leibstandarte, vom Westen an die Ostfront zu werfen. Stalingrad müsse und werde fallen. Der Ausgang des Krieges entscheide sich in Russland. Der Krieg werde mit Deutschlands Sieg enden.

Beim Abschied befahl er Günsche, dem Kommandeur der Leibstandarte Sepp Dietrich zu übermitteln, er möge sofort mit den Vorbereitungen zur Verlegung an die Ostfront beginnen. Bei dieser Begegnung behandelte Hitler Günsche sehr kühl und machte den Eindruck eines tief verbitterten Mannes.

In Hitlers Umgebung versuchte man dem Führer möglichst nicht unter die Augen zu kommen. »Wie ist er heute?«, fragten die SS-Posten in seinem Haus einander bei der Wachablösung.

Als die russischen Truppen im November 1942 immer aktiver wurden, fühlte sich Hitler in Winniza nicht mehr sicher und ließ sein Hauptquartier wieder nach Rastenburg verlegen.[169]

Am 8. November flog er nach München, um dort den Tag des nationalsozialistischen Putsches zu begehen. Im Bürgerbräukeller, wo sich wie stets die Putschteilnehmer versammelten, erklärte Hitler in seiner Rede feierlich: »Den Boden, auf den ein deutscher Soldat einmal seinen Fuß gesetzt hat, gebe ich nie wieder her!«[170]

Aus München kehrte Hitler in die »Wolfschanze« zurück.

---

[169] Hitler verließ die Anlage »Wehrwolf« am 31.10.1942 und traf am 1.11. in der »Wolfschanze« ein.

[170] Hitler formulierte am 8.11.1942: »Was wir einmal besitzen, das halten wir dann auch tatsächlich so fest, dass dort, wo wir in diesem Kriege stehen, ein anderer nicht mehr hineinkommt!«

Normandie, Anfang Januar 1943. Die Einheiten der Leibstandarte rollen zusammen mit anderen deutschen Divisionen aus Frankreich an die Ostfront. Hitler hat die Absicht, die er im Oktober 1942 Günsche mitteilte, rasch in die Tat umgesetzt. In Frankreich ist die Leibstandarte zu einer starken Panzerdivision von 20 000 Mann und 200 Panzern umgegliedert worden. Der Hauptteil der Division wurde mit Eiltransporten an die Ostfront geworfen. Anfang Januar warteten nur noch einzelne Stäbe und kleinere Einheiten auf den Abtransport. In diesen Tagen befahl Divisionskommandeur Sepp Dietrich Günsche zu sich. Dietrich, der alle seine SS-Männer duzte, sagte zu Günsche: »Günsche, du sollst uns verlassen. Du hast Befehl, beim Führer zu erscheinen.«

Günsche zeigte sich über diese unerwartete Order überrascht. Sepp Dietrich klopfte ihm auf die Schulter und sagte: »Sieh zu, dass du deine Sache gut machst. Beschütze den Führer.«

Am 12. Januar 1943 traf Günsche in Hitlers Hauptquartier in der »Wolfschanze« ein. Schaub brachte ihn sofort zu Hitler. Auf dem Weg dorthin sagte er mit saurer Miene: »Schlechte Zeiten, mein Lieber. Von dem Gedanken an einen ›Blitzkrieg‹ gegen Russland haben wir uns schon lange verabschiedet. Alle schauen mit großer Sorge auf Stalingrad.«

Hitler empfing Günsche in der Lagebaracke, die eine Fläche von etwa 105 Quadratmetern hatte. An einer Wand befanden sich mehrere große Fenster. Hier stand ein langer Kartentisch. Zwischen den Fenstern gab es herausziehbare Telefone mit zusätzlichen Kopfhörern. In dem Raum standen außerdem Hitlers Schreibtisch, ein runder Kamintisch und zwei Safes – einer in die Wand eingelassen, der andere frei stehend.

An den Wänden hingen große topographische Karten.

Hitler stand mit Bormann an dem niedrigen runden Tisch vor dem Kamin. Bei ihm war seine Schäferhündin Blondi, die bei Günsches Auftauchen leise knurrte und die Zähne fletschte.

Hitler musterte den an der Tür verharrenden Günsche von oben bis unten.

Hitlers Äußeres hatte sich in den letzten drei Monaten, seit

Günsche ihn in Winniza gesehen hatte, stark verändert. Er wirkte wie ein schwerkranker Mann. Sein Gesicht war erdfarben, die Wangen waren eingefallen, unter den Augen schwere Tränensäcke. Mit düsterer Miene forderte Hitler Günsche auf, näher zu treten. Er streckte ihm die Hand entgegen und sagte mit für ihn ungewöhnlich leiser Stimme: »Günsche, von heute an sind Sie mein Persönlicher Adjutant. Ich habe Sie ausgewählt, weil ich keine neuen Leute um mich haben will. Über Ihre Aufgaben sprechen wir morgen. Alles andere sagen Ihnen Bormann und Schaub.«

Günsche antwortete: »Mein Führer! Ich werde mich Ihres Vertrauens würdig erweisen!«

Im Vorzimmer stieß Günsche auf Schaub, der ihn schon erwartete. Als Schaub Günsche gratulierte, tat er das wieder mit besorgter Miene. Im Hauptquartier hieß es seit langem, in Schaubs Gesicht könne man Hitlers Stimmung lesen. Deshalb hieß er auch »Hitlers Barometer«. Auf Günsches Frage, ob Hitler krank sei, schüttelte Schaub verneinend den Kopf. Seit die Lage bei Stalingrad so schlecht sei, habe er einfach sehr nachgelassen.

Schaub führte Günsche im Hauptquartier herum und stellte ihn den Mitarbeitern vor. Neben dem Führerbunker im Sperrkreis I des Hauptquartiers befand sich der Bunker Bormanns, wo außer diesem sein Referent und vier Sekretärinnen wohnten. Dort standen auch die Telegrafenapparate. Damit, so erläuterte Schaub, unterhalte Bormann direkte Verbindung zu allen Gauleitern in Deutschland und zu den Parteikanzleien in Berlin und München. Neben Bormanns Bunker lag das Haus des geheimen stenografischen Dienstes. Mit Verschwörermiene berichtete Schaub, jedes Wort auf den Lagebesprechungen werde jetzt von Stenografen mitgeschrieben.

»Der Führer«, so erklärte Schaub, »vertraut den Generalen nicht mehr. Er will alles schwarz auf weiß haben. Mit diesen Stenogrammen werden Sie noch viel Arbeit haben, denn es gehört zu Ihren Pflichten, die Protokolle der Lagebesprechungen durchzusehen.«

In den Nachbarbunkern saßen Keitel und Jodl mit ihren Stäben, Reichspressechef Dietrich, Görings Verbindungsmann beim Hauptquartier General Bodenschatz, Ribbentrops Vertreter Hewel, der Verbindungsoffizier des Oberkommandos der Kriegsmarine Admiral Krancke, Himmlers Verbindungsmann SS-Obergruppenführer Wolff, dazu Morell, Hoffmann und Scherff. Hitlers langjähriger Chirurg Brandt[171] war in einem Bunker mit den Adjutanten einquartiert. Die Sekretärinnen Schroeder, Wolf und Junge wohnten im Gästehaus.

Im Sperrkreis I lagen außerdem die Bunker für Hitlers Leibwache und den Sicherheitsdienst, zwei Kasinos, das Teehaus, das Kino, das Badehaus und die Garagen.

Im Sperrkreis II des Hauptquartiers waren der Kommandant, das Führer-Begleitbataillon, die Wirtschaftsverwaltung und die neue Eisenbahnstation untergebracht, wo drei Züge standen – für Hitler, für Keitel und für Warlimont mit seinem Wehrmachtführungsstab.

Das Stabsquartier des Oberkommandos des Heeres und des Generalstabschefs Generaloberst Zeitzler lag etwa 20 Kilometer südöstlich der »Wolfschanze« im Wald von Lötzen.

Göring hatte sein Stabsquartier in einem früheren Jagdschloss Wilhelms II. in Rominten nahe der deutsch-sowjetischen Grenze, zwei Autostunden von der »Wolfschanze« entfernt, eingerichtet. Wenn er kurzzeitig in die »Wolfschanze« kam, nächtigte Göring in einem eigens für ihn errichteten großen Bunker im Sperrkreis I.

Himmlers Stabsquartier befand sich bei Angerburg. Von dort bis zur »Wolfschanze« brauchte man mit dem Wagen 45 Minuten. Er nannte es »Feldkommandostelle des Reichsführers SS«.

Ribbentrop war mit einem kleinen Stab auf einem Landgut östlich von Rastenburg, eineinhalb Autostunden von der »Wolfschanze« entfernt, untergekommen.

Großadmiral Dönitz hielt sich in Berlin auf.

---

[171] Karl Brandt war seit 1934, mit Unterbrechungen, als Begleitarzt bei Hitler.

Am nächsten Tag, dem 13. Januar 1943, gegen 1.00 Uhr mittags, wenige Minuten vor Beginn der Lagebesprechung, kam Hitler in Begleitung seines Adjutanten von der Waffen-SS, Günsche, aus seinen Wohnräumen in den Besprechungssaal. Seine Schäferhündin Blondi begleitete ihn. Im Saal angekommen, sagte Hitler: »Also, Günsche, Ihre Aufgaben: Während der Besprechung stehen Sie links von mir. Achten Sie genau darauf, was hier gesagt wird. Ich habe Grund, misstrauisch zu sein. Lassen Sie sich von niemandem beeinflussen. Sie müssen genau über die Lage der SS-Divisionen Bescheid wissen. Stützen Sie sich aber nur auf Meldungen aus deren Stäben.«

Nun kam Linge herein und meldete: »Mein Führer! Die Herren sind versammelt.« Hitler nickte. Einige Sekunden später kamen die Vertreter der obersten Militärführung, Keitel, Jodl, Zeitzler, Warlimont, Buhle, Jeschonnek, Bodenschatz, Krancke, Christian, der Gesandte Hewel, der Militärhistoriker Scherff sowie Hitlers Militäradjutanten Schmundt, von Below, Engel und von Puttkamer herein.

In den letzten Wochen der Kämpfe bei Stalingrad hatte Göring an den Lagebesprechungen in Hitlers Hauptquartier nicht mehr teilgenommen. Nachdem er Hitler feierlich versprochen hatte, seine Luftwaffe werde die Versorgung der bei Stalingrad eingekesselten Paulus-Armee gewährleisten, hatte Hitler ihn nicht mehr zu Gesicht bekommen.[172] Er zog es vor abzuwarten, bis die dunklen Wolken sich verzogen hatten, und ging lieber bei seinem Schloss in Rominten auf die Jagd.[173]

Hitler gab nur Zeitzler die Hand. Die anderen, selbst Keitel, würdigte er keines Blickes. Hitlers Adjutanten legten rasch drei

---

[172] Göring hatte Hitler am 24.11.1942 versichert, die in Stalingrad eingeschlossene 6. Armee aus der Luft versorgen zu können. Hierzu waren nach Ansicht des Armeeoberkommandos pro Tag mindestens 700 Tonnen Nachschub notwendig. Während Göring gegenüber Hitler täglich 500 Tonnen zusicherte, glaubte die Luftwaffenführung 350 Tonnen pro Tag einfliegen zu können. Lediglich am 19.12.1942 gelangten jedoch knapp 295 Tonnen in den Kessel. Insgesamt überschritt der Tagesdurchschnitt der eingeflogenen Nachschubgüter bis zur Kapitulation der 6. Armee nie 100 Tonnen.

[173] Das Anwesen im ostpreußischen Rominten ließ Kaiser Wilhelm II. zu einem Jagdschloss ausbauen, das jetzt Göring intensiv nutzte.

große Karten auf dem Tisch aus, die der Generalstabschef des Heeres, Zeitzler, mitgebracht hatte. Darauf waren die Positionen der Heeresgruppen Süd, Mitte und Nord an der Ostfront verzeichnet. Dazu gab es eine besondere Karte zu den Stellungen der bei Stalingrad eingeschlossenen 6. Armee. Hitler setzte die Brille auf und beugte sich über die Karten.

Zeitzler begann mit den für ihn typischen raschen Gesten, die Lage bei Stalingrad vorzutragen. Er sagte, die Situation der 6. Armee habe sich weiter zugespitzt, wobei er die tiefen Durchbrüche der russischen Truppen durch die deutschen Stellungen auf der Karte zeigte. Paulus habe zurückgehen müssen. Die Russen setzten ihre Angriffe hartnäckig fort. Die 6. Armee habe über 40000 Verwundete. Munition und Lebensmittel gingen zu Ende. Paulus fordere dringend die versprochene Versorgung aus der Luft, aber die Flugzeuge kämen nur mit Mühe durch den Feuersturm der russischen Flak.[174] Als der Stabschef der Luftwaffe, Oberst Christian, sah, wie sich Hitlers Miene verdüsterte, korrigierte er Zeitzler mit der Bemerkung, die Versorgung aus der Luft werde durch schlechtes Wetter erschwert.

Zeitzler setzte seinen Vortrag fort. Er teilte mit, Paulus bitte den Führer, ihm zu gestatten, mit den noch kampffähigen Einheiten seiner Armee aus dem russischen Kessel auszubrechen. Bei diesen Worten lief Hitler vor Zorn rot an. Keitel gab Zeitzler einen Wink zu schweigen. Aber es war schon zu spät. Hitler schleuderte seine Brille auf den Tisch, was bei ihm stets einen Wutausbruch ankündigte, und brüllte los: »Paulus soll es ja nicht wagen, mir mit solchen Sachen zu kommen! Er kann doch dort sowieso nicht mehr raus! Ich lehne seine Bitte ab!«

Hitler war jetzt sehr erregt. Schwer atmend fuhr er fort: »Mag Manstein auch nicht durchgekommen sein... Das schließt nicht aus, dass Stalingrad noch entsetzt werden kann. Die Divisionen

---

[174] Während der Luftversorgung Stalingrads verlor die Luftwaffe 488 Transportflugzeuge. Damit hatten die deutschen Transportfliegerkräfte fast zwei Drittel ihres damaligen Gesamtbestandes eingebüßt.

aus dem Westen sind bereits da. Mit ihnen werde ich den Angriff auf Stalingrad führen!«

Im Besprechungssaal ist es jetzt totenstill. Alle Anwesenden fürchten, den zornigen Hitler mit einem unbedachten Wort noch mehr zu reizen. Endlich entschließt sich Keitel, das Schweigen zu brechen. Er legt die Hand auf die Karte und erklärt, auf Hitlers Ton eingehend, mit lauter Stimme: »Ja, mein Führer! Stalingrad muss unbedingt gehalten werden! Im Ersten Weltkrieg haben wir noch ganz andere Schwierigkeiten erlebt.«

Hitlers Zorn verraucht nach und nach.

Er befiehlt Zeitzler, Paulus per Funk mitzuteilen, dass sein Entschluss unabänderlich sei. Stalingrad muss gehalten werden, koste es, was es wolle. Milch und Hube werden nach Rostow entsandt, von wo sie die Versorgung der Armee aus der Luft sicherstellen würden. Paulus solle nicht den Mut sinken lassen. Er und mit ihm das ganze deutsche Volk verfolgten mit Stolz den heldenhaften Kampf der Paulus-Armee.

Nach Zeitzlers Vortrag war der Chef des Wehrmachtführungstabs, Jodl, an der Reihe.

Betont ruhig legte er einige Karten der Westfront auf dem Tisch aus. Vom Kriegsschauplatz im Westen hatte er fast nichts zu berichten. Da die Angloamerikaner im Kampf gegen Deutschland passiv blieben, war die Westfront zu dieser Zeit ein Ort, wo die in Russland aufgeriebenen deutschen Divisionen sich erholen und wieder auffüllen konnten.

Jodl sprach sehr langsam und leise über die Lage in Frankreich, Norwegen und auf dem Balkan. Es war zu erkennen, dass er jedes Wort sorgfältig abwog, um nicht wieder Hitlers Zorn zu erregen.

Auf den folgenden Lagebesprechungen meldete Zeitzler, dass sich die Situation der 6. Armee bei Stalingrad weiter verschlechtere. In Paulus' Funksprüchen ging es immer nur um das eine – die hoffnungslose Lage der eingekesselten Einheiten, zehntausende Verwundete, das völlige Ausbleiben jeglicher Versorgung und die hartnäckigen Angriffe der Russen. Milch und Hube mel-

deten aus Rostow, Jagdflieger und Flak der Russen machten es
unmöglich, Munition und Lebensmittel über dem Gebiet um
Stalingrad abzuwerfen. In ihren Berichten hieß es: »Über Stalingrad hat die Flak einen undurchdringlichen Feuervorhang gelegt. Alle unsere Flugzeuge werden vernichtet. Wir kommen
nicht durch.«

Aber Hitler blieb unnachgiebig.

Nach Paulus' Funksprüchen ging ein weiterer vom Befehlshaber des LI. Armeekorps der 6. Armee, General von Seydlitz, ein.
Dieser funkte, bei der entstandenen Lage könne er keine Verantwortung für sein Korps mehr übernehmen. Hitler tobte: »Verantwortung von sich weisen – das ist Feigheit! Freiwillig werde
ich Stalingrad nicht aufgeben! Und wenn die ganze 6. Armee
dabei untergeht!«[175]

Am 30. Januar 1943 vollendete sich das erste Jahrzehnt seit
Hitlers Machtergreifung. An diesem Tag war Hitler besonders
bleich. Er hatte die ganze Nacht kein Auge zugetan. Vor der Lagebesprechung spritzte Morell Hitler, wie stets in letzter Zeit,
eine erhöhte Dosis seines Aufputschmittels. Im Saal waren die
ständigen Teilnehmer der Besprechung versammelt. Keitel hielt
eine kurze Rede. Er sagte: »Heute, am zehnten Jahrestag Ihrer
Machtergreifung, mein Führer, stehen wir und die ganze Armee
eng geschart um Sie und gedenken der großen Siege, zu denen
Sie uns geführt haben und weiter führen werden. In dieser
schweren Zeit, mein Führer, wollen wir den Kampf unter Ihrer
genialen Führung standhaft bis zum Endsieg fortsetzen.«

Hitler reichte Keitel gerührt die Hand. Seit dem Herbst des
vergangenen Jahres, als Halder gegangen war, geschah das zum
ersten Mal.

Am 1. Februar gegen 10.00 Uhr abends rief Zeitzler bei Hitler
an. In Begleitung von Schmundt und Günsche ging Hitler in den

---

[175] General Walther von Seydlitz-Kurzbach wurde am 26.1.1943 von Paulus seines
Kommandos enthoben, nachdem er den Armeestab mehrmals zur Kapitulation aufgefordert hatte und schließlich den ihm unterstellten Einheiten das Recht einräumte, nach
eigenem Ermessen den Kampf einzustellen.

Besprechungsraum ans Telefon. Dabei zog er schlurfend die Beine nach und ließ sich müde in einen Sessel am Tisch sinken. Darauf war die Karte von Stalingrad ausgebreitet. Hitler warf einen zornigen Blick darauf und fegte sie dann mit einer jähen Handbewegung vom Tisch. Günsche reichte ihm den Telefonhörer und nahm selbst die Kopfhörer, um das Gespräch mit Zeitzler zu verfolgen. Der meldete knapp, die Russen zögen den Kessel bei Stalingrad von allen Seiten immer enger zusammen. Paulus werde diese Nacht wohl kaum überstehen.[176]

Hitler fragte, wo Paulus sich aufhalte. Zeitzler antwortete, das wisse er nicht genau. Er glaube, in seinem Befehlsstand. Außerdem teilte Zeitzler Hitler mit, ein Funkspruch von Strecker, dem Befehlshaber des XI. Armeekorps, sei eingegangen, in dem dieser mitgeteilt habe, wenn die Russen auftauchten, wollten sich die Deutschen selbst in die Luft sprengen.[177]

»Danke«, antwortete Hitler, legte den Hörer auf und befahl Schmundt auf der Stelle, Paulus mitzuteilen, er sei zum Generalfeldmarschall befördert.[178]

Mit schleppendem Schritt verließ Hitler in Begleitung von Blondi den Raum und sagte zu Linge, der ihn im Korridor erwartete: »Hoffmann soll mir ein wenig Gesellschaft leisten.«

Als Hoffmann in den Bunker kam, ging er zunächst zu Linge. Er war angeheitert, obwohl Hitler angesichts der tragischen Entwicklung bei Stalingrad für die nächsten 14 Tage untersagt hatte, im Hauptquartier Alkohol zu trinken. Hoffmann hatte seinen eigenen Champagnervorrat, weshalb er dieses Verbot leicht umgehen konnte. Er meinte zu Linge, er wolle einen Scherz machen, und bat darum, ihm vor Hitlers Augen mit Mineralwasser verdünnten Apfelsaft in einem Champagnerglas zu servieren.

---

[176] Zu diesem Zeitpunkt hatte Paulus bereits kapituliert; der Befehlshaber der 6. Armee ergab sich am Abend des 31. 1. 1943 zusammen mit seinem Stab der 64. sowjetischen Armee.

[177] General der Infanterie Karl Strecker sprengte sich trotz seiner martialischen Ankündigung nicht in die Luft, sondern begab sich am 2. 2. 1943 in sowjetische Kriegsgefangenschaft.

[178] Die Beförderung von Paulus zum Generalfeldmarschall erfolgte in der Nacht vom 30. zum 31. 1. 1943.

Als Linge Hitler den Tee brachte, befahl er der Ordonnanz, Hoffmann das Glas »Champagner« vorzusetzen. Hitler starrte dessen Glas an und warf Linge einen wütenden Blick zu. Hoffmann erklärte Hitler eilig, es sei nur ein Scherz. Hitlers Miene hellte sich auf. Gemeinsam mit Hoffmann lachte er über den Einfall. Hoffmann nutzte diesen Augenblick guter Stimmung und bat Hitler, ihm Arbeitskräfte für sein Landgut zur Verfügung zu stellen. Was für ein berechnender Kerl!, dachte Linge bei sich, als er den Raum verließ.

Am 2. Februar um 4.00 Uhr morgens läutete es aus Hitlers Schlafraum. Linge warf sich einen Morgenmantel über und klopfte an die Tür. Von drinnen kam Hitlers Bassstimme: »Linge, bringen Sie bei der Presseabteilung in Erfahrung, ob man Paulus' Beförderung zum Generalfeldmarschall schon an die Presse gegeben hat. Wenn nicht, soll die Meldung zurückgehalten werden.«

Daraufhin rief Linge den stellvertretenden Reichspressechef Lorenz an. Die Antwort lautete, die Nachricht sei an die Presse unterwegs und die Veröffentlichung nicht mehr aufzuhalten.[179] Linge meldete das Hitler. Der sagte in unzufriedenem Ton »Danke« und fügte hinzu: »Wenn neue Nachrichten kommen, bringen Sie mir sie sofort. Ich kann sowieso nicht schlafen.«

Gegen 6.00 Uhr morgens überbrachte Feldwebel Dänicke, Jodls Schreiber, Linge für Hitler zwei unverschlüsselte Funksprüche aus Stalingrad. Der erste lautete: »Der Gegner steht direkt vor unseren Stellungen. Wir geben den Kampf auf.« Und der zweite: »Die Russen dringen bei uns ein. Wir vernichten alles.«[180]

---

[179] Bereits am 30.1.1943 war das Deutsche Nachrichtenbüro von Reichspressechef Otto Dietrich über die Ernennung von Paulus zum Generalfeldmarschall informiert worden.
[180] Am Morgen des 2.2.1943 kapitulierten mit dem XI. Armeekorps die letzten Teile der bei Stalingrad eingeschlossenen 6. Armee. Nach gegenwärtigen Schätzungen gerieten zwischen 90000 und 130000 deutsche und rumänische Soldaten in Gefangenschaft, nur 6000 von ihnen kehrten später in die Heimat zurück. Zudem fielen oder starben an Krankheit, Hunger und Kälte auf deutscher Seite im Kessel bis zu 146000 Mann. Die sowjetischen Verluste während der gesamten Schlacht um Stalingrad betrugen 474871 Tote und 974734 Verwundete. Die Opfer der Zivilbevölkerung im Raum Stalingrad sind ungezählt.

Linge legte die beiden Funksprüche, die letzten Lebenszeichen der Paulus-Armee, vor Hitlers Tür ab und machte Meldung. Eine Viertelstunde später kam Hitler im Militärmantel mit hochgeschlagenem Kragen, blass, gebeugt und mit geschwollenen Augen auf den Gang heraus. Völlig niedergeschlagen sagte er zu Linge: »Ich will Blondi ausführen, dann lege ich mich wieder hin. Stellen Sie fest, ob die Lagebesprechung heute nicht früher stattfinden kann. Wecken Sie mich eine Stunde vor Beginn.«

Die Besprechung wurde für 11.30 Uhr angesetzt. Als Hitler den Saal betrat, begrüßten ihn die Teilnehmer schweigend mit zum faschistischen Gruß erhobenem Arm.

Im Saal herrscht Grabesstille. Hitler geht zum Tisch, wirft einen flüchtigen Blick auf die Karten und lässt sich in den Sessel fallen. Er bittet die Anwesenden, ihn mit Keitel, Jodl und Zeitzler allein zu lassen.

»Ist über Paulus etwas bekannt, Zeitzler?«, fragt Hitler.

»Nein, nichts«, antwortet Zeitzler.

Hitler stößt mit schwacher Stimme hervor: »Heute Nacht hatte ich eine Ahnung, dass die Russen Paulus gefangen genommen haben. Deswegen wollte ich die Pressemeldung über seine Beförderung zum Generalfeldmarschall aufhalten. Das deutsche Volk soll nicht wissen, dass ein deutscher Generalfeldmarschall in russische Gefangenschaft geraten ist. Den Kampf und den Untergang der 6. Armee muss man für das Volk so darstellen, dass die Generale mit der Waffe in der Hand Schulter an Schulter mit den Soldaten in den Schützengräben gekämpft haben und im Kampf gefallen sind. Ich brauche eine Million neue Soldaten.«

Bei diesen Worten erhob sich Hitler. Langsam ging er im Raum auf und ab. Dann trat er erneut an den Tisch und fragte: »Gibt es noch etwas über Stalingrad außer den Funksprüchen von heute Morgen? Was melden die Russen?«

»Nein, mein Führer, nichts«, antwortet Zeitzler, »aber bei Charkow und am unteren Don ist die Lage unserer Truppen sehr kritisch geworden.«

Begleitet von Günsche, schleppte sich Hitler aus dem Saal.

9. Kapitel

Die Zerschlagung der deutschen Armee bei Stalingrad hatte auf Hitler schreckliche Auswirkungen. Ohne die stimulierenden Spritzen seines Leibarztes Morell kam er jetzt überhaupt nicht mehr aus. Der Arzt verabreichte sie ihm jeden zweiten Tag nach dem Frühstück. Nervöse Magenkrämpfe stellten sich ein. Da Hitler unter starken Schmerzen litt, musste er mehrere Tage lang das Bett hüten. Linge, der ihm das von Morell verschriebene Opium verabreichte, musste zusehen, wie er sich vor Schmerzen krümmte.[181]

Die Anfälle nervöser Gereiztheit nahmen zu. Bald schien es Hitler, sein Kragen sei zu eng und hemme den Blutkreislauf, bald waren ihm die Hosen zu lang. Er klagte über Hautjucken. Überall – im Spülwasser der Toilette, in der Seife, in der Rasiercreme oder in der Zahnpasta – vermutete er Gift und forderte genaue Analysen. Auch das Wasser, mit dem sein Essen gekocht wurde, musste untersucht werden. Hitler kaute an den Fingernägeln, kratzte sich Ohren und Nacken blutig.

Da er an Schlaflosigkeit litt, schluckte er alle möglichen Schlafmittel. Sein Bett wurde mit Heizdecken und -kissen gewärmt. Er rang nach Luft, weshalb er forderte, im Schlafzimmer eine Sauerstoffflasche aufzustellen, aus der er häufig inhalierte.

Hitler ordnete an, die Temperatur in seinen Räumen bei 12 Grad zu halten. Er glaubte, niedrige Temperaturen wirkten erfrischend auf ihn. Die Teilnehmer an seinen Lagebesprechungen

---

[181] Die Darmkrämpfe Hitlers waren eine Folge seiner vegetarischen Ernährung und seines Bewegungsmangels. Hinzu kam die Vernichtung der Darmflora durch das häufig verordnete Ultraseptyl. Mittels Mutaflor, einem Bakterienpräparat, baute Morell sie wieder auf. Das von ihm gespritzte Vitaminpräparat Vitamultin kombinierte er mit Glukose-Injektionen, denen vermutlich das Aufputschmittel Pervitin beigemischt war. Eudokal, ein beruhigendes Opiumderivat, und das krampflösende Mittel Eupaverin spritzte er 1943 sechsmal, im zweiten Halbjahr 1942 jedoch nicht.

verließen wegen der Kälte oft den Raum, um sich irgendwo aufzuwärmen.

Seinen Bunker verließ er fast überhaupt nicht mehr. Nur morgens vor dem Frühstück führte er zehn Minuten lang seine Schäferhündin Blondi aus. Sie wich nicht von seiner Seite. Das riesige dressierte Tier hörte nur auf ihn, alle anderen knurrte es an. Blondi bewachte Hitler Tag und Nacht, selbst bei Besprechungen lag sie zu seinen Füßen.

Nach dem Mittagessen legte sich Hitler in den Kleidern aufs Bett und blieb dort bis zum Abend liegen. Dann ging er zur Abendlage, die täglich um 21.00 Uhr stattfand. Wenn sie zu Ende war, blieb er noch im Raum und spielte Ball mit seinem Hund. Er fand es lustig, wenn Blondi sich auf die Hinterbeine stellte und ihm wie ein Hase den Ball mit ausgestreckten Vorderpfoten zurückschlug. Hitler befahl ihr dann: »Los, Blondi, mach mir den Hasen!«

Um Mitternacht bat Hitler Linge, ihm Platten mit getragener Musik aufzulegen, wie er es in seinem Hauptquartier »Wehrwolf« bei Winniza getan hatte, als er begann sich von den Generalen fern zu halten.

Göring hatte keine Skrupel, Hitlers Zustand für sich zu nutzen. Er besuchte ihn jetzt jeden Tag. Mit dieser Taktik wollte er sich bei Hitler eine Sonderstellung verschaffen. Hitler, dem die Generale zuwider waren, suchte seinerseits Görings Nähe.

Schon beim Frühstück sagte er zu Linge: »Heute Mittag esse ich mit dem Reichsmarschall. Man könnte doch extra für ihn etwas kochen. Zum Beispiel sein Lieblingsgericht, Brathähnchen, und zum Nachtisch Apfeltaschen.«

In dieser Zeit kam Hitler auch Eva Braun wieder näher, die sich entweder in München oder auf Hitlers Schloss Berghof am Obersalzberg aufhielt. In den Monaten zuvor hatten sie sich nur selten geschrieben. Jetzt aber rief er sie fast jeden Tag an.

Nach Stalingrad mussten erst einige Wochen vergehen, bis Hitler seine Zeit wieder mit den Sekretärinnen, Bormann, Hoffmann, Morell und den Adjutanten verbrachte. Zu Linge bemerkte er, ihre Gesellschaft lenke ihn von den Misserfolgen an der russischen Front ab und beruhige seine Nerven.

Die Lage am unteren Don spitzte sich weiter zu. Kursk, Charkow und Rostow waren unmittelbar bedroht. Die Situation am Kuban gestaltete sich äußerst kritisch. Die deutschen Truppen im Kaukasus liefen Gefahr, abgeschnitten zu werden, berichtete Zeitzler auf Hitlers Lagebesprechungen in der ersten Februarhälfte 1943. Auf den Operationskarten, die er mitgebracht hatte, waren die Bereiche mit roten Pfeilen markiert, wo die russischen Truppen verstärkt angriffen.[182]

Keitel, Jodl, Warlimont, Buhle, Scherff, Schmundt und Günsche, die bei Zeitzlers Vortrag um den Tisch herum standen, beugten sich über die Karten, um besser sehen zu können. Eine deutsche Frontlinie war kaum noch zu erkennen – die deutschen Stellungen waren eingekreist oder mit denen des Gegners verkeilt. Mancherorts waren die Russen bereits durchgebrochen.

Hitler saß am Tisch mit dem Gesicht zum Fenster und wirkte sehr erschöpft. Vor Stalingrad hatte er die Besprechungen stets im Stehen durchgeführt. Jetzt taten ihm dabei Rücken und Beine weh. Hitler unterbrach Zeitzler und sagte mit müder Stimme: »So kann das nicht weitergehen. Die Kohle vom Donez ist für unsere Industrie lebenswichtig. Nein! Hier müssen wir uns halten! Meine Generale müssen das endlich begreifen.«

Er fuhr mit der rechten Hand über die Karte und wies auf einen Punkt südlich von Charkow, wo die Vorausabteilungen der russischen Panzer eingezeichnet waren. Er wunderte sich, wie rasch die russische Armee vorankam.

»Von Stalingrad bis zu diesem Punkt«, sagte Hitler, »sind es fast 500 Kilometer. Wo nehmen die Russen diese Kraft her? Nach mei-

---

[182] Am 2.2.1943 begann die Rote Armee am Don mit den Offensiven »Stern« und »Sprung«. Während das Operationsziel von »Stern« ein Vordringen bis Kursk war, sollte mit »Sprung« Charkow eingenommen werden.

nen Berechnungen müsste ihnen längst die Luft ausgegangen sein. Ich verstehe das nicht.« Hitler schüttelte den Kopf und verstummte. Plötzlich lief sein Gesicht rot an. Er brüllte los: »Diese Generale! Wenn sie beim Zurückgehen wenigstens alles in die Luft jagen würden! Ich habe den Eindruck, dass sie davonlaufen, ohne sich umzusehen, und vieles unzerstört den Russen überlassen. Ich verlange, dass alles zerstört und verbrannt wird! Jedes Haus!«[183]

Zeitzler versuchte ihn mit dem Hinweis zu beruhigen, es gebe Befehle, beim Rückzug alles zu vernichten. Sie würden exakt ausgeführt. Nach diesem Ausbruch starrte Hitler wieder stumpf vor sich hin. Am Ende der Besprechung erklärte er, er halte es für nötig, persönlich an die Front zum Oberbefehlshaber der Heeresgruppe Süd, Generalfeldmarschall Weichs,[184] zu fliegen. Noch am selben Abend befahl Hitler seinem Piloten Baur, eine Maschine zum Flug nach Saporoschje vorzubereiten, wo sich Weichs' Stab befand.

Am 10. Februar flog Hitler morgens mit seiner Condor, eskortiert von einer Jagdfliegerstaffel, nach Saporoschje.[185] Er ließ sich von Jodl, Buhle, seinen Adjutanten sowie von Morell und Linge begleiten. Außerdem nahm er die Sekretärin Schroeder und zwei Stenografen mit, die bei den Besprechungen in Saporoschje Protokoll führen sollten.

In Saporoschje ließ sich Hitler mit seinem Stab im ehemaligen Haus der russischen Flieger nieder, wo sich Weichs' Stab

---

[183] Am 16. 2. 1943 hatte Hitler mit dem Führerbefehl Nr. 4 die Weisung gegeben, dass bei Räumungen »alle für den Feind wertvollen und bald nutzbaren Einrichtungen, Unterkünfte usw. vernichtet oder verbrannt werden« müssen. Ferner befahl er, die Masse der Zivilbevölkerung mitzuführen, um sie als Arbeitskräfte einzusetzen. Die zurückgelassenen Dörfer waren »dann zu vernichten«.

[184] Generalfeldmarschall Maximilian Freiherr von Weichs war bis zum 14. 2. 1943 Oberbefehlshaber der Heeresgruppe B. Nach der Niederlage von Stalingrad und dem Zusammenbruch der Heeresgruppe B wurden deren verbleibende Reste sowie die Heeresgruppe Don zur neuen Heeresgruppe Süd unter dem Oberbefehl von Generalfeldmarschall Erich von Manstein zusammengefasst. Weichs und sein Stab blieben noch bis Juli 1943 an der Ostfront, dann wurde er in die Führerreserve versetzt, kurz danach jedoch wieder reaktiviert.

[185] Hitler flog erst am 17. 2. 1943 nach Saporoschje. Er startete um 2.00 Uhr vom Flugplatz der »Wolfschanze« in Wilhelmsdorf und traf um 6.00 Uhr beim Hauptquartier der Heeresgruppe Süd ein.

befand. Aber bereits einen Tag nach seiner Ankunft musste er die Stadt überstürzt wieder verlassen.

Gegen 11.00 Uhr vormittags empfing er gerade den Ingenieur Brugmann, der eigens aus Dnjepropetrowsk herübergekommen war, wo er die Arbeit zur Wiederingangsetzung des Wasserkraftwerks am Dnjepr leitete. Brugmann war in Deutschland bekannt, weil er in Nürnberg die Gebäude für die Parteitage der nationalsozialistischen Partei errichtet hatte. In Dnjepropetrowsk war er als so genannter OT-Führer, als leitender Vertreter der »Organisation Todt«, tätig.[186] Hitler wies Brugmann an, das Wasserkraftwerk zu zerstören, falls die Deutschen es aufgeben müssten.

Dann ging er zur Besprechung mit Weichs.[187] Kurz darauf stürzte der Adjutant Below aufgeregt in Hitlers Arbeitszimmer, wo Linge sich aufhielt.

»Wir müssen sofort packen!«, rief er. »Am Flugplatz von Saporoschje sind russische Panzer aufgetaucht. Wir müssen uns beeilen!«[188]

Linge raffte fieberhaft alles Notwendige zusammen. Da kam auch schon Hitler. Er war sehr nervös und ließ Linge freie Hand, was er einpacken sollte. Als die Koffer bereits in den Wagen gebracht wurden, meldete Below Hitler, die russischen Panzer seien nicht zu dem Flugplatz vorgedrungen, wo Hitlers Maschinen stünden, sondern zu einem anderen, weiter östlich von Saporoschje. Man habe sie wieder vertrieben. Hitler atmete erleichtert auf. Er ließ Feldmarschall Weichs und Generaloberst von Richthofen, der die Luftwaffe an diesem Frontabschnitt befehligte, zu sich rufen. In aller Eile und schon halb im Gehen

---

[186] 1938 gegründete und nach ihrem Leiter Todt benannte Bautruppe, die für die Errichtung militärischer Anlagen zuständig war. Seit Kriegsbeginn zog sie für die Umsetzung ihrer Bauprojekte Zwangsarbeiter, KZ-Häftlinge und Kriegsgefangene heran.

[187] Hitler hatte in Saporoschje nachweislich dreitägige Besprechungen mit dem neuen Oberbefehlshaber der Heeresgruppe Süd, von Manstein, und dem neu ernannten Chef der Luftflotte 4, Generalfeldmarschall Wolfram Freiherr von Richthofen. Ob von Weichs ebenfalls anwesend war, ist unklar.

[188] Der Rückflug Hitlers erfolgte am 19. 2. 1943. An diesem Tag standen sowjetische Einheiten der 1. Garde-Armee rund 60 Kilometer vor Saporoschje.

verlieh er Weichs das Eichenlaub zum Ritterkreuz,[189] beförderte von Richthofen zum Generalfeldmarschall[190] und ... fuhr von dannen. Eine Besprechung fand nicht statt.

Auf dem Weg zum Flugplatz kam Hitler an Kolonnen friedlicher russischer Bürger vorbei, die Straßenbauarbeiten verrichteten und dabei von deutschen Aufsehern bewacht wurden. Gehässig ließ Hitler fallen: »Genau dafür sind Slawen gemacht, diese Roboter! Sonst wären sie es nicht wert, unter der Sonne zu leben!«

Von Saporoschje flog Hitler in sein Hauptquartier »Wehrwolf« bei Winniza. Dorthin ließ er Generalmajor Stahel kommen. Stahel hatte sich besonders bei der Verteidigung »schwieriger Frontabschnitte« ausgezeichnet, die nach Hitlers Befehl bis zum letzten Soldaten gehalten werden sollten. Außerdem war er für seinen gnadenlosen Umgang mit der russischen Bevölkerung bekannt.

Bei der Begegnung mit Stahel waren Below und Günsche anwesend. Hitler ernannte Stahel zum Kommandeur der Festung Saporoschje. Er befahl ihm: »Fliegen Sie sofort dorthin! Sie müssen Saporoschje halten! Schicken Sie alle Soldaten in die Feuerstellungen! Treiben Sie die ganze russische Bevölkerung zusammen, und zwingen Sie sie, Befestigungsanlagen zu bauen, bis ihnen das Blut unter den Nägeln hervorspritzt!«

»Welche Vollmachten habe ich?«, fragte Stahel.

»Alle!«, antwortete Hitler. »Machen Sie, was Sie wollen. Und keine Gefühlsduselei!«

In der zweiten Februarhälfte 1943 kam Feldmarschall Rommel von der Afrika-Front ins Hauptquartier »Wehrwolf«. Rommel war 1939 während des deutsch-polnischen Krieges Kommandant

---

[189] Generalfeldmarschall von Weichs erhielt das Eichenlaub zum Ritterkreuz erst am 5. 2. 1945.

[190] Von Richthofen war bereits am 31. 1. 1943 zusammen mit von Weichs, Paulus und Kleist zum Generalfeldmarschall befördert worden.

von Hitlers Hauptquartier gewesen. Im Frankreichfeldzug 1940 befehligte Rommel eine Panzerdivision, die als Erste die französische Atlantikküste erreichte. Dann wurde er zum Befehlshaber des deutschen Afrika-Korps ernannt. Rommel war der beliebteste deutsche General, und Hitler schätzte ihn sehr.[191]

Als Rommel im »Wehrwolf« eintraf, war seine Mission in Afrika beendet. Sein Korps musste sich zurückziehen, weil die von Hitler versprochenen Reserven nicht eintrafen, die dieser an die Ostfront geworfen hatte. In Afrika blieb nur ein befestigter Punkt in einem Vorort von Tunis in deutscher Hand, den Rommels Nachfolger, Generaloberst Mackensen, verteidigte.

Hitler empfing Rommel sehr freundlich und verlieh ihm den höchsten Orden, das Eichenlaub zum Ritterkreuz. Rommel war sehr niedergeschlagen. Er erklärte Hitler, er hätte zweifellos bis Alexandria vorstoßen können, wenn der Führer ihm die versprochene Verstärkung geschickt hätte. Dabei wies er darauf hin, dass auf die italienischen Truppen kein Verlass sei. Nach seinen Worten seien sie wie die Hasen davongelaufen.

Hitler entgegnete Rommel, er habe keine andere Wahl gehabt. Rommel werde verstehen, dass man nicht auf dem zweitrangigen afrikanischen Kriegsschauplatz vorwärts gehen könne, wenn man Gefahr laufe, den Krieg in Russland zu verlieren.

»Ich musste alle Kräfte zusammenziehen«, erläuterte Hitler, »um die Bresche zu schließen, die bei Stalingrad geschlagen wurde.«

Weiter sagte Hitler, ihm bereite der Westen große Sorgen. Würde dort eine zweite Front eröffnet, dann hätte das verheerende Auswirkungen auf die Ostfront. »Eine Landung in Frankreich wäre eine Katastrophe für Deutschland«, betonte er. Er erklärte Rommel, der Atlantikwall, der sehr schlecht befestigt sei,

---

[191] Die Besprechung mit Generalfeldmarschall Erwin Rommel fand am 10.3.1943 statt. Einen Tag später verlieh Hitler Rommel das Eichenlaub mit Schwertern und Brillanten zum Ritterkreuz, die höchste deutsche Kriegsauszeichnung, und schickte ihn zur Kur. Im Mai 1943 wurde Rommel zunächst als Oberbefehlshaber der Heeresgruppe B mit der Organisation der Verteidigung Italiens beauftragt, bevor er ab 1.12.1943 die Vorbereitungen zur Abwehr einer alliierten Invasion in Frankreich leitete.

müsse dringend verstärkt werden. Im Augenblick seien an der französischen Küste nur im Bereich von Pas-de-Calais und dem Kap Gris-Nez schwere Batterien mit Hochleistungsgeschützen konzentriert. Ansonsten bestehe der so genannte Atlantikwall aus gewöhnlichen Feldbefestigungen, die an einigen Stellen durch Minenfelder verstärkt worden seien. Die Küstenartillerie benutze in der Hauptsache Beutegeschütze – französische, polnische, tschechische und belgische Kanonen veralteter Bauart mit sehr begrenzten Munitionsvorräten. Die Küste sei nur leicht befestigt. Reserven seien fast keine vorhanden, da alle kampffähigen Divisionen längst an die Ostfront geworfen worden seien. Hitler kündigte Rommel an, er werde ihm die Führung der Arbeiten zur Verstärkung des Atlantikwalls und den Befehl über die deutschen Truppen in Frankreich übertragen.

Welche Bedeutung dem Atlantikwall tatsächlich beigemessen wurde, ist daran zu erkennen, dass Rommel nach dem Empfang bei Hitler erst einmal in Urlaub fuhr.

Die Lage an der Ostfront verschlechterte sich von Tag zu Tag. Die Schläge der Russen wurden immer vernichtender. Nur um den Preis gewaltiger Verluste an Menschen und Technik gelang es den Deutschen im Bereich Charkow – Poltawa, dem Druck der Russen standzuhalten und die deutsche Front in gewissem Maße zu stabilisieren.

Als sich die dunklen Wolken an der Front ein wenig verzogen hatten, tauchte auch Göring wieder in Hitlers Hauptquartier bei Winniza auf. Theatralisch umarmte er Zeitzler und rief: »Zeitzler, dass Sie das geschafft und die Front stabilisiert haben, ist einfach ein Wunder!«[192]

---

[192] Im März 1943 war es der Heeresgruppe Süd unter Generalfeldmarschall von Manstein gelungen, Charkow wieder zurückzuerobern und die deutsche Front im Süden der Sowjetunion zu stabilisieren.

Zeitzler, den seine Untergebenen wegen seiner fülligen Erscheinung, seiner Beweglichkeit und glänzenden Glatze nur »General Kugelblitz« nannten, strahlte bei dem Lob des Reichsmarschalls. Auch Hitler belebte sich etwas und sagte: »Noch vor kurzem habe ich geglaubt, mich trifft der Schlag, wenn ich eine gute Nachricht höre.«

Hitler beschloss, die zeitweilige Ruhe an der Front zu nutzen, um auf den Obersalzberg zu fahren. In seinem Stab löste das große Freude aus, denn man hoffte, dass sich sein Zustand in Eva Brauns Gesellschaft etwas bessern werde.

In den ersten Märztagen flog Hitler von Winniza zur »Wolfschanze« nach Rastenburg, wo er vor der Abfahrt zum Obersalzberg noch einige Tage verweilte.

Hier nahm er einen Bericht des Erfinders eines ferngesteuerten Raketengeschosses, von Braun, entgegen. Dieses wurde später als V2 bekannt. Brauns Bericht war streng geheim. Zu seinem Vortrag, der im Kinosaal der »Wolfschanze« stattfand, wurden nur Keitel, Jodl, Buhle, Schmundt, Günsche und die übrigen Adjutanten zugelassen. Das Gebäude war von SS-Männern aus Hitlers Leibwache umstellt. Braun illustrierte seinen Vortrag mit Diapositiven.[193] Diese zeigten eine gewaltige Rakete, die bis in eine Höhe von 80 Kilometern aufsteigen konnte. Das Geschoss, das mit einer Tonne Sprengstoff gefüllt war, ging mit kolossaler Geschwindigkeit auf ein Ziel nieder, das 200 bis 300 Kilometer vom Abflugort entfernt lag. Die Explosion war so gewaltig, dass damit ein ganzes Stadtviertel zerstört und alles Leben dort ausgelöscht werden konnte.

---

[193] Der Vortrag von Wernher von Braun, den General Walter Dornberger, der zuständige Abteilungsleiter im Heereswaffenamt, begleitete, fand am 7.3.1943 statt. Hierbei wurde neben Bildern auch ein Film über den ersten erfolgreichen V2-Start am 3.10.1942 gezeigt.

Während des Vortrags applaudierte Hitler heftig und malte mit Hingabe die schrecklichen Szenen unter der Bevölkerung aus, die man sich bei der Detonation eines solchen Geschosses vorstellen konnte. Er war von dem Vortrag begeistert, verlieh Braun auf der Stelle den Professorentitel und versprach, seine Versuchslabors in Peenemünde zu besuchen.

In diesen Tagen rief Hitler Keitel und Himmler zu sich. Er wies sie noch einmal an, streng auf die Ausführung seines Befehls zu achten, dass beim Rückzug der deutschen Truppen in Sowjetrussland alles zerstört werden müsse. Hitler betonte, für die russischen Truppen dürfe nur verbrannte Erde und eine menschenleere Wüste übrig bleiben. Er war der Meinung, dass damit ein Angriff der Russen aufgehalten werden könnte. Hitler sprach über die Verstärkung der Repressalien in den noch von Deutschen besetzten russischen Gebieten. Er forderte Himmler auf, mehr geschlossene Lastwagen mit mobilen Gaskammern zu verwenden, damit keine Munition, welche die Truppe nötig brauchte, für die Erschießung von Russen vergeudet werde.[194]

Mit Hinweis auf einen Bericht des SS-Gruppenführers und Polizeichefs von Rostow, Hennicke, meldete Himmler, die Anwendung mobiler Gaskammern habe sich bewährt. Zynisch lachend meinte Himmler, diese Mordmethode sei »rücksichtsvoller« und »lautloser« als die Erschießung.

Hitler hatte sich seinerzeit persönlich für die Entwicklung von Gaskammern interessiert. Er studierte eingehend derartige Entwicklungsprojekte, die ihm Himmler vorlegte. Hitler ordnete an, dem Konstrukteur der Gaskammern, einem Ingenieur aus Eisenach, umfassende Unterstützung zu geben und die bes-

---

[194] Ein SS-Kommando setzte erstmals im Sommer 1940 Gaswagen bei der Ermordung von Anstaltspatienten im Raum Posen ein. Das Kohlenmonoxid wurde aus Flaschen eingeleitet. Ab September 1941 verwendeten die Einsatzgruppen des SD in den eroberten Gebieten der Sowjetunion Wagen, deren Abgase in den Kastenaufbau gelenkt wurden. Die ersten nachgewiesenen Einsätze erfolgten im November 1941 in Poltawa und im Dezember 1941 in Charkow.

ten technischen Kräfte zur Verfügung zu stellen. Gaskammern wurden auf persönlichen Befehl Hitlers erstmalig in Charkow eingesetzt.[195]

Kurz bevor Hitler zum Obersalzberg abfahren wollte, erschien Göring mit Trauermiene bei ihm. Er kam von seinem Stabsquartier in Rominten und teilte Hitler mit, der Chef des Generalstabs der Luftwaffe, Generaloberst Jeschonnek, sei unerwartet an einer Blinddarmvereiterung gestorben. In Hitlers Umgebung glaubte niemand an diese Version.[196] Es war bekannt, dass zwischen Göring und Jeschonnek seit langem ein gespanntes Verhältnis herrschte. Der Grund war, dass Jeschonnek etwas gegen die großsprecherischen Informationen hatte, die Göring Hitler über das Wachstum und die Schlagkraft der deutschen Luftwaffe zukommen ließ. Jeschonnek argumentierte, die vorrangige Herstellung von Bombern statt Jagdflugzeugen sei der Stärke der Deutschen in der Luft abträglich. Außerdem wies er auf Konstruktionsmängel bei in Serienproduktion gefertigten Flugzeugen hin. Die Meinungsverschiedenheiten zwischen Göring und Jeschonnek begannen, als Göring bei jeder Gelegenheit öffentlich verkündete: »Wenn ein feindliches Flugzeug irgendwann die deutsche Grenze überfliegt, dann will ich Meier heißen.«* Und wirklich hieß Hermann Göring im deutschen Volk bald nur noch Hermann Meier.

---

* [Anmerkung des sowjetischen Bearbeiters:] Meier ist ein in Deutschland verbreiteter Familienname.

[195] Die ersten Gaskammern wurden im Rahmen der »Euthanasieaktion«, der Tötung von Geisteskranken, ab Januar 1940 in sechs psychiatrischen Kliniken im Deutschen Reich eingerichtet. Zwischen März und Oktober 1942 errichteten Beauftragte des Sicherheitsdienstes der SS zunächst Gaskammern in den Vernichtungslagern Belzec, Sobibor und Treblinka (Generalgouvernement), später auch in anderen Konzentrations- und Vernichtungslagern. In den eroberten sowjetischen Gebieten gab es keine Gaskammern.

[196] Generaloberst Hans Jeschonnek tötete sich in der Nacht vom 18. zum 19.8.1943 im Hauptquartier der Luftwaffe in Goldap (Ostpreußen). In dieser Nacht hatte die Royal Air Force mehrere westdeutsche Städte, praktisch ohne Gegenwehr durch die Luftwaffe, bombardiert.

Hitler zog Berichte im Stil Görings denen Jeschonneks vor. Görings Großsprecherei passte besser zu Hitlers Sicht, die sich längst von der Wirklichkeit entfernt hatte. Bei seinem krankhaften Dünkel konnte es Hitler nicht ertragen, wenn man ihm eine Wahrheit sagte, die mit seinen Vorstellungen nicht übereinstimmte. Daher reizte ihn Jeschonneks Haltung. Der Mann wurde ihm immer unangenehmer. Die Ursache für Jeschonneks Tod war bald offenbar. Hitlers Luftwaffenadjutant Below teilte seinen Kollegen unter dem Siegel der Verschwiegenheit mit, Jeschonnek habe sich in seinem Stabsquartier erschossen. Um den Selbstmord zu vertuschen, wurde der General mit allen militärischen Ehren bestattet. In der Presse erschienen schmeichelhafte Nachrufe.

Den Posten des Generalstabschefs der Luftwaffe nahm anstelle von Jeschonnek nun Fliegergeneral Korten ein.

Kurz vor Jeschonnek hatte sich bereits der bekannte Kampfflieger Generaloberst Udet umgebracht. Er war Chef des Technischen Amtes im Reichsluftfahrtministerium gewesen. Diesen Posten hatte er Göring zu verdanken, mit dem er persönlich befreundet war. Udet trank viel und hatte ständig Schulden, die Göring immer wieder beglich.

Udet erschoss sich während eines Fluges, bei dem er selbst am Steuer saß.[197] Die Maschine zerschellte am Boden. Offiziell hieß es, Udet sei bei einem Flugzeugabsturz ums Leben gekommen. Hitler äußerte gegenüber seinen Adjutanten, der Grund für Udets Selbstmord seien fachliche Irrtümer gewesen. Nach Hitlers Worten war er für die falsche Richtung des Flugzeugbaus verantwortlich. Zum Nachteil anderer Flugzeugtypen habe er den Bau von Sturzkampfbombern forciert, weil er glaubte, diesen gehöre die Zukunft.

---

[197] Generaloberst Ernst Udet, der den Posten des Generalluftzeugmeisters innehatte, erschoss sich am 17. 11. 1941 nicht während eines Flugs, sondern in seiner Berliner Wohnung. Nach der verlorenen Luftschlacht gegen Großbritannien und dem Versagen der Luftwaffe an der Ostfront hatten ihm Göring und Hitler das Vertrauen entzogen.

Eingeweihte in Hitlers Hauptquartier wussten allerdings, dass die falsche Orientierung der Flugzeugproduktion in erster Linie Görings Schuld war. Das Programm war nach dessen Ideen und Weisungen, nicht nach Udets Vorstellungen erarbeitet worden. Als der Fehler offensichtlich wurde, brauchte Göring einen Sündenbock. Gerüchte wollten wissen, Göring habe das durch Udets leichtfertigen Lebenswandel verursachte Schuldenproblem genutzt und ihm empfohlen, »die entsprechende Konsequenz« zu ziehen. Es war nicht schwer, dem toten Udet Fehler anzulasten, die eigentlich bei Göring lagen.

Nach dem 10. März 1943 zog Hitler wieder in sein Schloss Berghof auf dem Obersalzberg um, wo ihn Eva Braun im Kreis ihrer Freundinnen erwartete.[198]

Zugleich wurden Hitlers Hauptquartier, dazu die Stabsquartiere Görings, Himmlers und Ribbentrops in den an den Obersalzberg angrenzenden Raum Berchtesgaden – Salzburg – Bad Reichenhall verlegt. Keitel und Jodl wurden mit ihren Stäben im Haus des Chefs der Reichskanzlei, Lammers, zwischen Berchtesgaden und Bischofswiesen einquartiert. Warlimont bezog mit dem Wehrmachtführungsstab die Kaserne in Strub bei Berchtesgaden. Göring logierte abwechselnd in seiner Villa am Obersalzberg und in seinem Schloss bei Nürnberg. Sein neuer Generalstabschef Korten, der den durch Selbstmord gestorbenen Jeschonnek abgelöst hatte, richtete sich mit seinem Stab in einem Berchtesgadener Hotel ein.

Himmlers »Feldkommandostelle« wurde in eine große Villa bei Salzburg verlegt. In der Nähe ließen sich auch Dönitz und Ribbentrop mit ihren Stäben nieder – Dönitz in einer Villa und Ribbentrop in Schloss Fuschl, das ihm selbst gehörte.

---

[198] Hitler traf mit seinem Gefolge nach einem Zwischenstopp in Berlin, wo er an den Feiern zum Heldengedenktag teilnahm und ein Attentatsversuch auf ihn scheiterte, am 22.3.1943 ein.

Der Krieg wurde jetzt aus dem Schloss Berghof am Obersalzberg geführt.

Die Rolle der Hausherrin im Schloss übernahm Eva Braun. Das wusste aber nur Hitlers engster Kreis. Sobald im Schloss fremde Gesichter auftauchten, hatte Eva auf Hitlers Anweisung in ihren Zimmern zu bleiben. Nach einem Zwischenfall in München während des Krieges zog Hitler den Schleier des Geheimnisses um das Verhältnis zu ihr noch dichter. Unbekannte Münchner Frauen hatten Eva Braun eines Abends vor ihrer Villa als »Führerhure« beschimpft. Als Hitler davon erfuhr, ordnete er an, den Polizeischutz für ihr Haus zu verstärken. Zugleich achtete er von nun an noch strenger darauf, dass Eva Braun und ihre Freundinnen auf dem Berghof nicht Offizieren außerhalb seines Persönlichen Stabs unter die Augen kamen.

Hitler wollte bei seinem Volk den Ruf des »Einsiedlers« nicht verlieren.

Die Schrecken des Krieges berührten Eva Braun wenig. Sie hatte ihre eigenen Sorgen.

In der Küche des Schlosses Berghof waren damals dreißig Personen beschäftigt. Eva Braun wollte zehn weitere Frauen haben, die aber wegen der totalen Mobilmachung für den Krieg nicht sofort zur Stelle waren. Darüber beklagte sie sich bei Hitler. Der war empört und herrschte Bormann zornig an: »Ich stampfe ganze Divisionen aus dem Boden, da müsste es doch ein Leichtes sein, ein paar Mädels für meinen Berghof zu beschaffen! Organisieren Sie das!«

Auf dem Obersalzberg stand Hitler in der Regel gegen 12.00 Uhr mittags auf. Dann spritzte ihm Dr. Morell sein Aufputschmittel. Hitler frühstückte allein am Schreibtisch in seinem Arbeitszim-

mer. Dort blieb er auch bis zum Beginn der militärischen Lagebesprechung.

Diese fand zweimal statt – gegen 1.00 Uhr oder 1.30 Uhr mittags und um 10.00 Uhr abends. Kurz vor Beginn fuhren die
Wagen von Keitel, Jodl, Warlimont, Korten und anderen Teilnehmern aus Berchtesgaden vor. Sie versammelten sich in der
großen Halle. Hitler wurde gemeldet, dass alle bereit seien. Er
kam die Treppe herunter und ging in die Halle, wo er nach dem
faschistischen Gruß jedem die Hand gab. Dann nahm er in
einem für ihn bereitstehenden Sessel am Tisch Platz. An den
Stirnseiten saßen die Stenografen. Die Übrigen standen um den
Tisch herum. Die Lagebesprechung dauerte gewöhnlich etwa
zwei Stunden. Wenn Zeitzler nicht anwesend war, trug der Leiter der Operationsabteilung im Generalstab des Heeres, Oberst
Brandt, die Lage an der Ostfront vor. Zeitzler hielt sich für gewöhnlich in seinem Stabsquartier bei Lötzen in Ostpreußen auf
und kam nur einmal wöchentlich auf den Obersalzberg.

Wenn die Teilnehmer der Mittagslage aus dem Schloss abgefahren waren, wurde das Essen serviert. Hitler hielt sich dann
meist in der Halle auf, wo er mit seinen Adjutanten sprach oder
die letzten Meldungen des Deutschen Nachrichtenbüros las.

Zum Mittagessen versammelten sich die Bewohner des
Schlosses – Dr. Morell mit Frau, Hitlers Chirurg Brandt mit
Frau, Hoffmann, Dietrich, Hewel, Lorenz, der Filmreporter des
Hauptquartiers Frentz, Hitlers Sekretärinnen und seine Adju-
tanten mit ihren Frauen. Außerdem kamen zum Mittagessen
Bormann mit Frau sowie die Gattinnen von Dietrich und Speer.

Wenn alle beisammen waren, wurde Hitler gemeldet, man
sei zum Essen bereit. Nun gesellte er sich zu den anderen. Bei
der Begrüßung küsste er den Damen die Hand. Dann führte
er jeweils eine Dame zu Tisch. Dafür gab es eine bestimmte
Rangfolge. Seine Tischdamen waren gewöhnlich die Gattinnen
Bormanns, Brandts, Speers oder Dietrichs sowie Eva Brauns
Freundin Frau Schönmann. Dietrichs Gattin hatte Hitler nicht
gern zur Tischdame. Er mochte sie nicht, weil sie sich altmo-

disch kleidete und ihm zu schweigsam war. Links von Hitler saß stets Eva Braun. Sie hatte Bormann zum Tischherrn.

Beim Essen plauderte man über die banalsten Dinge. Der Krieg und seine Schrecken wurden mit keinem Wort erwähnt. Es ging um die Kleider der Damen, um die Schwierigkeiten, die sie ertragen mussten, weil es wegen der totalen Mobilmachung beim Friseur keine Kaltwelle und Maniküre mehr gab, über ungebührliches Benehmen von Offizieren gegenüber Frauen auf der Eisenbahn. Auf Eva Brauns Drängen wies Hitler an, den Friseuren wieder Kaltwelle und Maniküre zu gestatten. Als es um die Aufmachung der Damen ging, scherzte Hitler über Eva Brauns Lippenstift, der Spuren an der Serviette hinterließ. Lachend meinte er, jetzt, in der Kriegszeit, stelle man Lippenstift-Ersatz aus Tierkadavern her. Beliebte Themen waren auch Theater und Kino, besonders amerikanische Farbfilme.

Frau Schönmann, eine Wienerin, die mit einem Tiefbau-Unternehmer aus München verheiratet war und viel Temperament besaß, legte es bei Tisch auf Wortgefechte mit Hitler an. Ihr Wiener Charme wirkte auf ihn. Sie debattierten über Wiener Schauspieler und Dirigenten, über Aussprüche Friedrichs des Großen, auch darüber, wie bestimmte Gerichte zubereitet werden oder wieviel ein Hühnerei wiegt. Hitler war davon so hingerissen, dass er sich den Brockhaus oder Bücher über Friedrich den Großen zum Nachschlagen bringen ließ.

Unter solchen »gehaltvollen« Gesprächen verliefen Hitlers Mittagsmahlzeiten im Berghof.

Nach dem Mittagessen zogen sich die Damen auf ihre Zimmer zurück, um sich für den Spaziergang umzukleiden. Hitler fütterte in dieser Zeit seine Schäferhündin Blondi. Dann reichte man ihm Schirmmütze und Wanderstock. Die ganze Gesellschaft ging nun in den Park hinaus und wanderte in Richtung des Teehauses am Mooslahner Kopf. Bevor Hitler sich auf den Weg begab, wurde die ganze Gegend regelmäßig von Mitarbeitern des SD abgesucht. Die Posten verteilte man so, dass Hitler sie nicht zu Gesicht bekam. Auf diesen Spaziergängen unterhielt sich

Hitler meist mit Schmundt oder Below. Hinter ihm gingen der Chef seines Polizeikommandos, Högl, oder SD-Chef Ratten- huber[199] und Linge. Ihnen folgten die anderen.

Vom Schloss bis zum Teehaus waren es etwa zwanzig Minu- ten Weg. Es war ein runder Pavillon, der auf einem großen Fels- vorsprung stand. Davor lag eine Wiese, die zum Abhang hin mit einem Geländer gesichert war. Dort hatte man eine Bank aufge- stellt, auf der Hitler nach dem Weg ausruhte. Eva Braun, Hoff- mann und Frentz fotografierten ihn dort oft. Hitler posierte gern mit Blondi für sie. Dann gingen alle in den Pavillon, wo Ordon- nanzen Kaffee ausschenkten. Dabei wurde entweder die Unter- haltung vom Mittagstisch fortgesetzt, oder man redete über Blondi und Eva Brauns Hunde. Sie hatte zwei kleine schwarze Terrier namens »Negus« und »Stasi«. Hitler, der es sich am Ka- min bequem gemacht hatte, nickte bei diesen Unterhaltungen zuweilen ein. Dann wurden die Gespräche im Flüsterton fort- gesetzt. Gegen 7.00 Uhr abends fuhr die ganze Gesellschaft mit Autos zum Schloss zurück. Bis zum Abendessen verschwand Hitler in seinem Arbeitszimmer, wo er Zeitungen und die Be- richte des Deutschen Nachrichtenbüros las.

Wenn das Wetter schlecht war, blieb Hitler im Schloss und machte ein Schläfchen auf der Couch in seinem Arbeitszimmer.

Das Abendessen wurde gegen 8.00 oder 8.30 Uhr eingenom- men. Es verlief ähnlich wie das Mittagessen, das heißt bei ba- nalen Gesprächen. Um 10.00 Uhr war die abendliche Lagebe- sprechung angesetzt. Danach unterschrieb Hitler Dokumente, welche die Auszeichnung von Offizieren und Industriellen, die Genehmigung für Heiraten zwischen Militärangehörigen und Ausländerinnen oder Todesurteile für Offiziere betreffen konn- ten, die wegen Defätismus angeklagt waren.

In dieser Zeit sah sich Eva mit ihren Freundinnen gewöhnlich auf der Kegelbahn amerikanische Farbfilme an. Wenn sie in den

---

[199] Rattenhuber leitete die selbstständige Dienststelle Reichssicherheitsdienst (RSD), die mit dem Schutz des Spitzenpersonals des Deutschen Reiches betraut war. Er unter- stand dem Geheimen Staatspolizeiamt – nicht dem SD.

Salon neben der Halle zurückkamen, in der sich Hitler aufhielt, machten sie ihn durch Lachen und laute Gespräche auf sich aufmerksam. Damit wollten sie ihm zu verstehen geben, dass es »mit dem Krieg nun genug« sei und er sich ihnen widmen sollte. Zugleich schlugen auch Eva Brauns Hündchen Negus und Stasi an und wälzten sich auf dem Teppich.

Hitler erschien bei den Damen. Seine finstere Miene hellte sich zusehends auf. In der Halle nebenan zündeten Ordonnanzen das Feuer im Kamin an. Hitler, Eva Braun, ihre Schwester Gretl, Evas Gesellschafterin Fräulein Kastrup, Evas Freundinnen, Morell, Hoffmann, Dietrich, Brandt, Bormann, die Adjutanten und Sekretärinnen versammelten sich wieder in der Halle. Hitler setzte sich an den Kamin, neben Eva Braun. Die Damen gruppierten sich sitzend oder halb liegend auf den Sofas und in den schweren Plüschsesseln, die den Kamin im Halbkreis umstanden.

Das waren die so genannten Teeabende. Ordonnanzen servierten Champagner, Likör, Tee, Kaffee und einen Imbiss. Eva Braun saß, in ein Pelzcape gehüllt, mit angezogenen Beinen auf einem Sessel. In Hitlers Gegenwart war sie still und hörte lieber zu, wenn ihre Freundinnen über den eben gesehenen Film schwatzten. Hitler bat Günsche: »Geben Sie mir das Plattenalbum.«

In dem großen Wandschrank lagen tausende von Schallplatten. Auf dem Obersalzberg bevorzugte Hitler leichte Musik. Er hörte immer dieselben Operettenmelodien von Lehár und Suppé. Den Abschluss bildete stets die Ouvertüre zur *Lustigen Witwe*. Hitler konnte bis zwei oder halb drei Uhr nachts Schallplattenmusik hören. Erst dann zog er sich in seine Privaträume zurück. Eva Braun verabschiedete sich in der Regel früher.

Wenn Hitler gegangen war, glaubte man Bormann nicht wieder zu erkennen. In Hitlers Anwesenheit spielte er den von Arbeit überlasteten Mann. Jetzt aber ließ er die Maske fallen und nahm die ganze Gesellschaft zum Gelage mit in seine Villa. Die Autos ließ er am Seiteneingang des Berghofes vorfahren. Eva Brauns Freundinnen, Hoffmann, Morell, Lorenz, die Adjutanten und Sekretärinnen Hitlers stiegen rasch ein und fuhren zu Bormann.

Sein Haus war strahlend hell erleuchtet. SS-Ordonnanzen servierten Champagner, Kognak, Likör und Süßigkeiten. Aus einem großen Musikschrank tönt wilde amerikanische Tanzmusik. Bormann greift sich seine Geliebte, eine Schauspielerin aus Dresden, die in seiner Villa lebt, und schwebt mit ihr durch den ganzen Salon.[200] Bormanns Frau bewirtet die Gäste. Er hat sie eigens dafür aus dem Bett holen lassen.

Sie hat Bormann elf Kinder geboren und ist ihm sklavisch ergeben. Er hat sie gezwungen, sich damit abzufinden, dass sie mit seiner Geliebten unter einem Dach wohnen muss.

Die »Tanzabende« von Martin Bormann, Hitlers Stellvertreter in der nationalsozialistischen Partei, waren für ihre Zügellosigkeit bekannt. Solche nächtlichen Gelage fanden im Kriegsjahr 1943 auf dem Obersalzberg sehr häufig statt.

Die Todesurteile, die Hitler in diesen Tagen auf dem Obersalzberg unterschrieb, betrafen Offiziere, die man des Defätismus beschuldigte. Angesichts der Niederlagen der deutschen Truppen an der Ostfront hatte Hitler Befehl gegeben, Offiziere vor Gericht zu stellen, die man defätistischer Stimmungen verdächtigte. Diese warf man auch Offizieren vor, die sich in auswegloser Lage zum Rückzug gezwungen sahen. Hitler befahl, sie erbarmungslos zu exekutieren.

Die Urteile der Kriegsgerichte gingen zunächst an Keitel, der sie mit rein formalen Anmerkungen dem Militäradjutanten Hitlers übergab, der sie als Oberkommandierender der Wehrmacht zu bestätigen hatte. Die Urteile wurden Hitler von Konteradmiral von Puttkamer, seinem Adjutanten für die Kriegsmarine, vorgetragen. Hitler bestätigte sie, ohne sich mit den einzelnen Fäl-

---

[200] Bormanns Dauergeliebte war die Schauspielerin Manja Behrens.

len näher zu befassen. Sein Begnadigungsrecht übte er nicht aus. Nur ein einziges Mal im Jahr 1944 hob er ein Todesurteil auf. Es betraf Generalleutnant Feuchtinger, den Kommandeur einer Panzerdivision in Frankreich, den das Kriegsgericht wegen Unterschlagung im großen Stil zum Tode verurteilt hatte. Hitler hob das Urteil auf und änderte es in eine kurze Gefängnisstrafe um.[201]

Zwar behauptete Hitler ständig, an seinen Niederlagen seien nur die Generale schuld, aber er zog keinen von ihnen zur Rechenschaft. Brauchitsch, Halder und andere entließ er in den Ruhestand und verlieh ihnen zum Abschied noch hohe Orden. Sie zogen sich in aller Ruhe auf ihre Landgüter zurück. Todesurteile für Offiziere dagegen unterschrieb er ohne Gnade.

In den Tagen auf dem Obersalzberg hatte Hitler auch Ehen von Deutschen mit Ausländerinnen zu genehmigen. Solche Gesuche stellten deutsche Soldaten, die in den von Deutschland eroberten Ländern – Frankreich, Belgien, den Niederlanden, Dänemark oder Norwegen – stationiert waren und einheimische Frauen heiraten wollten. Vorwiegend betraf das deutsche Matrosen. Puttkamer trug die Gesuche alle zwei bis drei Wochen vor. Hitler beschäftigte sich eingehend damit. Vor allem betrachtete er gründlich die Fotos der Frauen, die den Gesuchen beigefügt waren.

Laut Vorschrift des militärischen Oberkommandos mussten ein Porträtfoto im Profil, ein Brustbild und eine Ganzkörper-Aufnahme vorgelegt werden. Hitler zog gern Vergleiche mit Bekannten. Eine Kandidatin hatte eine Nase wie Winifred Wagners Tochter Verena, eine andere ähnelte der Frau von Heß. Die meisten Frauen auf den Fotos waren nicht besonders hübsch.

[201] Generalleutnant Edgar Feuchtinger, 1943/44 Kommandeur der 21. Panzerdivision, wurde am 5.1.1945 wegen Korruption und unerlaubter Entfernung (er hatte sich am 6.6.1944 bei Beginn der alliierten Invasion in Paris mit seiner Geliebten vergnügt) verhaftet, degradiert und zum Tode verurteilt. Hitler begnadigte ihn am 2.3.1945 und ließ ihn als Kanonier zur 20. Panzerdivision versetzen. Feuchtinger setzte sich jedoch auf dem Weg zur Truppe ab und begab sich in englische Kriegsgefangenschaft.

Hitler meinte lachend, wenn seine Soldaten, die sich in diese Frauen verliebt hätten, wieder nüchtern seien, würden sie ihn verfluchen, weil er ihnen die Heirat erlaubt hatte. Hitler studierte auch alle beigelegten Papiere – die Lebensläufe der Antragsteller, die polizeilichen Führungszeugnisse der Ausländerinnen und ihrer Eltern oder die Einschätzung des SD über die politische Einstellung der Familie. Selten unterschrieb er sofort. Meist bat er Linge, ihm einen Antrag ein zweites Mal vorzulegen. Er erklärte, es sei wichtig, streng darauf zu achten, dass durch solche Eheschließungen kein rassisch minderwertiges Blut nach Deutschland komme. Daher behielt er sich das Recht vor, die Anträge persönlich zu genehmigen.

Hitler und das deutsche Oberkommando taten alles, um zu verhindern, dass die Öffentlichkeit von den Misserfolgen an der Ostfront erfuhr. Presse und Rundfunk hämmerten dem deutschen Volk von früh bis spät ein, dass der Krieg gewonnen werde. In der Zeitung *Das Reich* schrieb Goebbels wöchentlich Leitartikel über die großen Siege beim »planmäßigen Rückzug« der deutschen Truppen im Osten. Hans Fritzsche vom Propagandaministerium verfälschte in den Reden, die er über den Berliner Rundfunk hielt, die tatsächliche Lage an der Front und forderte dem deutschen Volk im Namen des Sieges immer neue Opfer ab. In diesem Geist wurden auch die Frontberichte für die Presse abgefasst. Keitel und Jodl mussten sie zuvor stets Hitler vorlegen. Der korrigierte sie so, dass das Volk keine klare Vorstellung vom Geschehen an der Front erhielt.

Auch die Wochenschauen, die an der Front aufgenommen wurden, bearbeitete Hitler auf dem Obersalzberg persönlich. Ohne seine Korrekturen durfte keine Wochenschau gezeigt werden. Er wechselte Bilder aus und änderte den Text, den Goebbels geschrieben hatte. Das Filmmaterial erhielt er zunächst ohne Begleitton. In der Halle des Berghofes sah er es sich gemeinsam mit Keitel, Bormann, Jodl, Dietrich und seinen Adjutanten an. Bilder, die zurückweichende deutsche Truppen, zerstörte Panzer oder verwundete Soldaten zeigten, kurz, alles, was auf eine Niederlage hindeuten konnte, ließ Hitler herausschneiden. Sie wurden durch Aufnahmen aus alten Wochenschauen des »strahlenden« Jahres 1941 ersetzt, wo nur erschöpfte sowjetische Kriegsgefangene, das Feuer der deutschen Artillerie, deutsche Stuka-Angriffe oder fröhliche Szenen an der Feldküche zu sehen waren – alles, was an den Siegeszug des von Hitler versprochenen »Blitzkrieges« erinnerte. Bei der Vorführung verlas Günsche Goebbels' Begleittext und nahm nach Hitlers Weisung Korrekturen vor. Besonders aufmerksam betrachtete Hitler Szenen, die in seinem Hauptquartier aufgenommen wurden. Er ließ nur Bilder zu, in denen er in der Siegerpose der ersten Kriegsjahre zu sehen war. Aufnahmen aus jüngerer Zeit, die ihn gebeugt und gebrochen zeigten, mussten auf seinen kategorischen Befehl geschnitten und vernichtet werden. Er meinte, das deutsche Volk wäre entsetzt, wenn es ihn so sehen könnte.

Während sich Hitler von März bis Juni 1944 auf dem Obersalzberg aufhielt, gingen immer häufiger Berichte von Zeitzler und Himmler ein, dass deutsche Soldaten und Offiziere sich antifaschistisch betätigten. In russischer Gefangenschaft hatten sie das »Nationalkomitee Freies Deutschland« und den »Bund deutscher Offiziere« gegründet.[202]

Als die ersten Nachrichten dieser Art eintrafen, meinte Hitler, es könne sich nur um einzelne Gefangene handeln, die sich die Russen durch Drogen gefügig gemacht hätten. Doch beleg-

---

[202] Das Nationalkomitee Freies Deutschland und der Bund deutscher Offiziere waren am 13.7.1943 bzw. am 12.9.1943 auf Initiative Stalins von kriegsgefangenen Soldaten und Offizieren sowie kommunistischen Emigranten gegründet worden. Sie dienten der sowjetischen Seite vor allem als propagandistische Spielbälle, die an Bedeutung verloren, als sich der Krieg zunehmend zugunsten der Alliierten wendete. Ihr Einfluss auf die deutschen Truppen an der Ostfront blieb insgesamt gering.

ten weitere Berichte Zeitzlers und Himmlers eindeutig, dass sich das »Nationalkomitee Freies Deutschland« auf eine breite Bewegung in den Kriegsgefangenenlagern stützte, die gegen das Hitlerregime und gegen den Krieg gerichtet war. Wohl oder übel musste sich Hitler von dem Gedanken verabschieden, dass nur einzelne Gefangene gegen ihn waren.

Die Tätigkeit des Nationalkomitees hatte beträchtliche Auswirkungen auf die deutschen Soldaten an der Front. Erstens wurde die Behauptung der deutschen Propaganda widerlegt, die Russen machten keine Gefangenen. Die über den deutschen Stellungen abgeworfenen Aufrufe des Nationalkomitees waren von tausenden Kriegsgefangenen unterschrieben. Zweitens sahen die deutschen Soldaten, dass sich die Kriegsgefangenen in Sowjetrussland sogar politisch betätigen konnten. Drittens erhielten sie eine wahrheitsgetreue Vorstellung davon, was Hitlers Krieg ihnen bisher gebracht hatte und noch bringen werde.

All das versetzte Hitler in helle Wut. Er erließ Befehl an die Wehrmacht, Flugblätter des Nationalkomitees unverzüglich zu vernichten. Soldaten und Offiziere, bei denen man solche fand, waren standrechtlich zu erschießen.

Die Familien deutscher Kriegsgefangener, die auf russischer Seite gegen Hitler kämpften, wurden in Gefängnisse und Konzentrationslager geworfen.[203]

In der letzten Kriegsphase fürchtete Hitler vor allem, die Russen könnten antifaschistisch eingestellten deutschen Gefangenen die Möglichkeit geben, mit der Waffe in der Hand gegen ihn zu kämpfen. Kein anderer als Hitler sprach als Erster von der »Seydlitz-Armee«,[204] welche die Russen angeblich aus antifa-

---

[203] So wurde der Chef des Bundes deutscher Offiziere, General Walter von Seydlitz-Kurzbach, am 26.4.1944 in Abwesenheit durch das Reichskriegsgericht in Torgau zum Tode verurteilt. Nach dem 20.7.1944 nahm das Reichssicherheitshauptamt 53 Angehörige von Mitgliedern des Nationalkomitees Freies Deutschland fest und verschleppte diese nach Schierlichmühle im Riesengebirge.

[204] Im September 1943 hatte General von Seydlitz-Kurzbach vorgeschlagen, »eine zahlenmäßig kleine und kampfkräftige Armee aus den Kriegsgefangenen zu bilden, die bei der Machtergreifung von der neuen Regierung in Deutschland eingesetzt werden könnte«. Von sowjetischer Seite bestand jedoch nie ein ernsthaftes Interesse an einer Aufstellung

schistischen Kriegsgefangenen aufgebaut und unter den Befehl
des gefangenen deutschen Generals Seydlitz gestellt hätten, der
sich ihnen angeschlossen habe. Man kann sich nur wundern, dass
Hitlers Geschwätz über die »Seydlitz-Armee« nach dem Krieg
von englischen und amerikanischen Politikern aufgegriffen wurde.

Noch vor Hitlers Übersiedlung von Rastenburg auf den Obersalzberg war häufig davon die Rede gewesen, dass Deutschlands
Verbündete über die schweren Niederlagen an der Ostfront stark
beunruhigt seien. Sie forderten, Hitler zu sprechen. Als Erster
wollte Antonescu kommen. Hitler schob diesen Besuch immer
wieder auf. »Wenn ich einen empfange, dann kommen sie alle«,
meinte er. Erst als die Anfragen der Verbündeten immer dring-
licher wurden, wies Hitler Ribbentrop an, Besuche von Antonescu, Mussolini und Horthy zu organisieren.

Für diese Begegnungen wählte er den alten Bischofssitz
Kleßheim bei Salzburg, etwa eine Autostunde vom Obersalzberg
entfernt. Schloss Kleßheim war 1942 renoviert und mit Luxus-
möbeln aus Frankreich ausgestattet worden. Es sollte ausschließlich dem Empfang ausländischer Staatsmänner dienen.

Die Begegnungen mit den Verbündeten in Kleßheim begannen Ende März. Hitler hatte mit Keitel und Jodl vereinbart, dass
sie ihnen die Lage an der Ostfront in einem für die Deutschen
günstigen Licht darstellen sollten. Auf seine Anordnung hatte
Jodl eigens Karten im Maßstab 1:1 000 000 anfertigen lassen, die
ein falsches Bild von der Lage an der Front vermittelten. Mit diesen Karten operierte Hitler in den Gesprächen mit Antonescu,
Mussolini und Horthy. Die Linie des Frontverlaufs war dort bei

---

deutscher Militäreinheiten zum Kampf gegen das nationalsozialistische Deutschland.
Auch andere Initiativen gefangener deutscher Militärs, eigene Verbände für den Kampf
gegen das Deutsche Reich aufzustellen oder eine Gegenregierung zu bilden, ließ Stalin
versickern, da dies als Beleg für die Existenz eines »antifaschistischen« Deutschland hätte
gedeutet werden können.

weitem nicht exakt eingetragen. Einzelne Abschnitte hatte man unvollständig wiedergegeben. Die Kräfte des Gegners, die eigenen Kräfte und die Richtung der Operationen waren nicht erkennbar. Dadurch erschien die Lage an der Front wesentlich positiver, als sie in Wirklichkeit war. Die Unterredungen mit Antonescu, Mussolini und Horthy nannte man in Hitlers Stab scherzhaft Besprechungen über die »angebliche Lage«.

Als Erster kam Antonescu.[205] Zuvor erklärte Hitler: »Antonescu werde ich den nötigen Einlauf machen.«

Hitler begrüßte ihn zusammen mit Ribbentrop am Bahnhof Liefering bei Salzburg, den man für Gäste von Kleßheim eingerichtet hatte. Wegen Antonescus Besuch hielt sich Hitler einen ganzen Tag in Kleßheim auf. Die übliche Lagebesprechung fand an diesem Tag ebenfalls dort und nicht auf dem Obersalzberg statt. Dazu wurde Antonescu allerdings nicht geladen. Er blieb während dieser Zeit in seiner Suite. Als die Lagebesprechung vorüber war, bereitete man sich auf das Gespräch mit Antonescu vor. Die Karten im Maßstab 1:300000, welche die Lage an der Front exakt wiedergaben, wurden weggeräumt. Stattdessen legte man die Karten mit der »angeblichen Lage« aus.

Linge meldete Hitler mit einem Augenzwinkern, man sei zur »angeblichen Lagebesprechung« bereit. Hitler begab sich zu Antonescus Suite und kam mit ihm gemeinsam in den Beratungssaal. Dieser sah jetzt völlig anders aus als eine halbe Stunde zuvor. Dort drängten sich rumänische Offiziere und Beamte des Auswärtigen Amtes. Ribbentrop, Meißner, Keitel, Jodl und andere waren zugegen. Im Blitzlichtgewitter der Fotografen gab Hitler mit theatralischen Gesten und siegessicherem Ton einen Überblick über die Lage an der Ostfront. Einzelne schüchterne Bemerkungen Antonescus fegte Hitler mit Hinweisen auf die unerschöpflichen Ressourcen der Deutschen und auf Pläne für neue grandiose Offensiven, die den sicheren Sieg versprachen,

---

[205] Antonescu traf am 12.4.1943 auf Schloss Kleßheim ein, zuvor war bereits Mussolini von Hitler empfangen worden.

hinweg. Keitel, Jodl und Zeitzler bliesen in dasselbe Horn. Antonescu fuhr nach Rumänien zurück, und Hitler begab sich gut gelaunt wieder auf den Obersalzberg.

Einige Tage danach empfing Hitler Mussolini.[206] Die »angebliche Lage« beeindruckte diesen sehr. Am Ende der Besprechung rief der Duce aus: »Führer! Die Achse Berlin–Rom wird siegen!«

Nun kam Horthy an die Reihe. Ihn interessierte Hitlers Vortrag über die Lage an der Ostfront wenig. Stattdessen beklagte er sich bei Hitler über provokatorisches Auftreten von Deutschen in Ungarn und über das empörende Verhalten der deutschen Soldaten gegenüber der ungarischen Bevölkerung. Hitler gab sich alle Mühe, Horthy durch einen liebenswürdigen Umgang und das Versprechen zu besänftigen, all das werde abgestellt.[207]

In diesen Tagen wurde auch der Präsident der Slowakei, Tiso, empfangen.[208] Für ihn führte man erst gar keine Besprechung über die »angebliche Lage« durch. Hitler war der Meinung, ein gutes Mittagessen genüge. »Der sagt zu allem, was von mir kommt, Ja und Amen«, meinte er lachend.

Nachdem Hitler seine Verbündeten so freundlich empfangen hatte, stieß er sogleich wieder schreckliche Verwünschungen gegen sie aus. Anlass war Keitels Vorschlag, den italienischen General Gariboldi, der die 3. italienische Armee bei Stalingrad kommandiert hatte, mit dem Ritterkreuz zu ehren.[209] Nun brach bei Hitler die ganze angestaute Wut über die verlorene Schlacht bei Stalingrad hervor. Er verfluchte den Tag, an dem er Mussolini gebeten hatte, italienische Truppen an die Ostfront zu schi-

---

[206] Mussolini war vor Antonescu auf Schloss Kleßheim empfangen worden. Die Besprechungen mit Hitler dauerten vom 7. bis zum 10. 4. 1943.

[207] In dem Gespräch mit Hitler setzte sich Horthy am 17. 4. 1943 auch gegen weit reichende Forderungen zur Ausgrenzung der Juden aus der ungarischen Gesellschaft und ihre geplante Vernichtung zur Wehr. Hitler hätte gerufen, so Horthy in seinen Memoiren, »Juden müssen entweder vernichtet oder ins KZ gesteckt werden«.

[208] Die Besprechung zwischen Hitler und dem slowakischen Staatspräsidenten Josef Tiso fand am 23. 4. 1943 statt.

[209] Generaloberst Italo Gariboldi kommandierte bei Stalingrad die 8. italienische Armee, während das verbündete Rumänien hier seine 3. Armee einsetzte. Das Ritterkreuz wurde dem italienischen General am 1. 4. 1943 verliehen.

cken. Die Rumänen und besonders die Italiener nannte er eine feige Bande. Sie trugen in seinen Augen die Hauptschuld an der Niederlage von Stalingrad. Keitel machte sofort einen Rückzieher. Wie nicht anders zu erwarten, bestätigte er durch eifriges Nicken, dass er die Meinung des Führers vollständig teile. Er erklärte, sein Vorschlag bedeute nicht, dass er italienische Generale für Tapferkeit ehren wolle, sondern solle lediglich eine Geste aus Anlass von Mussolinis kürzlichem Besuch sein. Nach langem Hin und Her gab Hitler schließlich nach und schlug vor, General Gariboldi mit dem Orden des »Schwarzen Adlers« zu ehren, der Ausländern in Friedenszeiten verliehen wurde. Bald stellte sich jedoch heraus, dass der General diesen Orden bereits besaß. Schließlich willigte Hitler ein, ihn mit dem Ritterkreuz zu ehren.

Gariboldi wurde auf den Berghof bestellt, denn diesen Orden überreichte nur Hitler persönlich. Der General erschien in Begleitung des italienischen Militärattachés in Berlin, General Marras. Man führte beide in die große Halle, wo Hitler sich aufhielt. Die Adjutanten, die wussten, mit welchem Widerwillen Hitler sich zu dieser Auszeichnung entschlossen hatte, versammelten sich im angrenzenden Salon, um die Zeremonie durch den Vorhang zu beobachten.

Die Italiener traten sehr verschüchtert ein. Hitler stand demonstrativ mit dem Gesicht zur Wand. Gariboldi und Marras blieben unentschlossen an der Tür stehen. Hitler wandte sich halb um und bedeutete Gariboldi mit einem Kopfnicken, näherzutreten. Ohne ihn eines Blickes zu würdigen, hielt Hitler ihm das geschlossene Etui mit dem Orden hin. Dabei zischte er durch die Zähne, er sei sehr beschäftigt, und verließ rasch die Halle. Gariboldi stand wie vom Donner gerührt da, den Orden in der Hand. Als Hitler den Salon durchquerte, wo seine Adjutanten standen, warf er ihnen hin, das seien die unangenehmsten Minuten seines Lebens gewesen.

Einmal in der Woche kamen Zeitzler und Heusinger, der Chef der Operationsabteilung im Oberkommando des Heeres, von Ostpreußen zur Berichterstattung auf den Obersalzberg. Anfang April rief Hitler Zeitzler außer der Reihe zum Vortrag zu sich. Alle ständigen Teilnehmer der Lagebesprechung waren zugegen. Nach Zeitzlers Vortrag über die Lage an der Front erklärte Hitler mit Bezug auf ein Gespräch, das er am Abend zuvor mit Keitel und Jodl geführt hatte, etwa Folgendes: »Die Lage an der Ostfront gestattet keine breiten Angriffsoperationen in verschiedene Richtungen. Wir müssen einzelne wichtige Stücke aus der russischen Front herausreißen und die Initiative wieder in die Hand bekommen. Wir müssen endlich wieder auf Erfolge verweisen können. Die Einläufe, die ich unseren Verbündeten in Kleßheim gemacht habe, halten nicht lange vor. Das neutrale Ausland reagiert ebenfalls sauer. Die Türkei muss ständig bei der Stange gehalten werden.«[210]

Hitler setzte seine Brille auf, betrachtete die Karte und fuhr in schärferem Ton fort: »Hier bei Kursk haben wir die Möglichkeit, einen Schlag gegen die Russen zu führen und Moskau erneut zu bedrohen.«

Günsche reichte Hitler rasch die Farbstifte, nach denen dieser die Hand ausgestreckt hatte. Hitler zeichnete zwei grüne Pfeile auf die Karte: den einen aus Richtung Orjol, den anderen aus Richtung Belgorod. Beide bohrten sich tief in die russischen Stellungen hinein und trafen sich weit hinter Kursk. Hitler fuhr fort: »Zeitzler, nach meiner Meinung sollten wir den Hauptschlag hier, an den Knotenpunkten des Kursker Bogens, aus dem Raum Belgorod und Orjol heraus führen. Ich hoffe auf einen großen Erfolg. Arbeiten Sie einen Plan aus! Schicken Sie Ihre besten Stabsoffiziere unverzüglich dorthin. Sie sollen sich die Gegend genau anschauen. Bei dieser Operation setzen wir den Ferdinand[211] zum

---

[210] Die Türkei lieferte Nichteisenmetalle, insbesondere Vanadium, an alle Krieg führenden Parteien.

[211] Schwer gepanzertes Sturmgeschütz mit dieselelektrischem Antrieb, das mit einer 8,8-cm-Kanone bewaffnet war. Der Ferdinand erwies sich als Fehlkonstruktion. Er war technisch unausgereift, störanfällig, im Nahkampf äußerst verwundbar und hatte zu-

ersten Mal ein. Das Ungeheuer wird der Rammbock, mit dem wir durch die russischen Stellungen brechen. Den hält kein T-34[212] auf.«

Der Ferdinand, eine selbst fahrende, überschwere Kanone, war kurz zuvor in größerer Zahl für den Einsatz an der Ostfront hergestellt worden.

Die Vorbereitung auf die Operation bei Kursk nahm Hitler völlig in Anspruch. Kurze Zeit später stellte ihm Zeitzler den vom Generalstab ausgearbeiteten Plan der Operation vor. In seinem Vortrag wies er darauf hin, dass die Russen im Raum des deutschen Angriffs starke Kräfte konzentriert hätten. Die Luft- und Truppenaufklärung habe ergeben, dass sie ihre Stellungen an den Knotenpunkten des Kursker Bogens wesentlich verstärkten. Außerdem seien zwei russische Panzerarmeen plötzlich aus dem Raum des Kursker Bogens verschwunden, aber an anderen Frontabschnitten nicht wieder aufgetaucht. Zeitzler vermutete, dass man sie von der Front in die Reserve zurückgenommen habe. Daraus zog er den Schluss, dass die Vorbereitung der Operation bei Kursk für die Russen kein Geheimnis sei und das Überraschungsmoment hier keine Wirkung zeigen werde.[213]

Zeitzler schlug eine andere Variante für den Angriff vor. Der Hauptschlag sollte nicht gegen die Knotenpunkte des Kursker Bogens, sondern bedeutend weiter westlich geführt werden. Doch Hitler bestand darauf, seinen Plan auszuführen. Nach seiner Meinung sollte der Angriff mit einem konzentrierten Schlag an einem Frontabschnitt von nicht mehr als vier bis fünf Kilo-

---

nächst keinerlei Mittel zur Selbstverteidigung. Eine verbesserte Version des Jagdpanzers erhielt später den Namen »Elefant«.

[212] T-34: mittlerer sowjetischer Kampfpanzer. Der 30 Tonnen schwere Panzer war mit einer 7,6-cm-Kanone bewaffnet (ab 1944 mit einer 8,5-cm-Kanone), 50 km/h schnell und hatte einen Fahrbereich von 300 bis 450 Kilometern. Der sowjetische Standardpanzer, von dem rund 40 000 Stück gebaut wurden, erwies sich als außerordentlich gelungene Konstruktion, die den deutschen Kampfpanzern bis 1943 weit überlegen war.

[213] Bereits am 1. 4. 1943 hatte der Agent der sowjetischen Militärspionage, Sándor Radó (»Dora«), erste Details der Operationsplanung für den deutschen Angriff bei Kursk nach Moskau übermittelt. Später meldete er die Verschiebungen der ursprünglichen Angriffstermine ebenfalls an den sowjetischen Militärgeheimdienst GRU.

meter Breite geführt werden. Pioniereinheiten und Infanterie sollten das russische Befestigungssystem zerstören. Dem Angriff sollte ein Feuerorkan der Artillerie vorausgehen. Panzer wollte er erst einsetzen, wenn der Durchbruch gelungen, die Minenfelder beseitigt und das Feuer der russischen Panzerabwehrwaffen unterdrückt waren.

Im Laufe der folgenden Besprechungen versteifte sich Hitler immer mehr darauf, dass die Operation am Kursker Bogen kriegsentscheidend werden könne. Er befahl, den Armeen von Model und Hoth, die an der Kursker Operation beteiligt waren, die gesamte Panzerproduktion für Mai und Juni zu übergeben. Damit erreichte die Gesamtzahl der Panzer, die diese Armeen zu Beginn der Offensive einsetzen konnten, nahezu 3000.[214] Bei Kursk wurden die Elite-Panzerdivisionen SS-Leibstandarte »Adolf Hitler«, »Das Reich«, »Totenkopf« und »Großdeutschland« zusammengezogen, die mit den neuesten Tiger-Panzern[215] und Ferdinand-Kanonen ausgerüstet waren. Außerdem wies Hitler Göring an, im Bereich der Kursker Operation nahezu die gesamte Luftwaffe zu konzentrieren und der Offensive umfassende Luftunterstützung zu geben.

Auf einer Lagebesprechung zur Vorbereitung der Operation bei Kursk wurden Luftaufnahmen mit der Aufschrift »Die russischen Positionen nordöstlich von Belgorod. Streng geheim« vorgelegt, auf denen ein System von tief gestaffelten Schützengräben, Artilleriestellungen und Beobachtungspunkten zu erkennen war. Als Hitler sie betrachtete, sagte er: »Das wird sie auch nicht mehr retten!«

---

[214] Der Wehrmacht standen für die Schlacht bei Kursk 2700 Panzer zur Verfügung. Die Sowjetunion konnte demgegenüber 3300 Panzer einsetzen.
[215] Tiger: schwerer deutscher Kampfpanzer. Der 55 Tonnen schwere Panzer war mit einer 8,8-cm-Kanone ausgerüstet und kam im Herbst 1942 erstmals zum Einsatz.

Zur Vorbereitung der Offensive bei Kursk begab sich Hitler Mitte Juni 1943 mit seinem Hauptquartier vom Obersalzberg wieder in die »Wolfschanze« nach Ostpreußen. In dieser Zeit traf aus der Türkei eine Delegation von Generalen und Stabsoffizieren ein.[216] Das geschah auf Initiative und Einladung des Oberkommandos des Heeres. Den Türken sollte die Stärke der Deutschen an der Ostfront bei Manövern der im Raum Charkow – Belgorod konzentrierten Panzerdivisionen demonstriert werden, die sich auf die Offensive bei Kursk vorbereiteten. Nach den Manövern kamen die Türken ins Hauptquartier, um dort Hitler zu treffen. Zunächst hatten sie ausführliche Besprechungen mit Keitel und Jodl, dann bat Hitler sie zum Tee. Nach der Begegnung mit Hitler fuhren sie auf Einladung des Oberkommandos der Wehrmacht nach Frankreich. Hitler war über das Gespräch mit den Türken sehr zufrieden. Zu Günsche sagte er: »Auf die Türken können wir uns verlassen. Die Demonstration unserer Panzerdivisionen bei Charkow hat auf sie großen Eindruck gemacht.«

In Frankreich empfing der Oberbefehlshaber der Heeresgruppe West, Generalfeldmarschall von Rundstedt, die türkische Delegation. Aus dem »Führerhauptquartier« hatte er Order, den Eindruck der Manöver der Panzerdivisionen an der Ostfront nicht zu verderben und den Gästen nur die stark befestigten Punkte des Atlantikwalls zu zeigen. So besichtigten die Türken nur die schwere Batterie »Fritz Todt«[217] am Kap Gris-Nez. Die Küstenartillerie aus veralteten Beutegeschützen bekamen die Türken natürlich nicht zu sehen.

---

[216] Die türkische Militärdelegation war am 24.6.1943 in Berlin eingetroffen und wurde von Hitler am 6.7.1943 in der »Wolfschanze« empfangen.

[217] Batterie »Fritz Todt«: Die Batterie bestand aus vier 38-cm-Geschützen mit einer Reichweite von 54 Kilometern und war 1940 zunächst als Batterie »Siegfried« am Kap Gris-Nez errichtet worden. Nach dem Tod von Fritz Todt wurde sie 1942 umbenannt.

Die Offensive im Raum Belgorod – Kursk – Orjol begann am 5. Juli 1943. Bereits am Vormittag des ersten Tages drängte Hitler seine Adjutanten unablässig, bei Zeitzler in Erfahrung zu bringen, wie die Fortschritte seien. Gegen halb ein Uhr mittags erschien Zeitzler persönlich bei Hitler. Der stürzte ihm entgegen und fragte aufgeregt: »Zeitzler, wie läuft es bei Kursk?«

Der antwortete vage und ausweichend. Er meinte, die Informationen von der Front seien noch dürftig, die Russen leisteten hartnäckig Widerstand. Vorsichtig fügte er hinzu: »Der Überraschungseffekt ist offenbar nicht eingetreten.«

Hitler verlor die Beherrschung: »Der Ferdinand! Der Ferdinand muss sofort nach vorn geworfen werden! Wir müssen die Front durchbrechen, koste es, was es wolle!«

Am 6. Juli berichtete Zeitzler, Infanterie und Pioniere seien nicht in der Lage, die russischen Verteidigungsstellungen zu durchstoßen, und hätten schwere Verluste. Daher habe man die Hauptkräfte der Panzerverbände ins Gefecht werfen müssen. Hitler schäumte. Er befahl, die Panzer in Reserve zu halten und, unter welchen Opfern auch immer, die russischen Stellungen mit den Kräften der Infanterie und der Pioniereinheiten zu überwinden. Neue Reserven sollten in den Kampf geworfen werden. Außerdem wiederholte er seinen Befehl, konzentrierte Schläge zu führen.

In diesen Tagen war Hitler wie im Fieber. Jede Stunde befahl er, bei Zeitzler nachzufragen, ob die russischen Stellungen nun endlich gefallen seien und wie viel Gelände seine SS-Leibstandarte gewonnen habe.

Nach einigen Tagen meldete Zeitzler, der Angriff sei stecken geblieben. Die deutschen Divisionen müssten zur Verteidigung übergehen. Die Russen führten an einigen Abschnitten rasche Gegenschläge, Ferdinand und Tiger würden vom Feuer der russischen Panzerabwehrkanonen und eingegrabener T-34 einer nach dem anderen außer Gefecht gesetzt. Hitler wollte das einfach nicht glauben. Er tobte, schlug mit den Fäusten auf den Tisch und schrie: »Das kommt alles nur daher, dass meine Befehle nicht ausgeführt werden!«

Günsche erhielt von Hitler Order, sofort zur Leibstandarte zu fliegen, sich vor Ort über die Lage zu informieren und ihm persönlich zu berichten. Günsche flog in die Gegend nördlich von Belgorod, wo der Kommandeur der Leibstandarte, Sepp Dietrich, seinen Befehlsstand hatte. Unmittelbar vor der Landung seiner Maschine erblickte er unter sich die tief gestaffelten russischen Stellungen. Überall waren die Reste von verbrannten schweren Panzern und selbst fahrenden Geschützen der Deutschen zu sehen.

Sepp Dietrich erklärte Günsche: »Hier sind zehn Kilometer russischer Stellungen, die ich hätte einnehmen können. Aber um welchen Preis! Von den über 150 Panzern, mit denen ich angetreten bin, sind kaum noch zwanzig einsatzfähig. Die Infanterie hat sehr schwere Verluste erlitten. In den Nachbardivisionen sieht es nicht besser aus. Wer weiß, wie tief die Stellungen der Russen gestaffelt sind? Man hat leicht reden, wenn man in Ostpreußen sitzt. Hier sieht alles anders aus. Hier kommen wir nicht durch.«

Am Abend des nächsten Tages war Günsche wieder bei Hitler. Als er von seinen Erlebnissen berichten wollte, unterbrach ihn Hitler mit einer müden, hilflosen Geste und sagte: »Lassen Sie nur. Ich weiß… Auch Dietrich ist zurückgeworfen worden. Mit der Offensive bei Kursk wollte ich das Schicksal wenden. Nie hätte ich gedacht, dass die Russen so stark sind…«[218]

---

[218] Die deutsche Offensive bei Kursk wurde am 17.7.1943 endgültig eingestellt. Vom 11.7. bis zum 31.8.1943 verzeichnete die Wehrmacht im Raum Kursk 30043 Gefallene, 119109 Verwundete und 22508 Vermisste. Die Verluste der Roten Armee in diesem Zeitraum betrugen 141941 Tote und 991472 Verletzte.

10. Kapitel

Ende Juni 1943, noch vor Beginn der Operation bei Kursk, traf der Oberbefehlshaber der deutschen Truppen in Italien, Generalfeldmarschall Kesselring, in der »Wolfschanze« ein, um Hitler Bericht zu erstatten. Bei Kesselrings Vortrag waren Göring, Keitel, Warlimont, Below und Günsche zugegen. Jodl fehlte aus Krankheitsgründen.

In dieser Besprechung ging es um die Gefahr der Landung angloamerikanischer Truppen in Italien, nachdem die deutschen und italienischen Verbände in Tunesien im Mai des Jahres kapituliert hatten.

Kesselring wies darauf hin, dass das italienische Oberkommando nach dem Fall von Tunis Maßnahmen zur Verstärkung der Verteidigung Italiens sabotiere. Die italienische Flotte werde unter dem Vorwand, es mangele an Erdöl, bewusst in den Häfen festgehalten. Kesselring regte an, ihm selbst den Oberbefehl der italienischen Einheiten zu übertragen, um die Intrigen des italienischen Oberkommandos zu durchkreuzen.

Hitler reagierte gelassen auf Kesselrings Vortrag. Er erklärte, ihm sei eine Landung angloamerikanischer Truppen in Italien lieber als in Frankreich. Was das Verhalten des italienischen Oberkommandos betraf, so schlug Hitler vor, die italienischen Einheiten aus den Räumen abzuziehen, wo Kämpfe mit den angloamerikanischen Truppen zu erwarten seien, und sie ausschließlich zur Küstenverteidigung einzusetzen. Nach der Besprechung flog Kesselring nach Italien zurück.

Am selben Tag befahl Hitler Günsche, spätnachts, zu erfragen, ob Göring schon schlafe. Dieser hielt sich zu jener Zeit in seinem Bunker in der »Wolfschanze« auf, der kaum 100 Meter von dem Hitlers entfernt war.

Günsche erhielt am Telefon die Auskunft, Göring wolle gerade zu Bett gehen. In Begleitung von Günsche und Linge eilte

Hitler zu Görings Bunker. Der Reichsmarschall empfing Hitler im Nachtgewand. Er trug einen bunten Morgenmantel, der von einem blauen Gürtel zusammengehalten wurde, und um den Hals einen Seidenschal. Seine Füße steckten in Lackpantoffeln mit silbernen Schnallen. Er sah aus wie ein Maharadscha und duftete nach teurem Parfüm.

Hitler blieb etwa eine halbe Stunde. Es ging um die Lage in Italien, wie Kesselring sie geschildert hatte, und um Hitlers Plan, sich mit Mussolini zu treffen.

Am nächsten Morgen beauftragte Hitler Ribbentrop, eine Begegnung mit Mussolini zu vereinbaren. Noch am Vormittag flog Hitler in Begleitung von Keitel, Warlimont, Bormann, Hewel sowie seiner Adjutanten und persönlichen Leibwächter von Rastenburg nach Salzburg.[219] Warlimont vertrat den erkrankten Jodl.

Von Salzburg fuhr Hitler mit seinem Gefolge in einer Wagenkolonne auf den Obersalzberg, um Eva Braun zu sehen. Dort traf er Evas Eltern an, die sich gewöhnlich nicht auf dem Berghof sehen ließen, wenn er zugegen war. Hitler aß in ihrer Gesellschaft zu Abend. Evas Vater trug die Uniform eines Hauptmanns des Verwaltungsdienstes.

Am nächsten Tag gegen 7.00 Uhr morgens begab sich Hitler mit seinem Stab wieder zum Flugplatz bei Salzburg. Dort startete er mit einer Eskorte von Jagdflugzeugen eine Stunde später nach Italien. Hitlers Maschinen landeten auf dem Militärflugplatz Belluno nördlich von Venedig. Dort begrüßten ihn Mussolini, der italienische Generalstabschef Cavalero und Kesselring. Vom Flugplatz mussten sie zunächst lange mit der Eisenbahn und dann mit Kraftwagen zu dem Ort fahren, wo die Gespräche stattfinden sollten.[220] Es war eine Villa an einem abgelegenen Ort tief in den Bergen. Hitler war außer sich über die lange Fahrt, denn er wollte noch am gleichen Tag nach Deutschland zurückfliegen.

---

[219] Hitler flog am 18.7.1943 zum Obersalzberg.
[220] Das Treffen mit Mussolini fand am 19.7.1943 in der Villa Gaggià in Feltre bei Belluno in Oberitalien statt.

Der Wagen, in dem Warlimont fuhr, blieb zurück, der Kontakt zur Kolonne riss ab, und der Fahrer verirrte sich. Die italienischen Offiziere, die Warlimont begleiteten, erklärten, sie wüssten den Weg nicht. An einer Kreuzung hielt der Wagen. Warlimont, seine rechte Hand Generalstabsmajor Waizenegger, und Günsche stiegen aus und versuchten anhand der Reifenspuren auf der staubigen Straße zu erkennen, in welche Richtung Hitlers und Mussolinis Wagenkolonne gefahren war.

Warlimont konnte seinen Ärger kaum verbergen. Er meinte, es sei eine Frechheit der Italiener, mit ihm umzuspringen, als sei er ein Niemand. Er müsse unbedingt zu Beginn des Gesprächs an Ort und Stelle sein, denn die dafür erforderlichen Dokumente habe er in der Tasche. Außerdem könne Keitel nicht mit den Italienern verhandeln.

Während die italienischen Offiziere gestikulierend auf der Kreuzung hin und her liefen, wurde Warlimont immer wütender. Er hielt das Ganze für ein hinterhältiges Manöver des italienischen Militärs, um die Verhandlungen zu behindern. »Sie wollen nicht kämpfen und möchten nicht, dass Kesselring ihr Oberbefehlshaber wird«, erklärte er.

Endlich erschien ein Wagen, den Keitel auf die Suche nach Warlimont geschickt hatte. Zur Besprechung traf er über eine Stunde zu spät ein.

Hitlers Leibwache kamen die endlose Fahrt vom Flugplatz in die Berge und Warlimonts langes Ausbleiben verdächtig vor. Während früherer Besuche Hitlers bei Mussolini hatte man nur italienische Posten aufgestellt. Diesmal verteilte Hitlers Begleitkommando rund um die Villa und vor den Besprechungsräumen eigene, mit Maschinenpistolen bewaffnete Wachen. Die Atmosphäre der Gespräche kann man nennen, wie man will, nur nicht herzlich, wie sie früher gewesen war. Das sah man schon daran, dass Deutsche und Italiener bei dem Büfett, das im Park der Villa aufgebaut war, demonstrativ in getrennten Gruppen beisammenstanden.

Nach der Besprechung, die über drei Stunden dauerte, zogen sich Mussolini und Hitler zum Mittagessen unter vier Augen zurück. Dann fuhr jeder mit seinem Gefolge wieder zum Flugplatz nach Belluno, von wo Hitler nach Deutschland flog. Als er wieder in seiner Maschine saß, sagte er zu Bormann, an diesem Tag habe er ein sehr unangenehmes Gefühl gehabt.

»Mussolini ist mein treuer Freund«, sagte Hitler. »Unter den Italienern ist er der einzige echte Römer. Zum Abschied hat er mir gesagt: ›Führer, wenn ich einmal nicht mehr bin, dann fällt der Faschismus in Italien zusammen wie ein Kartenhaus.‹«

Die Nacht verbrachte Hitler auf dem Obersalzberg. Am nächsten Morgen flog er zu seinem Hauptquartier nach Rastenburg zurück.

In den folgenden Tagen wuchs Hitlers Sorge um die Bündnistreue der italienischen Königsfamilie. Der SD meldete aus Rom, das italienische Königshaus führe Geheimverhandlungen mit England. Anfang Juli ließ Hitler den Prinzen Philipp von Hessen in sein Hauptquartier rufen, der mit Prinzessin Mafalda, einer Tochter von König Viktor Emanuel, verheiratet war. Der Prinz von Hessen war zu jener Zeit Obergruppenführer der SA, trug das Goldene Parteiabzeichen der nationalsozialistischen Partei und hatte den Posten des Oberpräsidenten der Provinz Hessen inne. Er residierte in Kassel.

Hitler meinte, er wolle aus dem Prinzen herausbekommen, was seine königlichen Verwandten in Rom im Schilde führten. Da der Prinz häufig in Rom weilte, nahm Hitler an, dass er in die Pläne des italienischen Königshofs eingeweiht sein müsse. Nach seiner Meinung war die italienische Königsfamilie, insbesondere Kronprinz Umberto, zu jeder Schandtat gegenüber Deutschland fähig. »Umberto«, sagte Hitler, »ist ein persönlicher Feind des Duce, da dieser die Alleinherrschaft über Italien anstrebt.«

Als der Prinz von Hessen im Hauptquartier eintraf, wurde er im Gästebunker einquartiert. Jeden Tag speiste Hitler mit ihm zu Mittag und lud ihn zu seinen Teeabenden ein. Gemeinsam sahen sie sich Bildbände und Fotografien von Ausgrabungen in Rom an. In den Gesprächen mit dem Prinzen versuchte Hitler, die Absichten des italienischen Königshauses zu ergründen.

Außerdem ordnete er an, die Korrespondenz des Prinzen zu kontrollieren.

■

Am 10. Juli 1943 landeten angloamerikanische Truppen auf Sizilien. Am 25. Juli erschienen Keitel und Jodl zusammen mit Himmlers Verbindungsmann im Hauptquartier, SS-Obergruppenführer Karl Wolff, aufgeregt in Hitlers Bunker und verlangten, man möge sie sofort dem Führer melden. Sie wurden in den Besprechungsraum gebeten. Einige Minuten später erschien Hitler in Begleitung von Günsche. Er blickte verstört drein. Seit dem Scheitern der Offensive bei Kursk lebte Hitler in der ständigen Furcht vor neuen Hiobsbotschaften.

Keitel trat auf Hitler zu und stieß hervor: »Mein Führer, der Duce…«

»Was ist mit ihm?«, unterbrach ihn Hitler.

»…ist gestürzt.«

Keitel reichte Hitler einen Brief des italienischen Oberkommandos. Hitler riss ihm den Brief aus der Hand, setzte rasch seine Brille auf und las halblaut: »Die Regierung Mussolini ist zurückgetreten. Seine Majestät der König hat Marschall Badoglio beauftragt, ein neues Kabinett zu bilden. Italien, das seine Bündnispflicht treu erfüllt, wird den Kampf an der Seite Deutschlands bis zum siegreichen Ende fortsetzen.«

Hitler war blass geworden. Er schnappte nach Luft.

»Wo ist der Duce jetzt? Was weiß man über ihn?«, fragte er schließlich.

»Nichts«, antworteten alle gleichzeitig.

Hitler zerknüllte den Brief und rief wütend aus: »Sie werden ihn umbringen! Diese Italiener! Diese Verräterbande! Roatta, der Schuft, ist Generalstabschef geworden!«[221]

---

[221] Generalleutnant Mario Roatta war bereits am 1.6.1943 zum Generalstabschef der italienischen Armee ernannt worden.

Den italienischen General Roatta hasste Hitler seit langem wie die Pest. Ihm war bekannt, dass Roatta, der die italienischen Truppen auf dem Balkan befehligte und den Auftrag hatte, die griechischen, albanischen und jugoslawischen Partisanen zu bekämpfen, diesen aus Geldgier Waffen verkauft und damit ein Vermögen gemacht hatte.

»Die stecken doch alle mit den Engländern unter einer Decke!«, brüllte Hitler weiter. »Dieses verdammte Königshaus! Und dieser Prinz Philipp, der Schwiegersohn des Königs, sitzt hier bei mir herum und tut so, als könnte er nicht bis drei zählen! Der hat doch alles gewusst! Das wird er mir büßen!«

(Prinz Philipp von Hessen wurde der Königsberger Gestapo zur Abrechnung übergeben, seine Frau, die italienische Prinzessin Mafalda, kam ins KZ.)

Hitler hieb mit den Fäusten auf den Tisch und hörte nicht auf zu toben: »Denen werde ich's zeigen! Die italienische Armee wird entwaffnet! Jodl, welche Einheiten können das übernehmen?«

Mit leiser Stimme antwortete Jodl: »Mein Führer, wir können die Ersatzregimenter der Gebirgsschützen aus Tirol und der Steiermark dafür einsetzen. Sie stehen unweit der italienischen Grenze. Zwar sind das nur frisch ausgebildete Rekruten, aber für die feigen Italiener genügt das allemal.«

Nach einer kurzen Pause erklärte Hitler, die von Jodl angebotenen Gebirgsschützen-Regimenter seien nicht in der Lage, die Italiener zu entwaffnen. »Das ist was für meine Leibstandarte«, sagte Hitler. »Sie muss sowieso aufgefüllt werden.«

Auf der Stelle gab er Befehl, die SS-Leibstandarte »Adolf Hitler« von der Ostfront in die Gegend von Innsbruck an der deutsch-italienischen Grenze zu verlegen. Dann berichtete Jodl Hitler über die Kämpfe gegen die Angloamerikaner auf Sizilien. Mit einer abrupten Bewegung nahm Hitler die Brille ab, drehte und wendete sie in den auf dem Rücken gefalteten Händen, bis schließlich ein Glas zerbrach. Das passierte ihm öfter, wenn er zornig und nervös war. Er warf Glasscherben und Gestell auf den

Tisch und sagte in verächtlichem Ton: »Das sind mir vielleicht Feiglinge, dieser Churchill und dieser Eisenhower! An ihrer Stelle würde ich in Genua landen oder sogar in Hamburg, aber nicht in Sizilien, wo es für uns am ungefährlichsten ist. Churchill, der Suffkopf, freut sich, dass wir in Russland ausbluten, und wartet ab…«

Aus den Berichten des Generalstabs wusste Hitler, dass die Engländer die Eröffnung der zweiten Front bewusst hinauszögerten. Diese Meldungen beruhten in der Hauptsache auf Informationen, die der deutsche Generalstab regelmäßig über spanische Diplomaten in London aus offiziellen englischen Quellen bezog. Sie gelangten vom spanischen Botschafter in London, Herzog Alba, und seinem Militärattaché, Oberst Alfonso Barra, zum spanischen Generalstab in Madrid. Der gab sie an den deutschen Militärattaché weiter. Das waren Angaben über die Einschätzung der militärischen Lage durch das englische Oberkommando und die Verteilung der englischen Truppen. In seinen Berichten an Hitler zog der deutsche Generalstab aus diesen Informationen den Schluss, England sei nach wie vor im Wesentlichen auf Verteidigung eingestellt. London lanciere diese Daten bewusst, damit Deutschland weiterhin alle seine Kräfte an der Ostfront konzentriere. Im deutschen Generalstab trugen diese Informationen aus spanischen Kanälen den Codenamen »Alba-Berichte«.

Himmler betrat den Beratungsraum. Hitler war so aufgeregt, dass er ihn nicht bemerkte. Als Günsche ihn aufmerksam machte, wandte er sich rasch um, begrüßte Himmler kurz und fragte: »Himmler, wie konnte das passieren? Der Duce ist doch nicht freiwillig abgetreten, das wäre lächerlich. Da war Gewalt im Spiel.«

Himmler meldete, er habe bisher nur unvollständige Informationen über die Vorgänge in Italien. Daraus könne man aber schließen, dass die Mehrheit der führenden italienischen Faschisten, darunter auch Mussolinis Schwiegersohn Ciano, gegen den Duce seien. Sie unterstützten den Kurs des Königshauses, dass Italien aus dem Krieg ausscheiden solle.

Hitler hockte sich auf die Tischkante und erklärte Keitel, Himmler, Jodl, Wolff und Günsche, die um ihn herum standen, er habe Ciano immer für einen Scharlatan gehalten. Hitler wusste, dass sich Ciano bei der Eroberung Albaniens die Aktien großer Bergwerke angeeignet hatte. Als Außenminister habe er den »Trust« angeführt, der in ganz Italien Bordelle betreibe. Cianos Frau Edda, die Tochter Mussolinis, nannte Hitler ein liederliches Frauenzimmer. Bei Besuchen in Deutschland habe man zu ihrer »Unterhaltung« stets besonders kräftige SS-Offiziere »abkommandieren« müssen. Hitler seufzte auf: »Der Duce tut mir Leid. Wenn er noch am Leben ist, Himmler, dann finden Sie heraus, wo er festgehalten wird. Wir müssen ihn retten!«

Nur wenige Tage später erschien der italienische Militärattaché in Berlin, General Marras, im »Führerhauptquartier«. Ihn hatte man kurz nach Mussolinis Sturz zum diplomatischen Vertreter der Regierung Badoglio in Deutschland ernannt. Er kam, um Hitler sein Beglaubigungsschreiben zu überreichen. Keitel und Dörnberg, der Chef des Protokolls im Auswärtigen Amt, führten Marras und die ihn begleitenden Mitarbeiter der italienischen Botschaft in Hitlers Bunker. Im Korridor vor dem Besprechungsraum, wo sich Hitler gerade aufhielt, mussten sie warten. Ordonnanzen nahmen ihnen die Mäntel ab. Linge meldete Hitler, dass Marras eingetroffen sei. Der stand vom Tisch auf und setzte die zu diesem Anlass passende düstere Miene auf. Linge öffnete die Tür und bat Marras herein. Der zögerte ein wenig und wollte Keitel den Vortritt lassen. Der aber bemerkte, er sei hier zu Hause, und ließ Marras als Ersten eintreten. Als Marras Hitler erblickte, drehte er sich furchtsam nach seiner Begleitung um. Das Beglaubigungsschreiben in der Hand, schlug er vor Hitler die Hacken zusammen. Noch ehe Marras ein Wort herausbringen konnte, brüllte Hitler ihn an: »Herr General, es kostet mich gar nichts, Sie auf der Stelle verhaften zu lassen! Ihr Verhalten grenzt an Verrat!«

Marras wurde bleich. Seine Hand mit dem Beglaubigungsschreiben zitterte. Linge musste den Saal verlassen. Zwanzig
Minuten später läutete Hitler. Als Linge wieder hereinkam, war
Hitlers Gesicht immer noch zornrot. Auf dem Tisch lag das
achtlos hingeworfene Beglaubigungsschreiben. Mit einer Handbewegung bedeutete Hitler Marras, zu gehen. Der machte eine
militärische Kehrtwendung und verließ eilig den Raum. Auf dem
Korridor riss er der Ordonnanz seinen Mantel aus der Hand und
lief aus dem Bunker. Keitel, Dörnberg und Marras' Begleiter
konnten ihm kaum folgen. Er sprang in seinen Wagen und verließ das Hauptquartier.

Hitler suchte unter den italienischen Faschisten nach einem passenden Mann, der den verschwundenen Mussolini ersetzen
konnte. Zu diesem Zweck empfing er im Hauptquartier Vertreter der italienischen Faschistenpartei, die bei Mussolinis Sturz
nach Deutschland geflohen waren. Die Kandidaten für Mussolinis Nachfolge wurden Hitler von Bormann vorgestellt. Hitler
wollte mit ihnen persönlich sprechen. Aber keiner hinterließ bei
ihm einen kämpferischen Eindruck. Sie alle trauerten vor allem
den verlorenen Freuden des Lebens nach, die sie in Italien genossen hatten. Der ehemalige Sekretär der italienischen Faschistenpartei Pavolini beklagte hauptsächlich den Verlust seines Vermögens. Das Schicksal Italiens erwähnte er mit keinem Wort.
Hitler war empört. Er sagte: »Die sind allesamt käuflich bis auf
die Knochen. Es ist kein Verlass darauf, dass sie den Krieg fortsetzen.«[222]

---

[222] Dennoch ließ Hitler am 9.9.1943 im deutschen Machtbereich unter Alessandro Pavolini eine italienisch-faschistische Gegenregierung bilden.

Anfang August 1943 erschien Himmler unangemeldet in der
»Wolfschanze«. Er bat Günsche, ihn sofort bei Hitler zu melden.
Der empfing ihn unverzüglich. Mit strahlendem Gesicht ver-
kündete Himmler: »Mein Führer, der Duce lebt!«

Hitler wollte das gar nicht glauben. Er meinte, wenn Mussolini wirklich noch lebe, wäre er längst vom britischen Geheimdienst nach England gebracht worden. Himmler hatte eine Karte
der Abruzzen bei sich, auf die er nun wies: »Mein Führer, wir haben zweifelsfrei ermittelt, dass der Duce in einem abgelegenen
Haus in diesen Bergen festgehalten wird.«[223]

Hitler ging erregt im Raum hin und her und kratzte sich an
einer wunden Stelle im Nacken. Er befahl, Günsche, Keitel und
Jodl zu rufen. Mit ihnen und Himmler beriet er darüber, wie man
Mussolini dort herausholen könnte. Sie entschieden, den Duce
von einem Sonderkommando befreien zu lassen, das in unmittelbarer Nähe des Hauses, in dem er festgehalten wurde, mit dem
Fallschirm abspringen sollte. Himmler erklärte Hitler, er habe
dafür den passenden Mann, einen bekannten Haudegen. Den
wollte Hitler sehen.

Noch am gleichen Abend war Himmler von seinem Stabsquartier bei Angerburg, etwa 45 Autominuten von der »Wolfschanze« entfernt, wieder zur Stelle. Er hatte einen hoch ge-
wachsenen, breitschultrigen SS-Offizier bei sich, dessen Wange
eine Mensur zierte. Am linken Ärmel seiner Uniformjacke waren
mit silbernen Tressen die Buchstaben »SD« aufgenäht. Das war
Skorzeny, ein Österreicher, der bereits vor dem Anschluss als
Agent der Nazis gearbeitet und in Österreich politische Morde
organisiert hatte. Skorzeny hinterließ bei Hitler einen guten
Eindruck. Er befahl Jodl, Skorzeny bei der Ausführung des Plans
zur Befreiung Mussolinis zu unterstützen. Den Oberbefehlshaber der Fallschirmtruppen in Italien, General Student, sollte
er anweisen, Skorzeny die notwendigen Fallschirmjäger zur Ver-

---

[223] Mussolini wurde von der neuen italienischen Regierung in einem Hotel auf dem
Gran Sasso in den Abruzzen festgehalten.

fügung zu stellen. Beim Abschied sagte Hitler zu Skorzeny:
»Fliegen Sie sofort nach Italien! Erkunden Sie die Lage vor Ort.
Handeln Sie so, wie Sie es für richtig halten.«[224]

Inzwischen wurde die italienische Armee von deutschen Truppen
entwaffnet. Für diese Aufgabe hatte man die SS-Leibstandarte
»Adolf Hitler« Mitte 1943 von ihren Stellungen bei Charkow zur
deutsch-italienischen Grenze verlegt. Sie wurde jetzt nicht mehr
von Sepp Dietrich, sondern von Theodor Wisch befehligt.

Sepp Dietrich war nach den Kämpfen bei Kursk zum Befehlshaber des 1. SS-Panzerkorps ernannt worden, das aus der Leibstandarte und einer in Belgien neu formierten Panzerdivision
namens »Hitlerjugend« bestand, die man aus sechzehn- und
siebzehnjährigen SS-Leuten aufgestellt hatte.

Anfang August traf die Leibstandarte in Tirol ein und fuhr
über den Brenner-Pass in den Raum Mailand. Sie hatte den Auftrag, die italienischen Einheiten zu entwaffnen, die in der unge-
fähren Stärke einer Armee im Gebiet zwischen Mailand, Turin
und Como standen. Die SS-Männer hatten den Befehl, die Italiener wie Gegner und Verräter zu behandeln, jeden Widerstand
mit harter Hand zu unterdrücken. Zu Beginn der Aktion traf
Günsche, den Hitler auf eigenen Wunsch als Kompaniechef
nach Italien geschickt hatte, bei der Leibstandarte ein. Beim Abschied meinte Hitler lachend: »Erschrecken Sie die Italiener mit
Ihrer Größe nicht zu sehr.«

Die italienischen Soldaten hatten sich in der Mehrzahl in ihren Kasernen verschanzt. Die meisten Offiziere aber tauschten
die Uniform gegen Zivilkleidung und verschwanden. Die Ent-

---

[224] Ursprünglich hatte der SD-Ausland im August 1943 geplant, im Rahmen der so genannten Operation »Alarich« alle an der Absetzung Mussolinis beteiligten Personen festzunehmen. »Alarich« wurde jedoch bereits im September aufgegeben. Am 9.9. scheiterte
der wichtigste Teil des Vorhabens, ein Kommandounternehmen gegen das italienische
Oberkommando.

waffnung spielte sich folgendermaßen ab: Ein SS-Offizier erschien vor der Kaserne und forderte die Italiener auf, die Waffen niederzulegen und sich zu ergeben. Die Antwort war immer die gleiche: »Niemals. Wir verteidigen uns bis zum letzten Blutstropfen.« Aber es genügte die Detonation einer Handgranate, um zu erreichen, dass die weiße Flagge erschien und die Soldaten sich widerstandslos entwaffnen ließen. Dann marschierten die »Verbündeten« in langen Kolonnen in Arbeitslager in Italien und Deutschland. Dort ging es nach Hitlers Befehl: Wenn die Italiener nicht kämpfen wollen, dann sollen sie bei uns arbeiten, bis sie umfallen.[225]

So »kämpfte« die Leibstandarte in Italien. Die SS-Männer sprachen oft darüber, wie sehr sich die Schrecken des Krieges in Russland doch von diesem »angenehmen Krieg« in Italien unterschieden. Als die Leibstandarte ihren Auftrag erfüllt und die beschlagnahmte Beute – riesige Mengen von Kriegsgut – nach Deutschland abtransportiert hatte, ließen sich ihre Einheiten in den zahlreichen Kurorten am Lago Maggiore, am Gardasee und am Comer See nieder. Dort ruhten sie von den schweren Kämpfen in Russland aus und heilten die Wunden, die sie sich erst vor kurzem bei Kursk geholt hatten.

Hier wurde die Leibstandarte auch wieder vollständig aufgefüllt und bewaffnet. Vor allem erhielt sie neue Fahrzeuge von Fiat und Alfa Romeo. Außerdem wurde ihr eine weitere, mit »Panthern«[226] ausgestattete Panzerabteilung angeschlossen. Damit standen der Leibstandarte fast 300 Panzer der Typen Tiger, Panther und des Typs IV[227] zur Verfügung.

---

[225] In Norditalien und Südfrankreich wurden von 480 000 italienischen Soldaten 330 000 interniert und größtenteils zur Zwangsarbeit nach Deutschland deportiert. In Mittel- und Süditalien entwaffneten deutsche Einheiten 300 000 Mann und internierten 2000 von ihnen. Auf dem Balkan und in der Ägäis wurden rund 380 000 Italiener entwaffnet und interniert.

[226] Panther: mittlerer deutscher Kampfpanzer, der als Antwort auf den sowjetischen T-34 entwickelt worden war. Der seit November 1942 in Serie gebaute Panzer hatte ein Gewicht von 45,5 Tonnen und war mit einer 7,5-cm-Kanone ausgestattet.

[227] Vom Panzer IV, dem eigentlichen Standardpanzer der deutschen Wehrmacht, wurden 8000 Exemplare produziert. Er verfügte über eine 7,5-cm-Kanone und wog rund

Ende Oktober 1943 war es mit dem ruhigen Leben der Leib-standarte in Italien vorbei. Zusammen mit anderen deutschen Verbänden wurde sie eiligst an den Südabschnitt der Ostfront geworfen, wo die Lage bedrohlich war. Bedrückt fuhren die SS-Männer wieder nach Russland, dem wirklichen Krieg mit all seinen Schrecken entgegen.

In der zweiten Augusthälfte 1943 meldete Wolff, Himmlers früherer Verbindungsmann im Hauptquartier, den man nach Mussolinis Absetzung zum Höchsten SS- und Polizeiführer in Italien ernannt hatte, Skorzenys Unternehmen sei geglückt.[228] Mussolini wurde von Fallschirmjägern des Generals Student befreit, die mit Lastenseglern in der Nähe des Hauses absprangen, wo der Duce festgehalten wurde. Skorzeny flog Mussolini in einem Kleinflugzeug vom Typ Fieseler-Storch[229] aus. Hitler sandte sofort seinen persönlichen Piloten Baur mit der Condor des Führers zu Mussolinis Aufenthaltsort in Italien. Baur brachte ihn wohlbehalten zu Hitlers Hauptquartier. Der erwartete ihn auf dem Flugplatz bei Rastenburg. Als die Maschine landete, lief Hitler auf sie zu. Hinter dem vorderen Fenster war Mussolini zu erkennen. Er trug Zivilkleidung und hatte einen Hut tief in die Stirn gezogen. Das Flugzeug kam zum Stehen. Das Flughafenpersonal rollte rasch eine Treppe heran, bei der Hitler Aufstellung nahm. Mussolini erschien, den Hut in der Hand, in der Tür der Maschine. Er sah blass und eingefallen aus. Mit Mühe stieg er die Treppe hinab. Hitler nahm seine beiden Hände und drückte sie lange. Dabei war Mussolini völlig apathisch. Hitler

---

25 Tonnen. Bis 1940 erwies er sich den gegnerischen Panzern überlegen. Während des Krieges gegen die Sowjetunion erlitt er schwere Verluste durch die kampfstärkeren sowjetischen Panzer vom Typ T-34.

[228] Das Kommandounternehmen zur Befreiung Mussolinis erfolgte am 12.9.1943.

[229] Fieseler-Storch: deutsches Kurzstartflugzeug vom Typ Fieseler 156, das vor allem als Verbindungs- und Nahaufklärungsflugzeug eingesetzt wurde. Die Startstrecke lag bei nur 65 Metern, während die Maschine bei der Landung bereits nach 20 Metern zum Stehen kam.

packte ihn bei den Schultern, schüttelte ihn und sprach ein paar
Worte. Beide lachten. Keitel, Bormann, Dietrich und andere, die
bisher abseits gestanden hatten, traten heran. Sie beglückwünschten Mussolini zu seiner Rettung. Inzwischen waren auch
Skorzeny und Mussolinis Sohn ausgestiegen. Gemeinsam fuhren
alle zum Hauptquartier. Hier wurden Mussolini und Sohn in
Görings luxuriös eingerichtetem Bunker untergebracht. Skorzeny erhielt für die Befreiung Mussolinis den höchsten deutschen Orden, das Ritterkreuz. Von der »Wolfschanze« fuhr Mussolini nach München. Dort ließ er sich mit seinem Sohn und
seiner aus Italien angereisten Frau in einem Schloss des bayerischen Königsgeschlechts, der Wittelsbacher, nieder.

Anfang September 1943 bildete Mussolini aus dem Kreis der
Faschisten, die aus Italien nach Deutschland geflohen und ihm
treu ergeben waren, eine neue Regierung.[230] Im Land selbst
kämpften die Deutschen gegen die angloamerikanischen Truppen, die am 10. Juli in Sizilien gelandet waren. Ende August
mussten sich die deutschen Verbände von Sizilien über die
Straße von Messina nach Süditalien zurückziehen.[231]

Am 8. September flohen der italienische König und die Regierung Badoglio zu den Angloamerikanern nach Sizilien und
erklärten die Kapitulation Italiens. Das war im Grunde nur ihre
eigene Kapitulation, denn fast ganz Italien war von deutschen
Truppen besetzt und die italienische Armee von den Deutschen
entwaffnet. Die Angloamerikaner hielten nur Sizilien und ein
winziges Stück von Süditalien.[232]

Bei der Kapitulation konnte Badoglio dem angloamerikanischen Oberkommando nur die Hauptkräfte der italienischen

---

[230] Mussolini übernahm die Regierungsgeschäfte am 15. 9. 1943. Seine Repubblica Sociale Italiana blieb jedoch ein deutsches Marionettenregime.

[231] In der Nacht vom 16. zum 17. 8. 1943 endete die Räumung der Insel. Die deutschen
Truppen in einer Stärke von etwa 100 000 Mann zogen sich auf das italienische Festland
zurück.

[232] Am 3. 9. 1943 landeten britische Truppen an der Südwestspitze von Kalabrien. Am
Tag der italienischen Kapitulation ging zudem die 5. US-Armee im Golf von Salerno an
Land, gleichzeitig landeten britische Kräfte in Tarent.

Marine übergeben. Aber wegen des bekannten »Kampfgeistes« der Seestreitkräfte Italiens maß das deutsche Oberkommando dem keine Bedeutung bei.[233]

Nach der Flucht des italienischen Königs Viktor Emanuel und seines Premiers Badoglio kehrte Mussolini mit seiner Regierung nach Norditalien zurück, wo er sich am Gardasee niederließ. Aber sie war nichts anderes als ein Schattenregime. Das Sagen hatten die deutschen Besatzungsbehörden. Die Regierung Mussolinis befasste sich mit der zivilen Verwaltung und der Beschaffung von Arbeitskräften für Deutschland.

Diese Einschränkung der Vollmachten hatte mit Hitlers Verhältnis zu den Italienern zu tun. Er erklärte, er werde ihnen auf keinen Fall wieder politische Macht geben, denn sie hätten ihn verraten. Die Regierung Mussolini habe er nur geschaffen, um der Welt zu zeigen, dass der Faschismus in Italien am Leben sei. Daher erlaubte Hitler Mussolini auch, eine Armee aus vier bis fünf Divisionen aufzustellen. Sie bestand aus Soldaten der von den Deutschen entwaffneten italienischen Armee, die in deutschen Arbeitslagern saßen. Zu ihrem Befehlshaber wurde der Mussolini treu ergebene Marschall Graziani ernannt. Die Graziani-Armee war nicht für die Front bestimmt, sondern übte reine Polizeifunktionen aus. Vor allem sollte sie antifaschistische Aufstände im Volk unterdrücken und die italienischen Patrioten bekämpfen, welche die deutschen Besatzungstruppen angriffen. Für diese Polizeiaufgaben war die Graziani-Armee lediglich mit Karabinern und leichten Maschinengewehren bewaffnet.

Hitler setzte keinerlei Hoffnung mehr in Mussolini, den er früher den »einzigen echten Römer« genannt hatte. Nach allem, was dieser seit seiner Verhaftung erlebt hatte, interessierte ihn das Schicksal Italiens nicht mehr. Der Höchste SS- und Polizeiführer in Italien, SS-Obergruppenführer Wolff, dessen Agenten Mussolini überwachten, berichtete, dem Duce sei inzwischen die

---

[233] Die italienische Flotte ging am 9.9.1943 zu den Alliierten über. Auf dem Weg nach Malta beschädigten deutsche Fliegerkräfte das Schlachtschiff *Italia* und versenkten das Schlachtschiff *Roma*, das mit 1500 Mann an Bord unterging.

militärische und politische Entwicklung im Land völlig gleich-
gültig. Er gebe sich nur noch dem Genuss hin. Der SD berichtete
aus Italien, Mussolini führe ein ausschweifendes Leben, sei von
Frauen umgeben, mit denen er nächtliche Orgien feiere.

Dazu sagte Hitler seinen Adjutanten: »Den Duce interessiert
nur noch sein Harem aus jungen, hübschen Italienerinnen, die
sein Leben ganz ausfüllen.«

Die Gegenangriffe der Russen bei Kursk wuchsen sich zu einer
Großoffensive aus. In den Lageberichten des deutschen Oberkommandos war ständig von einem »planmäßigen« Zurückgehen
der deutschen Truppen zum Zweck der »Frontbegradigung« die
Rede. Über diese Formulierungen wurden in Hitlers Stab bittere
Witze gerissen, denn jeder wusste, dass der »planmäßige Rückzug«
auf deutscher Seite zehntausende Tote und Verwundete kostete.

Aber Hitler wiederholte nach jeder Besprechung über die
Lage an der Ostfront unbeirrbar: »Das alles wird schließlich mit
einem deutschen Sieg enden.«

Inzwischen wichen die deutschen Truppen an der Ostfront
unter dem Druck der Russen Tag für Tag weiter zurück. Die
Träume von Weizen, Kohle und Erz aus der Ukraine, vom Öl des
Kaukasus gehörten der Vergangenheit an.

Im Hauptquartier tauchten Industrielle auf, die lange Gespräche mit Hitler führten. Aus seiner engsten Umgebung hieß
es, die Herren Deutschlands machten sich Sorgen. Als Erster erschien der Chef der Reichsvereinigung »Eisen«, Dr. Röchling.
Ihm folgte im eigenen Privatzug Kanonenkönig Krupp.[234] In die-

---

[234] Gustav Krupp sorgte sich allerdings nicht allein um die Lage an der Front. Ihm war
an einer Umwandlung der Aktiengesellschaft in eine Personengesellschaft gelegen, um
die Nachfolge an der Spitze des Unternehmens in seinem Sinn regeln zu können. Hitler
stimmte dem Vorschlag aufgrund der »überragenden, in ihrer Art einzigen Verdienste um
die Wehrkraft des deutschen Volkes« zu. Sein Erlass vom 12.11.1943 setzte damit für die
Firma Fried. Krupp die geltenden Bestimmungen des Bürgerlichen Gesetzbuchs außer
Kraft.

sen Tagen schaute auch Göring, der sich ansonsten in Rominten sorglos der Jagd hingab, im Hauptquartier vorbei.

Die Leiden und die schrecklichen Verluste der deutschen Truppen an der Ostfront kümmerten ihn wenig. Er brachte Jagdbeute und Starkbier mit, das eigens für ihn gebraut wurde. Beim Mittagessen mit Hitler verlas Göring einen Brief, den er von Schacht erhalten hatte. Schacht schrieb, in Industriellenkreisen werde die Lage an der Ostfront als große Gefahr für Deutschland eingeschätzt. Man sei der Meinung, dass in dieser Situation ein Friedensschluss mit den Westmächten angestrebt werden sollte. Schacht deutete an, aus privaten Kontakten wisse er, dass derartige Verhandlungen durchaus zum Erfolg führen könnten.

Hitler geriet über Schachts Brief außer sich. Ohne jede Hemmung stieß er gegen Schacht wütende Beschimpfungen aus. Er brüllte, Schacht wolle ihn übergehen und hinter seinem Rücken Politik machen. Jegliche Gespräche mit den Angloamerikanern ohne sein Wissen betrachte er als Hochverrat. Er drohte, Schacht ins KZ zu schicken.[235]

Während Hitler tobte, behielt Göring die Ruhe. Er versuchte, Hitler abzulenken, und konnte ihn mit der Nachricht, der alte Schacht habe sich von seiner Frau scheiden lassen und seine junge Sekretärin geheiratet, auch wieder auf andere Gedanken bringen.

---

[235] Schacht erwähnt diesen Brief in seinen Memoiren nicht. Seine letzte Unterredung mit Hitler fand im Februar 1941 statt. Hitler befragte ihn nach der künftigen Haltung der USA in einem Konflikt mit der Sowjetunion. Im August 1943 wandte sich Schacht an Lammers mit der Bitte, Hitler eine schriftliche Äußerung zur politischen Lage zukommen lassen zu dürfen. Dieses Ansinnen wurde abgelehnt. Schacht verfasste den Brief trotzdem. Von der Gestapo verhaftet wurde Schacht am 23.7.1944, da man ihm Kontakte zu den Verschwörern des 20.7. unterstellte. Da die Beweise nicht für eine Verurteilung ausreichten, brachte man ihn in das Konzentrationslager Sachsenhausen, wo er eine Vorzugsbehandlung genoss.

Als sich die deutschen Truppen hinter den Dnjepr zurückziehen mussten, rief Hitler die Oberbefehlshaber der Heeresgruppen und Armeen an der Ostfront in seinem Hauptquartier zusammen. Sie tagten im Speiseraum des Kasinos, das 500 Meter von Hitlers Bunker entfernt lag. Hitler fuhr gemeinsam mit Bormann, Schaub, Schmundt und Linge im Wagen am Kasino vor. Als er eintrat, begrüßten ihn die versammelten Feldmarschälle und Generale mit dem Faschistengruß. Hitler hielt eine Rede, in der er forderte, die Front zu halten, koste es, was es wolle.[236]

Dabei wies er darauf hin, die Lage für die weitere Kriegführung im Osten sei günstig, weil sich die Eröffnung einer zweiten Front in Frankreich immer deutlicher verzögere. Hitler verlas den Anwesenden zwei Meldungen des Deutschen Nachrichtenbüros, in denen auf Differenzen zwischen Angloamerikanern und Russen hingewiesen wurde.

Am Ende seiner Rede erklärte Hitler pathetisch: »Meine Herren! Wenn die Stunde der Gefahr für Deutschland schlägt, hoffe ich, dass Sie, meine Generale, gemeinsam mit mir auf der Barrikade stehen werden! Und Sie, meine Feldmarschälle, an meiner Seite mit gezogenem Degen!«

Bei diesen Worten sprang Generalfeldmarschall von Manstein, der zu dieser Zeit die Heeresgruppe Süd befehligte, auf und rief: »Führer, befiehl, wir folgen!«

Hitler verstummte und warf Manstein einen befremdeten Blick zu. Er glaubte nicht, dass der es ehrlich meinte. Manstein, ein typischer General aus der Schule Wilhelms II., war als eingefleischter Monarchist bekannt, der sich dem Nazismus nur angepasst hatte. Da rief auch schon Keitel: »Unserem hochverehrten Führer ein dreifaches Heil! Heil! Heil!«

Die Feldmarschälle und Generale sprangen auf und rissen den rechten Arm hoch: Keitel brüllte dreimal: »Sieg Heil! Sieg Heil! Sieg Heil!« Alle fielen ein. Dann stimmte er die Nationalhymne »Deutschland, Deutschland über alles« und das Horst-Wessel-

---

[236] Die Rede vor den Oberbefehlshabern der Ostfront hielt Hitler am 27.1.1944.

Lied an. Die Anwesenden sangen mit. Klang der Chor bei der Nationalhymne noch recht einmütig, so zerfiel er beim Horst-Wessel-Lied sichtlich, denn die Feldmarschälle und Generale kannten Text und Melodie dieser Hymne der Nationalsozialisten kaum. Noch während des Gesangs verließ Hitler den Saal.

Auf dem Rückweg zum Bunker herrschte in seinem Wagen eisige Stille. Bormann zischte durch die Zähne: »Unerhört!«

Beim Bunker angekommen, ging Hitler sofort in den Besprechungsraum. Schmundt, Schaub und Linge verschwanden im Adjutantenzimmer. Schaub machte ein trübes Gesicht und zog den Kopf ein, was bedeutete, dass ein Sturm im Anzug war. Da trat auch schon Bormann ins Zimmer und sagte zu Schmundt: »Manstein soll sofort zum Führer kommen!«

Schmundt ging Manstein holen und brachte ihn zu Hitler. Sofort hörte man ihn drinnen brüllen. Er schrie Manstein an, er möge es nicht noch einmal wagen, ihn zu unterbrechen. Das sei eine Disziplinlosigkeit. Hitler beschimpfte Manstein zehn Minuten lang. Der kam heraus wie ein Schuljunge, der etwas verbrochen und dafür seine verdiente Strafe erhalten hatte.

In den ersten Dezembertagen wurde Günsche von der Ostfront in Hitlers Hauptquartier gerufen. Dort war er hingekommen, als man die SS-Leibstandarte »Adolf Hitler« aus Italien wieder nach Russland geworfen hatte. Gleich nach seiner Ankunft lud Hitler ihn zum Mittagessen ein. Als Günsche ihm gegenübersaß, sagte er: »Günsche, ich habe beschlossen, Sie aus Russland zurückzurufen. Man hat mir berichtet, dass die Russen ihren Gefangenen besondere Mittel spritzen, um sie gefügig zu machen. Ich will bei Ihnen nichts riskieren. Sie waren lange in meinem Stab beschäftigt und wissen zu viel.«

Hitler fügte hinzu, er habe Weisung gegeben, alle von der Ostfront zurückzuholen, die irgendwann in seinem Persönlichen Stab oder in seiner Leibwache Dienst getan hätten.

Günsche hatte den Eindruck, dass Hitler seit seiner kurzen Abwesenheit noch tiefer gebeugt ging und seine linke Hand stärker zitterte. Letzteres erklärte Hitler damit, dass ihn ständig fror. Das Zittern hatte nach der Niederlage bei Stalingrad angefangen, war aber damals kaum zu bemerken gewesen. Hitler wurde langsam grau. Seine Bewegungen wirkten ruckartig und nervös. Beim Essen stürzte er ein volles Glas Slibowitz hinunter, was für ihn völlig ungewöhnlich war. Früher hatte man ihm gelegentlich einen kleinen Verdauungsschnaps serviert. Beim Trinken hatte er das Gesicht verzogen und sich geschüttelt, ja sogar die Nase zugehalten, weil er den Alkoholgeruch nicht mochte. Jetzt aber trank er zu jedem Mittag- und Abendessen eine beträchtliche Menge Schnaps oder Kognak.

Nach dem Essen bat Hitler Günsche, von seinen Fronterlebnissen zu berichten. Der wusste, dass Hitler gute Nachrichten hören wollte. Daher erging er sich anfangs in vorsichtigen Worten darüber, dass der Kampfgeist der deutschen Soldaten in Russland nachgelassen habe. Auf die gewaltigen Dimensionen der russischen Offensive ging Günsche nicht ein, sondern sprach lediglich von der Standhaftigkeit der Russen während des deutschen Gegenangriffs. Aber auch das war Hitler schon zu viel. Ärgerlich winkte er ab und sagte: »Das sind Einzelfälle. Ich habe ganz andere Informationen.«

Erregt fügte Hitler hinzu, er werde bald wieder zum Angriff übergehen, bis zum Dnjepr vorrücken und Kiew zurückerobern. Dann stand er auf, gab Günsche die Hand und sagte, er müsse Blondi füttern. Er griff nach dem Futternapf, den ihm eine Ordonnanz brachte, und ging langsam aus dem Speiseraum.

Mitte Februar 1944 trug Zeitzler Hitler die Lage an der Ostfront vor. Er war längst nicht mehr das Energiebündel, das er einmal gewesen war. Allerdings sprach er nach wie vor sehr schnell. Diesmal hatte es den Anschein, als wolle er mit seinem Vortrag so rasch wie möglich fertig werden. Wie immer in der letzten Zeit begann er mit der Lage der Heeresgruppe Süd. Er meldete, die Situation der deutschen Truppen am Unterlauf des Dnjepr habe sich so zugespitzt, dass sie das Industriegebiet von Nikopol aufgeben mussten. Das Oberkommando der Heeresgruppe, so meldete Zeitzler, wolle in diesem Zusammenhang die Truppen einige Kilometer nach Westen zurückziehen, um die Front zu begradigen. Bei diesen Worten sprang Hitler auf, warf sich über den Tisch, krallte seine linke Hand in die Karte und schrie: »Wenn die Generale doch nur endlich begreifen würden, warum ich mich so an dieses Gebiet klammere! Wir brauchen das Manganerz von Nikopol unbedingt! Sie wollen das einfach nicht verstehen. Und kaum fehlen ihnen ein paar Panzer, dann sind sie schon mit ihren Funksprüchen zur Stelle: ›Ohne Panzer können wir uns nicht halten, wir bitten um die Genehmigung, uns zurückzuziehen!‹«[237]

Hitler hatte mehrfach darauf hingewiesen, dass das Manganerz von Nikopol für die Herstellung von Edelstahl besonders wichtig sei. Daher müssten diese Rohstoffquellen um jeden Preis gehalten werden. Das Gebiet von Nikopol sei deshalb auch zu einer für die Russen uneinnehmbaren Festung auszubauen.

Hitler ließ sich in seinen Sessel fallen. Er starrte Zeitzler mit weit aufgerissenen Augen an, als erwarte er Unterstützung von ihm. Aber Zeitzler schwieg. Er wusste, dass das in solchen Augenblicken das Beste war.

Als Hitlers Wut sich etwas gelegt hatte, fuhr Zeitzler fort. Er berichtete von der schwierigen Lage der 8. Armee im Kessel von Korsun – Schewtschenkowski.[238] Die vor einigen Tagen angelau-

---

[237] Aus dem Erzgebiet von Nikopol mussten sich die deutschen Truppen am 8.2.1944 zurückziehen.

[238] Am 28.1.1944 schlossen sowjetische Truppen bei Tscherkassy rund 100 000 Mann der 8. Armee von General Otto Wöhler und der 1. Panzerarmee unter General Hans Hube ein. Am 17.2.1944 gelang 30 000 Soldaten der Durchbruch zu den eigenen Linien. Im Kessel blieben 55 000 Gefallene und 18 000 Gefangene zurück. Die sowjetischen Streitkräfte verloren bei den Kämpfen um die Westukraine insgesamt 270 200 Tote und hatten 839 330 Verwundete.

fene Operation zum Entsatz der 8. Armee komme wegen heftigen Widerstands der Russen nur sehr schwer voran.

Über den mittleren Frontabschnitt auf der Linie Bobruisk – Mogiljow – Orscha – Witebsk verlor Zeitzler wenige Worte. Dort gab es zu dieser Zeit nur Kämpfe von lokaler Bedeutung.

Am nördlichen Frontabschnitt, so berichtete Zeitzler, seien die deutschen Armeen nach der Mitte Januar begonnenen Offensive der Russen bei Leningrad und Wolchow auf estnisches Gebiet abgedrängt worden.

Als Zeitzler geendet hatte, befahl Hitler, die Karte des südlichen Frontabschnitts noch einmal aufzuschlagen. Erregt betrachtete er sie eingehend. Jetzt um einen ruhigeren Ton bemüht, erklärte er, der Krieg gegen Russland sei in ein Stadium eingetreten, da sich sein Ausgang – Sieg oder Niederlage – entscheide. Jede Armee könne einmal verlieren und zurückgeworfen werden, aber unweigerlich trete der Moment ein, da alle diese Schläge in die Katastrophe mündeten. In diesem Stadium befinde sich die deutsche Ostfront jetzt. Daher sei es absolut notwendig, eisernen Willen zu beweisen. Ein weiteres Zurückweichen bedeute die endgültige Niederlage Deutschlands. Von nun an werde er jeden Offizier und General, der ihm weiteren Rückzug vorschlage, strengstens bestrafen oder einfach erschießen. Es gehe jetzt nicht in erster Linie um operative Erfahrungen, sondern um Festigkeit und Standhaftigkeit der Kommandeure. Daher werde er die höchsten Kommandoposten mit jungen Generalen und Offizieren besetzen, die über diese Eigenschaften verfügten. Solche Militärs werde er sofort um zwei bis drei Ränge befördern. Die letzten Worte sprach Hitler mit völlig heiserer Stimme. Er hatte sich bis zum Letzten verausgabt. Er stand auf, verließ den Raum durch die Seitentür und zog sich in seine Privatzimmer zurück.

»Morell soll kommen«, warf er Linge hin, der ihm nachgeeilt war.

Einige Minuten später erschien Morell. Linge half ihm wie stets, die Spritzen vorzubereiten. Hitler zog die Jacke aus und machte den Arm für die Injektion frei, die Morell sofort vornahm.

11. Kapitel

In der zweiten Hälfte des Februars 1944 ordnete Hitler an, im Hauptquartier »Wolfschanze« mehrere Bauten mit einer zusätzlichen Stahlbetonschicht von sieben Meter Stärke zu bedecken. Das waren sein eigener Bunker, der so genannte Gästebunker für Parteiführer und Minister, die zur Berichterstattung anreisten, der Bunker mit Telefonzentrale, Telegrafen- und Funkstation sowie weitere Unterstände. Die bisherige Stärke der Stahlbetondecke von zwei Metern schien Hitler nicht mehr ausreichend, da er Luftangriffe der Russen fürchtete. Die Arbeiten sollten mehrere Monate in Anspruch nehmen. Für diese Zeit wollte Hitler mit seinem Hauptquartier wieder auf den Obersalzberg umziehen. Bei Lötzen in Ostpreußen blieb nur Zeitzler, der Generalstabschef des Heeres, mit seinen Mitarbeitern zurück.

Am 23. Februar fuhr Hitler mit seinem Sonderzug von der »Wolfschanze« in Richtung Obersalzberg ab. In München legte er einen kurzen Zwischenaufenthalt ein. Von dort begleiteten Eva Braun, ihre Schwester Gretl und ihre Freundin, Frau Schneider, Hitler auf den Obersalzberg. Frau Schönmann wurde von Eva Braun diesmal nicht auf den Berghof eingeladen. Auf die war sie eifersüchtig, weil Hitler ihr beim ersten Aufenthalt 1943 zu viel Aufmerksamkeit geschenkt hatte. Einige Tage später stellte sich auch Eva Brauns Mutter auf dem Berghof ein. Eva Braun hatte ihren wachsenden Einfluss auf Hitler genutzt, um seine Erlaubnis dafür zu erhalten.

Außer ihren Freundinnen hielten sich zu dieser Zeit auch die Gattinnen seines Leibarztes Morell, des Chirurgen Brandt, des Adjutanten Below und Hitlers Sekretärinnen auf dem Berghof auf.

Keitel, Jodl, Buhle und Scherff waren, wie schon 1943, in der Dienststelle der Reichskanzlei untergebracht, die sich am Obersalzberg zwischen Berchtesgaden und Bischofswiesen befand, eine halbe Autostunde vom Berghof entfernt. Dort logierte diesmal auch Admiral Voss, der Admiral Krancke als Dönitz' Verbindungsmann in Hitlers Hauptquartier abgelöst hatte. Krancke war zum Oberbefehlshaber des Marinegruppenkommandos an der Atlantikküste ernannt worden. Göring zog mit Frau und siebenjähriger Tochter wieder in seine Villa am Obersalzberg ein. Himmler und Dönitz kamen bei Salzburg unter. Unweit davon residierte Ribbentrop in seinem Schloss Fuschl. Oberst Streve, der Kommandant von Hitlers Hauptquartier mit seinem Stab und Warlimont mit dem Wehrmachtführungsstab ließen sich in der Kaserne von Strub nieder. Streve war im Herbst 1942 anstelle von Thomas zum Kommandanten ernannt worden. Letzteren hatte man an die Nordafrika-Front versetzt, wo er den Tod fand.

Der Tagesablauf im Berghof war ähnlich wie bereits von Mai bis Juni 1943. Hitler stand gegen 12.00 Uhr mittags auf. Nach dem Frühstück, gegen 1.00 oder 1.30 Uhr, führte er in der großen Halle seine mittägliche Lagebesprechung durch. Wenn diese zu Ende ging, versammelten sich im Salon, der an die Halle angrenzte, Eva Braun, ihre Mutter und Schwester Gretl, Evas Gesellschaftsdame Frau Schneider, Fräulein Kastrup, Bormann, Morell, Below und Brandt mit ihren Frauen, Otto Dietrich, Hewel, Lorenz sowie Hitlers Sekretärinnen und Adjutanten. Hier wartete man auf das Mittagessen. Gegen halb vier bot Hitler einer der Damen seinen Arm und führte die ganze Gesellschaft zu Tisch. Die Dame hatte neben ihm zu sitzen. Wie auch im vergangenen Jahr wurden bei Tisch recht banale Gespräche geführt. Über den Krieg fiel kein einziges Wort. Nach dem Essen unternahm Hitler bei gutem Wetter zusammen mit allen einen Spaziergang zum Teehaus am Mooslahner Kopf.

Bei schlechtem Wetter blieb er im Schloss und verbrachte die Zeit in Eva Brauns Räumen. Gemeinsam schauten sie sich alte deutsche Illustrierte der Jahrgänge 1933 bis 1939 an und freuten sich an Fotos aus Hitlers »großer Zeit«. Das Abendessen nahm Hitler gegen 8.00 Uhr in derselben Gesellschaft ein. Danach folgte die Abendlage, bei der seine Militäradjutanten Below,

Puttkamer und Borgmann kurz über die aktuelle Situation an den Fronten berichteten. Nach der abendlichen Besprechung begann in der großen Halle der übliche Teeabend mit dem unvermeidlichen Champagner bei Grammophonmusik.

Abwechslung brachten in diesem Jahr die Cocktails, die nach Rezepten von Eva Braun gemixt wurden. Sie und die SS-Ordonnanzen gaben ihnen scherzhafte Namen. Als Hitler einmal ein neuer Cocktail serviert wurde, fragte er, wie der heiße. Die Antwort lautete: »Autobus«. Hitler fragte, wie man auf diesen Namen verfallen sei. Als man ihm erklärte, wahrscheinlich deswegen, weil der Cocktail wie ein Autobus vieles in sich aufnehme und genauso schnell wirke, wie dieser fahre, brach Hitler in lautes Gelächter aus und lobte Eva Braun für ihre Einfälle. Nach Mitternacht gab es auf Eva Brauns Weisung noch einen leichten Imbiss aus Schildkrötensuppe, belegten Broten und Würstchen.

Gegen 3.30 Uhr morgens zog sich Hitler gewöhnlich zurück und ging schlafen.

Im Unterschied zu 1943 wurde der Tagesablauf jetzt von Luftalarm beim Anflug angloamerikanischer Flugzeuge unterbrochen. Das geschah zumeist zwischen 9.00 und 10.00 Uhr morgens, wenn die Schlossbewohner noch schliefen. Wenn sich feindliche Maschinen der deutschen Südgrenze näherten, gab es den so genannten Voralarm. Die Meldung über den Anflug gelangte vom Operationszentrum des Luftwaffenführungsstabs mit dem Codenamen »Robinson« zu Hitlers Luftwaffenadjutanten Below.[239] Der informierte Linge. Dieser weckte sofort Hitler und gab den Voralarm an alle Schlossbewohner weiter. Nun brach wilde Geschäftigkeit aus. Zimmermädchen schleppten eine Unzahl großer Körbe mit den Kleidern Eva Brauns und der anderen Schlossdamen in die Luftschutzräume. Die Damen selbst kamen aus ihren Zimmern gelaufen – verschlafen und ohne Make-up, mit eilig übergeworfenen Sachen und Kopftüchern.

---

[239] Deckname für das Hauptquartier des Führungsstabs der Luftwaffe in Bartenstein (Ostpreußen). Im Frühjahr 1945 erhielt dann der Führungszug von Luftwaffenchef Hermann Göring diesen Tarnnamen.

Hatten die feindlichen Flugzeuge dann den Luftraum über Süddeutschland erreicht, gaben Sirenen Vollalarm. Alle stürzten in die Luftschutzräume.

Wenn Voralarm gegeben war, kleidete sich Hitler rasch an und ging, ohne gefrühstückt zu haben, in Begleitung seiner Adjutanten auf die Schlossterrasse hinaus. Dort nahm er in kurzen Abständen von Below Meldung darüber entgegen, wo sich die Flugzeuge gerade befanden, um bei unmittelbarer Gefahr rechtzeitig den Luftschutzraum aufsuchen zu können.

An Hitlers Luftschutzbunker wurde eineinhalb Jahre lang gebaut. Als er diesmal auf dem Berghof eintraf, waren die Arbeiten nahezu abgeschlossen. Die Anlage stellte ein System von Stollen in der Tiefe des Felsmassivs des Obersalzbergs dar. Diese waren untereinander durch schmale Gänge verbunden, sodass der ganze Obersalzberg unterhöhlt war wie ein gigantischer Maulwurfsbau. Der Eingang, der zu den unterirdischen Räumen Hitlers führte, war durch eine Panzertür gesichert. Eine Treppe von ungefähr 100 Stufen führte in einen unterirdischen Gang hinab. Am Ende der Treppe war ein Maschinengewehrstand eingebaut. Von diesem Gang ging ein ganzes Labyrinth von Korridoren zu den gemütlich eingerichteten Räumen Hitlers ab. Darunter waren große Lebensmittel-Lagerräume für den Fall angelegt worden, dass das Hauptquartier aus Kriegsgründen für längere Zeit in das Bunkersystem umziehen musste. Aus diesem Grund wurde die Bunkeranlage Anfang 1945 noch wesentlich erweitert. Auch neue Schlafräume kamen hinzu.

Wenn Fliegeralarm gegeben war, hüllte man das ganze Gebiet um den Obersalzberg in künstlichen Nebel ein. Zu diesem Zweck war auf den Bergen um das Schloss eine Spezialabteilung in kleinen Gruppen von Männern verteilt, die aus Gasflaschen milchfarbenes Gas aufsteigen ließen. Die zahlreichen Fliegerabwehr-Batterien, die den Obersalzberg umgaben, wurden in Gefechtsbereitschaft versetzt. Das SS-Bataillon in der Kaserne, kaum 500 Meter vom Schloss entfernt, verstärkte die Wachposten in und um das Schlossgelände.

Während des Fliegeralarms blieb Hitler im Kreis seiner Adjutanten auf der Terrasse und achtete darauf, dass der Obersalzberg ordentlich eingenebelt wurde. Wenn der Wind irgendwo den Nebel wegblies, wurde Hitler wütend und ordnete an, weitere Flaschen zu öffnen.

Ein Fliegeralarm dauerte gewöhnlich eineinhalb bis zwei Stunden. Auf die Gegend um Schloss Berghof fiel keine einzige Bombe.[240] Die englischen und amerikanischen Flieger bombardierten in der Hauptsache München. Bei den Angriffen, unter denen die Bevölkerung schwer zu leiden hatte, sorgte sich Hitler vor allem um die Villa, die er für Eva Braun gebaut hatte, um die Paläste der nationalsozialistischen Partei am Königsplatz und um die Gaststätte Osteria Bavaria, wo er in seiner frühen Zeit in München zu essen pflegte. Als Hitlers Wohnung am Prinzregentenplatz bei einem der Bombenangriffe von einer Druckwelle leicht beschädigt wurde, erklärte er mit stolzer Miene: »Jetzt bin auch ich ausgebombt.«

Eva Braun empörte sich über die Luftalarme, weil sie nicht ausschlafen konnte. Außerdem klagte sie über Langeweile, denn die Tage zogen sich endlos hin. Sie brachte Hitler dazu, stundenlang Kataloge mit Porzellan- und Kristallservice anzuschauen und ihr dabei zu helfen, die schönsten für den Berghof auszusuchen. Diese Kataloge schickte Himmler ihr als Hausherrin des Berghofs durch seine Offiziere. Er wiederum erhielt die Kataloge, weil die Service von Häftlingen des Konzentrationslagers Dachau in der Porzellanfabrik Allach und in weiteren Betrieben in der Tschechoslowakei hergestellt wurden, die dem Wirtschafts- und Verwaltungshauptamt des SS-Führungshauptamtes unterstanden.[241]

Auf Sonderbestellung Hitlers und Eva Brauns fertigten die Häftlinge des KZ Dachau Porzellanleuchter und eine Serie von

---

[240] Der Berghof und die umliegenden Verwaltungsgebäude wurden am 25.4.1945 bei einem britischen Bombenangriff zerstört.
[241] Die Porzellanmanufaktur Allach GmbH mit Sitz in Dachau war eine 100-prozentige Tochter der SS-eigenen Holding Deutsche Wirtschaftsbetriebe GmbH.

Porzellanfiguren an, die Friedrich II. zu Pferde sowie seine Generale und Soldaten aller Waffengattungen in den Uniformen der Zeit des Siebenjährigen Krieges darstellten.

Um etwas Abwechslung in das Leben auf dem Schloss zu bringen, wurde im April 1944 auf Drängen Eva Brauns der bekannte Magier Schreiber aus Berlin auf den Obersalzberg eingeladen. Schreiber kam mit seiner Frau, die ihm bei seinen Vorstellungen assistierte. Man brachte beide in Bormanns Villa unter. Sie wurden zum Mittag- und Abendessen zu Hitler aufs Schloss eingeladen, wo sie gemeinsam mit Bormann und Frau eintrafen. Nun führte Schreiber zwei Wochen lang fast jeden Abend Hitler und seinem Haushalt Zauberkunststücke vor. Die Vorstellungen fanden in derselben großen Halle statt, wo Hitler zuvor die Lagebesprechung abgehalten hatte. Sie begannen regelmäßig nach der Besprechung beim abendlichen Tee. Das Publikum bestand aus Hitler, Eva Braun, ihrer Mutter, Schwester Gretl, Eva Brauns Freundin Frau Schneider, ihrer Gesellschaftsdame Fräulein Kastrup, Bormann, Morell und Brandt mit Frauen, Hewel, Otto Dietrich, Lorenz, Hitlers Sekretärinnen und Adjutanten. Hitler nahm in der ersten Reihe Platz. Rechts und links neben ihm saßen Eva Braun und deren Mutter, in der gleichen Reihe Bormann und Otto Dietrich. Die Übrigen verteilten sich hinter ihnen.

Bei Tanzmusik (die Platten wurden regelmäßig von Eva Braun und Bormann ausgesucht) hantierte Schreiber nun mit dressierten Tauben, die sich in Luft auflösten, oder er ließ alle möglichen Sachen der Anwesenden verschwinden. Lautes Lachen erschütterte die Halle, als plötzlich Bormanns goldene Taschenuhr oder die mit Brillanten geschmückte Platinuhr Eva Brauns, ein Geschenk Hitlers, verschwunden waren. Bei Schreibers Tricks belebte sich Hitler sichtlich. Er lachte und applaudierte viel. Scherzend bemerkte er zu Schreiber, wie gut es wäre, wenn er auch die russischen Armeen auf diese Weise »verschwinden« lassen könnte.

Im Frühjahr 1944 nahmen die Verluste der an der Ostfront kämpfenden deutschen Truppen ungeahnte Ausmaße an. Die russische Erde war vom Blut deutscher Soldaten getränkt, deren Gräber nicht mehr zu zählen waren. Die Eisenbahn brachte tagaus, tagein zehntausende Verwundete nach Deutschland. Die Krankenhäuser waren überfüllt. In den deutschen Städten und Dörfern tauchten mehr und mehr verstümmelte, auf Krücken gehende oder blinde Soldaten auf.

Der Umfang der Verluste wurde dem deutschen Volk allerdings verheimlicht. In den Frontberichten des Oberkommandos hieß es, man ziehe sich an der Ostfront planmäßig zurück, wobei die Russen kolossale Verluste erlitten. Die eigenen Opfer wurden als unbedeutend hingestellt. Die deutsche Öffentlichkeit wusste auch nicht, dass hunderttausende deutscher Soldaten und Offiziere in russische Gefangenschaft geraten waren. Um die riesigen Menschenverluste im Kampf gegen die Russen auszugleichen, wurden im Rahmen der nach der Niederlage bei Stalingrad verkündeten totalen Mobilmachung hunderttausende Menschen eingezogen, die bisher in der Produktion für unabkömmlich gegolten hatten, dazu 16- bis 17-jährige Jugendliche.[242] Aus ihnen wurden neue Divisionen aufgestellt und an die Ostfront geworfen. Die Reste der dort aufgeriebenen Divisionen verlegte man aus Russland nach Frankreich, Belgien oder den Niederlanden, um sie aufzufüllen und neu zu bewaffnen. In den von Deutschland besetzten westeuropäischen Ländern stand also ständig eine bestimmte Zahl deutscher Einheiten – im Grunde genommen die kläglichen Überreste der in Russland geschlagenen Divisionen.

Aber auch mit all diesen Reserven waren die immer größeren Lücken an der Ostfront nicht mehr zu schließen. Deshalb kam jetzt sogar das Bodenpersonal der Luftwaffe zum Einsatz. Aus ihm bildete man so genannte Luftwaffen-Felddivisionen, die in

---

[242] Am 18. 2. 1943 verkündete Propagandaminister Joseph Goebbels den »Totalen Krieg«, der die Zivilgesellschaft des Deutschen Reiches durch eine Reihe einschneidender Veränderungen auf eine bedingungslose Kriegführung einstellte. Bei den so genannten Auskämmungsaktionen wurden vor allem die in unproduktiven Bereichen tätigen älteren Männer eingezogen. Die Geburtsjahrgänge 1926 und 1927 waren zunächst als Flakhelfer, später bei Volksgrenadier-Divisionen oder Volkssturm-Einheiten eingesetzt. Bis Juli 1944 wurden der Wehrmacht 600 000 Mann neu zugeführt.

das Heer eingegliedert wurden.[243] Die Einheiten der Waffen-SS, die bisher aus Freiwilligen bestanden, wurden nach den Verlusten an der Ostfront und wegen Mangels an Reserven ebenfalls aus Kräften der Luftwaffe und der Kriegsmarine aufgefüllt. Ungeachtet aller dieser Maßnahmen drängte die russische Armee die deutschen Truppen immer weiter nach Westen.

Nach den schweren Niederlagen, welche die Deutschen im Herbst und Winter 1943/44 in der Ukraine hinnehmen mussten, setzte Hitler all seine Hoffnungen auf das Frühjahr. Er erklärte, die Wegelosigkeit werde die Offensive der Russen stoppen und den Deutschen eine Atempause zur Umgruppierung der Kräfte und zur Organisierung ihrer Verteidigung verschaffen. Aber Hitler und das deutsche Oberkommando sollten sich verrechnen. Bereits Anfang März 1944, als das Frühjahrstauwetter gerade erst einsetzte, starteten die russischen Truppen südlich von Schepetowka und am Ingul eine neue, mächtige Offensive und durchbrachen binnen weniger Tage die deutschen Stellungen in breiter Front und großer Tiefe.[244] Deshalb erschien Mitte März Zeitzler aus Ostpreußen bei Hitler zur Sonderberichterstattung. Bekanntlich war er nach dem Umzug des Hauptquartiers aus der »Wolfschanze« mit seinem Stab bei Lötzen in Ostpreußen geblieben und kam in der Regel nur einmal wöchentlich auf den Berghof. An den anderen Tagen wurde er in Hitlers Lagebesprechungen vom Obersten im Generalstab Brandt aus der Operationsabteilung des Oberkommandos des Heeres vertreten. An der Besprechung, die eigens für Zeitzlers Vortrag angesetzt wurde, nahmen Keitel, Jodl, Korten, Brandt, Schmundt, Hewel und Günsche teil. Hitler verspätete sich. Mit finsterer Miene begrüßte er die Anwesenden und nahm an dem Tisch Platz, auf

[243] Hitler ordnete im Spätsommer 1942 an, etwa 200 000 Soldaten der angeblich personell überbesetzten Luftwaffe an das Heer zu überstellen. Göring umging diese Weisung, indem er innerhalb kurzer Frist 21 Luftwaffen-Felddivisionen aufstellen ließ. Für diese im Erdkampf unerfahrenen Truppen war der Einsatz außerordentlich verlustreich. Von den 21 Divisionen existierten im März 1945 noch fünf.

[244] Die Offensive gegen die 1. und 4. Panzerarmee der Heeresgruppe Süd in der Westukraine eröffnete die 1. Ukrainische Front am 4. 3. 1944.

dem die Operationskarten der Ostfront ausgelegt waren. Die Übrigen standen zu beiden Seiten des Tisches.

Zeitzler begann seinen Vortrag. Er teilte mit, dass die Deutschen im Verlauf der russischen Offensive in der Südukraine Cherson, Uman, Berislaw und eine Reihe weiterer Städte verloren hatten. Das Tempo des russischen Vormarsches nach Westen und die aufgeweichten Wege, so erläuterte Zeitzler, machten es völlig unmöglich, die Frontlinie an allen Stellen zu halten. Zeitzler zeigte mehrere Punkte auf der Karte und nannte deutsche Divisionen, die dort von russischen Truppen eingekesselt oder bereits vernichtet waren. Dabei erwähnte er auch die 6. Armee, die man anstelle der bei Stalingrad aufgeriebenen Paulus-Armee neu formiert hatte.[245]

Hitler fuhr mit zitternder Hand über die Karte. Mit einem Finger maß er die Breite des Frontdurchbruchs und sagte: »Die 6. Armee ist unser Verhängnis. Ich hätte der neuen Armee nicht die Nummer der bei Stalingrad Geschlagenen geben dürfen. Diese Zahl bringt mir Unglück.«

Mit wachsender Erregung fuhr Hitler fort, er verstehe nicht, wieso die Russen auf den aufgeweichten Wegen vorankommen könnten, die Deutschen aber im Schlamm versinken müssten. Voller Wut brüllte er: »Meine Generale haben es verlernt zu befehlen, daran liegt es! Die sollten von den Russen lernen, wie man Befehle erteilt!«

Zeitzler wollte etwas entgegnen, hielt sich aber noch rechtzeitig zurück. Er atmete nur mehrmals tief durch. Zum ersten Mal während des Krieges sprach Hitler den Gedanken aus, deutsche Generale sollten von russischen das Befehlen lernen. In der Folgezeit sollte er bei Besprechungen mehrfach wiederholen, dass die deutschen Generale von den russischen lernen könnten.

---

[245] Die 6. Armee war am 6. 3. 1943 aus der Armee-Abteilung Hollidt in Südrussland neu aufgestellt worden und hatte im Frühjahr 1944 beim Rückzug vom Dnjepr zum Dnjestr schwere Verluste erlitten. Im August 1944 wurde die 6. Armee während der sowjetischen Offensive gegen die Heeresgruppe Südukraine im Raum Kischinjow erneut eingekesselt und vernichtet.

Zeitzler setzte seinen Vortrag fort und äußerte die Befürchtung, die Heeresgruppe Süd könnte in dieser Situation von der Heeresgruppe Mitte abgeschnitten werden. Daher, so legte Zeitzler dar, habe das Oberkommando der Heeresgruppe Süd vorgeschlagen, die Krim aufzugeben, um die nötigen Kräfte freizubekommen, die Front hinter den Bug zurückzuverlegen und dort neue Stellungen zu beziehen.

Nun sprang Hitler auf und schrie: »Jetzt habe ich es aber satt, mir die Vorschläge dieser Herren über einen Rückzug aus operativen Gründen noch länger anzuhören! Die reden immer nur von Frontbegradigung, weichen aber selber ständig weiter zurück! Sie haben völlig vergessen, nach vorn zu schauen!« Zu Schmundt gewandt, fuhr er fort: »Finden Sie mir endlich Generale, welche die Front im Vormarsch begradigen!«

Hitler verstummte. Mit nervösen Bewegungen kratzte er sich den Nacken wund, kaute an den Nägeln und riss mit den Zähnen die Niednägel ab.

Inzwischen wurde Günsche ans Telefon gerufen. Im Wintergarten stieß er auf Eva Braun, die mit ihren Hündchen spielte. »Sagen Sie bitte, was haben wir heute: ku-La oder la-La?«, fragte sie. Günsche musste lächeln. Er kannte den Sinn dieser Abkürzungen. Sie bedeuteten kurze oder lange Lagebesprechung. Da sie und ihre Freundinnen die militärischen Debatten im Schloss anödeten, hatten sie sich die Abkürzungen ausgedacht, um damit zum Ausdruck zu bringen, dass sie ungeduldig auf das Ende der Beratung warteten. Hitler fand die Abkürzungen sehr passend.

Als Günsche zur Besprechung zurückkehrte, hatte sich Hitler etwas beruhigt und saß wieder im Sessel. Er erklärte gerade in kategorischem Ton, dass die Krim unter keinen Umständen aufgegeben werden dürfe. Bei seinen Worten nickte Keitel heftig mit dem Kopf und sagte: »Jawohl, mein Führer! Sie haben absolut Recht. Wenn wir die Krim aufgeben, dann fallen die Türken sofort von uns ab.«

Als die Karten der Ostfront vom Tisch geräumt waren, legte Jodl seine Karten aus und begann die Lage auf den »zweitrangigen Kriegsschauplätzen« vorzutragen, wie man in Hitlers Hauptquartier die Westfront nannte. Dazu gehörten Frankreich, Italien, die Niederlande, Belgien, Dänemark, Norwegen und die Balkanländer. Jodl war in einer ungleich besseren Lage als Zeitzler. Mit einem Lächeln berichtete er von den Kampfhandlungen gegen die angloamerikanischen Truppen in Italien.

Mit der Hand auf die Karte weisend, sagte Jodl: »An dieser Stelle, mein Führer, ist ein amerikanischer Vorposten vernichtet worden. Und hier sind die Amerikaner 500 Meter vorangekommen.«

Hitler lächelte. Das gefiel ihm. Die angloamerikanischen Truppen, die am 10. Juli 1943 – vor über acht Monaten – in Sizilien gelandet waren, hatten bisher keinerlei entscheidende Erfolge erreichen können, obwohl ihnen nur schwache deutsche Kräfte gegenüberstanden. Mit großer Mühe schoben sich die angloamerikanischen Truppen Meter um Meter vor und blieben bei jedem Schritt stecken. Auch die Einheiten, die an der italienischen Westküste südlich von Rom im Hinterland der deutschen Front gelandet waren, hatten bisher nicht den gewünschten Erfolg erzielt. Die deutsche Front am Montalbano beim Kloster Monte Cassino konnte nicht durchbrochen werden.[246]

Bekanntlich stand die deutsche Front auch in den folgenden Monaten im Winter 1944/45 in den Apenninen nördlich von Florenz fest und unerschütterlich. Erst als Deutschland im Mai 1945 kapituliert hatte, konnten die Angloamerikaner ganz Italien besetzen, was ihnen fast zwei Jahre lang nicht gelungen war.

Bei den angloamerikanischen Truppen, die in Italien landeten, befand sich auch die Armee des polnischen Generals An-

---

[246] Der Berg Monte Cassino bildete das Herzstück der deutschen »Gustav-Linie«. Hier sollte nach den Planungen des OKW der alliierte Vormarsch in Italien zum Stehen gebracht werden. Während die Alliierten vorhatten, die »Gustav-Linie« im Oktober 1943 zu durchbrechen, erreichten sie die Verteidigungsstellung wegen Wetter-, Nachschubsowie Geländeschwierigkeiten und einem massiven deutschen Widerstand erst im Januar 1944. Nach vier Schlachten um den Monte Cassino gelang den Alliierten am 13. 5. 1944 der entscheidende Durchbruch; die deutschen Truppen zogen sich auf die »Goten-Linie« zurück. Während der Kämpfe verloren die Alliierten 12 000 Mann, auf deutscher Seite wurden 20 000 Mann getötet oder verwundet bzw. gerieten in Gefangenschaft.

ders.[247] Hitler meinte, diese käufliche Truppe werde von den Engländern bezahlt. Wenn man ihr mehr biete, könnte sie auch auf die Seite der Deutschen überlaufen. Aber das sollte man besser nicht tun, scherzte Hitler, denn sollten die Engländer dann noch mehr bieten, würden die käuflichen Subjekte wieder zu ihnen zurückkehrten.

Im Weiteren legte Jodl dar, was die deutschen Truppen gegen serbische, griechische, slowenische, mazedonische und albanische Partisanen auf dem Balkan unternahmen. Er berichtete, täglich würden etwa 300 Partisanen getötet. Mit dieser Mitteilung war Hitler sehr zufrieden.

Was Frankreich betraf, so meldete Jodl, weitere Transporte mit deutschen Divisionen, die sich in Frankreich nach den schweren Kämpfen in Russland erholt hatten und aufgefüllt worden waren, seien unterwegs an die Ostfront.

Zum Abschluss der Beratung gab Hitler einen kurzen Überblick über die politische Lage, wobei er ausschließlich auf die Differenzen zwischen Angloamerikanern und Russen einging. Seit einiger Zeit war dies sein Steckenpferd, auf das er am Ende jeder Besprechung zurückkam. Er verlas Geheimberichte der deutschen Botschafter in Madrid, Lissabon, Ankara und Stockholm, die er von Ribbentrop erhielt. Sie waren mit dem Buchstaben R (Ribbentrop) gekennzeichnet und trugen an den Rändern Bemerkungen des Außenministers über eine wachsende antisowjetische Stimmung in führenden Kreisen Englands und Amerikas.

Nach diesen Berichten verlas Hitler Auszüge aus Meldungen des Deutschen Nachrichtenbüros und ausländischer Nachrichtenagenturen, die ebenfalls das Verhältnis zwischen Angloamerikanern und Russen betrafen. Daraus ging hervor, dass in angese-

---

[247] Diese polnische Freiwilligenarmee war Ende 1941 in der Sowjetunion unter General Wladyslaw Anders aufgestellt worden. Die zunächst 70000 Mann wurden Mitte 1942 in den Irak verlegt und kämpften ab 1943 in Nordafrika und in Italien, wo sie den Monte Cassino stürmten. Im Februar 1945 erhielt Anders den Oberbefehl über die polnischen Truppen im Westen, deren Gesamtstärke fast 200000 Mann betrug. Mehr als 80 Prozent von ihnen verweigerten später die Repatriierung ins kommunistische Polen.

henen Kreisen Englands angesichts des raschen Vormarsches der russischen Armee immer lauter von der russischen Gefahr die Rede sei. Diese Kreise forderten ein rasches Eingreifen der angloamerikanischen Truppen von Westen. Solche Meldungen nahm Hitler außerordentlich wichtig. In den Besprechungen hob er hervor, unter den derzeitigen Bedingungen sei die Gefahr eines Eingreifens von Westen das kleinere Übel, denn das feindselige Verhältnis des angloamerikanischen Lagers gegenüber Sowjetrussland könne zu einem Bruch zwischen ihnen führen, was den Verlauf und den Ausgang des Krieges wesentlich zugunsten Deutschlands beeinflussen werde.

Im April 1944 räumten die deutschen Truppen nach schweren Kämpfen Odessa. Danach besetzten die Russen die Krim und eroberten Mitte Mai auch Sewastopol, das letzte Bollwerk der Deutschen auf der Halbinsel. Darüber geriet Hitler in solche Raserei, dass er einige Tage das Bett hüten musste. Er setzte Kleist und Manstein als Oberbefehlshaber des südlichen Frontabschnitts ab, obwohl er gerade Manstein wegen der von ihm gezeigten Grausamkeit an der Ostfront besonders schätzte.[248] Nachdem die Russen die Krim erobert hatten, stießen sie mit raschen Schlägen bis zum Dnjestr vor, überquerten ihn und bildeten auf seinem Westufer mehrere Brückenköpfe.

Auf einer Lagebesprechung Ende Mai hatte Hitler wieder einmal eine heftige Auseinandersetzung, als Zeitzler seinen Vortrag hielt. Diesmal entzündete sie sich an dessen Mitteilung, die Russen hätten ihre Angriffe im Raum Kischinjow – Jassy wieder aufgenommen und die deutsche Front noch weiter nach Westen gedrängt. Hitler geriet darüber völlig außer sich. Er brüllte Zeitz-

---

[248] Hitler, der von Kleist als Oberbefehlshaber der Heeresgruppe A für den Verlust der Krim verantwortlich machte, entließ den Generalfeldmarschall am 30.3.1944. Am gleichen Tag wurde auch Generalfeldmarschall von Manstein als Chef der Heeresgruppe Süd wegen Differenzen mit Hitler über militärische Führungsfragen seines Postens enthoben.

ler an, in diesem Abschnitt dürfe man keinerlei Rückzug zulassen und nicht einen Meter Gelände aufgeben. Von dem Wutausbruch ermattet, fuhr er mit schwacher Stimme fort: »Von dort geht es geradewegs nach Plojesti. Wenn wir das rumänische Erdöl einbüßen, dann haben wir den Krieg endgültig verloren. Dann ist alles zu Ende.«

In den Tagen darauf wurde Hitler immer unruhiger. Schließlich befahl er Zeitzler, der die ganze Zeit im Hauptquartier geblieben war, an den genannten Frontabschnitt zu fliegen und dort die Lage persönlich in Augenschein zu nehmen. Dabei sagte er zu ihm: »Bemühen Sie sich, um Gottes willen, die Lage dort so zu stabilisieren, dass es keine weiteren Überraschungen gibt.«

In den ersten Junitagen flog Zeitzler frühmorgens zum Stab der Heeresgruppe Süd. Noch am selben Tag rief er Hitler nach dem Mittagessen aus dem Stab der Heeresgruppe an. Die Verbindung war sehr schlecht, denn bis zum Obersalzberg waren es 1500 Kilometer. Hitler verstand fast nichts. Schließlich zischte er, völlig entkräftet, mit heiserer Stimme in den Hörer: »Um jeden Preis halten! Um jeden Preis halten!«

Günsche nahm ihm den Hörer aus der zitternden Hand. Vor Erregung erlitt Hitler einen Schwächeanfall. Taumelnd verließ er die Halle. Man rief sofort nach Morell. Linge half diesem, die Spritzen vorzubereiten. Aus seinem Schlafzimmer kam Hitler ohne Jacke, müde und gebeugt, mit schweren Tränensäcken unter den Augen. »Professor«, wandte er sich mit schwacher Stimme an Morell, »ich glaube, ich vertrage das Gebirgsklima nicht. Das Herz macht nicht mehr mit.«

Erschöpft ließ er sich auf die Liege sinken und fuhr fort: »Hören Sie auf jeden Fall mein Herz ab.« Morell erwiderte, er lasse sofort den Apparat für das Kardiogramm holen. Auf dem Tisch lagen vier aufgezogene Spritzen bereit, und Hitler machte den Arm für die Injektion frei.

Bereits am nächsten Tag war Zeitzler von der Front zurück. Vom Flugplatz Salzburg fuhr er, müde und unrasiert, wie er war,

Am 29.12.1949 erhielt Josef W. Stalin *(oben)* den Abschlussbericht der Untersuchung des Innenministeriums über das Leben und den Selbstmord Adolf Hitlers. Verfasst wurde *Das Buch Hitler* von einem Autorenkollektiv unter Oberstleutnant Fjodor Karpowitsch Parparow *(unten links)*. Grundlage waren die Aussagen von Hitlers Persönlichen Adjutanten, den SS-Offizieren Heinz Linge *(unten Mitte)* und Otto Günsche *(unten rechts)*. Beide befanden sich seit dem 2.5.1945 in der Haft sowjetischer Truppen und wurden an den Geheimdienst NKWD überstellt.

3

4

5

6

Oben: Reichspräsident von Hindenburg am 1.5.1933 mit Hitler auf dem Weg zur Kundgebung.

Unten: Im November 1933 schreitet Hitler auf dem Appellplatz der einstigen Kadettenanstalt in Berlin-Lichterfelde die Front der neu aufgestellten SS-Leibstandarte »Adolf Hitler« ab; rechts neben ihm Sepp Dietrich, der Kommandeur der Leibstandarte.

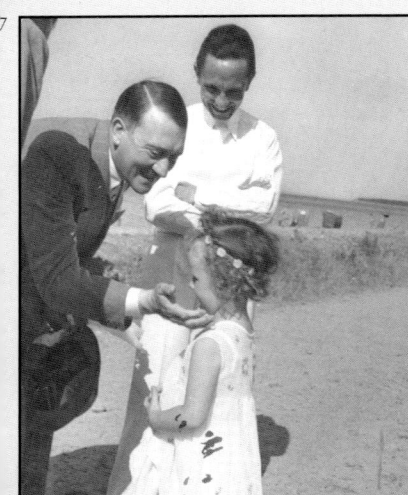

Links: Gemeinsamer Urlaub an der Ostsee, 1935: Hitler mit Familie Goebbels in Heiligendamm.

Unten: Bis zur Ermordung 1934 Vorgesetzter Heinrich Himmlers; Ernst Röhm, Stabschef der SA.

9

10

Oben: Hitler empfängt 1936 die Befehlshaber der einzelnen Wehrmachtsteile. V.l.n.r.: Werner v. Blomberg (Reichskriegsminister und Oberbefehlshaber der Wehrmacht), Hermann Göring (Luftwaffe), Werner v. Fritsch (Heer), Erich Raeder (Kriegsmarine).

Unten: Hitler und Göring am Obersalzberg, 1938: Der Reichskanzler und der Preußische Ministerpräsident bei einer informellen Arbeitsbesprechung.

1

Links: Berlin 1938, Paradeformation der SS-Leibstandarte »Adolf Hitler«.

Unten: Hitler bei den Arbeitern am Westwall, Saarland 1938.

13

1928 kaufte Hitler das Haus »Wachenfeld« im Berchtesgadener Land. Mit der Machtübernahme der NSDAP wurde sein bevorzugter Urlaubsort zur Residenz, dem Berghof, ausgebaut. Verschiedene Ministerien errichteten Außenstellen in Berchtesgaden, Schloss Kleßheim diente diplomatischen Empfängen, die Gäste Hitlers landeten auf dem Flughafen Ainring, der Platterhof diente als SS-Kaserne.

Vor dem Umbau von Haus »Wachenfeld« zum Berghof
war die Stube das Arbeitszimmer *(oben)*. Eine Propaganda-
postkarte zeigte den Reichskanzler am Statusschreibtisch
mit dem Titel: »Der Führer in seinem Heim am Obersalzberg« *(unten)*.

Mit Stacheldraht bewehrte Zäune und SS-Posten hielten
das Volk auf Distanz *(oben)*. Die »Große Halle« diente nicht
nur Empfängen, sondern auch Filmvorführungen für die
Entourage Hitlers *(unten)*.

21

1939: Die Neue Reichskanzlei bildete den Rahmen für die Selbstinszenierung Hitlers. Das fast 400 Quadratmeter große Arbeitszimmer *(oben links)* diente ebenso der Repräsentation wie der so genannte Ehrenhof *(unten links)*, dessen Eingänge von SS-Posten bewacht wurden. Ein Foto Heinrich Hoffmanns, aufgenommen bei einer Ausstellungseröffnung, zeigt unfreiwillig die Realitäten: Hitler und Göring im Zentrum, beschützt durch das Führerbegleitkommando. Das Volk wird von der SS-Leibstandarte »Adolf Hitler« ferngehalten *(rechts)*.

19

20

22

23

Oben: Neville Chamberlain, der Premier Großbritanniens, akzeptiert im Rheinhotel Dreesen am 23.9.1938 nach zähen Verhandlungen die deutschen Gebietsforderungen in der Tschechoslowakei. Bei der Verabschiedung im Foyer des Hotels ist Heinrich Hoffmann zur Stelle: Sein Foto der beiden Regierungschefs ging um die Welt, kein Bericht kam ohne die Erwähnung der »Friedenspalme« im Hintergrund aus.

Unten: Am 29./30.9.1938 verhandeln die Großmächte Frankreich, Großbritannien, Italien und Deutschland in München über das Schicksal der Tschechoslowakei. Hitler setzt seine Unterschrift unter das Teilungsabkommen, neben ihm der damalige Persönliche Adjutant Julius Schaub; dahinter die Initiatoren der Gespräche Göring und Mussolini.

15. März 1939: Nicht
einmal ein Jahr nach dem
Münchner Abkommen
marschiert die Wehr-
macht in die Tschecho-
slowakei ein und emp-
fängt Hitler auf dem
Hradschin *(oben)*. Der
Präsident des besetzten
Landes, Emil Hácha,
begrüßt Hitler am
16. März in seinen Amts-
räumen *(unten)*.

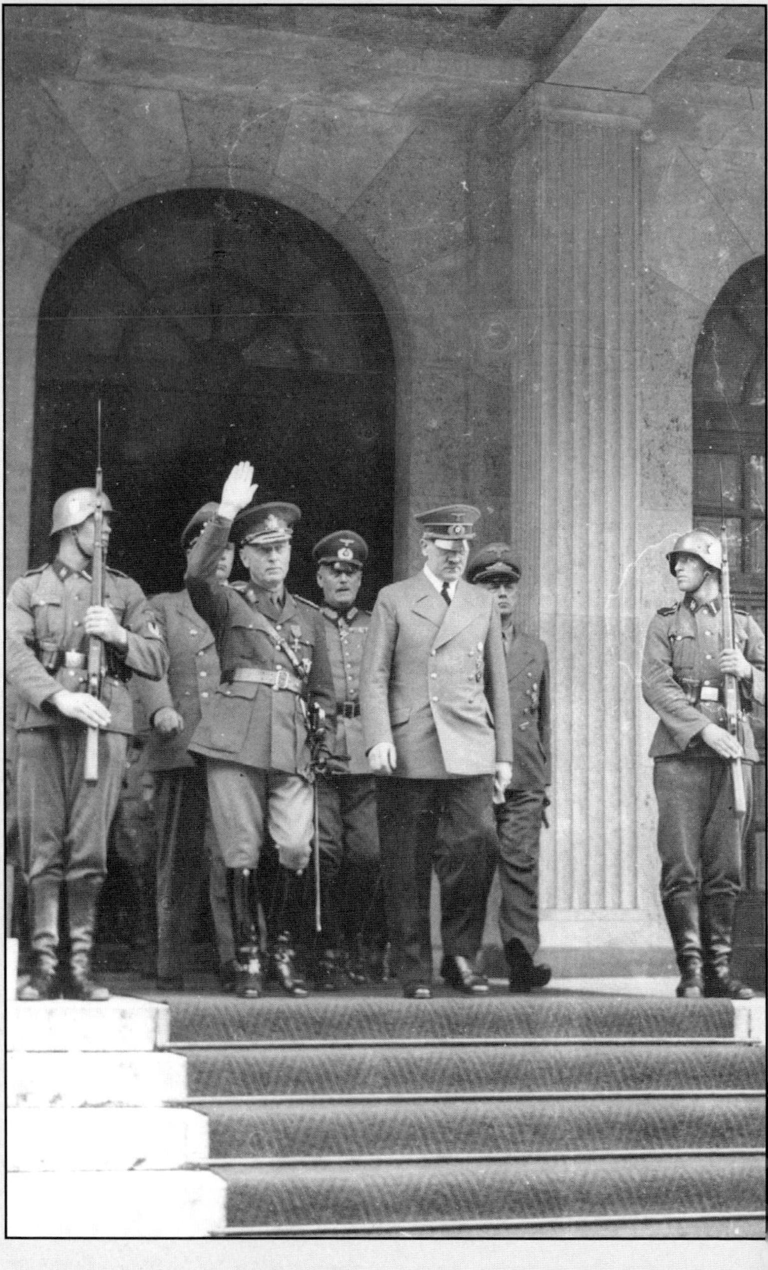

Hitler ehrte die Verbündeten Ion Antonescu *(linke Seite)*
und Benito Mussolini *(oben)* mit Empfängen und Paraden.
Das Rumänien Antonescus war der wichtigste Öllieferant
des Deutschen Reiches; dem faschistischen Italien fühlte
sich Hitler ideologisch verbunden. Repräsentationsaufgaben
nahm auch Hermann Göring wahr – hier mit Hitler auf
dem Balkon der Reichskanzlei *(unten)*. Diese Parade war
der Legion Condor gewidmet, deren Luftwaffe in Spanien
zum Sieg Francos im Bürgerkrieg beigetragen hatte.

29

Beamte der Gestapo untersuchten nach dem Attentat Georg Elsers am 9.11.1939 die Trümmer des Bürgerbräukellers *(oben)*. Am 11. November wurden die Opfer des Anschlags vor der Münchner Feldherrnhalle aufgebahrt, wo Hitler ihnen seine Reverenz erwies *(unten)*.

30

sofort zum Berghof. Als auf dem Tisch in der großen Halle die Operationskarten ausgebreitet waren, begann er seinen Vortrag über die Ergebnisse seines Besuchs am südlichen Frontabschnitt. Einleitend versicherte er, dass sich das Oberkommando der Heeresgruppe Süd bemühe, alles zu tun, um die Stellungen zu halten. Dann kam er auf seine persönlichen Eindrücke von der Front zu sprechen und erklärte, er halte es für sinnvoll, die Frontlinie zum Zweck der »Begradigung« an den Durchbruchstellen der Russen zurückzunehmen.

Hitler fuhr hoch und brüllte, Zeitzler habe sich von den Generalen beschwatzen lassen, und er habe schon lange den Eindruck, dass Zeitzler mit ihnen gemeinsame Sache mache. Zeitzler wollte etwas erwidern, aber Hitler überhäufte ihn weiter mit lautstarken Vorwürfen: »Zeitzler, Sie haben die Sache nicht richtig angepackt!«

Zeitzler lief krebsrot an, schnappte nach Luft und fiel plötzlich mit dem Oberkörper auf den Kartentisch. Günsche und Zeitzlers Adjutant, der Oberst im Generalstab Smend, öffneten Zeitzlers Uniformjacke und betteten ihn in einen Sessel. Inzwischen war Morell zur Stelle. Der stellte einen Schlaganfall fest, worauf man Zeitzler sofort ins Krankenhaus nach Berchtesgaden brachte.

Von dem Geschehenen erschüttert, meinte Smend zu Günsche, der Führer habe Zeitzler ungerecht behandelt. Dieser habe sich keine Ruhe gegönnt und alles dafür getan, dass die Front gehalten werde.

Den Posten des Generalstabschefs übernahm an Zeitzlers Stelle zeitweilig der Leiter der Operationsabteilung des Generalstabs, General Heusinger.[249]

[249] Zeitzler brach am 9.6.1944 zusammen. Heusinger amtierte vom 10.6. bis zum 21.7.1944, danach wurde Guderian mit der Wahrnehmung der Geschäfte des Generalstabschefs betraut.

In diesen Tagen gab es auf dem Berghof ein Ereignis, das so gar nicht zum Krieg und seinen Schrecken passte. Im Mai 1944 wurde im Schloss die Hochzeit von Eva Brauns Schwester Gretl und Himmlers Verbindungsmann im »Führerhauptquartier«, SS-Gruppenführer Hermann Fegelein, mit allem Pomp gefeiert.[250] Fegelein war auf diesen Posten Ende 1943 Wolff nachgefolgt, den Hitler als Höchsten SS- und Polizeiführer nach Italien geschickt hatte. Zu Fegeleins Aufgaben gehörte es, Hitler persönlich Himmlers Berichte vorzutragen. Themen waren Aktionen von Polizei, SS und Gestapo, Strafaktionen von Polizeikräften gegen Partisanen in Russland, Aufbau und Zustand der SS-Divisionen und die von den SS-Einheiten an der Ostfront eingehenden besonderen Lageberichte, anhand derer Hitler die Operationsberichte des Generalstabs überprüfte. Fegelein war damals 38 Jahre alt. Vor dem Krieg war er Chef der zentralen Kavallerieschule der SS in München gewesen. Im Krieg hatte Fegelein die 8. SS-Kavalleriedivision kommandiert, die 1941 zur Bekämpfung der Partisanen im Gebiet von Pripjet eingesetzt war.

Nach der Besetzung Polens gründete der umtriebige Fegelein in Warschau Werkstätten, wo aus Beutematerial Damen- und Herrenkostüme, Pelzmäntel, Schuhe, Damenhandtaschen und Aktentaschen hergestellt wurden. Dafür nutzte man Polen als Zwangsarbeiter. Fegelein entfaltete unter der Hand einen schwunghaften Handel und versorgte auch Hitlers Stab und Eva Braun mit diesen Artikeln.

Im Berghof freundete sich Fegelein rasch mit Eva Braun an. Auf ihren Wunsch nahm Hitler ihn in seinen engsten Kreis auf und lud ihn auch zu den Teeabenden am Kamin ein. Bald ging er in Eva Brauns Appartement ein und aus. Das hatte sie noch niemandem aus Hitlers Stab erlaubt. Eva Braun war Fegelein verfallen und geriet immer mehr unter seinen Einfluss. In Gesprächen mit Hitler konnte sie seine männliche Erscheinung und

---

[250] Die Hochzeit zwischen Hermann Fegelein und Margarete Braun fand am 3.6.1944 statt. Zum Gruppenführer befördert wurde Fegelein erst am 21.7.1944.

Eleganz nicht genug loben. Er sei eben ein »echter Mann«.[251] Dem konnte sich auch Hitler nicht entziehen. Zu Himmler sagte er: »Himmler, mit Fegelein haben Sie mir einen Mann geschickt, der zu uns passt.«

Schon nach einem Monat Bekanntschaft mit Eva Brauns Schwester Gretl avancierte er zu ihrem Bräutigam, womit er seine Stellung bei Hitler festigte. Eva Braun setzte durch, dass die Hochzeit mit einem rauschenden Fest auf dem Schloss Berghof gefeiert wurde.

An diesem Tag ließ Hitler die Mittagslage ausfallen. Zur Begründung bemerkte er, er wolle die Hochzeitsfeier nicht mit schlechten Nachrichten von der Front stören. Dort tobten gerade die blutigen Kämpfe um Sewastopol.

Die Trauung fand in Salzburg statt. Trauzeugen waren Himmler und Bormann. Von dort fuhren die Jungverheirateten auf den Berghof. Am Schlosseingang nahm sie Hitler mit feierlicher Miene in Empfang. Er trug den grauen Rock des Oberbefehlshabers der Wehrmacht. Seine Brust schmückten das Goldene Parteiabzeichen, das Eiserne Kreuz Erster Klasse und das Verwundetenabzeichen des Ersten Weltkrieges. Zusammen mit dem jungen Paar kam Hitler in die große Halle. Dort überreichte er Gretl als Geschenk ein Handtäschchen aus Platin. Dann schritt er mit den Jungvermählten in den Salon, wo sich Eva Braun, ihre Eltern, die ältere Schwester Ilse mit ihrem zweiten Ehemann, Fegeleins Eltern, sein jüngerer Bruder, der SS-Offizier Waldemar Fegelein, Eva Brauns Freundinnen, Himmler, Morell, Hoffmann, die Frau von Hitlers Chirurgen Brandt, Below mit Frau und Günsche in Erwartung des Hochzeitsmahls eingefunden hatten.

Hitler führte die ganze Gesellschaft ins Esszimmer, wo die Tafel gedeckt war. Die Fräcke und Uniformen der Herren sowie die luxuriösen Abendkleider der Damen gaben dem Schloss

---

[251] Joachimsthaler deutet in einem Resümee seiner Forschungen eine sexuelle Beziehung zwischen Eva Braun und Hermann Fegelein an.

Berghof ein besonders festliches Gepränge. Auf den Tischen, die mit riesigen Blumenarrangements und brennenden Kerzen in goldenen Kandelabern geschmückt waren, prangte ein teures Service aus Staatsbeständen, wie es sonst nur auf Banketten der Regierung benutzt wurde.

Als die SS-Ordonnanzen, die für diese Gelegenheit weiße Jacken angelegt hatten, die Kalbshirnsuppe servierten, klopfte Hitler an sein Glas. Sofort verstummten alle Gespräche. Hitler erhob sich und hielt einen kurzen Trinkspruch. Er äußerte Freude darüber, dass die Hochzeit Fegeleins mit Gretl Braun in seinem Schloss gefeiert werde. Als Staatsoberhaupt brachte er vor allem den Wunsch zum Ausdruck, dass das junge Paar nach dem Willen des Höchsten mit einer großen Nachkommenschaft gesegnet werden möge. Dann erhob er sein Glas und stieß mit den jungen Eheleuten an. Nach Hitlers Toast trugen die Ordonnanzen in endloser Folge die erlesensten Gerichte auf, füllten die Gläser immer wieder mit Champagner und französischen Weinen, die in großen Mengen in den Kellern des Berghofs lagerten. Bei Tisch ging es inzwischen hoch her. Die Stimmung der Gäste erreichte ihren Höhepunkt, als die Ordonnanzen auf silbernen Tellern Eisbomben auftrugen, aus denen weibliche Figürchen aus Zucker in den Roben des 18. Jahrhunderts zum Vorschein kamen.

Nach dem Essen wechselte man in die große Halle hinüber, wo Hoffmanns Fotografen Hitler in verschiedenen Posen mit dem jungen Paar und mit anderen Gästen ablichteten. Dann fuhr die Hochzeitsgesellschaft ohne Hitler in einer Wagenkolonne zu Bormanns Villa, wo dieser die Feier mit Münchner Künstlerinnen und Künstlern fortsetzte, die Fegelein eingeladen hatte. Hitler wollte sie nicht in seinem Schloss haben. Später fuhren die Gäste zu Hitlers Teehaus auf den Kehlstein hinauf, wo alles zur Fortsetzung des Gelages vorbereitet war. Gefeiert wurde ausgelassen in allen Räumen. Eine Kapelle spielte unermüdlich Tanzmusik. Ordonnanzen servierten Champagner, Liköre und die raffiniertesten Leckereien. Eva Braun strahlte, denn Hitler war nicht zugegen. Sie tanzte, flirtete und genoss das Fest am meisten von allen. Ein Uneingeweihter hätte glauben können, sie sei die glückliche Braut. Himmler und Bormann hielten mit. Nichts erinnerte hier an die Leiden und schrecklichen Entbehrungen, die Millionen Toten und die Verwüstungen, die der Krieg so vielen Völkern der Welt gebracht hatte.

Am Abend kehrte die Hochzeitsgesellschaft vom Kehlstein wieder in Bormanns Villa zurück. Alle waren schon sehr angeheitert, und Hoffmann war stockbetrunken. Bormanns Haus hatte man für die Hochzeit in ein Vergnügungsetablissement verwandelt: Es gab Räume, um zu tanzen, zu essen oder sich zu entspannen. Ein Zimmer war als Cocktailbar, ein anderes als Fotoatelier eingerichtet. Die Musiker im weißen Frack spielten pausenlos Tango und Foxtrott. In der Cocktailbar gab ein Soldaten-Jazzquartett schlüpfrige Couplets aus der Wiener Halbwelt zum Besten.

Gegen 11.00 Uhr abends fuhren Hitlers Adjutanten Puttkamer, Below und Günsche auf den Berghof zur Abendlage. Diesmal trug Oberst Brandt vor, den Hitler damit beauftragt hatte, weil alle Adjutanten in Bormanns Villa feierten. Brandt berichtete von den jüngsten Kämpfen um Sewastopol und den schweren Verlusten, welche die dort kämpfenden Truppen erlitten hatten. In jener Nacht fielen tausende deutsche Soldaten in der Schlacht um Sewastopol, während auf dem Obersalzberg heftig gefeiert wurde.

Nach Brandts Vortrag kehrten Puttkamer, Below und Günsche in Bormanns Villa zurück. Das Fest war in vollem Gange und dauerte bis zum frühen Morgen.

Am nächsten Tag hörte Linge von den Ordonnanzen, die bei dem Fest bedient hatten, Bormann habe seine Frau bereits gegen 12.00 Uhr nachts ins Bett geschickt, damit sie beim Feiern nicht störe. Als er aber gegen Morgen beim Tanzen das dritte Frackhemd durchgeschwitzt hatte, schickte er nach ihr, sie möge ihm frische Hemden bringen. »Ob du's glaubst oder nicht«, berichteten die Ordonnanzen, »Bormann hat seine Frau um vier Uhr morgens aus dem Bett geworfen und ihr befohlen, ihm frische

Hemden aus einer anderen Villa in Pullach bei München zu holen. Bis dorthin und zurück sind es gute 200 Kilometer.«

Der Reichsminister für Bewaffnung und Kriegsproduktion, Speer, der oft Inspektionsreisen in Rüstungsbetriebe unternahm, hielt ständig engen Kontakt zu Industriellenkreisen. Als die deutsche Wehrmacht an der Ostfront so schwere Verluste erlitt, berichtete Speer Hitler immer wieder, die Industriellen seien mit der Militärführung zunehmend unzufrieden. Speers Informationen über deren negative Stimmung deckten sich mit Berichten Himmlers, dessen SD das ganze Land mit einem dichten Netz von Agenten und Informanten überzogen hatte, die auf kleinste Anzeichen von Kritik an Hitler achteten. Speer gab Hitler die dringende Empfehlung, Vertreter der Großindustrie zu sich einzuladen, um ihnen wieder Mut zu machen.

Aus diesem Grund versammelte Hitler Mitte Juni 1944 etwa 200 Industrielle auf dem Obersalzberg.[252] Sie kamen im Hotel Platterhof zusammen, das zum Hotelkonzern der nationalsozialistischen Partei gehörte. Hitler sprach auf dieser Zusammenkunft eine Stunde lang. In seiner Rede bemühte er sich um möglichst überzeugende Formulierungen. Es war deutlich zu spüren, dass die Stimmung der Industriellen ihn sehr beunruhigte.

Vor allem rief Hitler sie dazu auf, stets an seiner Seite zu stehen, da ein erbitterter Feind nur durch unerschütterliche Standhaftigkeit besiegt werden könne.

Er betonte, seine Generale, die an der Ostfront kämpften, begriffen nicht die ganze Bedeutung des Donezbeckens, der Ukraine oder der Manganerze von Nikopol für die deutsche Industrie, da sie zu einseitig immer nur die militärstrategische Seite der Sache im Auge hätten.

---

[252] Diese von Albert Speer einberufene Tagung mit etwa 200 ausgewählten Rüstungsmanagern fand am 4.7.1944 statt.

Im Folgenden wies Hitler darauf hin, dass in der Rüstungsproduktion ungeachtet des Verlusts der russischen Rohstoff-
gebiete keine besonderen Schwierigkeiten festzustellen seien.
Man verfüge noch über große Rohstoffvorräte, die es erlaubten,
Engpässe zu überwinden und die Rüstungsproduktion sogar
weiter zu steigern. Nach dem Krieg werde die deutsche Wehrmacht mit allen Waffenarten glänzend ausgerüstet sein. Die
Rüstungsindustrie könne auch nach dem Krieg enorme Ge-
winne einfahren. Die ganze Welt setze auf die Qualität der
siegreichen deutschen Waffen. Dann werde die deutsche Industrie Waffen in die ganze Welt liefern. Auf diesen Krieg würden weitere Kriege folgen, erklärte Hitler. Ungarn werde gegen
Rumänien, Griechenland gegen Italien kämpfen. Ob zwischen
diesen Ländern Krieg oder Frieden herrsche, werde von den
Deutschen abhängen. Der Wiederaufbau der zerstörten Städte
und die Produktion von täglichen Bedarfsgütern werde auf vollen Touren laufen. Die Industriellen könnten für ihre Erzeug-
nisse hohe Preise erzielen.

Zum Abschluss rief Hitler die Großunternehmer pathetisch
dazu auf, ihm volles Vertrauen zu schenken und alles für den Sieg
zu tun. Die Stunde sei nicht mehr fern, da die große Wende eintreten werde.

Unter stürmischem Beifall und Heil!-Rufen verließ Hitler
den Saal.

Am 6. Juni 1944 weckte Linge Hitler in aller Frühe, weil Jodl ihn
dringend am Telefon verlangte. Der teilte Hitler mit, im Morgengrauen seien die Angloamerikaner in Frankreich eingefallen.
Kaum eine halbe Stunde später waren Keitel und Jodl bereits auf
dem Berghof. Hitler empfing sie in der großen Halle. Er sah an
diesem Tag wesentlich besser aus als sonst.

»Am Atlantik ist es also losgegangen, Jodl?«, fragte Hitler
rasch. »Wo genau? Haben Sie präzise Angaben?«

Jodl breitete eine Karte der Atlantikküste auf dem Marmortisch aus und wies auf die Punkte, wo angloamerikanische Truppen gelandet waren. »Hier, südlich von Le Havre, mein Führer, haben Landungsschiffe Truppen abgesetzt. Sie wurden an vielen Stellen bereits zurückgeschlagen. Im Hinterland der deutschen Truppen sind Fallschirmjäger abgesprungen. Wo sie sich konzentrieren, ist noch schwer zu erkennen. Aber bereits jetzt kann gesagt werden, dass dem Gegner kein Überraschungsangriff gelungen ist. Die Fallschirmspringer wurden erwartet.«

Hitler richtete sich auf. Seine Augen blitzten.

»Meine Herren«, sagte er erregt, »ich bin froh, dass die Angloamerikaner sich endlich entschlossen haben, in Frankreich zu landen, und zwar dort, wo wir sie erwartet haben. Jetzt wissen wir, woran wir sind. Wir werden sehen, wie es weitergeht.«

Angesichts der Berichte und Informationen von Ribbentrop, Himmler und Jodl hatte Hitler in den letzten Wochen den baldigen Einmarsch in Frankreich erwartet. Aber die Unsicherheit, wann und wo das geschehen werde, hatte ihm sehr zugesetzt. Mehrfach beriet er mit Jodl darüber, wie die geringe Zahl der in Frankreich vorhandenen beweglichen Reserven, das heißt der Panzerdivisionen, verteilt werden sollte. Er erklärte, in den bevorstehenden Kämpfen werde alles vom richtigen Einsatz der Panzerdivisionen abhängen.

Sie wurden mehrfach umgruppiert und schließlich in der Normandie konzentriert.

Während Hitler noch mit Keitel und Jodl sprach, wurde gemeldet, dass Göring eingetroffen sei. Hitler eilte ihm entgegen. Göring war schon in der Vorhalle. Strahlend packte Hitler mit beiden Händen Görings Rechte und rief aufgeregt: »Göring, haben Sie schon gehört? Heute Morgen sind die Angloamerikaner endlich in Frankreich gelandet, und zwar genau an der Stelle, wo wir sie erwartet haben! Dort werfen wir sie wieder raus!«

Keitel und Jodl traten zu ihnen. Hitler riss Jodl die Karte aus der Hand und breitete sie auf einem Tischchen aus. Hitler und Göring beugten sich darüber und suchten die Punkte, wo die angloamerikanischen Truppen gelandet waren. Dann berieten sie zu viert, welche Maßnahmen gegen die gegnerischen Fallschirmjäger zu ergreifen seien.

Aber nur wenige Tage später spielten die Ereignisse in Frankreich für Hitler nur noch eine zweitrangige Rolle. Die Kämpfe, die sich an der Ostfront im Bereich der Heeresgruppe Mitte entfalteten, fesselten seine ganze Aufmerksamkeit.

Über die Lage am Frontabschnitt der Heeresgruppe Mitte berichtete Heusinger auf einer Lagebesprechung Mitte Juni 1944. Er meldete Hitler, Informationen der Aufklärung und die verstärkte Aktivität der russischen Partisanen, vor allem die Sprengungen von Eisenbahnstrecken im Hinterland der Heeresgruppe, wiesen darauf hin, dass die Russen am zentralen Frontabschnitt eine große Operation vorbereiteten. Hitler zischte wütend, er befehle seit langem, die Partisanengebiete in eine menschenleere Wüste zu verwandeln: »Das sind alles Banditen! Feinde der Deutschen und Banditen – das ist ein und dasselbe! Sie müssen alle ausgerottet werden!«

Besorgt schaute er lange auf die Karte und sagte: »Übermitteln Sie Generalfeldmarschall Busch, dass er besonders wachsam sein soll. Über seine Heeresgruppe führt der direkte Weg nach Deutschland! Hier dürfen wir keinen Schritt zurückweichen!«

Am 23. Juni, nur wenige Tage nach dieser Besprechung, begann in Weißrussland die russische Großoffensive gegen die Stellungen der Heeresgruppe Mitte.[253] An diesem Frontabschnitt hatten die Russen seit vielen Monaten keine größeren Angriffe unternommen. Im Bereich von Witebsk – Orscha – Mogiljow war inzwischen von den Deutschen ein tief gestaffel-

---

[253] Die Operation »Bagration«, so der Deckname für die Großoffensive gegen die Heeresgruppe Mitte, startete am 22.6.1944, dem 3. Jahrestag des deutschen Angriffs auf die Sowjetunion. Bis zum 8.7.1944, dem Ende der Operation, zerschlugen die Truppen der Roten Armee 28 deutsche Divisionen mit 350000 Mann.

tes Befestigungssystem errichtet worden, das sie »Vaterlands-
linie« nannten.[254]

Aber bereits auf der Lagebesprechung am 25. Juni meldete
Heusinger, die Russen hätten die Front südwestlich und südlich
von Witebsk in großer Tiefe durchstoßen, führten an der Ge-
samtfront der Heeresgruppe Mitte heftige Angriffe und hätten
sie an einigen Stellen bereits aufgebrochen. Besonders hob Heusinger die verheerende Wirkung des Feuersturms der russischen
Artillerie hervor.

Hitler fiel fast über den Tisch und stöhnte: »Wie konnte das
passieren? Dort stehen doch unsere besten Divisionen! Wo ist die
Division ›Feldherrnhalle‹? Wo die 12. Infanteriedivision?«

Heusinger antwortete bedrückt, über die Lage der Division
»Feldherrnhalle« und der anderen Einheiten habe man noch kein
klares Bild. Alle Befehlsstäbe der Heeresgruppe Mitte hätten
ihre Standorte gewechselt. Die Verbindungen der Armeen zu
den Korps und der Korps zu den Divisionen seien sehr schlecht.

In den folgenden Tagen wurde klar, dass die Heeresgruppe
Mitte ein katastrophales Bild bot. Heusinger berichtete, Witebsk und Orscha und danach auch Mogiljow und Bobruisk seien
aufgegeben worden. Am Abschnitt der Heeresgruppe Mitte sei
die Front in einer Breite von fast 300 Kilometern aufgebrochen.
Große Verbände seien von den Russen abgeschnitten und eingekesselt.

Hitler befahl, die Front um jeden Preis zu halten. Auf seinen
Befehl wurden Divisionen von ruhigeren Frontabschnitten und
alle kampffähigen Einheiten des Ersatzheeres dorthin geworfen.
Aber auch diese Verstärkungen wurden von den mächtigen
Schlägen der Russen gleichsam zermalmt. Die Heeresgruppe
Mitte erlitt enorme Verluste. Zehntausende Soldaten und Offi-

---

[254] Deutsches Verteidigungssystem, das aus so genannten »Festen Plätzen«, meist größeren Städten, bestand. Die hier stehenden Truppen sollten sich einschließen lassen, um
möglichst starke Feindkräfte zu binden. Diese »Wellenbrechertaktik« musste angesichts
des bestehenden Kräfteverhältnisses scheitern und schränkte die ohnehin begrenzten
Operationsmöglichkeiten erheblich ein. In deutschen Quellen wird das Stellungssystem
auch als »Dnjepr-Linie« bezeichnet.

ziere gerieten in Gefangenschaft. Die russischen Panzerspitzen näherten sich mit bedrohlicher Geschwindigkeit den Grenzen Ostpreußens. Das berichtete Heusinger in diesen Tagen auf Hitlers Lagebesprechungen über die Situation an der Ostfront.

Hitler saß völlig apathisch am Tisch und fixierte die Karte der Ostfront mit starrem Blick. Die Aufregungen der letzten Tage, in denen er die Zerschlagung des mittleren Abschnitts der Front erlebt hatte, lösten wieder Magenkrämpfe aus. Am Tisch sitzend, krümmte er sich von Zeit zu Zeit mit schmerzverzerrtem Gesicht. Dann richtete er sich wieder auf und maß mit bebenden Händen die Entfernung, welche die Vorausabteilungen der russischen Armee bis zur Grenze Ostpreußens noch zurückzulegen hatten. Mit blauem Stift zeichnete er Pfeile auf die Karte, die in die Flanken der vorstürmenden russischen Einheiten stießen. Plötzlich warf er wilde Blicke um sich, sprang vom Sessel auf, warf den Stift auf den Tisch und brüllte: »Verrat! Verrat!«

12. Kapitel

Angesichts der bedrohlichen Lage an der Ostfront baten Heusinger und Schmundt Hitler mehrfach, sein Hauptquartier wieder nach Ostpreußen zu verlegen, um die Operationen unmittelbar von dort führen zu können. Aber Hitler widersetzte sich. Er erklärte, er werde erst dann wieder in die »Wolfschanze« gehen, wenn die Umrüstung seines Bunkers abgeschlossen sei. Erst als man ihm Fotos des bereits fertig gestellten so genannten Gästebunkers zeigte, wo er zeitweilig unterkommen konnte, entschloss er sich, vom Obersalzberg wieder nach Rastenburg umzuziehen. Anfang Juli 1944 gab er den Befehl, das Hauptquartier dorthin zu verlegen.[255]

Eva Braun wollte Hitler überreden, auf dem Berghof zu bleiben. Sie befürchtete, dass ihm etwas zustoßen könnte. Hitler versuchte, sie zu trösten: »Es ist ja nicht für lange, Kindchen. Ich bin bald wieder hier.«

Hitler und das ganze Hauptquartier starteten mit mehreren Maschinen vom Flugplatz bei Salzburg nach Ostpreußen.

In den fünf Monaten seiner Abwesenheit, von Februar bis Juni 1944, hatte sich die »Wolfschanze« stark verändert. Die alten Bunker, die eine sieben Meter dicke Stahlbetondecke erhalten hatten, und die neu errichteten ragten aus dem Wald heraus wie ägyptische Pyramiden. Hitler kam zunächst im gut getarnten Gästebunker unter. Bei seiner Ankunft besichtigte er als Erstes den Führerbunker. Die Außenarbeiten zur Verstärkung des Bauwerks hatte man bereits abgeschlossen. Zurzeit waren die Arbeiter der Organisation Todt mit dem Innenausbau beschäftigt.

Innen war der Bunker das reine Labyrinth. Von der Eingangstür konnte man nur durch zwei so genannte Schleusen in den ersten Quergang zu den Wohnräumen gelangen. Die Schleu-

---

[255] Hitler traf mit seinem Stab am 9.7.1944 in der »Wolfschanze« ein.

sen muss man sich als zwei Zwischenräume vorstellen, die Panzertüren voneinander und vom Gang trennten. Darin taten SS-Männer von Hitlers persönlicher Leibwache Dienst. Im ersten Quergang lagen die Schlafräume der Sekretärinnen – Fräulein Wolf, Fräulein Schroeder, Frau Junge und Frau Christian.

Frau Christian, zuvor Fräulein Daranowski, heiratete Ende 1942 Oberst Christian vom Wehrmachtführungsstab des OKW. Sie war eine temperamentvolle, lebensfrohe Person. Ihre unbändige Energie gefiel Hitler sehr. Er erfüllte ihr jeden Wunsch. Welchen Einfluss sie auf ihn hatte, zeigte sich unter anderem darin, dass er ihren Mann, Oberst Christian, zum Generalmajor beförderte und als Chef des Führungsstabs der Luftwaffe einsetzte.

Vom ersten Quergang ging es über einen gewundenen Korridor zum zweiten Flur, an dem die Räume der Adjutanten, Morells, Linges und der Ordonnanzen lagen. Von hier führten zickzackförmige Gänge zu Hitlers Arbeits- und Schlafraum. Auch Hitlers Esszimmer und der Lageraum befanden sich im Bunker. In sein Schlafzimmer führten Rohre, über die Sauerstoff hineingeblasen werden konnte. Er kam aus Sauerstoffflaschen, die man in einer Grube außerhalb des Bunkers untergebracht hatte, weil Hitler fürchtete, sie könnten explodieren. Der Inhalt der Sauerstoffflaschen wurde von einem Labor in Lötzen untersucht, weil Hitler argwöhnte, man könnte Giftgas in den Sauerstoff mischen.

Bei der Besichtigung des Bunkers ordnete Hitler an, den Eingang mit einer dicken Betonmauer abzusichern sowie zwischen Mauer und Bunker Maschinengewehre für den Fall zu postieren, dass die Russen mit Fallschirmjägern angriffen. Außerdem befahl er, auf dem Dach des Bunkers Maschinengewehrnester einzurichten, welche die Zugänge schützen sollten. Hitler war spürbar ängstlicher geworden. So ließ er auch vor dem Gästebunker, wo er zeitweilig untergebracht war, Gräben ausheben und Maschinengewehre aufstellen.

Linge erteilte er den Befehl: »Bitten Sie Speer, uns die neuen Maschinenpistolen zu liefern, die bei den Truppen eingeführt worden sind. Ich werde mir auch eine Waffe zulegen.«

Linge warf Hitler einen erstaunten Blick zu, als wollte er sagen, er brauche kein Gewehr, denn die SS-Leute beschützten ihren Führer. Als Hitler Linges Blick auffing, erklärte er in dem ihm eigenen theatralischen Ton: »Glauben Sie nicht, dass ich mich in diesem Bunker kaltstellen lasse. Wenn notwendig, werde auch ich zum Gewehr greifen und kämpfen. Sorgen Sie dafür, dass die Ordonnanzen fleißig schießen üben.«

Noch am Tag von Hitlers Ankunft in der »Wolfschanze« fand eine Lagebesprechung mit den üblichen Teilnehmern statt. Heusinger trug die Lage am zentralen Abschnitt der Ostfront vor.

Hitler saß gebeugt am Tisch. Seine zitternde Linke hing kraftlos herab. Mit der Rechten fuhr er nervös über die Karte auf dem Tisch. Heusinger meldete, obwohl man starke Kräfte aus Divisionen anderer Frontabschnitte konzentriert und beharrlich Gegenangriffe vorgetragen habe, sei es nicht gelungen, den Vormarsch der Russen im Bereich der Heeresgruppe Mitte aufzuhalten. Minsk sei gefallen. Die Russen hätten die Beresina auf breiter Front überschritten. Ihre Gefechtsaufklärungstrupps stießen gegen Vilnius und Grodno sowie weiter südlich in Richtung Baranowitschi und Brest-Litowsk vor. In gedämpftem Ton fügte Heusinger hinzu, es werde kaum gelingen, die Russen vor den Grenzen Ostpreußens zum Stehen zu bringen. Und in der Tat zeigten die dicken roten Pfeile, die auf den Operationskarten eingetragen waren, dass sich die Angriffsspitzen der Russen Ostpreußen näherten. Das Stabsquartier der Heeresgruppe Mitte befand sich bereits in Ostpreußen auf deutschem Gebiet. Der bisherige Oberbefehlshaber der Heeresgruppe, Generalfeldmarschall Busch, war von Hitler wegen »Unbeweglichkeit« abgelöst und durch Generaloberst Reinhardt ersetzt worden, der bisher die 3. Armee der Heeresgruppe kommandiert hatte.[256]

---

[256] Generalfeldmarschall Ernst Busch wurde am 28. 6. 1944 von seinem Posten als Oberbefehlshaber der Heeresgruppe Mitte entfernt und zunächst durch Generalfeldmarschall Walter Model ersetzt. Im August 1944 löste Generaloberst Georg-Hans Reinhardt Model ab, den Hitler zum Befehlshaber der im Westen operierenden Heeresgruppe B ernannt hatte.

Trotz der katastrophalen Lage am mittleren Frontabschnitt flog Hitler am nächsten Tag unerwartet mit seinem ganzen Stab von Ostpreußen auf den Obersalzberg zurück. Er erklärte, er fühle sich erschöpft, in Ostpreußen sei es sehr heiß und er vertrage dieses Klima nicht. Kurze Zeit zuvor hatte er auf dem Berghof behauptet, das Gebirgsklima am Obersalzberg sei ihm unerträglich. Nun passte ihm das Wetter in Ostpreußen nicht.

Heusinger blieb auf Hitlers Befehl in der »Wolfschanze«. Aber bereits wenige Tage später kam er auf den Berghof und bat Hitler inständig, in die »Wolfschanze« zurückzukehren, denn die bedrohliche Lage an der Grenze Ostpreußens mache seine Anwesenheit notwendig, um rasche Entscheidungen fällen zu können.

Hitler gab Heusingers Drängen nach und begab sich am 10. Juli wieder nach Ostpreußen.[257] Da der Führerbunker nach wie vor nicht fertig war, fanden die Lagebesprechungen in einer Baracke statt, die sich in 50 Meter Entfernung vom Gästebunker befand, wo Hitler wohnte. Sie war nur mit einer leichten, sechzig Zentimeter dicken Betonschicht bedeckt. Wenige Tage nach Hitlers Rückkehr in die »Wolfschanze« wurde hier am 20. Juli während einer Besprechung ein Anschlag auf Hitler verübt.

An jenem Tag verließ Hitler den Gästebunker gegen 1.00 Uhr mittags und ging zur Lagebesprechung. Es war sehr heiß. Alle Fenster des Lageraums, der links vom Eingang lag, standen weit offen. Zu Beginn der Besprechung befanden sich dort außer Hitler: Jodl, Korten, Heusinger, Warlimont, Fegelein, Scherff, Bodenschatz, Voss, Brandt, Schmundt, Günsche, Puttkamer, Borgmann, Below, Keitels Adjutant John von Freyend, Jodls Mitarbeiter Waizenegger, Büchs und Assmann sowie der Gesandte Sonnleithner aus Ribbentrops Stab, der an diesem Tag Hewel vertrat.[258]

Die Besprechung begann mit dem Vortrag Heusingers über die Lage an der Ostfront. Sie sah am mittleren Frontabschnitt

---

[257] Hitler traf erst am 16. 7. 1944 erneut in der »Wolfschanze« ein.
[258] Anwesend waren ebenfalls die beiden Stenografen Heinz Buchholz und Heinrich Berger.

etwa folgendermaßen aus: Witebsk, Orscha, Mogiljow, Bobruisk und Minsk lagen inzwischen weit im Hinterland der russischen Truppen. Die litauische Hauptstadt Vilnius war von den Deutschen einige Tage zuvor aufgegeben worden. Die russischen Panzerspitzen näherten sich Schiauliai und Jelgava. Es gelang einfach nicht, die deutsche Front wieder zu errichten. Überall klafften Lücken. Die russischen Truppen standen bereits an der Grenze zu Ostpreußen und wenige Tage vor dieser Besprechung hatte auch noch eine mächtige Offensive der Russen gegen die Heeresgruppe Nordukraine begonnen.

Heusinger leitete seinen Vortrag mit der Nachricht ein, die neue Offensive werde auf einer Frontbreite von etwa 200 Kilometern vorgetragen. Es sei den Russen gelungen, sich tief in die deutschen Verteidigungsstellungen einzukeilen und die »Prinz-Eugen-Stellung«[259] östlich von Lwow in ihrer ganzen Tiefe zu durchbrechen. »Auf den Zugangswegen nach Lwow toben Kämpfe«, meldete Heusinger.

In diesem Moment kam Keitel in Begleitung von Buhle und dem Oberst im Generalstab von Stauffenberg in den Raum.

Stauffenberg diente als Generalstabschef beim Oberbefehlshaber des Ersatzheeres, Generaloberst Fromm. Er war in der Bendlerstraße in Berlin stationiert, wo sich Fromms Stab befand. Ins Hauptquartier kam er nur, wenn über den Zustand des Ersatzheeres berichtet werden musste. Zuvor hatte Stauffenberg in Rommels Armee an der Afrikafront gekämpft, wo er bei einer Verwundung den linken Arm, ein Auge und drei Finger der rechten Hand eingebüßt hatte.

Heusinger fuhr in seinem Vortrag fort. Hitler stand, mit dem Oberkörper tief über den Tisch gebeugt, und studierte die Karte der Ostfront. Wie sich später herausstellte, platzierte Stauffenberg seine Aktentasche, in der sich eine Zeitzünderbombe befand, beim Hereinkommen unter dem Tisch mit den Opera-

---

[259] Tief gestaffeltes Verteidigungssystem im Bereich der 1. Panzerarmee der Heeresgruppe Nordukraine. Zahlreiche Orte wie Lwow, Brody und Stanislaw hatte man zu starken Stützpunkten ausgebaut, mit denen eine sowjetische Offensive aufgehalten werden sollte.

tionskarten. Dann ging er wieder hinaus, angeblich, um zu telefonieren. Die Teilnehmer der Lagebesprechungen konnten damals mit ihren Aktentaschen unkontrolliert in den Saal gelangen und sich auch jederzeit in die Nachbarräume begeben.

Heusinger hatte seinen Vortrag noch nicht beendet, als es im Lageraum eine heftige Explosion gab. Günsche und John von Freyend, die sich auf das Fensterbrett eines offenen Fensters stützten, wurden von der Druckwelle erfasst und hinausgeschleudert. Als Günsche wieder zu sich kam, sah er dicke Rauchwolken aus den Fenstern des Lageraums quellen und hörte drinnen Menschen stöhnen. Er lief zum Eingang. Einige SS-Männer aus Hitlers Leibwache, die Posten gestanden hatten, rannten ebenfalls auf die Baracke zu. In der Tür stieß Günsche auf zwei rauchgeschwärzte, schwankende Gestalten, die, sich gegenseitig stützend, aus dem Haus zu kommen suchten. Es waren Hitler und Keitel. Ihre Kleidung hing in Fetzen herab, Hitlers Haare waren wirr und versengt. Sein rußverschmiertes Gesicht hatte rote Flecken. Günsche fasste Hitler unter die linke Achsel und rief: »Gott sei Dank, mein Führer, Sie sind am Leben!«

Keitel und Günsche stützten Hitler von beiden Seiten und brachten ihn in seinen Bunker. Hitler hatte fast gänzlich die Stimme verloren. Nach Luft ringend, krächzte er immer wieder: »Was ... was war das ...?«

Im Speiseraum des Bunkers setzten Keitel und Günsche Hitler in einen Sessel. Der röchelte: »Ein Anschlag ... Eine Bombe ... Was war das? Welch ein Glück ... Ich bin am Leben ... Das war die Hand der Vorsehung.«

In einem Ausbruch von Freude presste Hitler Keitel und Günsche immer wieder die Hände. Sein zweiter Chirurg Hasselbach, der Brandt vertrat, stürzte in den Raum. Ihm folgten Bormann, Morell und Linge.

Hasselbach und Morell untersuchten Hitler. Sie stellten eine Prellung des rechten Arms, Schäden am Trommelfell und leichte Verletzungen an beiden Beinen durch Holzsplitter fest, die von den geborstenen Dielenbrettern stammten.

Hitler kam allmählich zu sich. Als er die Sprache wiederge-
funden hatte, äußerte er die Vermutung, es sei eine Zeitzünderbombe gewesen. Sicher hätten die beim Umbau des Hauptquartiers beschäftigten Arbeiter, die ihm nach dem Leben trachteten,
sie dort platziert. Da er fürchtete, auch in seinem Bunker könnten Bomben gelegt sein, befahl Hitler, die Fußböden sofort auseinander zu nehmen.

Von den Besprechungsteilnehmern waren außerdem durch
die Bombe verletzt worden: Hitlers Flügeladjutant und Chef des
Heerespersonalamts Generalleutnant Schmundt, der Chef des
Generalstabs der Luftwaffe General der Flieger Korten, der
Mitarbeiter der Operationsabteilung des Generalstabs des Hee-
res Oberst im Generalstab Brandt, der Sonderbeauftragte des
Führers für militärische Geschichtsschreibung Generalmajor
Scherff, Görings Verbindungsoffizier bei Hitler General der
Flieger Bodenschatz, Dönitz' ständiger Vertreter Vizeadmiral
Voss, Hitlers Adjutant für das Heer Oberstleutnant im General-
stab Borgmann und der Stenograf Berger. Sie alle wurden ins La-
zarett Karlshof bei Rastenburg gebracht. Schmundt, Korten,
Brandt und Berger erlagen ihren Verletzungen. Heusinger, Warlimont, Jodl, Buhle, Fegelein, Puttkamer und von Below kamen
mit leichten Blessuren davon.

Eine halbe Stunde nach dem Anschlag traf Himmler in der
»Wolfschanze« ein und nahm die Ermittlungen auf. Etwa eine
Stunde nach der Explosion erschien bei Linge der Telefonist im
Hauptquartier, Wachtmeister Adam, bei dem die Teilnehmer der
Besprechungen ihre Telefongespräche anmeldeten. Adam berich-
tete, er habe gesehen, wie Oberst von Stauffenberg wenige Minu-
ten vor der Explosion aus dem Lageraum gekommen und zu sei-
nem Auto gegangen sei. Linge informierte sofort Hitler. Der ließ
Adam zu sich rufen. Als Adam seine Aussage wiederholte, fragte
Hitler: »Wer ist dieser Stauffenberg? Woher kommt er?«

Linge antwortete, Stauffenberg sei im Generalstab des Ersatzheeres bei Fromm tätig. Als Hitler das hörte, rief er aus:
»Stauffenberg ist der Urheber des Anschlags! Sofort verhaften!«

Nun stellte sich heraus, dass Stauffenberg das Gelände des Hauptquartiers bereits verlassen hatte, obwohl die Ausfahrt nach der Explosion sofort gesperrt wurde. Unter dem Vorwand, er habe einen dringenden Auftrag Hitlers für Fromm, war es ihm gelungen, herauszukommen und nach Berlin zurückzufahren. Zwei Stunden nach dem Attentat rief Hitler Goebbels in Berlin an.

Von ihm erfuhr er, das Regierungsviertel sei von Soldaten umstellt und er könne sein Ministerium nicht verlassen. Während Hitler mit Goebbels sprach, kam der Kommandeur des Wachregiments von Berlin, Major Remer, dessen Soldaten das Regierungsviertel abgeriegelt hatten, in Goebbels' Büro. Remer war gekommen, um zu melden, er habe diesen Befehl vom Berliner Stadtkommandanten, Generalleutnant von Hase, erhalten. Hitler ließ Remer ans Telefon rufen und sagte zu ihm: »Remer, hören Sie, ich bin am Leben! Führen Sie ausschließlich meine Befehle aus!«

Hitler befahl Remer, mit seinem Regiment zur Bendlerstraße zu marschieren, wo der Stab von Generaloberst Fromm saß, und die Verschwörung niederzuschlagen. Nach dem Gespräch mit Goebbels und Remer ernannte Hitler augenblicklich Himmler anstelle von Fromm zum Oberbefehlshaber des Ersatzheeres. Der erhielt den Befehl, sofort nach Berlin zu fahren und das Verschwörernest auszuheben.

Bevor Himmler in Berlin eintraf, spielte sich an der Bendlerstraße Folgendes ab: Stauffenberg, der die Explosion beim Verlassen der »Wolfschanze« offenbar noch gehört hatte, verkündete seinen Mitverschworenen bei der Rückkehr in die Bendlerstraße, Hitler sei tot. Zu den dort versammelten Beteiligten an der Verschwörung gegen Hitler gehörten: General Beck, der vor Halder Generalstabschef des Heeres gewesen war, General Hoepner, den Hitler nach der Niederlage der Deutschen vor Moskau im Winter 1941/42 aus der Wehrmacht entlassen hatte, General Olbricht, der ebenfalls nach der Niederlage vor Moskau in die Reserve versetzt worden war, der Oberst im Generalstab Mertz von Quirnheim, Mitarbeiter des Generalstabs des Ersatzheeres, und General Fromm.

Die Nachricht von Hitlers Tod teilte Fromms Stab allen Militärbezirken mit.[260] Zugleich wurde die Parole »Walküre« ausgegeben, das Codewort des Ersatzheeres für die Verhängung des Ausnahmezustands über ganz Deutschland. Fromms Stab sandte außerdem an alle Militärbezirke die Meldung, dass im Zusammenhang mit Hitlers Tod eine neue Regierung unter Feldmarschall von Witzleben gebildet worden sei.

Witzleben hatte bis 1941 die Heeresgruppe in Frankreich befehligt. Hitler hatte ihn sehr geschätzt. Dann aber fiel er in Ungnade und wurde von Hitler abgesetzt. Als Hitler von den Befehlen erfuhr, die Fromms Stab an die Militärbezirke ausgegeben hatte, wies er Keitel an, den Militärbezirken mitzuteilen, er sei am Leben und sie hätten allein seine Befehle zu befolgen. Angesichts der widersprüchlichen Meldungen und Befehle, die von den Verschwörern und von Keitel eingingen, wurde die Lage für die Militärbezirke nun vollends undurchschaubar.

Hitler fiel es nicht leicht, die Befehlsgewalt über die Truppen, die sich auf deutschem Gebiet befanden, wieder in die Hand zu bekommen. Große Unterstützung erhielt er in diesen Tagen von Generaloberst Guderian, der damals Generalinspekteur der Panzertruppen war. Er stellte sich sofort auf Hitlers Seite. In einem Befehl an die Panzertruppen des Ersatzheeres und die Panzerschulen verurteilte Guderian die Verschwörung gegen Hitler und befahl, jegliche Aktionen von Einheiten des Ersatzheeres gegen Hitler mit Waffengewalt zu unterdrücken.

Auch in Fromms Stab an der Bendlerstraße wurde bald bekannt, dass das Attentat auf Hitler fehlgeschlagen war. Fromm, der sich selbst retten und seine Beteiligung an der Verschwörung

---

[260] Generaloberst Friedrich Fromm war zu diesem Zeitpunkt von Oberst Claus Graf Schenk von Stauffenberg unter Arrest gestellt worden. Das entsprechende Fernschreiben an die Wehrkreis-Kommandeure und die Militärbefehlshaber in den besetzten Gebieten hatte Generalfeldmarschall Erwin von Witzleben als neuer Oberbefehlshaber der Wehrmacht aufsetzen lassen.

vertuschen wollte, befahl Offizieren seines Stabs, die Hitler treu geblieben waren, Stauffenberg, Olbricht und die anderen zu erschießen. Generaloberst Beck befand sich zum Zeitpunkt der Erschießung in Fromms Arbeitszimmer.

Später wurde bekannt, dass Beck, als er sah, dass Fromm umgeschwenkt war, mit den Worten »Sie erlauben?« dessen Pistole vom Tisch nahm, sie an den Kopf hielt und abdrückte. Die Pistole versagte. Daraufhin erschoss Fromm Beck eigenhändig.[261] Dann ordnete er an, die Leichen im Hof des Gebäudes an der Bendlerstraße zu begraben, wo sich sein Stab befand.

Als Himmler in der Bendlerstraße eintraf, war dort wieder Ruhe eingekehrt. Himmler nahm Fromm fest und befahl, die Leichen der Erschossenen, die man alle zusammen in ein Grab geworfen hatte, zu exhumieren und zu fotografieren. Die Fotos sandte er Hitler.

Nun begannen Massenverhaftungen. Hitler schickte eine Gruppe von SD-Leuten unter Führung von SS-Hauptsturmführer Hans Bergmüller in den Generalstab des Oberkommandos des Heeres bei Lötzen, um dort Festnahmen durchzuführen. Man setzte alle Abteilungsleiter, Generale und Offiziere des OKH fest, die verdächtig waren, in die Verschwörung verwickelt zu sein. Sie wurden zum Verhör in die »Wolfschanze« gebracht. Einige Generale und Offiziere, darunter der Generalquartiermeister des Generalstabs, Wagner, entzogen sich der Verhaftung durch Selbstmord. Die Ermittlungen in der »Wolfschanze« leitete Hitler selbst. Die Verhöre führten der Chef von Hitlers Polizeikommando, Högl, und Mitarbeiter des SD. Über die Ergebnisse berichtete Högl Hitler persönlich und erhielt von ihm Weisungen, wie die Verhöre fortzusetzen und welche neuen Verhaftungen vorzunehmen seien.

---

[261] Generaloberst Ludwig Beck, der sich seiner Verhaftung widersetzte, versuchte zweimal vergeblich, sich mit seiner Pistole das Leben zu nehmen. Fromm, den regimetreue Offiziere am Abend des 20.7.1944 befreit hatten, befahl daraufhin einem Offizier, Beck zu erschießen. Als dieser sich weigerte, erschoss ein Feldwebel den Generaloberst in einem Nebenzimmer.

Die Untersuchungen ergaben, dass alle Abteilungsleiter des Generalstabs und ihre engsten Mitarbeiter außer dem Leiter der Transportabteilung, General Gercke, und Generalstabchef Heusinger in das Komplott gegen Hitler eingeweiht waren.[262] Letzterer wurde bei dem Anschlag verletzt. Die Verhafteten sagten aus, sie hätten die Erhebung gegen Hitler organisiert, weil sie zu dem Schluss gekommen seien, dass der Krieg unter seiner Führung nicht gewonnen werden könne. Diese Bewertung von Hitlers Fähigkeiten als Heerführer lief damals in höchsten Militärkreisen als böser Witz um. Danach soll an Hindenburg-Denkmälern die Aufschrift angebracht worden sein:

»Steig herab, edler Krieger, zu deinem Heer!

Dein Gefreiter kann nicht mehr.«

Nach den Verhören brachte man die Festgenommenen in die Haftanstalt Berlin-Moabit. Dort wurden die Hauptbeteiligten der Verschwörung vor ein Gericht gestellt, dem der Staatssekretär im Justizministerium, Freisler, vorsaß.[263] Sie alle wurden zum Tode durch den Strang verurteilt. Zuvor hatte sie ein Ehrengericht aus der Wehrmacht ausgestoßen. Dieses bestand aus Keitel als Vorsitzendem, Generalfeldmarschall Rundstedt und dem General der Infanterie Reinhardt, der im OKW für die nationalsozialistische Erziehung in der Wehrmacht verantwortlich war.[264]

Vor der Hinrichtung durften die Verurteilten Abschiedsbriefe schreiben. Diese wurden von der Gestapo kontrolliert und fotografiert. Die Aufnahmen erhielt Hitler. Darunter befand sich auch der Abschiedsbrief des Chefs der Organisationsabteilung des Generalstabs, General Stieff, an seine Frau. Er schrieb, um

---

[262] Auch Generalleutnant Adolf Heusinger kannte und billigte den Attentatsplan für den 20.7.1944, war aber an der Durchführung und Planung nicht beteiligt. Gestapo-Leute verhafteten Heusinger noch im Krankenhaus. Da ihm jedoch keine Beteiligung am Attentat nachgewiesen werden konnte, wurde er nach zwei Monaten wieder entlassen und in die Führerreserve versetzt.

[263] Gemeint ist der Volksgerichtshof. Freisler war zu diesem Zeitpunkt nicht mehr Staatssekretär, sondern Präsident des Volksgerichtshofes und Vorsitzender Richter seines Ersten Senats.

[264] Der so genannte Ehrenhof trat am 4.8.1944 zusammen. Generaloberst Hans Reinhardt gehörte dem Ehrenhof nicht an. Gemeint war Generalmajor Hermann Reinecke.

seine Seele zu retten, sei er vor seinem Tod in die römisch-katho-lische Kirche eingetreten. Hitler musste darüber sehr lachen und meinte, er überlasse dem Papst gern die schwarze Seele dieses »Teufels«, aber erst nachdem er ihn aufgehängt habe. »Teufel« nannte Hitler Stieff wegen seiner großen, etwas vorstehenden Augen.

Der ebenfalls zum Tode verurteilte Adjutant Zeitzlers, der Oberstleutnant im Generalstab Smend, ersuchte Hitler, ihn nicht erhängen, sondern erschießen zu lassen. Das lehnte Hitler ab.

Die Verurteilten wurden sämtlich aufgehängt. Unter ihnen waren außer Stieff und Smend Feldmarschall von Witzleben, der Stadtkommandant von Berlin General von Hase, der General der Nachrichtentruppen Fellgiebel, der Chef der Organisations-abteilung im Wehrmachtführungsstab, der Oberst im General-stab Meichßner, der Polizeipräsident von Berlin SA-Obergrup-penführer Graf Helldorf, der ehemalige Oberbürgermeister von Leipzig Goerdeler, einige Diplomaten, darunter die Botschafter von der Schulenburg und von Hassell, mehrere Geistliche sowie weitere Generale und Offiziere des Generalstabs.

Sie wurden im Keller des Gefängnisses Moabit gehenkt.[265] Hitler wies an, die Hinrichtung zu fotografieren und ihm die Aufnahmen zu schicken. Eigens zu diesem Zweck fuhren Hoff-manns Fotografen von der »Wolfschanze« nach Berlin. Man nahm jeden Verurteilten auf, wie er unter dem Galgen stand, wie er erhängt wurde und wie er am Galgen hing.

Als Galgen diente ein langer Eisenträger, an dem Haken be-festigt waren. Auf den Fotos, die Hitler erhielt, sah man diesen Träger, an dem die Exekutierten hingen – in Häftlingskleidung und durch lange Stoffbahnen voneinander getrennt.

Neben diesen Hinrichtungen führte die Gestapo Massener-schießungen ohne Gerichtsverfahren durch. Erschossen wurden nicht nur Menschen, die man verdächtigte, bei der Verschwö-

---

[265] Die Hinrichtungen fanden in der Haftanstalt Berlin-Plötzensee statt.

rung mitgewirkt zu haben, sondern auch solche, die als Defätisten galten.[266]

Generaloberst Fromm wurde zunächst nicht hingerichtet. Er blieb bis Anfang 1945 in Haft. Erst dann wurde er auf Hitlers Befehl erschossen.[267]

Hitler erfuhr von Himmler und Bormann auch, dass sich Generalfeldmarschall Rommel mit den Verschwörern solidarisiert hätte. Sie legten ihm Berichte des SD und Informationen des Kreisleiters von Würzburg vor, denen zu Folge Rommel defätistische Reden führte und offen erklärte, der Krieg sei verloren. Rommel hielt sich damals in seiner Heimatstadt Würzburg auf, wo er eine leichte Kopfverletzung von einem Autounfall auskurierte.[268] Da Rommel allgemein beliebt war, befahl Hitler, ihn insgeheim und ohne Gerichtsverhandlung zu töten. Diesen Befehl führte General Krebs aus, der im März 1945 zum Generalstabschef des Heeres ernannt werden sollte. Krebs erzählte Günsche, er habe Rommel im Oktober 1944 in dessen Würzburger Wohnung im Namen Hitlers gezwungen, sich mit Zyankali zu vergiften.[269]

---

[266] Im Zusammenhang mit dem versuchten Staatsstreich verhaftete die Gestapo mehr als 7000 Personen, 4980 von ihnen wurden in den nächsten Monaten umgebracht. Aus dem OKW, OKH und dem Generalstab verurteilte man 60 Offiziere zum Tode. 20 Generale wurden im Zusammenhang mit dem Attentat auf Hitler hingerichtet, gleichzeitig fällten Kriegsgerichte gegen 36 Generale Todesurteile wegen Opposition zum Regime. 49 Generale setzten ihrem Leben ein Ende, um der Verhaftung und Anklage zu entgehen. In den Wehrkreisen und an der Front wurden zahlreiche Wehrmachtsangehörige verhaftet, von denen Militärgerichte rund 700 zum Tode verurteilten.

[267] Der Volksgerichtshof verurteilte Generaloberst Friedrich Fromm am 7.3.1945 »wegen Feigheit« zum Tode. Der General wurde am 12.3.1945 im Zuchthaus Brandenburg hingerichtet.

[268] Generalfeldmarschall Erwin Rommel war am 17.7.1944 bei einem Tiefflieger-Angriff auf sein Fahrzeug in der Nähe von Livarot (Frankreich) verwundet worden. Er erlitt einen schweren Schädelbasisbruch, zwei Brüche an der Schläfe und eine Zertrümmerung des Wangenknochens. Den Genesungsurlaub verbrachte er in seinem Haus in Herrlingen bei Ulm.

[269] Nicht General Hans Krebs, sondern General Wilhelm Burgdorf führte den Auftrag aus, Rommel zum Selbstmord zu bewegen. Am 14.10.1944 suchte er den Generalfeldmarschall in Herrlingen auf. Nachdem Rommel es ablehnte, sich selbst zu erschießen, fuhr Burgdorf mit ihm zu einer nahe gelegenen Kiesgrube, wo er ihm eine Zyankalikapsel übergab. Minuten später war Rommel tot. Danach brachte Burgdorf ihn in ein Ulmer Lazarett, wo er mitteilte, Rommel habe wahrscheinlich einen Herzanfall erlitten. Als Todesursache vermerkte die Sterbeurkunde: »Herzschlag infolge eines im Westen erlittenen Dienstunfalls«.

Der deutschen Öffentlichkeit wurde offiziell mitgeteilt, Rommel sei den Verletzungen erlegen, die er bei dem Autounfall erlitten hatte. Um den Mord an Rommel zu vertuschen, erhielt er ein Staatsbegräbnis mit allen militärischen Ehren.

Wenn Hitler auf das Komplott zu sprechen kam, behauptete er stets, die Urheber hätten sich nicht von patriotischen Bestrebungen im Zusammenhang mit dem Krieg leiten lassen, sondern von persönlicher Feindschaft gegen ihn. Er erklärte: »Stauffenberg war ein Werkzeug in den Händen von Menschen, denen ich alles gegeben habe: hohe Posten, Reichtum und Orden. Sie haben mich in allem unterstützt und waren zufrieden, solange sie meine Gnade genossen. Aber jetzt wollten sie mich loswerden.«

Hitler versuchte das Attentat auch dafür zu nutzen, sich mit der Aura des »vom Schicksal auserwählten« Führers zu umgeben. Er erklärte: »Nur ich bin in der Lage, das deutsche Volk zu retten. Nur ich werde den Krieg zum siegreichen Ende führen.«

Zu Linge sagte er: »Ja, Linge, ich bin nur durch ein Wunder gerettet worden. Die Vorsehung hat mich dem deutschen Volk erhalten.«

Bei Zusammenkünften der Gauleiter der nationalsozialistischen Partei und der für nationalsozialistische Erziehung verantwortlichen Frontoffiziere, die eigens dafür in die »Wolfschanze« gerufen wurden, wiederholte Hitler, die Vorsehung habe ihn gerettet, damit er das deutsche Volk zum Sieg führe.[270]

Um dem Anschlag eine historische Dimension zu verleihen, wies Hitler an, ein besonderes Abzeichen herzustellen, mit dem er alle bei dem Bombenanschlag verletzten Teilnehmer an der Lagebesprechung ehren wollte. Es wurde nach dem Vorbild der Verwundetenabzeichen gestaltet. Der Unterschied bestand darin, dass hier das Datum 20. Juli 1944 und der Namenszug »Adolf Hitler« eingraviert waren. Hitler verlieh es auch sich selbst. Einige Exemplare ließ er an sichtbaren Stellen in seinem Bunker

---

[270] Der Vortrag Hitlers vor den nationalsozialistischen Führungsoffizieren fand am 3. 8. 1944 in der »Wolfschanze« statt, die Zusammenkunft mit den Reichs- und Gauleitern einen Tag später.

auslegen. Dabei waren seine Verletzungen unbedeutend – eine Prellung am rechten Arm, einige Holzsplitter in den Beinen und geringe Schäden an den Trommelfellen. Hitler kam fast unversehrt davon, weil er sich im Augenblick der Explosion mit dem ganzen Oberkörper über den Tisch gebeugt und die Karte der Ostfront studiert hatte. Die Tischplatte aus massivem Holz hatte die Wucht der Explosion abgefangen.

Hitlers Adjutant Schaub wollte ebenfalls unbedingt mit dem Verwundetenabzeichen »gewürdigt« werden, obwohl er keinerlei Verletzung erlitten hatte. Als die Bombe explodierte, befand er sich gerade in seinem Büro, das durch zwei oder drei weitere Zimmer vom Lageraum getrennt war. Trotzdem versuchte er Hitlers Stab und diesem selbst einzureden, seine Trommelfelle hätten Schaden genommen. Mehrere Tage lang tat er, als höre er schlecht, und führte ständig die Hand zum Ohr. Jedem erzählte er, was er bei dem Bombenanschlag erlebt hatte.

Anfangs glaubte er, russische Flieger hätten eine Bombe abgeworfen. Die Druckwelle schleuderte ihn vom Stuhl, vom Schrank fielen die Champagnerflaschen herunter. Er sprang aus dem Fenster und duckte sich in die nächste Bodenwelle. Hitler war bereit, ihn für diese »Erlebnisse« mit dem Abzeichen zu ehren, aber da die anderen Adjutanten und auch die Ärzte darauf beharrten, dass Schaub nur simuliere, überlegte er es sich anders.

Dem Telefonisten, Wachtmeister Adam, der den Hinweis auf Stauffenberg gegeben hatte, schenkte Hitler 30 000 Mark und ein großes Haus bei Berlin.

Högl erhielt für die Vernehmung der Mitverschwörer in der »Wolfschanze« das Goldene Parteiabzeichen. Major Remer, der Goebbels von dem Befehl zur Abriegelung des Regierungsviertels informiert hatte, wurde sofort zum Oberst befördert und als Kampfkommandant von Hitlers Hauptquartier eingesetzt. Hitler führte diesen Posten ein, weil die Russen bereits an den Grenzen Ostpreußens standen und die »Wolfschanze« sich nun in Frontnähe befand. Für den bisherigen Kommandanten des Hauptquartiers, Oberst Streve, blieben reine Verwaltungsaufgaben.

Nach dem Anschlag wurden im Hauptquartier besonders strenge Sicherheitsmaßnahmen eingeführt. Hitler selbst stellte die Liste der ständigen Teilnehmer an den Lagebesprechungen zusammen. Diese wurde dem Chef von Hitlers persönlicher Leibwache, Schädle, und dem Chef seines Polizeikommandos, Högl, ausgehändigt, damit sie den Zutritt zu den Besprechungen kontrollieren konnten. Generale und Offiziere, die nicht auf der Liste standen, kamen nur hinein, wenn Hitler das in jedem Einzelfall persönlich genehmigte.

Wer in den Lageraum eintreten wollte – selbst Göring, Dönitz, Keitel, Jodl oder Warlimont – musste seine Aktentasche kontrollieren lassen. Persönliche Waffen waren beim Wachpersonal abzugeben. Warlimont, der in allem, was seine Person betraf, besonders empfindlich war, erschien von nun an ohne Aktentasche und trug die Papiere, die er für die Besprechung brauchte, offen in der Hand.

Selbst Personen, die zur Sonderberichterstattung oder zum Empfang des Ritterkreuzes, das Hitler persönlich überreichte, ins Hauptquartier geladen wurden, mussten sich von den Posten des SD durchsuchen lassen, bevor sie Hitler gegenübertreten durften.

▪

Anfang August 1944 verschlechterte sich Hitlers Gesundheitszustand. Die Schwindelanfälle verstärkten sich. Er erhielt zwei Wochen Bettruhe verordnet. Bei den Lagebesprechungen vertrat ihn jetzt Keitel. Der »Feldherr«, wie ihn die jungen Offiziere aus Hitlers Stab scherzhaft nannten, sah seine Stunde gekommen. Er suchte Hitler in jeder Hinsicht nachzuahmen. Mit ausladenden Bewegungen seiner langen Arme setzte er fette blaue Pfeile auf die Karte, die Konterattacken gegen die russischen Frontdurchbrüche darstellen sollten. Er schlug mit der Faust auf den Tisch, reckte sich unnatürlich auf und schleuderte drohende Blicke auf die Umstehenden.

Seit dem Anschlag vom 20. Juli hatte es tief greifende Veränderungen im militärischen Oberkommando gegeben. Auch die
Teilnehmer der Lagebesprechungen wechselten. Generalstabschef des Heeres war nun Guderian, der sich bei dem Attentat als
treuer Gefolgsmann Hitlers erwiesen hatte. Sein Stellvertreter
und Chef der neu zusammengesetzten Operationsabteilung des
OKH war jetzt Generalleutnant Wenck. Flügeladjutant Hitlers
und Chef des Personalamts des Heeres wurde anstelle des ums
Leben gekommenen Schmundt General Burgdorf. An die Stelle
des Generalstabschefs der Luftwaffe trat nach Kortens Tod der
General der Flieger Koller.[271]

Aber auch dem »Feldherrn« Keitel gelang es nicht, die Ostfront zu stabilisieren. Die Offensive, welche die Russen Mitte
Juli 1944 am Frontabschnitt der Heeresgruppe Nordukraine ge-
startet hatten, brachte den Verlust der großen Städte Lwow,
Przemysl und Jaroslaw.[272] Russische Truppen erreichten südöstlich von Warschau die Weichsel und konnten neben mehreren
kleinen Brückenköpfen am Westufer des Flusses auch einen großen bei Sandomierz errichten.[273]

---

[271] Hitler hatte Generaloberst Heinz Guderian am 21. 7. 1944 zum Generalstabschef
des Heeres ernannt. Am gleichen Tag trat Generalleutnant Walther Wenck seinen Posten als Chef der Operationsabteilung im OKH an. General Burgdorf erhielt den Posten
des »Chefadjutanten der Wehrmacht beim Führer« am 12. 10. 1944. General Karl Koller
amtierte seit dem 12. 11. 1944 als Chef des Generalstabs der Luftwaffe.
[272] Die sowjetische Offensive gegen die Heeresgruppe Nordukraine begann am
13. 7. 1944. Bis Mitte August 1944 zerschlug die Rote Armee 32 der 56 Divisionen der Heeresgruppe, weitere acht vernichtete sie vollständig. Ihre eigenen Verluste betrugen 65 000
Tote und 224 295 Verwundete.
[273] Am 29./30. 7. 1944 forcierten sowjetische Truppen die Weichsel im Raum Sandomierz und bildeten auf der Westseite einen Brückenkopf. Am 1. 8. 1944 begann daraufhin
die polnische Heimatarmee den Warschauer Aufstand, der allerdings auf Stalins Anweisung ohne sowjetische Unterstützung blieb. Deutsche Truppen und SS gingen brutal gegen die Angehörigen der polnischen Heimatarmee und die Zivilbevölkerung vor. Am
2. 10. mussten die polnischen Kräfte kapitulieren, erreichten aber die Anerkennung als
Kriegsgefangene. Während der Kämpfe verlor die Heimatarmee 16 000 Mann, 6000
wurden verwundet. Auf deutscher Seite gab es 2000 Tote und 9000 Verletzte. 166 000
Bewohner der Stadt kamen während des Aufstands ums Leben, 70 000 wurden zur
Zwangsarbeit in Konzentrationslager verschleppt. Hitler gab die Anweisung, Warschau
dem Erdboden gleichzumachen.

Hitler nahm die Frontberichte im Bett entgegen. Die Abende verbrachte er mit seinen Sekretärinnen, die sich um sein Krankenlager scharten.

In dieser Zeit entspann sich ein »Machtkampf« unter Hitlers Ärzten. Die behandelnden Ärzte und Chirurgen Brandt und Hasselbach lehnten Morells Methoden ab. Sie warfen ihm vor, Hitlers Organismus erhalte zu viel Strychnin, wodurch sich der Gesamtzustand des Patienten immer weiter verschlechtere.[274]

Der Hals-Nasen-Ohren-Arzt Dr. Giesing aus Lötzen, der Hitlers bei dem Anschlag beschädigte Trommelfelle behandelte, stellte sich offen auf Brandts und Hasselbachs Seite. Der Streit kam Hitler zu Ohren. Morell setzte sich natürlich durch, denn mit seinen Stimulanz- und Betäubungsmitteln war er für Hitler unentbehrlich geworden. Hitler warf Giesing hinaus. Brandt und Hasselbach wurden abgelöst. An ihrer Stelle schickte ihm Himmler seinen eigenen Leibarzt, SS-Obersturmbannführer Stumpfegger.

In diesen Tagen brauchte Hitler dringend eine Zahnbehandlung. Sein Zahnarzt Hugo Blaschke, bei dem er seit vielen Jahren in Behandlung war, wurde in die »Wolfschanze« gerufen. Blaschke unterhielt eine Privatpraxis am Berliner Kurfürstendamm und war Mitglied der nationalsozialistischen Partei. Vor dem Krieg hatte Hitler ihm den Professorentitel verliehen. Während des Krieges wurde er zum SS-Brigadeführer befördert. Man holte ihn regelmäßig in die Reichskanzlei, ins Schloss Berghof und in die »Wolfschanze«, wo er die Zähne Hitlers, Eva Brauns und der Mitarbeiter von Hitlers Persönlichem Stab behandelte. Das

---

[274] Hitler litt zu dieser Zeit an einer schwachen Gelbsucht, die nach erfolgreicher Behandlung rasch abklang. HNO-Arzt Giesing, der Hitlers Trommelfelle behandelte, kam zu der Annahme einer Strychninvergiftung, weil er den Beipackzettel für ein anderes Medikament (Dr. Kösters Antigaspillen) fehlerhaft interpretierte. Hasselbach und Brandt, beide Fachärzte für Chirurgie, waren von Giesing alarmiert worden. Hitler hätte jedoch von den die Darmflora anregenden Tabletten zirka 150 Stück täglich nehmen müssen, um tatsächlich Symptome einer Vergiftung zu zeigen.

Gold, das Blaschke für Zahnplomben benutzte, erhielt er aus den Beständen der Reichsführung SS. Die Gestapo hatte es Häftlingen abgenommen. Außerdem erhielt die Reichsführung SS Goldkronen, Goldzähne und Brücken, die russischen Kriegsgefangenen in den Lagern ausgebrochen wurden. Mit dieser Praxis wurde 1944 auf geheime Anweisung Himmlers begonnen, der damit einen dringenden Wunsch Hitlers erfüllte.[275]

Mitte August hatten die Ärzte Hitler nach zweiwöchigem Krankenlager so weit wiederhergestellt, dass er erneut an den täglichen Lagebesprechungen teilnehmen konnte. Allerdings war er noch sehr blass und unsicher auf den Beinen. Unter den Augen lagen dunkle Schatten. Die linke Hand zitterte stark. Den bei der Explosion geprellten rechten Arm trug er noch in einer Binde. Und er ging gebeugter umher als je zuvor.

Bei der ersten Besprechung Hitlers nach der Krankheit waren außer den ständigen Teilnehmern Bormann, Generalfeldmarschall Model, den Hitler anstelle von Generaloberst Reinhardt zum Oberbefehlshaber der Heeresgruppe Mitte ernannt hatte, und Gauleiter Koch zugegen.[276] Seit die Russen die Deutschen aus der Ukraine vertrieben hatten, war der »Kaiser der Ukraine«, wie man ihn in Hitlers Stab scherzhaft nannte, nach Ostpreußen zurückgekehrt, wo er den Posten des Reichsverteidigungskommissars innehatte.

Der neue Generalstabschef Guderian in der schwarzen Uniform der Panzertruppen trug die Lage an der Ostfront vor: Am Frontabschnitt der Heeresgruppe Südukraine ist eine Großoffensive der Russen im Bereich Jassy – Kischinjow zu erwarten. Die

---

[275] Bereits am 23. 9. 1940 hatte Himmler die SS-Zahnärzte in den Konzentrationslagern angewiesen, toten Häftlingen die Goldzähne herauszubrechen und bei Lebenden »nicht mehr reparaturfähiges Zahngold« zu entfernen.
[276] Die Besprechung mit Generalfeldmarschall Model und Gauleiter Koch fand am 15. 8. 1944 statt.

rumänischen Divisionen an der rechten Flanke haben keinen hohen Kampfwert, weshalb er angeordnet hat, deutsche Divisionen als »Korsettstangen« zwischen ihnen zu postieren. Am Frontabschnitt der Heeresgruppe Nordukraine, die weit nach Westen bis über die Weichsel zurückgeworfen worden ist, sind keine weiteren Angriffe der Russen zu erwarten. Die Angriffe der Deutschen gegen den Brückenkopf der Russen am Westufer der Weichsel bei Sandomierz haben bisher kein Ergebnis gebracht.

Hitler unterbrach Guderian mit leiser Stimme: »Wenn es uns jetzt nicht gelingt, diesen Brückenkopf zu beseitigen, dann werden wir die Weichsel nicht halten können, wenn die Russen wieder angreifen.«

Er befahl Guderian, alle Kräfte zusammenzuziehen, um den russischen Brückenkopf zu liquidieren und das Westufer der Weichsel zu einem stark befestigten Frontabschnitt zu machen.

Guderian fuhr mit seinem Vortrag fort. Er beschrieb die Lage an der Grenze Ostpreußens, wo die Russen in breiter Front aufmarschiert waren. Koch und Model warfen sich dabei giftige Blicke zu. Koch lief plötzlich rot an und rief: »Die Wehrmacht hilft mir nicht beim Bau von Befestigungsanlagen an der Grenze. Herrn Model scheint das wenig zu interessieren!«

Model blieb ihm nichts schuldig und erwiderte ebenfalls mit erhobener Stimme, Koch mache, was er wolle, und höre beim Bau der Befestigungsanlagen nicht auf die Pioniere. Beide gerieten in Wut, brüllten immer lauter und schleuderten einander schwere Beleidigungen ins Gesicht. Hitler konnte sie nur mit Mühe beruhigen.

Seit die russischen Truppen sich der ostpreußischen Grenze näherten, trieb Koch hunderttausende Einwohner und russische Kriegsgefangene zum Bau von Befestigungsanlagen zusammen. Außer dem in Ostpreußen bereits vorhandenen befestigten Raum namens »Heilsberger Dreieck«[277] hatte man die Masu-

---

[277] Bereits 1918 ausgebaute und im Zweiten Weltkrieg modernisierte Verteidigungsstellung im Raum Königsberg zwischen den Flüssen Alle und Passarge.

rische Seenplatte, die wegen ihrer natürlichen Beschaffenheit
ohnehin leicht zu verteidigen war, mit einem dichten Netz von
Befestigungsanlagen überzogen. Auf allen Straßen und Brücken
wurde fieberhaft an weiteren Panzersperren und Gräben gearbeitet.

Je näher die Front der Grenze Ostpreußens rückte, desto
mehr Flüchtlinge strömten aus den unmittelbar gefährdeten
Grenzgebieten ins Hinterland. Für Deutschland war das ein völlig unbekanntes Bild. Zum ersten Mal näherte sich der Krieg
dem eigenen Staatsgebiet.[278]

Bei Abschluss der Besprechung wurde die Frage erörtert, wie
man Frauen und Kinder rechtzeitig aus Ostpreußen evakuieren
konnte, um Panik zu vermeiden. Hitler erklärte erregt: »Sollen es
die Russen nur wagen, in Ostpreußen einzudringen. Dann werden sie das deutsche Volk kennen lernen. Es wird sich mit aller
Kraft an seinen Boden klammern und sich bis zum letzten Blutstropfen verteidigen. Dann wird man sagen: Das Volk hat sich erhoben.«

Damit war die Besprechung zu Ende. Als die Teilnehmer bereits aus dem Raum gingen, erschien unerwartet Göring. Er trug
eine neue Fallschirmjäger-Uniform und hohe Jagdstiefel. Er
stürzte zum Tisch, an dem Hitler noch saß, und rief schnaufend
aus, es wäre doch schrecklich, wenn die Russen in Ostpreußen
einfielen. In Rominten habe er bereits Alarm ausgelöst und seine
Jäger in Kampfbereitschaft versetzt. Mit einem Seufzen fügte
Göring hinzu: »Meine armen Hirsche. Das ist entsetzlich!«

---

[278] Ein Geheimbericht der NSDAP vom 7.8.1944 meldete für Ostpreußen »Bestrebungen der einheimischen und der dorthin [wegen des Luftkrieges] evakuierten Berliner
Volksgenossen, so schnell wie möglich ins Innere des Reiches zu fahren und ihre Habe in
Sicherheit zu bringen (fluchtartige Abwanderung aus den Grenzgebieten, Überfüllung
der Züge, verstärkte Geldabhebung bei Banken und Sparkassen, Versendung von Ge-
päck)«.

In diesen Augusttagen weilte die Besitzerin des Künstlerateliers Troost, die Witwe Troost aus München, als Hitlers persönlicher Gast in der »Wolfschanze«. Hitler war mit ihr seit der Gründungszeit der Partei eng befreundet. Frau Troost war etwa 40 Jahre alt, langjähriges Mitglied der nationalsozialistischen Partei und Trägerin des Goldenen Parteiabzeichens. Ihr verstorbener Mann, Professor Paul Troost, hatte der Partei ebenfalls viele Jahre angehört. Bald nach Hitlers Machtübernahme beging er Selbstmord. Zu beiden pflegte Hitler seit langem ein sehr enges Verhältnis. Gemeinsam hatten sie an Plänen großartiger Paläste für die nationalsozialistische Partei gearbeitet, die Hitler nach seiner Machtergreifung bauen wollte. In Hitlers Auftrag stellte Troost die Entwürfe her, die für Hitler zur fixen Idee wurden. Weshalb Professor Troost seinem Leben ein Ende setzte, blieb unklar. In Hitlers Umgebung vermutete man, nach der Machtübernahme hätte er angesichts der Möglichkeit, die Projekte realisieren zu können, den Verstand verloren und sich umgebracht. Nach Troosts Tod verlieh Hitler dessen Gattin den Professorentitel und beauftragte sie mit der Inneneinrichtung seines Schlosses Berghof, der Reichskanzlei und mehrerer Paläste der nationalsozialistischen Partei. Dabei blieb der enge persönliche Kontakt zu ihr über all die Jahre erhalten. Wenn Hitler nach München kam, sah er sie fast täglich. Frau Troost besuchte ihn häufig in der Reichskanzlei und im Schloss Berghof.

Dieses Mal war sie Hitlers Ruf in die »Wolfschanze« gefolgt, um Blondi mit ihrem Hund zu paaren. Der Vorgang fand in der Zeit statt, als Hitler auf der Lagebesprechung weilte, wo Guderian über die Situation an der Ostfront berichtete und man die Evakuierung von Frauen und Kindern aus Ostpreußen erörterte.

Als Hitler nach der Besprechung mit Linge in seinen Bunker zurückkam, fragte er diesen, ob die Paarung stattgefunden habe. »Ja, mein Führer, der Staatsakt ist vollzogen«, antwortete Linge aufgeräumt.

»Wie hat sich Blondi dabei verhalten?«

»Beide haben sich wie Anfänger benommen.«

»Was heißt das?«

»Sie sind dabei umgefallen.«

Hitler musste lachen. Blondis Paarung mit Frau Troosts Hund war ein großes Ereignis in Hitlers Stab. Blondi hatte bei Hitler eine Sonderstellung. Keiner wagte, sie anzurühren. Niemand durfte sie füttern. Blondi speiste nur gemeinsam mit Hitler. Als sie sich 1943 eine ansteckende Krankheit zuzog, brachte man sie in die private Tierklinik von Dr. Dopfer in München, Rottmannstraße 1. Hitler ließ der Klinik Eier, Fleisch und Fett für Blondi liefern.

Aus München kam jeden Morgen per Telefon ein ärztliches Bulletin über Blondis Gesundheitszustand, das Linge Hitler als Erstes vorzulesen hatte. War es nicht gut, dann zeigte er sich sehr besorgt. Es fiel ihm leichter, das Todesurteil für einen Frontoffizier wegen Defätismus zu unterschreiben, als schlechte Nachrichten über den Gesundheitszustand seiner Blondi zu ertragen.

Am 20. August 1944 starteten die russischen Truppen ihre Offensive gegen die Heeresgruppe Südukraine im Raum Jassy – Kischinjow und hatten die deutsch-rumänischen Stellungen bald überrollt. Bereits am 24. August wurde Kischinjow aufgegeben. Einige Tage später brachen die Russen zum Pruth durch.

Als Rumänien sich durch die russische Offensive gezwungen sah, aus dem Krieg auszuscheiden,[279] führte das in Hitlers Hauptquartier zu folgender Reaktion:

Hitler erklärte, die Russen würden versuchen, die entstandene Lage auszunutzen, um als Nächstes durch den Balkan zu

[279] Am 23. 8. 1944 ließ der rumänische König Michael II. Marschall Antonescu verhaften und bildete eine neue Regierung. Diese erklärte Deutschland am 28. 8. 1944 den Krieg, nachdem Antonescu bereits am 2. 6. 1944 bei Geheimgesprächen in Stockholm mit der Sowjetunion eine prinzipielle Einigung über Rumäniens Ausscheiden aus dem Krieg getroffen hatte.

marschieren und die Dardanellen in die Hand zu bekommen. Daraus schloss er, sie könnten in ihrem Vormarsch nach Westen zeitweilig innehalten. Politisch hieß das für ihn, dass das Vorrücken der Russen auf den Balkan, den die Engländer als ihre Einflusssphäre betrachteten, und gar der Griff nach den Dardanellen zu einer weiteren Verschärfung der Spannungen zwischen Angloamerikanern und Russen führen würde. Um seine Sicht zu untermauern, verlas Hitler nun auf den Lagebesprechungen fast täglich Meldungen englischer Nachrichtenagenturen, darunter der Londoner Agentur Exchange, die scharfe Ausfälle gegen Sowjetrussland enthielten.

Die feindselige Haltung gegen Sowjetrussland spitzte sich weiter zu, als russische Truppen in Bulgarien einmarschierten.[280] Hitler maß dem außerordentliche Bedeutung bei. Mit größter Aufmerksamkeit studierte er die Berichte des Deutschen Nachrichtenbüros aus dem Ausland und strich wichtige Stellen mit Rotstift an. Vor den Lagebesprechungen gab er Günsche die Blätter mit den Worten: »Vergessen Sie nicht, mir diese Depeschen am Ende der Besprechung zu reichen.«

Wenn Hitler über die Verschlechterung des Verhältnisses zwischen den Westmächten und Sowjetrussland sprach, hob er hervor, dass es jetzt darauf ankomme, Zeit zu gewinnen. Im September 1944 wusste Hitler, dass die Angloamerikaner bereit waren, mit Deutschland einen Separatfrieden zu schließen. Vorher aber sollte er gehen. Die Forderung, Hitler zu entfernen, war von den Engländern bei Gesprächen mit Vertretern des deutschen Auswärtigen Amts in Stockholm gestellt worden, die auf englische Initiative stattfanden. Als Hitler davon berichtet wurde, befahl er, die Verhandlungen abzubrechen. Ribbentrops ständiger Vertreter bei Hitler, Botschafter Hewel, zeigte sich gegenüber Günsche unzufrieden darüber, dass die Stockholmer Gespräche eingestellt wurden. Er meinte, der Krieg an der Ostfront

---

[280] Bulgarien hatte trotz seines Bündnisses mit dem Deutschen Reich vermieden, sich am Feldzug gegen die Sowjetunion zu beteiligen. Am 5.9.1944 erklärte die Sowjetunion dann Bulgarien den Krieg und marschierte in das Land ein.

habe ein Stadium erreicht, das einen Friedensschluss mit den Westmächten unumgänglich mache.[281]

»Worauf wartet der Führer? Er muss einen Entschluss fassen und einen Ausweg finden«, sagte Hewel.

Den Ausweg suchte Hitler im Konflikt zwischen den Westmächten und Sowjetrussland. Am Ende seiner Lagebesprechungen pflegte er zu sagen: »Sie werden sehen, meine Herren. Ich werde Recht behalten.«

Als Rumänien aus dem Krieg ausschied, befanden sich in Deutschland viele Mitglieder der rumänischen Eisernen Garde. Sie waren seinerzeit vor der Verfolgung durch die Regierung Antonescu geflohen und im KZ Buchenwald unter Vorzugsbedingungen interniert worden.

Unter ihnen war der Führer der Eisernen Garde, Horia Sima. Nach dem Sturz der Regierung Antonescu ordnete Hitler an, die Mitglieder der »Eisernen Garde« freizulassen. Unter Führung von Horia Sima wurde eine rumänische Marionettenregierung gebildet, die in Hitlers Auftrag in den noch nicht von den Russen besetzten Teilen Rumäniens aktiv werden sollte.[282] Da die russischen Truppen aber so rasch vorankamen, gelangte die »Regierung« gar nicht mehr nach Rumänien. Daraufhin erhielt Sima

[281] Bereits am 17.1.1944 verbreitete das sowjetische Zentralorgan *Prawda* das Gerücht, Ribbentrop würde mit Großbritannien über einen Separatfrieden verhandeln. Hierfür gibt es jedoch keine Belege. Tatsache bleibt jedoch, dass sowohl Großbritannien und die USA als auch die Sowjetunion während des Krieges mit dem Deutschen Reich über diplomatische und nachrichtendienstliche Kanäle in Kontakt standen.

[282] Die 1927 als »Legion Erzengel Michael« gegründete Eiserne Garde, eine paramilitärische, christlich-mystische, antijüdische Organisation, wurde 1937 aufgelöst. Ab 1935 entfaltete sie unter verschiedenen Tarnbezeichnungen umfangreiche terroristische Aktionen, u.a. fiel der rumänische Ministerpräsident einem ihrer Attentate zum Opfer. Der Führer der Eisernen Garde, Corneliu Codreanu, wurde 1938 ermordet, sein Nachfolger Horia Sima initiierte 1941 einen erfolglosen Staatsstreich. Der vom SD nach Deutschland gebrachte Sima wurde in Abwesenheit zum Tode verurteilt. Die SS internierte ihn im Lager Berkenbrück, aus dem er jedoch floh. Nach seiner Ergreifung war er Vorzugshäftling im KZ Buchenwald. Seine Marionettenregierung nahm ihre Arbeit am 24.8.1944 auf.

den Auftrag, von Wien aus in Rumänien und im Hinterland der russischen Truppen Spionage und Diversionstätigkeit zu organisieren und unter der rumänischen Bevölkerung antisowjetische Propaganda zu verbreiten. Simas Agenten, die er aus Mitgliedern der freigelassenen »Eisernen Garde« rekrutierte, wurden mit Funkgeräten ausgestattet und von deutschen Flugzeugen mit dem Fallschirm über Rumänien abgesetzt.

Für seinen früheren Verbündeten Antonescu hatte Hitler kein Wort übrig. Dabei hatte er kaum zwei Jahre zuvor auf einer Besprechung eigens für ihn die »angebliche Lage« an der Ostfront demonstriert, um ihn bei der Stange zu halten. Jetzt beschimpfte Hitler Antonescu, weil der nicht mit König Michael, diesem »Bauerntölpel«, fertig geworden war und weil er das Volk nicht hatte gefügig machen können.

»Er ist ein Syphilitiker und sonst nichts!«, sagte Hitler über Antonescu.[283]

Ende Oktober und Anfang November 1944 lag an der Ostfront folgende Situation vor:

Am nördlichen Frontabschnitt hatten die Russen bei Memel die Ostseeküste erreicht, dadurch 30 deutsche Divisionen in Kurland abgeschnitten und zwischen den Städten Tukum und Libau in die Zange genommen.[284] Die Russen durchbrachen die deutschen Grenzbefestigungen östlich der Städte Gumbinnen und

---

[283] Über eine Syphiliserkrankung Antonescus ist nichts bekannt; es handelte sich lediglich um eine der üblichen Beschimpfungen. In *Mein Kampf* schrieb Hitler, dass eine solche Erkrankung gleichbedeutend mit fehlendem »Adel der Seele« des Patienten sei. Für ihn waren Geschlechtskrankheiten eine Folge der »Verjudung« und »Mammonisierung« des »Paarungstriebs«.

[284] Am 10.10.1944 erreichte die 1. Baltische Front beiderseits der Memel die Ostsee und schnitt damit 33 Divisionen der Heeresgruppe Nord ab. Den im Kessel festgehaltenen Truppen wurde der Abtransport über See verboten, da Hitler glaubte, mit ihnen die sowjetische Flanke bedrohen zu können. Die am 26.1.1945 in Heeresgruppe Kurland umbenannte Truppengruppierung kapitulierte nach sechs unentschiedenen Schlachten am 10.5.1945, 208000 Mann gingen in sowjetische Kriegsgefangenschaft.

Goldap. Letztere wurde eingenommen. Außerdem bedrohten russische Einheiten, die am Njemen im Norden und am Narew im Süden standen, Ostpreußen aus beiden Himmelsrichtungen. Südlich von Warschau waren die Russen in breiter Front an der Weichsel aufmarschiert und zielten auf das oberschlesische Industriegebiet. Am südlichen Frontabschnitt hatten ihre Truppen inzwischen die Karpaten überquert und rückten in die Tschechoslowakei sowie nach Ungarn ein. Vom Raum Budapest her bedrohten sie bereits Österreich und Süddeutschland. Russische Soldaten waren in der jugoslawischen Hauptstadt Belgrad einmarschiert.

Die Verluste an Toten und Verwundeten, welche die deutschen Truppen an der Ostfront hinnehmen mussten, waren enorm. Überall zog man die letzten Reserven zusammen, um sie der russischen Armee entgegenzuwerfen. In aller Eile wurde der »Volkssturm« aufgebaut. Seine Bataillone bestanden aus 15- bis 16-jährigen Halbwüchsigen und über 60-jährigen alten Männern. Das Kommando übernahmen Aktivisten der nationalsozialistischen Partei, SA-Leute und Funktionäre der »Hitlerjugend«.[285]

Auch das Führer-Flakregiment und die Führer-Begleitdivision, die bisher in der »Wolfsschanze« Dienst getan hatten, wurden an die deutsche Ostgrenze geworfen.[286] Die Begleitdivision befehligte der bisherige Kampfkommandant des Hauptquartiers,

[285] Der am 25.9.1944 auf Befehl Hitlers aufgestellte Volkssturm umfasste alle bislang nicht zum Wehrdienst eingezogenen Männer zwischen 16 und 60 Jahren. Aufstellung und Führung hatten die Gauleiter zu übernehmen, die militärische Organisation, Ausbildung und Bewaffnung unterstand Himmler als Oberstem Befehlshaber des Ersatzheeres. Die Volkssturm-Angehörigen galten während des Einsatzes als Soldaten und unterlagen damit der Wehrgerichtsbarkeit. Rund sechs Millionen Mann stellten das letzte, schlecht ausgebildete und unzureichend bewaffnete militärische Aufgebot des Deutschen Reiches. Vor allem die an der Ostfront eingesetzten Volkssturm-Verbände erlitten gegen die Rote Armee hohe Verluste. Mehr als 175 000 Volkssturm-Angehörige gelten seit Kriegsende als vermisst, die Zahl der Gefallenen ist unbekannt.
[286] Die im Juni 1944 aus dem Führer-Begleitbataillon aufgestellte Führer-Begleitbrigade wurde am 26.1.1945 zur Führer-Begleitdivision aufgestockt. Die Führer-Begleitbrigade wurde als reguläre Einheit in das Heer eingegliedert und nahm auch an der Ardennen-Offensive teil.

Remer, der inzwischen für seine Verdienste bei der Niederschlagung der Verschwörung vom 20. Juli 1944 zum Generalmajor befördert worden war. In der »Wolfschanze« blieben nur einige Schutzkompanien zurück.

Endlose Kolonnen von Flüchtlingen strömten verwirrt und verängstigt von Ostpreußen ins Landesinnere. Der Krieg mit all seinen Schrecken hatte deutschen Boden erreicht.[287] Hitlers Hoffnung, der Konflikt zwischen Angelsachsen und Russen könnte den Krieg wenden, hatte sich immer noch nicht erfüllt. Der Zeitgewinn, auf den Hitler rechnete, verlor seine Bedeutung angesichts der Geschwindigkeit, mit der sich die Angriffsoperationen an der Ostfront entfalteten.

Hitlers Hals steckte in der russischen Schlinge. Er durfte nicht länger zögern. Und so fasste er den Entschluss, möglichst rasch einen Schlag gegen die angloamerikanischen Truppen im Westen zu führen, um damit die Grundlage für Verhandlungen über einen Separatfrieden zu schaffen. Es entstand die Idee von einer deutschen Gegenoffensive in den Ardennen.

Und so entwickelte sich die Lage an der Westfront nach der Landung angloamerikanischer Truppen in der Normandie am 6. Juni 1944: Die angloamerikanischen Verbände bauten ihre Brückenköpfe an der Küste der Normandie allmählich aus und stießen Ende Juli bei Avranches durch die deutsche Front.[288] Der Durch-

---

[287] Seit Sommer 1944 wurden vor allem volksdeutsche Bevölkerungsgruppen aus den bedrohten Teilen Osteuropas nach Deutschland evakuiert. Die Evakuierungen und Fluchtbewegungen in Ostpreußen endeten nach Stabilisierung der Front und aufgrund der Durchhaltebefehle der NS-Führung im Herbst 1944. Die große Fluchtwelle von Millionen Menschen aus Ostpreußen, dem Warthegau und Schlesien begann nach dem sowjetischen Frontdurchbruch im Januar 1945.

[288] Am 30.7.1944 gelang der 3. US-Armee mit der Einnahme der Küstenstadt an der Baie du Mont Saint-Michel die Einschließung der deutschen Truppen auf der Halbinsel Cotentin. Der Fall des wichtigen Hafens Cherbourg war damit absehbar. Als am 6./7.8.1944 ein Gegenangriff der deutschen 5. Panzerarmee im alliierten Feuer stecken blieb, war die Invasionsschlacht für die Alliierten gewonnen.

bruch war anfangs nur wenige Kilometer breit. Das deutsche Oberkommando beauftragte Generalfeldmarschall von Kluge, der seit Anfang Juli 1944 anstelle von Rundstedt die Heeresgruppe West befehligte, den Durchbruch zu liquidieren und die Front wiederherzustellen. Zu dem geplanten Gegenangriff kam es jedoch nicht – und zwar wegen eines völlig unvorhergesehenen Vorkommnisses. Kurz bevor der Angriff beginnen sollte, verließ der Oberbefehlshaber der Heeresgruppe West, von Kluge, sein Stabsquartier in unbekannter Richtung und ward nicht mehr gesehen.

Als Kluges Verschwinden Hitler gemeldet wurde, äußerte dieser die Vermutung, Kluge habe auf der Seite der Verschwörer vom 20. Juli gestanden und sei deswegen zu den Amerikanern übergelaufen. Er befahl Rundstedt, der bereits beurlaubt war, sich sofort an die Westfront zu begeben und das Kommando über die Heeresgruppe wieder zu übernehmen.

Kluge tauchte nach zweitägiger Abwesenheit wieder in seinem Befehlsstand auf. Daraufhin beorderte ihn Hitler zur Aufklärung der Angelegenheit in sein Hauptquartier. Auf dem Weg dorthin vergiftete sich Kluge in seinem Wagen.[289]

Der Offizier zur besonderen Verwendung, der Kluge während der zweitägigen Abwesenheit von seinem Stabsquartier begleitet hatte, und sein Chauffeur sagten beim Verhör aus, der Generalfeldmarschall sei in diesen Tagen heftig erregt in der Nähe der Frontlinie umhergeirrt. Seine Fahrt zur vordersten Linie habe er damit begründet, dass er seinen Sohn sehen wollte, der dort in einer Division diente. Die weiteren Ermittlungen Himmlers und seines SD ergaben jedoch eindeutig, dass Kluge den Amerikanern die Front öffnen und kapitulieren wollte, aus technischen Gründen aber keinen Kontakt zum amerikanischen Oberkommando aufnehmen konnte.[290] Außerdem wurde nachgewiesen, dass Kluge an der Verschwörung des 20. Juli 1944 beteiligt war.

---

[289] Generalfeldmarschall Hans Günther von Kluge vergiftete sich am 18. 8. 1944 bei Metz.
[290] Der Frontbesuch Kluges vom 15. bis zum 16. 8. 1944 ist belegt, ebenfalls die Tatsache, dass er einen ganzen Tag unauffindbar blieb. Fraglich bleibt, ob Kluge tatsächlich Kon-

Kluges Verschwinden hatte die Verbände der Heeresgruppe West völlig durcheinander gebracht, die sich über längere Zeit ohne Befehl und Kampfauftrag gegen die angreifenden amerikanischen Truppen verteidigen mussten.

Der Zeitverlust, den Kluges Verrat verursacht hatte, die Verwirrung unter den deutschen Truppen, die sich teilweise auf völlig neue Ausgangspositionen zurückzogen, und die damit entstandene Notwendigkeit, die Truppen umzugruppieren, machten den geplanten Gegenangriff zunichte. Nun war dem deutschen Oberkommando klar, dass die deutschen Truppen Gefahr liefen, bei weiterem Vorankommen der amerikanischen Verbände in Richtung Granville und Saint-Lô bei Falaise abgeschnitten und eingekesselt zu werden.[291] Rundstedt erhielt den Befehl, statt des geplanten Gegenangriffs die Truppen aus Frankreich und Belgien hinter die »Siegfried-Stellung« und in die Niederlande zurückzuziehen.

Die deutsche Wehrmacht setzte sich also bei leichten Rückzugsgefechten bis zur »Siegfried-Stellung« ab.[292] Fast ohne Widerstand der Deutschen besetzten angloamerikanische Truppen Frankreich und Belgien. Dabei nutzten die Amerikaner, insbesondere die 3. Armee unter General Patton, die schwierige Lage, in welche die Deutschen durch den Zwischenfall mit Kluge geraten waren, noch nicht einmal aus. Nur weil die amerikanische militärische Führung die Situation nicht durchschaute und daher zögerte, war es dem deutschen Oberkommando möglich, seine

takt zu den Alliierten herstellen wollte, hatte er doch am 20.7.1944 eine Unterstützung des Staatsstreichs verweigert, als er erfuhr, dass Hitler noch lebte.

[291] Mitte August drängten die alliierten Truppen bei Falaise rund 120 000 Mann der 7. Armee und der 5. Panzerarmee auf engstem Raum zusammen. Durch taktische Fehler und Unstimmigkeiten im alliierten Oberkommando gelang es jedoch erst am 20.8.1944, den Kessel zu schließen. Bis zu diesem Zeitpunkt konnten rund 50 000 Mann ausbrechen, weitere 5000 entkamen später durch Lücken in der Umklammerung. Rund 50 000 Mann gerieten in Gefangenschaft, 10 000 Tote blieben im Kessel zurück. Damit war die deutsche Verteidigung in der Normandie endgültig zusammengebrochen.

[292] Bis September 1944 verlor die Wehrmacht bei den heftigen Kämpfen an der Westfront mehr als 414 802 Mann an Toten, Verwundeten, Vermissten und Gefangenen. Die alliierten Verluste bis zum 11.9.1944 betrugen 40 000 Tote, 164 000 Verwundete und 20 000 Vermisste.

Kräfte zu retten und sich ohne wesentliche Verluste zur »Sieg-fried-Stellung« zurückzuziehen.

Zum Abzug der deutschen Truppen aus Frankreich und Bel-gien meinte Hitler ironisch, Eisenhower und Patton würden sich wohl selbst über diesen unerwarteten Erfolg wundern. »Diese Schlappschwänze«, erklärte Hitler, »halten sich jetzt dank der Rücknahme der Truppen durch das deutsche Oberkommando auch noch für große Strategen.«

Nachdem die deutschen Verbände die »Siegfried-Stellung« erreicht hatten, gab es in der zweiten Oktoberhälfte im Raum Aachen einige lokale Gefechte. In den übrigen Bereichen der »Siegfried-Stellung« war es ruhig.[293]

Ende Oktober berief Hitler in der »Wolfschanze« eine außeror-dentliche Lagebesprechung im kleinen Kreis ein. Daran nahmen teil: Keitel, Jodl, Guderian, Christian, Burgdorf, Günsche, Fege-lein und Generalleutnant Winter, der erst vor kurzem anstelle von Warlimont zu Jodls Stellvertreter ernannt worden war. War-limont wiederum hatte man Mitte Oktober als Keitels Stellver-treter im Oberkommando der Wehrmacht eingesetzt, das jetzt in Berlin saß. Die Besprechung fand in Hitlers Bunker statt, dessen Umbau zu dieser Zeit abgeschlossen war. Sie begann mit dem Vortrag Guderians über die Lage an der Ostfront. Er berichtete, an nahezu allen Frontabschnitten seien die Kämpfe abgeflaut. Von örtlichen Scharmützeln abgesehen, herrsche an der ganzen Front Ruhe. Guderian erklärte, die Russen seien gegenwärtig da-mit beschäftigt, das Hinterland und die Reserven heranzufüh-

---

[293] Allein beim letztlich gescheiterten alliierten Luftlandeunternehmen »Market-Gar-den«, mit dem in den Niederlanden der Übergang über den Rhein erzwungen werden sollte, verloren die Alliierten Ende September 1944 rund 17000 Mann. Die Kämpfe um die Öffnung der Schelde-Mündung verliefen ebenfalls äußerst heftig, die kanadische Ar-mee verlor zwischen Oktober und November rund 13000 Mann. Im Raum Aachen wurde ebenfalls erbittert gekämpft.

ren. Bis zum Beginn einer neuen Offensive in Ostpreußen und an der Weichsel würden sie noch viel Zeit brauchen. Daraufhin entschied Hitler, der Augenblick für den geplanten Gegenschlag im Westen sei gekommen. Er beauftragte Jodl, unverzüglich den Plan für einen Überraschungsangriff gegen die angloamerikanischen Truppen in Nordfrankreich, im Elsass und in Belgien auszuarbeiten.[294]

Nach Hitlers Vorstellung sollte der Hauptschlag aus der Eifel südlich von Aachen gegen die Nahtstelle der englischen und amerikanischen Truppen geführt werden. Diese wollte er voneinander trennen, rasch bis zur Maas vorstoßen, den Fluss forcieren und dann Antwerpen mit seinem Hafen erobern, über den die Versorgung der angloamerikanischen Truppen hauptsächlich abgewickelt wurde.

Zur Durchführung dieser Operation wurde auf der Besprechung beschlossen, zwei Panzerarmeen zu bilden – die 5. Panzerarmee unter dem Befehl des Panzergenerals Manteuffel und die 6. SS-Panzerarmee unter dem Kommando des ehemaligen Befehlshabers der SS-Leibstandarte »Adolf Hitler«, Sepp Dietrich, den Hitler inzwischen zum Generaloberst befördert hatte. Diese beiden Armeen sollten Generalfeldmarschall Model unterstellt und in die Heeresgruppe West eingegliedert werden. Am Ende der Besprechung betonte Hitler noch einmal, die Vorbereitung dieser Operation und der strategische Aufmarsch der Kräfte hätten bei strengster Geheimhaltung zu erfolgen. Von den Teilnehmern der Besprechung verlangte er, sich per Unterschrift zur Wahrung dieses Geheimnisses zu verpflichten. Die Unterschriften sammelte Hitlers Flügeladjutant Burgdorf auf der Stelle ein.

Da Hitler die Operation persönlich leiten wollte, verlegte er sein Hauptquartier in die Gegend von Bad Nauheim, einem Waldgebiet beim Dorf Butzbach, 50 Kilometer nordöstlich von

---

[294] Jodl erhielt die Anweisung, einen Entwurf für eine Offensive in den Ardennen auszuarbeiten, bereits am 25. 9. 1944. Am 12. 10. legte er einen ersten Operationsplan (»Wacht am Rhein«) vor.

Frankfurt am Main.[295] Dort befand sich auch das Stabsquartier des Oberbefehlshabers der Heeresgruppe West, Rundstedt.

Hitlers Hauptquartier bei Bad Nauheim bestand aus sechs gut getarnten Blockhäusern und einigen schwach befestigten Beton-bunkern. Im Unterschied zur »Wolfschanze« war das Haupt-quartier bei Bad Nauheim nur wenig befestigt. Die »Wolf-schanze« hatte man inzwischen völlig evakuiert, da Hitler wegen der Nähe zur Front nicht mehr dorthin zurückkehren wollte. Nur Guderian blieb mit seinem Stab bei Lötzen in Ostpreußen.

Auf dem Weg nach Bad Nauheim hielt sich Hitler zwei Wo-chen lang in Berlin auf. Dort sprach er mit Sepp Dietrich und Manteuffel über die bevorstehende Operation in den Ardennen.

Hitler empfing auch den »Befreier« Mussolinis, SS-Ober-sturmbannführer Skorzeny, der zu dieser Zeit Chef der Diver-sionsabteilung[296] im Reichssicherheitshauptamt war. Skorzeny erhielt den Auftrag, eine in englische und amerikanische Unifor-men gekleidete sowie mit erbeuteten englischen und amerika-nischen Panzern ausgerüstete Einheit zu führen, die zu Beginn der Gegenoffensive ins Hinterland der Angloamerikaner durch-brechen und dort Panik auslösen sollte.[297]

Außerdem sollte Skorzeny die wichtigsten Brücken über die Maas besetzen, um zu verhindern, dass der Gegner sie vor Ein-treffen der deutschen Hauptkräfte sprengen konnte.

Nur wenige Tage nach seinem Eintreffen bei Bad Nauheim rief Hitler unmittelbar vor Beginn der Gegenoffensive in den Ardennen die beteiligten Befehlshaber – die Kommandeure der Divisionen und Panzerarmeen sowie den Oberbefehlshaber der

[295] Hitler traf am 10.12.1944 im Führerhauptquartier »Adlerhorst«, zehn Kilometer westlich von Bad Nauheim, ein.

[296] SS-Obersturmbannführer Otto Skorzeny leitete im Amt VI (SD-Ausland) des RSHA die Abteilung S (Sabotage).

[297] Die von Skorzeny Ende 1944 aufgestellte Einheit von Abwehr und SD erhielt die Tarnbezeichnung Panzerbrigade 150. Zwar erhielt sie amerikanische Ausrüstung und Uniformen, ihre Erfolge waren jedoch gering. Da die Deutschen im Gegensatz zu den Amerikanern z.B. zu viert im Jeep saßen oder mit wehrmachtsüblichen Scheinwerferab-deckungen fuhren, wurden sie rasch enttarnt und als Angehörige eines nicht regulären Verbands – völkerrechtskonform – erschossen.

Heeresgruppe West, Model – zu sich, um ihnen die Bedeutung der bevorstehenden Operation klar zu machen.[298] In seiner Rede von etwa 45 Minuten führte Hitler aus, die Operation in den Ardennen sei von ebensolchem Gewicht wie die bei Dünkirchen, wo man 1940 den Vernichtungsschlag gegen die Engländer geführt hatte. Wenn sie gelinge, so erklärte Hitler, dann führe das zur Liquidierung der Westfront und zu einer grundlegenden Wende des Kriegsverlaufs. Die Absicht, durch diese Operation einen Separatfrieden mit England und Amerika zu erreichen, verschwieg er seinen Militärführern allerdings.

Als die Kommandeure das Hauptquartier verlassen hatten, äußerte Hitler im Kreis der Adjutanten seine Hoffnung auf einen erfolgreichen Ausgang der Operation. Sollte Sepp Dietrich mit seiner Armee bis nach Antwerpen vorstoßen, dann werde er ihn mit dem »Großkreuz« ehren, denn dieser Sieg hätte entscheidende Bedeutung für den Ausgang des Krieges. Das »Großkreuz« war der höchste deutsche Militärorden, der nur für entscheidende Siege an der Front verliehen wurde. Diesen Orden besaß bisher nur Göring, obwohl seine Tätigkeit während des Krieges in der Hauptsache aus der Jagd bestanden hatte.[299] Hitler glaubte, durch die Eroberung der Hauptversorgungsbasis Antwerpen würden die Angloamerikaner in eine hoffnungslose Lage geraten und ihm selbst ein Angebot machen.

Zur Forderung der Engländer, Verhandlungen über einen Separatfrieden mit Deutschland nur ohne Hitler führen zu wollen, erklärte er: »Ich werde den Herren Engländern zeigen, dass man Frieden mit Deutschland nur mit mir, nicht ohne mich erreichen kann.«

---

[298] Hitler sprach am 11. und 12.12.1944 vor den Divisions- und Korpskommandeuren der für die Ardennen-Offensive vorgesehenen Armeen der Heeresgruppe B.

[299] Das Großkreuz des Eisernen Kreuzes, die am 1.9.1939 gestiftete höchste Stufe des Eisernen Kreuzes, hatte Göring als einziger deutscher General im Zweiten Weltkrieg zusammen mit seiner Ernennung zum Reichsmarschall am 19.7.1940 erhalten.

Am 16. Dezember 1944 begann nach dem Plan der Ardennen-Offensive der Angriff der deutschen Truppen aus dem Eifel-raum. Dietrichs und Manteuffels Panzerarmeen durchbrachen mit Leichtigkeit die angloamerikanische Front zwischen Lüttich und Dinant und stießen bis zur Maas vor.[300] Dort wurden sie in heftige Kämpfe verwickelt.

In diesen Tagen gegen Ende Dezember traf im Hauptquartier bei Bad Nauheim unerwartet Guderian aus Ostpreußen ein, der Hitler dringend Bericht erstatten wollte. Er meldete, exakte und überprüfte Informationen der Boden- und Luftaufklärung wie-sen darauf hin, dass die Russen die Kräfte für einen neuen An-griff in Ostpreußen und an der Weichsel konzentrierten. Gude-rian erklärte, nach seiner Meinung sei hier in allernächster Zeit eine Großoffensive zu erwarten. Er betonte, es sei absolut not-wendig, diese Frontabschnitte weiter zu verstärken. Hitler hörte Guderian sehr missgestimmt zu und äußerte Zweifel an der Richtigkeit seiner Annahmen.

Ein Argument Hitlers war der Wetterbericht des Meteorolo-gen im Hauptquartier, Schuster, der für den Osten ungünstiges Flugwetter vorhersagte, das sich sogar noch verschlechtern sollte. Trotzdem war Hitler über Guderians Bericht sichtbar beun-ruhigt. Noch am selben Tag berief er eine außerordentliche Lage-besprechung im engsten Kreis ein, zu der auch Bormann geladen wurde. Dort gab Hitler zunächst einen Überblick über die Lage an der Westfront, wo sich der Gegenangriff in den Ardennen er-folgreich entwickle. Dann umriss er die Situation an der Ostfront und ging auf Guderians Schlussfolgerung ein, dass eine Offen-sive der Russen drohe.

Hier zeigte sich, dass Guderians Vortrag Hitler völlig aus dem Gleichgewicht gebracht hatte. Er betonte, eine Verstärkung der Ostfront würde im Augenblick zwangsläufig zu einem Scheitern

---

[300] Die Ausgangsstellungen der Heeresgruppe B für die Ardennen-Offensive lagen zwi-schen Trier und Monschau. Die deutschen Angriffsspitzen blieben bei Dinant rund zehn Kilometer östlich der Maas liegen, auch Lüttich rückte nie in die Nähe der angreifenden Truppen.

der begonnenen Operation in den Ardennen führen. Nach Hitler sprach Bormann. Um Hitler nicht weiter aufzubringen, empfahl er in sehr vorsichtigen Worten, dringend Maßnahmen zur maximalen Verstärkung der Ostfront zu ergreifen. Er wies darauf hin, dass ein weiterer erfolgreicher Angriff der russischen Armee für Deutschland verhängnisvolle politische Folgen hätte. Es sei kaum zu bestreiten, dass Siege der Russen an der Ostfront die Erfolge der Deutschen im Westen zunichte machen würden.

Hitler behielt sich eine Entscheidung vor. Damit war die Besprechung beendet. Am nächsten Tag rief er denselben Personenkreis noch einmal zusammen. Diesmal erklärte er, die in Vorbereitung befindliche Offensive der Russen an der Grenze Ostpreußens und an der Weichsel stelle in der Tat eine sehr ernste Gefahr dar. »Daher habe ich mich schweren Herzens entschlossen«, fuhr Hitler mit matter Stimme fort, »die Kämpfe in den Ardennen einzustellen und die 6. Panzerarmee Dietrichs sowie die Hauptkräfte der 5. Panzerarmee an die Ostfront zu verlegen.«[301]

Noch bevor der Befehl vom OKW ausgegeben war, befahl Hitler Günsche im Januar 1945, an die Westfront zu Sepp Dietrich zu fahren. Dabei schärfte er ihm ein: »Sagen Sie Dietrich, er soll zwei Divisionen nach und nach von der Frontlinie abziehen. Übermitteln Sie ihm, dass ich entschieden habe, seine ganze Armee an die Ostfront zu werfen.«

Bereits am 7. Januar morgens war Günsche in Dietrichs Stab bei Saint-Vith in Luxemburg,[302] wo er diesem Hitlers Befehl

---

[301] Zu diesem Zeitpunkt war die Ardennen-Schlacht für die deutsche Seite verloren, der Abzug der 6. SS-Panzerarmee hatte keinen Einfluss mehr auf den Ausgang der Kämpfe. Angesichts des hartnäckigen alliierten Widerstands und ihrer hohen Luftüberlegenheit bekannte der Chef der Heeresgruppe B, Generalfeldmarschall Model, bereits am 28. 12. 1944: »Das alte Ziel ›Antwerpen‹ muss vorerst zurücktreten … Die Durchschlagskraft der Heeresgruppe reicht für das weit gesteckte Ziel … nicht mehr aus.« Während der Ardennen-Offensive verlor die Wehrmacht 17 200 Tote, 34 439 Verwundete und 16 000 Gefangene, die US-Armee hatte 29 751 Tote und Vermisste sowie 47 129 Verwundete zu beklagen.
[302] Saint-Vith, gelegen im Kreis Malmedy, war im Mittelalter Teil Luxemburgs, kam 1919 zu Belgien, 1940 zum Deutschen Reich und gehört heute wieder zum Belgischen Königreich.

überbrachte. Dietrich war wie vom Donner gerührt. Er sagte, für die Forcierung der Maas sei alles vorbereitet. Die Einheiten Skorzenys, auf dessen Kopf die Amerikaner eine hohe Summe aussetzten, hätten in deren Hinterland Panik ausgelöst und näherten sich bereits den Brücken über die Maas.

»Der Führer muss sich über eins im Klaren sein«, fuhr Dietrich fort. »Wenn meine Armee zurückgezogen wird, dann ist für die Engländer und Amerikaner der Weg zum Rhein frei.«

Günsche hielt sich mehrere Tage bei Sepp Dietrich auf. Am 12. Januar, wenige Stunden vor seiner Abfahrt, traf in Dietrichs Stab ein chiffriertes Telegramm mit dem Befehl ein, die 6. Armee unverzüglich von der Front abzuziehen und an die Ostfront zu verlegen. In der darauf folgenden Nacht kehrte Günsche in Hitlers Hauptquartier bei Bad Nauheim zurück. Zu seiner Überraschung fand er es völlig verlassen vor. Nur einige Ordonnanzen waren noch mit Aufräumarbeiten beschäftigt. Sie erklärten Günsche, Hitler sei mit dem Stab in aller Eile zu einem Bahnhof bei Gießen aufgebrochen, von wo er mit seinem Sonderzug nach Berlin fahren wollte. Als Günsche am nächsten Tag, dem 13. Januar, in Berlin eintraf, erfuhr er, dass sich Hitlers Hauptquartier wegen der russischen Offensive in Ostpreußen und an der Weichsel, die am 12. Januar begonnen hatte, nun in der Reichskanzlei befand.

Die »Wolfschanze« in Ostpreußen, wohin es Hitler im Siegestaumel zu Beginn des Krieges gegen Sowjetrussland getrieben hatte, war auf seinen Befehl gesprengt worden.

Berlin sollte der letzte Standort von Hitlers Hauptquartier sein.

13. Kapitel

In Berlin war das Hauptquartier an verschiedenen Orten untergebracht. Zunächst zog Hitler in die Alte Reichskanzlei am Wilhelmplatz ein. Da seine Anwesenheit geheim gehalten wurde,
wehte über dem Gebäude auch nicht seine Standarte. Wenn Hitler früher nach Berlin gekommen war, hatte man seine Fahne
stets beim Trommelwirbel der Ehrengarde, die dafür im »Ehrenhof« angetreten war, über der Reichskanzlei gehisst.

Hitlers Standarte war nach seinem eigenen Entwurf gefertigt
worden: In der Mitte des quadratischen roten Tuchs prangte ein
goldumrandeter weißer Kreis mit einem schwarzen Hakenkreuz,
in den vier Ecken goldgestickte deutsche Adler, ebenfalls mit
Hakenkreuz.[303] Diese Fahne hatte Hitler bisher nur seiner Leibstandarte als Kampfbanner verliehen.

In der Reichskanzlei waren zusammen mit Hitler die Adjutanten, Sekretärinnen und Ärzte, außerdem Bormann, Fegelein, Otto Dietrich, Hewel und Hitlers persönliche Leibwache
untergebracht. Keitel und Jodl gingen mit ihren Stäben nach
Berlin-Dahlem. Guderian bezog das Stabsquartier, das bereits
vor Kriegsbeginn 1939 bei Zossen, 30 Kilometer südlich von
Berlin, angelegt worden war. Dönitz saß mit seinem Stab bei
Oranienburg. Ribbentrop wohnte in seiner eigenen Villa in
Berlin-Dahlem. Göring hielt sich auf seinem Jagdschloss Karinhall auf, das in seinem Jagdrevier, der Schorfheide, 60 Kilometer nordöstlich von Berlin gelegen war. Der Name des
Schlosses, das Göring bald nach Hitlers Machtübernahme ge-
baut hatte, sollte an seine verstorbene erste Frau, die Schwedin
Karin, erinnern. Mit Göring in Karinhall lebten nun seine
zweite Frau Emmy, die frühere Schauspielerin Sonnemann,

---

[303] Die goldene Umrandung des Hakenkreuzes war einem Kranz aus Eichenlaub nachempfunden, zwei der vier Adler hielten in ihren Krallen ebenfalls Eichenlaubkränze.

und die siebenjährige Tochter Edda. Sein Persönlicher Stab kam ebenfalls dort unter.

In Berlin lud Hitler zweimal täglich – um 3.00 Uhr nachmittags und um 12.00 Uhr nachts – zu Lagebesprechungen ein. Sie fanden im Wintergarten der Reichskanzlei statt. An der Tageslage nahmen teil: Keitel, Jodl, Guderian, Wenck, Buhle, Koller, Winter, Fegelein, Admiral Wagner aus dem Stab von Dönitz, Voss, Bodenschatz, Scherff, Hewel, Otto Dietrich, Christian, Burgdorf sowie Hitlers Adjutanten Below, Puttkamer, Borgmann, Johannmeyer und Günsche. Dazu die Offiziere aus dem Wehrmachtführungsstab Oberst Waizenegger, Major Büchs und der Kapitän zur See Assmann, sowie Keitels Adjutant John von Freyend, Fegeleins Adjutant SS-Sturmbannführer Göhler, Guderians Adjutant Major von Freytag-Loringhoven, manchmal auch Guderians Offizier zur besonderen Verwendung Rittmeister Boldt, Bormann und sein Referent SS-Standartenführer Zander.

Auf Hitlers Wunsch waren Bormann und Zander ständig bei den Lagebesprechungen anwesend, da Bormann der Aufbau des »Volkssturms« und die Evakuierung der Bevölkerung aus den deutschen Ostgebieten übertragen wurde. Auch Göring und Dönitz nahmen inzwischen an fast allen Besprechungen teil. Die Lage an der Ostfront trugen Guderian oder Wenck, die an der Westfront Jodl oder Winter vor. Zu Fragen der Luftwaffe berichteten Christian oder Major Büchs vom Generalstab der Luftwaffe, der als Mitarbeiter Jodls im Wehrmachtführungsstab tätig war. Über die Operationen der Kriegsmarine sprachen Admiral Wagner oder Kapitän zur See Assmann.

An der Nachtlage nahmen Fegelein, Hewel und Hitlers Adjutanten teil. Über die Situation an den Fronten berichteten dort der Reihe nach Hitlers Adjutanten Puttkamer, Below und Borgmann. Das waren reine Informationsbesprechungen, die in der Regel nicht länger als 20 bis 30 Minuten dauerten. Hitler erhielt vom OKW täglich einen kurzen Frontbericht. Der traf gegen 11.00 Uhr vormittags ein, wenn Hitler noch schlief. Zusammen mit den Meldungen des Deutschen Nachrichtenbüros legte sie Linge auf einen Stuhl, der vor Hitlers Schlafzimmertür stand. Von dort nahm Hitler sie weg.

Außer den Berichten des OKW erhielten Fegelein und Günsche von den Divisionen der SS täglich Informationen über die Lage an der Ostfront, die sie ebenfalls an Hitler weitergaben. Diese nahmen ihren Weg jenseits der offiziellen Kanäle: Sie gingen von den Befehlshabern der SS-Divisionen direkt an Himmler, der sie bearbeitete und dann Hitler sandte. Das System der direkten Berichterstattung von SS-Divisionen hatte Hitler im Herbst 1942 eingeführt, um die Informationen von OKW und OKH über die Kämpfe an einzelnen Frontabschnitten nachprüfen zu können. Der praktische Nutzen bestand darin, dass Hitler noch vor den Berichten auf den Lagebesprechungen über den Verlauf der Kämpfe und die Situation an den Frontabschnitten informiert war, wo SS-Divisionen im Einsatz waren.

Außerdem erhielt Hitler täglich nach dem Frühstück eine Information über die Zerstörungen, die angloamerikanische Flieger in deutschen Städten anrichteten. Die Angaben wurden von Bormanns Parteikanzlei überall in Deutschland gesammelt und von Schaub Hitler vorgetragen. Das verhalf ihm zum Spitznamen »Julius Bombenteppich«.

Als Hitler von Bad Nauheim in Berlin ankam, fand sich dort auch Eva Braun ein, die er aus München herbeibeordert hatte.[304] Sie bezog in der Reichskanzlei Zimmer neben Hitlers Wohnräumen. Von einem zweiwöchigen München-Aufenthalt im Februar 1945 abgesehen, blieb Eva Braun bis zum Ende bei Hitler in Berlin.

---

[304] Eva Braun war von Hitler nicht »herbeibeordert« worden; er hatte sie sogar gebeten, auf dem Berghof zu bleiben.

Die russische Offensive, die am 12. Januar 1945 an der Weichsel begonnen hatte, weitete sich in den folgenden Tagen auf die gesamte Front von der Ostsee bis zu den Karpaten aus. Nur wenige Tage später wurde die polnische Hauptstadt Warschau erobert, die einer der zentralen Punkte der deutschen Verteidigung gewesen war.[305]

Bald nach dem Fall von Warschau durchbrachen die Russen das tiefgestaffelte deutsche Verteidigungssystem im Süden Ostpreußens und besetzten nach heftigen Kämpfen die Städte Allenstein, Tannenberg und Deutsch-Eylau. Zugleich überrannten russische Truppen die deutsche Verteidigung am Westufer der Weichsel bei Sandomierz und stießen in Richtung des oberschlesischen Industriegebiets vor.

In dieser Situation berichtete Guderian Hitler auf einer Lagebesprechung, dass die Russen die Danziger Bucht erreicht und Ostpreußen mitsamt der dort kämpfenden 3. und 4. Armee der Heeresgruppe Nord abgeschnitten hätten. Zur 16. und 18. Armee der Heeresgruppe Kurland, die bereits seit Herbst 1944 im Baltikum festsaßen, kamen nun die Hauptkräfte der Heeresgruppe Nord im Kessel von Ostpreußen hinzu. Guderian wies darauf hin, dass ihre Versorgung nur von See und unter großen Schwierigkeiten möglich sei. Er schlug vor, die Einheiten der Heeresgruppe Kurland über See zu evakuieren und in Pommern gegen die Russen ins Feld zu führen.

Nach Guderians Plan sollte der Angriff gegen die russischen Truppen von Pommern her in südlicher Richtung beginnen. Dafür hatte er die Heeresgruppe Kurland, die 6. SS-Panzerdivision von Sepp Dietrich, die bekanntlich von der Westfront herangeführt wurde, und die in Pommern stehende 3. Armee vorgesehen. Mit dieser Operation verfolgte Guderian das Ziel, die zur Unteren Oder vorstoßenden russischen Truppen abzuschneiden und an der alten deutsch-polnischen Grenze eine starke Verteidi-

---

[305] Für die Rote Armee stellte die Einnahme der polnischen Hauptstadt am 17.1.1945 einen propagandistisch wichtigen Erfolg dar.

gungslinie aufzubauen. Er war der Meinung, dass die genannten Einheiten – insgesamt 40 bis 45 Divisionen mit 1600 Panzern – für diese Operation ausreichend seien. Man dürfe keine Zeit verlieren, so Guderian, und müsse die Russen so rasch wie möglich wieder aus Deutschland vertreiben. Hitler, der Guderians Vortrag mit wachsender Ungeduld zugehört hatte, erwiderte in scharfem Ton: »Dass man die Russen aus Deutschland vertreiben muss, weiß ich selber, Guderian. Das brauchen Sie mir nicht zu sagen.«

Trotzdem lehnte Hitler Guderians Vorschlag kategorisch ab, die Truppen der Heeresgruppe Kurland aus dem Baltikum nach Pommern zu holen. Er begründete das damit, dass dort russische Kräfte gebunden würden, die sonst für Kämpfe in Ostpreußen, Polen und Schlesien eingesetzt werden könnten.

Bereits im Herbst 1944, als die Lage an der Ostfront für die Deutschen noch günstiger war, schlug Guderian vor, die Heeresgruppe Kurland solle sich aus dem Baltikum über die Memel nach Ostpreußen durchschlagen. Hitler hatte dem auch damals nicht zugestimmt, weil er der Meinung war, dass die deutschen Truppen im Baltikum ein Druckmittel gegen Schweden seien. Er meinte, solange deutsche Truppen im Baltikum stünden, werde Schweden sich dem britischen Druck nicht beugen und Deutschland weiterhin Erze liefern.

Diesmal aber gab Guderian nicht nach.

Gegen alle Regeln hatte er den Chef der Abteilung Fremde Heere Ost im OKH, General Gehlen, zur Lagebesprechung mitgebracht. Diese befasste sich mit der nachrichtendienstlichen Beobachtung der Streitkräfte der Staaten Osteuropas, darunter auch Sowjetrusslands. Gehlen sollte Guderians Vorschlag zum Einsatz der Heeresgruppe Kurland bei Hitler unterstützen. Anhand von Daten, die seine Aufklärung ermittelt hatte, versuchte Gehlen Hitler zu beweisen, dass die Heeresgruppe Kurland keine starken russischen Kräfte binde. Vielmehr hätten die Russen bereits Einheiten in beträchtlichem Umfang aus diesem Raum abgezogen, die man jetzt im Kampfgebiet der in Richtung

Untere Oder angreifenden russischen Truppen geortet habe. Gehlens Argumente brachten Hitler in Wut. Er brüllte, er werde eine derartige Arbeit des Generalstabs nicht dulden. Er verbot Guderian, Gehlen künftig wieder mitzubringen und den Abzug der Kurland-Divisionen auch nur zu erwähnen. Guderian antwortete »Zu Befehl, mein Führer« und schwieg.

Zu den Kämpfen in Ostpreußen erklärte Hitler, jede Stadt, jedes Dorf und jedes Haus müsse zu einer Festung ausgebaut werden, an der sich die Russen die Zähne ausbeißen sollten. Er brüllte, bis ihm die Stimme versagte, die Deutschen müssten so kämpfen, dass die bei Truppen und Bevölkerung vorhandene Angst vor den Russen in Angst der Russen vor den Deutschen umschlage.

Die Furcht vor den Russen war in der Tat groß. Als die deutschen Truppen chaotisch zurückfluteten, lösten sie Panik unter der Bevölkerung aus und rissen sie mit sich. Eine Massenflucht ins Innere Deutschlands setzte ein. Über Straßen und Wege Ostpreußens zogen Flüchtlingstrecks aus alten Menschen, Frauen und Kindern. Sie stauten sich vor den zahlreichen Panzersperren, die nur schmale, gewundene Durchlässe hatten. Viele, besonders die Kinder, erfroren unterwegs im strengen Frost.

Bei weiteren Kämpfen nahmen die Russen die Städte Tilsit, Gumbinnen und Insterburg ein. Sie durchbrachen das tief gestaffelte Verteidigungssystem der Masurischen Seenplatte. An der Ostseeküste wurden die deutschen Truppen auf einer schmalen, sandigen Landzunge und der Halbinsel Samland zusammengedrängt. Dort waren sie in aussichtsloser Lage. Auf die im Hauptquartier eingehenden Berichte reagierte Hitler stets mit denselben Worten: »Halten und nicht zurückweichen!«

Als die deutschen Verbände auf der Kurischen Nehrung und der Halbinsel Samland abgeschnitten waren, befahl Hitler seinem Heeresadjutanten Johannmeyer, an die Front nach Ostpreußen zu fliegen, sich dort selbst ein Bild zu machen und ihm

Bericht zu erstatten. Er wollte die Informationen nachprüfen, die von den Befehlshabern der deutschen Armeen in Ostpreußen bei ihm eingingen. Denn erstens glaubte er schlechten Nachrichten generell nicht, und zweitens vermutete er, dass man ihm die Situation bewusst schlimmer malte, als sie war, um schweren Kämpfen mit den Russen auszuweichen.

Johannmeyer bestätigte nach seiner Rückkehr, dass sich die Truppen in Ostpreußen in einer überaus ernsten Lage befänden. Er meldete, sie drängten sich, vermischt mit tausenden Flüchtlingen und zusammengetriebenem Vieh, auf einem schmalen Küstenstreifen zusammen, wo jeder Schuss der russischen Artillerie enorme Opfer fordere. Hitler entgegnete ihm: »Ich ziehe von dort keinen einzigen Soldaten ab. Ich muss die Festung Königsberg um jeden Preis halten. Solange Königsberg in unserer Hand ist, kann ich dem deutschen Volk sagen: ›In Ostpreußen stehen wir und nicht die Russen.‹«

Als Johannmeyer berichtete, die Bevölkerung fliehe in Massen aus Ostpreußen, was vielen Menschen den Tod bringe, schrie Hitler: »Darauf kann ich keine Rücksicht nehmen!«

Königsberg wurde Anfang April 1945 von einem dichten Ring russischer Truppen eingeschlossen. Hitler erhielt die Meldung, die Stadt werde von der russischen Artillerie in Brand geschossen. Trotzdem befahl er dem Kommandanten der Festung Königsberg, General Lasch, weiterhin durchzuhalten. Am 9. April wurde Königsberg von russischen Truppen eingenommen, und General Lasch ging in Gefangenschaft. Hitler ließ ihn in Abwesenheit zum Tode verurteilen.[306]

Dagegen dachte er nicht daran, den Parteibonzen Koch, den er für die Seele der Verteidigung von Königsberg gehalten hatte, zur Verantwortung zu ziehen. Im Gegenteil, während in Königsberg noch Kämpfe tobten, bot Hitler Koch an, sich in die Hafenstadt Pillau abzusetzen, um den Russen rechtzeitig zu ent-

---

[306] Königsberg kapitulierte am 10. 4. 1945. Hitler ließ Lasch noch am selben Tag zum Tode verurteilen, die Familie des Generals der Infanterie wurde verhaftet.

kommen. Als Königsberg bereits von russischen Truppen eingeschlossen war, telegrafierte Koch aus Pillau an den Gauleiter von
Breslau Karl Hanke, niemals werde er Königsberg den Russen
überlassen, der Kampf um Königsberg sei ein Beispiel für den
Kampf des deutschen Volkes in seinem grenzenlosen Glauben an
den Führer. Karl Hanke, kein geringerer Bonze als Koch, telegrafierte eilig im gleichen Sinne zurück, auch er werde Breslau,
das damals ebenfalls bereits von russischen Truppen umstellt war,
niemals aufgeben. Um dem deutschen Volk Mut zu machen,
ordnete Goebbels an, diese Telegramme der »Volksführer« im
Rundfunk zu verlesen und damit der breiten Öffentlichkeit bekannt zu machen.

Koch und Hanke kamen ohne einen Kratzer aus dem Kampfgebiet heraus, während unzählige deutsche Soldaten bei Königsberg und Breslau ihr Leben lassen mussten.[307]

Angesichts der katastrophalen Entwicklung an der Ostfront berieten Hitler und Bormann Ende Januar und Anfang Februar
1945 häufig über das weitere Schicksal der Partei. Hitler stimmte
Bormanns Vorschlag zu, die jungen Kader der nationalsozialistischen Partei, meist Mitglieder der »Hitlerjugend«, die Einheiten
des »Volkssturms« befehligten, von der Ostfront abzuziehen und
in den Westen Deutschlands zu schicken. Als Erste kommandierte man die Zöglinge der »Ordensburgen« und der »Adolf-Hitler-
Schulen« aus Pommern und Schlesien in Richtung Westen. Sie
sollten auf künftige Führungsaufgaben in der Partei vorbereitet
werden. Man wollte sie schonen, damit die Partei fortbestehen
konnte. Bormann wies sie an, in den Untergrund zu gehen, sich
gegenüber den Angloamerikanern loyal zu verhalten und Posten
in der Verwaltung anzustreben. Fürs Erste sollten sie sich ins

---

[307] Zwei Armeen der 1. Ukrainischen Front schlossen Breslau am 15.2.1945 ein. Die zur
Festung erklärte Stadt kapitulierte jedoch erst am 6.5.1945. Bei den Abwehrkämpfen
wurden 68 Prozent aller Gebäude zerstört, die Zahl der Opfer ist unbekannt.

Allgäu, in die Bayerischen Alpen, in die Gegend von Bad Tölz – Lenggries zurückziehen. Unter denen, welche die illegalen Organisationen der »Hitlerjugend« in Westdeutschland leiten sollten, waren der Chef der »Adolf-Hitler-Schulen«, Obergebietsführer Petter, und der Chef der Militärausbildung der »Hitlerjugend«, Schlünder.[308]

Zugleich mit der Verlegung junger Kader der nationalsozialistischen Partei nach Westdeutschland befahl Hitler auch dem Gauleiter von Ostpreußen Koch, dem Gauleiter von Danzig Forster und dem Gauleiter von Posen Greiser, sich mit ihren Stäben dorthin abzusetzen.

Auf einer Geheimbesprechung in der Parteikanzlei an der Wilhelmstraße, an der Petter, Schlünder und Bormanns engste Mitarbeiter – Staatssekretär Dr. Klopfer, der Oberbefehlsleiter der nationalsozialistischen Partei Friedrichs, und Bormanns Persönlicher Referent Müller – teilnahmen, erklärte Bormann zur Verlegung von Parteikadern nach Westdeutschland: »Unsere Rettung liegt im Westen. Dort kann unsere Partei weiterbestehen. Garantieren wird uns das die Losung vom Kampf gegen den Bolschewismus.«[309]

Vor seiner Abreise in den Westen Deutschlands kam Obergebietsführer Kurt Petter im März 1945 zu Günsche in die Reichskanzlei, um sich zu verabschieden. Günsche war mit Petter seit ihrer gemeinsamen Zeit in der »Hitlerjugend« 1932 bis 1934 befreundet. Petter hob hervor, nur die »Hitlerjugend« könne der Partei eine Zukunft geben, denn die alte Generation sei bürokratisiert und beim Volk verhasst. Petter fuhr über Sonthofen nach Bad Tölz, um die Leitung der aus Ostdeutschland dorthin verlegten Gruppen der »Hitlerjugend« zu übernehmen.

---

[308] Während Petter dieser Aufgabe nachkam, blieb Schlünder in Berlin. Er leitete das letzte Aufgebot der Hitlerjugend an den Havelbrücken bei Pichelsdorf westlich von Berlin.
[309] Bei dieser Sitzung wurden die Evakuierungspläne für die in Berlin ansässigen Behörden festgelegt. Am 12.4.1945 wurde hierfür das Stichwort »Thusnelda« ausgegeben.

Während an der Ostfront – in Kurland, Ostpreußen, Pommern, Schlesien, Böhmen und Ungarn – heftige Kämpfe tobten, die fast alle deutschen Reserven verschlangen, rückten die anglo-amerikanischen Truppen im Februar 1945 auf deutsches Gebiet vor. Der Einmarsch erfolgte zwischen Aachen und Trier, das heißt, an einem Frontabschnitt, der wegen der Verlegung der 6. Panzerarmee von Sepp Dietrich an die Ostfront stark geschwächt war.

Der scharfe Kontrast zwischen dem Krieg im Osten und im Westen spiegelte sich auch in Hitlers Lagebesprechungen wider. Guderians Vorträge über die Ostfront verliefen im Unterschied zu Jodls Berichten von der Westfront stürmisch und lösten bei Hitler immer wieder Wutanfälle aus. Da die Westfront wegen der Truppenverlegungen nach Osten sehr geschwächt war, musste Hitler Jodls Meldungen über das Vorrücken der angloamerikanischen Truppen auf deutsches Gebiet als unvermeidbar zur Kenntnis nehmen. Er beruhigte sich damit, dass man die Anglo-amerikaner am natürlichen Hindernis Rhein aufhalten werde. Daher reagierte er auch relativ gelassen auf Jodls Mitteilung, dass wegen der Verlegung der Divisionen an die Ostfront die Zahl der Überläufer zu den Angloamerikanern beträchtlichen Umfang angenommen habe. Die Desertionen wurden auf die Furcht vor den schweren Kämpfen gegen die Russen zurückgeführt. Wenn eine Division zum Abtransport nach Osten verladen wurde, suchten ganze Züge, ja sogar Kompanien das Weite und liefen zum Gegner über.

Am Ende jedes Monats erstattete bei Hitler der Minister für Bewaffnung und Kriegsproduktion, Speer, oder sein Stellvertreter Saur über die Herstellung von Waffen und Ausrüstungen aller Art Bericht. Manchmal wurden Hitler diese Zahlen auch telefonisch übermittelt, und er trug sie persönlich in eine Tabelle ein. Meist hatte er einen seiner Adjutanten bei sich, der per Kopfhörer mithörte und sich ebenfalls Notizen machte. Dann stimmten beide die Zahlen ab und verglichen sie mit den Angaben vom Vormonat.

Nach den Berichten von Januar und Februar 1945 lief die Produktion in den deutschen Rüstungsbetrieben, mit Ausnahme derer im russisch besetzten Oberschlesien, auf vollen Touren. Das erklärte sich damit, dass die angloamerikanischen Flieger vor allem Betriebe der Luftfahrtindustrie, Erdölraffinerien und Flugplätze bombardierten. Sie flogen Angriffe gegen die Flugzeugwerke Messerschmitt in Augsburg, Focke-Wulf in Bremen-Hemelingen, Heinkel in Rostock, die Flugzeugwerke in Wiener Neustadt, die Strahljäger herstellten, die BMW-Werke, wo Flugzeugmotoren gebaut wurden, Kugellagerfabriken in Schweinfurt und Regensburg sowie weitere kleine Betriebe, die Flugzeuge oder Flugzeugteile produzierten.

In Hitlers Hauptquartier war man fest davon überzeugt, dass die Angloamerikaner in erster Linie die deutsche Luftfahrtindustrie zu zerstören suchten, weil die Luftwaffe eines der stärksten Mittel der Deutschen gegen sie war. Zugleich hatten sie offenbar keinerlei Interesse daran, Betriebe zu zerbomben, wo Waffen hergestellt wurden, welche die Deutschen in den Bodenkämpfen an der Ostfront einsetzen konnten.[310]

Die Angriffe der angloamerikanischen Flieger gegen deutsche Städte verstärkten sich ebenfalls immer mehr. Dass diese in Schutt und Asche versanken, ließ Hitler ziemlich kalt. Einmal erklärte er: »In Ruinen kann man sich besser festsetzen und verteidigen.«

Ein anderes Mal hieß es: »Anstelle der zerstörten Städte werde ich nach dem Krieg viel schönere bauen. Ich muss den Angloamerikanern eigentlich dankbar sein, dass sie mir die Ar-

---

[310] Durch alliierte Bombenangriffe wurden sämtliche Arten von Rüstungsbetrieben zerstört, so auch die Krupp-Werke in Essen, die Fabriken der Auto-Union in Sachsen, die Treibstoffwerke in Leuna und Zeitz. Die Angriffe auf die Bergbauanlagen im Ruhrgebiet halbierten die Steinkohlenförderung. Der bis zur Jahreswende 1944/45 unverändert hohe Ausstoß der deutschen Rüstungsindustrie ist mit der systematischen Verlagerung großer Industriebetriebe unter Tage zu erklären.

beit abnehmen, Stadtviertel niederzureißen, die ich sowieso umbauen wollte.«

Zu den Angriffen auf Berlin bemerkte Hitler einmal: »Wenn sie doch endlich das Berliner Rathaus zerbomben würden! Dieses abscheuliche Gebäude stört mich als Architekt schon lange. Wenn die Angelsachsen es verschonen, dann wahrscheinlich um mich zu ärgern«, meinte er lachend.

Im Februar 1945 sprach Hitler häufig mit Speer. Sie berieten, was im Fall einer angloamerikanischen Besetzung aus den Industriebetrieben im Westen Deutschlands werden sollte. Beim Rückzug der deutschen Truppen aus den deutschen Ostgebieten hatte Hitler befohlen, alles in die Luft zu sprengen, damit nichts für die Russen übrig blieb. Im Westen dagegen gab er Befehl, die Industrie vollständig zu erhalten. Die Industriellen sollten auf Hitlers Weisung bei der Besetzung Westdeutschlands bleiben, wo sie waren. Wenn die Unternehmen in Westdeutschland erhalten blieben, so dachte Hitler, dann wäre das eine gute Voraussetzung für die deutschen Industriellen, ihre alten freundschaftlichen Beziehungen zu den angloamerikanischen Industriemagnaten wieder aufzunehmen. Daran knüpfte er bestimmte Hoffnungen. Seiner Meinung nach musste die Lage an der Ostfront unweigerlich zu einer militärischen Übereinkunft zwischen Deutschland, England und Amerika gegen die Gefahr des Bolschewismus führen. Dabei hätte die Vermittlung der Industriellen eine wichtige Rolle spielen können.

Auf Speers Vorschlag gab Hitler den Industriellen in den Regionen, wo angloamerikanische Truppen einrückten, die Weisung, aus den Maschinen ihrer Betriebe wichtige Teile zu entfernen, um sie so unbrauchbar zu machen. Bei Verhandlungen mit den Angloamerikanern konnten sie die Teile dann wieder einbauen lassen und dadurch ihre Loyalität beweisen. Mit solchen Direktiven Hitlers reiste Speer in diesen Tagen durch die westdeutschen Industriegebiete. Hitler empfahl Speer, sich von seinen treuen Anhängern – dem Vorstandsvorsitzenden des Konzerns Vereinigte Stahlwerke, Dr. Vögler, dem Chef des Hauptausschusses Panzerwagen, Dr. Rohland, und Geilenberg, dem Generaldirektor der Rheinmetall-Werke – begleiten zu lassen.

Ende Februar 1945 waren die Russen im Bereich Küstrin – Frankfurt – Guben zur Oder vorgestoßen und standen nur noch 80 bis 90 Kilometer östlich von Berlin. In diesen Kämpfen wurden große Städte zwischen Weichsel und Oder – Thorn, Schneidemühl, Bromberg, Posen und andere – erobert, umgangen oder eingekesselt. Diese Städte lagen an wichtigen strategischen Knotenpunkten. Die Deutschen hatten sie sämtlich zu Festungen erklärt. Alle noch vorhandenen Reserven und alle Kräfte, die Widerstand leisten konnten, wurden nun an die Oder geworfen, um die Russen aufzuhalten.

Dorthin kommandierte man das Ersatzheer, Flotten von Kriegsschiffen und die Bataillone des »Volkssturms« aus Berlin und Umgebung. Man ergriff Sondermaßnahmen zur Stabilisierung der Front, da diese beim raschen Rückzug der deutschen Truppen unter den mächtigen Schlägen der Russen zerriss und das einheitliche Oberkommando zerstört war. In diesem Zusammenhang ernannte Hitler Himmler zum Oberbefehlshaber der neu formierten Heeresgruppe Weichsel. Er hoffte, dass es Himmler mit seiner Rücksichtslosigkeit und Grausamkeit gelingen werde, die Front zwischen Ostsee und Schlesien wiederherzustellen.[311]

Um den Strom der fliehenden Soldaten aufzuhalten, wurden im Hinterland Sonderkommandos aus SS-Leuten unter dem Befehl der Polizeigenerale SS-Obergruppenführer von dem Bach-Zelewski, SS-Obergruppenführer Jeckeln, Skorzeny und anderer

---

[311] Himmler übernahm den Oberbefehl der Heeresgruppe Weichsel am 23.1.1945.

aufgebaut. Sie schossen auf Soldaten, die von der Front fliehen wollten, und jagten sie so in den Kampf zurück. Flüchtige Offiziere oder Parteifunktionäre aus dem »Volkssturm« wurden auf der Stelle erschossen oder gehenkt.

Zwischen der Oder und Berlin wurden in aller Eile tief gestaffelte Befestigungen mit mehreren Sperrgürteln und zahllosen Panzersperren errichtet. Dazu trieb man die gesamte örtliche Bevölkerung und Einwohner von Berlin zusammen. Die Mobilmachung für diese Arbeiten oblag dem Gauleiter von Brandenburg, Stürtz.

Der Befehlshaber der 6. Panzerarmee, Sepp Dietrich, erhielt den Auftrag, westlich der Oder im Raum Fürstenberg – Bad Saarow ein Funkspiel zu inszenieren. Zu dieser Zeit befand sich seine Armee, die auf Hitlers Befehl von der Westfront nach Ungarn marschierte, im südlichen Teil der Ostfront. Das Funkspiel organisierte Sepp Dietrich mit mehreren Offizieren seines Stabs. Durch das Senden fiktiver Befehle und Berichte von einem Teil der 6. Panzerarmee zum anderen sollte der Eindruck erweckt werden, sie stünde an der Oder. Damit verfolgte man ein doppeltes Ziel: Zum einen sollten die Russen über den tatsächlichen Umfang der deutschen Truppen an der Oder getäuscht werden. Zum anderen konnte man so die Verlegung der 6. Panzerarmee nach Ungarn kaschieren.

Mitte Februar zog Hitler in seinen Luftschutzbunker um. Gemeinsam mit ihm wurden dort Eva Braun und Morell einquartiert, ohne dessen Spritzen Hitler keinen Tag mehr auskam. Sein gesamter Persönlicher Stab blieb in der Reichskanzlei. Hitlers Luftschutzanlage, der Führerbunker, war bereits 1943 auf seine Weisung im Garten der Reichskanzlei gebaut worden.

Sein bisheriger Luftschutzraum unter dem Diplomatensaal der Reichskanzlei, den er bis kurz vor den Luftangriffen auf Berlin aufgesucht hatte, schien ihm zuletzt nicht mehr sicher genug.

Er wollte noch weiter unter die Erde. Der neue Bunker lag denn auch drei Meter tiefer. Aus dem alten Bunker in den neuen führte eine steinerne Wendeltreppe, die unten auf eine kleine Kammer mit einer Panzertür stieß. Dahinter begann der breite Flur des Führerbunkers, der in zwei Hälften geteilt war. In der ersten Hälfte standen an der rechten Wand mehrere Schränke mit Luftschutzausrüstung (Gasanzüge, Stahlhelme, Gasmasken, Feuerlöscher). Eine Tür in dieser Wand führte zum Maschinenraum mit der Lüftungsanlage. Eine zweite Panzertür war der Zugang zu sechs miteinander verbundenen Räumen. Das waren die Telefonvermittlung mit Telefon- und Telegrafenanschluss, wo ein Telefonist aus Hitlers Leibwache saß, Morells Raum, der Sanitätsraum, wo sich auch das Bett von Hitlers diensthabendem Arzt, Dr. Stumpfegger, befand, ein Schlafraum für Linge und einer für die Ordonnanzen sowie ein Aufenthaltsraum. An der linken Wand in der ersten Hälfte des Flurs stand ein rechteckiger Tisch mit Sesseln. Darüber hing eine Uhr. Daneben war eine Telefonzelle aufgebaut, wo der diensthabende Telefonist für die Teilnehmer der Besprechungen Telefongespräche nach draußen anmeldete.

Eine Tür in der linken Wand des Korridors führte zu den Toiletten, wo auch ein Platz für Hitlers Schäferhündin Blondi eingerichtet war. Ihre Paarung mit dem Rüden von Frau Troost hatte kein »Ergebnis« gebracht. Daher wurde Blondi Ende Januar 1945 noch einmal mit dem Hund von Reichsleiter Alfred Rosenberg, dem Ideologen der nationalsozialistischen Partei, zusammengebracht. Hitler ließ Blondis Ecke mit einer Heizsonne bestrahlen. Anfang April kam es dann zu dem lang erwarteten freudigen Ereignis: Blondi warf acht Welpen. Drei überlebten. Dem kräftigsten von ihnen gab Hitler seinen eigenen Spitznamen »Wolf«. Im April 1945 konnte Hitler stundenlang in einem Sessel im Korridor des Bunkers sitzen und mit seinem Liebling Wolf spielen.

Der erste Teil des Flurs war vom zweiten, dem so genannten Lagevorraum, wiederum durch eine Panzertür getrennt. Vor dieser stand ein Offizier aus Hitlers Leibwache auf Posten. Im Vorraum warteten die Teilnehmer der Lagebesprechungen auf Hitler. Die Wände waren mit großen, wertvollen Bildern, in der Hauptsache italienischen Landschaften, behängt. Längs der rechten Wand standen zwölf bis sechzehn Sessel, gegenüber eine Polsterbank und davor ein großer, rechteckiger Tisch mit mehreren Polsterstühlen. Links und rechts der Polsterbank waren wiederum zwei Panzertüren. Die linke führte in die Privaträume von Hitler und Eva Braun, die rechte in den Lageraum.

Vor Hitlers Räumen lag ein kleines Vorzimmer. Hinter dessen Tür stand ein Wandschirm, damit die Teilnehmer an den Besprechungen keinen Blick in Hitlers und Eva Brauns Wohnbereich werfen konnten.

Hinter der Doppeltür des Vorzimmers lag Hitlers Arbeitsraum, der mit einem dicken, weichen Teppich ausgelegt war. Darin stand rechts von der Tür ein großer Schreibtisch mit Sessel. Auf dem Schreibtisch befanden sich eine große bronzene Lampe, eine Schreibgarnitur, das Telefon, ein Weltatlas und eine Lupe. Meist lag dort auch Hitlers Brille. Über dem Schreibtisch hing in einem ovalen Rahmen ein Brustbild Friedrichs II. von Menzel, das Hitler sehr liebte. An der Wand gegenüber stand ein Sofa, davor ein Tisch und drei mit gemusterter Seide bezogene Sessel. Über dem Sofa hing ein Stillleben, rechts davon stand ein Teetischchen, links ein Radio. An der rechten Wand hing ein besonders wertvolles Bild von Lucas Cranach.

Die Tür daneben führte in Hitlers Schlafraum, in dem ebenfalls ein Teppich lag. Darauf standen das Bett mit einem Nachtschränkchen, ein Kleiderschrank, ein Teewagen, ein Safe, in dem Hitler Geheimdokumente aufbewahrte, ein Bücherregal und eine Flasche mit Sauerstoff. Links in Hitlers Arbeitsraum führte eine Tür zum gemeinsamen Bad von Hitler und Eva Braun. Von dort gelangte man in Eva Brauns Ankleideraum sowie in ihren Wohn- und Schlafraum. Darin standen rechts eine dunkel bezogene Liege, ein rundes Tischchen und ein Sessel. Eine hohe Stehlampe tauchte das Zimmer in gedämpftes Licht. An der Wand gegenüber befanden sich Eva Brauns Bett, ein Kleiderschrank und eine Kiste für ihren Hund. Den Boden bedeckte ein dunkel gemusterter Teppich. An den Wänden hingen Bilder, auf denen Blumen dargestellt waren. Durch eine zweite Tür gelangte man aus Eva Brauns Wohn- und Schlafraum in das Vorzimmer.

Im Lageraum gab es linker Hand einen großen Tisch mit Lampen und Telefonen. Darauf lagen außerdem ein Reißzeug, ein Atlas, eine Lupe, Stifte und Hitlers Brille. Vor dem Tisch waren mehrere Sessel aufgestellt, darunter eine gepolsterte Fußbank. An den übrigen Wänden zog sich eine Polsterbank entlang. Rechts vom Eingang befanden sich ein Rundfunkgerät und ein weiteres Telefon.

Den Abschluss des Lagevorraums bildete die so genannte Schleuse mit einer Panzertür. Durch die Schleuse gelangte man über zwei Notausgänge in den Garten der Reichskanzlei. Vom rechten führte eine mit Steinplatten belegte Wendeltreppe nach oben. Über diesem Ausgang hatte man einen würfelförmigen Turm mit dicken Betonmauern errichtet, wo ein Posten des Sicherheitsdienstes den Zugang zu Hitlers Luftschutzkeller bewachte. Draußen vor dem Eingang stand ein weiterer Posten von Hitlers Leibwache.

Vom linken Notausgang gelangte man über eine eiserne Feuerleiter an die Oberfläche. Er wurde von einem zylinderförmigen Turm mit Kuppel geschützt, in den Maschinengewehrnester und Beobachtungsstellen eingebaut waren. Hier saßen ebenfalls SS-Männer von Hitlers Leibwache. Der Turm hatte Telefonverbindung mit dem Bunker.

Boden, Deckplatte und Seitenwände des Führerbunkers bestanden aus Beton hoher Qualität von drei Metern Dicke. Die Decke war außerdem mit dicken Eisenträgern verstärkt. Aber auch das war Hitler noch nicht sicher genug. Er ordnete an, den Bunker zusätzlich mit einer Schicht Schotter von einem Meter Stärke abzudecken, in die dichte Stahlnetze eingezogen waren. Außerdem wurde auf seinen Befehl der Zugang von der Reichskanzlei zickzackförmig gestaltet und mit schweren, gepanzerten Türen gesichert.

Hitler verließ den Bunker nur zur Tageslage und zum Mittagessen. Als Anfang Februar 1945 der Wintergarten der Alten Reichskanzlei von einer Bombe zerstört wurde, verlegte man die Besprechungen in Hitlers Arbeitszimmer in der Neuen Reichskanzlei. Dorthin gelangte Hitler durch den Garten. Wenn zur Zeit der Lagebesprechung über Berlin Luftalarm herrschte, fand diese im Bunker statt. Die Nachtlage wurde ständig dort abgehalten.

Seit Hitler am 12. Januar 1945 von Bad Nauheim nach Berlin zurückgekehrt war, aß er nur noch in Gesellschaft von Eva Braun und den Sekretärinnen. Andere Personen wurden nicht mehr eingeladen.

In dieser Zeit kühlte sich das Verhältnis zwischen Hitler und Göring merklich ab. Dies zeigte sich vor allem bei den Lagebesprechungen. Die Entfremdung ging von Hitler aus. Immer häufiger warf er Göring vor – manchmal auch mit erhobener Stimme – die Luftwaffe erfülle ihre Aufgaben nicht. Dabei konnte Hitler ausfallend werden:

»Die Luftwaffe besteht nur aus Großmäulern!«

»Die Luftwaffe müsste schamrot werden, dass die Flugzeuge des Feindes sich über Deutschland wie zu Hause fühlen können!«

»Wenn die Luftwaffe schon nicht fliegen kann, dann soll sie wenigstens am Boden kämpfen.«

»Die Angaben über die Zahl der abgeschossenen Flugzeuge des Gegners sind falsch.«

»Viele Flieger sind ihre Orden nicht wert.«

Zu diesen Vorwürfen schwieg Göring. Seine einzige Reaktion war, dass er seine Orden – zumindest zeitweilig – nicht trug. War bei der Besprechung von den Operationen der Luftwaffe die Rede, entfernte sich Göring demonstrativ vom Tisch oder verließ den Raum.

Einmal legte Hitler, rot vor Zorn, Göring einen Zeitungsartikel vor, in dem es hieß, Göring gehe in der Schorfheide auf

Wildschweinjagd. Hitler brüllte ihn an, wenn er schon außer der Wildschweinjagd nichts zu tun habe, dann solle er wenigstens dafür sorgen, dass die Zeitungen nicht darüber schreiben würden.

Hitler entzog Göring die Verantwortung für den Bau der Strahljäger und betraute Himmler damit. Der übertrug die Produktionsleitung dem SS-Obergruppenführer, Ingenieur Kammler, der bereits seit Herbst 1944 für die Raketenproduktion verantwortlich war und eine mit V1 und V2 ausgerüstete Sondereinheit befehligte.[312]

Während Hitler sich von Göring entfernte, zog er Goebbels immer näher zu sich heran. Bald herrschte zwischen beiden ein sehr enges Verhältnis. Goebbels nahm nicht an den Lagebesprechungen teil, aber Hitler ließ ihn jeden Tag kommen und erörterte mit ihm stundenlang alle Fragen. In den letzten Kriegsmonaten avancierte Goebbels zu Hitlers engstem Berater.

Ende Februar 1945 operierte der Facharzt für Hals-Nasen-Ohrenkrankheiten, Professor von Eicken, Hitler an den Stimmbändern. Er hatte dort Polypen festgestellt, die sich bildeten, weil Hitler so viel schrie. Der Eingriff verlief ohne Komplikationen. Aber Hitler musste eine ganze Woche lang schweigen, weil er sonst riskierte, die Stimme ganz zu verlieren. In diesen Tagen trugen die Adjutanten Hitler im Bunker die Frontlage vor. Seine Befehle und Weisungen schrieb er auf die Seiten seines Notizbuchs.

---

[312] SS-Obergruppenführer Hans Kammler erhielt am 27.3.1945 das Oberkommando und sämtliche Vollmachten zur Entwicklung, Erprobung und Fertigung von Strahlflugzeugen. Als Generalbevollmächtigter für die V2-Fertigung und Oberbefehlshaber für den V2-Einsatz fungierte Kammler seit dem 8.8.1944. Ab Januar 1945 befehligte er auch den Verschuss der V1. Kammler unterstand außerdem das deutsche Atombombenprogramm. Rainer Karlsch zeigt in seinem Buch *Hitlers Bombe*, dass im März 1945 Tests taktischer Kernwaffen durchgeführt wurden.

Als die Russen im Bereich der Heeresgruppe Weichsel in Pommern auf breiter Front in Richtung Untere Oder vorrückten, standen auf einem 50 bis 100 Kilometer breiten Küstenstreifen zwischen Danzig und Stettin noch etwa 20 deutsche Divisionen.

Auf einer Lagebesprechung Anfang März 1945 schätzte Hitler die Situation an der Front ein. Zwar erschien auch ihm die Lage an der Oder und in Pommern äußerst kritisch, doch er zog den Schluss, dass es möglich sein würde, jetzt einen Schlag gegen die Russen zu führen. Er erklärte: »Die Russen werden ihre Offensive über die Oder in Richtung Berlin nicht fortsetzen, weil ihre rechte Flanke von den in Pommern konzentrierten deutschen Truppen stark bedroht ist. Solange sie diese Gefahr nicht beseitigt haben, ist ein Angriff auf Berlin nicht zu befürchten. Das heißt, in der nächsten Zeit werden bedeutende Kräfte der Russen in Pommern gebunden sein. Das gibt uns die Möglichkeit, die russischen Stellungen aus dem Raum südlich von Stettin zu durchbrechen und das Hinterland der russischen Truppen an der Unteren Oder anzugreifen. Diese Operation wird den deutschen Truppen in Pommern Freiraum verschaffen, und zwar so, dass sie südlich von Danzig die russische Front angreifen, durchbrechen und in Richtung Schneidemühl – Posen vorstoßen können.«

Guderian wandte sich gegen Hitlers Plan. Er erklärte, da die Russen bereits die Untere Oder erreicht hätten und 90 Kilometer vor Berlin stünden, würden sie ganz sicher versuchen, die Reichshauptstadt so bald wie möglich einzunehmen. Daher sei der vom Führer geplante Angriff von vornherein zum Scheitern verurteilt. Man müsse alle Kräfte an der Oder konzentrieren und sich dort verteidigen. Hitler war wegen dieser Widerrede außer sich und geriet in Rage, was gegenüber Guderian zum ersten Mal geschah.

»Schweigen Sie, Guderian!«, brüllte er. »Die Russen werden nicht so blöd sein, wie wir waren, als wir vor Moskau standen und es sofort erobern wollten. Sie waren es doch, Guderian, der als Erster mit seiner Armee in Moskau einmarschieren wollte. Sie sollten doch am besten wissen, wie die Sache ausging!«

Guderian erbleichte. Himmler, der die Operation nach Hitlers Plan befehligen sollte, unterstützte Guderian. Nun wurde es totenstill. Man hörte nur noch, wie Hitler schwer atmete. Nach einer kurzen Pause sagte er, seine Lageeinschätzung sei die einzig richtige, nur Dilettanten und Anfänger könnten anders urteilen. Hitler befahl, die Truppen von der Unteren Oder abzuziehen und zwei Stoßgruppen zu bilden. Diese sollten aus dem Raum südwestlich von Stettin und aus dem Brückenkopf am Ostufer der Oder zwischen Küstrin und Frankfurt angreifen, die russische Front durchbrechen und zurückdrängen. Den Hauptschlag hatte die Stettiner Gruppe zu führen.

Bei weiteren Lagebesprechungen wies Guderian immer wieder darauf hin, dass die Russen laut deutscher Aufklärung an der Unteren Oder starke Kräfte konzentrierten, was dafür sprach, dass sie den Angriff auf Berlin fortsetzen wollten.

Hitler bestand darauf, dass sein Plan befolgt werde.

Der Gegenangriff der deutschen Truppen, der nach Hitlers Plan zunächst aus dem Raum Stettin geführt wurde, blieb bereits in den ersten Tagen im Feuer der russischen Artillerie stecken.

Hitler war außer sich. In Anwesenheit aller Teilnehmer der Lagebesprechung kanzelte er Guderian ab wie einen Schuljungen. Er brüllte, Guderian habe den Angriff absichtlich so geführt, dass er scheitern musste. Er warf auch Himmler vor, er hätte sich von Guderian beschwatzen lassen.

Als die russischen Truppen in den folgenden Tagen nicht gegen Berlin, sondern gegen die deutschen Verbände in Pommern vorgingen, wütete Hitler noch mehr. Er beharrte darauf, er habe Recht, er allein durchschaue die Absichten der Russen. Zum Beweis ließ er die Protokolle der Besprechungen kommen, wo man über das weitere Vorgehen der Russen debattiert hatte. Hitler gab sie Goebbels, damit der sich damit vertraut machen konnte. Goebbels nahm sie mit und gab sie später Hitler mit einem Zettel zurück, auf dem stand: »Mein Führer, warum lösen Sie diese unfähigen Generale nicht ab?«

Seit diesen Tagen war das Verhältnis zwischen Hitler und Guderian gestört. Himmler wurde vom Oberbefehl der Heeresgruppe Weichsel entbunden und durch Generaloberst Heinrici ersetzt.[313] Wütend und gekränkt zog er sich ins SS-Sanatorium Hohenlychen zurück, das der SS-Gruppenführer Gebhardt leitete. Hitler ließ er mitteilen, er sei krank. Seit dieser Zeit nahm der Chef des SD und des Reichssicherheitshauptamts, SS-Obergruppenführer Kaltenbrunner, ständig an den Lagebesprechungen teil. Allerdings äußerte er sich dort nicht, sondern hörte nur schweigend zu.

Hitler verlor kein Wort darüber, weshalb Kaltenbrunner bei den Lagebesprechungen anwesend war. In seiner Umgebung vermutete man, damit habe Hitler, der sich zunehmend unsicherer fühlte, den Teilnehmern der Lagebesprechung eine Warnung zukommen lassen wollen.

Man schrieb Mitte März 1945. Im Vorraum von Hitlers Arbeitszimmer in der Neuen Reichskanzlei waren die ständigen Teilnehmer der Tageslage versammelt und warteten auf Hitlers Erscheinen. Ordonnanzen von der SS servierten alkoholische Getränke und einen kalten Imbiss. Guderian stand am Büfett und kippte gleich mehrere Kognaks hinunter. Man konnte meinen, er wolle sich vor der Besprechung Mut antrinken.

Mittlerweile hatte sich Hitler in Linges Begleitung von seinem Bunker durch den Garten der Reichskanzlei in sein Arbeitszimmer begeben. Er wies Linge an, die Versammelten hereinzubitten. Die SS-Männer seiner Leibwache stießen die Türen zum Arbeitszimmer weit auf. Als Erster trat Göring ein. Ihm folgten Dönitz, Keitel, Jodl, Guderian, Kaltenbrunner und die Übrigen. Hitler stand an dem großen Marmortisch und gab jedem die Hand.

---

[313] Heinrici löste Himmler als Oberbefehlshaber der Heeresgruppe Weichsel am 22. 3. 1945 ab.

Während Hitlers Adjutanten Johannmeyer und Günsche sowie Guderians Adjutant von Freytag-Loringhoven die Karten der Ostfront auf dem Tisch auslegten, sagte Guderian etwas zu Hitler. Der roch offenbar den Alkohol und trat einen Schritt zurück. Ohne Guderian zu antworten, nahm Hitler in seinem Sessel am Tisch mit den Karten Platz. Guderian, der wegen des Kognaks nicht mehr ganz sicher auf den Beinen stand, hielt sich am Tisch fest.

Mit etwas schwerer Zunge trug er über die Lage an der Ostfront vor, wobei er mit der Heeresgruppe Süd begann. Einige der Zuhörer grinsten verstohlen und stießen sich gegenseitig an, während sie Guderian lauschten. Aus seinen Worten ging hervor, dass der Gegenangriff der Heeresgruppe Süd gegen die russischen Brückenköpfe an Donau und Drau südlich des Balaton sehr langsam vorankam. Weiter teilte Guderian mit, die kraftvollen Vorstöße der Russen in Schlesien und Böhmen gegen die Heeresgruppe Mitte seien bisher, von einzelnen Durchbrüchen abgesehen, aufgehalten worden. Dort tobten erbitterte Kämpfe. Beide Seiten hätten große Verluste zu beklagen. Im Bereich der Heeresgruppe Weichsel seien die Russen über Köslin und Kolberg zur Ostsee durchgebrochen und hätten damit die in Pommern stehenden deutschen Verbände voneinander getrennt. Guderian fügte hinzu, die Verluste seien sehr hoch und man habe alle Reserven ins Gefecht geworfen. »Es wäre zweckmäßig«, meinte Guderian, »die Heeresgruppe Kurland an die Oder zu verlegen.«

Bei Guderians letzten Worten sprang Hitler auf. Sein Gesicht war puterrot. Er fegte die Karten vom Tisch, trommelte mit den Fäusten auf ihm herum und brüllte, Guderian irre sich seit langem bei der Bewertung der Lage an der Ostfront.

»Sie haben die Lage vor Moskau im Winter 1941 nicht richtig eingeschätzt!«, schrie Hitler. »Sie kannten die Lage an der Weichsel bei Warschau im Januar 1945 nicht! Sie haben zwischen Weichsel und Oder Festungen gebaut und dort zehntausende Soldaten gebunden, statt sie an die Front zu schicken! Und schließlich haben Sie auch die Lage an der Oder nicht richtig bewertet!«

Guderians Gesicht wurde leichenblass. Er schnappte nach Luft und fasste sich mit der Hand ans Herz. Mit versagender Stimme begann er: »Mein Führer, so dürfen Sie nicht mit mir sprechen. Niemand hat sich so bemüht wie ich, die Russen aufzuhalten, so weit das überhaupt…«

Hitler brach die Besprechung ab. Alle verließen den Saal. Er blieb allein zurück.

Von diesem Tag an tauchte Guderian nicht mehr bei Hitler auf. Er war als Generalstabschef des Heeres abgesetzt.[314] Seinen Platz nahm jetzt General Krebs ein, der erst vor wenigen Wochen den bei einem Autounfall verletzten General Wenck als Leiter der Operationsabteilung des OKH ersetzt hatte. Vorher war Krebs Stabschef bei Generalfeldmarschall Model gewesen, dem er mit seiner Beweglichkeit und seinen lebhaften Gesten sehr ähnelte. Krebs war mit Burgdorf und später auch mit Goebbels und Bormann eng befreundet.

---

[314] Guderian wurde am 28. 3. 1945 entlassen.

14. Kapitel

Anfang März 1945 befahl Hitler, im Bereich der Heeresgruppe Süd starke Kräfte, darunter die 6. Panzerarmee von Sepp Dietrich, unter dem Befehl von General Wöhler zusammenzuziehen. Hitler bereitete eine Gegenoffensive am Balaton vor.

Das strategische Ziel bestand darin, den großen Brückenkopf der Russen zwischen Donau und Drau südwestlich von Budapest zu vernichten, die russischen Truppen über die Donau zurückzudrängen und Budapest zurückzuerobern.

Mit dieser Operation wollte Hitler die Gefahr für Süddeutschland und das Erdölrevier am Balaton bannen. Hier befand sich das letzte wichtige Erdölrevier, über das Deutschland noch verfügte, wenn man von kleineren Vorkommen in Österreich und Deutschland absah.[315]

Hitler befahl, die Operation am Balaton besonders sorgfältig vorzubereiten.

Zu diesem Zweck rief er Sepp Dietrich zu sich, dessen 6. Panzerarmee solche SS-Elitedivisionen angehörten wie die Leibstandarte »Adolf Hitler«, »Das Reich«, »Totenkopf«, »Wiking«, »Hohenstaufen«, »Frundsberg«, »Hitlerjugend« und andere.[316] Hitler verlangte von Dietrich, seine Panzerarmee müsse diese Operation mit vollem Einsatz durchführen und sie siegreich beenden, koste es, was es wolle.

Die Gegenoffensive am Balaton scheiterte. Bereits in den ersten Tagen nach Beginn des Angriffs brachten die Russen die

---

[315] Das Erdölrevier um Nagykanizsa wurde am 2. 4. 1945 von der Roten Armee eingenommen.

[316] Der 6. SS-Panzerarmee waren im März 1945 die 1. SS-Panzerdivision Leibstandarte »Adolf Hitler«, die 2. SS-Panzerdivision »Das Reich«, die 9. SS-Panzerdivision »Hohenstaufen« und die 12. SS-Panzerdivision »Hitlerjugend« unterstellt. Die SS-Panzerdivisionen »Totenkopf« und »Wiking« unterstanden im Rahmen der Balaton-Offensive der 6. Armee der Armeegruppe Balck. Die 10. SS-Panzerdivision »Frundsberg« hingegen war im März 1945 der 9. Armee unterstellt und an der Weichsel eingesetzt.

deutschen Truppen durch schwere Schläge in die Flanken zum Stehen, drängten sie auf ihre Ausgangspositionen zurück und zwangen sie sogar, unter riesigen Verlusten weiter in Richtung Nordwesten zur österreichisch-ungarischen Grenze zurückzuweichen.[317]

Hitler löste General Wöhler sofort ab und ersetzte ihn durch General Rendulic, einen Österreicher, der vor dem Anschluss in der Armee des Landes gedient hatte.[318] Für grenzenlose Treue zum Nationalsozialismus hatte Hitler ihm das Goldene Parteiabzeichen verliehen.

Das Scheitern der Gegenoffensive am Balaton erschütterte Hitler tief. Die Hoffnungen, die er in seine SS-Divisionen gesetzt hatte, waren dahin. Bei den Lagebesprechungen, bei denen der neue Generalstabschef Krebs erstmals vortrug und vom Rückzug der Armee Sepp Dietrichs berichten musste, saß Hitler mit hängendem Kopf am Tisch und starrte fassungslos vor sich hin.

Als auf einer weiteren Besprechung eine Meldung von Sepp Dietrich bekannt wurde, laut der seine Armee in den blutigen Kämpfen Menschen und Panzer in riesigem Umfang verliere, fuhr Hitler hoch und polterte: »Meine SS-Divisionen haben zu kämpfen verlernt! Sie sind feige geworden!«

Er ließ sich in den Sessel zurückfallen und stierte dumpf auf einen Punkt. Sein Gesicht zuckte. Ausgerechnet seine SS-Divisionen, die er der ganzen Wehrmacht als Vorbild hingestellt und mit besonderen Namen geehrt hatte, musste er jetzt der Feigheit bezichtigen.

Nach der Besprechung rief Hitler Günsche in sein Arbeitszimmer und fragte ihn, ob Sepp Dietrich vor der Gegenoffensive am Balaton mit ihm gesprochen habe. Günsche bejahte das. Er berichtete Hitler, Sepp Dietrich habe sich zuversichtlich über die

---

[317] Die Operation »Sonnenwende«, mit der vom Balaton (Plattensee) zur Donau vorgestoßen werden sollte, begann am 6. 3. 1945. Unter hohen Verlusten drangen die deutschen Truppen 20 bis 30 Kilometer vor, dann waren die Verbände durch den verbissenen sowjetischen Widerstand völlig abgekämpft. Am 17. 3. 1945 ging die Rote Armee zum Gegenangriff über und schlug die letzte deutsche Offensive zurück.

[318] Rendulic erhielt den Oberbefehl über die Heeresgruppe Süd am 25. 3. 1945.

bevorstehende Operation geäußert. Er habe nur bedauert, dass seine Armee in Ungarn und nicht in Pommern kämpfe, denn er wollte sich nicht für Ungarn, sondern für Deutschland schlagen. Hitler knurrte: »Das hat ihm Guderian eingeflüstert. Das kann ich mir vorstellen.«

Dann fragte Hitler Günsche, was er über die Kommandeure der Divisionen von Sepp Dietrichs Armee und der Regimenter der SS-Leibstandarte »Adolf Hitler« wisse. In seiner Antwort betonte Günsche, dass der Kommandeur des Panzerregiments der Leibstandarte, Peiper, des 1. motorisierten Infanterieregiments, Hansen, und des 2. motorisierten Infanterieregiments, Sandig, seit 1933 in der Leibstandarte dienten, seit Kriegsbeginn an der Front kämpften und mit hohen Orden ausgezeichnet worden seien.

Hitler schnitt Günsche das Wort ab: »Gut, gut, lassen Sie mich allein.«

Als feststand, dass die Gegenoffensive am Balaton endgültig gescheitert war, rief Hitler Günsche zu sich und ordnete an, einen Befehl an den Kommandeur der 6. Panzerarmee, Sepp Dietrich, auszufertigen, dass die Leibstandarte nicht mehr würdig sei, den Namen »Adolf Hitler« zu tragen. Günsche, der selbst der Leibstandarte angehört hatte, sank entgeistert auf den Stuhl vor Hitlers Schreibtisch nieder und begann widerstrebend den Befehl zu formulieren. Hitler lief im Raum auf und ab. Nachdem Günsche mehrfach gestrichen und neu begonnen hatte, stand schließlich auf seinem Blatt: »Ich befehle: Da die Leibstandarte meinen Auftrag nicht erfüllt und nicht den Kampfgeist gezeigt hat, den ich von ihr erwarte, ist sie unwürdig, den Namen ›Adolf Hitler‹ zu tragen.«

Hitler, der inzwischen Günsches Zögern bemerkt hatte, trat an ihn heran und sagte: »Lassen Sie es sein, ich rede selber mit Himmler.«

Himmler, der seine Ablösung als Oberbefehlshaber der Heeresgruppe Weichsel nicht verwunden hatte, hielt sich nach wie vor im SS-Sanatorium Hohenlychen auf.

Auf Hitlers Anordnung nahm er am nächsten Tag wieder an der Lagebesprechung teil. Hier ließ Hitler seiner Wut über Sepp Dietrich und dessen Armee freien Lauf. Er tobte: »Die Leibstandarte existiert nicht mehr! Sie ist nicht würdig, meinen Namen zu tragen! Himmler, Sie fahren persönlich zu Dietrich! Ich erkenne allen SS-Divisionen ihre Namen ab. Runter mit den Ärmelstreifen! Auch bei Dietrich! Sagen Sie Dietrich, wenn die SS-Divisionen weiter zurückgehen, dann nehme ich ihnen alle Banner ab, den Offizieren und Soldaten auch die Orden!«

Himmler antwortete tonlos: »Zu Befehl, mein Führer!«[319]

Göring versuchte vorsichtig, Hitler von diesem Entschluss abzubringen. Er meinte, eine solche Strafe sei zu hart für die SS-Divisionen, die während des ganzen Krieges ihr Blut an der Ostfront vergossen hätten. Das brachte Hitler nur noch mehr in Rage. Er verglich sein Schicksal mit dem Friedrichs II., der im Siebenjährigen Krieg auch mehrere Regimenter für Feigheit bestraft hatte. »Friedrich der Große hat seinen Regimentern Namen, Banner und Auszeichnungen aberkannt! Ich werde auch nicht davor zurückschrecken, SS-Leute zu erschießen, wenn sie weiter zurückweichen!«

Da Hitler gedroht hatte, den SS-Divisionen die Banner fortzunehmen, erschienen Anfang April zwei Offiziere von Sepp Dietrich bei Günsche, um das Kampfbanner der Leibstandarte abzuholen, das Günsche für sie im Bunker der Reichskanzlei aufbewahrt hatte. Es wurde nur bei Paraden getragen. Günsche händigte es ihnen ohne Hitlers Wissen aus. Sie brachten es Sepp Dietrich, dessen Stab sich damals in der Nähe von Wien befand.

In den nachfolgenden Kämpfen am Südabschnitt der Ostfront wurde die Heeresgruppe Süd, zu der die SS-Divisionen der 6. Panzerarmee gehörten, nach Österreich zurückgeworfen. In

---

[319] Himmler flog am 28.3.1945 nach Ungarn, um den Befehl Hitlers persönlich auszuführen. Am 2.4.1945 wurde Dietrich zum Kampfkommandanten von Wien ernannt. Seinen Unmut über den Entzug des Ehrentitels »Leibstandarte ›Adolf Hitler‹« äußerte er dort in einer Besprechung: »Hitler nennt uns feig, zwei Drittel meiner Männer liegen unter der Erde, und er nennt uns feig!«

Wien, das auf Hitlers Befehl bis zum letzten Mann verteidigt werden sollte, brach ein Aufstand der Bevölkerung gegen die deutschen Behörden aus.[320] Hitler befahl Kaltenbrunner, einem gebürtigen Österreicher, der Polizeichef von Wien gewesen war, bevor Hitler ihn zum Chef des Reichssicherheitshauptamts ernannte, sofort nach Wien zu fahren und die Erhebung mit aller Härte zu unterdrücken. Aber bereits am 13. April marschierten russische Truppen in Wien ein und retteten die Bevölkerung so vor Hitlers Schlächter Kaltenbrunner. Der fuhr in Richtung Wien, um Hitlers Befehl auszuführen, kehrte aber nicht mehr nach Berlin zurück. Er verschwand einfach. Wie sich später herausstellte, hatte er es vorgezogen, sich nach Westen zu den Angloamerikanern abzusetzen.

Als die russischen Truppen im Bereich Küstrin – Frankfurt die Oder erreichten und damit vor den Toren Berlins standen, machte sich Hitler große Sorgen, ob er in der Reichskanzlei noch sicher sei. Vor allem befürchtete er mögliche Unruhen oder gar einen Aufstand der Berliner Bevölkerung. Daher befahl er, einen Kampfkommandanten der Reichskanzlei einzusetzen, der den verstärkten Schutz des Gebäudes und des gesamten Regierungsviertels zu organisieren hatte. Auf Burgdorfs Vorschlag ernannte Hitler für diese Aufgabe zunächst Oberstleutnant Pick. Aber drei Wochen später wurde dieser auf Hitlers Wunsch durch Günsche ersetzt. Als Kampfkommandant der Reichskanzlei und des Regierungsviertels unterstand Günsche Hitler persönlich.

Das Regierungsviertel umfasste damals den Bereich folgender Straßen: Unter den Linden, Wilhelmstraße, Behrenstraße, Mauerstraße, Wilhelmplatz, Voßstraße und Hermann-Göring-Straße bis zum Brandenburger Tor, dazu die Reichskanzlei.

---

[320] Ein von Offizieren geplanter Aufstand scheiterte durch Verrat. Am 8. 4. 1945 wurden drei von ihnen öffentlich gehängt.

Die Bewachung der Reichskanzlei, die nun Günsche befehligte, bestand aus dem Wachbataillon der Leibstandarte, dem Wachregiment Berlin, das zur Panzerdivision »Großdeutschland« gehörte, dem SA-Regiment »Feldherrnhalle« sowie aus Kräften von Schutzpolizei und SD. Außerdem unterstanden Günsche mehrere Kompanien des »Volkssturms« und die Führer-Begleitkompanie unter SS-Obersturmführer Drobe.[321] Letztere war zunächst in der Kaserne des Wachbataillons der Leibstandarte in Berlin-Lichterfelde untergebracht, wurde aber nun in die Reichskanzlei verlegt. Dort kamen die Männer im Diplomatensaal und in weiteren Räumen der Neuen Reichskanzlei unter.

Auf Günsches Befehl wurde um das Regierungsviertel ein Verteidigungsring aus stark befestigten Feuerstellungen gezogen. Die Durchfahrt durch das Brandenburger Tor war gesperrt. Auf dem Tor unter der Quadriga wurden Maschinengewehre postiert. Man schlug Schießscharten in die Gartenmauer von Goebbels' Villa an der Hermann-Göring-Straße und legte dort Maschinengewehrnester an. Auch an der Außenmauer des Gartens des Auswärtigen Amts in derselben Straße wurde eine mächtige Feuerstellung aus Betonplatten mit Schussluken für Maschinengewehre gebaut. Die Einfahrten in den Garten und in die Garagen der Reichskanzlei von der Hermann-Göring-Straße her waren durch Feuernester gesichert. Die Ruinen des zerbombten Kaufhauses AWAG[322] gegenüber der Neuen Reichskanzlei wurden mit Stacheldrahtverhauen und Minen unpassierbar gemacht. An allen Straßen, die auf den Wilhelmplatz mündeten, gab es Feuernester und Panzersperren, mit denen der Zugang zum Platz, wenn nötig, sofort gesperrt werden konnte. Auch in den Ruinen der zerstörten Häuser an den Kreuzungen Behrenstraße/ Mauerstraße sowie Unter den Linden/Wilhelmstraße befanden sich befestigte Feuerstellungen. Die Dächer der Ministeriums-

---

[321] Möglicherweise handelte es sich um Heinrich Doose.

[322] Es handelte sich um das Kaufhaus Wertheim in der Leipziger Straße. Die A. Wertheim AG firmierte nach der »Arisierung« als AWAG: Allgemeine Warenhandelsgesellschaft.

gebäude erhielten Feuernester. Mit besonderer Sorgfalt wurde die Reichskanzlei befestigt. Der Balkon der Reichskanzlei, der auf den Wilhelmplatz hinausging, wo Hitler in den Tagen seiner »Größe« die Ovationen der Berliner Nationalsozialisten entgegengenommen hatte, diente nun als Maschinengewehrstellung, denn von dort konnte man den ganzen Wilhelmplatz und die Wilhelmstraße unter Feuer nehmen.

Vor beiden Haupteingängen der Neuen Reichskanzlei an der Voßstraße lagen Sandsäcke und Hindernisse bereit, um diese sofort versperren zu können. Die Fenster des Gebäudes waren bereits verbarrikadiert. Sie starrten vor Maschinengewehren. Im Garten der Reichskanzlei befanden sich Granatwerfer, und Munitionsvorräte wurden angelegt. Im Garten des angrenzenden Auswärtigen Amts richtete man einen Schießstand für Eva Braun und Hitlers Sekretärinnen ein. Dort konnten sie schießen üben, falls sie sich am Kampf gegen die Berliner Bevölkerung beteiligen müssten. Die Anzahl der Wachposten in der Reichskanzlei wurde verdreifacht. An jedem Ein- und Ausgang standen stets mehrere Männer.

Über jede getroffene Maßnahme hatte Günsche Hitler sofort Bericht zu erstatten. Der zeigte sich sehr zufrieden, gab aber ständig neue Befehle aus. Einmal jedoch ließ er Günsche rufen und herrschte ihn in ärgerlichem Ton an: »Meine Damen (die Sekretärinnen) haben sich beschwert, dass sie zum Teeabend nur auf Umwegen in meinen Bunker kommen können und dabei von einer Unzahl Posten angehalten werden.«

Günsche versuchte zu erklären, dass die Wachen zur Nachtzeit aus Sicherheitsgründen verstärkt würden, aber Hitler unterbrach ihn gereizt: »Mich kann sowieso keiner schützen. Mich schützt nur die Vorsehung.«

Ungeachtet des »Schutzes der Vorsehung« ließ Hitler jedoch alles, wie es war, und ordnete keinen Abbau der Sicherheitsmaßnahmen an.

Während an der Front zwischen Oder und Berlin unzählige Stützpunkte und Widerstandsnester angelegt wurden, arbeitete man in diesen Tagen zugleich fieberhaft an der Befestigung Berlins. In der ganzen Stadt wurden Barrikaden gebaut, Panzersperren angelegt und Schützengräben ausgehoben. Dazu trieb man die Berliner Bevölkerung zusammen.[323] Die Gesamtleitung lag bei Goebbels als Verteidigungskommissar von Berlin und Schach als stellvertretendem Gauleiter der nationalsozialistischen Partei in der Hauptstadt. Es gab fast keine Straße, wo nicht ein Hindernis aus Steinen der zerbombten Häuser entstand. Die Ost-West-Achse zwischen Brandenburger Tor und Siegessäule war als Landebahn für Flugzeuge eingerichtet. Damit diese eine Breite von 50 Metern erreichte, wurden die Straßenlaternen zu beiden Seiten weggeräumt. Brandenburger Tor und Siegessäule erhielten Positionslichter für die Flugzeuge. Lange Kolonnen von Soldaten, »Hitlerjugend« und »Volkssturm« zogen zum Stadtrand hinaus, wo sie Verteidigungsstellungen zu beziehen hatten.

Während die Hauptstadt fieberhaft auf Widerstand eingestellt wurde, bereitete die Hitlerregierung ihre Flucht vor. Das Signal zur Evakuierung der höchsten Partei- und Staatsstellen kam von Bormann. Lange Kolonnen großer schwarzer Fahrzeuge brachten sie in vorbereitete Unterkünfte in den Raum Salzburg – Berchtesgaden – Bad Reichenhall in Süddeutschland.

Jede Behörde hatte Weisung, in Berlin nur eine kleine Führungsgruppe aus zehn bis fünfzehn Beamten zurückzulassen, die jederzeit aus der Hauptstadt ausgeflogen werden konnten. Während die Reichsbehörden evakuiert wurden, wies Hitler seinen Verwalter Arthur Kannenberg an, alle Wertsachen aus der Reichskanzlei und aus seinem persönlichen Besitz in Sicherheit zu brin-

---

[323] Den Befehl zum Bau befestigter Stellungen in und um die Reichshauptstadt hatte der Befehlshaber des »Verteidigungsbereichs Berlin«, Generalleutnant Hellmuth Reymann, am 9.3.1945 gegeben. In seiner Anordnung wies Reymann ausdrücklich darauf hin, dass der Kampf um Berlin nicht in einer offenen Feldschlacht, sondern im Straßen- und Häuserkampf geführt würde. Entsprechend hohe Opfer unter der Zivilbevölkerung wurden also billigend in Kauf genommen.

gen. Wertvolle Möbel, Gobelins, Teppiche und Bilder wurden nach Schloss Moritzburg gebracht, das 15 Kilometer von Dresden entfernt auf einem Höhenzug steht. Plastiken und Statuen, die man seinerzeit aus Italien herbeigeschafft hatte, brachte Walter Erhardt, Obersturmbannführer in Hitlers Leibwache, in den Raum Stuttgart. Hitlers persönliche Bibliothek ließ Linge auf seine Weisung mit der Eisenbahn nach Bad Aussee bei Salzburg transportieren, wo man feste Bunker angelegt hatte. Dort versteckte Bormann auch das Archiv der Münchner Außenstelle der Parteikanzlei, die im »Braunen Haus« gesessen hatte.[324] Die Bibliothek begleitete Obersturmbannführer Adolf Dirr aus Hitlers Leibwache nach Bad Aussee. Das Staatsporzellan im Wert von vielen Millionen Mark, das man bei Regierungsempfängen benutzt hatte, brachte Kannenberg persönlich nach Bayreuth. Nach Berlin kehrte er nicht mehr zurück.

In der zweiten Hälfte des Monats März 1945 zerschlugen die Russen die in Pommern stehenden deutschen Truppen. Sie eroberten die Hafenstädte Danzig und Gdingen, beides wichtige U-Boot-Häfen und Versorgungsbasen an der Ostsee. Nur auf der Halbinsel Hela, dem schmalen Sandstreifen vor der Danziger Bucht, hielten sich noch einige deutsche Einheiten. Die deutsch-sowjetische Front verlief zu dieser Zeit längs der Linie Stettin – Küstrin – Frankfurt – Guben. In dieser Situation behauptete Hitler auf den Lagebesprechungen unbeirrt: »Alles hängt davon ab, wie fest die Front an der Oder steht.«

Burgdorf regte an, Hitler solle an die Oder-Front fahren, um den deutschen Truppen Mut zu machen. Hitler zögerte. In seinem Bunker fühlte er sich sicherer. Ende März entschloss er sich dann doch, an die Oder zu fahren, aber nicht zu den Soldaten in

---

[324] Die Parteikanzlei befand sich seit 1941 in dem 1937 fertig gestellten Verwaltungsgebäude der NSDAP hinter dem Königsplatz.

den vordersten Stellungen. Nach einem von Burgdorf erstellten Plan sollte Hitler zunächst den Stab des Befehlshabers der 9. Armee, General Busse, Burgdorfs Schwager, im Bereich Küstrin – Frankfurt aufsuchen und danach den Stab von General Huebner, der eine Volksgrenadier-Division[325] im Bestand von Busses 9. Armee befehligte. Hitlers Fahrt sollte propagandistisch groß aufgemacht werden und unter der Losung stehen: »Der Führer persönlich an der Oder-Front!« Hoffmanns Fotografen und Frentz, der Filmberichterstatter in Hitlers Hauptquartier, sollten für entsprechende Fotos und Filmaufnahmen sorgen.

Hitlers Ausfahrt fand am 27. März 1945 vormittags statt, zu einer Zeit, da keine Luftangriffe auf Berlin zu befürchten waren.[326] Müde und mit unsicheren Schritten verließ Hitler seinen Bunker. Sein Gesicht war blass und faltig, unter den Augen hatte er schwere Tränensäcke. Die linke Hand zitterte noch stärker als gewöhnlich. Die Schläge der russischen Armeen an der Ostfront seit Beginn der Weichsel-Offensive am 12. Januar 1945 hatten Hitler so zugesetzt, dass er wie ein kraftloser Greis wirkte. Sechs große Geländewagen der Hitlerkolonne waren vorgefahren. Bei den Fahrzeugen warteten bereits Bormann, Burgdorf, Fegelein, Morell, Stumpfegger, Hewel, Lorenz und Hitlers Adjutanten. Schlurfend ging er auf sie zu und begrüßte sie mit schlaffem Händedruck. Dann half ihm Linge beim Einsteigen in seinen großen, bequemen Geländewagen. Allein hätte er das nicht mehr gekonnt. Bei ihm stiegen Bormann, Burgdorf, Fegelein und Linge ein.

---

[325] Huebner kommandierte die Division »Döberitz« (303. I. D.), eine am 31. 1. 1945 auf dem gleichnamigen Truppenübungsplatz als Alarmeinheit aufgestellte Infanteriedivision. Die Volksgrenadier-Divisionen wurden ab Oktober 1944 aufgestellt. Sie sollten überwiegend in der Verteidigung eingesetzt werden und waren eilig aus Teilen des Ersatzheeres, Resten zerschlagener Divisionen, Bodenpersonal der Luftwaffe und Urlaubern zusammengestellt worden. Hinsichtlich Personalbestand und Bewaffnung waren sie schwächer ausgestattet als Infanteriedivisionen, materiell jedoch gut ausgerüstet, u. a. mit Sturmgeschützen, Selbstladegewehren usw. Im Kampfeinsatz erlitten diese Divisionen infolge ihrer mangelnden Ausbildung hohe Verluste.

[326] Hitlers Reise an die Front bei Küstrin fand nicht am 27. 3. 1945, sondern nach den Tagebuchaufzeichnungen von Martin Bormann am 3. 3. 1945 statt. Die Ursache für die falsche Datierung ist unklar.

Bormann, Burgdorf und Fegelein waren eng befreundet und in der letzten Zeit fast unzertrennlich. Deshalb hießen sie in Hitlers Stab nur »das Kleeblatt«. Als Linge hinter Hitler Platz genommen hatte, setzte sich die Kolonne in Bewegung. Hitlers Ausfahrt wurde streng geheim gehalten. Am Tag zuvor hatte der Adjutant Major Johannmeyer die Fahrtroute kontrolliert. Busse und Huebner war Hitlers Besuch unter dem Siegel strengster Verschwiegenheit angekündigt worden.

Das Verdeck des Wagens war geschlossen. Vorbei die Zeiten, da Hitler hoch aufgerichtet im offenen Wagen vor den Augen des Volkes im Triumph durch Berlin gefahren war. Jetzt hatte er den Kragen seines gefütterten Ledermantels hochgeschlagen und rückte so nahe wie möglich an den Fahrer heran. Hitlers Fahrzeug folgten zwei weitere mit Soldaten seines Persönlichen Begleitkommandos, danach die Adjutanten und Morell. In den folgenden Wagen saßen Stumpfegger, Hewel und Lorenz. Letzterer sollte den Bericht über »Hitlers Frontbesuch« für die Presse schreiben. Ganz am Ende fuhr ein Ersatzfahrzeug. Als die Kolonne in die Straße Unter den Linden eingebogen war, den Alexanderplatz überquert hatte und durch die Frankfurter Allee in die Arbeiterviertel des Berliner Nordostens fuhr, wurde Hitler zunehmend nervöser. Unruhig rutschte er auf seinem Sitz hin und her. Seine Gesichtsmuskeln zuckten. Über den Wagen senkte sich Grabesstille. Hitlers Zornausbrüche waren gefürchtet. Unvermittelt warf er dem hinter ihm sitzenden Linge seine grauen Glacéhandschuhe zu und rief: »Geben Sie mir bitte Handschuhe, die etwas loser sitzen! Die hier drücken und schnüren mir das Blut ab!«

Linge reichte ihm ein anderes Paar Handschuhe gleicher Größe. Hitler streifte sie über und fand sie passend. »Warum haben Sie mir die nicht gleich gegeben?«, herrschte er Linge an. Dann wurde es wieder still im Wagen. Man hatte etwa eineinhalb Stunden zu fahren. Als die Wagenkolonne vor dem großen Gutshaus hielt, in dem der Stab des Befehlshabers der 9. Armee, General Busse, saß, half Linge Hitler aus dem Wagen. Busse begrüßte ihn mit den engsten Mitarbeitern seines Stabs. Sie standen da, den rechten Arm zum Faschistengruß gereckt. Hitler versuchte, vital zu wirken. Hoffmanns Fotografen und Frentz richteten ihre Objektive auf ihn. Er gab jedem Einzelnen die Hand.

Dann führte ihn Busse in den größten Raum des Hauses, wo ihn mehrere Stabsoffiziere erwarteten. Auch sie begrüßte Hitler per Handschlag. Er trat an den großen Tisch, auf dem Operationskarten der Oder-Front ausgelegt waren. Hitler warf sich für die Fotografen in Positur. Den linken Arm presste er an den Körper, damit die Hand nicht zitterte. Neben ihm nahm General Busse Aufstellung, um ihm die Lage an seinem Frontabschnitt zu erläutern. Auf der anderen Seite platzierten sich Bormann, Burgdorf und Fegelein. Hitlers Adjutanten, seine Ärzte, Hewel, Lorenz und die SS-Männer seiner Leibwache gruppierten sich zusammen mit Busses Stabsoffizieren um den Tisch. Alles war aufgeboten, um Hitler »bei den Soldaten der Oder-Front« abzulichten.

Busse trug Hitler vor: Seine Stellungen auf dem hohen Westufer der Oder beherrschten das gesamte Ostufer. Die Tiefe seiner Verteidigungsanlagen betrage 15 bis 20 Kilometer. Hitler fragte Busse, wie viel Munition er für die Artillerie und die bei Bodenkämpfen eingesetzte Flak zur Verfügung habe.

Busses Antwort stellte Hitler nicht zufrieden. Er erklärte, er werde dafür sorgen, dass dessen Armee maximal mit Munition ausgestattet werde. Nach einer halben Stunde fuhr Hitler zum Divisionsstab von Huebner weiter, der 20 Autominuten entfernt bei Wriezen lag. Der General erläuterte Hitler kurz die Lage im Abschnitt seiner Division. Das interessierte diesen jedoch kaum. Huebner hatte er vor allem aufgesucht, um ihn mit der Untersuchung der Hintergründe zu beauftragen, weshalb man die Rhein-Brücke von Remagen nicht gesprengt hatte, sodass die Amerikaner den Strom problemlos überqueren konnten.[327] Hueb-

---

[327] Huebner leitete tatsächlich das Fliegende Standgericht West, der Brückenkopf bei Remagen wurde allerdings erst am 7.3., also vier Tage nach dem Truppenbesuch bei Huebner gebildet. Huebner kam am 9.3. in den Führerbunker und wurde von Hitler zum Chef des Standgerichts ernannt.

ner war als Hitlers treuer Gefolgsmann bekannt. Dieser verlieh ihm das Ritterkreuz und hielt sich über eine Stunde in seinem Stab auf.[328] Anschließend fuhr er nach Berlin zurück und war gegen 5.00 Uhr nachmittags bereits wieder in seinem Bunker.

Das war Hitlers Frontbesuch, zu dem in Presse und Film ein großer Propagandarummel veranstaltet wurde. Unter Überschriften wie »Der Führer bei seinen Soldaten an der Oder-Front« erschienen Fotos, auf denen die Stabsoffiziere von Busse und Huebner, der Parteibonze Bormann, das Gestapo-Schlitzohr Fegelein, der Diplomat Hewel, der Scharlatan vom Kurfürstendamm Morell, SS-Offiziere und Soldaten aus Hitlers Leibwache sowie seine Adjutanten abgebildet waren.

Hitler hatte General Huebner beauftragt, unter seinem Vorsitz ein »Fliegendes Kriegsgericht« zu bilden und an die Westfront zu fahren, um dort die Verantwortlichen zu ermitteln und zu bestrafen, die beim Rückzug der deutschen Truppen an das Ostufer des Rheins die Brücke bei Remagen nicht gesprengt hatten. Darüber sollte dieser nur Hitler persönlich Bericht erstatten. An der Westfront herrschte damals folgende Lage: Am 1. März 1945 erreichten die Angloamerikaner nördlich und südlich von Düsseldorf den Rhein. Nachdem sie am 15. März bereits westlich von Koblenz die Mosel überschritten hatten, stießen sie auch zwischen Koblenz und Bonn bis zum Rhein vor. Um ihren weiteren Vormarsch aufzuhalten, wurden alle Rheinbrücken gesprengt. Eine Ausnahme bildete nur die Brücke bei Remagen.

Auf einer Lagebesprechung meldete Jodl Hitler, diese Brücke sei den Amerikanern in die Hände gefallen, weshalb sie kampflos an das Ostufer marschierten.[329] Jodl teilte mit, die Brücke sei für

---

[328] Huebner erhielt das Ritterkreuz nicht während des Truppenbesuchs, sondern erst am 9.3.1945.

[329] Die Ludendorff-Brücke von Remagen fiel der US-Armee am Mittag des 7.3.1945 während eines Aufklärungsvorstoßes in die Hand. Innerhalb von 24 Stunden bildeten

die Sprengung vorbereitet worden. Als die Amerikaner sie bereits betraten, habe jedoch der elektrische Zünder versagt. Hitler, der Jodl bisher ruhig zugehört hatte, sprang bei diesen Worten vom Sessel auf und brüllte: »Ich habe doch befohlen, die Rheinbrücken rechtzeitig zu sprengen! Die Brücke von Remagen hat man den Amerikanern absichtlich überlassen! Das ist Sabotage und Verrat!«

Hitler warf Jodl zornige Blicke zu. Es war das erste Mal, dass er bei Jodls Vortrag der Lage an der Westfront so in Wut geriet. Als Hitler aus seinem Sessel hochfuhr, wich Keitel, der links von ihm stand, erschrocken zurück. Dönitz, Bormann, Krebs, Burgdorf, Koller, Christian und die Adjutanten umstanden schweigend den Tisch. Jodl setzte zu einer Erwiderung an, aber Hitler wandte sich unvermittelt an Keitel und befahl ihm, sofort Ermittlungen einzuleiten und festzustellen, wer die Schuld daran trug, dass die Brücke von Remagen nicht zerstört wurde. Die Ermittlungen ergaben, dass die Brücke angeblich deshalb nicht gesprengt worden war, weil sich am Westufer des Rheins noch Reste deutscher Truppen befanden, welche die Brücke für ihren Rückzug nutzen sollten. Als ihnen jedoch amerikanische Einheiten nachsetzten, habe der elektrische Zünder versagt. Der für die Sprengung verantwortliche Kommandant der Brücke fiel später im Gefecht. So lautete das Ergebnis der von Keitel angeordneten Ermittlungen.

Hitler glaubte das nicht. Er behauptete, man wälze die Schuld einfach auf den gefallenen Brückenkommandanten ab. Deshalb erteilte er Huebner den Auftrag, eine zweite Untersuchung durchzuführen. Dieser fuhr an die Westfront und meldete Hitler bald darauf, seine Ermittlungen hätten zweifelsfrei ergeben, dass die Offiziere der Pionier- und Flakeinheiten, welche die Brücke

8000 US-Soldaten am Ostufer des Rheins einen nicht mehr zu beseitigenden Brückenkopf. Alle Versuche der Deutschen, die Brücke zu zerstören, scheiterten. Sie brach, durch Bombenabwürfe beschädigt, am 17. 3. 1945 unter der Dauerbelastung des alliierten Nachschubs für bis zu vier Divisionen zusammen. Der Rheinübergang bei Remagen beschleunigte den Vormarsch der Westalliierten um mehrere Wochen.

von Remagen verteidigen sollten, beim Nahen der Amerikaner geflohen seien, ohne auch nur den Versuch zu unternehmen, die Brücke zu sprengen. Einige Offiziere seien gar zu den Amerikanern übergelaufen. Die restlichen – insgesamt zehn – hatte Huebner bereits zum Tode verurteilt und auf der Stelle erschießen lassen.[330]

Dass die Brücke von Remagen den Amerikanern in die Hände fiel, wirkte sich schwerwiegend auf den weiteren Gang der Dinge an der Westfront aus. Die Heeresgruppe B unter dem Oberbefehl von Generalfeldmarschall Model musste ihre Hauptkräfte gegen den Brückenkopf der Amerikaner östlich von Remagen konzentrieren, weshalb für die übrigen Frontabschnitte im Raum Düsseldorf – Bonn nur relativ schwache Kräfte übrig blieben. Die Amerikaner nutzten die Schwächung einzelner Frontabschnitte, um den Rhein bei Düsseldorf und an anderen Orten zu forcieren. Die deutsche Front am Rhein zerfiel, und die Angloamerikaner konnten ohne schwere Kämpfe tief nach Deutschland vordringen. Models Heeresgruppe lief Gefahr, abgeschnitten zu werden. Dazu hielt Hitler eine Sonderbesprechung mit Keitel und Jodl ab, bei der wie immer auch Günsche zugegen war. Keitel hielt es für dringend notwendig, eine Entscheidung über das Ruhrgebiet zu fällen. Jodl wies anhand der Karte der Westfront nach, dass die Heeresgruppe B, die noch immer am Rhein stand, tatsächlich in Gefahr schwebte, durch die Angloamerikaner abgeschnitten zu werden.

»Mein Führer«, fuhr Jodl fort, »wir müssen jetzt unbedingt entscheiden, ob sich Model mit seiner Heeresgruppe nicht in die Tiefe des deutschen Staatsgebiets zurückziehen soll. Das bedeutet allerdings, das Ruhrgebiet aufzugeben.«

Hitler zögerte mit einer Antwort. Dann befahl er: »Model soll sich ins Ruhrgebiet zurückziehen und dort bleiben.«

---

[330] Huebner verhängte am 16.3. fünf Todesurteile: gegen einen Oberstleutnant, drei Majore und einen Hauptmann, weil sie die Brücke nicht gesprengt hatten. Das Oberlandesgericht Koblenz hob die Urteile 1966 auf. Huebner wurde wegen dieser unrechtmäßigen Tötungen zu vier Jahren Haft verurteilt.

Ungewöhnlich war, dass Hitler Model nicht den Befehl gab, das Ruhrgebiet zu verteidigen, sondern nur dort zu bleiben. In Hitlers Persönlichem Stab deutete man das als seine Absicht, eine militärische Übereinkunft mit den Angloamerikanern gegen die Russen zu erreichen. Aus diesem Grund war es Hitler wichtig, die Industrie des Ruhrgebiets als Basis seiner Kriegswirtschaft zu erhalten. Wäre Models Heeresgruppe dort zu Kampfhandlungen übergegangen, hätten die Industrieanlagen schwere Schäden davongetragen.[331] Außerdem wollte Hitler die Heeresgruppe Model mit 300000 bis 350000 Mann im Westen erhalten, um bei Verhandlungen mit den Angloamerikanern eine zusätzliche Trumpfkarte in der Hand zu haben.

Bald darauf, Anfang April 1945, wurde die Heeresgruppe Model im Ruhrgebiet eingekesselt. Der Generalfeldmarschall, der entgegen Hitlers Wunsch den Kampf nicht aufgeben wollte, erschoss sich, als der Ring geschlossen war.[332] Die angloamerikanischen Truppen setzten ihren Vormarsch nördlich und südlich des Ruhrgebiets fort, überquerten die Weser und erreichten Mitte April, fast ohne auf Widerstand zu stoßen, bei Magdeburg die Elbe.

Mitte März 1945 ging Hitler dazu über, 2.00 oder 3.00 Uhr nachts Lagebesprechungen einzuberufen. Das lag daran, dass nun jeden Abend Bombenangriffe auf Berlin stattfanden, die in der Regel bis gegen Mitternacht andauerten und die Berichterstatter aus dem OKH und dem OKW daran hinderten, zu den Besprechungen zu kommen. Da sich die Lage an der Front im-

---

[331] Die Industrieanlagen des Ruhrgebiets, etwa die Kruppsche Gussstahlfabrik, waren bereits durch Bombenangriffe schwer zerstört.

[332] Die von Norden her vorstoßende 9. US-Armee und die von Süden her angreifende 1. US-Armee vereinigten sich am 31.3. bei Lippstadt und schlossen die Heeresgruppe B im Ruhrgebiet ein. Am 14.4. gelang den Alliierten die Spaltung des Kessels in zwei Teile. Der kleinere kapitulierte am 16.4.1945, der größere einen Tag später. 325000 deutsche Soldaten gingen in Gefangenschaft. Generalfeldmarschall Model erschoss sich am 21.4.1945 in einem Waldstück bei Duisburg, nachdem er die Selbstauflösung der Heeresgruppe B befohlen hatte.

mer mehr zuspitzte, trugen nun während der nächtlichen Besprechungen nicht mehr Hitlers Adjutanten, sondern die Generalstabsoffiziere Major Friedel aus dem OKW sowie abwechselnd Oberstleutnant von Knesebeck und Hermani aus dem OKH die Lage vor.

Am 13. oder 14. April versammelten sich gegen drei Uhr nachts im Lagevorraum von Hitlers Bunker Burgdorf, Zander, Johannmeyer, Günsche, Hermani und Friedel. Wie stets in der Nacht war es im Bunker sehr still. Nur das monotone Summen der Ventilatoren war deutlich zu hören. Hermani und Friedel legten im Lageraum die mitgebrachten Operationskarten der Ost- und Westfront aus. Die übrigen Teilnehmer unterhielten sich noch im Vorraum. Einige Minuten später kam Hitler aus seinen Räumen, wo er soeben in Gesellschaft von Eva Braun und den Sekretärinnen zu Abend gegessen hatte. Er wechselte einige Worte mit Burgdorf und ging dann in den Lageraum. Nachdem er Hermani und Friedel begrüßt hatte, setzte sich Hitler in seinen Sessel am Kartentisch.

Hermani begann mit dem Vortrag über die Ostfront. Er berichtete von den Angriffsvorbereitungen der Russen an der Oder im Raum Küstrin – Frankfurt, von Abwehrkämpfen am Frontabschnitt der Heeresgruppe Mitte in Schlesien und Böhmen sowie von schweren Kämpfen im Bereich der Heeresgruppe Süd westlich von Wien – St. Pölten und bei Brünn in der Tschechoslowakei.

Die Lage an der Westfront trug Friedel vor. Er meldete, die Amerikaner seien in Thüringen weiter nach Osten vorgestoßen und hätten die Städte Weimar und Jena besetzt. Hitler, der bisher schweigend und anscheinend zerstreut zugehört hatte, fragte plötzlich: »Was ist aus dem KZ Buchenwald geworden?« (Buchenwald, eines der größten Konzentrationslager in Deutschland, lag in der Nähe von Weimar.) Friedel konnte diese Frage nicht beantworten. Die anderen wechselten verstohlene Blicke und zuckten mit den Schultern. Hitler stand auf. »Wo ist Fegelein?«, fragte er.

Günsche antwortete, Fegelein sei bereits schlafen gegangen. Hitler brauste auf: »Schlafen gegangen? Er soll sofort hier erscheinen, oder«, fügte er hinzu, »lassen Sie es. Ich spreche mit Himmler. Verbinden Sie mich mit ihm!«

Mit verschlafener Stimme fragte Himmler Günsche: »Was ist passiert?«

Aber Günsche reichte den Hörer bereits an Hitler weiter und nahm selbst die Kopfhörer.

Hitler stellte Himmler besorgt dieselbe Frage: Wo die Häftlinge des KZ Buchenwald geblieben seien. Himmler antwortete, die »wichtigsten« Gefangenen seien erschossen worden, der Rest habe aus technischen Gründen aber nicht mehr abtransportiert werden können.[333] Hitler erbleichte noch mehr. Mit überschnappender Stimme fragte er: »Was? Nicht abtransportiert? Technisch unmöglich? Warum sind sie nicht rechtzeitig liquidiert worden? Die werden sich doch jetzt voller Lust auf die Nationalsozialisten stürzen!«

Dann fügte er heiser hinzu: »Himmler, sorgen Sie dafür, dass Ihre Leute nicht sentimental werden! Von Ihnen habe ich mehr erwartet!«[334]

Damit knallte Hitler den Hörer auf den Tisch und verließ den Raum.

---

[333] Im KZ Buchenwald trafen seit Sommer 1944 Transporte aus anderen Konzentrationslagern ein. Die SS versuchte, das Lager seit dem 4.4.1945 zu räumen. Es gelang der SS jedoch nicht, die für den ersten Todesmarsch vorgesehenen 6000 Juden zusammenzutreiben. Die Räumung des KZ Buchenwald begann dann am 7.4.1945. Mehr als 28 000 Häftlinge wurden auf die Todestransporte geschickt, bei denen zirka 15 000 Menschen – darunter 11 000 Juden – starben. Da die illegale Organisation der Häftlinge weitere Transporte immer wieder verzögerte, verblieben im Lager noch zirka 21 000 Menschen. Die 6. US-Panzerdivision befreite das KZ Buchenwald am 11.4.1945.

[334] Am 14.4.1945 wies Himmler die Kommandanten der noch bestehenden KZ an: »Die Übergabe kommt nicht infrage… Kein Häftling darf lebend in die Hände des Feindes fallen.« Wenige Tage später, nach den ersten Verhandlungen mit dem schwedischen Diplomaten Graf Folke Bernadotte, revidierte Himmler den Befehl.

In der ersten Aprilhälfte hatte Hitler etwa folgenden Tagesablauf:

Gegen 1.00 oder 1.30 Uhr mittags weckte ihn Linge. Hitler hatte sich in seinen Bunker zurückgezogen, den er gar nicht mehr verlassen wollte. Daher fand die Tageslage jetzt auch nicht mehr in der Neuen Reichskanzlei statt, sondern im Führerbunker. Diese Besprechungen begannen gegen 4.00 Uhr nachmittags und dauerten bis 6.00 oder 7.00 Uhr abends. Die nächtlichen Lagebesprechungen fanden je nach Dauer der Luftangriffe auf Berlin um 2.00 bis 3.00 Uhr morgens statt und dauerten etwa eine Stunde. Vorher trank Hitler mit Eva Braun und den Sekretärinnen in seinem Arbeitsraum Tee.

Dabei wechselten sich die vier Sekretärinnen allabendlich paarweise ab, um ausschlafen zu können. Die Gespräche beim Tee drehten sich um allerlei Klatsch: Man redete über Hitlers Adjutanten, z.B. über Schaubs Liebesverhältnis, oder über Hitlers Verwalter Kannenberg, dem die Luftangriffe schreckliche Angst einjagten. Themen waren aber auch Rezepte für verschiedene Gerichte, dazu natürlich Eva Brauns Hunde und Hitlers Blondi mit ihrem Wolf.

Da Hitler an Schlaflosigkeit litt, saß man bis 5.00 oder 6.00 Uhr morgens beisammen.

Hitler sah alt und müde aus. Sein Haar war grau geworden. Er ging tief gebeugt und zog die Beine nach. Er war ungewöhnlich nervös und unruhig, brauste noch schneller auf als sonst und fasste widersprüchliche Entschlüsse.

Anfang April stellte sich neben dem Zittern der linken Hand ein weiteres Leiden ein: Sein rechtes Auge begann zu schmerzen. Er ließ sich von dem bekannten Berliner Augenarzt Professor Löhlein behandeln. Morgens und abends musste Linge ihm nun Kokaintropfen ins Auge träufeln, um die Schmerzen zu lindern.[335] Zu diesem neuen Gebrechen bemerkte Hitler: »Erst jetzt

---

[335] Löhlein hatte Pagenstechers Augensalbe verordnet, die kein Kokain enthielt. Morell hingegen behandelte auftretende Bindehautentzündungen Hitlers mit einer einprozen-

kann ich recht ermessen, wie Friedrich dem Großen zumute war, als ihm im Siebenjährigen Krieg unter der Last der Sorgen die Zähne ausfielen. Bei mir leiden unter der Last des Krieges die linke Hand und das rechte Auge.«

Wenn Hitler auf den Krieg zu sprechen kam, betonte er stets, dass man bis zum Letzten kämpfen müsse. Er sagte: »Ich denke nicht daran, den Kampf fünf Minuten vor zwölf einzustellen. Ich werde weiterkämpfen.« Zur Bedrohung Berlins durch die Russen meinte Hitler: »Im Siebenjährigen Krieg kamen die Russen bis nach Berlin. Aber Friedrich der Große hat trotzdem weitergekämpft.«

In Hitlers Stab war fortan weder von Sieg noch Niederlage die Rede. Die allgemeine Stimmungslage könnte man so beschreiben: »Entweder wir siegen, dann ist alles in Ordnung, oder wir verlieren, dann – nach uns die Sintflut.«

Hitler klammerte sich an die Hoffnung, die Front an der Oder halten zu können. Die Verstärkung dieser Front fesselte jetzt seine gesamte Aufmerksamkeit. Unter der Losung »Berlin wird an der Oder verteidigt«, die er und Goebbels ausgegeben hatten, wurden täglich die letzten zusammengekratzten Reserven nach vorn geworfen. Man entzog der Verteidigung Berlins 120 schwere Flakbatterien und verlegte sie an die Oder, wo sie in den Bodenkämpfen gegen die Russen eingesetzt werden sollten. In seinem Entschluss, den Kampf gegen die Russen bis zum Äußersten weiterzuführen, fühlte sich Hitler durch die Erklärung von US-Präsident Truman bei dessen Amtsantritt unterstützt. Dieser hatte verkündet, dass »Amerikas Kriegsschauplatz nicht in Europa, sondern in Ostasien« liege. Hitler verstand diese Worte so, dass Trumans Amerika ihm nicht in den Rücken fallen

---

tigen Kokainlösung. Seine Aufzeichnungen weisen dreimal die Verabreichung dieser Tropfen aus: am 14.7.1944, am 8.10.1944 und am 22.3.1945. In zwei Fällen handelte es sich um eine durch äußere Einwirkung verursachte Konjunktivitis (Haarwasser, Staub). Am 8.10. war eine Ader geplatzt. Für eine regelmäßige Verabreichung von Kokain oder sogar eine Abhängigkeit existieren keinerlei archivalische Belege. Abhängigkeit bestand aber vermutlich vom Aufputschmittel Pervitin.

werde, wenn er weiterhin gegen den Bolschewismus kämpfen
würde.[336]

Bereits in den ersten Tagen des April 1945 hatte Hitler drei Gauleiter aus Österreich nach Berlin beordert – Hofer aus Innsbruck,
Uiberreither aus Klagenfurt und Eigruber aus Linz.[337] Hitler beriet mit ihnen im Beisein von Bormann. Es ging um die Errichtung einer »Alpenfestung« im österreichischen Hochgebirge als
»letzter Bastion« zur Fortsetzung des Krieges.

Die Alpenfestung sollte neben den österreichischen Bergen
auch den Raum Salzburg – Bad Reichenhall – Berchtesgaden
einschließen. Bormann und Keitel hatten technische Vorkehrun-
gen getroffen, um hier den gesamten obersten Führungsapparat
Deutschlands unterzubringen – Hitlers Hauptquartier, das
OKW, das OKH, die Parteikanzlei, alle Reichsministerien und
anderen staatlichen Behörden. Bunker waren gebaut, Telefonlei-
tungen verlegt und unterirdische Versorgungslager geschaffen worden. Einen großen Teil von Hitlers Wagenpark hatte man bereits
zum Obersalzberg verlegt. Sein Sonderzug stand auf einem Nebengleis in einem Wald bei München. Hitlers Fliegerstaffel, die
aus 15 Focke-Wulf 200 und Junkers 52[338] bestand, war auf dem
Flugplatz Gatow, 20 Kilometer westlich von Berlin, zum Abflug
bereit. Bormann kam immer häufiger darauf zu sprechen, dass
Hitlers Hauptquartier so rasch wie möglich auf den Obersalz-

---

[336] Während die USA auf dem Kontinent starke Landstreitkräfte einsetzen konnten,
gingen sie auf dem pazifischen Kriegsschauplatz mit kombinierten Luft-See-Operatio-
nen vor. Truman hielt an der Strategie fest, zuerst den Krieg in Europa siegreich zu beenden.
[337] Die Besprechung mit den oben genannten Gauleitern sowie General Ferdinand
Schörner fand am 5. 4. 1945 statt.
[338] Junkers 52: Standardtransportflugzeug der deutschen Luftwaffe. Die dreimotorige
Maschine konnte vier Tonnen Ladung über eine Reichweite von bis zu 1200 Kilometern
transportieren. Gegen Ende des Krieges bestand Hitlers Regierungsstaffel aus 40 Maschinen der Typen Fieseler 156, Focke-Wulf 200, Heinkel 111, Junkers 52, Junkers 290 und
Siebel 204.

berg verlegt werden müsse. Aber Hitler lehnte alle derartigen Vorschläge mit den Worten ab: »Solange die Front an der Oder hält, bleibe ich in Berlin.«

Nach der Unterredung mit den österreichischen Gauleitern sprach Hitler auch mit dem Oberbefehlshaber der Heeresgruppe Mitte an der Ostfront, Ferdinand Schörner, über die Errichtung der Alpenfestung. Dieser war mit Bormann, Burgdorf und Fegelein eng befreundet und Hitler blind ergeben. Dafür hatte er das Goldene Parteiabzeichen erhalten. Hitler nannte ihn seinen besten General und hörte auf seinen Rat. Bei der genannten Besprechung waren außer Hitler und Schörner noch Burgdorf, Fegelein, Günsche und der Chef der Operationsabteilung in Schörners Stab, der Oberst im Generalstab von Trotha, zugegen. Schörner legte Hitler einen Plan für den Entsatz der schlesischen Stadt Breslau vor, die von den Russen eingeschlossen war. Schörners Vorschlag versetzte Hitler in Hochstimmung. Zufrieden und anerkennend klopfte er dem General auf die Schulter. Danach sprach Hitler noch drei oder vier Stunden lang unter vier Augen mit ihm. Dabei beförderte er ihn zum Generalfeldmarschall. In Hitlers Stab wurde bekannt, dass er Schörner bei dieser Besprechung seinen Plan erläuterte, den Kampf in den Alpen fortzusetzen. Er bot Schörner den Posten des Befehlshabers seiner letzten Bastion, der Alpenfestung, an.

In diesen Tagen zeigte sich deutlich, welche Generale Hitler am treuesten ergeben waren: Keitel, Jodl, Krebs, Koller, Greim, Wenck, Busch, Kesselring und Dönitz.

Im Kreis der Parteiführung standen Bormann, Goebbels, Ley und Axmann, der Führer der »Hitlerjugend«, Hitler am nächsten.

Bei Bormann liefen alle Fäden der Parteiführung zusammen. Die Parteiinstanzen, die Reichsleiter und Gauleiter der Nazipartei unterstanden ihm persönlich. Er unterhielt eigene Funk- und Telegrafenverbindungen zu den Gauleitern in den bereits von den Angloamerikanern besetzten Regionen Deutschlands. Zu den von russischen Truppen besetzten Gebieten gab es diese Kontakte nicht, da, wie bereits erwähnt, alle höheren Parteiorgane zuvor nach Westen verlegt worden waren. Durch diese Verbindungen war Bormann über alle politischen und militärischen Vorgänge informiert. Er allein aus der gesamten Parteiführung gab dieses Wissen an Hitler weiter. Berichte, die Bormann aus den von den Angloamerikanern besetzten Gebieten Westdeutschlands erhielt, besagten, dass die Besatzungsbehörden Mitglieder der Nazipartei nicht verfolgten, sondern einige sogar auf Verwaltungsposten beließen. Wenn Bormann Hitler dies mitteilte, betonte er zugleich, wie richtig es gewesen war, junge Kader der Partei aus Ostdeutschland in den Westen zu schicken, weil dort Möglichkeiten bestanden, die Partei zu erhalten.

Bormann gab sich alle Mühe, die Führung der nationalsozialistischen Partei allein in der Hand zu behalten, um so bei Hitler eine Sonderstellung einzunehmen.

Daher verlangte er von Hitlers Adjutanten, ohne seine Zustimmung niemanden aus der Parteiführung an Hitler heranzulassen. Er begründete das damit, dass Hitler ohnehin mit militärischen Problemen überlastet sei. Bormann war auch für den Aufbau des »Volkssturms« und für die Evakuierung der Bevölkerung aus den deutschen Ostgebieten zuständig. Wenn er vom Ausgang des Krieges sprach, dann wiederholte er unablässig, eine militärische Vereinbarung Deutschlands mit den Westmächten zur gemeinsamen Fortsetzung des Krieges gegen den Bolschewismus werde kommen.

Goebbels, der oberste Propagandist der nationalsozialistischen Partei und Verteidigungskommissar von Berlin, hatte enormen Einfluss auf Hitler. Insbesondere in den letzten Kriegswochen genoss er dessen uneingeschränktes Vertrauen. Goebbels war Hitlers Sprachrohr, was die Täuschung des deutschen Volkes betraf. Mit verlogenen Worten rief er es dazu auf, einen Krieg bis zum siegreichen Ende fortzusetzen, der faktisch schon verloren war.

Kein anderer als Goebbels trieb in diesen Tagen die Berliner Bevölkerung – Männer, Frauen und Jugendliche – unter Androhung harter Repressalien zum Bau von Befestigungsanlagen zusammen. Er gab den Befehl aus, jeden zu erschießen oder aufzuhängen, der eine weiße oder rote Fahne zeigte, wenn die russische Armee auf den Straßen Berlins auftauchte. Diesen Befehl vollstreckten im Namen Hitlers die Parteifunktionäre des »Volkssturms«, die in Berlin Goebbels unterstanden.[339]

Unter den hungernden Berlinern, die solche Zwangsarbeit leisten mussten, ging der bittere Witz um: »Tausche großes Hitlerbild gegen kleines Wittler-Brot« (Wittler war der Besitzer einer Großbäckerei in Berlin).[340]

In diesen Tagen trug Goebbels wieder seinen alten, abgeschabten Ledermantel, mit dem er vor Hitlers Machtübernahme in Berlin herumgelaufen war. Damit wollte er sich der Berliner Bevölkerung als »Mann aus dem Volk« präsentieren.

Goebbels bestärkte Hitler in dem Entschluss, den Krieg unter allen Umständen fortzusetzen. Dabei benutzte er inzwischen lächerliche Argumente wie das Folgende: Nach den Präsidentenwahlen von 1932 hatte die Nazipartei zahlreiche Stimmen verloren und war in kritischer Lage, während die Kommunisten beträchtlich hinzugewonnen hatten. Trotzdem, so Goebbels, sei die Partei zur Macht gelangt. Auch in diesem Krieg werde ein Wunder geschehen, und der Nationalsozialismus werde siegen.

Hitler beeindruckte dieser Gedanke von Goebbels. Auch er wiederholte nun ständig: »Ich habe den Kommunismus in Deutschland besiegt. Ich werde auch die russischen Bolschewiken vernichten.«

---

[339] Bereits am 3. 4. 1945 hatte Himmler den so genannten Flaggenbefehl erlassen. Darin hieß es u. a.: »Aus einem Haus, aus dem eine weiße Fahne erscheint, sind alle männlichen Personen zu erschießen.«

[340] Wittler-Brot: Die Gebrüder Heinrich und August Wittler gründeten ihre Großbäckerei 1898. Während des Zweiten Weltkrieges belieferte das Unternehmen vor allem die Wehrmacht. 1945 nahm die Firma trotz schwerer Zerstörungen den Betrieb in Berlin-Wedding wieder auf, 1982 meldete sie Konkurs an.

Dazu kursierte in Hitlers Leibwache der folgende Witz: Zarah Leander wird in die Reichskanzlei eingeladen, damit sie dort singt: »Ich weiß, es wird einmal ein Wunder geschehn...« (Dieses Lied sang sie zu dieser Zeit in einem deutschen Liebesfilm.)[341]

Goebbels scheute vor nichts zurück, um das deutsche Volk zu zwingen, weiter sein Blut für diesen Krieg zu vergießen. Dafür bemühte er sogar Beispiele aus der Zeit Napoleons. Der Filmregisseur Veit Harlan erhielt den Auftrag, einen Farbfilm mit dem Titel *Kolberg* zu drehen. Der Film handelt davon, wie während der napoleonischen Besetzung Deutschlands französische Truppen die Stadt Kolberg in Pommern viele Monate lang vergeblich belagerten, weil die preußische Garnison und die Zivilbevölkerung sich trotz schwerer Opfer und grausamer Entbehrungen nicht ergaben. Dieser Film sollte der Garnison und der Bevölkerung von Berlin zeigen, wie sie gegen die anstürmenden russischen Truppen zu kämpfen hatten.

Da die Russen an der Oder bald durchbrachen und Deutschland danach kapitulierte, kam *Kolberg* nicht mehr in die Kinos. Allerdings organisierte Goebbels eine Voraufführung in seiner Villa in der Hermann-Göring-Straße für Offiziere des Wachregiments Berlin und Führer der »Hitlerjugend«, welche die »Volkssturm«-Einheiten von Halbwüchsigen, die so genannten Panzervernichtungstrupps, befehligten. Dazu lud Goebbels auch Axmann, Günsche, den Kampfkommandanten von Hitlers Stab Oberst Streve sowie Oberstleutnant Bärenfänger, den Kommandanten eines Berliner Stadtbezirks, ein. Insgesamt waren 80 Personen anwesend. Nach der Vorführung hielt Goebbels eine Grundsatzrede. Dieser Film solle die Berliner dazu bringen, dem Beispiel Kolbergs zu folgen, erklärte er. Selbst wenn in der Stadt kein Stein auf dem anderen bliebe, müssten die Berliner ihre Ruinen mit Klauen und Zähnen verteidigen.

Vor dem Film gab Goebbels ein Abendessen für die Gäste. Hier zeigte sich seine ganze Verlogenheit. Um zu demonstrieren,

---

[341] Zarah Leander sang das Lied in dem UFA-Film *Die große Liebe* von 1942.

dass es in Kriegszeiten auch bei ihm knapp zugehe, mussten alle Gäste für das Abendessen Lebensmittelmarken abliefern. Wie in der Einladung mitgeteilt, sollten sie diese an der Garderobe abgeben. Das Abendessen bestand daher auch aus einer geringen Menge Brot und Kartoffeln, dazu winzigen Stückchen Fleisch sowie Ersatzbier, wie man es für die Lebensmittelmarken bekam. Als aber die meisten Gäste gegangen waren und nur der engste Kreis – Axmann, Streve und Günsche – zurückblieb, wandelte sich das Bild. Goebbels öffnete Küche und Keller. In Anwesenheit seiner Gattin und der Frau des Bühnenbildners der Reichstheater, von Arendt, die in Goebbels' Villa wohnte, kamen alle möglichen Delikatessen, Champagner und Cocktails auf den Tisch. Goebbels geriet förmlich außer Rand und Band. Die ernste Miene, die er als Reichskommissar für Verteidigung vor den geladenen Offizieren aufgesetzt hatte, war wie weggeblasen. Goebbels sprühte vor Witz. Vom Krieg war keine Rede mehr.

Er gab Episoden aus seinem Leben vor der Machtübernahme 1933 zum Besten. Zum Beispiel, wie er sogleich nach Hitlers Machtantritt die Angestellten der Ortskrankenkasse, allesamt Sozialdemokraten, hinausgeworfen und seine SA-Schläger an ihre Stelle gesetzt hatte. Das ging nicht gut. Die SA-Männer hockten nur an den Schreibtischen mit dicken Zigarren zwischen den Lippen, flirteten mit den Sekretärinnen und tranken Schnaps. Die ganze Arbeit bürdeten sie unter Androhung von Prügeln den wenigen verbliebenen alten Angestellten auf. Lachend fuhr Goebbels fort, er habe sich das einige Zeit angesehen, dann aber eingreifen müssen, weil die Krankenkasse ansonsten Pleite gegangen wäre. Es war aber gar nicht so einfach, die SA-Typen von dort wieder zu entfernen. Sie wollten die Stellung nicht kampflos räumen. Die zu diesem Zweck entsandte Polizeitruppe verprügelten sie fürchterlich. Am Ende schickten sie Goebbels einen Protestbrief mit dem Ultimatum, ihnen entweder ihre Stellung zurückzugeben oder selbst Prügel zu beziehen. Wenn er Minister sei, könnten sie schließlich auch Angestellte der Krankenkasse sein. Goebbels fügte, immer noch lachend, hinzu, er habe sie schließlich damit beruhigen können, indem er ihnen andere Posten mit gutem Verdienst, aber wenig Arbeit anbot.

Im April 1945 suchte auch Ley sich als großer Truppenführer aufzuspielen. Er tauchte an der Oder-Front auf, fuhr durchs Hinterland, besichtigte kleine Rüstungsfabriken, rief Kreisleiter und Obergruppenleiter der nationalsozialistischen Partei auf, gegen die Russen zähen Widerstand zu leisten. Ley stellte aus Frauen, Mädchen und Jungen von nationalsozialistischen Organisationen eine »Truppe« auf, der er den klingenden Namen »Freiwilligenkorps ›Adolf Hitler‹« verlieh.[342] Er rief Hitler häufig an, suchte ihn im Bunker auf und berichtete ihm, was für eine »titanische« Arbeit er leiste, um die Russen aufzuhalten. Einmal teilte er Hitler sogar mit, er kenne einen Mann, der »Todesstrahlen« erfunden habe. Aber das, wie all seine Betriebsamkeit, erwies sich nur als heiße Luft.[343]

Eigentlich verbrachte der 55-jährige Ley die meiste Zeit mit seiner Geliebten, einer 18-jährigen Tänzerin, in seiner großen Luxusvilla in Berlin-Dahlem.[344] Zwischen den Liebesspielen verfasste er Zeitungsartikel, in denen er das deutsche Volk aufrief, für seinen Führer einzustehen, und von den Soldaten an der Oder forderte, bis zum letzten Blutstropfen gegen die Russen zu kämpfen. Diese Aufrufe an die hungernde und leidende Bevölkerung ließ der Parteibonze Ley von seiner Geliebten redigieren, wonach sie im *Angriff,* der größten Zeitung der nationalsozialistischen Partei in Berlin erschienen.

[342] Das ›Freiwilligenkorps ›Adolf Hitler‹« umfasste seit dem April 1945 aufgestellte Einheiten aus fanatisierten NSDAP- und DAF-Funktionären, über deren Größe keine zuverlässigen Angaben vorliegen. Einige Einheiten wurden als Teil der 12. Armee während der Schlacht um Berlin eingesetzt. Im Raum München erschossen und erhängten Angehörige des Freikorps nach dem gescheiterten Aufstand der Widerstandsgruppe »Freiheitsaktion Bayern« am 28. und 29.4.1945 mehrere Dutzend Menschen.

[343] Die Möglichkeit zur Erzeugung von »Todesstrahlen« wurde in den USA, Großbritannien, der Sowjetunion und dem Deutschen Reich geprüft. Infrage kamen radioaktive Strahlung, Licht- und Schallwellen. In Tirol experimentierten während des Krieges Ingenieure beispielsweise mit einer »Kanone«, die durch Schalldruck einen Menschen in bis zu 60 Metern Entfernung töten sollte.

[344] Ley war zu dieser Zeit mit der estnischen Sängerin und Tänzerin Madeleine Wanderer zusammen.

Ley war von Beruf Chemiker und hatte bis zu Hitlers Machtübernahme bei der IG-Farben in Leverkusen gearbeitet. Hitler ernannte ihn zum Führer der so genannten Arbeitsfront, welche die Stelle der von den Nationalsozialisten zerschlagenen Gewerkschaften einnahm. Er hielt Ley für einen begnadeten Arbeiterführer. Dabei wusste jeder, dass dieser ein Säufer und Wüstling war. Seine erste Frau ließ sich wegen Vielweiberei von ihm scheiden. Die zweite, mit der Ley drei Kinder hatte, erschoss sich 1943 ebenfalls wegen seiner Ausschweifungen auf seinem Gut Waldbröl[345] bei Essen. Aber Hitler nahm ihn in Schutz. Er erklärte: »Ley ist der Mann, der die Arbeiter kennt und mit ihnen umgehen kann.«

Im März/April 1945 zog Hitler den Reichsführer der »Hitlerjugend«, Artur Axmann, näher an sich heran. Vor der Machtübernahme hatte dieser den Berliner HJ-Verband geführt. 1940 löste er Baldur von Schirach an der Spitze der Organisation ab. Axmann war mit Goebbels befreundet. Hitler mochte ihn sehr. Im Krieg war er mit einer SS-Division an der Front gewesen und hatte durch eine schwere Verwundung den rechten Arm verloren. Axmann sollte ebenfalls zusammen mit anderen jungen Kadern der Nazipartei in das von Amerikanern und Engländern besetzte Westdeutschland gehen, wo er die illegale Arbeit der dort verstreuten Gruppen der »Hitlerjugend« führen und am Wiederaufbau der nationalsozialistischen Partei mitwirken sollte. Aber Axmann blieb auf eigenen Wunsch in Berlin. Er erklärte, er werde nur dann gehen, wenn auch Hitler Berlin verlasse.

Im März und April arbeitete Axmann verstärkt an der Mobilisierung der »Hitlerjugend« für den »Volkssturm« und am Aufbau von Panzervernichtungstrupps aus Jugendlichen für die Oder-Front und später auch für die Kämpfe gegen die Russen in

---

[345] Gemeint ist das Gut Rottland bei Waldbröl. Hier befand sich ein Genesungsheim der evangelischen Kirchengemeinde Köln. 1935 erwarb Ley das Gut für 125000 Mark. Er baute das Anwesen zu einem Musterhof aus. Nachbarn wurden enteignet, Gebäude abgerissen und durch monumentale Neubauten ersetzt. 1945 ließ er das Hauptgebäude von der SS zerstören.

Berlin. Er wollte Hitler beweisen, dass die Jugend hinter ihm stehe und bereit sei, sich für ihn zu schlagen. Axmann täuschte die deutsche Jugend, indem er ihr den Wahnsinn der Fortsetzung des Krieges als Einsatz für die Interessen des deutschen Volkes vorgaukelte. Er versuchte die Halbwüchsigen davon zu überzeugen, dass Hitler und das Volk eins seien und für Hitler zu sterben bedeute, für Deutschland zu sterben.

Axmann nahm 14- bis 16-jährige Jungen in den Garten der Reichskanzlei mit, wo er sie Hitler als »Kämpfer« präsentierte. Diese Zeremonie inszenierte er als mythisches Spektakel. Er ließ 20 Jungen in militärischer Formation antreten. Als Hitler aus dem Bunker kam, meldete Axmann schneidig: »Mein Führer, Ihre Jungen sind angetreten.«

Wie bei einer Parade schritt Hitler die Reihe der angetretenen Jungen mit erhobenem Arm ab und rief: »Heil, Jungs!«

Die Jungen antworteten: »Heil, mein Führer!«

Hitler gab jedem einzeln die Hand. Er hielt eine kurze Rede, in der er ihnen für ihren »aktiven Kampf« dankte und hervorhob, dass Deutschland unweigerlich siegen werde. Axmann hatte sie so aufgestellt, dass die Jüngsten an der linken Flanke standen. Es war ein schauerliches Bild, wenn man bedachte, dass diese rotwangigen Jungen gegen russische Panzer ins Feld geschickt wurden, wo sie ein sinnloser Tod erwartete. Hitler steckte den Jungen mit großer Geste das Eiserne Kreuz an die Brust und tätschelte dabei den Kleinsten die Wangen. Danach grüßte er sie noch einmal mit erhobenem Arm: »Heil, Jungs!«

Axmann brüllte: »Unserem geliebten Führer: Sieg Heil! Sieg Heil! Sieg Heil!«

Diese Parade grüner Jungen organisierte Axmann für Hitler im April 1945 im Garten der Reichskanzlei.[346] Danach zog sich Hitler wieder in seinen Bunker zurück, und Axmann schickte seine »Truppe« in ihre Frontstellungen.

---

[346] Die Auszeichnung der insgesamt 20 Hitlerjungen fand am 20.3.1945 statt. Der jüngste von ihnen war gerade einmal zwölf Jahre alt. Die Szene wurde für die Wochenschau gefilmt.

Zu den Personen, die Hitler in dieser Zeit am nächsten standen, gehörte auch der Minister für Bewaffnung und Kriegsproduktion, Albert Speer. Zur Annäherung zwischen Hitler und Speer kam es vor allem im Zusammenhang mit Hitlers Absicht, ein militärisches Bündnis mit England und Amerika gegen Sowjetrussland zu schließen und dafür die Verbindungen der deutschen Industriellen zu nutzen.

Speer war auch mit Eva Braun befreundet. Er war als einziger Minister dabei, wenn Hitler mit Eva Braun in deren Räumen intimste Gespräche führte. In den letzten Apriltagen wollte Speer Hitler und Eva Braun, als die Stadt bereits vollständig von russischen Truppen eingeschlossen war, mit einem Fieseler Storch ausfliegen. Am 22. April fuhr Speer von Berlin nach Hamburg. Von dort organisierte er die Versorgung der in Berlin eingeschlossenen Truppen aus der Luft mit Waffen und Munition. Flugzeuge landeten auf der Rollbahn, die man auf der Ost-West-Achse zwischen Brandenburger Tor und Siegessäule eingerichtet hatte, oder warfen ihre Fracht an verschiedenen Stellen in Berlin ab.

Hitlers Verhältnis zu Himmler verschlechterte sich angesichts der Lage an der Ostfront zusehends. Das begann mit der Niederlage in Pommern, und es kühlte weiter ab, als Hitler die SS-Divisionen der 6. Panzerarmee wegen des Fehlschlags am Balaton maßregelte.

Himmler befand sich bei seiner Feldkommandostelle, die in seinem Sonderzug mit dem Codenamen »Steiermark« untergebracht war. Dieser Zug stand auf einem Nebengleis bei Hohenlychen in Mecklenburg, 100 Kilometer von Berlin entfernt. Himmler erschien nur noch bei Hitler, wenn dieser ihn dazu aufforderte. Aus eigenem Antrieb ließ er sich nicht mehr sehen. Günsche kam zu Ohren, dass Himmler in der Nähe seiner Feldkommandostelle unweit von Berlin mehrere Brigaden mit Sturmgeschützen und Reserveregimenter in einer Stärke von 15000 bis 20000 Mann zu seiner Verfügung hielt, die nach Hitlers Befehl hätten an die Oderfront geschickt werden müssen. Günsche meldete das Hitler. Der beorderte Himmler zu sich und brüllte ihn an: »Himmler, ich erlaube nicht, dass Sie machen, was Sie wollen! Wozu brauchen Sie eine persönliche Armee? Führen Sie gefälligst meine Befehle aus!«

Als Himmler von Hitler herauskam, rief er nach Günsche und zischte ihm zu: »Wie können Sie es wagen, das dem Führer zu melden? Ihr Glück, dass Sie nicht mir unterstellt sind.«

Fortan rief Hitler Himmler nicht mehr zu sich. Bis zur Eroberung Berlins durch russische Truppen erschien Himmler nur noch ein einziges Mal – zu Hitlers Geburtstag am 20. April. Drei Tage vor Hitlers Selbstmord, am 27. April, wurde bekannt, dass Himmler auf eigene Faust Verhandlungen mit dem schwedischen Grafen Bernadotte aufgenommen hatte, der als Vermittler der Angloamerikaner galt. In Vorverhandlungen mit Bernadotte hatte Himmler die Bereitschaft erklärt, auf die Forderung der Engländer einzugehen und Verhandlungen über einen Separatfrieden ohne Hitler aufzunehmen. Himmler behielt Truppen zu seiner Verfügung, um bei einem günstigen Ausgang der Verhandlungen mit Bernadotte Hitler mit Gewalt zu beseitigen.[347] Göring kam nur noch zu den Lagebesprechungen. Hitler lud auch ihn nicht mehr wie früher zu sich ein.

Eines Abends Anfang April stieß Günsche im Speisesaal der Reichskanzlei auf Goebbels. Der hatte gerade mit Hitler gesprochen und saß nun allein beim Abendbrot. Er lud Günsche ein, sich zu ihm zu setzen. Goebbels wirkte niedergeschlagen. Er fragte Günsche nach den Sicherheitsmaßnahmen, die er im Regierungsviertel veranlasst hatte. Günsche berichtete ihm von den verschiedenen Feuerstellungen, Panzersperren und anderen Hindernissen, die dort aufgebaut waren. Goebbels hörte ihm auf-

---

[347] Die gewaltsame Beseitigung Hitlers wurde bei den Gesprächen zwischen Himmler und Bernadotte nicht erörtert. In den ersten beiden Gesprächen im März und Anfang April erreichte der schwedische Graf die Freilassung mehrerer hundert KZ-Häftlinge. Am 21. 4. machte Himmler keinerlei Zusagen und ging auch auf Forderungen Bernadottes nach politischen Veränderungen nicht ein. Am 23. 4. teilte Himmler dem Schweden mit, dass Hitler wahrscheinlich schon tot sei, und unterbreitete ihm ein Kapitulationsangebot mit der Bitte um Weiterleitung an den amerikanischen Oberbefehlshaber Eisenhower. Der lehnte den Vorschlag ab und sorgte durch gezielte Indiskretionen dafür, dass Himmlers »Verrat« an Hitler bekannt wurde.

merksam zu und meinte dann, er habe zu seiner Befriedigung festgestellt, dass auch seine Villa durch mehrere Feuerstellungen geschützt sei. Dann erging sich Goebbels über die Bereitschaft Berlins zur Verteidigung und erklärte mit dem für ihn typischen Pathos: »Ich habe Berlin schon 1933 für den Führer erobert. Und ich werde es auch verteidigen.«

Dann wies Goebbels darauf hin, dass viele Angehörige der Parteiführung wie Ratten das sinkende Schiff verließen. Dazu gehöre auch Göring.[348] Dessen Luftwaffe, so Goebbels, trage die Hauptschuld für die Misserfolge der deutschen Truppen. Darauf erwiderte Günsche, die Führung der »Hitlerjugend« habe bereits mehrfach angefragt, weshalb Hitler Göring nicht absetze. Angesichts dessen, dass Göring laut Reichstagsbeschluss Hitlers erster Nachfolger sei, berichtete Günsche Goebbels von einem Brief, den der Obergebietsführer der »Hitlerjugend«, Kurt Petter, an Hitler geschrieben hatte.

Petter führte bekanntlich im Allgäu die illegalen Gruppen der »Hitlerjugend«, die man aus dem Osten Deutschlands dorthin evakuiert hatte. Im Namen der »Hitlerjugend« erklärte er, er werde Göring nicht als Hitlers Nachfolger anerkennen. Das drückte er in folgenden Worten aus: »Mein Führer, ich spreche im Namen der ›Hitlerjugend‹ und erkläre Ihnen feierlich, dass die ›Hitlerjugend‹ die Verbindung zu Göring abbricht und ihn nicht mehr als Ihren Nachfolger betrachtet.«

Günsche teilte Goebbels mit, dass er Hitler Petters Brief vorgelegt habe. Der habe ihn gelesen, aber nichts gesagt, sondern nur abgewinkt.

Als Günsche geendet hatte, meinte Goebbels, Hitler sei im Falle Görings zu zögerlich und werde nichts gegen ihn unternehmen. Darauf antwortete Günsche, wenn Hitler sich nicht entschließen könne, Göring zu beseitigen, dann sollte man ihm diesen Entschluss unbedingt abnehmen. »Herr Doktor«, sagte

---

[348] Göring hatte die Reichshauptstadt am 20.4.1945 Richtung Obersalzberg verlassen, wo er am 21.4.1945 eintraf.

Günsche, »ich denke, dem Führer wäre ein großer Dienst erwiesen, wenn man unter Görings Wagen ein paar Panzerminen legt und ihn in die Luft sprengt.«

Goebbels schwieg eine Weile. Dann stand er auf und erwiderte leise: »Herr Günsche, das habe ich nicht gehört. Damit will ich nichts zu tun haben.«

Anschließend drückte Goebbels Günsche freundschaftlich die Hand und hinkte langsam aus dem Raum. Es war eindeutig, dass Goebbels nichts gegen die Ermordung Görings hatte, aber selbst nicht hineingezogen werden wollte.

Auch im Verhältnis Hitlers zu Ribbentrop war eine spürbare Abkühlung eingetreten. Die Ursache dafür war folgende: Hitler warf Ribbentrop vor, dass er seinen Plan, einen Separatfrieden mit den Engländern und Amerikanern abzuschließen, nicht so energisch vorangetrieben habe, wie das nötig gewesen wäre. Hitler meinte ironisch: »Ribbentrop ist bereits zu müde. Er schläft!«

Ribbentrop hatte die Angewohnheit, wenn er stehend mit jemandem sprach, die Augen zu schließen und den Kopf zurückzulegen, als schwebe er in anderen Sphären. Dann fragte er unvermittelt: »Was haben Sie eben gesagt?« Das war für Hitler Anlass, verärgert festzustellen: »Der schläft ja im Stehen.«

Wegen Hitlers Vorwurf, Ribbentrop sei unfähig, für eine Einigung mit den Angloamerikanern den Boden zu bereiten, sank auch das Ansehen seines Vertreters Hewel. Das begann nach dem Abbruch der Stockholmer Gespräche mit den Engländern über einen Separatfrieden im Herbst 1944.[349] Seitdem hielt Hitler immer mehr Abstand von Hewel. Im Unterschied zu früher, als Hewel sich in Hitlers Dunstkreis bewegte, häufig mit ihm allein zu Mittag gegessen und an den Teeabenden teilgenommen hatte, kam er jetzt nur noch zu den Lagebesprechungen. Zu anderen Zeiten ließ Hitler ihn nicht mehr an sich heran.

---

[349] Seit Anfang 1945 unterbreiteten Beauftragte des Außenministers via Stockholm, Bern und Madrid den Westalliierten und der Sowjetunion Vorschläge für jeweils separate Friedensschlüsse. Ribbentrop hatte diese Initiativen mit Hitler abgestimmt, der sie jedoch für wenig Erfolg versprechend hielt.

15. Kapitel

Am 16. April 1945 ging die nächtliche Lagebesprechung bei Hitler gegen 3.30 Uhr morgens zu Ende. Der Oberstleutnant im Generalstab von Hermani, der die Lage an der Ostfront vorgetragen hatte, fuhr von der Reichskanzlei ins Stabsquartier des OKH nach Zossen, der Major im Generalstab Friedel, der über die Westfront berichtet hatte, nach Dahlem.

Zur Lage an der Ostfront hieß es: Schwere Kämpfe im Bereich der Heeresgruppe Süd in Österreich, besonders starker Druck der russischen Truppen bei St. Pölten westlich von Wien, starke Angriffe am Frontabschnitt der Heeresgruppe Mitte bei Mährisch-Ostrau und Brünn sowie in Schlesien. Zur Lage an der Oder-Front berichtete von Hermani, dort sei es still. Man habe lediglich Aktivitäten der Aufklärung beobachtet.

Wie gewöhnlich ließ sich Hitler nach der Nachtlage mit Eva Braun und den Sekretärinnen Frau Christian und Frau Junge in seinem Arbeitsraum zum Abendtee nieder. Im Rauchsalon der alten Reichskanzlei tranken Burgdorf, Fegelein und Günsche Wodka und Kognak.

Gegen 5.00 Uhr morgens läutete bei ihnen das Telefon. Die Vermittlung der Reichskanzlei teilte mit, Burgdorf werde dringend von »Maibach« verlangt. Das war der Tarnname für das Stabsquartier des OKH in Zossen. Am Apparat meldete sich General Krebs. Ein Anruf des Generalstabschefs zu so früher Stunde war ungewöhnlich. Burgdorfs Gesichtsmuskeln spannten sich, und mit einer Handbewegung gebot er Fegelein und Günsche, still zu sein. Er kritzelte etwas auf ein Blatt Papier und rief abgehackt in den Hörer: »Wo? Küstrin? Wo noch? An der ganzen Front! Ich erstatte dem Führer sofort Meldung. Wenn du Genaueres weißt, ruf bitte gleich an. Danke!« (Burgdorf war mit Krebs per du.)

Burgdorf legte auf und wandte sich erregt an Fegelein und

Günsche: »Um vier Uhr hat es an der Oder angefangen. Starkes Artilleriefeuer der Russen an der ganzen Front. Russische Infanterie und Panzer greifen seit einer halben Stunde an.«[350]

Burgdorf hob erneut den Hörer ab. Aus dem Bunker hieß es, Hitler sitze noch beim Tee. In Begleitung von Fegelein und Günsche lief Burgdorf hinüber, um Hitler Krebs' Meldung zu übermitteln. Die Wachposten von Hitlers Leibwache und SD, die am Bunker Dienst taten, waren höchst erstaunt, als sie Burgdorf, Fegelein und Günsche zu so später Stunde auftauchen sahen. Burgdorf bat, Hitler mitzuteilen, dass er eine wichtige Meldung für ihn habe. Sofort kam Hitler in den Vorraum heraus, wo Burgdorf, Fegelein und Günsche warteten. Wie immer, wenn er eine unerwartete Nachricht erhielt, blickte er argwöhnisch drein. Burgdorf meldete: »Mein Führer! Eben ist ein Anruf von Krebs eingegangen. Um vier Uhr morgens hat die Offensive der Russen an der Oder begonnen.«

Hitler zuckte zusammen. »Wo?«, stieß er hervor.

Burgdorf antwortete, nach einem Trommelfeuer der russischen Artillerie seien starke Panzer- und Infanterieeinheiten an der ganzen Front zum Angriff übergegangen. An einigen Stellen versuchten sie im Schutz der Nacht, die Oder zu forcieren. Schwere Angriffe würden vom Brückenkopf am Westufer der Oder bei Küstrin geführt. Hitler erkundigte sich nach weiteren Einzelheiten, vor allem, ob die Truppen rechtzeitig aus dem Feuer der russischen Artillerie herausgeführt worden seien. Burgdorf antwortete, Einzelheiten habe Krebs noch nicht mitgeteilt. Hitlers Hände umklammerten eine Sessellehne. Er war bemüht, seine Aufregung zu verbergen. In seinem Gesicht zuckte

---

[350] Die sowjetische Offensive an der Oder, die den Endkampf um Berlin einleitete, begann am 16. 4. 1945 um 3.00 Uhr mit einem 25-minütigen Artillerieschlag, dann folgte der Sturmangriff. In der Schlacht standen 2,1 Millionen sowjetischen Soldaten, die über 41 600 Geschütze, 6250 Panzer und 7500 Kampfflugzeuge verfügten, eine Million deutsche Soldaten gegenüber. Diese waren mit 10 400 Geschützen, 1500 Panzern und 3300 Flugzeugen ausgerüstet. Im Verlauf der Schlacht verloren nach neuesten Angaben russischer Militärhistoriker mehr als 80 000 Soldaten der Roten Armee ihr Leben, 280 000 wurden verwundet. Die Höhe der deutschen Verluste beim Endkampf um Berlin ist unbekannt.

es krampfhaft. Er biss sich auf die Lippen, was bei ihm ein Zeichen höchster Anspannung war. Dann fragte er: »Wie spät ist es?«

»Zwanzig Minuten nach fünf«, antwortete Günsche.

Hitler wandte sich erneut an Burgdorf: »Machen Sie mir sofort Meldung, wenn es neue Nachrichten gibt. Auch wenn man Ihnen sagt, dass ich mich hingelegt habe. Ich kann sowieso nicht schlafen. Und man soll mich sofort mit Krebs verbinden. Ich will selber mit ihm sprechen.« Damit kehrte Hitler in seinen Arbeitsraum zurück, wo noch Eva Braun und die Sekretärinnen saßen.

Aus den Berichten, die im Lauf des Vormittags eintrafen, ging hervor, dass die Russen nahezu an allen Frontabschnitten angriffen. Einige Durchbrüche von lokaler Bedeutung konnten jedoch bislang liquidiert werden.

Hitler legte sich nieder, schlief aber nicht. Mehrmals läutete er nach Linge und bat ihn, bei Burgdorf oder Johannmeyer nachzufragen, ob es nicht neue Nachrichten von der Oder gebe. Burgdorf und Johannmeyer, die in ständiger Telefonverbindung mit Krebs standen, erwiderten dann, das Bild sei noch nicht klar, da die Nachrichtenverbindungen zu einigen Frontabschnitten von der russischen Artillerie zerstört und noch nicht wiederhergestellt seien.

An diesem Tag, dem 16. April, setzte Hitler die Tageslage um 2.30 Uhr nachmittags an. Im Vorraum des Führerbunkers versammelten sich Göring, Dönitz, Keitel, Jodl, Krebs, Koller, Burgdorf, Buhle, Winter, Christian, Wagner, Voss, Fegelein, Hewel, Lorenz, Hitlers Adjutanten und mehrere Offiziere des Generalstabs. Wie einige Generale, die sich an der Front befanden, trug auch Keitel wegen der Nähe zur Front keine roten Generalsbiesen mehr an der Hose. Die Teilnehmer standen in Gruppen beisammen, redeten laut und lebhaft über die russische Offensive an der Oder, die im Morgengrauen begonnen hatte. Überall wurde die Hoffnung geäußert, dass die Oder-Front halten werde. Dann kam Hitler in Begleitung Bormanns aus seinem Arbeitsraum. Alle verstummten sofort, standen stramm und rissen den Arm zum Gruß hoch. Hitler reichte Göring, Dönitz, Keitel, Jodl und Krebs flüchtig die Hand.

Krebs fragte er: »Haben Sie jetzt ein genaues Bild davon, was an der Oder vorgeht?«

Krebs antwortete: »Ja, mein Führer.«

Den anderen nickte Hitler nur zu und ging dann zusammen mit Krebs in den Lageraum. Die Übrigen folgten ihnen. Da wegen der Offensive der Russen an der Oder alle Teilnehmer der Lagebesprechungen erschienen waren, wurde es in dem Raum so eng, dass einige Generalstabsoffiziere und Adjutanten im Vorraum bleiben mussten. Der Lageraum fasste maximal 20 Personen.

Krebs begann seinen Vortrag mit einem Überblick über die Situation an der Oder. Er meldete, der Angriff der Russen sei zum Stehen gebracht worden. Bei heftigen Kämpfen setzten die deutschen und russischen Truppen tausende Panzer und Geschütze ein. Krebs hob hervor, dass die russischen Verbände seit dem Morgengrauen pausenlos Unterstützung aus der Luft erhielten. Weiter meldete er, an einigen Frontabschnitten hätten die Russen Keile in die deutsche Verteidigung getrieben. Dort sei man zu Gegenangriffen übergegangen. Der Hauptschlag der Russen werde vom Brückenkopf am Westufer der Oder westlich von Küstrin geführt. Die Übersetzmanöver der russischen Truppen und ihre Versuche, Brücken zu schlagen, würden von der Artillerie gestört.

Hitler blickte zu Göring, der sich über den Tisch lehnte und so tat, als suche er einen Punkt auf der Karte. So pflegte Göring zu reagieren, wenn Hitler nach Aktionen der Luftwaffe fragte. Als Christian Hitlers Blick bemerkte, meldete er sogleich, die deutschen Stukas bombardierten in der Hauptsache die russischen Einheiten, die über die Oder zu setzen versuchten. Er wollte noch etwas hinzufügen, aber Hitler hatte sich schon wieder Krebs zugewandt: »Fahren Sie fort, Krebs.«

Der wies auf die Karte und erklärte, dass die Russen nach Artillerievorbereitung seit Mittag mit neuer Kraft angriffen und die

Lage der deutschen Truppen, insbesondere im Frontabschnitt westlich Küstrin, sehr angespannt sei. Hitler erhob sich aus dem Sessel und erklärte mit gepresster Stimme: »Wir müssen die ersten Attacken der Russen aufhalten, koste es, was es wolle. Wenn die Front in Bewegung kommt, ist alles verloren.«

Er befahl Krebs, sofort in Erfahrung zu bringen, wie sich die Kampfhandlungen bei Küstrin entwickelten. Krebs verließ mit seinem Adjutanten von Freytag-Loringhoven den Lageraum, um zu telefonieren. Loringhoven kam noch einmal zurück und bat um die Erlaubnis, die Operationskarte der Oder-Front mitzunehmen, um die neue Lage sofort eintragen zu können. Während Krebs mit dem Stabsquartier des OKH in Zossen sprach, versicherten Göring, Dönitz, Keitel und Jodl Hitler, dass die Angriffe der russischen Truppen an der Oder zurückgeschlagen würden. Hitler wies noch einmal darauf hin, dass es besonders wichtig sei, die ersten Tage des Angriffs zu überstehen und den Russen schwere Verluste zuzufügen. Keitel und Jodl stimmten ihm eifrig zu. Sie erwähnten Beispiele aus dem Ersten Weltkrieg, als bei Gefechten zwischen technisch ungeheuer hoch gerüsteten Gegnern der Feind aufgrund der Standhaftigkeit der deutschen Soldaten nur meterweise vorankam und am Ende ausblutete.

Einige Minuten später kehrten Krebs und Loringhoven in den Lageraum zurück. Hitler blickte ihnen hoffnungsvoll entgegen. Kaum waren die Karten wieder ausgelegt, beugte er sich hastig darüber. Nahezu an der gesamten Frontlinie bezeichneten rote Pfeile die Attacken des Gegners. Bei Küstrin waren die Russen tief in die deutschen Stellungen eingedrungen. Die Lage an diesem Frontabschnitt spitzte sich zu. Die übrigen Teile der Front hielten stand. Der Oberbefehlshaber der Heeresgruppe an der Oder, Generaloberst Heinrici, sah es als notwendig an, am Frontabschnitt westlich von Küstrin zurückzugehen, um eine Erweiterung des Durchbruchs zu verhindern. Hitlers Augen quollen aus den Höhlen. Auf seiner Stirn traten Zornesadern hervor. Er bellte: »Nein! Wir gehen keinen Meter zurück! Wenn wir uns an der Oder nicht halten, wo dann? Den Durchbruch bei

Küstrin sofort liquidieren! Geben Sie diesen Befehl unverzüglich durch!«

Krebs verließ erneut den Lageraum, um den Befehl an die Front weiterzugeben.[351] Hitler war empört. Er wetterte gegen Heinrici, der erst vor zwei Tagen, unmittelbar vor dem Angriff der Russen, um die Genehmigung ersucht hatte, seinen Befehlsstand von Prenzlau weiter westlich nach Neustrelitz in Mecklenburg zu verlegen. Hitler drohte: »Wenn es noch einmal jemand wagt, wer es auch sei, um die Verlegung seines Befehlsstands nach rückwärts zu bitten oder zurückzuweichen, dann lasse ich ihn auf der Stelle erschießen!«

Nach der Lagebesprechung rief Hitler die Sekretärin Frau Christian zu sich. Er diktierte ihr einen Befehl für die Soldaten an der Ostfront. Dieser war auf dem so genannten Führerbogen geschrieben. In der rechten Ecke des Briefkopfs war ein schwarzer Adler mit einem Hakenkreuz abgebildet, darunter in Großbuchstaben: »DER FÜHRER«. Der Befehl hatte folgenden Wortlaut: »Führerbefehl! An die Soldaten der Ostfront! Der letzte Angriff Asiens wird scheitern!«[352]

In diesem Befehl schrieb Hitler: »Diesen Schlag haben wir vorausgesehen. Seit Januar dieses Jahres ist alles getan worden, um eine starke Front zu schaffen. Der Gegner stößt auf schweres Feuer der Artillerie. Die Verluste unserer Infanterie werden durch eine Vielzahl neuer Verbände wettgemacht. Bisher nicht eingesetzte Einheiten, neu aufgestellte Formationen und der ›Volkssturm‹ werden zur Verstärkung unserer Front geschickt. Die Bolschewiken werden diesmal das alte Schicksal Asiens erleiden, das

---

[351] Der Text des Befehls war von Hitler bereits am 14.4.1945 per Fernschreiben an die Heeresgruppen der Ostfront übermittelt worden. Dort wurde er sofort in allen Kompanien verlesen. Am 17.4.1945 veröffentlichten ihn der *Völkische Beobachter* und andere deutsche Tageszeitungen.

[352] In dem Befehl hieß es wörtlich: »Wir haben diesen Stoß vorausgesehen, und seit dem Januar dieses Jahres ist alles geschehen, um eine starke Front aufzubauen. Eine gewaltige Artillerie empfängt den Feind. Die Ausfälle unserer Infanterie sind durch zahllose neue Einheiten ergänzt. Alarmeinheiten, Neuaufstellungen, Volkssturm verstärken unsere Front. Der Bolschewist wird dieses Mal das alte Schicksal Asiens erleben, d.h., er muss und wird vor der Hauptstadt des Deutschen Reiches verbluten.«

heißt, sie werden und müssen vor der Hauptstadt des Deutschen Reiches ausbluten.« Und weiter: »Berlin bleibt deutsch, Wien wird wieder deutsch, und Europa wird niemals russisch.«

Mit diesen letzten Worten bekräftigte Hitler seine Überzeugung, dass eine gemeinsame Front Hitlerdeutschlands mit England und Amerika gegen Sowjetrussland entstehen werde. Er hoffte auf die antisowjetischen Strömungen in den Führungskreisen Englands und Amerikas, die sich verstärkten, je weiter die russischen Truppen in Deutschland, auf dem Balkan, in der Tschechoslowakei und Österreich vorankamen. Am Schluss seines Befehls schrieb Hitler: »Jetzt, da das Schicksal den größten Kriegsverbrecher aller Zeiten aus der Welt geholt hat, wird es zu einer Wende in diesem Krieg kommen.« Damit meinte er den Tod von Präsident Roosevelt im April 1945.[353] Aus seiner Sicht hatte vor allem er bislang einer gemeinsamen Front gegen die Russen im Weg gestanden. Daher glaubte Hitler, dass es mit Roosevelts Tod »zu einer Wende in diesem Krieg kommen« werde.

Auf der Lagebesprechung in der Nacht vom 16. zum 17. April wurde berichtet, dass die Russen die deutschen Divisionen westlich von Küstrin noch weiter zurückgeworfen hatten. Der Gegenangriff, der auf Hitlers Befehl zur Beseitigung des Frontdurchbruchs unternommen wurde, hatte keinen Erfolg gebracht und sollte am Morgen des 17. April wiederholt werden. In dieser Nacht saß Hitler wieder bis 6.00 Uhr morgens mit Eva Braun und seinen Sekretärinnen beim Tee. Er erklärte, den Russen sei es gelungen, sich ein wenig in die Verteidigung der Deutschen einzukeilen. Dies sei jedoch nur ein vorübergehender Erfolg, ein zeitweiliger Vorteil des Angreifers.

In den Tagen darauf – am 17., 18. und 19. April – wurde die Lage der deutschen Truppen an der Oder immer kritischer. In erbitterten Abwehrkämpfen wichen sie unter den stärker werdenden Schlägen der Russen zurück. Diese gingen auch weiter

---

[353] Roosevelt starb am 12. 4. 1945 überraschend an einer Gehirnblutung. Hitler verglich dieses Ereignis mit der Rettung Preußens im Siebenjährigen Krieg durch den plötzlichen Tod der russischen Zarin Elisabeth 1762 und dem Bündniswechsel ihres Nachfolgers.

südlich, in Schlesien, zum Angriff über. Es gelang ihnen, den Frontdurchbruch westlich von Küstrin bedeutend zu erweitern. Nachdem sie alle Sperrgürtel durchbrochen hatten, kamen sie den östlichen Vororten von Berlin bedrohlich nahe.[354]

Die deutsche Oder-Front hielt aber noch im Bereich von Stettin und Frankfurt. Nachts war das Donnern der Artillerie bereits auf den Straßen von Berlin zu hören. Russische Aufklärungsflugzeuge kreisten über der deutschen Hauptstadt.

Die gesamte Schuld für die kritische Lage an der Oder trug nach Hitlers Ansicht der Oberbefehlshaber der Heeresgruppe, Heinrici. Er nannte ihn einen zaudernden, unentschlossenen Pedanten, dem es an der nötigen Begeisterung fehle. Als die Kämpfe sich Berlin näherten, löste er ihn als Oberbefehlshaber der Heeresgruppe ab, die immer noch den Namen »Weichsel« trug, obwohl dieser Fluss längst tief im Hinterland der russischen Truppen lag. Für Heinrici ernannte Hitler jedoch keinen Nachfolger.[355] Die Führung der Verteidigungskämpfe um Berlin übernahm er jetzt selbst. Obwohl es in diesen Tagen keinen Zweifel mehr gab, dass die deutsche Front an der Oder gefallen war und nicht mehr wiederhergestellt werden konnte, klammerten sich Hitlers Hoffnungen an die Abschnitte, die noch durchhielten. Er befahl, die Durchbrüche an der Oder durch konzentrierte Schläge in die Flanken der Russen zu liquidieren.

Auf der Lagebesprechung am Nachmittag des 19. April berichtete Krebs, die russischen Panzerverbände seien noch weiter durchgebrochen und stünden bereits vor Oranienburg, etwa 30 Kilometer nördlich von Berlin. Diese Nachricht schlug wie eine Bombe ein und brachte Hitler völlig aus dem Gleichgewicht.

---

[354] Nachdem die Rote Armee die deutschen Verteidigungsstellungen bei Seelow am 18. 4. 1945 durchbrochen hatte, standen einen Tag später sowjetische Panzer vor Strausberg. Am 20. 4. 1945 erreichte die 1. Belorussische Front die Linie Bernau – Strausberg – Fürstenwalde. Die 3. Garde-Panzerarmee der 1. Ukrainischen Front erreichte in der Nacht zum 21. 4. 1945 den südlichen Stadtrand Berlins.

[355] Generaloberst Gotthardt Heinrici wurde am 28. 4. 1945 als Oberbefehlshaber der Heeresgruppe Weichsel durch General Kurt von Tippelskirch ersetzt, dieser einen Tag später durch Generaloberst Kurt Student.

Sofort nach der Besprechung rief er Linge zu sich. Er klagte über starke Kopfschmerzen und einen Blutstau im Kopf. Morell sollte kommen und einen Aderlass vornehmen. Blutegel setzte man diesmal nicht an, weil der Aderlass dringend war. Mit Linges Hilfe bereitete Morell auf dem Teetisch in Hitlers Schlafzimmer seine Instrumente vor. Hitler legte das Jackett ab, krempelte den linken Hemdsärmel hoch und setzte sich auf die Bettkante. Mit schwacher Stimme berichtete er Morell, er habe in den letzten Tagen wenig geschlafen und fühle sich völlig zerschlagen. Morell band Hitlers Arm mit einem Schlauch ab und führte die Kanüle in die Vene ein. Aber es floss kein Blut. Hitlers Blut war sehr dick, gerann sofort und verstopfte die Nadel. Morell musste eine stärkere Kanüle nehmen, die er nur mit Mühe in Hitlers Vene einstechen konnte. Linge hielt ein Glas unter die Spritze, in das Hitlers Blut in dicken Tropfen rann. Dabei fragte Hitler Linge, ob er Blut sehen könne. Linge antwortete: »Natürlich, mein Führer. SS-Männer sind daran gewöhnt.«

Es kam etwa ein Wasserglas voll Blut zusammen, das sofort gerann. Linge wollte Hitler zeigen, dass der Anblick von Blut ihm nichts ausmachte und sagte im Scherz: »Mein Führer, jetzt brauchen wir nur noch etwas Salz hinzuzugeben, dann können wir ›Führerblutwurst‹ anbieten.«

Hitler musste lächeln. Abends beim Tee erzählte er Eva Braun und seinen Sekretärinnen davon.

Die optimistische Stimmung, die bei den Besprechungen zu Beginn der russischen Offensive an der Oder geherrscht hatte, wich bald großer Nervosität. Die Besprechungsteilnehmer erkundigten sich unter der Hand bei Hitlers Adjutanten, ob er nichts von der Verlegung seines Hauptquartiers auf den Obersalzberg gesagt habe. Während der Lagebesprechungen herrschte jetzt in Vorraum und Flur des Bunkers heilloses Durcheinander. Hitlers Persönliche (nicht militärische) Adjutanten Schaub, Albert Bormann, Albrecht, seine Ärzte Morell und Stumpfegger, die Sekretärinnen, sein Pilot Baur, Rattenhuber und die SS-Offiziere seiner Leibwache erkundigten sich unablässig nach der Frontlage.

Von Freytag-Loringhoven, der häufig aus der Besprechung zum
Telefon ging, um Erkundigungen einzuziehen und die Veränderungen an der Front in die Karten einzutragen, wurde mit Fragen
bestürmt: »Gibt es was Neues? Wo stehen die Russen?«

Ständig riefen Ley, Reichswirtschaftsminister Funk, Rosenberg, Speer, Axmann, Ribbentrop und andere an, die sich noch in
Berlin befanden. Die Fragen waren immer die gleichen: »Wie
steht es an der Front? Wo sind die Russen? Hält die Front? Was
macht der Führer? Wann verlässt er Berlin?«

Günsche antwortete ungerührt: »Die Front an der Oder hält.
Die Russen kommen auf keinen Fall bis Berlin. Der Führer sieht
keinen Grund, Berlin zu verlassen.«

Ley, der das Volk mit den von seiner Geliebten redigierten
Aufrufen zur Fortsetzung des sinnlosen Krieges gegen die Russen getrieben hatte, zog es vor, sich nach Westen abzusetzen,
ohne von seinem »geliebten Führer« Abschied zu nehmen. Rosenberg und Funk flüchteten in diesen Tagen ebenfalls nach
Westen, ohne Hitler davon in Kenntnis zu setzen.[356]

Als die Russen immer näher an Berlin heranrückten, traf
Günsche in seiner Eigenschaft als Kampfkommandant der Reichskanzlei zusammmen mit dem SS-Brigadeführer Wilhelm Mohnke
Maßnahmen zur Verstärkung des Schutzes der Reichskanzlei
und des Regierungsviertels. Mohnke hatte von August 1944 bis
Anfang März 1945 die SS-Leibstandarte »Adolf Hitler« kommandiert und war gerade in Berlin auf Urlaub. Er bot sich an, aus
den Angehörigen der Waffen-SS, die sich in Berlin aufhielten –
der Wachbataillone, der Ausbildungs- und Genesungskompa-
nien – eine Kampfgruppe von 3500 bis 4000 Mann zusammen-
zustellen. Mit dieser wollte er den Schutz Hitlers übernehmen.
Günsche meldete Hitler das Vorhaben. Der stimmte zu. Daraufhin befahl Günsche, die Vorräte an Waffen und Munition in der
Reichskanzlei wesentlich aufzustocken. Im Bunker der Neuen
Reichskanzlei in der Voßstraße wurden große Lebensmittellager

---

[356] Ley, Funk und Rosenberg verließen Berlin nach dem 21.4.1945.

angelegt. Unter Leitung des Chefarztes der Berliner Universitätsklinik, SS-Obersturmbannführer Professor Werner Haase,
richtete man ein Lazarett ein.

Am 20. April wird Hitler 56 Jahre alt. Linge muss an die Zeit vor
zehn Jahren denken, als er zum ersten Mal bei Hitlers Geburtstag anwesend war. Welch ein enormer Unterschied!

1935 nichts als Pracht und Herrlichkeit. Militärkapellen begrüßten ihren »Obersten Feldherrn« schon früh am Morgen. Die
Spitzen von Industrie, Partei, Staat und Militär drängten sich
um ihren Führer und buhlten um seine Gunst, indem sie ihm
wertvolle Geschenke darbrachten. Dann das grandiose Schau-
spiel der großen Militärparade auf dem Platz vor der Technischen Hochschule in Berlin. Dort sollte auch nach dem Ende des
Krieges gegen Sowjetrussland die große »Siegesparade« stattfinden. Hitler hatte bereits den gigantischen Triumphbogen ge-
zeichnet, durch den die siegreichen deutschen Truppen in die
Hauptstadt des Reiches einziehen sollten.

Und nun… Russische Truppen stehen vor den Toren Berlins,
und Adolf Hitler, moralisch und körperlich gebrochen, hat sich
in seinen Bunker tief unter die Erde verkrochen.

An Hitlers 56. Geburtstag zeigte der Chef seines Sicherheitsdienstes, Rattenhuber, Linge einen Bericht des SD, demzufolge
eine der Ordonnanzen Hitler an dessen Geburtstag ermorden
wollte. Nach den Informationen des SD sollte der Mann angeblich Zivil tragen und an der Front eine Verwundung am Arm erlitten haben. Linge entgegnete, keine von Hitlers Ordonnanzen
trage Zivil und sei am Arm verwundet. Rattenhuber forderte ihn
auf, trotzdem die Augen offen zu halten.

In den vergangenen Jahren war es üblich gewesen, dass Hitlers Persönlicher Stab ihm um Mitternacht vom 19. zum 20. April
seine Glückwünsche darbrachte. Diesmal hatte Hitler bereits angekündigt, er werde keine Gratulationen entgegennehmen. Trotz-

dem versammelten sich gegen 12.00 Uhr nachts Burgdorf, Fegelein, Schaub, Albrecht, Günsche, Hewel und Lorenz im Vorraum,
um Hitler zu gratulieren. Der ließ den Versammelten mitteilen,
er habe keine Zeit. Da ging Fegelein zu Eva Braun und bat, sie
möge Hitler überreden, ihre Glückwünsche anzunehmen. Auf
ihr Drängen kam Hitler widerwillig in den Vorraum heraus. Er
drückte jedem flüchtig die Hand, sodass man gerade »Gratuliere« sagen konnte, und verschwand sogleich wieder. Hitlers Pilot Hans Baur, der zweite Pilot Betz, Rattenhuber, Högl und
Schädle erschienen kurz vor Beginn der Nachtlage im Vorraum
des Bunkers, um Hitler zu gratulieren, wenn er aus seinem Arbeitsraum in den Lageraum wechselte. Hitler gab ihnen im Vor-
beigehen die Hand.

Nach der Besprechung, die sehr kurz ausfiel, trank Hitler
allein mit Eva Braun in seinem Arbeitsraum Tee.

Am Morgen des 20. April weckte Linge ihn auf dringende
Bitte von Burgdorf, der eine wichtige Meldung von der Front zu
überbringen hatte, bereits gegen 9.00 Uhr. Hitler erhob sich,
ging in seinen Arbeitsraum und fragte Burgdorf durch die geschlossene Tür, was passiert sei. Burgdorf meldete, im Morgengrauen hätten die Russen die Front zwischen Guben und Forst
durchbrochen. Der Durchbruch sei nicht groß, und man sei zum
Gegenangriff übergegangen. Weiter meldete er, den Kommandeur der Einheit, wo die Russen durchgebrochen seien, habe
man auf der Stelle erschossen, weil er nicht standgehalten habe.

Hitler gab zur Antwort: »Schicken Sie mir Linge.«

Linge, der neben Burgdorf stand, meldete sich: »Mein Führer?«

»Linge, ich habe noch nicht geschlafen. Wecken Sie mich
eine Stunde später, um zwei Uhr mittags.«

Nachdem Hitler aufgestanden war und in seinem Arbeitsraum
gefrühstückt hatte, träufelte ihm Linge Kokaintropfen ins rechte
Auge. Als diese den Schmerz etwas gelindert hatten, spielte Hitler
bis zum Mittagessen mit seinem Lieblingswelpen Wolf. Das Mittagsmahl nahm er mit Eva Braun und den Sekretärinnen ein.

Gegen 3.00 Uhr nachmittags versammelten sich im Garten

der Reichskanzlei mehrere Abordnungen, um Hitler zu gratulie-
ren: Axmann mit Vertretern der »Hitlerjugend«, Streve, der
Stabschef der Heeresgruppe Mitte, mit einigen Offizieren,[357] SS-
Obersturmführer Doose, der Kommandeur der Führer-Begleit-
kompanie, mit einigen Männern seiner Einheit. Da Hitler den
Bunker nur noch höchst ungern verließ, hatten sie sich in einer
Reihe direkt vor dem Eingang aufgebaut. Hitler ging im grauen
Militärmantel mit hochgeschlagenem Kragen in Begleitung
Puttkamers und Linges in den Garten hinaus. Als die Versam-
melten Hitler erblickten, standen sie stramm und hoben den
Arm zum Faschistengruß.

Am Eingang zum Musiksalon vom Garten her hatten sich
Himmler, Bormann, Burgdorf, Fegelein, Hewel, Lorenz, Hitlers
Ärzte Morell und Stumpfegger, die Adjutanten Schaub, Albert
Bormann, Albrecht, Johannmeyer, Below und Günsche versammelt. Himmler trat auf Hitler zu und gratulierte ihm zum Geburtstag. Hitler gab ihm flüchtig die Hand und ging sofort weiter,
um die Übrigen zu begrüßen. Dann ging er zu den Abordnungen. Tief gebeugt wie ein alter Mann und die Beine nachziehend
schritt er langsam die Front ab. Der Leiter jeder Abordnung trat
vor und gratulierte. Der Offizier der Heeresgruppe Mitte überreichte ihm in einer ledernen Mappe ein von Schörner unter-
zeichnetes Glückwunschschreiben. Axmann gratulierte im Namen der »Hitlerjugend«.

Als Hitler die Front abgeschritten hatte, bildeten die Versammelten um ihn einen Halbkreis. Zuvor hatte er mitteilen lassen,
er könne nicht laut sprechen. Daher beschränkte er sich auf wenige Worte. Darunter war der stereotype Satz, der Sieg werde
kommen, und sie könnten sagen, auch sie hätten ihn errungen.
Dann hob Hitler müde die rechte Hand und zog sich in den
Bunker zurück. An diesem Tag sah Hitler den Himmel zum letzten Mal. Er sollte den Bunker nicht mehr verlassen.

---

[357] Chef des Generalstabs der Heeresgruppe Mitte war zu diesem Zeitpunkt Generalleutnant Oldwig von Natzmer.

Himmler, Bormann, Burgdorf, Fegelein und die Adjutanten folgten ihm, denn für 4.00 Uhr war die Tageslage angesetzt. Zwanzig Minuten vor Beginn erschienen Göring, Ribbentrop, Dönitz, Keitel und Jodl, um Hitler zu gratulieren. Er empfing jeden einzeln in seinem Arbeitsraum. Linge, der jeden Gast meldete und einließ, hörte, wie Göring und Keitel Hitler unverbrüchliche Treue schworen und erklärten, sie wollten bis zum Ende an seiner Seite bleiben. Sie hielten sich alle nur kurz bei Hitler auf. Eine Ausnahme war Ribbentrop, der etwa zehn Minuten im Arbeitsraum verweilte. Nach der Gratulation mischten sich Göring, Dönitz, Keitel und Jodl wieder unter die im Vorraum versammelten Besprechungsteilnehmer.

Ribbentrop fuhr nach dem Gespräch mit Hitler aus der Reichskanzlei ab. Einige Minuten später kam Hitler aus seinem Arbeitsraum und begrüßte die Versammelten. Er dankte allen für die Glückwünsche. Dann wandte er sich an Krebs, fragte nach neuen Nachrichten von der Oder-Front und ging mit ihm zusammen in den Lageraum. Alle anderen folgten.

Hauptthema dieser Besprechung war der Frontdurchbruch zwischen Guben und Forst. Starke russische Panzerverbände näherten sich Berlin und erreichten an diesem Tag den Spreewald südlich der Autobahn Berlin–Frankfurt. Nun war die Hauptstadt auch von Süden her bedroht. Da russische Verbände im Norden von Berlin bereits bis Oranienburg vorgedrungen waren und im Osten fast die Stadtgrenze erreicht hatten, erschien der Durchbruch zwischen Guben und Forst besonders gefährlich, denn die Russen konnten Berlin nun von Süden abschneiden.

Die Entwicklung an der Front erschien so bedrohlich, dass Bormann unverzüglich Maßnahmen zur Verlegung des Hauptquartiers von Berlin auf den Obersalzberg traf. Noch während der Besprechung lief er eilig aus dem Raum und ließ SS-Obersturmbannführer Erich Kempka in den Bunker rufen. Kempka war Hitlers persönlicher Chauffeur und Leiter des Fahrdienstes der Reichskanzlei. Gemeinsam mit ihm stellte Bormann eine Wagenkolonne zusammen, die Hitler und seinen Persönlichen

Stab auf den Obersalzberg bringen sollte. Dafür sah man 15 bis 20 große Geländewagen, mehrere Autobusse und etwa zehn Lastwagen vor. Für Hitler wurde eine gepanzerte Limousine bereitgestellt. Außerdem forderte Kempka aus dem Arsenal in Spandau zwei Panzerwagen an.

Linge ließ alle persönlichen Sachen Hitlers außer der Kleidung, die er täglich trug, verpacken. Zum Abtransport auf den Obersalzberg wurden 40 bis 50 große Kisten mit militärischen Dokumenten gepackt, die Hitler im Verlauf des Krieges aus dem OKW, dem OKH, von der Kriegsmarine, der Luftwaffe und von Speer erhalten hatte. Sie waren schon aus der »Wolfschanze« in die Reichskanzlei gebracht worden. Auf Bormanns Weisung verpackte Hitlers Diätköchin, Constanze Manziarly, Hitlers diätische Lebensmittel und ließ nur einen Vorrat für wenige Tage übrig.

Eva Brauns Kammermädchen Liesl erkundigte sich unablässig bei Linge, ob sie packen solle. Schließlich war Hitler nach wie vor in der Lagebesprechung, und Eva Braun wusste von nichts. Linge empfahl ihr, auf jeden Fall damit zu beginnen, denn der Aufbruch könne sehr plötzlich erfolgen.

Der ganze Tag war mit Reisevorbereitungen ausgefüllt. Nur Göring wollte unbedingt noch am selben Tag aufbrechen. Bevor die Besprechung zu Ende war, verabschiedete er sich von Hitler mit den Worten, er fahre nach Süddeutschland, um dort die verbliebenen Reserven zusammenzuziehen und gegen die Russen zu werfen. Gegen Abend fuhr Göring mit seinem Persönlichen Stab im Wagen auf den Obersalzberg. Seine Frau und seine Tochter sowie alle übrigen Bewohner von Schloss Karinhall hatten sich bereits mehrere Wochen zuvor in zwei Sonderzügen dorthin begeben.

Am 21. April weckte Linge Hitler bereits um 9.30 Uhr morgens und teilte ihm mit, die russische Artillerie beschieße Berlin. Burgdorf und die übrigen Adjutanten warteten im Vorraum.

Zehn Minuten später kam Hitler eilig und noch unrasiert zu ihnen heraus. Er rasierte sich selbst. Das gestattete er nicht einmal seinem Friseur August Wollenhaupt. Hitler meinte, er könne es nicht ertragen, dass jemand mit einem Rasiermesser an seiner Kehle hantiere.

Im Lagevorraum wurde Hitler von Burgdorf, Schaub, Below und Günsche erwartet. »Was ist passiert? Was ist das für eine Schießerei, und woher kommt sie?«, fragte er aufgeregt. Burgdorf meldete, das Zentrum Berlins liege unter dem Beschuss einer schweren Batterie der Russen, die offenbar aus dem Raum nordöstlich von Zossen feuere.[358] Hitler erbleichte. Tonlos stammelte er: »So nahe sind die Russen schon?«

Burgdorf fuhr fort, Krebs habe gerade gemeldet, etwa zehn russische Panzer griffen über Baruth in Richtung Zossen an und seien noch zehn bis 15 Kilometer vom Stabsquartier des OKH entfernt.

Hitler ging mit Burgdorf, Below und Günsche in den Lageraum und verlangte eine Telefonverbindung mit Krebs. Der wiederholte, das Stabsquartier des OKH sei von russischen Panzern unmittelbar bedroht. Er fragte, ob es an einen anderen Ort verlegt werden dürfe. »Nein!«, brüllte Hitler in den Hörer. »Lassen Sie sich nicht von ein paar russischen Panzern erschrecken. Das OKH bleibt in Zossen!«

Aufgeregt stürzten Bormann, Fegelein, Johannmeyer und Schaub in den Lageraum. Hitler und die Übrigen stellten Vermutungen an, wo die russische Batterie stehen könnte. Hitler hielt es nicht im Sessel. Immer wieder sprang er auf und befahl mit erregter Stimme, wenn der Standort der russischen Batterie festgestellt sei, müsse sie von den im Tiergarten aufgestellten 12,5-cm-Flakgeschützen mit Dauerfeuer belegt werden.[359] Bei

---

[358] Bereits in den Mittagsstunden des 20.4.1945 hatte die 136. Kanonenbrigade des 79. Schützenkorps, die an der Grenze der nördlichen Stadtbezirke Berlins stand, das sowjetische Artilleriefeuer auf Berlin eröffnet. Am Morgen des 21.4. feuerte die Artillerie des 32. Schützenkorps von Marzahn aus auf die Reichskanzlei.

[359] In Berlin besaß die Luftwaffe insgesamt sechs Flaktürme, von denen zwei im Tiergarten, zwei im Humboldthain und zwei im Friedrichshain standen. Die ab 1940 errich

der großen Treffsicherheit und Reichweite dieser Geschütze müssten sie erfolgreich sein. Gegen Mittag eröffneten die im Tiergarten stationierten Flakbatterien das Feuer in Richtung Zossen. Aber die russische Batterie schoss den ganzen Tag mit kurzen Unterbrechungen weiter.

Beim Mittagessen teilte Burgdorf den anderen Adjutanten mit, Hitler habe befohlen, den Abzug der im Raum Dresden – Dessau gegen die Amerikaner eingesetzten deutschen Verbände vorzubereiten, um sie gegen die Russen zu werfen. Das Stabsquartier des OKH sollte auf Hitlers Anordnung am selben Tag von Zossen nach Potsdam-Eiche verlegt werden.

Gegen 2.30 Uhr nachmittags versammelten sich im Lagevorraum von Hitlers Bunker Dönitz, Keitel, Jodl, Krebs, Bormann, Buhle, Winter, Fegelein, Voss, Christian, Hewel, Koller, Hitlers Adjutanten und mehrere Stabsoffiziere. Alle waren sehr erregt. Immer wieder wurde gefragt: »Bleibt Hitler in Berlin? Verlegt er das Hauptquartier auf den Obersalzberg? Warum ist er noch immer hier?«

In der Besprechung meldete Krebs, die russischen Panzer seien südlich von Berlin bis in den Raum Zossen vorgestoßen. Nördlich der Hauptstadt hätten sie die deutschen Stellungen überrannt und Oranienburg eingenommen. Im Osten seien sie an die Vororte herangerückt und hätten an einigen Stellen den äußeren Verteidigungsring Berlins durchbrochen. Ferner berichtete Krebs, trotz mehrerer Gegenangriffe sei es nicht gelungen, den Durchbruch der russischen Verbände an der Oder zu schließen. Die Lage der deutschen Truppen verschlechtere sich stündlich, und es bestehe keine Hoffnung, die Front wieder zu errichten. Die 9. Armee drohte abgeschnitten zu werden.

Aus diesem Grund schlug Krebs vor, die 9. Armee von General Busse, deren Hauptkräfte noch nördlich und südlich von Frankfurt/Oder standen, nach Berlin zurückzuziehen und zur

teten, 40 Meter hohen Türme verfügten über je vier 12,8-cm-Flak-Zwillingsgeschütze. Ferner waren in den Flaktürmen, die autonome Versorgungseinrichtungen besaßen, Schutzräume für bis zu 15000 Personen vorhanden.

Verteidigung der Hauptstadt einzusetzen. Hitler lehnte das ab und bestand darauf, dass die Front an der Oder wiederhergestellt werde, koste es, was es wolle. Daher wurde entschieden, die 9. Armee nicht nach Berlin zurückzuverlegen, sondern bei Einbruch der Dunkelheit alle deutschen Truppen zwischen Dresden und Dessau abzuziehen und gegen die im Raum Zossen – Baruth angreifenden russischen Verbände ins Gefecht zu führen. Dönitz, Keitel, Jodl und Bormann schlugen Hitler vor, angesichts der bedrohlichen Lage das Hauptquartier von Berlin auf den Obersalzberg zu verlegen. Hitler lehnte mit den Worten ab, er sehe bislang keine unmittelbare Gefahr, die den Abzug des Hauptquartiers aus Berlin erforderlich mache.

Nach der Besprechung hielt Hitler Krebs zurück, der sofort in das nach Potsdam-Eiche verlegte Stabsquartier des OKH fahren wollte, und sagte zu ihm: »Krebs, ich möchte Sie jetzt ständig bei mir haben.«

Krebs blieb und wurde in einem Raum des Bunkers der Neuen Reichskanzlei einquartiert. Aus dem Stab des OKH behielt Hitler nur seinen Adjutanten von Freytag-Loringhoven und als Offizier zur besonderen Verwendung Rittmeister Boldt bei sich.

Nach der Besprechung ging Hitler zum Mittagessen. Zu Linge sagte er, er habe von Gerüchten gehört, dass er angeblich Berlin verlassen wolle. Er denke gar nicht daran. Auf Linges Entgegnung, die Gerüchte seien durch die Vorbereitungen zur Abreise nach Berchtesgaden ausgelöst worden, die Bormann am Vortag angeordnet hatte, antwortete Hitler: »Selbstverständlich sollen alle entbehrlichen Leute Berlin verlassen. Meine persönlichen Sachen und das Militärarchiv sollen bereits jetzt auf den Obersalzberg gebracht werden. Bei mir bleibt nur mein engster Persönlicher Stab.«

Hitler wies Linge an, nach dem Essen Schaub und Below zum Empfang entsprechender Weisungen zu ihm zu rufen. Abschließend meinte er zu Linge, im äußersten Fall könne er Berlin noch immer mit einem Fieseler-Storch über die Ost-West-Achse verlassen.

In den folgenden Tagen klammerten sich alle SS-Leute aus Hitlers Umgebung an diese Hoffnung. Sie dachten so: Hitler bleibt unter keinen Umständen in Berlin. Wenn es gefährlich wird, setzen wir uns auf den Obersalzberg ab.

Während die Lagebesprechung noch lief, stellten Schaub und Below mit Hitlers Piloten Hans Baur eine Liste der Personen zusammen, die auf den Obersalzberg fliegen sollten. Sie wurden auf die Maschinen der von Baur befehligten Staffel Hitlers verteilt. Die viermotorigen Condor- und Junkers-Maschinen standen auf dem Flugplatz Gatow bereit.

Sofort entstand ein heilloses Gedränge um Schaub und Below, die jetzt »allmächtig« waren, weil sie entschieden, wer auf den Obersalzberg fliegen durfte. Alle wollten weg. Ständig kamen Leute hinzu, die unbedingt auf den Obersalzberg mussten, weil sie angeblich ihre Familie in Bayern hatten oder selbst aus dieser Gegend stammten, die sie an Ort und Stelle verteidigen wollten, usw. usf. Dabei ging es allen nur darum, so rasch wie möglich aus Berlin zu verschwinden.

Als es am 21. April dunkel wurde, fuhr eine lange Kolonne von Personen- und Lastwagen durch das hintere Tor der Reichskanzlei auf die Hermann-Göring-Straße hinaus und bewegte sich in Richtung Flugplatz Gatow. Auf den Obersalzberg flogen 80 bis 100 Personen, darunter Hitlers Persönlicher Adjutant Albert Bormann, sein Marineadjutant Konteradmiral von Puttkamer, Hitlers Zahnarzt Hugo Blaschke, der Filmreporter Oberleutnant Frentz, dazu die Sekretärinnen Wolf und Schroeder sowie die Stenografen.

Die Chauffeure, die nachts mit den Wagen vom Flugplatz zurückkamen, berichteten, man habe sich um die Plätze in den Maschinen regelrecht geprügelt.

Linge schickte zwei Flugzeuge auf den Obersalzberg. In dem einen befanden sich 30 bis 40 Kisten mit persönlichen Sachen Hitlers und seinen Diätprodukten. Es wurde von einem der Kammerdiener Hitlers, SS-Hauptsturmführer Wilhelm Arndt, und zwei Ordonnanzen Hitlers begleitet. Die zweite Maschine

transportierte 40 bis 50 Kisten mit Dokumenten des Militärarchivs, das noch aus der »Wolfschanze« stammte. Sie wurde von
Mitarbeitern des SD begleitet.[360]

Noch in der Nacht wurde vom Obersalzberg gemeldet, alle
Flugzeuge seien eingetroffen außer dem mit Hitlers persönlichen
Sachen. Baur konnte feststellen, dass amerikanische Jagdflug-
zeuge diese Maschine abgefangen und bei Köln zur Landung
gezwungen hatten.[361]

An diesem Tag setzte eine allgemeine Flucht aus Berlin ein.
Tausende Menschen verließen die Stadt in Richtung Westen mit
dem Autobus, dem Personenwagen, dem Pferdefuhrwerk, dem
Fahrrad oder dem Kinderwagen. Die Masse musste zu Fuß gehen. Endlose Kolonnen schleppten sich aus der Stadt. Die noch
in Berlin verbliebenen Angestellten der Ministerien und staatlichen Behörden flohen ebenfalls – mit und ohne Genehmigung
oder mit falschen Papieren. Selbst die »Beamten« der Kanzlei des
Führers vernichteten ihre Parteibücher und andere Dokumente.
Mit falschen Papieren ausgestattet, kehrten sie Berlin ohne Genehmigung den Rücken.

Da die Hauptstadt nun unter dem Beschuss der russischen
Artillerie lag, veranlasste Günsche als Kampfkommandant der
Reichskanzlei und des Regierungsviertels, dass Bormann, Burg-
dorf, Fegelein, Voss, Hewel, Lorenz, Zander, die Adjutanten
Schaub, Albrecht, Below und Johannmeyer, die Piloten Baur und
Betz, dazu Rattenhuber, Högl und Schädle, Hitlers Arzt Dr.
Stumpfegger sowie die in Berlin verbliebenen Sekretärinnen
Christian und Junge aus der Alten und Neuen Reichskanzlei in

---

[360] Die Maschine mit den Protokollen der Lagebesprechungen – insgesamt über 100 000
Blatt – traf am 23. 4. 1945 um 6.00 Uhr morgens in Riem bei München ein. Die Dokumente wurden am Berghof gelagert und am 25. 4. auf Anweisung des persönlichen Mit-
arbeiters von Bormann, Senatspräsident Müller, verbrannt. Der mitgereiste Militärhistoriker Scherff befürwortete die Vernichtung der Akten, da es in den nächsten Jahrzehnten
ohnehin keine objektive Geschichtsschreibung geben werde. Die durch Zufall nicht verbrannten, teils zerstörten oder nur angekohlten Reste wurden 1962 in der Bundesrepublik
veröffentlicht.
[361] Das Flugzeug war in der Nacht vom 22. zum 23. 4. 1945 bei Börnersdorf in Sachsen
abgestürzt.

den Bunker der Neuen Reichskanzlei umzogen. Auch Krebs wurde hier untergebracht.

Der Bunker der Neuen Reichskanzlei war zusammen mit dem Gebäude 1938 gebaut worden, als Hitler an die unmittelbare Vorbereitung des Krieges ging. Mit seinen über 70 Räumen hatte er gigantische Ausmaße. Er bestand aus zwei Teilen, die durch einen unterirdischen Wirtschaftshof voneinander getrennt waren. Dort wurden Lebensmittel, Kohle usw. angeliefert. Vom Wirtschaftshof führte ein schwerer Fahrstuhl für Lastwagen direkt auf den Gehsteig der Voßstraße. Die Luke war so getarnt, dass Uneingeweihte sie nicht bemerkten. Vom unterirdischen Wirtschaftshof führte ein betonierter Gang von etwa 100 Meter Länge unter dem Garten bis zu Hitlers Bunker. Im Bunker der Neuen Reichskanzlei waren auch die Telefonvermittlung von Hitlers Hauptquartier mit dem Codenamen »Alt 500«, die Funkstation, das Pressebüro, das Büro von Hitlers Adjutanten, das Lazarett von Professor Haase sowie der Befehlsstand der Kampfgruppe Mohnke untergebracht. Dort waren auch 60 bis 70 Mitarbeiter des SD unter dem Befehl des Kriminalrats SS-Sturmbannführer Forster stationiert, denen die Bewachung des Bunkers oblag. Sie kontrollierten jeden, der dort ein und aus ging.

In der Nacht zum 22. April verstummte die russische Artillerie. Dafür heulte nun die deutsche Flak auf. Russische Bomber griffen militärische Objekte in Berlin an. Auch in der Nähe der Reichskanzlei fielen Bomben.

Am 22. April begann die russische Artillerie morgens mit noch heftigerem Beschuss. Es wurde gemeldet, auf das Zentrum von Berlin feuerten jetzt mehrere schwere Batterien. Im Tiergarten und auch in den Gärten der Ministerien in der Wilhelmstraße gingen immer mehr russische Granaten nieder. Hitler wurde vom Dröhnen der Artillerie gegen 10.00 Uhr morgens wach.

Er kleidete sich an, rief Linge und fragte aufgeregt: »Mit welchem Kaliber wird geschossen?« Um Hitler zu beruhigen, antwortete Linge, das sei die deutsche Flak im Tiergarten, außerdem einzelne weit tragende Geschütze der Russen. Nachdem Hitler in seinem Arbeitsraum gefrühstückt hatte, ging er in den Schlafraum zurück, wo Morell ihm sein Aufputschmittel spritzte.

Die Lagebesprechung war für 12.00 Uhr angesetzt. Kurz zuvor versammelten sich in Hitlers Bunker Dönitz, Keitel, Jodl, Krebs, Burgdorf, Buhle, Winter, Christian, Voss, Fegelein, Bormann, Hewel, Lorenz, Below, Günsche, Johannmeyer, John von Freyend und von Freytag-Loringhoven. Es folgte die kürzeste Besprechung des gesamten Krieges. Viele standen mit verkniffener Miene herum. Halblaut wurde immer dieselbe Frage gestellt: »Weshalb entschließt sich der Führer nicht, Berlin zu verlassen?«

Hitler kam aus seinen Räumen, tiefer gebeugt als je zuvor. Nach einer wortkargen Begrüßung ließ er sich im Sessel nieder. Krebs begann seinen Vortrag. Er meldete, die Lage der deutschen Truppen, die Berlin verteidigten, habe sich weiter verschlechtert. Im Süden seien die Russen bei Zossen durchgebrochen und näherten sich dem Stadtrand von Berlin. In den östlichen und nördlichen Vororten tobten schwere Gefechte. Die Situation der deutschen Verbände an der Oder südlich von Stettin sei katastrophal. Die Russen hätten die deutsche Front mit Panzerattacken aufgebrochen und seien tief in die deutschen Stellungen eingedrungen.

Hitler stand auf und beugte sich über den Tisch. Mit zitternden Händen fuhr er über die Karte. Plötzlich richtete er sich auf und warf die Farbstifte hin. Er atmete schwer, sein Gesicht war hochrot angelaufen, die Augen waren weit aufgerissen. Er trat einen Schritt vom Tisch zurück und schrie mit versagender Stimme: »So was hat es überhaupt noch nicht gegeben! Unter diesen Umständen kann ich nicht mehr kommandieren! Der Krieg ist verloren! Aber wenn Sie, meine Herren, glauben, dass ich Berlin verlasse, dann irren Sie sich gewaltig! Lieber schieße ich mir eine Kugel in den Kopf!«

Entsetzt starrten die Anwesenden Hitler an. Der hob nur schwach die Hand und rief: »Ich danke Ihnen, gnädige Herren!« Damit drehte er sich um und verließ den Raum.

Alle standen wie gelähmt. War das das Ende? Günsche lief Hitler nach. Aus dem Beratungsraum ertönte es betroffen: »Aber, mein Führer…«

Günsche holte Hitler an der Tür des Arbeitsraums ein. Der blieb stehen und befahl: »Verbinden Sie mich sofort mit Goebbels!«

Goebbels befand sich im Luftschutzraum seiner Villa an der Hermann-Göring-Straße. Während Hitler mit ihm telefonierte, kamen die Teilnehmer der Besprechung verwirrt und erregt in den Vorraum heraus. Bormann und Keitel stürzten auf Günsche zu und fragten: »Wo ist der Führer? Was hat er noch gesagt?« Günsche antwortete, der Führer telefoniere gerade mit Goebbels. Alle redeten wild durcheinander. Keitel fuchtelte mit den Armen in der Luft herum. Bormann war völlig außer sich und stammelte immer wieder: »Es kann doch nicht sein, dass der Führer sich im Ernst erschießen will!«

Keitel rief: »Wir müssen den Führer davon abhalten!« Es herrschte ein unbeschreibliches Chaos. Manch einer kippte rasch ein paar Gläschen von dem Kognak, der auf dem Tisch stand.

Wenige Minuten später, es war gegen 12.30 Uhr mittags, hastete Goebbels herein. Er hinkte noch stärker als sonst. In heller Aufregung war er von seiner Villa an der Hermann-Göring-Straße hergeeilt. »Wo ist der Führer?«, fragte er. Man führte ihn sofort in Hitlers Arbeitsraum. Dort sprachen beide etwa zehn Minuten miteinander.

Als Goebbels wieder herauskam, stürzten Bormann, Keitel, Dönitz und Jodl auf ihn zu: »Was hat der Führer gesagt?« Sie bedrängten ihn von allen Seiten. Goebbels teilte mit, Hitler halte die Lage für aussichtslos, er sehe keine Chance mehr und gehe davon aus, dass der Krieg verloren sei. Hitler sei völlig am Boden zerstört. In so einem Zustand habe er ihn noch nie erlebt. Weiter berichtete Goebbels, er sei deshalb so erschrocken, weil Hitler ihn am Telefon mit versagender Stimme aufgefordert habe, mit Frau und Kindern unverzüglich zu ihm in den Bunker zu kommen, denn es sei alles zu Ende.

Bormann konnte vor Aufregung nicht stillstehen. Er beschwor Goebbels, Dönitz, Keitel und dann wieder Dönitz, man müsse Hitler um jeden Preis davon überzeugen, Berlin zu verlassen. Goebbels fragte Keitel leise: »Herr Generalfeldmarschall, sehen Sie wirklich keine Möglichkeit mehr, den Vormarsch der Russen aufzuhalten?«

Keitel antwortete, die letzte Chance liege darin, so schnell wie möglich alle Truppen von der Elbe abzuziehen, darunter auch den kampfstärksten Verband, die 12. Armee von Wenck, und sie gegen die Russen zu werfen. Keitels Vorschlag wurde von allen Anwesenden begeistert begrüßt. Bormann schlug vor, Hitler sofort davon in Kenntnis zu setzen. Die 12. Armee, die nach dem Panzergeneral, der sie befehligte, nur »Armee Wenck« hieß, war auf Hitlers Befehl Anfang April 1945 aus Einheiten des »Reichsarbeitsdienstes« und Schülern von Offiziers- und Unteroffiziersschulen zusammengestellt worden. Sie stand im Raum Magdeburg, war von Hitler zur Reserve des OKW bestimmt und noch nicht ins Gefecht geschickt worden. Die Armee Wenck bestand lediglich aus vier kompletten Divisionen mit 40 000 bis 45 000 Mann. Die Masse der Soldaten war schlecht ausgebildet und äußerst dürftig bewaffnet. Die Artillerie der Armee Wenck bestand aus einigen Batterien leichter Feldhaubitzen. Panzer hatte sie überhaupt nicht, nur Selbstfahrlafetten. Solche Truppen standen den Amerikanern an der Elbe gegenüber.[362]

Keitel, Bormann, Goebbels, Burgdorf und Fegelein baten Linge, sie bei Hitler zu melden. Als Linge eintrat, lag Hitler mit offener Jacke völlig entkräftet auf dem Bett. Er hörte Linge an,

---

[362] Die als Armee Wenck bezeichnete 12. Armee war Anfang April 1945 neu aufgestellt worden. Ursprünglich sollte sie zehn Divisionen mit einer Gesamtstärke von 150 000 Mann umfassen. Tatsächlich verfügte die Armee über nicht mehr als sechs notdürftig zusammengewürfelte Divisionen, die zumeist aus kaum ausgebildeten Fahnenjunkern und Rekruten des Reichsarbeitsdienstes bestanden. Panzer und Artillerie waren kaum vorhanden.

stand dann mit matten Bewegungen auf, knöpfte seinen Uniformrock zu, ging in den Arbeitsraum und sagte mit schwacher Stimme: »Ich lasse bitten.«

Linge bat Keitel, Bormann, Goebbels, Burgdorf und Fegelein in Hitlers Arbeitsraum. Zwanzig Minuten später kamen Keitel, Goebbels und Burgdorf mit zuversichtlicher Miene wieder heraus. Als Letzte erschienen Bormann und Fegelein. Im Vorzimmer baten sie Linge, ihnen einen Schnaps einzuschenken, den sie auf der Stelle hinunterstürzten. Dabei sagte Fegelein zu Linge: »Jetzt wird alles gut. Wenck marschiert mit seiner Armee auf Berlin.«

Keitel wechselte im Vorraum noch einige Worte mit Dönitz und verließ dann gemeinsam mit Jodl und seinem Adjutanten John von Freyend den Bunker.

Kurz danach bat Dönitz Hitler um ein Gespräch unter vier Augen. Hitler empfing ihn im Lagerraum. Das Gespräch hatte zur Folge, dass Dönitz nach Flensburg flog, um von dort die Verlegung so genannter Todeskandidaten mit Flugzeugen nach Berlin zu organisieren. Das waren Offiziere und Matrosen der Kriegsmarine, die für den Einsatz mit besonderen Torpedos (Ein-Mann-Torpedos) vorgesehen waren, bei deren Auftreffen sie unweigerlich umkamen.[363] Einige hatten sich freiwillig für diesen Einsatz gemeldet, andere wurden dazu verurteilt. Außerdem sollte Dönitz alle Angehörigen der Kriegsmarine, die sich noch in Norddeutschland befanden, persönlich zur Verteidigung der Hauptstadt nach Berlin führen.[364]

---

[363] Die nach dem Konstrukteur Richard Mohr als »Neger«-Torpedos bezeichneten Trägertorpedos führten einen zweiten Torpedo als Waffe mit. Die ersten Ein-Mann-Torpedos kamen im April 1944 ohne Erfolg bei der Landung der Alliierten bei Anzio zum Einsatz. Bei einem zweiten Versuch gelang in der Seine-Bucht im Sommer 1944 die Zerstörung eines britischen Kreuzers und einiger weiterer Kriegsschiffe. Wegen zu hoher Verluste aufgrund technischer Mängel wurden die »Neger« nicht mehr eingesetzt. Nachfolgemodelle kamen an der Invasionsfront in der Normandie zum Einsatz, waren aber ebenfalls nicht ausgereift.

[364] Bereits im März 1945 war eine Marinedivision an die Oder-Front verlegt worden. Am 25.4. erhielt der Oberbefehlshaber der Kriegsmarine, Großadmiral Karl Dönitz, von Hitler den Befehl, Marinesoldaten nach Berlin einzufliegen oder auf dem See- und Landweg zu vor Berlin kämpfenden Fronten zu bringen.

Als alle gegangen waren, befahl Hitler, den Oberkommandierenden der Heeresgruppe Mitte, Generalfeldmarschall Schörner, unverzüglich zu ihm zu rufen. Dessen Truppen waren in diesen Tagen in schwere Abwehrkämpfe in Schlesien und der Tschechoslowakei verwickelt. Gegen 6.00 oder 7.00 Uhr abends traf Schörner in Berlin ein. Sein Flugzeug landete in Gatow, dem einzigen Berliner Flugplatz, der noch nicht von russischer Artillerie beschossen wurde.

Hitlers Adjutant Johannmeyer bat Linge zu melden, dass Schörner eingetroffen sei und sich im alten Bunker befinde. Hitler befahl, ihn zum Lageraum zu bringen, und ging selbst in den Vorraum hinaus, um Schörner zu empfangen. Linge erinnerte ihn an den Marschallstab, den er zuvor hatte bringen lassen, weil er ihn Schörner überreichen wollte. Aber Hitler winkte nur verächtlich ab und sagte: »Das ist doch alles Unsinn!«

Doch als Schörner dann in Begleitung von Burgdorf, Fegelein und Johannmeyer in Hitlers Bunker erschien, sagte Hitler zu Linge: »Na gut! Bringen Sie den Stab in den Lageraum!«

Hitler begrüßte Schörner freundlich und sagte zu ihm, als sie gemeinsam zur Besprechung gingen: »Schörner! Am liebsten würde ich Sie vierteilen, damit ich vier Schörners hätte.«

Darauf Schörner mit freudigem Lächeln: »Immer zu Ihren Diensten, mein Führer.«

Hitlers Gespräch mit Schörner, an dem Bormann, Burgdorf und Fegelein teilnahmen, dauerte etwa eine Stunde. Danach sprach er unter vier Augen mit ihm. Gegen 8.00 Uhr abends fuhr Schörner, nachdem er den Bunkerinsassen mit seinem Marschallstab kurz zugewinkt hatte, zum Flugplatz Gatow, von wo ihn ein Flugzeug zu seinem Stabsquartier zurückbrachte.

Schörners Besuch hatte auf Hitler und dessen Umgebung Eindruck gemacht. Die gedrückte Stimmung, die am Morgen im Bunker geherrscht hatte, war gegen Abend weitgehend verflogen. Vor allem Hitler hatte neuen Mut gefasst. Er schmiedete schon wieder Pläne. Schörners Einheiten, die in Schlesien standen, sollten in die Flanke der von Süden in Richtung Berlin durchgebrochenen russischen Truppen stoßen und sich bis zur Hauptstadt durchschlagen. Schörner selbst hatte von Hitler Befehl erhalten, sich mit seinen Hauptkräften nach Süddeutschland zurückzuziehen und dort die Alpenfestung zu besetzen. Ein weiterer Plan Hitlers sah vor, die Verbindung zwischen Berlin und den in Mecklenburg stehenden deutschen Truppen wiederherzustellen. Zu diesem Zweck gab er dem Befehlshaber der 3. Armee, SS-Obergruppenführer Felix Steiner, den Befehl, am 24. April aus dem Raum nördlich von Oranienburg anzugreifen und den Versuch zu unternehmen, die von Norden her nach Berlin vorgedrungenen russischen Truppen abzuschneiden.

Diesen Befehl Hitlers sollte Himmlers Vertreter Fegelein Steiner persönlich überbringen. Am 23. April machte er sich morgens dorthin auf den Weg.

Als Hitler Schörner befahl, sich mit einem Teil seiner Truppen in die Alpenfestung zurückzuziehen, keimte bei seinem Stab die Hoffnung auf, Hitler könnte im letzten Moment doch noch Berlin verlassen, um den Kampf in der Alpenfestung fortzusetzen. Diese Aussicht löste im Bunker ein allgemeines Trinkgelage aus. Bormann, wieder ganz der Alte, ließ sich mit Günsche und Hitlers Sekretärinnen Junge und Christian im Vorzimmer nieder, wo alle miteinander Kognak tranken. Dabei erging er sich in großen Reden über die Armeen Wencks und Steiners sowie über den »treuen Nazi« Schörner.

»Ja, Schörner ist unser Mann«, bekräftigte die Sekretärin Christian. »Er ist ein ergebener Nationalsozialist.« Bormann hob sein Glas und stieß mit den Sekretärinnen an: »Übermorgen sind wir außer Gefahr. Wenck, Steiner und Schörner lassen uns nicht im Stich. Ihre Truppen kommen nach Berlin.«

Am Abend stieß Linge im Flur auf Ribbentrop. Dessen frühere Arroganz war wie weggeblasen. Mit ungewohnter Freundlichkeit erkundigte er sich bei Linge, was Hitler zu tun gedenke. Als dieser ihm antwortete, Hitler wolle vorläufig in Berlin bleiben, wurde Ribbentrop merklich nervös und fragte, ob er mit Hitler unter vier Augen sprechen könne. Linge meldete ihn, und

Hitler empfing Ribbentrop umgehend in seinem Arbeitsraum. Nach einem Gespräch von zwanzig Minuten verließ Ribbentrop den Bunker. Noch am selben Abend fuhr er von Berlin nach Hamburg. Das geschah mit Zustimmung Hitlers. Als Ribbentrop gegangen war, sagte der zu Linge: »Den will ich nicht mehr bei mir sehen.«

An diesem Tag erschien SS-Brigadeführer Mohnke mit den 3500 Mann der von ihm aufgestellten Kampfgruppe in der Reichskanzlei. Hitler befahl, ihm den Schutz des gesamten Regierungsviertels zu übertragen. Mohnke, der sich geschmeichelt fühlte, sagte zu Günsche: »Der Führer wollte von seiner Leibstandarte (nach der Niederlage am Balaton) nichts mehr wissen, aber jetzt werden wir ihm zeigen, dass er noch eine Leibstandarte hat.«

Goebbels mit seiner Frau Magda und den fünf Kindern Hilde, Holde, Helke, Heike und Heiner zogen an diesem Tag in den Bunker der Neuen Reichskanzlei.[365] Bei Goebbels blieben dessen Staatssekretär, SS-Brigadeführer Werner Naumann, sein Adjutant, SS-Hauptsturmführer Günther Schwägermann, und sein Kammerdiener, SS-Unterscharführer Ochs.

Am Morgen des 23. April nahm die russische Artillerie den Beschuss des Regierungsviertels, den sie über Nacht fast völlig eingestellt hatte, wieder auf. Im »Ehrenhof« der Reichskanzlei schlugen mehrere Granaten in dort abgestellte Tankwagen und Benzinfässer ein. Dabei wurden mehrere Soldaten getötet oder schwer verwundet.

Russische Schlachtflieger donnerten über das Zentrum von Berlin und beschossen ihre Ziele im Tiefflug. Der Berliner Ring, die Autobahn rund um die Hauptstadt, U-Bahn und Straßenbahnen waren nicht mehr zu benutzen. Auf der Leipziger Straße,

---

[365] Die Familie Goebbels zog mit sechs Kindern in den Bunker. Sie hießen Helga, Hilde, Hellmut, Holde, Hedda und Heide.

auf dem Potsdamer Platz und auf der Hermann-Göring-Straße standen leere Straßenbahnzüge. Strom-, Gas- und Wasserversorgung waren fast in der ganzen Stadt zusammengebrochen. Nur das Berliner Telefonnetz funktionierte noch.

Wieder wurde Hitler von dem verstärkten Artilleriebeschuss geweckt. Er zog sich an und rief Linge in den Arbeitsraum. Wie er sagte, habe er in dieser Nacht fast nicht geschlafen und war sehr blass. Nervös erkundigte er sich wieder nach dem Kaliber der russischen Artillerie. Dann bat er Morell um seine Injektion. Als dieser gegangen war, träufelte ihm Linge Tropfen ins rechte Auge. Dabei bemerkte Hitler, Morells Hand zittere schon vor Angst. Er sei froh, dass Linge mit den Augentropfen so geschickt umgehe.

Nach dem Frühstück begab sich Hitler gegen 12.00 Uhr zur Besprechung. Diese fand jetzt in Abhängigkeit von der Nachrichtenlage mehrmals täglich zu unterschiedlichen Zeiten statt und dauerte in der Regel nicht länger als 30 bis 40 Minuten. In den letzten Tagen vor dem Fall Berlins schrumpfte der Teilnehmerkreis immer mehr zusammen.

Keitel, der am Tag zuvor die Armee Wenck aufgesucht hatte, war noch nicht zurück. Das Stabsquartier des OKW hatte er umsichtig von Berlin-Dahlem nach Krampnitz, 20 Kilometer westlich von Berlin, verlegen lassen, um dem Beschuss der russischen Artillerie zu entgehen. Jodl und Winter, die von der Westfront berichteten, lud Hitler gar nicht erst zu den Besprechungen ein. Auch sie selbst zogen es bei dem Trommelfeuer der russischen Artillerie vor, nicht zum Führerbunker zu fahren.

Die Vertreter der Luftwaffe Koller und Christian hatten ihre Stäbe aus Berlin in Jagdreviere bei Potsdam verlegt, weshalb auch sie nicht mehr zu den Lagebesprechungen erschienen. Sie begründeten das mit dem weiten Weg. Ihre Meldungen gaben sie Luftwaffenadjutant Below per Telefon durch, der Hitler Bericht erstattete.

Die Generale Bodenschatz, Buhle und Scherff, die kaum drei Tage zuvor Hitler zum Geburtstag Treue bis zum Ende geschworen hatten, setzten sich aus Berlin nach Süddeutschland ab. Göring hatte Berlin als einer der Ersten verlassen, und auch Himmler zeigte sich nicht mehr bei Hitler.

Zu den Lagebesprechungen erschien jetzt nur noch, wer im Bunker der Reichskanzlei Quartier bezogen hatte: Krebs, Bormann, Burgdorf, Voss, Fegelein, Hewel, Below, Johannmeyer, Günsche, Zander, von Freytag-Loringhoven und Lorenz. Außerdem fand sich in den letzten Tagen auch Goebbels bei diesen Zusammenkünften ein. Lorenz war kurz zuvor zum Reichspressechef ernannt worden. Hitler ließ Otto Dietrich wegen »Unbeweglichkeit« ablösen, die er nach 15 Jahren Dienst plötzlich bei ihm entdeckt hatte. Auch Dietrich beeilte sich, zu seiner Familie nach Süddeutschland zu kommen.

Gegen 1.00 Uhr mittags kam Hitler in den Vorraum und begrüßte die dort versammelten Besprechungsteilnehmer. Er fragte nicht nach den Abwesenden, sondern sagte nur zu Below: »Below, Sie sind jetzt wohl der einzige Vertreter der Luftwaffe.«

In Begleitung der anderen ging Hitler in den Lageraum und ließ sich langsam in den Sessel am Kartentisch sinken. Anstelle der bisherigen acht bis zehn großen Karten der Ost- und Westfront lagen dort jetzt nur noch zwei kleine Blätter – eine Karte von Berlin und Umgebung sowie eine weitere von ganz Deutschland. Karten der Westfront wurden nicht mehr ausgelegt. Die Eintragungen nahmen Krebs oder sein Adjutant vor.

In seinem Vortrag teilte Krebs mit, die Absicht der Russen, Berlin einzuschließen, sei nun klar zu erkennen: Von Norden rückten sie aus Richtung Oranienburg vor, von Westen seien sie bis Nauen, 30 Kilometer vor Berlin, gekommen. Verbindung zur Außenwelt bestehe nur noch im Nordwesten. Außerdem gehe von Süden und Osten starker Druck auf die Hauptstadt aus. Dort hätten die russischen Truppen fast die Stadtgrenze erreicht.

Hitler unterbrach Krebs mit der Frage: »Was ist mit der Armee Wenck?«

Krebs antwortete, die Armee Wenck werde seit der vergangenen Nacht von der Elbe abgezogen. Die Amerikaner seien jedoch bisher nicht nachgerückt. Gegenwärtig sammle sich die Armee Wenck südöstlich von Magdeburg.

Als Krebs weitere Einzelheiten zur Armee Wenck darlegen wollte, ging die Tür auf. Herein kamen Keitel und sein Adjutant John von Freyend. Keitel war unrasiert, seine Uniform mit Staub bedeckt. Er wollte seinem Führer demonstrieren, dass er mit einer Angelegenheit befasst war, die über dessen Rettung entschied. Hitler drückte Keitel herzlich die Hand.

Als John von Freyend die Karte auf dem Tisch ausgebreitet hatte, meldete Keitel, die Armee Wenck sei in voller Stärke von der Elbe abgezogen und zurzeit mit ihrer Umgruppierung beschäftigt. »Den ganzen Tag und die ganze Nacht bin ich gefahren und gelaufen, um die Truppen zum Kampf zu mobilisieren. Mein Führer! Wenck schickt Ihnen ehrerbietige Grüße und hofft, Ihnen bald in der Reichskanzlei die Hand drücken zu können.«

Keitel stand stramm und rief: »Jetzt bleibe ich bei Ihnen, mein Führer! Ich könnte meiner Frau und meinen Söhnen nicht in die Augen sehen, wenn ich Sie jetzt verließe.«

Hitler war von diesem erneuten Treuebeweis Keitels sichtlich gerührt. Er erhob sich aus dem Sessel und setzte einige Pfeile auf die Karte. Dabei erklärte er, Steiners 3. Armee müsse am 24. April von Norden angreifen und die Armee Wenck von Süden aus in Richtung Potsdam vorrücken, aber nicht später als am 25. April. Das Ziel der Operation bestehe darin, fuhr Hitler fort, die unmittelbare Bedrohung Berlins durch die Russen abzuwenden, nach Osten durchzubrechen, sich mit der 9. Armee zu vereinigen und die Oder-Front wiederherzustellen.

Aus diesem wahnwitzigen Plan wurde natürlich nichts.

Vor Abschluss der Besprechung bat Keitel Hitler um die Erlaubnis, noch einmal zur Armee Wenck zu fahren. Er meinte, seine Anwesenheit dort werde den Kampfgeist der Truppen stärken. Hitler stimmte zu. Wenige Minuten später verließ Keitel den Bunker, um zu Wenck zu fahren. Von dieser Fahrt kehrte er nicht mehr zurück, obwohl er Hitler gerade erst feierlich geschworen hatte, ihn niemals zu verlassen.

Zur gleichen Zeit setzte sich auch der Chef des Führer-Nachrichtenbataillons, Major Lohse, ohne Genehmigung aus der
Reichskanzlei ab.[366]

Während Hitler bei der Besprechung war, befahl Linge Eva
Brauns Kammermädchen Liesl und Hitlers Ordonnanz, SS-
Unterscharführer Wauer, Hitlers Zimmer aufzuräumen. Den
Schreibtisch im Arbeitsraum ordnete Linge selbst. Auf dem
Tisch lag ein gerade eingegangener Funkspruch von Göring
folgenden Inhalts: »Mein heiß geliebter Führer! Auf dem Weg
nach Süddeutschland habe ich festgestellt, dass es noch genügend Kräfte gibt, um den Kampf von hier fortzusetzen. Daher
bitte ich Sie noch einmal inständig, Berlin zu verlassen und
nach Berchtesgaden (Obersalzberg) zu kommen. Ihr getreuer
Göring.«[367]

Als der Arbeitsraum aufgeräumt und verschlossen war, kam
Eva Braun mit einem Hund aus ihrer Tür. Der Beschuss des
Stadtzentrums hatte ein wenig nachgelassen. Eva Braun, die
sehr blass wirkte, bat Linge, sie in den Garten zu bringen, wo
sie den Hund ausführen wollte. Linge begleitete sie und ging
mit ihr vor dem Bunker auf und ab. Eva Braun meinte mit erns-
ter Miene, nun sei wohl alles zu Ende, wenn nicht noch ein
Wunder geschehe. Linge stimmte ihr zu, betonte aber, die Armee Wenck werde dieses Wunder vollbringen. Im weiteren
Verlauf des Gesprächs bemerkte Eva Braun traurig, wenn dieses Wunder nicht geschehe, sei der Tod der letzte Ausweg.
Dann habe sie den sehnlichen Wunsch, mit Hitler als seine
legitime Ehefrau zu sterben.[368]

---

[366] Hiermit ist die 1944 gebildete Führer-Nachrichtenabteilung gemeint, die aus der
Stabsnachrichtenkompanie des Führerhauptquartiers hervorgegangen war. Die 520 Mann
starke Führer-Nachrichtenabteilung war für die Sicherstellung der Kommunikation des
Führerhauptquartiers mit den Befehlszentren der Wehrmacht und der Reichsregierung
zuständig.

[367] Der Text dieses Funkspruchs ist nicht überliefert.

[368] In sowjetische Kriegsgefangenschaft geratene Mitarbeiter Hitlers sagten aus, dass
Eva Braun schwanger gewesen sei und ihr Kind nicht in Gefangenschaft habe zur Welt
bringen wollen. Die Bearbeiter der Linge-Günsche-Verhöre nahmen diese Vermutung
nicht in das *Buch Hitler* auf.

Während der Besprechung kam Bormann mit der Operationskarte der sowjetisch-deutschen Front in den Vorraum und breitete sie auf dem Tisch aus. Gemeinsam mit Zander und Loringhoven beugte er sich darüber. Linge, der bei dem SS-Offiziersposten vor Hitlers Räumen gestanden hatte, trat ebenfalls an den Tisch heran. Loringhoven zeigte Bormann einen noch freien Weg in Richtung Dresden, auf dem man nach Süddeutschland gelangen konnte. Das war ein schmaler Streifen von etwa 15 bis 20 Kilometern Breite, der jeden Augenblick von russischen Panzern durchschnitten werden konnte. Bormann befahl seinem Referenten Zander, auf diesem Weg alle Mitarbeiter der Parteikanzlei, darunter den Referenten Müller und seine sechs Sekretärinnen, mit Bussen und Geländewagen unverzüglich zum Obersalzberg zu bringen. In Berlin sollten nur Zander und die Sekretärin Else Krüger bleiben, eine 30-jährige Frau, die mit Eva Braun befreundet war und die Hitler auf deren Wunsch in den letzten Tagen zusammen mit seinen Sekretärinnen zum Tee lud.

Unmittelbar nach der Besprechung erschien ein völlig niedergeschlagener Morell bei Linge. Er fragte, ob Hitler nicht einige Minuten Zeit für ihn habe. Hitler, der allein im Lageraum zurückgeblieben war, ließ Morell eintreten. Als Linge Morell hereinführte, ließ sich dieser Koloss in einen Sessel fallen und heulte wie ein Kind. Er war nur noch ein Häufchen Unglück. Hitler suchte Morell zu beruhigen. Aber der schluchzte weiter. Da fragte Hitler ungeduldig: »Also, was wollen Sie denn nun, Herr Professor?«

Schließlich stieß Morell, immer noch schluchzend, hervor: »Mein Führer, ich halte das einfach nicht mehr aus. Lassen Sie mich bitte, bitte, bitte gehen!«

Er sprach von Herzattacken, die er in den letzten Tagen erlitten habe. Als Linge das hörte, schloss er angewidert die Tür. Morell kam bald wieder heraus. Er hatte von Hitler die Erlaubnis erhalten, zum Obersalzberg zu fliegen. In aller Eile warf er Dr. Stumpfegger, der Hitler nun das Aufputschmittel zu spritzen hatte, ein paar kaum verständliche Anweisungen hin. Ächzend und zitternd verließ er noch am selben Abend bei Einbruch der Dunkelheit den Bunker und fuhr mit dem Wagen zum Flugplatz Gatow, von wo ihn eine Maschine auf den Obersalzberg brachte.

Das war Hitlers langjähriger Leibarzt, den dieser zum Professor ernannt, mit dem Goldenen Parteiabzeichen ausgezeichnet und mit dem Ritterkreuz dekoriert hatte.

Während der Kriegsjahre hatte Morell große Fabriken in Hamburg und im tschechischen Olomouc gekauft, wo er seine Hormonpräparate, sein Vitaminkonzentrat Vitamultin und ein Läusepulver namens »Russla« herstellen ließ. Letzteres hatte Morell selbst für die deutsche Wehrmacht entwickelt. Besonderen »Erfindergeist« hatte er beim Namen des Präparats gezeigt. »Russla« ist aus den ersten Silben der beiden Wörter »Russische Laus« zusammengesetzt. Die Soldaten lehnten das Pulver ab, weil es nicht half und noch dazu widerlich stank. Sie witzelten, das Pulver vermehre die Läuse und töte die Soldaten mit seinem Geruch. Aber auf Hitlers kategorische Weisung musste die Wehrmacht das Pulver anschaffen, womit Morell Millionen verdiente.[369]

Er kaufte eine Luxusvilla auf dem Schwanenwerder am Wannsee bei Berlin und eine weitere im Kurort Heringsdorf an der Ostsee. Gerade war er dabei, eine dritte in Berchtesgaden zu bauen. 1944 ging Morell an die Entwicklung eines besonderen Sprengstoffs, mit dem die russische Armee vernichtet werden sollte. Dafür forderte er ein Elektronenmikroskop, von denen es in Deutschland ganze zwei oder drei Exemplare gab, die für die Atomforschung verwendet wurden. Als seine Bemühungen erfolglos blieben, schaltete er Hitler ein, der sofort verfügte, seinem »Liebling« ein so wertvolles Gerät zu beschaffen. Morell stellte das Mikroskop in einem eigens dafür gebauten Labor in

---

[369] Der Russla-Puder enthielt als wirksamen Bestandteil Xanthogenat, es handelte sich um die Nachentwicklung einer russischen Anti-Laus-Seife. Produziert wurde der Puder in einer Morell gehörenden Fabrik in Olmütz (Olomouc).

Berchtesgaden auf.[370] Jetzt aber lief dieser Kriegsgewinnler vor dem Krieg davon.

Als Morell das Weite gesucht hatte, zog Goebbels in dessen Raum, der gegenüber dem von Hitler lag. Seine Frau blieb mit den Kindern in Hitlers altem Bunker.

Am Abend rief Hitler Günsche in den Lageraum. Goebbels und Bormann waren bereits da. Alle drei beugten sich über einen Stadtplan von Berlin, der auf dem Tisch lag. Hitler blickte düster drein. Er teilte Günsche mit, gerade habe man die Meldung erhalten, dass die Bevölkerung in den Nordbezirken Berlins, so im Arbeiterviertel Weißensee, rote und weiße Fahnen aus den Fenstern hängte, dass die deutschen Soldaten an einigen Stellen kampflos zurückwichen und viele desertierten. Hitler befahl Günsche, auf der Stelle eine Abteilung SS-Leute dorthin zu schicken und fliehende Soldaten standrechtlich zu erschießen. Sofort warf Goebbels ein: »Mein Führer, ich verspreche Ihnen, dass die roten und weißen Fahnen bald wieder von den Häusern verschwinden werden. Ich habe angeordnet, die Schuldigen zu erschießen oder an öffentlichen Plätzen in der Stadt aufzuhängen. Das wird anderen eine Warnung sein.«[371]

Günsche kam von Hitler heraus und stellte sofort aus SS-Männern von Hitlers Persönlicher Leibwache und aus Kraftfahrern der Reichskanzlei zwei mobile Trupps auf, die mit dem Befehl in die Nordbezirke Berlins gesandt wurden, flüchtende

---

[370] 1945 existierten in Deutschland mindestens 30 Elektronenmikroskope. Sechs davon waren von der AEG gebaut worden, überwiegend Einzelanfertigungen zu eigenen Forschungszwecken. Die Firma Siemens hatte begonnen, Elektronenmikroskope in Serie zu produzieren und sogar einige Geräte exportiert. Morell erhielt 1944 ein Siemens-Elektronenmikroskop, das eigentlich für die Militärärztliche Akademie bestimmt war.

[371] Goebbels, der Reichsverteidigungskommissar für Berlin, formulierte am 22. 4. folgenden Befehl: »Sollten Provokateure und verbrecherische Elemente versuchen, durch das Hissen von weißen Fahnen oder sonstiges feiges Verhalten in die zur Verteidigung der Stadt entschlossene Bevölkerung Unruhe zu tragen und ihren Widerstand zu lähmen, so ist dagegen sofort mit allen Mitteln einzuschreiten…« Am 23. 4. 1945 veröffentlichte *Der Panzerbär* unter der Überschrift »Merkt Euch!« folgende »ernste Mahnung des Führers«: »Jeder, der Maßnahmen, die unsere Widerstandskraft schwächen, propagiert oder billigt, ist ein Verräter! Er ist augenblicklich zu erschießen oder zu erhängen! Das gilt auch dann, wenn angeblich solche Maßnahmen im Auftrag des Gauleiters, Reichsminister Dr. Goebbels, oder gar im Namen des Führers befohlen werden sollten.«

Soldaten und Offiziere in die Schützengräben zurückzutreiben. Wer Widerstand leistete, sollte in die Reichskanzlei gebracht werden. Nach einiger Zeit kehrten beide Trupps mit einer Gruppe von Offizieren und Soldaten zurück. Sie wurden am Bahnhof Friedrichstraße gehenkt. Auf der Brust trugen sie ein Schild mit der Aufschrift: »Ich hänge hier, weil ich den Befehl des Führers nicht ausgeführt habe!«

Am 24. April um 5.00 Uhr morgens verstärkte sich das Feuer der russischen Artillerie beträchtlich. Schwere Granaten schlugen in rascher Folge in der Reichskanzlei und ihrer Umgebung ein.

Eine Stunde später wurde es wieder etwas ruhiger. Als der Beschuss nachließ, legte sich Hitler schlafen. Gegen 10.00 Uhr vormittags donnerte die Artillerie erneut los. Gleich mehrere Geschosse explodierten dröhnend auf dem Dach von Hitlers Bunker. Davon fiel die Lüftung aus. Vom Donner der Granaten wurde Hitler wieder wach. Er zog sich rasch an und läutete nach Linge. Als dieser in den Arbeitsraum kam, sah er, dass Hitler bei jeder Detonation zusammenzuckte und ängstlich zur Decke starrte. Linge suchte ihn mit der Bemerkung zu beruhigen, der Explosionsdonner sei gerade ein Beweis für die Stärke des Eisenbetons, mit dem der Bunker bedeckt war.

An diesem Morgen verabreichte Dr. Stumpfegger erstmalig nach Morells Flucht Hitler die belebende Spritze. Die Lagebesprechung war für 10.30 Uhr einberufen.

Als Günsche gegen 11.00 Uhr in den Bunker kam, war sie bereits in vollem Gange. Außer Hitler nahmen nur Krebs, Burgdorf, Bormann, Goebbels, Johannmeyer, Below und Loringhoven teil. Krebs berichtete: »Seit dem Morgen greifen russische Truppen Berlin von Süden und Norden an. Der Kreis um die Stadt ist fast geschlossen. Nur über einen schmalen Schlauch südlich von Spandau ist Berlin noch mit der Außenwelt verbunden. Es ist zu erwarten, dass auch dieser von den Russen geschlossen wird. Die Armee Steiner ist noch nicht über den Bereich nördlich von Oranienburg hinausgekommen. Genaue Angaben von Steiner gibt es nicht.«[372]

Hitlers Gesicht verzerrte sich vor Wut. Er stieß wilde Beschimpfungen gegen die Armee Steiner aus, nannte den Befehlshaber einen aufgeblasenen, arroganten General. Hitler hatte Steiner, der zunächst die 5. SS-Panzerdivision »Wiking« und danach das »III. germanische SS-Korps« kommandiert hatte, bis in die letzten Tage hoch geschätzt und ihm erst kürzlich das Kommando über die 3. Armee anvertraut. Nun befahl er, Steiner unverzüglich mitzuteilen, seine Armee habe mit allen Kräften spätestens am nächsten Tag, dem 25. April, anzugreifen und zum Abend die Verbindung mit Berlin wiederherzustellen.

Auch von der Armee Wenck war nichts zu hören. Die Lage der deutschen Einheiten, die immer noch an der Oder standen, gestaltete sich katastrophal. Die russischen Truppen hatten den Durchbruch südlich von Stettin im Bereich des Marinekorps[373] verbreitert und waren 50 bis 60 Kilometer nach Westen vorgestoßen. Die 9. Armee, die immer noch bei Frankfurt an der Oder stand, war von russischen Truppen eingekesselt und wurde nun von allen Seiten angegriffen. Ihr Befehlshaber, General Busse, bat Hitler über seinen Schwager Burgdorf und über Krebs mehrfach um die Genehmigung, seine Truppen in Richtung Berlin zurückziehen zu dürfen. Aber Hitler lehnte jedes Mal ab, obwohl russische Verbände schon weit im Hinterland der 9. Armee standen. Er wollte einfach nicht von der Vorstellung lassen, die alten Positionen an der Oder wiedergewinnen zu können.

[372] Während es am 23. 4. 1945 im Südwesten Berlins noch eine 40 Kilometer breite Verbindung nach Westen gegeben hatte, war dieser Schlauch am 24. 4. 1945 nur noch zehn Kilometer breit. Zentraler Punkt waren die Havelbrücken, insbesondere die Pichelsdorfer Brücke und die Charlottenbrücke. Die für deren Verteidigung eingesetzten Verbände der Hitlerjugend erlitten hohe Verluste, die von der Wehrmachtsführung bedenkenlos in Kauf genommen wurden.

[373] Im Raum Stettin brachte die Führung der Kriegsmarine die aus überzähligem Marinepersonal aufgestellte 1. Marineschützen-Division zum Einsatz, die allerdings keinem eigenständigen Marinekorps, sondern dem XXXXVI. Armeekorps unterstand.

Fegelein, den Hitler tags zuvor zu Steiner geschickt hatte, kehrte am 24. April zurück. Er meldete Hitler, die Armee Steiner könne nicht handeln, weil ihre Kräfte zu schwach seien. Steiner wolle warten, bis er mithilfe von Auffangtrupps möglichst viele versprengte Soldaten rekrutiert habe, die in Massen herumirrten.

Steiners Zögern versetzte Hitler in Rage. »Steiner muss spätestens morgen handeln!«, brüllte er. »Am Abend muss er in Berlin sein!«

Hitler befahl Fegelein, auf der Stelle wieder zu Steiner zu fahren und ihm diesen Befehl persönlich zu überbringen. Der machte sich noch am selben Tag auf den Weg.

Nach dem Mittagessen, das Hitler wie gewöhnlich in seinem Arbeitsraum in der Gesellschaft Eva Brauns und der Sekretärinnen eingenommen hatte, ließ er Schaub zu sich rufen. Als Linge diesen in Hitlers Arbeitsraum eintreten ließ, war die Tür zum Schlafraum offen.

Hitler stand vor dem geöffneten Safe. Er erklärte Schaub und Linge, alle in der Reichskanzlei verbliebenen Dokumente müssten verbrannt werden. Linge solle Koffer bringen. Als dieser mit einigen Koffern wieder im Schlafraum erschien, begann Hitler, Dokumente aus dem Safe herauszuräumen. Das waren Geheimpapiere, die Hitler seit dem Umzug seines Hauptquartiers nach Berlin von Keitel, Jodl, Dönitz oder aus dem OKH erhalten hatte, darunter Hitlers persönliche Korrespondenz und mehrere Bündel von Fünfzig- und Hundertmarkscheinen. All das packte Linge in vier Koffer. Schaub, Linge und die Ordonnanzen, die zu Hilfe gerufen wurden, schleppten die Koffer in den Park. Dort wurde der Inhalt ausgekippt, zu mehreren Haufen aufgeschichtet, mit Benzin übergossen und angezündet. Die Flammen loderten etwa zehn Meter vor dem Notausgang. Linge wartete, bis alles Papier restlos verbrannt war.

Inzwischen leerte Schaub alle Safes in Hitlers Privaträumen in der Alten Reichskanzlei. Es waren fünf an der Zahl. Sie enthielten politische und militärische Papiere aus der Kriegs- und Vorkriegszeit, darunter von Hitler persönlich korrigierte Entwürfe von Briefen, die er während des Krieges an Mussolini, Antonescu, Pétain und andere geschickt hatte, mit deren Antworten. Unterstützt von seiner Ordonnanz, Unteroffizier Mandtal, packte Schaub diese ebenfalls in große Koffer, ließ sie von den SS-Leuten aus Hitlers Leibwache in den Garten schleppen und übergab sie den Flammen.

Als alle Dokumente verbrannt waren, die sich in der Reichskanzlei befunden hatten, machte Schaub in Linges Anwesenheit Meldung bei Hitler. Der befahl Schaub, unverzüglich zum Obersalzberg zu fliegen und auch die Akten zu verbrennen, die sich noch auf dem Berghof befanden. Im Schloss standen drei große Panzerschränke mit Dokumenten aus der Kriegs- und Vorkriegszeit. Im dortigen Bunker stapelten sich die Protokolle der militärischen Lagebesprechungen. Dort befand sich auch das aus der »Wolfschanze« verlagerte Militärarchiv. Hitler ordnete an, alle diese Papiere zu verbrennen. Er übergab Schaub die Schlüssel der Safes im Schloss Berghof, die er stets bei sich trug. Als es Abend wurde, nahm Schaub von Hitler Abschied. Danach verließ er gemeinsam mit Unteroffizier Mandtal, der ihn begleiten sollte, den Bunker. Den Zurückbleibenden rief er zu: »In ein paar Tagen bin ich wieder hier!«

Aber daran glaubte niemand. Schaub flog vom Flugplatz Gatow ab, der bereits unter russischem Beschuss lag und am nächsten Tag von russischen Truppen besetzt wurde. Nach Berlin kehrte Schaub nicht mehr zurück. Mit ihm verließen auch die beiden am 21. April noch nicht evakuierten Stenografen, die bis zuletzt bei den Lagebesprechungen Protokoll geführt hatten, die Hauptstadt. Jetzt wurden sie nicht mehr gebraucht.

Am Abend dieses Tages diktierte Goebbels im Aufenthaltsraum des Bunkers dem Beamten des Propagandaministeriums, der seine Korrespondenz führte, einen Aufruf an die Berliner Bevölkerung. Goebbels' Appelle erschienen in der Zeitung *Der Bär*,[374] dem einzigen Blatt, das noch als Kleinformat in Berlin

---

[374] Gemeint ist die Zeitung *Der Panzerbär*, die vom 22.4.1945 bis zum 29.4.1945 erschien.

herauskam und von der Druckerei des Propagandaministeriums hergestellt wurde. Als Linge durch den Raum zu seinem Schlafplatz ging, hörte er, wie Goebbels, auf der Bank am Tisch sitzend, mit seiner monotonen Stimme diktierte: »Berliner, haltet durch! Verteidigt eure Hauptstadt! In den Mauern eurer Stadt arbeitet der Führer für euch! Der Führer hat die Leitung der Verteidigung der Hauptstadt persönlich übernommen! Treue um Treue! Nur über unsere Leichen kann der Feind zu unserem geliebten Führer gelangen!«[375]

Während Goebbels einen Aufruf diktierte, in dem er von der Berliner Bevölkerung neue Opfer forderte und behauptete, der Führer lebe nur für die Verteidigung Berlins, stand Hitler an seinem Safe, holte die letzten Dokumente seiner Amtszeit hervor und übergab sie den Flammen, weil er nicht mehr an eine Rettung glaubte. Nach dem Diktat meldete Goebbels Hitler, Berlin habe noch Lebensmittelvorräte für 14 Tage.[376]

Den ganzen Abend gingen bei Hitler ständig neue Meldungen ein, dass sich die Situation in Berlin und um die Hauptstadt weiter verschlechtere. Unter den Insassen des Bunkers sank die Stimmung auf null.

Anfangs hieß es: »Die Russen rücken zu beiden Seiten der Straße Zossen–Berlin vor und sind tief in den äußeren Verteidigungsring Berlins eingebrochen.« Dann folgte: »Gatow, der letzte Berliner Flugplatz, wird von russischer Artillerie beschossen. Er kann nicht mehr benutzt werden.«

Krebs meldete: »Russische Panzer haben die Straße Berlin–Nauen erreicht.«

---

[375] In *Der Panzerbär* vom 28. 4. 1945 heißt es: »Heute schlägt der Bolschewismus auf das verhasste Berlin ein. Er will das Haupt der deutschen Ordnung, der europäischen Ordnung tödlich treffen. Wir bekennen uns zu diesem Kampf. Darum ist der Führer in Berlin. Er trägt mit uns alle Belastungen der hart umkämpften Frontstadt. Er steht mit uns in schwerem Kampf. Von Berlin aus ergehen wieder seine Befehle zum Freiheitskampf, der Weltgeschichte macht… Er steht auf dem heißesten Schlachtfeld, das die Geschichte kennt. Es scharen sich um ihn die fanatischsten Soldaten, von denen man weiß…«

[376] *Der Panzerbär* vom 23. 4. 1945 meldete, dass Berlin Lebensmittelvorräte für zwölf Wochen »in völlig ausreichendem Maße« habe.

Dann folgte die Nachricht: »Die Russen haben Berlin von allen Seiten eingeschlossen.« Sie schlug im Bunker wie ein Blitz ein. Selbst die größten Optimisten, die bis zum letzten Augenblick gehofft hatten, aus Berlin herauszukommen, ließen nun den Mut sinken. Hitlers Pilot Baur, der den ganzen Tag um Hitlers Räume herumgestrichen war und auf den Befehl gewartet hatte, Hitler mit der in Gatow bereitstehenden Condor auszufliegen, zog sich spät in der Nacht niedergeschlagen aus dem Führerbunker in seine Unterkunft zurück.

Am 25. April lag die Hauptstadt schon im Morgengrauen unter schwerem Beschuss der russischen Artillerie. Wieder schlugen in der Reichskanzlei und in den umliegenden Ministerien Granaten ein. An mehreren Stellen flammten Brände auf. Dicke Rauchwolken verdunkelten den Himmel. Gegen 9.30 Uhr traf ein Funkspruch von Keitel ein, der mitteilte, die Armee Wenck habe sich in Marsch gesetzt. Ihre Spitzen hätten Treuenbrietzen, 40 Kilometer westlich von Potsdam, erreicht. Die Nachricht verbreitete sich in Windeseile im ganzen Bunker. »Wenck ist im Anmarsch, Wenck wird uns befreien!« Die Stimmung stieg wieder. Sie wurde noch besser, als die Meldung einging, auch die Armee Steiner sei am Morgen im Norden bei Oranienburg ins Gefecht gezogen, um die Blockade Berlins zu durchbrechen.

Gegen 10.30 Uhr kam Krebs zu Hitler, um die Lage vorzutragen. Hitler forderte ihn gar nicht mehr dazu auf. Krebs kam nach eigenem Gutdünken, wenn er etwas Neues zu berichten hatte. Die übrigen Teilnehmer der Lagebesprechungen wurden nicht mehr davon in Kenntnis gesetzt. Sie hielten sich ohnehin den ganzen Tag im Bunker auf und kamen in den Lageraum, wenn sie Krebs mit seinen Karten zu Hitler gehen sahen.

Als Hitler seine Räume verließ und den Lageraum betrat, fand er dort bereits Krebs, Bormann, Lorenz, Boldt, Loringhoven und Günsche vor. Etwas später fand sich Goebbels ein,

danach erschienen noch Below, Hewel, Voss und Burgdorf. Hitler
reagierte nicht mehr darauf, dass der Vortrag jedes Mal unterbrochen wurde. Er blickte nur kurz auf und starrte dann wieder auf
den Tisch. Seit die russischen Truppen die Vororte Berlins erreicht hatten, benutzte Krebs den Stadtplan von Berlin als Operationskarte für seine Vorträge. Er meldete, von der Armee Wenck
habe er keine neuen Nachrichten, auch nicht von der Armee Steiner, die am Morgen zum Angriff übergegangen war. Die Russen
übten verstärkten Druck von Süden in Richtung Tempelhof, aber
auch von Osten und Norden aus. Die Munitionslager, die meist
am Stadtrand lagen, seien verloren. Man spüre bereits einen
Mangel an Munition, besonders an panzerbrechenden Granaten.

Von den Kämpfen in Berlin berichtete Krebs weiter, der Befehlshaber der 18. Panzergrenadier-Division, die im südlichen
Teil der Hauptstadt kämpfend in eine schwierige Lage geraten
sei, habe sich erschossen. »Dem sind die Nerven durchgegan-
gen«, bemerkte Burgdorf.

Darauf Hitler: »Endlich ein General, der den Mut gefunden
hat, die nötige Schlussfolgerung zu ziehen.«

Das war jedoch eine Ausnahme.[377] Andere Generale und viele
Offiziere der in Berlin kämpfenden Einheiten zogen es vor, in
Zivilkleidung zu schlüpfen und in Privatwohnungen unterzu-
tauchen. Die mobilen Trupps der SS und der »Hitlerjugend« entdeckten viele von ihnen und erschossen sie auf der Stelle.

Hitler, den Keitels Funkspruch zunächst etwas aufgemuntert
hatte, war wieder ganz in sich zusammengesunken. Er sprach mit
kaum hörbarer Stimme. Die gedrückte Atmosphäre teilte sich
auch den anderen mit. Zuweilen wurde es totenstill im Raum,
und alle blickten stumm auf die Karte. Bormann hatte während
der ganzen Besprechung noch kein einziges Wort gesagt. Nervös
lief er von einem Ende des Tisches zum andern, verließ den
Raum und kam wieder zurück. Auch Goebbels war fast völlig

---

[377] Der Kommandeur der 18. Panzergrenadier-Division, Generalmajor Josef Rauch, erschoss sich nicht. Vielmehr verübte der Kommandeur der ebenfalls in Berlin eingesetzten
20. Panzergrenadier-Division, Generalmajor Georg Scholze, Selbstmord.

verstummt. Nur einmal stellte er die Frage, wie viele Kilometer die Armee Wenck an einem Tag zurücklegen könne und wann sie in Berlin zu erwarten sei.

Nachdem Krebs geendet hatte, zog sich Hitler in seinen Arbeitsraum zurück. Die Übrigen suchten ihre Räume auf oder begaben sich in Hitlers alten Bunker.

Gegen 14.30 Uhr nachmittags kamen Bormann, Burgdorf und Krebs aufgeregt in Hitlers Bunker gelaufen. Sie stürzten sofort in den Lageraum, den Hitler gerade betreten wollte. Krebs meldete Hitler verstört, bei Torgau an der Elbe seien russische und amerikanische Truppen aufeinander getroffen.

Bormann platzte heraus: »Mein Führer, jetzt ist es allerhöchste Zeit, dass Sie persönlich mit den Amerikanern Verbindung aufnehmen.«

Hitler schüttelte nur müde den Kopf und entgegnete Bormann: »Dafür habe ich keine Autorität mehr. Das muss ein anderer an meiner Stelle tun. Ich habe für mich die nötige Schlussfolgerung zu ziehen.«

Hitler verließ schweigend den Lageraum und ging in seinen Arbeitsraum hinüber. Bormann, Burgdorf und Krebs kamen kopfschüttelnd und achselzuckend aus Hitlers Bunker. Auch sie suchten wieder ihre Räume auf.

Nach dem Mittagessen ließ Hitler Linge kommen. Als der eintrat, stand Hitler völlig verstört mit hängendem Kopf am Schreibtisch, auf den er sich schwer mit beiden Händen stützte. Als Linge sagte: »Mein Führer, Sie haben mich gerufen?«, sah Hitler müde zu ihm auf.

Seine Augen, die tief in dem abgemagerten, wächsernen Gesicht lagen, waren trüb und starr. Er murmelte: »Linge, ich würde Sie gern zu Ihrer Familie gehen lassen…«

Linge unterbrach ihn: »Mein Führer, ich war in guten Zeiten bei Ihnen und bleibe auch in schwerer Zeit.«

Hitler richtete sich auf und schaute Linge unverwandt an, als wolle er ergründen, ob der es wirklich ehrlich meinte. Dann sagte er: »Linge, ich habe einen besonderen Auftrag für Sie.«

Aus Hitlers Blick sprach der Tod.

»Ich werde mich gemeinsam mit Fräulein Braun vor dem Eingang zum Bunker im Garten der Reichskanzlei erschießen. Einen anderen Ausweg gibt es nicht.«

Linge wollte widersprechen, aber Hitler kam ihm zuvor: »Besorgen Sie Benzin, um unsere Leichen damit zu übergießen und zu verbrennen. Sie dürfen auf keinen Fall zulassen, dass mein Leichnam den Russen in die Hände fällt. Sie würden mich mit Vergnügen nach Moskau schaffen und dort im Panoptikum zur Schau stellen. Das darf nicht passieren«, betonte er mit Nachdruck.

Linge konnte nur antworten, dass er Hitlers Befehl genau befolgen werde.

Hitler fügte hinzu: »Vernichten Sie alles, was in meinen Räumen ist. Nichts soll hier an mich erinnern. Dieses Bild« – er wies auf seinen geliebten Friedrich II., der über dem Schreibtisch hing – »nehmen Sie aus dem Rahmen und geben es Baur. Er soll es an einen sicheren Ort in Bayern bringen.«

Linge versprach Hitler, gemeinsam mit dessen Diener, SS-Hauptscharführer Heinz Krüger, dem Kommandeur seiner Leibwache, SS-Sturmbannführer Franz Schädle, und dem Chef der Polizeitruppe, SS-Obersturmbannführer Peter Högl, alles so auszuführen, wie er es befohlen hatte. Hitler nickte und entließ ihn.

Linge bestellte bei Hitlers Chauffeur Kempka 120 Liter Benzin. Es wurde in sechs Kanister gefüllt und am Ausgang des Bunkers zum Garten bereitgestellt.[378] Dann rief Linge Krüger, Högl und Schädle zu sich und weihte sie ein. Alle drei waren von der Mitteilung wie erschlagen. Aber wie Linge wussten sie, dass man dem Führer nicht widersprechen durfte. Sie einigten sich, dass Schädle und Linge die Leichen verbrennen, Högl und Krüger Hitlers persönliche Gegenstände in seinen Räumen vernichten würden. Als die Aufgaben verteilt waren, bat Linge Krüger um eine Flasche Schnaps. Sie mussten die Stimmung hinunterspülen, die allen die Kehle zuschnürte.

---

[378] Vgl. die Darstellung der Verbrennung der Leichen ab S. 449.

Am Abend erschien Kapitänleutnant Kuhlmann bei Vizeadmiral Voss in der Reichskanzlei. Er war in Dönitz' Auftrag mit
mehreren Ju 52 voller »Todeskandidaten« der Kriegsmarine aus
Flensburg gekommen. Die Maschinen waren in der Dämmerung
auf der Ost-West-Achse zwischen Brandenburger Tor und Siegessäule gelandet, da den Flugplatz Gatow bereits russische
Truppen besetzt hielten. Die Landung hatte unter russischem
Artilleriebeschuss erfolgen müssen. Die Ost-West-Achse war
von Granattrichtern übersät. Deswegen schlugen manche Flugzeuge nach dem Aufsetzen um. Unter den Marineangehörigen
gab es viele Tote und Verletzte.[379]

Voss brachte Kuhlmann in Hitlers Bunker und bat Linge,
Hitler möge ihn empfangen, da es ihm unter so widrigen Umständen gelungen sei, Berlin zu erreichen. Hitler lag im Schlafraum auf seinem Bett. Linge teilte ihm Voss' Bitte mit. Aber
Hitler lehnte ab. Erst als Voss zum zweiten Mal Hitler eindring-
lich bat, Kuhlmann zu empfangen, der zur Verteidigung des
Führers nach Berlin gekommen sei, ging dieser in den Vorraum
hinaus. Als Kuhlmann Hitler sah, nahm er Haltung an, riss den
Arm hoch und meldete das Eintreffen seiner Einheit. Hitler
drückte ihm schlaff die Hand und sagte, Kuhlmann werde der
Kampfgruppe Mohnke zur Verteidigung des Regierungsviertels
zugeteilt. Dann verschwand er wieder hinter seiner Tür.

Kuhlmann wurde noch kurz Goebbels vorgestellt und verließ
dann Hitlers Bunker. Er bezog mit seiner Einheit Quartier in
den Kellern des Auswärtigen Amts neben der Reichskanzlei.

Am selben Abend wurde Linge aus Hamburg von Speer an-
gerufen, der sich nach Hitlers und Eva Brauns weiteren Absichten erkundigte. Als Linge mitteilte, beide blieben in Berlin, erwiderte Speer, er werde mehrere Fieseler-Storch »organisieren«

---

[379] Entsprechend Hitlers Anweisung vom 25.4.1945 an Dönitz war noch in der Nacht
ein von Kuhlmann kommandiertes Marine-Schützenbataillon eingeflogen worden, das
sofort dem Kampfkommandanten der Reichskanzlei unterstellt wurde. Eine Nacht später
sollten, ebenfalls per Flugzeug, Kampfschwimmer des Kommandos der Kleinkampfver-
bände der Marine eintreffen. Der starke Artilleriebeschuss verhinderte jedoch deren Ein-
flug auf der Ost-West-Achse.

und nach Berlin schicken, um wenigstens Eva Braun und Hitlers Sekretärinnen auszufliegen.

Den ganzen Abend hindurch bis in die späte Nacht eilten immer wieder Krebs oder dessen Adjutant Loringhoven mit neuen Meldungen zu Hitler. Die Lage in und um Berlin spitzte sich stündlich zu. Der Angriff von Steiners 3. Armee blieb nach unbedeutenden Anfangserfolgen im Feuer der russischen Artillerie stecken. Russische Panzerverbände waren an Berlin vorbei weit nach Westen vorgestoßen und hatten Rathenow eingenommen. Die Garnison Potsdam, die General Reymann befehligte, war eingeschlossen und in verzweifelte Abwehrgefechte verwickelt. Auch in den westlichen Bezirken von Berlin, in Zehlendorf, Nikolassee und Dahlem, wurde bereits gekämpft. Die russischen Truppen waren bei Spandau durchgebrochen und rückten auch längs der breiten Straße von Zossen nach Berlin vor. Sie näherten sich bereits den großen Havelbrücken bei Pichelsdorf. Zur Verteidigung dieser Brücken hatte man Trupps der »Hitlerjugend« unter dem Kommando von Axmann geschickt.

Die ständige Verschlechterung der Lage in Berlin drückte die Stimmung in Hitlers Bunker wieder auf den Nullpunkt. Im alten Bunker saßen überall kleine Gruppen herum. Sie tranken Schnaps und stritten laut darüber, ob die Russen noch aufzuhalten seien. Andere unterhielten sich flüsternd, versuchten auszurechnen, wie lange sich Berlin noch halten werde und ob es noch eine Möglichkeit gab, die Stadt zu verlassen.

Hitlers Unruhe und Nervosität nahmen bedrohliche Ausmaße an. Morgens brauchte man ihn nicht mehr zu wecken. Geplagt von seinen Sorgen, wachte er sehr früh auf. Außerdem ließen ihn die Einschläge nicht schlafen, die auf den Bunker niedergingen. Wenn Stumpfegger ihm seine Spritze gegeben und Linge ihm die Augentropfen verabreicht hatte, strich er schleppenden Schrittes in den Räumen des Bunkers umher. Sein Haar war noch grauer geworden. Er wirkte wie ein Greis, fast wie ein lebender Leichnam. Nirgends hielt es ihn mehr. Kaum hatte er sich in der Telefonvermittlung niedergesetzt, stand er auch schon wieder auf und ging in den Maschinenraum mit der Lüftungsanlage. Nie hatte man ihn früher in diesen Räumen gesehen. Oder er schlurfte zu der Kiste, in der Blondi lag, holte sich seinen geliebten Wolf und versuchte, mit ihm auf dem Flur zu spielen. Er sprach sehr wenig.

Nach dem Mittagessen saß er oft auf der Polsterbank im Lagevorraum. Dann fanden sich Bormann, Burgdorf, Fegelein, Frau Christian, Fräulein Krüger und Eva Braun dort ein. Eva trank in diesen Tagen viel Kognak. Man hörte sie kaum noch lachen. An den Gesprächen, die meist Bormann, Fegelein oder Frau Christian anfingen, beteiligte sie sich nur, wenn sie schon im Kognakrausch war. Die anderen tranken Champagner, Kognak und Schnaps durcheinander, ohne von Hitler Notiz zu nehmen. Bormann, Burgdorf und Fegelein fläzten sich ungehemmt in den Sesseln. Ihre Gespräche drehten sich meist um das verflossene Luxusleben mit seinen lustigen Begebenheiten. Sie suchten auch Hitler ins Gespräch zu ziehen. Aber dieser saß völlig teilnahmslos da, starrte vor sich hin, streichelte Wolf oder überschüttete ihn mit hysterischen Liebkosungen.

Beim nächtlichen Tee, an dem Eva Braun, die Sekretärinnen Christian und Junge, manchmal auch die Diätköchin Manziarly und Bormanns Sekretärin Else Krüger teilnahmen, sprach Hitler nur noch davon, wie man sich am besten das Leben nehmen konnte. Dabei malte er in den schrecklichsten Farben aus, was ihnen passieren würde, wenn sie den Russen in die Hände fielen. In allen Einzelheiten erörterte er, ob es besser sei, sich zu erschießen, sich zu vergiften oder sich die Pulsadern aufzuschneiden. Diese nächtlichen Sitzungen konnten sich bis 6.00 oder 7.00 Uhr morgens hinziehen. Die Gespräche, die dabei geführt wurden, trieben die Sekretärinnen nach und nach in wahre Hysterie.

Nach dem Tee bei Hitler erschien Frau Christian in der Telefonvermittlung, wo die SS-Offiziere von Hitlers Leibwache saßen, und kippte Champagner in sich hinein. Als Linge eines Morgens dort auftauchte, warf Frau Christian plötzlich ihr Champagnerglas nach ihm. Später entschuldigte sie sich und erklärte, ihre Nerven machten bei den Gesprächen mit Hitler über die verschiedenen Selbstmordarten, einfach nicht mehr mit. Auch die Stimmung der SS-Leute sank immer mehr. Sie suchten sich mit Unmengen von Schnaps und Champagner zu betäuben. Die einzige Hoffnung, die noch blieb, war die Armee Wenck.

In der Nacht vom 25. zum 26. April durchtrennten die Russen das letzte unterirdische Telefonkabel, das Berlin mit der Außenwelt verband. Nun hatte man nur noch die Funkverbindung, die mit zwei Geräten von je 100 Watt Leistung aufrechterhalten wurde. Doch auch auf sie war kaum Verlass, da die Antennen immer wieder von den einschlagenden Granaten beschädigt wurden.

Am 26. April gegen 7.00 Uhr morgens setzte ein Feuersturm der russischen Artillerie gegen das Regierungsviertel ein. Die Reichskanzlei und Hitlers Bunker lagen im Hagel schwerer Geschosse. Die Abdeckung des unterirdischen Gangs von der Neuen Reichskanzlei zum Bunker wurde an mehreren Stellen durchschlagen. Auf dem Boden des Gangs bildeten sich riesige Pfützen, über die man Bretter legte. Man musste vorsichtig darüber balancieren, um nicht hinunterzufallen. Durch die Löcher in der Decke waren dunkle Rauchwolken und das brennende Dach der Reichskanzlei zu sehen. Das trübe Licht, das hereindrang, erzeugte in dem Gang eine bedrohliche Atmosphäre.

Gegen 9.00 Uhr ebbte das Feuer der Artillerie ein wenig ab. Günsche ließ sich in der Telefonvermittlung nieder. Bald erschien auch Goebbels. Auf seinem aschfahlen Gesicht waren rote Flecken, die Augen glühten wie bei einem gehetzten Tier. Er wirkte noch kleiner, schmächtiger und zerbrechlicher als sonst. Sofort begann er, über die Lage in Berlin zu reden. Er fragte Günsche, wie dieser die Situation einschätze, wie lange sich Berlin noch halten könne, ob es Wenck gelingen werde, sich zur Hauptstadt durchzuschlagen, und ob dieser nicht zu spät komme. Diese Fragen hatte Goebbels in den vergangenen zwei

Tagen schon unzählige Male gestellt. Die Angst vor dem nahenden Ende klang durch. Wütend schimpfte er auf die Chefs der nationalsozialistischen Partei, die Hitler seinem Schicksal überließen: »Wenn wir hier noch einmal herauskommen, dann werde ich die Partei säubern, wie es sich gehört. Viele hohe Funktionäre haben sich benommen wie Lumpen und Feiglinge.«

Zu Günsche gewandt, fuhr Goebbels fort, die Naziführung sei schon lange, besonders seit der Kriegszeit, von Verfall und Bürokratisierung geprägt. Ihre höchsten Funktionäre versteckten sich vor dem Krieg auf ihren Gütern, gingen zur Jagd und führten ein Parasitendasein. Warum habe sich Hitler auf Leute wie Ley oder die Gauleiter Streicher, Koch und Wächtler gestützt? Sie und viele andere hätten der Partei enormen Schaden zugefügt und sie zugrunde gerichtet. In Hitlers schwerster Stunde zeigten sie ihr wahres Gesicht. Alle verließen sie ihn: Göring, Himmler, Ribbentrop, Rosenberg, Ley und Funk.

Um 10.00 Uhr morgens erschien Krebs zum Vortrag bei Hitler. Anwesend waren nur noch Goebbels, Burgdorf, Lorenz, Günsche und Zander. Da das Telefonkabel durchtrennt, die Funkantennen vom Artilleriefeuer beschädigt und noch nicht repariert waren, konnte Krebs nichts Neues von der Armee Wenck oder dem erfolglosen Angriff der Armee Steiner berichten. Er meldete, in der vergangenen Nacht seien die Kämpfe in Berlin etwas abgeflaut, hätten aber im Morgengrauen mit neuer Heftigkeit eingesetzt. Wieder seien die Russen in deutsche Positionen eingebrochen. Im Westteil Berlins stünden sie nun in Zehlendorf-Mitte und Dahlem. Russische Panzer hätten Lichterfelde erreicht. Im Nordostteil Berlins zu beiden Seiten der Frankfurter Allee seien sie nun bis zum Alexanderplatz vorgestoßen und damit dem Stadtzentrum gefährlich nahe gekommen.

Diese Nachrichten hatten auf Hitler eine verheerende Wirkung. Während Krebs vortrug, irrte sein Blick zuweilen völlig ziellos umher.

Gegen 2.00 Uhr mittags übergab der diensthabende Chef Nachrichten der Reichskanzlei, Oberwachtmeister Adam (derselbe, der beim Attentat auf Hitler am 20. Juli 1944 als Erster Stauffenberg gemeldet hatte), Günsche einen Funkspruch für Hitler. Er kam von Göring auf dem Obersalzberg. Da dorthin keine direkte Verbindung mehr bestand, hatte er den Umweg über mehrere Luftwaffeneinheiten nehmen müssen.

Der Inhalt war ungefähr folgender: »Mein Führer, da Sie wegen der Einkreisung Berlins nicht in der Lage sind, die ganze Macht auszuüben, und in Ihrer Handlungsfreiheit eingeschränkt sind, bin ich der Meinung, dass der Moment gekommen ist, da ich entsprechend dem Beschluss des Reichstags vom 1. September 1939 als Ihr Nachfolger die Verantwortung für die Führung des Deutschen Reiches nach innen und außen übernehme. Falls bis 22.00 Uhr des heutigen Tages, das heißt des 26. April 1945, keine negative Antwort von Ihnen erfolgt, nehme ich das als Ihre Zustimmung.«[380]

Günsche ging mit Görings Funkspruch ohne Anmeldung direkt in Hitlers Arbeitsraum. Der saß mit Eva Braun auf dem Sofa gegenüber der Tür. Als Günsche sagte, er müsse dringend mit ihm sprechen, blickte Hitler ihn argwöhnisch an. Er nickte Eva Braun zu, die daraufhin den Raum verließ. Auf ein Zeichen von Hitler las Günsche den Text laut vor. Aber er war mit dem ersten Satz noch nicht zu Ende, als Hitler aufsprang und ihm den Funkspruch entriss. Mit zitternden Händen setzte er seine Brille auf. Sein Gesicht schwoll an. Vor Wut färbte es sich puterrot.

»O dieser Göring«, ächzte er, »die Verantwortung nach innen und außen! Mir ein Ultimatum zu stellen!«

[380] Göring hatte dieses Schreiben bereits am 23. 4. 1945 an Hitler geschickt, nach dem oben zitierten Funkspruch, in dem er sich noch nicht einmal zu Hitler bekannte. Hitler ließ ihn nach dem zweiten Funkspruch von der SS verhaften. Wörtlich hatte Görings Telegramm folgenden Inhalt: »Mein Führer! Sind Sie einverstanden, dass ich nach Ihrem Entschluss, in der Festung Berlin zu bleiben, gemäß Ihres Erlasses vom 29. 6. 1941 als Ihr Stellvertreter sofort die Gesamtführung des Reiches übernehme mit der vollen Handlungsfreiheit nach innen und außen? Falls bis 22 [Uhr] keine Antwort erfolgt, nehme ich an, dass Sie Ihrer Handlungsfreiheit beraubt sind. Ich werde dann die Voraussetzungen Ihres Erlasses als gegeben ansehen und zum Wohle von Volk und Vaterland handeln. Was ich in diesen schwersten Stunden meines Lebens für Sie empfinde, wissen Sie und kann ich in Worten nicht ausdrücken. Gott schütze Sie und lasse Sie trotz allem baldmöglichst hierher kommen. Ihr getreuer Hermann Göring.«

Hitler knüllte den Funkspruch zusammen, ließ sich in einen Sessel fallen und bedeckte stöhnend das Gesicht mit beiden Händen. Eine Minute später brüllte er auf: »Funken Sie sofort an Göring! Schreiben Sie mit!«

Hitler begann abgehackt zu diktieren: »Ich verfüge wie stets über die ganze Macht und fühle mich in meiner Bewegungsfreiheit absolut nicht eingeschränkt. Ich verbiete Ihnen jegliche Eigenmächtigkeit. Adolf Hitler.«[381]

Er verstummte und blickte starr vor sich hin.

Günsche sagte, er und andere hätten schon lange an Göring gezweifelt. Er erinnerte Hitler an den Brief von Obergebietsführer Petter über Göring, den dieser ihm vor einiger Zeit gesandt hatte.

Hitler befahl erregt: »Sofort Bormann zu mir!«

Günsche verließ den Arbeitsraum und berichtete Bormann von Görings Funkspruch. Der lief zu Hitler hinein. Günsche ging in den Raum mit der Funkstation und befahl, Hitlers Funkspruch sofort an Göring zu senden.

Linge stand im Vorzimmer, als Bormann, rot wie ein Krebs, an ihm vorbei in Hitlers Arbeitsraum stürzte. »Göring, dieser Lump«, murmelte er im Laufen.

Bormann fachte Hitlers Zorn noch mehr an und steigerte ihn bis zur Weißglut. »Göring, dieses Schwein, weiß genau, dass Ihre Antwort nicht vor 22.00 Uhr eintreffen kann!«, schrie er.

Hitler bekam einen Tobsuchtsanfall. Mit den Fäusten auf den Tisch trommelnd, brüllte er: »Bormann, geben Sie unserer Kriminalpolizei auf dem Obersalzberg den Befehl, Göring sofort zu verhaften! Funken Sie das sofort! Wenn er fliehen will, auf der Stelle erschießen!«

Bormann rannte beflissen hinaus. Als er an Linge vorbeischoss, rief er dem diensthabenden Offizier der Leibwache zu,

---

[381] Die Antwort Hitlers vom 23. 4. 1945 lautete: »Der Führererlass vom 29. 6. 1941 ist hiermit für ungültig erklärt. Ihr Verhalten und Ihre Maßnahmen sind Verrat an meiner Person und der nationalsozialistischen Sache. Ich bin in vollem Besitz meiner Handlungsfreiheit und verbiete jede weitere Maßnahme.«

er möge ihm sofort Högl schicken. Dann lief er zu Goebbels. Als Högl im Bunker erschien, ging Bormann mit ihm zur Funkstation, um Hitlers Befehl senden zu lassen. Mit Görings Verhaftung wurde der Kommandant des Obersalzbergs, SS-Obersturmbannführer Frank, beauftragt.

Als Bormann den Bunker verlassen hatte, kam Hitler aus seinem Arbeitsraum, um zu Goebbels zu gehen. Der war gerade auf dem Weg zu Hitler, sodass sie im Lagevorraum aufeinandertrafen. Goebbels hinkte herbei und sagte, obwohl auch er vor Wut kochte, in seinem monotonen Singsang: »Diesen Schlag, mein Führer, fügt Ihnen Göring zu, den Sie für den Treuesten gehalten haben.«

Hitler ging mit Goebbels in den Lageraum, wo sie lange miteinander allein blieben.

Kurz danach kam Eva Braun aus ihrem Zimmer in den Vorraum, wo sich Günsche wieder aufhielt. Sie wusste nichts von dem ganzen Vorgang und fragte, was passiert sei. Günsche berichtete von Görings Funkspruch. Eva Braun bemerkte, sie habe bereits am 20. April, als Göring aus Berlin abflog, eine seltsame Ahnung gehabt. Darüber habe sie mit Hitler gesprochen: »Göring, dieser Renegat, hat schon damals den Führer verlassen, weil er ihn verraten wollte. Der arme Führer…«

Über Görings Tat wurde im Bunker mit großer Erregung debattiert. Aber bald nahm das stetige Vorrücken der Russen wieder die gesamte Aufmerksamkeit in Anspruch.

Zusammen mit einigen Truppeneinheiten, die vor den Russen ins Zentrum von Berlin zurückgewichen waren, befanden sich im Bunker der Neuen Reichskanzlei auch Gruppen des nationalsozialistischen Bundes Deutscher Mädel (BDM).

Am Nachmittag wurde Linge zu Hitler gerufen. Als er in den Arbeitsraum kam, saß Hitler mit Eva Braun am Tisch. Mit Mühe die Worte formend, sagte Hitler, Eva Braun habe im Bunker fremde Mädchen gesehen. Linge meldete, es handle sich um Mitglieder des Bundes Deutscher Mädchen, die vor den Russen geflohen seien. Man habe ihre Papiere überprüft. Sie würden im

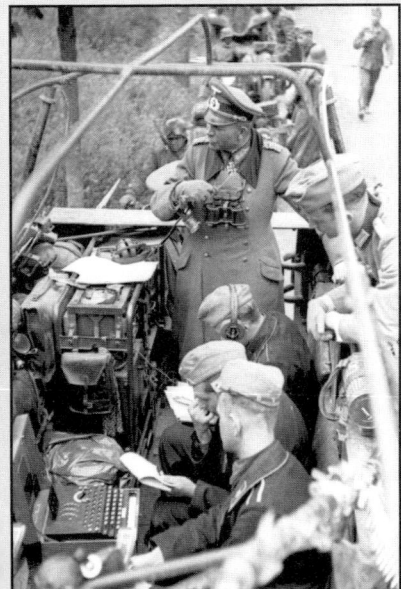

Oben: 1940 besuchte Hitler die SS-Leib-standarte in ihrem Quartier bei Bad Ems und nahm letztmalig an einer ihrer Weihnachts-feiern teil.

Links: Heinz Guderian war an den Planungen für den so genannten Sichelschnitt, den An-griff gegen Frankreich, beteiligt. Als General der Panzertruppen führte er seine Verbände zur Kanalküste. Das Foto zeigt ihn 1940 im Füh-rungspanzer; im Vordergrund steht eine Chiff-riermaschine vom Typ »Enigma«.

Oben: Der massive Einsatz von Artillerie und Luftwaffe führte in Frankreich zu schweren Zerstörungen,
hier aufgenommen von einem Bildberichterstatter
der Waffen-SS.

Unten: Die Unterzeichnung des Waffenstillstands
mit Frankreich in Compiègne wurde für die deutsche
Wochenschau als Revision der deutschen Kapitulation von 1918 inszeniert. Vor dem damals benutzten
Eisenbahnwaggon, den Soldaten der Waffen-SS
aus einem Museum geholt hatten, warteten Hitler
und seine Generale am 21.6.1941 auf die französische Delegation.

Heinz Linge und Otto Günsche als Zeitzeugen
aus nächster Nähe: Linge war bei Hitler und der französischen Delegation am Eingang des Eisenbahn-
waggons postiert (*oben* neben General Huntziger und
Botschafter Noël). Günsche, der im Wagen stand,
erhielt den Auftrag, die französischen Delegierten
bei der geringsten Regung von Widerstand zu erschießen. Im Moment der Aufnahme übergibt General
Keitel die Waffenstillstandsbedingungen an General
Huntziger *(unten)*.

38

Oben: Rudolf Heß informierte sich als begeisterter und prämierter Sportpilot regelmäßig über die Produktion neuester Flugzeugtypen, hier bei der Besichtigung der Heinkel He 111. Für seinen Flug nach Schottland benutzte er eine umgebaute Maschine des Typs Messerschmidt Me 110.

Unten: Der deutsche Angriff gegen die Sowjetunion wurde innerhalb weniger Monate vorbereitet. Für den größten Teil des Landes existierte kein exaktes Kartenmaterial. Im Sommer 1941 ließ sich General Erich v. Manstein anhand einer Straßenkarte orientieren.

39

Links: Die Frontbericht-
erstatter der Waffen-SS
dokumentierten auch
ihre Kriegsverbrechen. Das
Foto aus dem Jahr 1942
zeigt Soldaten der SS-
Leibstandarte »Adolf
Hitler« in Russland beim
»Partisanenkampf«:
Das Haus eines Zivilisten
wird niedergebrannt.

Unten: 1942, die Sommeroffensive droht zu schei-
tern. Die Fotografie einer Lagebesprechung im Juni
1942 zeigt Generalleutnant Adolf Heusinger (vorn),
Generaloberst Maximilian v. Weichs (hinten, mit
Brille), den General der Panzertruppen Friedrich
Paulus (neben Hitler), Generaloberst Eberhard
v. Mackensen und Generalfeldmarschall Fedor v.
Bock (rechts).

41

Idylle und Zerstörung:
Adolf Hitler und seine
Dauergeliebte Eva Braun
1942 mit den Hunden
»Blondi« und »Stasi« auf
dem Berghof *(oben)*.
Inzwischen wurden die
deutschen Städte immer
häufiger Ziel der alliierten
Bomberflotten: das zer-
störte Hotel »Kaiserhof«
(unten), das Hitler bei
den Wahlkämpfen vor 1933
in Berlin als Quartier
gedient hatte.

Wie aus dem *Buch Hitler*
hervorgeht, war Hitler
über die Ermordung der
Juden genau informiert:
eine Gruppe ungari-
scher Juden 1944 bei der
Ankunft im KZ Ausch-
witz *(oben)*. Zeitgleich bereitete sich das Deutsche
Reich auf die Verteidi-
gung gegen eine mögliche
Invasion der Westalliier-
ten vor. Am 12.2.1944
inspizierte Feldmarschall
Erwin Rommel die
U-Boot-Bunker bei La
Rochelle *(unten)*.

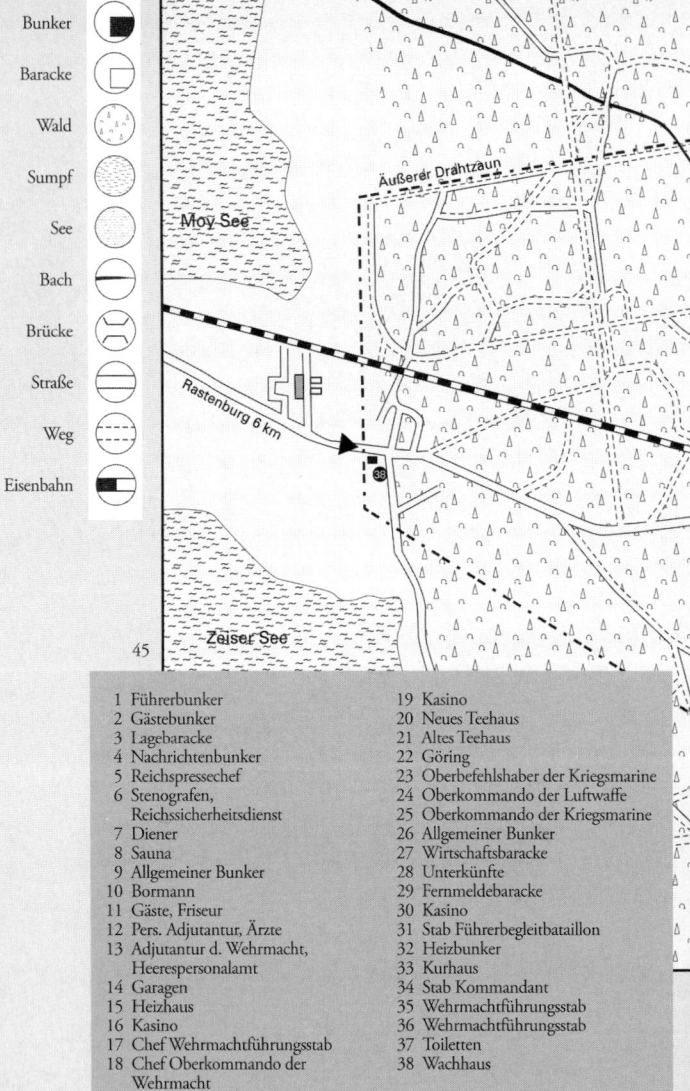

Bunker
Baracke
Wald
Sumpf
See
Bach
Brücke
Straße
Weg
Eisenbahn

Äußerer Drahtzaun

Moy See

Rastenburg 6 km

Zeiser See

45

1 Führerbunker	19 Kasino
2 Gästebunker	20 Neues Teehaus
3 Lagebaracke	21 Altes Teehaus
4 Nachrichtenbunker	22 Göring
5 Reichspressechef	23 Oberbefehlshaber der Kriegsmarine
6 Stenografen, Reichssicherheitsdienst	24 Oberkommando der Luftwaffe
7 Diener	25 Oberkommando der Kriegsmarine
8 Sauna	26 Allgemeiner Bunker
9 Allgemeiner Bunker	27 Wirtschaftsbaracke
10 Bormann	28 Unterkünfte
11 Gäste, Friseur	29 Fernmeldebaracke
12 Pers. Adjutantur, Ärzte	30 Kasino
13 Adjutantur d. Wehrmacht, Heerespersonalamt	31 Stab Führerbegleitbataillon
14 Garagen	32 Heizbunker
15 Heizhaus	33 Kurhaus
16 Kasino	34 Stab Kommandant
17 Chef Wehrmachtführungsstab	35 Wehrmachtführungsstab
18 Chef Oberkommando der Wehrmacht	36 Wehrmachtführungsstab
	37 Toiletten
	38 Wachhaus

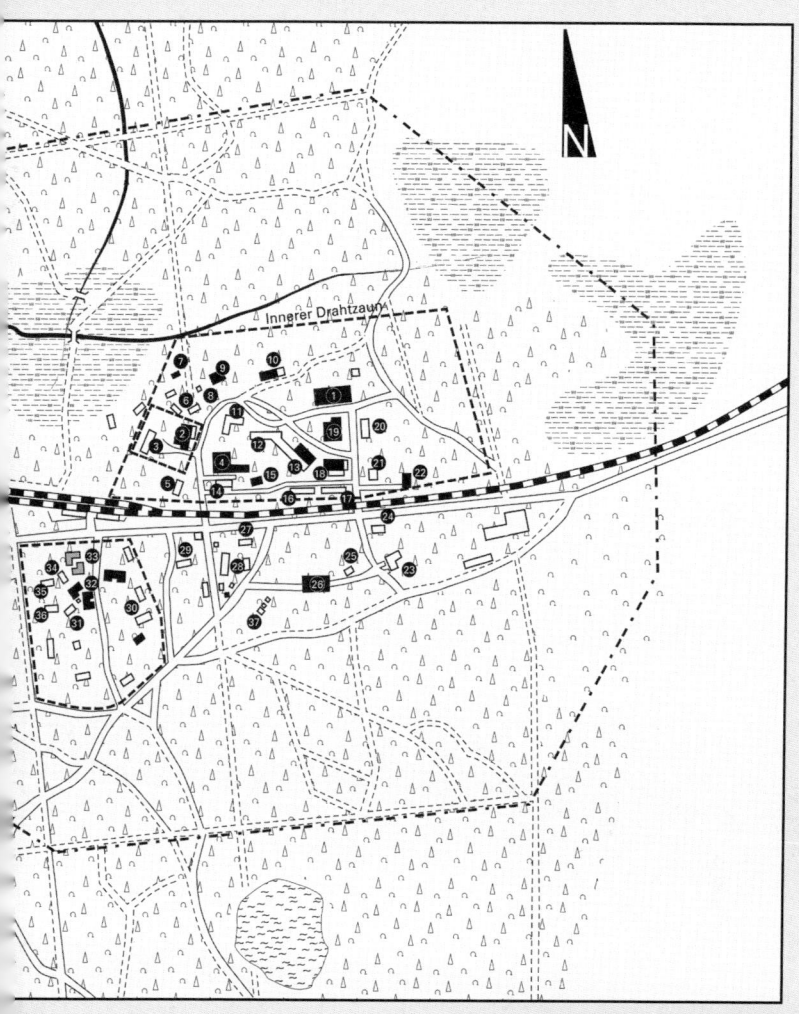

Hitler hielt sich zwischen 1941 und 1944 häufig im Führerhauptquartier »Wolfschanze« in Ostpreußen auf. Die massiven Sicherheitsvorkehrungen – so die Anlage mehrerer Sperrkreise – verhinderten bis zum Attentat von Claus Graf Schenk von Stauffenberg am 20.7.1944 einen Anschlag auf Hitler.

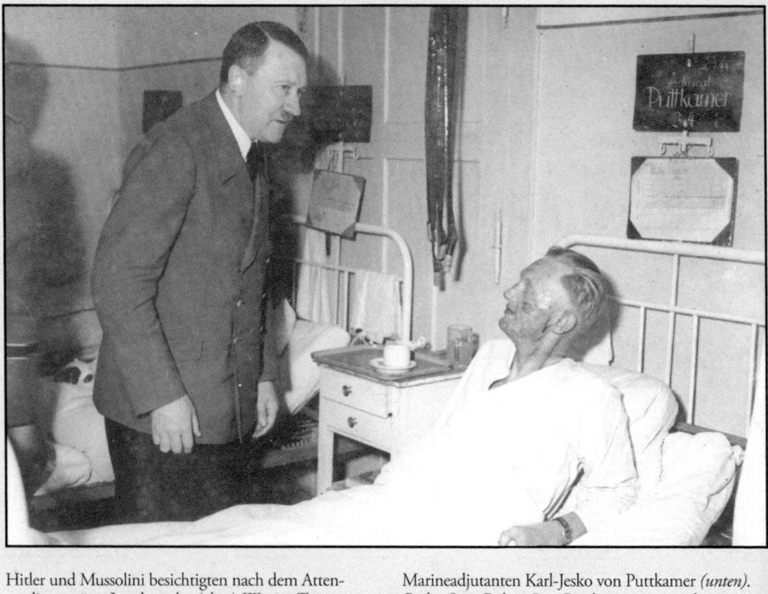

Hitler und Mussolini besichtigten nach dem Attentat die zerstörte Lagebaracke *(oben)*. Wenige Tage
nach dem Anschlag besuchte Hitler die Verletzten im
Lazarett von Rastenburg, hier am Bett seines

Marineadjutanten Karl-Jesko von Puttkamer *(unten)*.
Rechte Seite: Robert Ley, Reichsorganisationsleiter
der NSDAP, mobilisierte die deutsche Arbeiterschaft
mit Kundgebungen für den so genannten Endsieg.

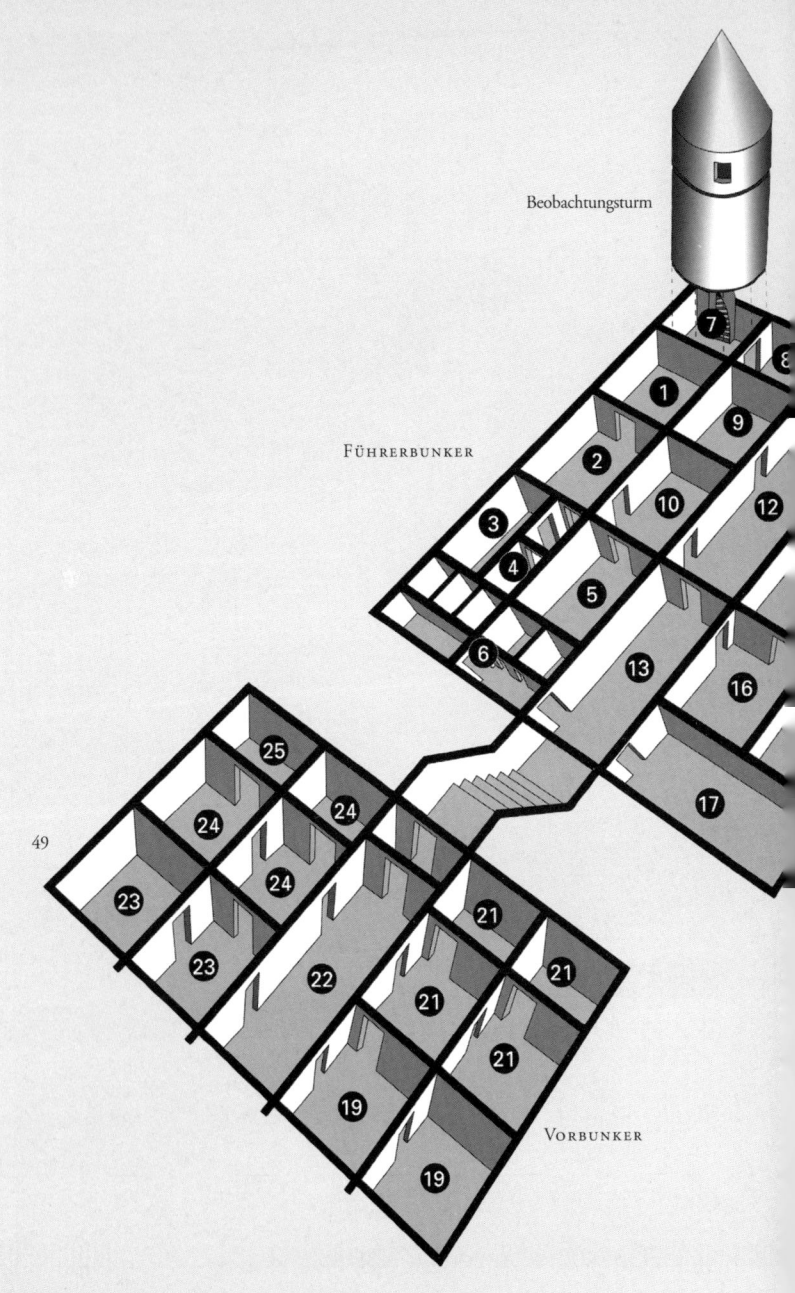

Beobachtungsturm

Führerbunker

Vorbunker

49

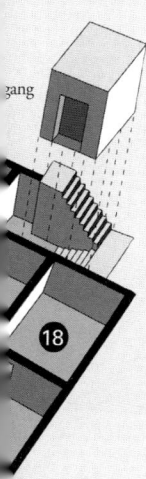

zang

18

Der Bunker unter der Reichskanzlei wurde 1945
zum Schauplatz von Rivalitäten, Diadochen-
phantasien und Endsiegillusionen. Wenige Stunden
vor der Eroberung des Regierungsviertels tötete
sich Adolf Hitler in dem mit »2« bezeichneten Raum
durch einen Pistolenschuss. Seine Frau Eva vergiftete sich mit Zyankali.

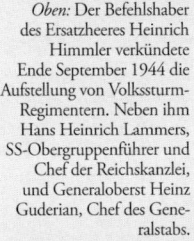

Oben: Der Befehlshaber des Ersatzheeres Heinrich Himmler verkündete Ende September 1944 die Aufstellung von Volkssturm-Regimentern. Neben ihm Hans Heinrich Lammers, SS-Obergruppenführer und Chef der Reichskanzlei, und Generaloberst Heinz Guderian, Chef des Generalstabs.

Rechts: Nach dem Durchbruch der Roten Armee an den Seelower Höhen stauen sich im Frühjahr 1945 sowjetische Panzer auf dem Weg nach Berlin. Weder die dezimierte Luftwaffe noch die hastig aufgestellten Bataillone des Volkssturms erwiesen sich als ernstliches Hindernis für den Vormarsch.

Oben: Da Hitler nicht länger als eine halbe Stunde stehen konnte, absolvierte er die Lagebesprechungen sitzend. So auch beim inszenierten Besuch an der so genannten Oderfront beim Oberbefehlshaber der 9. Armee, General der Infanterie Theodor Busse, im März 1945.

Unten: 20.3.1945, ein letzter Auftritt für die Kameras. Das Bild zeigt einen um Haltung bemühten Hitler bei der Auszeichnung von jugendlichen Soldaten. Sein Durchhalteappell soll dem sinnlosen Kampf eine höhere Bedeutung verleihen.

Oben: Wie sämtliche in Berlin gefundenen sterblichen Überreste der NS-Prominenz wurde auch Leiche Nr. 5 am 8.5.1945 einer gerichtsmedizinischen Untersuchung durch die Mediziner der Smersch unterzogen. Das Foto zeigt den Körper von Josef Goebbels vor der Leichenöffnung.

Unten: SS-Sturmbannführer Heinz Linge *(links)* und SS-Sturmbannführer Otto Günsche *(rechts)* wurden 1955 kurz vor ihrer Entlassung noch einmal in ihrer Gefängniskleidung fotografiert.

alten Bunker zu verschiedenen Arbeiten eingesetzt. Darauf bemerkte Eva Braun, sie habe sie bereits an Hitlers Bunker gesehen. Linge erwiderte, die Mädchen seien sicher aus Neugier gekommen, weil sie Hitler sehen wollten. Da sagte Hitler zu Linge: »Die Russen werden auf jeden Fall versuchen, mich lebend zu bekommen. Sie werden zu allen Mitteln greifen, um ihr Ziel zu erreichen. Sie können auch Mädchen in BDM-Uniform stecken und ihnen einen BDM-Ausweis geben, damit sie mich mit irgendwelchen chemischen Mitteln betäuben.« Er befahl Linge, alle diese Mädchen aus dem Bunker zu werfen.

Am selben Abend landete der Generaloberst der Flieger, Ritter von Greim, mit einem Fieseler-Storch auf der Ost-West-Achse. Hitler hatte ihn per Funk zu sich beordert, um ihn anstelle von Göring zum Oberbefehlshaber der Luftwaffe zu ernennen. Die Maschine steuerte die Fliegerin Hanna Reitsch. Die Landung am Brandenburger Tor erfolgte unter schwerem Feuer der russischen Artillerie. Dabei wurde Greim ziemlich schwer am Bein verletzt. Man brachte ihn ins Lazarett des Bunkers, wo man ihn operierte und ihm einen Gipsverband anlegte. Gegen 8.00 Uhr abends wurde Greim auf einer Trage in den Lageraum gebracht, wo Hitler ihn erwartete. Neben der Trage ging Hanna Reitsch, eine unscheinbare, magere Person mit dem Eisernen Kreuz Erster Klasse am dunkelblauen Kleid. Als man die Trage mit Greim abgestellt hatte, begrüßte Hitler beide, zog sich einen Sessel heran und bat darum, ihn mit Greim allein zu lassen. In diesem Gespräch übergab Hitler Görings Posten an Greim und beförderte ihn zum Generalfeldmarschall.

Bereits im Herbst 1944, als Hitler noch in der »Wolfschanze« weilte, hatte man Greim anstelle von Göring zum Oberbefehlshaber der Luftwaffe ausersehen. Damals hatte der Generalmajor der Flieger Peltz, der die deutschen Bomberstaffeln an der Westfront kommandierte, Görings Ablösung wegen Unfähigkeit gefordert, ebenso Oberstleutnant Baumbach, einer der bekanntesten Bomberpiloten der Luftwaffe. Beide wurden von Hitler hoch geschätzt. Den Vorschlag hatten damals auch Hitlers Luftwaffenadjutant Below und Görings früherer Adjutant, Oberstleutnant im Generalstab Boehm-Tettelbach, unterstützt, Letzterer war der Referent für die Luftwaffe im OKW. Hitler hatte sich damals nicht zu diesem Schritt entschließen können.

Nach dem Gespräch mit Hitler blieb Greim im Sanitätsraum von Hitlers Bunker. Hanna Reitsch, seine langjährige Lebensgefährtin, war an seiner Seite. Vom Krankenbett sandte Greim Funksprüche in alle Himmelsrichtungen und setzte alle Hebel in Bewegung, um die letzten Reste der deutschen Luftwaffe zum Kampf um Berlin zu mobilisieren. Am Abend sang Hanna Reitsch mit Goebbels' Kindern an Greims Bett Kinder- und Wiegenlieder.

Am 27. April sollte Greim nach Rechlin in Norddeutschland fliegen, um die Konzentration von Kräften der Luftwaffe für den Kampf um Berlin persönlich zu überwachen. Aber Hanna Reitschs Versuch, mit Greim zu starten, misslang wegen des starken Beschusses der Ost-West-Achse durch die russische Artillerie. Erst am 28. April konnte sie aufsteigen und Greim aus Berlin ausfliegen.

Hanna Reitsch war die einzige deutsche Frau, die das Eiserne Kreuz Erster Klasse trug. Sie diente in der Luftwaffe als Ausbilderin und Testpilotin. Besonders bekannt wurde sie während des Krieges, als sie mit einer Maschine, an deren Bug ein Schneidegerät angebracht war, die Seile von Sperrballons durchtrennte.[382] Hanna Reitsch war eine treue Nationalsozialistin, wurde von Hitler hoch geschätzt und weilte mehrmals bei ihm. Das letzte Mal hatte sie Hitler 1944 auf dem Obersalzberg besucht. Beim Kaffee, den sie damals mit Hitler und Below trank, kam das Gespräch auf Churchill. Hanna Reitsch schlug ein Attentat auf Churchill vor, an dem sie sich selbst beteiligen wollte. Hitler

---

[382] 1940/41 führte Hanna Reitsch Flüge mit den Bombern Heinkel-111 und Dornier-17 durch, bei denen sie testete, ob die Stahlhalteseile britischer Ballonsperren mit einem vor dem Bug des Flugzeugs angebrachten Gerät zerschnitten werden konnten. Hierfür wurde sie von Hitler mit dem Eisernen Kreuz ausgezeichnet, obwohl die Versuche nur bedingt erfolgreich waren.

hatte damals lachend geantwortet: »Churchill wird nicht schlechter geschützt als ich.«

Je näher die Russen der Reichskanzlei kamen, desto nervöser wurde Hitler. Zuweilen hatte es den Eindruck, als verliere er den Verstand. Gegen 9.00 Uhr abends rief er Günsche zu sich und ging auf ihn los: »Wo sind Ihre Truppen?«

»Welche Truppen, mein Führer?«

Hitler brüllte noch lauter: »Ihre Truppen, Ihre 6000 oder 8000 SS-Leute!«

Günsche erwiderte, er habe keine solchen Truppen, die Verteidigung des Regierungsviertels leite Mohnke, dessen Kampfgruppe ganze 4000 Mann zähle. Aber Hitler tobte weiter: »Schweigen Sie! Alle betrügt ihr mich! Niemand sagt mir die Wahrheit!«

Als Günsche den Arbeitsraum verließ, kam Bormann, der bei dem Gespräch zugegen war, ihm nachgelaufen und schrie ebenfalls: »Wie können Sie es wagen, den Führer zu betrügen?«

Auch er verlor offenbar allmählich die Selbstbeherrschung. Günsche entgegnete ihm: »Herr Reichsleiter, ich weiß, was ich dem Führer gemeldet habe. Was meinen Sie mit ›betrügen‹?«

Doch Bormann sagte nur kleinlaut: »Verzeihen Sie, aber hier kann man glatt den Verstand verlieren.«

Gegen 11.00 Uhr abends erschien der Kommandeur des LVIII. Panzerkorps, General Weidling, im Bunker. Günsche führte ihn zu Hitler in den Lageraum. Einige Tage zuvor hatten die Russen Weidling mit den Resten seines Korps nach Berlin zurückgetrieben. Die Einheit hatte schwerste Verluste erlitten. Ihre gesamte Artillerie und die übrige Technik waren verloren.

Da der Stadtkommandant von Berlin am 25. April schwer verwundet worden war und es noch keinen Nachfolger gab, hatte Burgdorf vorgeschlagen, Weidling zu ernennen.[383] Als Günsche mit ihm eintrat, waren im Lageraum außer Hitler bereits Goeb-

---

[383] General Helmuth Weidling war bereits am 24.4.1945 zum Kampfkommandanten von Berlin ernannt worden, nachdem er ab dem 23.4.1945 die Leitung der Ost- und Südostsektoren der Verteidigungszonen Berlins innehatte.

bels, Bormann, Krebs und Burgdorf versammelt. Man konnte Weidling ansehen, dass er nicht begeistert war, in dieser verzweifelten Situation das Kommando über Berlin auf sich zu nehmen.

Er erklärte, er sei sich der ganzen Schwere des Auftrags durchaus bewusst und übernehme die Verantwortung nur, wenn ausschließlich er der Berliner Garnison Befehle erteilen und niemand sich in seine Angelegenheiten einmischen werde. Hitler sagte ihm das zu. Aber kaum war Weidling zwei Stunden in seinem Befehlsstand an der Bendlerstraße, da griff Hitler bereits rücksichtslos in seine Kompetenzen ein. Das geschah so: Gegen 1.30 Uhr nachts tauchte im Bunker der Kommandant eines Bezirks von Berlin, Oberstleutnant Bärenfänger, auf, dessen Truppen am Alexanderplatz und in der Frankfurter Allee kämpften. Er folgte einer Aufforderung Goebbels' und wurde von Hitler im Beisein von Goebbels und Günsche empfangen. Seine Uniform war von Öl und Schmutz bedeckt. Er war unrasiert und rußgeschwärzt. Er kam direkt aus dem Kampfgetümmel von seinem Gefechtsstand in einem U-Bahn-Schacht am Alexanderplatz.

Bärenfänger berichtete Hitler von den erbitterten Kämpfen in den Straßen von Berlin, die sich jetzt mehr und mehr in Keller und U-Bahn-Schächte verlagerten. Schreckliche Szenen spielten sich ab, da große Teile der Zivilbevölkerung dort Unterschlupf gesucht hatten.

Hitler unterbrach Bärenfänger mit der Frage, ob man in den U-Bahn-Schächten und unterirdischen Tunnels Knallgas einsetze. Beim Warschauer Aufstand, der sich vor allem in Kellern abspielte, habe die Anwendung von Knallgas gegen die kämpfende Bevölkerung hervorragende Ergebnisse gebracht.[384] Die Wirkung sei unwahrscheinlich stark gewesen. Bärenfänger antwortete, er habe kein Knallgas. Er klagte, sein direkter Vorge-

---

[384] Während der Niederschlagung des Aufstands im Warschauer Ghetto 1943 wie auch beim Kampf gegen die polnische Heimatarmee im August 1944 setzten SS und Wehrmacht in der Kanalisation, in Kellern oder Bunkern vor allem Flammenwerfer und Rauchkerzen ein. Außerdem versprühten sie das Desinfektionsmittel Kreosot, das in hohen Konzentrationen zu Erstickungen führte.

setzter, ein Generalmajor, hätte ihm den unsinnigen Befehl erteilt, sich an die Regeln der Kriegführung zu halten. Darauf rief Goebbels: »Mein Führer! Den Generalmajor müssen Sie sofort ablösen!«[385]

»Er ist abgelöst! Und Sie, Bärenfänger, treten an seine Stelle. Hiermit befördere ich Sie zum Generalmajor!«, erklärte Hitler.

Er drückte dem jungen Offizier, den er gerade zum Generalmajor befördert hatte, die Hand und zog sich wieder in seinen Arbeitsraum zurück, um weiter mit Eva Braun und den Sekretärinnen Tee zu trinken und über die beste Art von Selbstmord zu reden.

An diesem Tag kehrte Fegelein von der Armee Steiner zurück. Mit einem Fieseler-Storch landete er auf der Ost-West-Achse. Fegelein meldete Hitler, der Angriff von Steiners 3. Armee sei endgültig gescheitert. In seinem Bericht hob er besonders hervor, er habe persönlich alles versucht, damit der Angriff gelinge, und auch Steiner habe das Menschenmögliche getan. Hitler ließ Fegelein nicht ausreden und knurrte: »Steiner will nicht angreifen. Daran liegt es.«

Nachdem Fegelein Hitler Bericht erstattet hatte, sagte er Günsche im Vertrauen, er sei von Steiner zu Himmler gefahren, dessen Sonderzug immer noch westlich von Hohenlychen in Mecklenburg stehe, und habe mit diesem gesprochen. Unter dem Siegel der Verschwiegenheit teilte er Günsche mit, der Angriff der Armee Steiner sei von Himmler verhindert worden. Damit habe er erreichen wollen, dass Hitler die Hoffnung aufgebe, der Ring um Berlin könne noch gesprengt werden, und endlich die Hauptstadt verließe. SS-General Steiner genoss seit langem Himmlers Protektion und war diesem blind ergeben. Günsche verschwieg Hitler, was Fegelein ihm mitgeteilt hatte, denn er wünschte selbst nichts sehnlicher, als dass Hitler Berlin verlasse.

---

[385] Bei dem abgelösten General handelte es sich um Generalmajor Werner Mummert, Kommandeur der Panzerdivision »Müncheberg«.

Fegelein hatte Günsche belogen. Der wahre Grund, weshalb Himmler die Armee Steiner nicht hatte angreifen lassen, wurde am nächsten Tag offenbar.

Am Morgen des 27. April kam die Reichskanzlei erneut unter schweren Beschuss. In rascher Folge detonierten auf dem Dach des Bunkers Geschosse. Bereits bei den ersten Einschlägen läutete Hitler nach Linge. Der fand ihn im Arbeitsraum fertig angezogen. Zum gewohnten Summen der Ventilatoren war ein merkwürdiges Geräusch hinzugekommen. Hitler blickte Linge irritiert an und fragte besorgt, was das zu bedeuten habe. Vom Mechaniker Hans Hentschel erfuhr Linge, die im Garten der Reichskanzlei lodernden Brände hätten die Luftbewegung verstärkt, was in den Ventilatoren dieses Geräusch erzeuge. Es brannten die Wohnbaracken für Chauffeure und Ordonnanzen, die man im Garten aufgestellt hatte, als das Hauptquartier in die Reichskanzlei verlegt wurde.

Als der Geschosshagel nachließ, sagte Hitler zu Linge, er wolle in den Garten hinausgehen, um zu schauen, wie dieser jetzt aussehe. Langsam, die Hand fest am Geländer, schleppte sich Hitler die Treppe hinauf, die zum Notausgang führte. Linge hielt sich dicht hinter ihm, weil er befürchtete, der in der letzten Zeit sehr geschwächte Hitler könnte nach hinten fallen. Auf den letzten Stufen ging Linge an Hitler vorbei, um die Panzertür zum Garten zu öffnen. In diesem Moment schlug dicht neben dem Bunker eine Granate ein. Als Linge sich nach Hitler umwandte, hatte dieser schon kehrtgemacht und versuchte, so rasch wie möglich wieder in seine Räume zu gelangen. Dort angekommen, fiel er völlig entkräftet in einen Sessel. In seinen Augen stand die nackte Angst. Schwer atmend sagte er zu Linge: »Ich habe es mir überlegt. Ich werde mich zusammen mit Fräulein Braun nicht im Garten, sondern hier im Bunker erschießen. Legen Sie Decken bereit, um unsere Leichen einzuhüllen, in den Park zu tragen und dort zu verbrennen.«

Linge deponierte daraufhin Decken im Vorzimmer und in Hitlers Schlafraum.

Zwischen 10.00 und 11.00 Uhr vormittags ging ein Funkspruch von Wenck ein. Er teilte mit, die Vorausabteilungen seiner Armee hätten Ferch am Schwielowsee, zehn bis zwölf Kilometer westlich von Potsdam, erreicht. Die Nachricht verbreitete sich in Windeseile im ganzen Bunker. Überall waren freudige Stimmen und Lachen zu hören. Karten und Stadtpläne von Berlin wurden hervorgeholt, um festzustellen, wie weit es von Potsdam bis Berlin noch sei. Man schlug sich begeistert auf die Schultern. Alle hofften, dass Wencks Armee sich am Mittag mit Reymanns Korps in Potsdam vereinigen werde. Von dort nach Berlin waren es noch ganze 20 Kilometer.

Wie stets in solchen Situationen sagte jeder das, was alle hören wollten: »Heute Abend ist Wenck in Berlin.«

Einige schlossen Wetten ab, ob Wenck die Reichskanzlei noch vor Einbruch der Dunkelheit erreichen werde. Diesmal wurde vor Freude dem Schnaps zugesprochen.

Aus Hitlers Arbeitsraum kam Goebbels und lief rasch in seine Unterkunft, wo ihn Naumann erwartete. »Die Armee Wenck rückt näher und wird uns befreien. Das muss ich jetzt überall verkünden!«, rief Goebbels Naumann zu und begann sofort, den Text für ein Flugblatt zu entwerfen. Die Zeitung *Der Bär* erschien nicht mehr. Das Flugblatt sollte den Wortlaut von Wencks Funkspruch mit seiner Unterschrift wiedergeben. Dazu kamen Goebbels' »Beigaben«. In verlogenen und abgedroschenen Worten rief er die Berliner Bevölkerung zum Durchhalten auf. Er schrieb, Wenck stehe bereits vor den Toren Berlins. Die Stunde der Befreiung der Reichshauptstadt sei nicht mehr fern.

Voller Ungeduld warteten die Bunkerinsassen auf neue Nachrichten von Wenck, auch Hitler. Er ging in den Räumen hin und her und ließ alle paar Minuten bei Krebs nachfragen, wo Wenck stehe. Im Lagevorraum saßen zu dieser Zeit Below, Günsche und Johannmeyer beisammen, bemüht, die Lage nüchtern einzuschätzen.

An der Ostfront hatten die Russen den deutschen Truppen Niederlage um Niederlage zugefügt. Obwohl dort gewaltige
Reserven und fast die gesamte deutsche Technik konzentriert
waren, obwohl am Dnjepr, an der Weichsel, an der Grenze Ostpreußens, am Narew und an der Oder mächtige Befestigungsanlagen standen, wichen die deutschen Truppen unter den Schlägen der Russen in schweren Kämpfen immer weiter nach Westen
zurück. Und jetzt sollte die Armee Wenck diese russische La-
wine zum Stehen bringen!

Da die Funkverbindung an diesem Tag immer wieder abriss, kamen von Wenck nur bruchstückhafte Meldungen. Erst
gegen Abend klärte sich das Bild einigermaßen. Wencks Angriff war ins Stocken geraten. Seine Armee saß nordwestlich
von Potsdam fest.

Die russischen Truppen griffen die Armee Wenck an, stießen
aus dem Raum Michendorf und Beelitz in ihre Flanken, zwangen sie in die Verteidigung und warfen sie an einigen Abschnitten wieder zurück.

Mittags um 12.30 Uhr versammelten sich im Lageraum Krebs,
Burgdorf, Weidling, Johannmeyer, Loringhoven und Günsche.
Wenige Minuten später kam Hitler, gefolgt von Bormann. Er
verfiel mit jedem Tag mehr. Beim Gehen bewegte er seine Beine
nur noch mit Mühe. Es fiel ihm gar nicht mehr auf, dass man in
seiner Gegenwart rauchte. Sein Händedruck war schlaff. Während Hitler sich im Sessel niederließ, kamen Lorenz und nach
ihm Goebbels und Naumann, die seit kurzem ebenfalls an den
Besprechungen teilnahmen.

Neue Nachrichten von Wenck hatte Krebs nicht. Er bat um
Hitlers Genehmigung, Busses 9. Armee, die westlich von Frank-
furt/Oder in schwere Abwehrkämpfe gegen die Russen verwickelt war, den Befehl zu erteilen, sie möge nach Berlin durchbrechen. Stattdessen befahl Hitler, die 9. Armee anzuweisen, sich
mit der Armee Wenck zu vereinigen und gemeinsam den Ring
um Berlin zu sprengen. Die Anwesenden wechselten verwun-
derte Blicke. Die 9. Armee, die bereits seit über einer Woche von

russischen Truppen eingeschlossen war und keinerlei Versorgung erhalten hatte, sollte sich zur Armee Wenck durchkämpfen! Wenn ihre Soldaten überhaupt noch in der Lage waren, aus dem Kessel herauszukommen, dann nur, wenn sie alles schwere Gerät und ihre Ausrüstung zurückließen. Damit aber sank ihr Kampfwert augenblicklich auf null. Und mit diesen Soldaten wollte Hitler den Angriff der Armee Wenck verstärken!

Nach Krebs berichtete Weidling. Er legte dar, wie hoffnungslos die Lage Berlins war. Alle Vororte und Randgebiete Berlins hatten die russischen Truppen bereits besetzt. Die äußere Verteidigung war an vielen Stellen auf den inneren Befestigungsring zurückgedrängt.

Bei der Vorbereitung auf die Verteidigung von Berlin hatte man zwei Befestigungsringe angelegt. Der äußere verlief am Stadtrand, der innere rund um das Stadtzentrum. Im Tiergarten, im Humboldthain und im Friedrichshain waren stark befestigte Feuerstellungen eingerichtet worden. Außerdem standen auf dem Schell-Hochhaus am Tirpitzufer Flakbatterien. Sie spielten bei der Verteidigung des inneren Befestigungsrings eine wichtige Rolle und wurden fast ausschließlich für Bodenkämpfe eingesetzt.

Weiter meldete Weidling, im Nordostteil der Stadt seien die russischen Truppen bis zum Alexanderplatz vorgerückt, im Norden bis zum S-Bahnhof Wedding, im Westen über Lichterfelde und Zehlendorf in Richtung Steglitz, Wilmersdorf, Friedenau und Halensee. Dann schilderte Weidling, wie schwer die Kämpfe in Berlin waren. In der Luft, auf den Straßen, in U-Bahn-Schächten und in den Kellern der Berliner Häuser seien erbitterte Gefechte im Gange. Soldaten, Polizei, »Volkssturm« und »Hitlerjugend« – alles werde in den Kampf geworfen. Seit die Kämpfe das Stadtzentrum erreicht hätten, könnten die russischen Truppen durch die Tunnels der U-Bahn in den Rücken deutscher Einheiten gelangen, was zu kritischen Situationen führe.

Hitler, der Weidlings Vortrag ruhig und teilnahmslos zugehört hatte, befahl mit unbewegter Miene, man solle die Schleusen der Spree öffnen und die U-Bahn-Schächte fluten, um sie so unpassierbar zu machen. Man entgegnete Hitler, in den Tunnels hätten tausende Bewohner Berlins und verwundete Soldaten Schutz gefunden, die ertrinken müssten, wenn man die Schleusen öffne. Das machte auf Hitler keinen Eindruck.[386]

Als Weidling gegangen war, rief Hitler Mohnke zu sich. Auch der Schutzring der Kampfgruppe Mohnke um das Regierungsviertel wurde inzwischen an mehreren Stellen von russischen Panzern angegriffen. Sie drängten besonders stark zu den Spreebrücken am Tirpitzufer und an der Potsdamer Straße, am Halleschen Tor und am Lustgarten. Hitler befahl Mohnke, die Spreebrücken zu sprengen.

Nach dem Mittagessen erschien Axmann bei Hitler. Da die Einheiten der »Hitlerjugend« an den Pichelsdorfer Brücken zu beiden Seiten der Heerstraße und am Olympiastadion inzwischen von den Russen eingekesselt waren, hatte Axmann im Bunker der Parteikanzlei an der Wilhelmstraße Quartier genommen und kam jetzt täglich zu Hitler. Er hatte einen 13-jährigen schmächtigen Jungen bei sich und meldete Hitler, der habe mit einer Panzerfaust aus dem Hinterhalt einen russischen T-34 abgeschossen. Der Junge steckte in einer viel zu großen Tropenuniform des deutschen Afrika-Korps. Hitler empfing ihn wie einen verdienten General und heftete ihm mit großer Geste das Eiserne Kreuz an die Brust. Axmann rief pathetisch aus: »Mein Führer, auf Ihre Jungen können Sie sich verlassen!«

Hitler hob die Hand zum Gruß und schickte dieses halbe Kind zurück in die Hölle des Gefechts, wo es weiter so tapfer kämpfen sollte. Dann schlurfte er in seine Räume zurück.

Gegen 9.00 Uhr abends war wieder Weidling zur Stelle, um Hitler über die Lage in Berlin zu informieren. Im Vorraum erzählte er Burgdorf, Krebs, Johannmeyer und Günsche, für die Fahrt mit dem Auto von seinem Befehlsstand an der Bendler-

---

[386] Die Schleusen zu den U-Bahn-Tunnels wurden nicht geöffnet. Vereinzelt kam es durch Granatbeschuss oder Bombenabwürfe zu Wassereinbrüchen.

straße bis zur Reichskanzlei, die normalerweise drei bis vier Minuten dauerte, habe er diesmal eine halbe Stunde gebraucht. Die Straßen seien mit tiefen Bombentrichtern übersät und von Ruinen verschüttet, von oben hingen Straßenbahnkabel herab. Dazu kamen das Dauerfeuer der russischen Artillerie und die Angriffe russischer Kampfbomber.

Mit zusammengekniffenen Lippen kam Hitler in den Vorraum. Ihm folgten Bormann und Goebbels. Hitler begrüßte Weidling und ging in den Lageraum. Etwas später erschienen Naumann, Axmann und der stellvertretende Gauleiter von Berlin, Schach, die in den letzten Tagen ebenfalls an den Lagebesprechungen teilnahmen. Diesmal trug nur Weidling vor. Er berichtete erneut von den schweren Kämpfen in allen Bezirken Berlins. Dann beschrieb er die grauenhafte Lage der Berliner Bevölkerung. Sie sitze bereits eine Woche lang in Kellern oder U-Bahn-Stationen ohne Essen und Trinken fest. Lazarette und Krankenhäuser seien mit tausenden Soldaten und Zivilisten überfüllt. Da die Russen den Ost- und Westhafen an der Spree besetzt hätten, wo sich die wichtigsten Lebensmittellager für die Berliner Bevölkerung befanden, sei nur noch Essen für ein bis zwei Tage vorhanden.

Krebs meldete, die Russen hätten den Angriff der Armee Wenck endgültig zurückgeschlagen, an einen Entsatz Berlins sei nicht zu denken. Daher sei der Fall von Berlin nur noch eine Frage von Tagen. Weidling bat Hitler inständig, sich zu entschließen, mit den Resten der Berliner Garnison nach Südwesten in Richtung Potsdam durchzubrechen, wo die Armee Wenck stand. »Ich hafte mit meinem Kopf dafür, mein Führer, dass ich Sie heil und unversehrt aus Berlin herausbringe. So könnten wir die Reichshauptstadt und ihre Bevölkerung vor der endgültigen Vernichtung bewahren!«

Im Raum wurde es totenstill. Alle blickten voller Hoffnung auf Hitler. Aber der zischte nur durch die Zähne: »Nein!«

Weidling versuchte noch einmal, Hitler zu überreden, indem er ihm den Plan des Durchbruchs erläuterte. Er schlug vor, Hitler in einen schweren Panzer vom Typ Tiger zu setzen, der ihn im Schutze weiterer Panzer dieses Typs aus Berlin herausbringen sollte. Aber Hitler entgegnete: »Weidling, mein Entschluss steht fest. Ich bleibe in Berlin.«

Damit verließ er den Raum.

An diesem Abend feierten zwei SS-Ordonnanzen im alten Bunker Hochzeit. Gegen 7.00 Uhr abends fand im Aufenthaltsraum des alten Bunkers, wo Hitlers Leibwache untergebracht war, die Trauung der beiden Paare statt. Sie wurde vom Staatssekretär des Propagandaministeriums, SS-Brigadeführer Werner Naumann, vorgenommen. Die Trauzeugen waren Linge und Schädle. Beide trugen Stahlhelm und eine Pistole am Koppel. Als Hochzeitsgäste waren Hitlers Adjutanten, die Offiziere seiner Leibwache und seines Sicherheitsdienstes sowie die SS-Ordonnanzen zugegen. Naumann, ebenfalls im Stahlhelm, erklärte feierlich, die Trauung finde in einem denkwürdigen Augenblick, unter dem Geschosshagel der russischen Artillerie, im umkämpften Berlin statt. Aber die Rettung der Hauptstadt sei nahe, und die jungen Paare hätten viele Jahre ungetrübten Glücks vor sich.

Nach der Trauung gab Linge im alten Bunker für die Jungvermählten ein Essen.

Durch den Flur des alten Bunkers, wo die Hochzeitsgäste tafelten, eilten zur gleichen Zeit Krebs, Bormann und Burgdorf in Hitlers Bunker und kamen 20 Minuten später ebenso rasch wieder zurück. Von ihnen erfuhr man, dass die Russen die Armee Wenck endgültig zum Stehen gebracht hatten. Nun breitete sich allgemeine Hoffnungslosigkeit aus. Linge lief eilig in Hitlers Bunker zurück, um nachzuschauen, was Hitler tat. Er sah, wie dieser mit abwesendem Blick über den Gang irrte, mit gesenktem Kopf auf den Boden starrend. Hitler bemerkte Linge nicht, bis dieser ihn ansprach und meldete, im alten Bunker feierten zwei Ordonnanzen Hochzeit. Er fragte Hitler, ob er ihnen nicht gratulieren wolle. Hitler nickte. Linge ging zurück und führte die jungen Paare sowie die Mutter eines der Brautleute in den Gang, der den alten mit dem neuen Bunker verband. Hitler stand schon dort. Er begrüßte die neu Vermählten mit einem schlaffen Händedruck und sagte: »Ich wünsche euch alles Gute, Kinder.« Damit zog er sich zurück.

Nach dieser Gratulation sank die Stimmung unter den Gästen noch mehr. Vor allem die Frauen waren von Hitlers Anblick erschüttert. Sie wurden still und nachdenklich. Linge ließ Champagner und Kognak bringen. Die Hochzeit geriet zu einem Saufgelage. Der Alkohol hob die Stimmung wieder. Bis zum nächsten Morgen wurde getanzt und gefeiert.

An diesem Tag fing man die Meldung einer ausländischen Rundfunkstation – soweit erinnerlich, aus Schweden – auf. Darin hieß es, Himmler führe über den schwedischen Grafen Bernadotte mit Engländern und Amerikanern Verhandlungen über den Abschluss eines Separatfriedens.[387] Diese Meldung brachte Lorenz Hitler. Der ließ sofort Bormann und Hewel rufen. Am gleichen Tag wurde im Bunker bekannt, unter welchen Voraussetzungen die Verhandlungen liefen: Hitler werde abgesetzt, seine Stelle nehme Himmler ein, der Kampf gegen Sowjetrussland gehe mit Unterstützung Englands und Amerikas weiter. Himmler wolle Hitler mit Gewalt stürzen. Damit war auch klar, weshalb Himmler den Angriff der Armee Steiner aufgehalten hatte. Er wollte sie für den Fall eines Separatfriedens mit den Angloamerikanern in Reserve halten. Unter dem Druck der russischen Truppen wich die Armee Steiner in den Tagen des Falls von Berlin nach Westen zurück und begab sich in angloamerikanische Gefangenschaft.

Die Nachricht von Himmlers Verhandlungen mit Bernadotte löste bei Hitler einen schrecklichen Wutanfall aus. Er brüllte: »So leicht lasse ich mich nicht ausschalten!«

Auf der Stelle setzte er Himmler von allen seinen Posten ab und schloss ihn aus der Partei aus. Bormann, der lange Jahre eng mit Himmler befreundet war und sich mit ihm duzte,

---

[387] Vgl. Anmerkung Nr. 349.

sagte mit weinerlicher Stimme zu Günsche: »Das Schicksal erspart dem Führer aber auch garnichts. Erst Göring und jetzt Himmler.«

Einige Zeit später rief Hitler nach Fegelein. Aber der war nirgends zu finden, weder im Bunker der Neuen Reichskanzlei noch in Hitlers Bunker. Bei den wenigen, die noch mit Hitler aushielten, kam sofort der Verdacht auf, Fegelein könnte ohne Genehmigung aus Berlin verschwunden sein. Bormann und Burgdorf, beide gute Freunde des Gesuchten, eilten zu Günsche und fragten ihn, ob Fegelein ihm etwas über seine Pläne mitgeteilt habe. Günsche verneinte das.

Der Fieseler-Storch, den Fegelein am Vortag nach Berlin geflogen hatte, war auf der Ost-West-Achse von einem Volltreffer vernichtet worden. Mit dem Flugzeug konnte er also Berlin nicht verlassen haben. Da fiel Günsche ein, dass Fegelein an der Bleibtreustraße nahe dem Kurfürstendamm eine Wohnung hatte. Am Abend wurde ein Kommando aus Hitlers Leibwache unter dem Befehl von SS-Obersturmführer Helmuth Frick zu dieser Adresse geschickt. Dort fanden sie Fegelein. Er war in Zivilkleidung und lag volltrunken auf dem Bett. Seine Uniform hatte er hinter dem Ofen versteckt. Außerdem hielt sich in der Wohnung ein SS-Obersturmführer aus der Kavalleriedivision »Florian Geyer« auf, die Fegelein früher kommandiert hatte. Auch dieser war stockbetrunken. Er bezeichnete sich als Fegeleins Offizier zur besonderen Verwendung.

In der Wohnung stand ein Koffer voller goldener Uhren und anderer Wertgegenstände. Den hatte Fegelein am Vorabend Linge und anderen SS-Offizieren im Bunker gezeigt und dazu bemerkt, er sei beim Chef des nationalsozialistischen Reichsärztebundes, SS-Obergruppenführer Dr. Grawitz,[388] gefunden worden, der sich beim Auftauchen der Russen in Berlin zusammen mit der Familie in seiner Villa erschossen habe.

---

[388] SS-Obergruppenführer Ernst Grawitz war Reichsarzt der SS. Als Chef des NSD-Ärztebunds amtierte Leonardo Conti. Es handelte sich aber tatsächlich um Grawitz' Koffer.

Auf Hitlers Befehl wurden Fegelein und der Offizier noch in derselben Nacht in den Bunker der Neuen Reichskanzlei gebracht. Der Offizier gab beim Verhör sofort zu, Fegelein habe die Absicht gehabt, aus Berlin zu fliehen. Er wollte abwarten, bis russische Panzer die Bleibtreustraße passiert hatten, und sich dann nach Westen absetzen.

Hitler ordnete an, Fegelein zur Strafe der Kampfgruppe Mohnke zuzuteilen, wo er »seine Treue im Kampf beweisen« sollte. Bormann überbrachte Günsche diesen Befehl Hitlers mit dem Auftrag, Fegelein an Mohnke zu übergeben. Günsche war verblüfft, dass Hitler den Deserteur Fegelein nur mit Fronteinsatz bestrafte. Noch vor wenigen Tagen hatte er angeordnet, jeden Deserteur aufzuhängen. Auf der Brust hatte er ein Schild mit der Aufschrift zu tragen: »Ich hänge hier, weil ich den Befehl des Führers nicht ausgeführt habe.«[389] Jetzt aber wollte er seinen Schwager Fegelein so billig davonkommen lassen. Günsche antwortete Bormann, er werde diesen Befehl nicht ausführen, bevor er nicht mit dem Führer gesprochen habe. Auf der Stelle ging er zu Hitler hinein.

Der saß mit Eva Braun in seinem Arbeitsraum. Sie schluchzte heftig, und Hitler bemühte sich, sie zu beruhigen. Als Günsche eintrat, ging sie in ihr Zimmer. Günsche sagte zu Hitler, wenn man Fegelein Mohnke zuteile, werde er sich trotzdem absetzen. Er versuchte Hitler zu bewegen, Fegelein nicht der Kampfgruppe Mohnke zuzuteilen, sondern als Deserteur dem Kriegsgericht zu übergeben. Hitler schwieg eine Weile. Es war ihm deutlich anzusehen, dass er schwankte und Fegelein wegen Eva Braun schonen wollte. Doch dann stieß er unwillig hervor: »Fegelein degradieren und dem Gericht übergeben. Den Vorsitz führt Mohnke.«

Günsche überbrachte Mohnke diesen Befehl auf der Stelle. Der ging mit mehreren SS-Offizieren zu Fegelein, der bei seiner

---

[389] Nach gegenwärtigen Schätzungen richteten Stand- und Sondergerichte 1945 bis zu 10000 so genannte Deserteure hin.

Verhaftung die Generaluniform der SS wieder angelegt hatte. Mohnke riss ihm die Schulterstücke herunter. Orden trug er nicht.

■

Am 28. April begannen russische Geschosswerfer vom Typ Katjuscha,[390] das Regierungsviertel und den Bunker mit ihren Geschossen zu belegen. Draußen war die Hölle los. Hitler sprang aus dem Bett und läutete nach Linge. Als dieser eintrat, stand Hitler geduckt am Tisch seines Arbeitsraums und starrte mit schreckgeweiteten Augen zur Decke. Wieder fragte er: »Was ist das für ein Kaliber?«

»Das sind die Stalinorgeln.«

So hatten die deutschen Soldaten die gefürchteten russischen Geschosswerfer vom Typ Katjuscha getauft. Bei den Lagebesprechungen war häufig von den Stalinorgeln die Rede gewesen. Über diese Geschosswerfer hatte man Hitler mehrfach besonders berichtet. Dabei hob man vor allem die verheerende Wirkung der Geschosse hervor, die eine riesige Fläche bedeckten und bei den deutschen Soldaten unweigerlich Panik auslösten. Der Standort der Werfer war schwer zu bestimmen, da sie auf Lastwagen montiert waren, daher schnell die Stellung wechseln und von verschiedenen Punkten feuern konnten.

Als Linge von Stalinorgeln sprach, schaute ihn Hitler verständnislos an und fragte: »Was meinen Sie mit Stalinorgeln? Etwa den Säulengang der Neuen Reichskanzlei?«

Offenbar ging in Hitlers Kopf nun alles durcheinander. Natürlich wusste er, was Stalinorgeln waren. Außerdem hatte seine zweite Frage mit der ersten nach dem Kaliber der Geschosse

---

[390] Katjuscha: Salvengeschosswerfer der sowjetischen Artillerie, der elektrisch gezündete Granaten über Entfernungen zwischen 2500 und 8400 Metern verschoss. Die geringe Schussgenauigkeit wurde durch Masseneinsatz, schnelle Schussfolge, hohe Flächenabdeckung und die demoralisierende Wirkung des Salvenfeuers ausgeglichen. Wegen ihres jaulenden Abschussgeräusches wurden die Katjuschas von den deutschen Soldaten auch als Stalinorgeln bezeichnet.

nichts zu tun. Linge versuchte ihm noch einmal zu erklären, was es mit diesen Geschosswerfern auf sich hatte. Hitler schwieg.

Gegen 9.00 Uhr ließ Mohnke Günsche ans Telefon rufen. Mit vor Aufregung überschnappender Stimme meldete er, die Russen seien am Halleschen Tor zum Angriff übergegangen. Auf dem Belle-Alliance-Platz und an der Ecke Wilhelmstraße tobten heftige Kämpfe. Mohnke fügte hinzu, die Telefonverbindung von seinem Gefechtsstand zu den Regimentern der Kampfgruppe sei unterbrochen. Er habe Melder ausgeschickt und hoffe, bald ein klares Bild von der Lage zu haben.

Günsche übermittelte Hitler Mohnkes Meldung und zeigte ihm auf dem Stadtplan, wo die Kämpfe jetzt tobten. Als Hitler hörte, dass die Russen sich der Wilhelmstraße näherten, zuckte er zusammen. Seine Augen saugten sich förmlich an dem Stadtplan fest. Bis zur Reichskanzlei waren es von dort noch ganze 1200 bis 1300 Meter. In großer Aufregung fragte Hitler, ob die Russen die Wilhelmstraße bereits erreicht hätten und über welche Kräfte Mohnke am Belle-Alliance-Platz verfüge. Er lief im Zimmer auf und ab, ließ sich dann aber in einen Sessel fallen und befahl, Mohnke zu rufen. Der erschien bald und meldete Hitler, es sei gelungen, den Angriff der Russen an der Ecke Belle-Alliance-Platz/Wilhelmstraße aufzuhalten. Sie rückten nun in Richtung Gleisdreieck und Anhalter Bahnhof vor.

Die Nachricht, wie bedrohlich nahe die Russen bereits waren, breitete sich rasch im ganzen Bunker aus. Überall standen die Insassen in Gruppen beisammen und redeten aufgeregt durcheinander. Goebbels ging von einer Gruppe zur anderen und stellte Fragen. Dann fragte er auch Linge: »Sagen Sie, ist die Lage wirklich schon so ernst?«

An diesem Morgen kam Dr. Stumpfegger in Hitlers Arbeitsraum und bat ihn um eine Unterschrift. Linge stand neben ihm, als er das Blatt auf den Schreibtisch legte. Es war eine Anforderung an das Lazarett im Bunker der Neuen Reichskanzlei, Stumpfegger auf Hitlers Anordnung zwölf Ampullen Zyankali auszuhändigen. Hitler unterschrieb mit zitternder Hand. Die zwölf Ampullen waren dafür bestimmt, Eva Braun, Hitlers Sekretärinnen Christian und Junge, die Diätköchin Manziarly, Bormanns Sekretärin Krüger, Eva Brauns Kammermädchen Liesl, Goebbels' Kinder und Hitlers Schäferhündin Blondi zu vergiften.

Beim Mittagessen wurde Hitler gemeldet, der Vorrat an diätischen Lebensmitteln sei aufgebraucht. Man könne ihm jetzt nur noch vegetarische Suppen zubereiten, es sei denn, er wolle das Gleiche essen wie alle anderen.

Hitler antwortete: »Bald brauchen wir gar nichts mehr zu essen. Geben Sie mir Suppe.«

Am Nachmittag wurde gemeldet, dass sich auch die Lage in den anderen Bezirken Berlins rasch verschlechtere. Da das Regierungsviertel unter starkem Beschuss lag, kam Weidling von seinem Befehlsstand in der Bendlerstraße nur noch einmal täglich zur Berichterstattung. Nachrichten, die zwischendurch eingingen, teilte er Krebs per Telefon mit, der sie Hitler vortrug. Mehrmals erschien auch Mohnke bei Hitler, um über die Lage im Regierungsviertel zu berichten. Unmittelbare Gefahr drohte der Reichskanzlei jetzt aus Richtung Belle-Alliance-Platz und Hallesches Tor. Hier waren die Russen am weitesten vorangekommen. Die zweite schwere Bedrohung kam aus Richtung Tiergarten und Zoo.

Weidling meldete, russische Panzer seien zu beiden Seiten der Heerstraße bis zur Straße Am Knie[391] vorgerückt und hätten damit die Ost-West-Achse erreicht. Charlottenburg sei von den Russen besetzt. Der Kreis um das Regierungsviertel wurde immer enger. Im Bunker sprach niemand mehr von der Armee Wenck.

»Wie lange halten wir uns noch? Gibt es noch eine Möglichkeit, aus Berlin herauszukommen?« Diese Fragen waren jetzt in aller Munde.

---

[391] Heute Ernst-Reuter-Platz.

Gegen 6.00 Uhr abends kam Axmann zu Hitler. In Anwesenheit von Bormann und Günsche erklärte er, er habe 200 ausgewählte Mitglieder der »Hitlerjugend« zur Verfügung, die Berlin wie ihre Westentasche kennen würden. Mit ihrer Hilfe könne er Hitler heil und unversehrt aus Berlin herausbringen. Er als gebürtiger Berliner kenne ebenfalls jeden Winkel der Hauptstadt und werde die Gruppe führen. Hitler lehnte Axmanns Angebot ebenso ab wie Weidlings Vorschlag am Tag zuvor. Er drückte Axmann die Hand und dankte ihm für seine Treue.

Am Abend teilte Bormann Linge völlig unerwartet mit, Hitler und Eva Braun wollten sich trauen lassen. Die Zeremonie sollte im Lagerraum stattfinden. Hier war bisher nur von den erbitterten, blutigen Kämpfen um Berlin und auf den Straßen Berlins die Rede gewesen. Hier hatte Hitler den Befehl gegeben, die Schleusen zur Spree zu öffnen, was tausenden friedlicher Bürger und Soldaten den Tod bringen sollte. Hier hatte er befohlen, die Einwohner Berlins zu erhängen, die beim Herannahen der Russen in ihren Fenstern weiße und rote Fahnen zeigten. Ausgerechnet dieser Raum sollte nun der Ort sein, wo Hitler und Eva Braun die Ehe schlossen.

Bormann wies Linge an, die Möbel etwas umzustellen. Der Tisch, auf dem gewöhnlich die Operationskarten lagen, wurde in die Mitte des Raums gerückt. Davor sollten vier Sessel stehen – die zwei vorderen für Hitler und Eva Braun, die zwei hinteren für Goebbels und Bormann, die als Trauzeugen vorgesehen waren. Goebbels rief einen Beamten des Propagandaministeriums herbei, der den standesamtlichen Akt vollziehen sollte. Sein Platz war am Tisch. Bormann meldete Hitler, der in seinem Arbeitsraum saß, für den Akt sei alles bereit.

Hitler und Eva Braun kamen Hand in Hand aus ihren Zimmern und begaben sich in den Lagerraum. Hitler bereitete das Gehen große Mühe. Sein Gesicht war aschfahl, sein Blick irrte ruhelos umher. Er hatte den zerknitterten Rock an, in dem er tagsüber auf dem Bett lag. Daran steckten das Goldene Partei-

abzeichen, das Eiserne Kreuz Erster Klasse und das Verwundetenabzeichen des Ersten Weltkrieges.

Eva Braun, ebenfalls blass von den durchwachten Nächten,
trug ein dunkelblaues Seidenkleid, darüber ein graues, flauschi-
ges Pelzcape.

Im Vorraum wurden sie von Goebbels und Bormann erwartet.
Letzterer hatte seine graue Uniform eines SS-Obergruppenfüh-
rers angelegt, Ersterer die braune Parteiuniform. Im Lagerraum
begrüßten Hitler und Eva Braun den Beamten, der am Tisch
Aufstellung genommen hatte. Dann ließen sie sich in den beiden
vorderen Sesseln nieder. Bormann und Goebbels gingen ebenfalls zu den für sie bestimmten Plätzen. Die Tür wurde geschlossen. Die Zeremonie dauerte nicht länger als zehn Minuten. Bormann öffnete die Tür wieder, als Hitler und Eva Braun die
Heiratsurkunde unterschrieben. Hitler küsste Eva Braun, die
nun seine Ehefrau war, die Hand.

Er ordnete an, in seinem Arbeitsraum den Tisch für einen
Hochzeitstee zu decken, zu dem Goebbels und Frau, Bormann
sowie die Sekretärinnen Christian und Junge geladen waren.

Zur gleichen Zeit, da Hitler sich mit Eva Braun trauen ließ,
lief im Bunker der Neuen Reichskanzlei ein anderer Akt ab – das
Kriegsgericht über Hitlers Schwager, den SS-Gruppenführer
und ständigen Vertreter Himmlers in Hitlers Hauptquartier,
Hermann Fegelein. Den Vorsitz führte Mohnke. Als Beisitzer
dienten die Offiziere seiner Kampfgruppe, SS-Obersturmbannführer Krause, Sturmbannführer Kaschula und andere. Mohnke
und seine Offiziere verurteilten Fegelein zum Tode.

In derselben Nacht wurde Fegelein unter dem Vorwand, Hitler wolle ihn sehen, aus dem Bunker der Neuen Reichskanzlei
herausgeführt. Unterwegs streckte ihn ein SD-Mitarbeiter mit
einem Schuss in den Rücken nieder.

Als der Hochzeitstee zu Ende war, rief Hitler in der Nacht
vom 28. zum 29. April die Sekretärin Frau Junge in seinen Arbeitsraum. Ihr diktierte er sein Testament. Sie tippte es gemeinsam mit Bormanns Sekretärin, Frau Krüger, im Aufenthaltsraum

des Bunkers auf der Schreibmaschine ab. Hitler arbeitete es mehrfach um, bis der endgültige Wortlaut schließlich in drei Exemplaren fertiggestellt war.

Darin behauptete Hitler, er habe niemals Krieg gewollt und sein ganzes Leben dem deutschen Volk gewidmet. Er legte die Zusammensetzung der neuen Regierung fest. Zu seinem Nachfolger – nicht als »Führer«, sondern als Präsident – bestimmte er Großadmiral Dönitz, zum Reichskanzler Goebbels, zum Außenminister Graf Schwerin von Krosigk, zum Innenminister den Gauleiter von Oberbayern, Giesler, und zum Oberbefehlshaber der Streitkräfte Schörner. Bormann sollte Reichsleiter der Partei im Ministerrang bleiben.[392]

Auf Hitlers Anordnung sollte sein Heeresadjutant Johannmeyer ein Exemplar des Testaments zu Schörner in die Tschechoslowakei bringen, Obersturmbannführer Lorenz ein zweites Dönitz in Schleswig-Holstein übergeben und Bormanns Referent, Standartenführer Zander, das dritte Giesler am Tegernsee in Oberbayern aushändigen. Johannmeyer, Lorenz und Zander nahmen noch in der gleichen Nacht Abschied von Hitler, der ihnen mitteilte, das Testament würden sie am Morgen des 29. April von Bormann erhalten.

An diesem Tag erschienen Johannmeyer, Lorenz und Zander gegen 4.00 Uhr morgens bei Bormann, der sie zusammen mit Günsche im Lagevorraum von Hitlers Bunker erwartete. Alle drei trugen Tarnanzug, Stahlhelm und waren mit einer Maschinenpistole bewaffnet. Bormann übergab jedem einen weißen Briefumschlag mit dem Siegel des »Führers«, in dem sich Hitlers Testament befand. Sie sollten sich durch die russischen Linien schlagen. Der Kommandant von Berlin, Weidling, und Mohnke

---

[392] In seinem politischen Testament ernannte Hitler folgende Kabinettsmitglieder. Reichspräsident: Dönitz, Reichskanzler: Goebbels, Parteiminister: Bormann, Außenminister: Seyß-Inquart, Innenminister: Giesler, Kriegsminister: Dönitz, Oberbefehlshaber des Heeres: Schörner, Oberbefehlshaber der Kriegsmarine: Dönitz, Oberbefehlshaber der Luftwaffe: Greim, Reichsführer SS und Chef der Deutschen Polizei: Hanke, Wirtschaft: Funk, Landwirtschaft: Backe, Justiz: Thierack, Kultus: Scheel. Schwerin von Krosigk wurde dann Außenminister der geschäftsführenden Regierung Dönitz in Flensburg.

erhielten Befehl, sie die deutschen Stellungen ungehindert passieren zu lassen.

Um 5.00 Uhr morgens wurde es im Bunker still. Nur das monotone Geräusch der Lüftung und das Brummen des Diesel-
aggregats im Maschinenraum waren zu hören. Günsche ließ sich
in einem Sessel nieder. Bald aber war es mit der Ruhe vorbei.
Lärmend stürmten Bormann, Burgdorf und nach ihnen auch
Krebs in den Vorraum. Alle drei waren stark angeheitert. Bormann schwenkte eine Flasche Kognak und goss sofort mehrere
Gläser voll. Bei starkem Schluckauf sagte er zu Burgdorf: »Für
den Fall, dass die Russen mich lebend kriegen, habe ich meine
Pille…«

Mit fahriger Bewegung zog er ein drei bis vier Zentimeter
langes Röhrchen aus seiner Tasche, schraubte den Deckel ab und
zeigte Burgdorf eine ovale Glaskapsel, die mit grünem Zyankali
gefüllt war.[393] Ächzend ließen sich die drei in die Sessel fallen,
und bald hörte man sie laut schnarchen.

Um 6.00 Uhr morgens tobte über dem Regierungsviertel ganz
unvermittelt der Feuersturm der russischen Artillerie und Mi-
nenwerfer wieder los. Geschosse aller Kaliber krachten auf die
Reichskanzlei nieder und explodierten dröhnend auf der Abdeckung des Bunkers.

Hitler war sofort auf den Beinen und lief rasch zu Goebbels
hinüber. Dort fand er auch dessen Frau vor, die gerade aus dem
alten Bunker herübergekommen war, wo sie mit den Kindern logierte. Frau Goebbels schluchzte heftig und konnte sich kaum
auf den Beinen halten.

Wenige Minuten später kam der diensthabende Offizier von
Hitlers Leibwache zu Linge gelaufen und überbrachte ihm Hitlers Anordnung, sein Goldenes Parteiabzeichen in Goebbels'
Raum zu bringen. Linge nahm das Abzeichen von Hitlers Jacke
und brachte es ihm. Hitler überreichte sein eigenes Abzeichen

---

[393] Kaliumcyanid ist farblos. Der grüne Schimmer könnte durch die Wachsummante-
lung der Kapseln entstanden sein.

Frau Goebbels mit den Worten, er zeichne sie für ihr »tapferes Verhalten« aus.

Gegen 10.00 Uhr vormittags verlagerte sich das Feuer der Russen stärker in Richtung Friedrichstraße – Unter den Linden. Mohnke rief Günsche an und teilte mit, russische Panzer seien auf der Wilhelmstraße und am Anhalter Bahnhof weiter vorgestoßen.

Günsche meldete das Hitler, der mit Eva Braun, Goebbels und Bormann auf der Bank im Lagevorraum saß. Ihr Gespräch verstummte. Alle blickten sich schweigend an. Niemand sagte ein Wort. Hitler beorderte Mohnke herbei, ließ ihn aber gar nicht zu Wort kommen, sondern fragte sofort, wie lange er sich noch werde halten können. Mohnke antwortete nach einigem Zögern, er hoffe, dass ihm das noch einen Tag gelinge. Er hatte den Bunker noch gar nicht verlassen, als bereits neue, schlimme Nachrichten eintrafen: »Die Russen sind auf beiden Seiten der Ost-West-Achse zum Angriff übergegangen.«

Und kurz darauf: »Russische Panzer stehen an der Technischen Hochschule!«

Hitler legte sich angezogen aufs Bett, konnte aber keine Ruhe finden. Immer wieder kam er heraus, fragte nach neuen Nachrichten, ließ Mohnke holen, sprach mit Krebs und Burgdorf und zog sich wieder zurück. Nachmittags eine neue Meldung: »Die Russen versuchen die Reichskanzlei über die U-Bahn-Schächte zu erreichen.«

Hitler, Eva Braun, Goebbels, Bormann und die Sekretärinnen versammelten sich im Lagevorraum. Hitler spielte mit Wolf, um seine Erregung zu verbergen. Bormann trank Schnaps. Goebbels, der in diesen Tagen vollkommen ergraut war, rauchte unablässig und starrte vor sich hin. Eva Braun wechselte ab und zu flüsternd einige Worte mit den Sekretärinnen.

Plötzlich im Gang der Entsetzensschrei: »Die Russen schießen aus Maschinenpistolen auf die Tür des Notausgangs!«

»Russische Scharfschützen sitzen auf den Dächern der umliegenden Ministerien!«

Alle sprangen auf. Die SS-Männer von Hitlers Leibwache und dem SD rannten im Stahlhelm durch den Lagevorraum zum Notausgang.

Die Aufregung im Bunker erreichte ihren Höhepunkt. Erst gegen Abend beruhigte sich die Stimmung ein wenig. Um 8.00 Uhr erschienen Weidling und Mohnke zum Vortrag. Ihre Mitteilungen waren äußerst knapp, da sich die Kampfhandlungen in Berlin jetzt auf einem sehr begrenzten Terrain abspielten und die deutschen Linien nur noch wenige Kilometer lang waren.

Nachdem Weidling und Mohnke gegangen waren, rief Hitler Axmann zu sich, der an diesem Tag in den Bunker der Neuen Reichskanzlei eingezogen war. Im Beisein von Bormann, Goebbels und Günsche verlieh er ihm den Deutschen Orden Zweiter Klasse, den nur die höchsten Funktionäre der nationalsozialistischen Partei – und das sehr selten – erhielten, sowie das Eiserne Kreuz Erster Klasse.[394] Dabei erklärte Hitler Axmann, er sei einer der wenigen, die ihm die Treue hielten.

Um 12.00 Uhr nachts begab sich Hitler über den unterirdischen Gang in den alten Bunker. Hier hatten Mohnke und Günsche die Sekretärinnen und Maschinenschreiberinnen von Hitlers Adjutantur und Mohnkes Befehlsstand in einer Reihe aufgestellt. Hitler gab jeder die Hand und sagte mit leiser Stimme: »Ich danke euch, Kinder.«

Aus den Nachbarräumen waren trunkene Stimmen zu hören. Günsche klärte Hitler auf, dass dort Rattenhuber (der Chef des RSD) seinen Geburtstag feiere. Da stürzte Rattenhuber auch schon auf Hitler zu, packte dessen Hände und begann sie zu küssen. Hitler gratulierte Rattenhuber in dürren Worten zum Geburtstag und schleppte sich dann in seine Räume zurück.

Die Nacht verging in Erwartung der Russen. Überall sprach man dem Alkohol kräftig zu. Nach Mitternacht flaute der Beschuss etwas ab.

---

[394] Reichsjugendführer Artur Axmann erhielt am 28.4.1945 das Goldene Kreuz des Deutschen Ordens.

Im Flur des Bunkers standen Professor Haase und Hitlers Hundedresseur, Feldwebel Tornow. Haase hielt eine Ampulle Zyankali und eine Zange in der Hand. Er hatte von Hitler den Auftrag erhalten, Blondi zu vergiften. An ihr wollte Hitler die Wirkung des Gifts ausprobieren. Um Mitternacht wurde die Hündin in der Toilette vergiftet. Tornow öffnete ihr das Maul, und Haase zerdrückte darin mit der Zange die Giftampulle. Das Zyankali wirkte sofort. Kurz darauf kam Hitler in die Toilette, um sich davon zu überzeugen, dass Blondi wirklich tot war. Dabei sagte er kein Wort. Auch sein Gesicht zeigte keine Regung. Eine Minute später ging er in seinen Arbeitsraum zurück.

In der Telefonvermittlung saßen zu dieser Zeit Mohnke und Günsche beisammen. Sie schwiegen, tranken starken Kaffee mit Kognak und gaben sich ihren Gedanken hin.

Die Russen waren inzwischen aus Richtung Zoo in den Tiergarten eingedrungen. Russische Panzer hatten den Reichstag erreicht. Auf der Prinz-Albrecht-Straße zwischen Anhalter Bahnhof und Potsdamer Platz standen sie noch 300 Meter von der Reichskanzlei entfernt. Auf der Friedrichstraße, der Prinzenstraße und am Spittelmarkt wurde gekämpft. So bot sich die Lage um die Reichskanzlei in der Nacht vom 29. zum 30. April dar. Am nächsten Tag musste sich alles entscheiden.

Worauf wartet Hitler noch?, fragte sich Günsche immer öfter. Dabei fiel ihm ein, wie Hitler vor eineinhalb Jahren zu seinen Feldmarschällen und Generalen gesprochen hatte: »Wenn einmal Deutschlands letzte Stunde schlägt, dann hoffe ich, dass Sie, meine Feldmarschälle, mit gezogenem Degen gemeinsam mit mir auf den Barrikaden kämpfen werden.«[395]

Alles leere Worte. Hitler war zu feige, auch nur aus seinem Bunker herauszuschauen. Er klammerte sich an die wenigen Stunden, die ihm das Schicksal noch ließ, stets in der Angst, die Russen könnten bereits in seinen Bunker eindringen.

---

[395] Vgl. Zitat Hitlers in Kapitel 10, vom sowjetischen Bearbeiter abgewandelt.

Angesichts des Fiaskos an der Ostfront waren Hitler und seine Generale gleichermaßen hilflos. Während des ganzen Krieges bis zur letzten Stunde taten die Generale alles, um in Hitlers Gunst zu bleiben. Verbeugungen und Schmeicheleien, nur positive Nachrichten über die Frontlage, kein Widerspruch. Tagaus, tagein das gleiche Lied: »Jawohl, mein Führer!«, »Selbstverständlich, mein Führer!«, »Zu Befehl, mein Führer!«, »Sie können sich auf mich verlassen, mein Führer!«.

Freudig und dankbar nahmen sie aus Hitlers Hand Orden und Zuwendungen entgegen, aber den Sieg über die Russen brachten sie ihm nicht.

Generalfeldmarschall Manstein, der damals nach Hitlers Schlussworten aufgesprungen war und gerufen hatte: »Führer befiehl, wir folgen!«, hatte kein Problem, die höchste militärische Auszeichnung, das Eichenlaub mit Schwertern zum Ritterkreuz, und eine Erhöhung seines Tagessatzes um 4000 Mark zu akzeptieren.[396] Er ließ es sich mit seiner Familie auf seinem Gut wohl sein, als Hitler ihn im Sommer 1944 wegen der schweren Misserfolge in der Ukraine und auf der Krim als Oberbefehlshaber der Heeresgruppe Süd ablöste.

In der Tür der Telefonvermittlung erschien Goebbels' schmächtige Gestalt. Langsam und schwer hinkend näherte er sich Mohnke und Günsche und bot ihnen Zigaretten an. Er war sehr still geworden und sprach fast gar nicht mehr. Noch wenige Tage zuvor hatte er die Berliner belogen, als er sie aufrief, den sinnlosen Widerstand fortzusetzen. Jetzt fragte er mit leiser, verstörter Stimme: »Was meinen Sie, meine Herren, kann ich heute Nacht noch ruhig schlafen? Oder kommen die Russen schon?«

Selbst in der Nacht vom 29. zum 30. April ließ Hitler nicht von seiner Gewohnheit, den Abendtee bis zum Morgen auszudehnen. In dieser Nacht leisteten ihm Eva Braun, jetzt Frau Hitler, Frau Christian, Frau Junge und Fräulein Manziarly Ge-

---

[396] Generalfeldmarschälle erhielten monatlich zu ihrem regulären Gehalt von 2000 Mark eine besondere Aufwandsentschädigung von 4000 Mark; hinzu kamen weitere 400 Mark Dienstzulagen.

sellschaft. Es war Hitlers letzter Teeabend. Gegen 5.00 Uhr morgens verließen die Sekretärinnen und Fräulein Manziarly mit traurigen Gesichtern Hitlers Arbeitsraum. Frau Junge berichtete Günsche, Hitler wolle sich an diesem Tag erschießen, da die Russen jeden Augenblick in den Bunker eindringen könnten.

Hitler hatte endgültig von ihnen Abschied genommen. Eva Braun hatte ihnen ebenfalls Lebewohl gesagt, da auch sie sich umbringen wollte. Frau Junge erzählte, Eva Braun habe ihr mehrere Wertgegenstände geschenkt – Kleider und den Pelz, den sie bei der Trauung getragen hatte. Außerdem habe sie ihr eine kleine Pistole gegeben, die sie einst von Hitler als Geschenk erhalten hatte. Frau Junge lieferte sie bei Günsche ab.

Der Rest der Nacht verging in Erwartung der Russen. Todesahnung breitete sich aus. Bormann, Burgdorf, Krebs, Hewel und Voss lagerten in den Sesseln, die im Vorraum standen. Die Sekretärinnen nächtigten auf Matratzen im Lagerraum. Alle Übrigen legten sich angekleidet aufs Bett, geladene Pistolen neben sich.

Am 30. April gegen 8.00 Uhr morgens diktierte Hitler in seinem Arbeitsraum Bormann den Befehl an die Kampfgruppe Mohnke, aus dem Regierungsviertel auszubrechen. Nach Hitlers Selbstmord sollte diese Einheit versuchen, in kleinen Gruppen aus Berlin herauszukommen und sich den noch kämpfenden deutschen Truppen anzuschließen. Der Befehl wurde von Bormanns Sekretärin Fräulein Krüger auf dem »Führerbogen« abgetippt und von Hitler unterzeichnet. Gegen 10.00 Uhr morgens rief Hitler Mohnke zu sich. Als dieser aus dem Arbeitsraum herauskam, zeigte er Linge freudestrahlend den unterschriebenen Befehl.

Bereits im Morgengrauen hatte das Höllenfeuer der russischen Artillerie auf die Reichskanzlei wieder eingesetzt. Es hielt den ganzen Tag an und klang wie pausenloser, schwerer Donner.

Gegen 2.00 Uhr mittags kam Bormann bleich und verwirrt aus Hitlers Arbeitsraum in den Lagevorraum heraus. Er trat rasch auf Günsche zu und flüsterte ihm aufgeregt ins Ohr: »Gut, dass Sie hier sind. Ich wollte gerade nach Ihnen schicken.«

Mit tonloser Stimme teilte er Günsche mit, Hitler und Eva Braun wollten an diesem Tag ihrem Leben ein Ende setzen. Ihre Leichen sollten mit Benzin übergossen und im Garten der Reichskanzlei verbrannt werden. Das sei Hitlers kategorischer Befehl. Sein Leichnam dürfe auf keinen Fall den Russen in die Hände fallen.

Das ist also das Ende – den Führer mit Benzin übergießen und verbrennen, dachte Günsche und erschauerte. Allerdings konnte ihn Bormanns Mitteilung nicht mehr allzu sehr beeindrucken. So ähnlich musste das Ende ja sein. Hitler hatte weder die Kraft noch den Mut, den Soldatentod zu sterben, den er bis in die letzten Tage von den deutschen Offizieren und Soldaten, ja selbst von Frauen und Kindern gefordert hatte. Hinter den dicken Mauern seines Bunkers verborgen, war er kläglich bemüht, das Urteil des Schicksals so lange wie möglich hinauszuzögern. Erst als die Russen an der Schwelle der Reichskanzlei standen, suchte er den unwürdigen Freitod, nicht ohne vorher angeordnet zu haben, seinen Leichnam zu verbrennen.

Bormann bat Günsche, dafür zu sorgen, dass auf dem oberen Treppenabsatz beim Notausgang Benzin für das Verbrennen der Leichen bereitstehe. »Wir, des Führers Getreue, die bis zum Ende bei ihm geblieben sind, werden ihm auch diesen letzten Dienst erweisen«, erklärte Bormann heuchlerisch. Schleppenden Schrittes verließ er den Vorraum. Günsche blieb allein. Sogleich rief er Mohnke an und bat ihn, in Hitlers Bunker zu kommen. Einige Minuten später stürzten Rattenhuber, Baur und Betz erregt und verstört in den Vorraum. Sie waren soeben Bormann begegnet und hatten von ihm erfahren, dass Hitler seinem Leben ein Ende setzen wolle. Nun bestürmten sie Günsche mit Fragen. Der wollte gerade antworten, als die Tür aufging und Hitler herauskam. Rattenhuber, Baur, Günsche und Betz rissen den Arm zum Gruß hoch. Hitler reagierte nicht, sondern bat sie nur mit matter Stimme näher heran. Betz hielt sich etwas abseits. Hitler wandte sich ihm zu: »Kommen auch Sie näher. Sie können es ruhig hören.«

Hitlers Augen, die einst Feuer gesprüht hatten, waren erloschen, das Gesicht war erdfarben. Unter den Augen hatte er dunkle Ringe. Das Zittern seiner linken Hand schien bereits Kopf und Körper erfasst zu haben. Fast tonlos kam es aus seinem Mund: »Ich habe angeordnet, mich nach dem Tod zu verbrennen. Achten auch Sie darauf, dass mein Befehl exakt ausgeführt wird. Ich will nicht, dass man meinen Leichnam nach Moskau bringt und im Panoptikum zur Schau stellt.«

Mühsam deutete Hitler mit dem rechten Arm eine Abschiedsgeste an und wandte sich um. Baur und Rattenhuber schrien auf. Rattenhuber griff nach Hitlers Hand, aber der wich aus und verschwand hinter der Tür seines Arbeitsraums.

Ganz mechanisch, aber in großer Eile ging Günsche daran, Hitlers und Bormanns Befehl zur Verbrennung der Leichen von Hitler und Eva Braun auszuführen. Er rief Hitlers Chauffeur Kempka an, der im Bunker neben der Garage der Reichskanzlei an der Hermann-Göring-Straße logierte, und befahl ihm, unverzüglich zehn Kanister mit Benzin in den Führerbunker zu bringen und am Notausgang zum Garten bereitzustellen.

Als das geschehen war, teilte Günsche Kempka Hitlers Absicht mit, sich das Leben zu nehmen. Dann befahl Günsche den SS-Männern von Leibwache und Sicherheitsdienst, die den kleinen Raum am Notausgang belegten, diesen sofort zu räumen und an einen anderen Ort umzuziehen. Auch die Posten, die vor der Panzertür zur Treppe des Notausgangs standen, beorderte er in den Bunker zurück. Nur einen einzigen Mann, den SS-Untersturmführer Hofbeck, beließ er vor dem Notausgang mit dem Befehl, niemanden passieren zu lassen. Dann ging Günsche in den Flur des Bunkers und nahm an der Tür des Lagevorraums Aufstellung, um den folgenschweren Schuss abzuwarten. Die Uhr zeigte zehn Minuten nach 3.00 Uhr.

Wenig später kam Eva Braun aus Hitlers Arbeitsraum ins Vorzimmer heraus. Traurig gab sie Linge die Hand und sagte dabei: »Leben Sie wohl, Linge. Ich wünsche Ihnen, dass Sie aus Berlin herauskommen. Sollten Sie meiner Schwester Gretl begegnen, dann sagen Sie ihr nicht, welches Ende ihr Mann gefunden hat.«

Dann ging sie zu Frau Goebbels, die sich im Zimmer ihres Mannes aufhielt. Einige Minuten später kam Eva Braun aus Goebbels' Zimmer in die Telefonvermittlung, wo sich Günsche befand. Sie bat ihn: »Sagen Sie bitte dem Führer, Frau Goebbels bittet ihn, noch einmal zu ihr zu kommen.«

Günsche schritt zu Hitlers Arbeitsraum. Da Linge im Augenblick nicht zu sehen war, klopfte er selbst an und trat ein. Hitler stand am Tisch. Als er Günsche so unvermittelt vor sich sah, fuhr er zusammen.

»Was denn noch?«, brummte er mürrisch.

Günsche meldete: »Mein Führer, Ihre Gattin lässt Ihnen sagen, dass Frau Goebbels Sie noch einmal sehen möchte. Sie ist gemeinsam mit Ihrer Gattin in ihrem Zimmer.«

Hitler überlegte einen Moment und ging in Goebbels' Raum hinüber. Um 3.40 Uhr kam Linge in die Telefonvermittlung, wo Hitlers Diener Krüger mit einem Wachposten beisammen stand. Nebenan im Aufenthaltsraum vor Goebbels' Schlafzimmer stand Hitler mit Goebbels, der diesen wohl zum letzten Mal zu überreden versuchte, Berlin zu verlassen.

Aber Hitler entgegnete ihm in hysterischem Ton: »Nein, Doktor! Sie kennen meinen Entschluss. Er ist unabänderlich!«

Hitler ging in Goebbels' Schlafraum, wo sich Frau Goebbels und Eva Braun aufhielten, und nahm Abschied von Frau Goebbels. Dann ging er in seine Räume zurück. Linge und Krüger folgten ihm. An der Tür des Arbeitsraums bat Linge, von Hitler Abschied nehmen zu dürfen. Der antwortete ihm erschöpft und teilnahmslos: »Ich habe Befehl zum Durchbruch gegeben. Versuchen Sie, sich mit einer kleinen Gruppe nach dem Westen durchzuschlagen.«

Linge fragte: »Mein Führer, für wen sollen wir uns denn jetzt noch durchschlagen?«

Hitler wandte sich Linge zu, blickte ihn eine Weile schweigend an und verkündete dann pathetisch: »Für den kommenden Mann!«

Er verabschiedete Linge und Krüger mit einem schlaffen Händedruck und hob den rechten Arm. Linge und Krüger nahmen Haltung an und rissen den Arm hoch, um Hitler ihren letzten Gruß zu erweisen. Dann schlossen sie die Tür zu seinem Arbeitsraum und liefen gemeinsam in den alten Bunker hinüber. »Nur nichts sehen und hören!«, rief Linge Krüger im Laufen zu.

Eva Braun ließ noch zwei, drei Minuten verstreichen, bevor sie Goebbels' Zimmer verließ. Langsamen Schrittes begab sie sich in Hitlers Arbeitsraum. Wenige Minuten später kam Goebbels heraus und steuerte auf den Lageraum zu, wo sich inzwischen Bormann, Krebs, Burgdorf, Naumann, Rattenhuber und Axmann eingefunden hatten.

Schon nach wenigen Minuten kam Linge in Hitlers Bunker zurück. Vor der geöffneten Panzertür zum Lagevorraum stand Günsche mit dem diensthabenden SS-Obersturmführer Frick. Es war jetzt wenige Minuten vor 4.00 Uhr. Als Linge an Günsche vorbeiging, bemerkte er: »Ich denke, es ist vorüber« und trat rasch ins Vorzimmer. Dort stieg ihm Pulverdampf wie von einem Schuss in die Nase. Linge ging wieder in den Lagevorraum hinaus, wo er unerwartet auf Bormann stieß. Der stand mit gesenktem Kopf neben der Tür zum Lageraum und stützte sich mit dem Arm auf den Tisch. Linge meldete Bormann, in Hitlers Vorzimmer rieche es nach Pulverdampf. Bormann richtete sich auf und eilte zusammen mit Linge in Hitlers Arbeitsraum. Linge öffnete die Tür und trat zusammen mit Bormann ein. Ihnen bot sich folgendes Bild: Links auf dem Sofa saß Hitler. Er war tot. Neben ihm die tote Eva Braun. An Hitlers rechter Schläfe klaffte eine pfenniggroße Einschusswunde, über die Wange liefen zwei Blutspuren. Auf dem Teppich neben dem Sofa hatte sich eine tellergroße Blutlache gebildet. Wand und Sofa waren blutbespritzt. Hitlers rechte Hand lag auf dem Knie mit der Handfläche nach oben, die linke hing am Körper herab. Neben Hitlers rechtem Fuß lag eine Pistole vom Typ Walther, Kaliber 7,65 mm, neben dem linken Fuß dasselbe Modell, Kaliber 6,35 mm. Hitler trug seinen grauen Waffenrock mit dem Goldenen Parteiabzeichen, dem Eisernen Kreuz Erster Klasse und dem Verwundetenabzeichen des Ersten Weltkrieges – wie stets in den letzten Tagen. Weiter trug er ein weißes Hemd mit schwarzer Krawatte, eine schwarze Hose, schwarze Socken und schwarze lederne Halbschuhe.

Eva Braun saß mit hochgezogenen Beinen auf dem Sofa. Ihre hellen Schuhe mit den hohen Absätzen standen auf dem Fußboden. Ihre Lippen waren fest zusammengepresst. Sie hatte sich mit Zyankali vergiftet.

Bormann lief in den Vorraum hinaus, um die SS-Männer zu rufen, welche die beiden leblosen Körper in den Garten tragen sollten. Aus dem Vorzimmer holte Linge die dort deponierten Decken, um Hitler darin einzuhüllen. Eine breitete er im Arbeitsraum auf dem Fußboden aus. Mithilfe von Bormann, der wieder zurückgekommen war, legte Linge Hitlers noch nicht erkalteten Körper auf den Fußboden und hüllte ihn in die Decke ein.

Günsche lief in den Lageraum. Er riss die Tür so hastig auf, dass Goebbels, Krebs, Burgdorf, Axmann, Naumann und Rattenhuber, die um den Tisch standen, zusammenfuhren. Günsche rief: »Der Führer ist tot!« Alle stürzten in den Vorraum.

In diesem Moment kam Linge, gefolgt von den SS-Männern Lindloff und Reisser, mit Hitlers Leichnam aus dem Arbeitsraum heraus. Unter der Decke schauten Hitlers Füße in den schwarzen Socken und Halbschuhen hervor. Durch den Lagevorraum trug man den Leichnam zum Notausgang in den Garten. Goebbels, Burgdorf, Krebs, Axmann, Naumann, Günsche und Rattenhuber, die noch im Vorraum standen, hoben den Arm zum Gruß.

Dann kamen Bormann und hinter ihm Kempka mit Eva Brauns Leichnam in den Armen aus Hitlers Arbeitsraum. Goebbels, Axmann, Naumann, Rattenhuber, Krebs und Burgdorf folgten Hitlers Leiche zum Notausgang. Günsche trat zu Kempka, nahm ihm Eva Braun ab, die noch nicht eingehüllt war, und trug sie zum Ausgang. Von ihr ging starker Zyankaligeruch aus. Günsche lief rasch die Treppe hinauf, vorbei an Goebbels, Axmann, Naumann, Burgdorf, Krebs und Rattenhuber, die auf dem oberen Treppenabsatz stehen geblieben waren.

Wegen des starken Artilleriebeschusses gingen sie nicht in den Garten hinaus. Hitlers eingehüllter Leichnam lag nun zwei Meter vor dem Eingang zum Bunker auf dem Boden. Günsche legte Eva Braun an dessen rechter Seite nieder. Bormann beugte sich über Hitler, deckte sein Gesicht noch einmal auf und blickte ihn mehrere Sekunden an. Dann schlug er die Decke wieder über ihn.

Im Garten der Reichskanzlei und über dem Bunker gingen heulend und pfeifend Granaten nieder. Über die zerfetzten Bäume des Gartens zogen dicke Rauchwolken. Die Reichskanzlei und die angrenzenden Gebäude brannten lichterloh.

Bormann, Günsche, Linge, Lindloff, Kempka, Schädle und Reisser griffen sich die bereitstehenden Kanister mit Benzin und gossen alle 200 Liter über Hitlers und Eva Brauns Leichen. Lange wollte es ihnen nicht gelingen, das Benzin zu entflammen. Der starke Wind, den die Brände erzeugten, blies die Streichhölzer immer wieder aus. Am Ende packte Günsche eine der am Eingang liegenden Handgranaten, um damit das Benzin in Brand zu setzen. Aber bevor er das tun konnte, war es Linge gelungen, ein brennendes Stück Papier auf die Leichen zu werfen und damit das Benzin zu entzünden. Hitlers und Eva Brauns Körper waren augenblicklich von Flammen umhüllt. Man musste die Tür zum Bunker rasch fest schließen, weil das Feuer durch den Spalt hereinschlug. Bormann, Goebbels, Axmann, Naumann, Krebs, Burgdorf, Günsche, Linge, Schädle, Kempka, Reisser und Lindloff blieben noch einige Augenblicke auf dem oberen Treppenabsatz stehen, bis sie schweigend wieder in den Bunker hinabstiegen.

Günsche begab sich in Hitlers Arbeitsraum. Dort war alles unverändert. Auf dem Fußboden neben der Blutlache lagen die beiden Pistolen. Günsche hob sie auf und entlud sie. Dabei stellte er fest, dass der tödliche Schuss aus der 7,65-mm-Waffe stammte. Die zweite war ebenfalls geladen und entsichert. Günsche steckte beide in die Tasche und übergab sie später Axmanns Adjutant, Leutnant Hamann. Ihm händigte er auch Hitlers Hundepeitsche aus. Hamann wollte beides als Reliquien für die »Hitlerjugend« aufbewahren.

Nun ging Günsche in den Lageraum hinüber, wo sich Bormann, Goebbels, Axmann, Burgdorf, Krebs, Mohnke und Naumann wieder eingefunden hatten. Jetzt musste man entscheiden, was weiter geschehen sollte. Bormann, Axmann, Mohnke und Günsche bestanden darauf, einen Durchbruch zu versuchen. Goebbels war dagegen. Er erklärte theatralisch: »Ich gehe jetzt auf den Wilhelmplatz hinaus. Vielleicht trifft mich dort eine Kugel!«

Bormann war so nervös, dass er nicht stillstehen konnte. Immer wieder rief er: »Kann mir denn keiner einen ›Storch‹ besorgen? Ich muss unbedingt zu Dönitz. Das ist sehr wichtig.«

In Bormanns Augen stand die nackte Angst. Raus aus dieser Hölle – das war sein einziger Gedanke und sein sehnlichster Wunsch. Von Hitler war keine Rede mehr. Es ging nur noch um das eine: »Wie kommen wir hier heraus?«

Schließlich schlug Goebbels als neuer »Reichskanzler« vor, man könnte doch zum russischen Oberkommando Kontakt aufnehmen und versuchen, wenigstens für einige Stunden eine Einstellung der Kampfhandlungen zu erreichen. Es war klar, dass Goebbels das Ende noch einige Stunden hinauszögern wollte, denn er konnte nicht ernsthaft glauben, dass ein derartiger Plan eine Chance hatte. Krebs riet abzuwarten, bis General Weidling im Bunker erschien, der sich für 5.30 Uhr zum Vortrag bei Hitler angemeldet hatte.

Günsche ging in die Telefonvermittlung. Aus der halb geöffneten Tür zu Goebbels' Schlafraum war das Schluchzen von dessen Frau zu hören: »Was soll denn jetzt aus den Kindern und aus mir werden? Das hätte der Führer nicht tun dürfen…«

Linge hatte inzwischen Krüger und die Ordonnanz Schwiedel angewiesen, den blutbespritzten Teppich aus Hitlers Arbeitsraum zu schaffen. Alle drei suchten nach der Patronenhülse, die bei dem Schuss aus der Waffe gesprungen sein musste. Aber sie war nicht zu finden. Sie schleppten den Teppich hinaus und verbrannten ihn im Garten. Alle Papiere, darunter Meldungen des Deutschen Nachrichtenbüros, die auf dem Schreibtisch lagen, verbrannte Linge selbst. In Hitlers Räumen standen jetzt nur noch die nackten Möbel. Das Bild Friedrichs II., das über dem Schreibtisch gehangen hatte, nahm Linge aus dem Rahmen und übergab es, wie von Hitler gewünscht, an den Piloten Baur, der es unter seine Jacke steckte.

Inzwischen lief Hitlers Hundedresseur, Feldwebel Tornow, in volltrunkenem Zustand durch den Bunker der Neuen Reichskanzlei und brüllte: »Der Führer ist tot, rette sich, wer kann!«

Unter den Bunkerinsassen, besonders den Verwundeten, brach Panik aus. Wie sich herausstellte, hatte Tornow zuvor im Garten Blondis Welpen, darunter auch Wolf, die Hunde von Eva Braun und Frau Christian sowie seinen eigenen Hund erschossen. Tornow wurde festgenommen.

Gegen 5.30 Uhr erschien Weidling in Hitlers Bunker. Goebbels teilte ihm den Tod Hitlers und die Zusammensetzung der neuen Regierung mit. An der nun folgenden Lagebesprechung nahmen Bormann, Goebbels, Axmann, Krebs, Burgdorf, Weidling, Mohnke, Günsche und Naumann teil. Dort erörterte man den Plan, aus der Reichskanzlei auszubrechen oder die Russen zu bitten, die Kampfhandlungen zeitweilig einzustellen. Nach langem Hin und Her wurde der zweite Plan angenommen. Man entschied, den Chef der Operationsabteilung in Weidlings Stab, Oberst Dufving, als Parlamentär zum nächstliegenden russischen Stab zu schicken.

Gegen 7.30 Uhr abends verließ Dufving den Bunker und ging durch die deutschen Stellungen im Umfeld der Reichskanzlei zu den Russen. Gegen 11.00 Uhr war er wieder zurück. Er meldete, die Russen hätten ihn nicht angehört, da er keinerlei Vollmachten bei sich führte. Noch in derselben Nacht sandten Goebbels und Bormann Krebs zum russischen Oberkommando, wo er als Generalstabschef Verhandlungen aufnehmen sollte. Ungeduldig warteten alle auf seine Rückkehr.[397]

Als Linge am Morgen des 1. Mai aus seiner Unterkunft kam, stieß er im Lagevorraum des Bunkers auf Goebbels. Nachdem sie sich begrüßt hatten, stellte Goebbels Linge mit belegter Stimme die Frage: »Sagen Sie, Linge, haben Sie den Führer denn nicht vom Selbstmord abhalten können?«

Linge entgegnete: »Herr Doktor, wenn nicht einmal Sie das geschafft haben, wie sollte ich das können?«

Goebbels fuhr fort: »Ich habe eine schreckliche Nacht hinter mir. Auch ich habe beschlossen, meinem Leben ein Ende zu setzen. Aber das ist ein sehr schwerer Augenblick. Ich habe lange mit mir gerungen, doch mir fehlt der Mut.«

Gegen Mittag kam Krebs mit der Nachricht zurück, das russische Oberkommando fordere die bedingungslose Kapitulation.

Um 6.00 Uhr abends beorderte Burgdorf Mohnke und Günsche zu sich in den Bunker der Neuen Reichskanzlei. Bei ihm waren bereits Weidling und Dufving. Als Mohnke und Günsche eintraten, zog Weidling gerade einen Zettel aus seiner Jackentasche und sagte zu Dufving: »Damit ich es nicht vergesse: Der Führer hat Sie zum Oberst befördert. Ich gratuliere Ihnen.«

Weidling breitete auf einem Tischchen einen Stadtplan von Berlin aus und teilte Mohnke und Günsche mit, die Reste der

---

[397] General Krebs verhandelte am 1.5.1945 ab 4.00 Uhr mit dem Kommandeur der 8. sowjetischen Garde-Armee, General Wassili Tschuikow, über einen Waffenstillstand. Tschuikow setzte Marschall Georgi Schukow von den Verhandlungen telefonisch in Kenntnis, der wiederum Stalin informierte. Da Krebs keine Vollmachten hatte, eine bedingungslose Kapitulation abzuschließen, blieben die Waffenstillstandsgespräche ohne Ergebnis. Der General kehrte gegen 12.00 Uhr in den Bunker der Reichskanzlei zurück.

Berliner Garnison versuchten, an diesem Abend gegen 10.00 Uhr die russischen Linien zu durchbrechen und aus Berlin zu entkommen. Nachdem er noch einige Einzelheiten dargelegt hatte, fragte er Mohnke, welche Richtung dieser mit seiner Kampfgruppe einzuschlagen gedenke. Mohnke zeigte auf der Karte die vorgesehene Route in nordwestlicher Richtung über Tegel. Damit war die Besprechung zu Ende. Mohnke und Günsche verließen den Raum. Von gegenüber hörten sie schwere Hammerschläge. Dort zerstörten Nachrichtensoldaten befehlsgemäß die Funkstation und die Telefonvermittlung des »Führerhauptquartiers«.

Mohnke ging zu seiner Kommandostelle zurück, um den Befehl zum Durchbruch auszufertigen. Günsche informierte Linge, Schädle, Högl und Kempka, die Garnison versuche, an diesem Abend durchzubrechen. Bormann, Voss, Hewel und Stumpfegger sagte er, sie sollten sich für den Abmarsch fertig machen. Auch die Frauen – Christian, Junge, Krüger und Manziarly, die sich entgegen Hitlers Rat nicht umgebracht hatten – setzte er davon in Kenntnis. Sie wollten sich den Männern anschließen.

Gegen 8.00 Uhr abends begaben sich Günsche, Linge, Schädle und Kempka zu Mohnkes Befehlsstand. Die Soldaten der Kampfgruppe lagerten in den Korridoren, Gängen und Räumen des Bunkers der Neuen Reichskanzlei auf Kisten, Bänken oder auf dem nackten Boden. Von den pausenlosen schweren Kämpfen erschöpft, schliefen sie, Waffe und Stahlhelm neben sich, in den unnatürlichsten Stellungen. Zwischen ihnen lagen stöhnende Verwundete.

Letztere wurden in den kurzen Pausen, wenn das Feuer der Russen etwas nachließ, mit Tragen in die Keller des halb abgebrannten Hotels Adlon Unter den Linden gebracht, wo sich ein Lazarett befand. Wer bereits im Bunker seinen Verletzungen erlag, wurde im Garten der Reichskanzlei begraben. Der Strom der Verwundeten riss nicht ab. Wilde Schmerzensschreie und Stöhnen tönten durch die Räume. In der abgestandenen Luft, von der einem übel wurde, mischten sich Tabakrauch, Schwefeldampf, Karbolgeruch und der Gestank übergelaufener Toiletten.

An Mohnkes Befehlsstand hatten sich bereits Axmann, Naumann, Albrecht, Rattenhuber und mehrere Offiziere der Kampfgruppe eingefunden. Mohnke verlas den Durchbruchsbefehl, der auch festlegte, in welcher Reihenfolge die Reichskanzlei zu verlassen war. Der Durchbruch sollte in mehreren Gruppen erfolgen. Der ersten Gruppe, die Mohnke selbst befehligen wollte, sollten Günsche, Hewel, Voss, Frau Christian, Frau Junge, Fräulein Krüger, Fräulein Manziarly und Hitlers Begleitkompanie unter dem Kommando von Obersturmführer Doose angehören. Die zweite Gruppe, die Naumann befehligte, bestand aus Bormann, Schach, Funktionären der Berliner Leitung der nationalsozialistischen Partei und einem Bataillon »Volkssturm« aus dem Propagandaministerium. Die dritte Gruppe, an deren Spitze Kempka gestellt wurde, bestand aus Linge, den Ordonnanzen, Hitlers Leibwache und den Kraftfahrern der Reichskanzlei. Einer vierten Gruppe, die Hitlers Persönlicher Adjutant, Brigadeführer Albrecht, kommandierte, gehörten die Mitarbeiter von Hitlers Adjutantur an. Die fünfte Gruppe unter dem Befehl von Rattenhuber bestand aus Baur, Betz, Högl und den Mitarbeitern des SD. Die sechste Gruppe unter Axmanns Führung setzte sich aus 200 Berliner Jungen zusammen, die er einige Tage zuvor in den Bunker geholt hatte, um Hitler aus Berlin herauszubringen. Als dieser ablehnte, behielt sie Axmann zu seiner persönlichen Verfügung.

Der Durchbruch sollte nach folgendem Plan ablaufen: Zunächst ging es von der Reichskanzlei durch den U-Bahn-Tunnel bis zur Station Kaiserhof, von dort möglichst weit in Richtung Wedding. In kleinen Gruppen konnte man sich dann durch Nebenstraßen über den Stettiner Bahnhof und Tegel in nordwestlicher Richtung bewegen, um die dort kämpfenden deutschen Einheiten zu erreichen.

Günsche verließ Mohnkes Befehlsstand, um Linge, Schädle, Kempka und Högl die Einzelheiten des Durchbruchsplans mitzuteilen. Um 10.00 Uhr abends verabschiedete sich Günsche von Hitlers Flügeladjutanten Burgdorf und dem Generalstabschef des Heeres, Krebs. Sie wollten nicht an dem Ausbruchsversuch teilnehmen, sondern sich im »Ehrenhof« erschießen, wenn die Russen in die Reichskanzlei eindrangen. Burgdorf erklärte: »Als junger Offizier habe ich die Niederlage Deutschlands im Ersten Weltkrieg 1918 erlebt. Damals war ich jung und voller Kraft. Jetzt bin ich zu alt und zu enttäuscht.«

Dann nahm Günsche vom Chef der Gestapo, SS-Gruppenführer Müller, Abschied. Der teilte mit, er werde sich in der Reichskanzlei erschießen, denn um nichts in der Welt wolle er den Russen lebend in die Hände fallen.

Gegen 10.00 Uhr abends ging Günsche zu Goebbels, um ihm und seiner Frau Lebewohl zu sagen. Frau Goebbels saß voller Verzweiflung in einem Sessel. Sie reichte Günsche nur schweigend die Hand und zog sich in Goebbels' Schlafraum zurück. Goebbels' Gesicht war aschfahl. Mit kaum hörbarer Stimme sagte er: »Ich werde mich mit meiner Frau hier im Bunker erschießen. Ich wünsche Ihnen, dass Sie heil aus Berlin herauskommen.«

Goebbels steckte sich eine Zigarette an, reichte Günsche die Hand und verschwand ebenfalls in seinem Schlafraum.

Nun ging Günsche in den Bunker der Neuen Reichskanzlei hinüber. Dort wurden bereits seit 9.30 die Gruppen für den Ausbruch zusammengestellt.

Um 10.00 Uhr kamen Goebbels' Adjutant Schwägermann und der Kammerdiener Ochs aus Hitlers Bunker, um sich ihrer Gruppe anzuschließen, und berichteten Linge Folgendes: Goebbels und Frau hätten sich vor wenigen Minuten in Hitlers Bunker erschossen. Naumann, Schwägermann, Ochs und andere übergossen beide Leichen in Goebbels' Schlafraum mit Benzin und zündeten sie an.[398] Dann hatten sie Mühe, selbst noch aus

---

[398] Andere Zeugen sagten später aus, Joseph und Magda Goebbels hätten sich im Garten der Reichskanzlei erschossen. Diese Version wird durch Akten der sowjetischen Militärabwehr bestätigt.

dem Bunker zu kommen, denn der starke Windzug, den die
Flammen auslösten, hatte die Panzertüren fest zugeschlagen.

Wenige Stunden zuvor, gegen 4.00 Uhr nachmittags, als
Linge sich noch in Hitlers Bunker aufhielt, hatte Hitlers Arzt
Stumpfegger in Goebbels' Auftrag dessen fünf Kinder vergiftet.
Das Gift goss er ihnen in den Kaffee. Frau Goebbels erwartete
Stumpfegger draußen vor der Tür. Als er herauskam, nickte er
ihr zu zum Zeichen, dass die Kinder vergiftet seien.[399] Sie fiel in
Ohnmacht, und zwei SS-Leute aus Hitlers Leibwache trugen sie
in den Schlafraum ihres Mannes.

Die Reichskanzlei verließen etwa 2000 Personen. Die meisten waren mit Maschinenpistolen, Schnellfeuergewehren, Pistolen und Panzerfäusten bewaffnet. Mit ihnen zog die Kampfgruppe Mohnke, etwa 3000 Mann mit mehreren Tiger-Panzern,
Selbstfahrlafetten, Panzerabwehrgeschützen, Minenwerfern und
Maschinengewehren.

Das Lazarett verblieb unter Leitung von Professor Haase im
Bunker der Neuen Reichskanzlei.

Kurz nach 10.00 Uhr abends verließ die erste Gruppe unter
Mohnkes Befehl den Bunker. Ihr gehörten neben 80 bis 100 Soldaten Günsche, Hewel, Voss, die Sekretärinnen Christian, Junge
und Krüger, die Diätköchin Manziarly und mehrere Offiziere
der Kampfgruppe Mohnke an. In kleinen Trupps überquerten sie
den »Ehrenhof« der Neuen Reichskanzlei, gingen durch das
große Tor auf den Wilhelmplatz hinaus und liefen zur U-Bahn-
Station Kaiserhof. Von dort gelangten sie durch den U-Bahn-
Schacht zum Bahnhof Friedrichstraße. Die Tunnels, vor allem
die Bahnhöfe, waren von Soldaten, Zivilisten, Frauen und Kindern überfüllt. Überall weinende Kinder, hysterisch schreiende
Frauen, fluchende oder Befehle rufende Soldaten. Besonders
chaotisch war die Lage auf dem Bahnhof Friedrichstraße. Hier
hatte man die Tunnels verbarrikadiert, und es ging nicht mehr

---

[399] Auch über den Tod der Goebbels-Kinder gibt es abweichende Zeugenaussagen:
Stumpfegger hätte den Kindern zunächst ein Schlafmittel verabreicht, danach hätte er sie
gemeinsam mit Magda Goebbels vergiftet.

weiter. Man konnte nur in sehr kleinen Gruppen herauskommen, denn die Ausgänge wurden von russischen Geschosswerfern belegt.

Ein Teil der Angehörigen der Gruppe Mohnke verlor sich in der Menge. Schließlich gelang es Mohnke mit einem Teil seiner Leute, die U-Bahn zu verlassen, über die Weidendammer Brücke auf die andere Seite der Spree zu kommen und von dort durch die Höfe der Charité und über miteinander verbundene Keller an der Chausseestraße, an der Maikäfer-Kaserne vorbei, bis zum Bahnhof Wedding zu gelangen. Seine Gruppe war auf 20 bis 25 Personen zusammengeschrumpft, darunter er selbst, Günsche, Hewel sowie die vier Frauen Christian, Junge, Krüger und Manziarly. Die Straßen waren menschenleer. Viele Häuser brannten. Dieser Teil der Stadt war bisher wenig beschossen worden. Unerwartet stieß die Spitze der Gruppe auf zwei Panzer T-34, die eine Straßenkreuzung bewachten und das Maschinengewehrfeuer eröffneten. Sie musste sich zurückziehen. Man versuchte über Seitenstraßen weiter voranzukommen, aber vergeblich. Das Häuflein schmolz sichtbar zusammen. Schließlich blieben Mohnke, Günsche, Hewel und die vier Frauen übrig.

Am Vormittag des 2. Mai erreichten sie einen großen Luftschutzkeller neben der Brauerei an der Schönhauser Allee. Dorthin hatten sich mehrere hundert deutsche Soldaten aller Waffengattungen zurückgezogen. In dem Keller befand sich der Befehlsstand des Divisionskommandeurs Generalmajor Rauch und des Kommandeurs einer Fallschirmjäger-Division, Oberst Herrmann. Mohnke und Günsche versuchten gemeinsam mit Rauch, Herrmann und einigen weiteren Offizieren, die Soldaten neu zu formieren und den Durchbruch fortzusetzen. Nach und nach fanden sich weitere Offiziere und Soldaten der Kampfgruppe Mohnke ein, dazu SS-Offiziere aus Hitlers Leibwache und dem Sicherheitsdienst sowie mehrere Mitarbeiter von Hitlers Persönlichem Stab, die anderen Gruppen angehört hatten. Unter ihnen war auch der Chef des Sicherheitsdienstes Rattenhuber, der sich leicht am Bein verletzt hatte.

Gegen 3.00 Uhr nachmittags näherten sich russische Einheiten dem Luftschutzkeller in der Schönhauser Allee.

Zur Befehlsstelle von Rauch und Herrmann kamen russische Offiziere und erklärten, die Berliner Garnison habe bereits vergangene Nacht kapituliert.[400] Um weiteres Blutvergießen zu vermeiden, forderten sie die Deutschen auf, ihre Waffen niederlegen und sich zu ergeben. Sie boten Rauch und Mohnke an, mit ihnen zum nächsten russischen Stab zu fahren, wo man ihnen die Kapitulation Berlins bestätigen werde.

Günsche riet Hitlers Sekretärinnen und Frau Manziarly, den Luftschutzkeller zu verlassen und sich allein durchzuschlagen. Sie waren einverstanden. Mohnke übergab Frau Christian ein Säckchen mit Brillanten. Die Steine, die für die höchsten Orden vorgesehen waren, hatte Burgdorf aufbewahrt. Er hatte sie Mohnke ausgehändigt, als sich dessen Gruppe von der Reichskanzlei auf den Weg machte.

Gegen 4.00 Uhr nachmittags fuhren Mohnke, Rauch und Günsche im Wagen mit einem der russischen Offiziere zum Stab der russischen Armee. Dort bestätigte ihnen ein russischer General, der Kommandant von Berlin, General Weidling, habe in der Nacht vom 1. zum 2. Mai kapituliert.

Der General erklärte: »Jetzt ist mit diesem schrecklichen Krieg endlich Schluss. Wir sollten uns alle darüber freuen.«

In Begleitung desselben Offiziers kehrten Mohnke, Rauch und Günsche zum Luftschutzkeller an der Schönhauser Allee zurück. Inzwischen war es fast 10.00 Uhr abends. Die verbliebenen deutschen Soldaten und Offiziere hatten sich bereits in Gefangenschaft begeben. Der Luftschutzkeller und einige angrenzende Räume waren schon von Russen besetzt. Als Mohnke, Rauch und Günsche dort eintrafen, stießen sie auf Hewel, auf den SS-Standartenführer Professor Schenck, einen Oberstleutnant und mehrere jüngere Offiziere, die sich in einer Kammer

---

[400] Seit den Morgenstunden des 2.5.1945 herrschte in Berlin Waffenruhe. Wenige Stunden später unterzeichnete General Weidling einen Befehl zur bedingungslosen Kapitulation der deutschen Truppen in Berlin.

vor den Russen versteckt hatten. Mohnke sagte ihnen, es sei alles
zu Ende. Russische Offiziere kamen herein und verlangten, sie
sollten die Waffen niederlegen und ihnen folgen. In diesem
Moment riss Hewel seine Pistole heraus und erschoss sich. Die
Übrigen gaben ihre Waffen ab und folgten den russischen Offizieren.

Die dritte Durchbruchgruppe, der Kempka und Linge angehörten, verließ erst gegen 10.30 Uhr abends den Bunker der Neuen
Reichskanzlei. Ihr gehörten weitere SS-Leute aus Hitlers Leibwache sowie dessen Kraftfahrer und Ordonnanzen an.

Als Linge und Kempka mit der Gruppe auf die Voßstraße hin-
auskamen, lag das Regierungsviertel immer noch unter dem
Dauerbeschuss der russischen Artillerie. In der Dunkelheit waren nur Ruinen zu erkennen. Überall ragten halb zerstörte Häu-
serfassaden in den Himmel. Aus dunklen Fensterhöhlen quollen
dicke Rauchwolken. Auf den von Bomben und Granaten durch-
löcherten Straßen häuften sich Balken, Fassadenteile und Zie-
gelsteine. Der Himmel war hell vom Widerschein der zahllosen
Brände. An den Ruinen vorbei liefen Linge, Kempka und die
Übrigen zum U-Bahnhof Wilhelmplatz. Von dort folgten sie
einem U-Bahn-Tunnel bis zur Station Stadtmitte. Dann liefen
sie über die zerstörte Friedrichstraße bis zum Bahnhof gleichen
Namens. Am anderen Ende der Weidendammer Brücke kämpften die Soldaten der Gruppe Mohnke gegen die Russen, die sie
aus den Häusern an der Chausseestraße unter Sperrfeuer nahmen. Die deutschen Soldaten versuchten mithilfe von Panzern
durchzubrechen, aber es gelang ihnen nicht.

Linge sah von diesseits der Brücke, wie Bormann und Naumann auf einen vorüberfahrenden deutschen Panzer aufspran-
gen, um so durch die russischen Linien zu kommen. Er sah auch,
wie eine Granate gegen den Panzer geworfen wurde. Zur gleichen Zeit fielen auf der Weidendammer Brücke Albrecht, Högl

und zahlreiche Mitarbeiter von Hitlers Adjutantur. Linge, der in dem Durcheinander Kempka verloren hatte, schloss sich mit dem verbliebenen Rest einem Trupp der Kampfgruppe Mohnke an, der gemeinsam mit hunderten Zivilisten durch die U-Bahn-Tunnels von der Friedrichstraße bis zur Seestraße gelangte. Unter ihnen war auch der stellvertretende Gauleiter von Berlin, Schach.

Am Morgen des 2. Mai teilten russische Soldaten auch dieser Gruppe mit, dass Berlin in der Nacht kapituliert hatte. Sie forderten sie auf, sich zu ergeben. Daraufhin erschoss sich Schach.[401] Linge und die übrigen Angehörigen der Gruppe gingen in Gefangenschaft.

Am 8. Mai 1945 kapitulierte Deutschland. So endete die Epoche des Dritten Reiches, das laut Hitler tausend Jahre bestehen sollte. Bei seiner Machtübernahme hatte Hitler dem deutschen Volk versprochen: »Wenn ich zehn Jahre an der Macht bin, wird man Deutschland nicht wieder erkennen.«[402]

Und in der Tat war Deutschland nach Hitlers Herrschaft nicht wieder zu erkennen – es lag in Schutt und Asche. Hitler selbst hatte aus Angst vor den Russen seinem Leben durch Selbstmord ein Ende gesetzt.

---

[401] Schach tötete sich nicht, er geriet in sowjetische Gefangenschaft und lebte nach seiner Rückkehr in Niedersachsen.

[402] Die sowjetischen Bearbeiter paraphrasieren hier einen häufig zitierten und mehrfach variierten Ausspruch Hitlers. Am 1. 2. 1933 sagte er bei einer Rundfunkansprache: »Nun, deutsches Volk, gib uns die Zeit von vier Jahren, und dann urteile und richte uns!«

Nachwort der Herausgeber

Das *Buch Hitler* entstand in den Jahren 1948/49. Seitdem wurden über tausend Hitler-Biographien und mehr als 10 000 Schriften über das nationalsozialistische Regime, den Genozid an den europäischen Juden und den Zweiten Weltkrieg veröffentlicht. Mit Ian Kershaws ausführlicher Biographie über den deutschen Diktator erreichten die Forschungen zur Person Hitler 1998 einen vorläufigen Abschluss.[403] Auch über den sowjetischen Alleinherrscher Stalin wurden mehrere Biographien veröffentlicht.[404] Beider Leben verglich Alan Bullock 1991.[405] Dass jedoch immer noch unbekannte Einzelheiten zur Biographie Hitlers recherchiert werden konnten, bewies Anton Joachimsthaler in mehreren Büchern.[406] Weitere Erkenntnisse sind durch Nachforschungen in russischen Archiven zu erwarten, in denen nicht nur die Akten der sowjetischen Behörden, Sicherheitsdienste und Streitkräfte aufbewahrt sind, sondern auch große Bestände erbeuteter deutscher Archivalien.

Der Zugang zu den Archiven ist allerdings begrenzt: Immer wieder wurde Kritik laut, dass auch heute noch keine selbstständigen Recherchen westlicher Historiker möglich seien. So formulierte Joachimsthaler 1999 in seinem Buch über »Hitlers Ende«, dass die Ergebnisse der 1945/46 von den Sowjets durchgeführten Recherchen »bis heute nicht bekannt« seien.[407] Inzwischen sind Details dieser Untersuchungen bekannt geworden, liegen aber zumeist nicht in deutscher Sprache vor.

---

[403] Im Weiteren zitiert nach der Taschenbuchausgabe: Ian Kershaw, *Hitler*, 3 Bde., München 2002. Zitierte Sonderausgaben, Taschenbuchausgaben u. ä. sind im Folgenden kenntlich durch das Erscheinungsjahr.

[404] Vgl. u. a. Isaac Deutscher, *Stalin. Eine politische Biographie*, Berlin 1990; Dimitri Wolkogonow, *Stalin. Triumph und Tragödie*, Düsseldorf 1990.

[405] Vgl. Alan Bullock, *Hitler und Stalin. Parallele Leben*, Berlin 1991.

[406] U. a. Anton Joachimsthaler, *Hitlers Liste. Ein Dokument persönlicher Beziehungen*, München 2003; Anton Joachimsthaler, *Hitlers Ende. Legenden und Dokumente*, München 2004 (aktualisierte Ausgabe).

[407] Vgl. Joachimsthaler, *Hitlers Ende*, a.a.O., S. 7.

Daher wird im ersten Abschnitt des Nachworts ausführlich aus diesen Akten und Veröffentlichungen zitiert, nicht zuletzt deshalb, weil die Ermittlungen der sowjetischen Nachrichtendienste in den Jahren 1945 und 1946 den Anlass zur Abfassung des für Stalin bestimmten NKWD-Dossiers *Das Buch Hitler* gaben.

Im zweiten Abschnitt werden die wichtigsten Aussagen aus den begleitenden Akten zum *Buch Hitler* wiedergegeben, um die Entstehungsgeschichte des Textes zu dokumentieren.

Teil drei des Nachworts soll der Einordnung des Dokuments in den historischen Kontext dienen und Anregungen zur Interpretation geben. Das *Buch Hitler* beschreibt ja nicht nur das Leben des deutschen Diktators und dessen Politik, sondern bietet auch bisher unbekannte Informationen und neue Einsichten. Da die Fehlstellen im Dokument Rückschlüsse auf die sowjetische Politik der Jahre 1939 bis 1949 zulassen, ist ihnen der vierte Abschnitt des Nachworts gewidmet.

1. Wo ist Hitler? Unklare Zeugenaussagen und mangelhafte Untersuchungsberichte

Adolf Hitler, Führer und Kanzler des Deutschen Reiches, tötete sich am 30. April 1945 um zirka 15.30 Uhr durch einen Schuss in die rechte Schläfe.[408] Josef Wissarionowitsch Stalin, Generalsekretär der Kommunistischen Partei der Sowjetunion, Vorsitzender des Staatskomitees für Verteidigung und Vorsitzender des Rates der Volkskommissare, erhielt die Nachricht über den Selbstmord Hitlers rund 13 Stunden später, am Morgen des 1. Mai 1945. Um 5.05 Uhr Moskauer Zeit nahm sein persönlicher Sekretär Alexander N. Poskrebyschew folgendes Telefonogramm

---

[408] Das Amtsgericht Berchtesgaden stellte die Sterbezeit nach einem vier Jahre dauernden Prozess fest, in dem 42 Zeugen vernommen sowie zahlreiche Gutachten eingeholt wurden. Der Hitler-Forscher Anton Joachimsthaler ergänzte die Untersuchungen der staatlichen Behörden in aufwändigen eigenen Recherchen und korrigierte zahlreiche Legenden und Mythen über Hitlers Tod. Vgl. Joachimsthaler, *Hitlers Ende*, 1999, Faksimile S. 16.

auf: »Sehr dringend, streng geheim! Von Gen. Schukow. An Genossen Stalin. Im Stab der 8. Garde-Armee tauchte der Chef des Generalstabs des Heeres, General der Infanterie Kreps, auf, der Folgendes erklärte: 1. Am 30. 4. um 15.50 Uhr Berliner Zeit hat Hitler sein Leben durch Selbstmord beendet.«[409]

Fünf Stunden nach dieser ersten Mitteilung übermittelte Marschall Georgi Schukow weitere Details und Vorschläge des neuen Reichskanzlers Joseph Goebbels für Friedensverhandlungen. Stalin lehnte diese als unzureichend ab und forderte die bedingungslose Kapitulation. Den Tod seines Widersachers kommentierte der sowjetische Diktator angeblich mit den Worten: »Ist es also mit ihm zu Ende. Schade, dass wir ihn nicht lebend gekriegt haben. Wo ist Hitlers Leichnam?«[410] Erst nach vier weiteren Tagen erhielt Stalin nähere Informationen. Der Militärgeheimdienst GRU hatte den letzten Kampfkommandanten Berlins, General Helmuth Weidling, Hitlers Marineverbindungsoffizier Vizeadmiral Hans-Erich Voss und Hitlers Chefpilot Hans Baur festgenommen und verhört. Alle drei bestätigten den Tod Hitlers und dessen Verbrennung im Garten der Reichskanzlei.

Der Chef des militärischen Nachrichtendienstes, Generaloberst Fjodor F. Kusnezow, informierte daraufhin Stalin in einem fünfseitigen Schreiben »über das Schicksal Hitlers, Goebbels', Himmlers, Görings«. Hitler, so die Aussagen der Festgenommenen, habe sich zusammen mit Eva Braun vergiftet und sich gleichzeitig erschossen. Danach seien die Leichen der beiden sofort im Garten der Reichskanzlei verbrannt worden. Goebbels, seine Frau und ihre sechs Kinder seien ebenfalls tot und durch Vizeadmiral Voss identifiziert. Ihre Leichen befänden

---

[409] Zit. nach Lew A. Besymenskij, *Operazija »Mif« ili skol'ko ras choronili Gitlera* [Die Operation »Mythos« oder wie oft wurde Hitler beerdigt], Moskau 1995, S. 105. Stalins Sekretär erhielt die Meldung über WTsche, das geheime Regierungs-Fernmeldenetz. Ihm unterlief bei der Mitschrift ein Fehler, als er aus Krebs »Kreps« machte. Das Original des Dokuments befindet sich im Archiv des Präsidenten der Russischen Föderation (AP RF): Telefonogramm von Schukow an Stalin, 1. 5. 1945, AP RF, 3/58/531, Bl. 6.

[410] Antony Beevor, *Berlin 1945. Das Ende*, München 2002, S. 401; Georgi K. Schukow, *Erinnerungen und Gedanken*, Stuttgart 1969, S. 604 f.

sich beim 39. Schützenkorps. Über das Schicksal von Himmler und Göring waren keine Einzelheiten bekannt. Kusnezow informierte Stalin jedoch über die Friedensverhandlungen des SS-Führers mit den westlichen Alliierten und dessen Ausschluss aus der NSDAP. Göring, so der Geheimdienstbericht weiter, habe versucht, Hitler zu entmachten. Daraufhin hätte der deutsche Diktator nicht näher bekannte Maßnahmen gegen ihn getroffen.[411]

Am gleichen Tag gruben im Garten der Reichskanzlei Angehörige eines weiteren sowjetischen Geheimdienstes die sterblichen Überreste Hitlers und seiner Frau aus. Die Soldaten der Militärspionage-Abwehrabteilung Smersch[412] des 79. Schützenkorps der 3. Stoßarmee hatten die beiden Leichen bereits einen Tag zuvor entdeckt. Da sie jedoch annahmen, die sterblichen Überreste Hitlers und Eva Brauns würden noch in der Reichskanzlei liegen, vergrub man die toten Körper wieder. Am Morgen des 5. Mai 1945 bemerkten die Abwehrleute den Fehler und bargen hastig aus einem Bombentrichter, der zirka drei Meter vom Notausgang des Bunkers unter der Reichskanzlei entfernt lag, »zwei verbrannte Leichen« und die Kadaver zweier Hunde. Die sterblichen Überreste wurden in Decken eingewickelt und in zwei Munitionskisten verpackt.[413] Heimlich schmuggelten die Mitarbeiter von Smersch die Leichen zu ihrem neuen Hauptquartier nach Berlin-Buch, denn die Bewachung der Reichs-

---

[411] Vgl. Ulrich Völklein (Hg.), *Hitlers Tod. Die letzten Tage im Führerbunker*, Göttingen 1998, S. 54–59; Besymenskij, *Operazija »Mif«*, a.a.O., S. 107. Über den Tod Goebbels' und seiner Frau hatte Smersch Geheimdienstchef Berija bereits am 3. 5. 1945 informiert. Ihre Leichen entdeckten Abwehroffiziere der 5. Stoß-Armee am 2. 5. 1945 gegen 16.00 Uhr im Garten der Reichskanzlei, in der Nähe des Bunkereingangs. Siehe hierzu: Fernschreiben des stellvertretenden Chefs von Smersch in der 1. Belorussischen Front, Generalmajor Sidnew, an Berija, 3. 5. 1945, abgedruckt in *Smersch, Istoritscheskie otscherki i archiwnye dokumenty* [Smersch. Historische Berichte und Archivdokumente], Moskau 2003, S. 95.

[412] Smersch unterstand dem Volkskommissariat für Staatssicherheit. Die Bezeichnung Smersch setzt sich aus den russischen Worten *Smert' schpionam* zusammen und bedeutet übersetzt »Tod den Spionen«.

[413] Vgl. Bericht des Zugführers der Abwehrabteilung des 79. Schützenkorps, Oberleutnant Passanow, 5. 5. 1945, abgedruckt in: Lew Besymenski, *Der Tod des Adolf Hitler. Unbekannte Dokumente aus Moskauer Archiven*, Hamburg 1968, S. 17f.

kanzlei hatte inzwischen die 5. Stoßarmee übernommen, der die wertvollen Trophäen auf keinen Fall überlassen werden sollten.[414]

Drei Tage zuvor, am 2. Mai 1945, hatte die Rote Armee in Berlin weitere Angehörige aus der nächsten Umgebung Hitlers gefangen genommen. SS-Sturmbannführer Otto Günsche, Persönlicher Adjutant des »Führers« seit Februar 1944, ergab sich auf dem Gelände der Schultheiss-Brauerei am Prenzlauer Berg den sowjetischen Truppen.[415] Zunächst gab sich der SS-Mann als Adjutant des ehemaligen Kampfkommandanten der Reichskanzlei, SS-Brigadeführer Wilhelm Mohnke, aus. Nur wenige Tage später flog seine Legende auf. Am 6. Mai 1945 enttarnten sowjetische Offiziere seine wahre Identität und trennten ihn sofort von den anderen Gefangenen.[416] Unverzüglich begannen erste Verhöre durch Angehörige der Militäraufklärung GRU. Bereits zwei Tage später übermittelte GRU-Chef Kusnezow an Geheimdienstchef Lawrenti P. Berija einen ersten Zwischenbericht über die Befragungen.[417]

Am gleichen Tag obduzierte im Chirurgischen Feldlazarett Nr. 496 in Berlin-Buch eine Medizinerkommission unter der Leitung des Haupt-Gerichtsmediziners der 1. Belorussischen Front, Oberstleutnant Faust I. Schkarawski, insgesamt elf Leichen und zwei Hundekadaver: darunter die bereits eindeutig identifizierten von General Krebs, Goebbels, dessen Frau und den sechs Kindern sowie die vermuteten sterblichen Überreste von Adolf Hitler und Eva Braun. In ihren Gutachten stellten die Gerichtsmediziner bei allen Leichen als mutmaßliche Todesursache »Vergiftung mit Zyanverbindung« fest. Lediglich die Hundekadaver wiesen eindeutige Spuren einer Erschießung auf,

---

[414] Vgl. E. M. Rshewskaja, *Berlin, maj 1945* [Berlin, Mai 1945], Moskau 1967, S. 167.

[415] Vgl. Beevor, *Berlin 1945*, a.a.O., S. 423.

[416] Vgl. Joachimsthaler, *Hitlers Ende*, 2004, a.a.O., S. 406 f.

[417] Vgl. Wladimir A. Koslow, »*Gde Gitler?« Powtornoe rassledowanie NKWD-MWD SSSR obstojatel'stw istschesnowenija Adol'fa Gitlera 1945–1949* [Wo ist Hitler? Die nochmalige Untersuchung des NKWD-MWD der UdSSR über die Umstände des Verschwindens von Adolf Hitler 1945–1949], Moskau 2003, S. 48. Am 17.5.1945 übermittelte die GRU den Text der Aussagen Günsches nach Moskau. Abgedruckt in: *Agonija i smert' Adol'fa Gitlera* [Die Agonie und der Tod Adolf Hitlers], Moskau 2000, S. 157–165.

gleichwohl fanden sich bei einem Tier ebenfalls die Reste von Zyankali.[418]

Die Geheimdienstoffiziere der Smersch zögerten allerdings, die gerichtsmedizinischen Untersuchungsergebnisse der sowjetischen Führung mitzuteilen. Die Obduktion, die Umstände der Leichenauffindung und die Aussagen der Zeugen waren widersprüchlich, behaupteten diese doch überwiegend, Hitler habe sich erschossen. Die Abwehroffiziere verhörten deshalb weitere Zeugen. Sie standen jedoch vor dem Problem, dass alle bisher von ihnen ausfindig gemachten Personen der näheren Umgebung Hitlers den Tathergang nur vom Hörensagen kannten. Wirkliche »Augenzeugen« der Selbsttötung konnte Smersch nicht präsentieren.[419]

Zudem warteten sie die Gebissuntersuchungen der beiden bisher nicht eindeutig identifizierten Leichen ab. Am 11. Mai 1945 bestätigten Zahnarzt Professor Hugo Blaschke und die Zahntechnikerin Käthe Heusermann, dass es sich bei den aufgefundenen Körpern um Adolf Hitler und Eva Braun handelte. Der Chef der Militärabwehr der 1. Belorussischen Front, Generalleutnant Alexander A. Wadis, informierte Stalin allerdings erst am 27. Mai 1945 über das Ergebnis der am 8. Mai 1945 durchgeführten Obduktionen. Hitler und Eva Braun, so der Geheimdienst Smersch gegenüber dem sowjetischen Diktator, hätten eindeutig »Selbstmord durch die Einnahme von Zyanverbindungen« verübt.[420]

[418] Die Protokolle der gerichtsmedizinischen Untersuchung sind abgedruckt in: Lew Besymenski, *Der Tod des Adolf Hitler. Der sowjetische Beitrag über das Ende des Dritten Reiches und seines Diktators*, München 1982, S. 321–351.

[419] Vgl. Auszug aus dem Befragungsprotokoll von Hitlers Marine-Verbindungsoffizier, Vizeadmiral Hans-Erich Voss, 7. 5. 1945, und Zeugenaussage des SS-Brigadeführers Wilhelm Mohnke im Smersch-Gewahrsam, 18. 5. 1945, auf CD-ROM: *Unknown Pages of the History of World War II: Hitler. Documents from KGB secret archives*, Moskau 1995. Beide wiesen in ihren Aussagen darauf hin, dass sich Hitler erschossen hätte. Voss führte aus, Günsche habe ihm am Nachmittag des 30. 4. 1945 berichtet, »er habe den schwierigsten Befehl ausführen müssen, den der Führer jemals gegeben hätte«. Sowjetische Historiker verbreiteten deshalb später die Version, Günsche habe anstelle von Linge Hitler den »Gnadenschuss« gegeben.

[420] Vgl. Schreiben von Generalleutnant Wadis an Stalin, 27. 5. 1945, GARF, 9401/2/96, Bl. 175–182. Der vollständige Text des Schreibens ist abgedruckt bei: Besymenskij, *Operazija »Mif«*, a.a.O., S. 110–116.

Auffallend blieb, dass Geheimdienstchef Berija den an ihn adressierten Brief von Wadis ohne Begleitschreiben an Stalin weiterleitete. Offenbar fürchtete der Geheimdienstchef, mit den Ergebnissen der von seinem Konkurrenten Viktor S. Abakumow geleiteten Smersch-Untersuchung zum Tod Hitlers in direkte Verbindung gebracht zu werden.[421] Allzu auffällig waren die Widersprüche zwischen den Obduktionsberichten, den entsprechenden Schlussfolgerungen der gerichtsmedizinischen Kommission und den Zeugenaussagen. Die Möglichkeit des Todes durch Erschießen blieb völlig unberücksichtigt.

Als am 16. Juni 1945 Stalin endlich die Protokolle der Obduktionen und die gerichtsmedizinischen Analysen der entnommenen Organproben übermittelt wurden, entschloss sich Berija zu einem folgenschweren Eingriff in das Untersuchungsmaterial.[422] Um den sowjetischen Diktator nicht auf die existierenden Gegensätze aufmerksam zu machen, entnahm er dem Aktenmaterial zwei Analysen, die im Juni 1945 das 291. medizinisch-epidemologische Frontlabor durchgeführt hatte. Dessen Chemiker untersuchten insgesamt 30 Organ- und 12 Blutproben der am 8. Mai 1945 in Berlin-Buch durchgeführten Obduktionen auf Zyanid und Alkaloide.

Während die Proben der Obduktionen Nr. 1 bis 11, also der Familie Goebbels, von General Krebs sowie der zwei Hundekadaver, 9,72–12,9 Milligramm Blausäure pro Kilogramm Organmaterial enthielten, wurden »im Material zu den Protokollen Nr. 12 und 13 Zyanidverbindungen nicht entdeckt«.[423] Die Au-

---

[421] Vgl. Wladimir A. Koslow, »Delo ›Mif‹: rassledowanie NKWD-MWD SSSR obstojate'stw istschesnowenija Gitlera (Nojabr' 1945–1949 god)« [Die Akte »Mythos«: Die Untersuchung des NKWD-MWD der UdSSR über die Umstände des Verschwindens von Adolf Hitler (November 1945–1949)], in: *Otetschestwennaja istorija*, 1996, Nr. 1, S. 129 f.

[422] Vgl. Archiv nowejschej istorii Rossii, Tom I: »*Osobaja papka*« *I. W. Stalina: Is materialow Sekretariata NKWD-MWD SSSR 1944–1953 gg. Katalog dokumentow* [Archiv der neueren Geschichte Russlands, Bd. I.: »Die Sondermappe« I. W. Stalins: Aus den Materialien des Sekretariats des NKWD-MWD der UdSSR 1944–1953. Dokumentenkatalog], Moskau 1994, S. 118.

[423] Vgl. Besymenskij, *Operazija »Mif«*, a.a.O., S. 171 f. Die Originale der bisher nicht veröffentlichten Analyseergebnisse der während der Obduktionen entnommenen Organ-

topsieberichte Nr. 12 und 13 betrafen jedoch die mutmaßlichen Leichen Adolf Hitlers und seiner Frau. Um an der bisherigen Version zum Tod Hitlers, der Zyankalivergiftung, festhalten zu können, wurden Stalin Dokumente, die im Widerspruch zu dieser Theorie standen, zunächst nicht vorgelegt. Der Diktator gab sich deshalb vorerst mit den Ergebnissen der Smersch-Untersuchung zufrieden.[424]

Zu dieser Zeit war Günsche bereits an die Abteilung für Kriegsgefangenen- und Interniertenangelegenheiten des NKWD überstellt worden. Mitte Mai 1945 verhörten ihn zunächst der stellvertretende Chef der Hauptverwaltung für Kriegsgefangenen- und Interniertenangelegenheiten, Generalleutnant Amajak S. Kobulow, und sein Leiter der operativen Abteilung, Oberstleutnant Fjodor K. Parparow. Die Aussagen von Günsche und dem gleichzeitig verhörten ehemaligen Leiter von Hitlers Sicherheitsdienst, SS-Gruppenführer Johann Rattenhuber, gingen unverzüglich an Geheimdienstchef Berija. Da diese Informationen zunächst noch weitgehend unbestätigt waren, zögerte dieser allerdings, sie an Stalin weiterzuleiten.[425]

Am 18. und 19. Mai 1945 folgten weitere Verhöre durch Kobulow und Parparow. Erneut interessierten ausschließlich Fragen zum Tod Hitlers: »Wann entschied er sich zu sterben?«, »Wer stellte ihren Tod fest?«, »Wer schüttete das Benzin auf die Leichen, wer zündete sie an?« Wenig später wurde Günsche nach

---

und Blutproben befinden sich laut Besymenski im Archiv des FSB und des Generalstabs des Verteidigungsministeriums der Russischen Föderation.

[424] Vgl. Koslow, *Delo »Mif«*, 1, a.a.O., S. 131.

[425] Protokoll der Befragungen von Otto Günsche, 18./19.12.1945, GARF, 9401/2/551, Bl. 49–61; Zeugenaussage des SS-Gruppenführers Johann Rattenhuber im Smersch-Gewahrsam, 20.5.1945, auf CD-ROM: *Unknown Pages of the History of World War II: Hitler. Documents from KGB secret archives*, Moskau 1995. Während seines Verhörs sagte Rattenhuber aus, Linge hätte ihm am späten Nachmittag des 30.4.1945 mitgeteilt, »heute habe er, Linge, den schwersten Befehl seines Lebens ausgeführt«. Aus den später in Hitlers Arbeitsraum gesehenen Blutflecken schlussfolgerte Rattenhuber, Linge habe Hitler den »Gnadenschuss« gegeben. Diese Version wurde später von der sowjetischen Propaganda übernommen. Siehe z.B. Besymenski, *Der Tod des Adolf Hitler* (1968), a.a.O., S. 94; Besymenski, *Der Tod des Adolf Hitler* (1982), a.a.O., S. 225–236; darauf aufbauend die von den Militärhistorikern der DDR verfasste Darstellung *Deutschland im zweiten Weltkrieg*, Bd. 6, 2. Aufl., Berlin 1988, S. 727.

Moskau geflogen und in das Untersuchungsgefängnis des NKWD, die Butyrka, gebracht.

In Moskau war inzwischen auch der Leiter des Persönlichen Dienstes bei Hitler, SS-Obersturmbannführer Heinz Linge, eingetroffen. In der Nacht zum 2. Mai 1945 hatten ihn sowjetische Truppen am U-Bahnhof Seestraße nach dem Ausbruch aus der Reichskanzlei festgenommen. Sie brachten ihn – unerkannt – in ein Kriegsgefangenenlager bei Posen, wo seine wahre Identität schließlich aufgedeckt wurde. Wenig später überstellte ihn das NKWD in die Lubjanka, wo im November 1945 erste Verhöre begannen. Wie schon bei Günsche interessierten die Geheimdienstler ausschließlich alle verfügbaren Informationen zum Tod Hitlers.[426]

Bereits einen Monat zuvor kamen in der Führung des sowjetischen Geheimdienstes erste Zweifel an der bisherigen Version des Selbstmords von Hitler auf. Britische und amerikanische Nachrichtendienste hatten dem Vertreter des NKWD in der SBZ, Generaloberst Iwan A. Serow, Mitte November 1945 eigenes Untersuchungsmaterial übergeben, das offenbar auf eine Selbsttötung durch Erschießen hinwies.[427] Zugleich erbaten die ehemaligen Verbündeten Zugang zu den sowjetischen Untersuchungsergebnissen.

Während Geheimdienstchef Berija und seine Stellvertreter Sergej N. Kruglow, Wsewolod N. Merkulow und Bogdan S. Kobulow dafür stimmten, das Geheimdienstmaterial den Amerikanern und Briten zugänglich zu machen, erhob Smersch-Chef Abakumow schwere Einwände und bat um ein persönliches Gespräch mit dem Vorsitzenden des NKWD. Abakumow schien

[426] Vgl. Auszug aus den Haftaussagen von Linge vom 22. 11. und 17./18. 12. 1945, o. Datum, GARF, 9401/2/550, Bl. 110 f.; Heinz Linge, *Bis zum Ende. Als Chef des Persönlichen Dienstes bei Hitler*, hrsg. v. Werner Maser, München 1980, S. 302 f.
[427] Vgl. Schreiben von Generaloberst Iwan A. Serow an Berija, 20. 11. 1945, GARF, 9401/2/552, Bl. 1; Material zum Selbstmord Hitlers, zusammengestellt vom stellv. Chef der 1. Abteilung der Operativen Verwaltung der GUPWI, Oberstleutnant Fjodor K. Parparow, o. Datum (Dezember 1945), GARF, 9401/2/550, Bl. 59–67; Ella Maximowa, »»Mif«: tak nasywalas' operazija NKWD po rassledowaniju sudby Gitlera« [»Mythos«: So wurde eine Operation des NKWD zur Klärung des Schicksals Hitlers genannt], in: *Iswestija*, 19. 2. 1993, S. 7.

vollkommen klar, dass den westlichen Alliierten die Schwachpunkte der hauptsächlich von ihm geführten Nachforschungen sofort ins Auge fallen würden und erhebliche Zweifel an seiner Stalin unterbreiteten Version der Selbsttötung des deutschen Diktators wecken mussten. Deshalb verweigerte er eine Herausgabe der Akten. Berija sah jetzt eine Chance, seinen Konkurrenten im unmittelbaren Zugang zu Stalin in Schwierigkeiten zu bringen. Im Dezember 1945 ordnete der NKWD-Chef eine neuerliche Untersuchung der genauen Umstände zum Selbstmord Hitlers an.[428]

Ende 1945 begannen daher in Moskau erneute Verhöre über die Hintergründe der Selbsttötung Hitlers, zu denen jetzt auch dessen ehemaliger Chefpilot Hans Baur hinzugezogen wurde.[429] Berija wollte offenbar zunächst sichergehen, dass der Diktator wirklich tot war. Denn immer wieder auftauchende Gerüchte ließen befürchten, Hitler sei im letzten Moment dem Zugriff der sowjetischen Truppen entkommen und hätte sich ins Ausland abgesetzt. Zugleich hoffte Berija Klarheit darüber zu gewinnen, wie sich Hitler tatsächlich umgebracht hatte. Die Verhöre von Linge und Baur sowie der Abgleich ihrer Informationen mit den Aussagen der von Smersch inhaftierten Personen der näheren Umgebung Hitlers bewogen die NKWD-Führung Anfang 1946, eine Operation mit dem Decknamen »Mythos« einzuleiten. Ziel des Unternehmens war, eine »akkurate und harte Nachprüfung aller Gruppen von Faktoren« zum Selbstmord Hitlers am 30. April 1945 durchzuführen.[430]

Mit der Ausführung von »Mythos« beauftragte Berija die Hauptverwaltung für Kriegsgefangenen- und Interniertenange-

---

[428] Vgl. Auskunftsschreiben an Berija, 26.11.1945 GARF, 9401/2/551, Bl. 3; Koslow, »*Gde Gitler?*«, a.a.O., S. 79–84.

[429] Vgl. Protokolle der Verhöre von Hans Baur im Dezember 1945, GARF, 9401/2/550, Bl. 123–138; Auszug aus den Haftaussagen von Hans Baur, 19./20.12.1945, GARF, 9401/2/550, Bl. 106; sowie Besymenskij, *Operazija »Mif«*, a.a.O., S. 147–150.

[430] Auskunftsschreiben des stellv. Leiters der GUPWI, Generalleutnant Amajak S. Kobulow, zum Material der Operativen Verwaltung der GUPWI, der Smersch sowie der britischen und amerikanischen Nachrichtendienste über die Version des Selbstmords Hitlers am 30.4.1945, 19.1.1946, GARF, 9401/2/550, Bl. 58.

legenheiten (GUPWI). Sie legte Mitte Februar 1946 einen »Plan der Agentur-Untersuchungsmaßnahmen zur Klärung der Umstände des Verschwindens Hitlers« vor. Dieser Plan sah neben der Bildung einer fünfköpfigen Sonderkommission unter dem Vorsitz von Oberstleutnant Julius K. Klausen vor, zunächst alle in NKWD-Haft befindlichen Personen der näheren Umgebung Hitlers in die Butyrka zu überstellen. Das hieß, Linge, Baur und dessen Begleitung, der ehemalige Telefonist aus der Reichskanzlei, Feldwebel Rochus Misch, wurden aus der Lubjanka in das Untersuchungsgefängnis des NKWD verlegt.[431]

Ziel dieser Maßnahme sollte der parallele Abgleich der Verhöre und Aussagen der Inhaftierten sein, hatte der Geheimdienst doch eine Reihe von Widersprüchen in deren Informationen zum Tod Hitlers ausgemacht. Die Befragung der streng voneinander isolierten Gefangenen war jedoch nur ein Teil des Maßnahmeplans. Zugleich hatte die Hauptverwaltung für Kriegsgefangenen- und Interniertenangelegenheiten vorgeschlagen, »jeden Untersuchungsgefangenen mit einer inneren Zellenagentur auszustatten«.[432]

Hinter dieser sperrigen Bezeichnung der sowjetischen Geheimdienstbürokratie verbarg sich nichts weiter als ein gewöhnlicher Spitzel. Um sich nicht nur auf dessen Aussagen zu verlassen, wurde zudem jede Zelle mit Abhöranlagen ausgestattet. Auch erhielten die einzelnen Abteilungen der Hauptverwaltung für Kriegsgefangenen- und Interniertenangelegenheiten den Befehl, alles bisher gesammelte Aktenmaterial über den Selbstmord Hitlers an die gebildete Sonderkommission abzugeben. Gleichzeitig erging an die Kriegsgefangenenlager im Raum Moskau die Anweisung, weitere Häftlinge ausfindig zu machen, die in den letzten Tagen des Dritten Reiches zur Besatzung des Führerbunkers gehört hatten.

---

[431] Baur war an beiden Beinen schwer verletzt, Misch wurde ihm zur Unterstützung beigeordnet.
[432] Plan der Agentur-Untersuchungsmaßnahmen zur Klärung der Umstände des Verschwindens von Hitler, 13.2.1946, GARF, 9401/2/551, Bl. 122.

Im Kriegsgefangenenlager Nr. 297 in Moschajsk gelang es, die SS-Untersturmführer Hans Hofbeck und Josef Henschel aufzuspüren. Die ehemaligen Mitarbeiter des Reichssicherheitsdienstes (RSD), die zur Wachmannschaft der Reichskanzlei gehörten, kamen ebenfalls unverzüglich in die Butyrka.[433] Die Suche nach weiteren Zeugen in den Lagern der Hauptverwaltung für Kriegsgefangenen- und Interniertenangelegenheiten verlief allerdings ergebnislos.[434]

Auffallend bleibt, dass vom NKWD keinerlei Versuche unternommen wurden, mit seinen Konkurrenten, Smersch oder der Militärspionage GRU, Kontakt aufzunehmen. Weder ersuchte die Hauptverwaltung für Kriegsgefangenen- und Interniertenangelegenheiten das Volkskommissariat für Staatssicherheit darum, die dort in Haft befindlichen Zeugen, etwa Hans Rattenhuber, zu verhören, noch bat man um die Überlassung oder die Kopie des dort oder bei der GRU befindlichen Aktenmaterials zum »Fall Hitler«.

Hier werden zwei Aspekte sichtbar, die auch für das spätere *Buch Hitler* von besonderer Bedeutung sind. Zum einen die strikte Geheimhaltung der gesamten Untersuchungsangelegenheit. Kenntnis vom Unternehmen »Mythos« hatten neben Geheimdienstchef Berija lediglich Innenminister Kruglow, der sowjetische Geheimdienstchef in der SBZ, Generaloberst Iwan A. Serow, der Leiter der Hauptverwaltung für Kriegsgefangenen- und Interniertenangelegenheiten, Generalleutnant Michail S. Kriwenko, sein Stellvertreter Amajak Kobulow und der Leiter der Operativen Verwaltung der GUPWI, Generalmajor Viktor A. Drosdow. Zum anderen wird die strikte Abschottung der Dienste gegeneinander und ihr Konkurrenzverhältnis in der sta-

---

[433] Vgl. Schreiben des stellv. Leiters der GUPWI, Generalleutnant Amajak S. Kobulow, an den Chef der NKWD-Verwaltung des Gebiets Moskau, Generalleutnant Michail I. Schuralew, 18.2.1946, GARF, 9401/2/550, Bl. 8.

[434] Vgl. Schreiben des Chefs der 1. Abteilung der Operativen Verwaltung der GUPWI, Oberstleutnant Julius K. Klausen, an den Leiter des Referats 1 der 1. Abteilung der GUPWI, 15.2.1946, GARF, 9401/2/550, Bl. 51.

linistischen Diktatur deutlich. Ganz im Interesse seiner polykra-
tisch strukturierten Herrschaft achtete Stalin darauf, dass seine
Geheimdienste untereinander jeden Kontakt vermieden und sich
das Herrschaftswissen im nachrichtendienstlichen Bereich ausschließlich bei ihm konzentrierte.

Aus Geheimhaltungsgründen erhielten die neu in die Butyrka
eingelieferten Häftlinge der Operation »Mythos« Tarnnamen.
Baur wurde vom NKWD mit dem Decknamen »Iswostschik« –
auf Deutsch »Droschkenkutscher« – versehen, Linge bekam die
ziemlich eindeutige Tarnbezeichnung »Lakai«, Rochus Misch
fungierte in den Akten als »Telefonist«, Hans Hofbeck als »Gen-
darm«, Josef Henschel als »Wachmann« und Erich Rings, ein
Funker aus der Reichskanzlei, der Hitlers Testament übermittelt
hatte, als »Fernmelder«.[435]

Die Mitte Februar 1946 einsetzenden Verhöre führten rasch
zum erwarteten Ziel. Da die Befragungen von NKWD-üblichen
Foltermethoden begleitet waren – Prügel, Schlaf- und Essens-
entzug, Androhung des Vorgehens gegen Familienangehörige
bei gleichzeitiger Belohnung von Kooperationsbereitschaft –,
wurde die zunächst vorhandene Resistenz der Zeugen rasch gebrochen. Als überaus wirksames Mittel hatte sich auch die am
27. Februar 1946 erfolgte Aberkennung des Kriegsgefangenen-
Status der Inhaftierten und ihre Erklärung zu Kriegsverbrechern
erwiesen.

Nachdem man sie ihrer Uniformen beraubt und in gewöhn-
liche Anstaltskleidung gesteckt hatte sowie ihre Rationen auf die
entsprechende sowjetische Norm herabsetzte, brachen die meisten zusammen.[436] Als ebenso effektiv erwies sich die Bespitze-

---

[435] Vgl. Auszüge aus den Aussagen der Zellenagenturen der Inhaftierten Baur, Linge,
Misch, Hofbeck, Henschel und Rings, 13.12.1945–12.3.1946, GARF, 9401/2/550, Bl.
104–121.
[436] Vgl. Schreiben des stellv. Chefs der GUPWI, Generalleutnant Amajak S. Kobulow,
an den Leiter des Butyrka-Gefängnisses des NKWD, Oberst Pustynski, 25./26.2.1946,
GARF, 9401/2/550, Bl. 9f.; Agenturbericht des Zellenagenten »Böhmen«, 27.2.1946,
GARF, 9401/2/550, Bl. 188; Hans Baur, *Ich flog die Mächtigen der Welt*, Kempten 1956,
S. 292–296; Linge, *Bis zum Ende*, a.a.O., S. 303 ff.

lung durch die »Zellengenossen«. Diese lieferten den NKWD-Vernehmern die gewünschten Informationen mit gewohnter deutscher Gründlichkeit.

Gewöhnlich fanden die »Treffs« mit ihren sowjetischen Führungsoffizieren während der gleichzeitig durchgeführten Zeugenverhöre statt. Dabei beschränkten sich die Agenten nicht nur darauf, eventuelle Widersprüche zu gemachten Aussagen oder zu selbst motivierten Berichten der Gefangenen zu geben. Äußerst genau beobachteten sie ebenfalls die Wirkung der Einschüchterungsmethoden der Vernehmer.

So gab Agent »B-III« am 20. Februar 1946 folgende Informationen über Baur: »Er fürchtet Repressalien sehr und erwartet, bei den Befragungen hart rangenommen zu werden. Gleichzeitig beunruhigen ihn sein krankes Bein, das Schicksal seiner Familie und die Frage, wie lange er noch im Gefängnis bleiben muss. In Erwartung der Folter bedauert er, sich nicht selbst umgebracht zu haben.«[437] Es verwundert kaum, dass Baur wenige Tage später tatsächlich von einem Verhöroffizier geschlagen wurde.

Linges Zellenspitzel »Böhmen« versuchte sich sogar in psychologischen Deutungen: »Linge hat ein gutes Gedächtnis und spielt lediglich die Rolle des Nervenkranken und Naivlings. Während der Verhöre ist er unaufrichtig und setzt darauf, dass seine Aussagen keiner Überprüfung unterzogen werden können, da nur eine Person – Bormann – weiß, was er weiß.«[438] Nur einen Tag später forderte der Spitzel den Vernehmungsoffizier auf, seine harte Linie weiter fortzusetzen, da sie Wirkung zeige: »Linge bekommt jetzt kalte Füße, und wenn man ihn einige Tage weiter scharfen Verhören unterzieht, wird er korrekte Aussagen machen.«[439]

---

[437] Auskunftsschreiben des Untersuchungsführers im Fall Baur, Major Igor M. Salejew, zur Vernehmung am 19./20. 2. 1946, 20. 2. 1946, GARF, 9401/2/550, Bl. 84.

[438] Auskunftsschreiben des Untersuchungsführers im Fall Linge, Oberstleutnant Jan W. Schwejzer, zur Vernehmung am 21./22. 2. 1946, 22. 2. 1946, GARF, 9401/2/550, Bl. 100.

[439] Auskunftsschreiben des Untersuchungsführers im Fall Linge, Oberstleutnant Jan W. Schwejzer, zur Vernehmung am 23. 2. 1946, GARF, 9401/2/550, Bl. 101.

Lediglich bei Günsche konnten sich die Spitzel nicht in das Vertrauen des Inhaftierten einschleichen. Der SS-Offizier misstraute seinen »Zellengenossen« zutiefst, weshalb diese kaum verwertbare Berichte erstellen konnten.[440]

Während der von Mitte Februar bis Ende März 1946 durchgeführten Verhöre interessierten sich die Geheimdienstoffiziere, wie bereits zuvor, in erster Linie für die genauen Umstände von Hitlers Selbstmord und alle greifbaren Informationen über seinen persönlichen Führungs- und Lebensstil. Weitgehend unbeachtet ließen sie Informationen über die politischen Opfer des NS-Regimes, die völkerrechtswidrige Kriegführung und die systematische Ermordung der Juden. Sie fragten auch bei Angaben zur deutschen Rüstungsindustrie nicht nach, interessierten sich weder für Strahljäger, Raketenwaffen noch für die Forschungen zur deutschen Atombombe.[441] Stattdessen markierten die Geheimdienstoffiziere in den Vernehmungsprotokollen und Agentenberichten Aussagen, in denen darüber berichtet wurde, dass »Hitler viele internationale Freunde zum Beispiel in Argentinien« habe, dass »Frauen eine große Rolle in seinem Leben« gespielt hätten und der Diktator seine Vertrauten angewiesen habe, »seine Leiche zu vernichten«.[442]

Zunächst schienen die Verhöre die Version einer Erschießung Hitlers bei gleichzeitiger Gifteinnahme zu bestätigen. Um endgültige Klarheit zu erhalten, sollte im Frühsommer 1946 eine Tatortbegehung in Berlin durchgeführt werden. Gleichzeitig planten die mit »Mythos« befassten Offiziere eine erneute Ob-

---

[440] Bericht Nr. 1 des Leiters der Operativen Verwaltung der GUPWI, Generalmajor Drosdow, über Agentur-Untersuchungsmaterial der Akte »Mythos«, 19.2.1946, GARF, 9401/2/550, Bl. 72f.; Memorandum mit Aussagen des Zellenagenten »Siegfried«, 6.3.1946, GARF, 9401/2/551, Bl. 188–195; Koslow, »Gde Gitler«, a.a.O., S. 134ff.

[441] Vgl. Agenturbericht des Zellenagenten »B-III«, 19.2.1946, GARF, 9401/2/550, Bl. 147; Agenturbericht des Zellenagenten »Jäger«, 21.12.1945, GARF, 9401/2/550, Bl. 135. Hier wurde Baur wie folgt zitiert: »Auch die Angaben über die Gaskammern sind überhöht. In Deutschland gab es nur 3000000 Juden. Viele von ihnen emigrierten. Mehr als 2000000 wurden nicht vernichtet. Hinzu kommt, dass das Ersticken mit Gas ein humaneres Mittel darstellt als andere Verfahren zur Tötung von Menschen.«

[442] Vgl. Agenturbericht des Zellenagenten »Jäger«, 30.12.1945, GARF, 9401/2/550, Bl. 138; Agenturbericht des Zellenagenten »B-III«, 19.2.1945, GARF, 9401/2/550, Bl. 147.

duktion der von Smersch aufgefundenen Leichen. Um die in Moskau gemachten Zeugenaussagen besser überprüfen zu können, brachte man die in der Butyrka Inhaftierten ebenfalls nach Berlin.[443]

Im Mai 1946 trafen die an der Operation »Mythos« Beteiligten in der ehemaligen Reichshauptstadt ein. Während die Gefangenen in der NKWD-Haftanstalt Lichtenberg interniert und weiteren Befragungen unterzogen wurden, untersuchte eine Sonderkommission nochmals den Bunker der Reichskanzlei und den Garten. Neben Klausen gehörten ihr der Oberst der Miliz N. F. Osipow und der Gerichtsmediziner Pjotr S. Semenowski an.[444] Die beiden Letztgenannten zeichneten dafür verantwortlich, dass erstmals eine kriminaltechnische Untersuchung der Umstände des »Verschwindens« Hitlers durchgeführt wurde. Besonders sorgsam werteten der Kriminalist und der Gerichtsmediziner die vorhandenen Blutspuren im Arbeitszimmer des Diktators im Bunker der Reichskanzlei sowie im Treppenaufgang zum Garten aus.

Ihre Analyse war eindeutig: »Aufgrund der hohen Anzahl von Blutspritzern und -rinnsalen auf dem Sofa muss gefolgert werden, dass diese Verwundung von einem profusen Blutaustritt begleitet wurde, weshalb sie zunächst als lebensgefährlich zu bezeichnen ist. Im Moment der Verwundung muss die betreffende Person in der rechten Sofaecke, neben der Armlehne, gesessen haben [...] Eine solche Verteilung von Blutspritzern und -rinnsalen auf dem Sofa sowie auch ihr charakteristisches Aussehen

---

[443] Vgl. Koslow, »*Gde Gitler*«, a.a.O., S. 156 ff.; Auskunftsschreiben des stellv. Leiters der GUPWI, Generalleutnant Amajak S. Kobulow, zum Material der Operativen Verwaltung der GUPWI, der Smersch sowie der britischen und amerikanischen Nachrichtendienste über die Version des Selbstmords Hitlers am 30. 4. 1945, 19. 1. 1946, GARF, 9401/2/550, Bl. 52. Auf dem Schreiben vermerkte Serow am 28. 3. 1946: »Ich unterstütze den Vorschlag. Es ist sinnvoll, alles Material und die Inhaftierten zusammen mit qualifizierten Operativ-Mitarbeitern nach Berlin zu entsenden. Wenn dies unterbleibt, haben sich die Leichen bald endgültig zersetzt.«

[444] Plan der operativen Maßnahmen zur Aufdeckung der Umstände des Verschwindens von Hitler, 16. 5. 1946, GARF, 9401/2/552, Bl. 194–196; Maximowa, »Mif«, in: *Iswestija*, 20. 2. 1993, S. 10.

zeugen davon, dass die Verwundung am Kopf lokalisiert war und nicht am Brustkorb oder Bauch [...] Die Kopfschädigung erfolgte durch einen Kopfschuss und nicht durch einen Schlag auf den Kopf mit einem schweren Gegenstand. Ein Beweis dafür ist, dass es auf der Rückenlehne, über dem Sofa und am Rahmen der Rückenlehne des Sofas keine Blutspritzer gibt. Nach der Kopfverletzung verlor der Verwundete das Bewusstsein und blieb eine Zeit lang unbeweglich mit dem zur rechten Armlehne hin geneigten Kopf sitzen.«[445]

Dieses Gutachten wurde am 30. Mai 1946 durch Nachgrabungen im Garten der Reichskanzlei bestätigt. An der Stelle, wo Smersch-Mitarbeiter ein Jahr zuvor die Leichen von Hitler und Eva Braun ausgegraben hatten, entdeckte der Gerichtsmediziner zwei Fragmente eines männlichen Schädels: Teile des rechten und linken Scheitelbeins. Das linke Scheitelbein wies einen Defekt auf, der, so Gerichtsmediziner Semenowski, charakteristisch für einen Ausschuss ist. Weiter konstatierte er, »dass der Schuss in der Richtung von unten nach oben, von rechts nach links, nach hinten erfolgte«. Hitler hatte sich also selbst erschossen, wie auch die Zeugenaussagen von Linge und Günsche bestätigten.[446]

Um jedoch die These der gleichzeitigen Einnahme von Zyankali endgültig zu verifizieren, hätte es einer erneuten Obduktion der Leichen bedurft. Dies aber lehnte Smersch ab. Trotz intensiver Bemühungen gelang es der Sonderkommission »Mythos« nicht, von der Militärabwehr die Herausgabe der schon einmal sezierten Körper von Adolf und Eva Hitler zu erwirken. Daher wollten sich die NKWD-Offiziere nicht auf ein endgültiges Untersuchungsergebnis festlegen. Sie verzichteten auch darauf, Stalin über die Resultate ihrer Nachforschungen zu informieren.[447]

---

[445] Besichtigungsprotokoll des Bunkers der Reichskanzlei, 14. 6. 1946, GARF, 9401/2/552, Bl. 207f.
[446] Untersuchungsakte zu den am 30. 5. im Garten der Reichskanzlei aufgefundenen Knochenteilen, 31. 5. 1946, GARF, 9401/2/552, Bl. 242; vgl. auch: Völklein, *Hitlers Tod*, a.a.O., S. 182–189.
[447] Vgl. Auskunftsschreiben von Klausen zwecks Übergabe zweier Kisten mit Leichen aus Magdeburg, 30. 4. 1946, GARF, 9401/2/550, Bl. 37; Schlussfolgerungen zum Unter-

Damit waren weitergehende Spekulationen möglich; die später mehrfach kolportierten Varianten »ausschließlicher Giftselbstmord« oder »Gnadenschuss« (wahlweise von Linge oder Günsche) waren allerdings vorsätzliche Irreführungen der Öffentlichkeit.

Je nach politischer Zweckmäßigkeit präsentierte die Sowjetunion neue Versionen von Hitlers Tod, in den ersten Jahren nach 1945 sogar die Behauptung, Hitler sei nicht gestorben, sondern geflohen und halte sich bei den einstigen Verbündeten auf.[448] Lew Besymenski, der maßgebliche Protagonist der Vergiftungs- und Gnadentodvarianten, veröffentlichte 1968 und 1982 sehr erfolgreiche Bücher über den Tod Hitlers.[449] 1995 entschuldigte er sich für die »absichtlichen Lügen«. Jetzt tue er »Buße«, schrieb der russische Historiker, wobei er allerdings die Verantwortung abwälzte: In der Sowjetunion habe es nur einen politisch kontrollierten Aktenzugang gegeben; auch hätten ihm die Informanten des Geheimdienstes KGB seine Texte diktiert.[450]

Seriöse Historiker in Großbritannien, den USA und der Bundesrepublik waren Besymenski ohnehin nicht gefolgt.[451] Auch das für Stalin verfasste *Buch Hitler* hielt sich an die Untersuchungen aus dem Jahr 1946. Warum auch hätten die Bearbeiter der Aussagen von Linge und Günsche in einem für Stalin bestimmten Dossier lügen sollen?

suchungsmaterial aus Berlin, 26.6.1946, GARF, 9401/2/552, Bl. 297–307; Wladimir A. Koslow, »Delo ›Mif‹: rassledowanie NKWD-MWD SSSR obstojate'stw istschesnowenija Gitlera (Nojabr' 1945–1949 god)« [Die Akte »Mythos«: Die Untersuchung des NKWD-MWD der UdSSR über die Umstände des Verschwindens von Adolf Hitler (November 1945–1949)], in: *Oteschestwennaja istorija*, 1996, Nr. 2, S. 94–98.

[448] Um diese Variante zu untermauern, präsentierten sowjetische Behörden sogar einen angeblichen Doppelgänger Hitlers. Vgl. Maser, *Adolf Hitler*, a.a.O., S. 528–540.

[449] Hitler hätte man, so Besymenski, wie einen »Hund abknallen« müssen. Vgl. Besymenski, *Der Tod des Adolf Hitler* (1968) und – stark verändert, aber in der Substanz gleich – *Der Tod des Adolf Hitler* (1982); kritisch dazu: Joachimsthaler, *Hitlers Ende*, a.a.O., S. 266.

[450] Vgl. Besymenskij, *Operazija »Mif«*, a.a.O., S. 140f.

[451] Kritisch setzte sich auch Werner Maser mit Besymenskis Thesen auseinander. Vgl. Maser, *Adolf Hitler. Legende, Mythos, Wirklichkeit*, Esslingen 1971; künftig zitiert nach der 13. überarbeiteten Ausgabe, München, Esslingen 1993. Hitler-Biograph Ian Kershaw, der Joachimsthalers Darstellung überprüfte, kam zu dem Schluss, dass dessen »außerordentlich gründliche Untersuchung« jede »Unsicherheit über die Art des Todes« zerstöre. Vgl. Kershaw, *Hitler*, Bd. 2, a.a.O., S. 1290f.

2. Informationen für Stalin. Die Entstehung des *Buches Hitler*

Nachdem im Sommer 1946 die Operation »Mythos« vorerst abgeschlossen war, dauerte es bis zum März 1948, bis wieder Bewegung in die Angelegenheit kam. In diesem Monat erhielt Amajak Kobulow die Information, dass der deutsche Offizier Gerhard Boldt ein Buch mit dem Titel »Die letzten Tage der Reichskanzlei« veröffentlicht habe, worin er die letzten zehn Tage der Regierung Hitler beschrieb.[452] Kobulow forderte Oberstleutnant Klausen auf, jetzt endlich das Material der Operation »Mythos« zu systematisieren und an das KI zu übermitteln. (Hinter dem Kürzel KI verbarg sich das Komitee für Information, das seit 1947 die sowjetische Geheimdienstarbeit koordinierte.) Zugleich wies der stellvertretende Hauptverwaltungschef darauf hin, dass es sinnvoll sei, »Baur, Günsche und Linge in eine Zelle zu legen und ihnen vorzuschlagen, ein umfassendes Dokument über die letzten Tage Hitlers zu schreiben«.[453]

Die Idee zum *Buch Hitler* war damit zwar geboren, aber die NKWD-Offiziere konnten nicht sicher sein, dass diese Initiative beim Politbüro der Kommunistischen Partei, dem einzig möglichen Adressaten für ein derartiges Projekt, auf Wohlwollen stoßen würde. Am 27. April 1948 starteten sie daher einen ersten »Testballon«. Stalin, Molotow, Berija, Schdanow, Malenkow, Mikojan, Kaganowitsch, Wosnesenski und Bulganin, also der innere Führungszirkel der Sowjetunion, erhielten ein von Günsche ausgearbeitetes Dokument über die Ardennenoffensive und deutsche Versuche, mit den ehemaligen westlichen Alliierten einen Separatfrieden zu schließen. Der sowjetische Diktator scheint das Dokument mit Interesse gelesen zu haben, denn er ließ es

---

[452] Vgl. Gerhard Boldt, *Die letzten Tage der Reichskanzlei*, bearbeitet v. Ernst A. Hepp, Hamburg, Stuttgart 1947.

[453] Vgl. Mitteilung der GRU aus Warschau und beigefügte Aktennotiz von Generalleutnant Amajak Kobulow, 3.3.1948, GARF, 9401/2/550, Bl. 236f.; Alexander I. Kolpakidin / Dimitrij P. Prochorow, *Wneschnaja raswedka Rossii* [Die russische Auslandsaufklärung], St. Petersburg, Moskau 2001, S. 52f.

nicht im Parteiarchiv, sondern in seinem persönlichen Aktenbestand im Kreml ablegen.[454]

Kurz danach wurde entschieden, Baur aus dem »Schreibpro-
gramm« zu nehmen und für die Erarbeitung des betreffenden
Buchs ausschließlich Günsche und Linge einzusetzen.[455] Wie
Baurs 1956 erstmals in der Bundesrepublik veröffentlichten Memoiren belegen, konnte oder wollte er nur wenig zum Tod von
Adolf und Eva Hitler aussagen. Auch reichten seine Kenntnisse
nicht für eine umfassendere Darstellung der Politik Hitlers
aus.[456]

Für die Arbeit am *Buch Hitler* verlegte man Günsche und
Linge zunächst in eine Sonderabteilung des Häftlingskran-
kenhauses der Butyrka. Im August 1948 schaffte man sie aus
Geheimhaltungsgründen zum »Sonderobjekt Nr. 5 des MWD«,
einer Villa bei Moskau, wo sie ihre »Schriftstellertätigkeit« fortsetzen sollten. In diesem »Sonderobjekt« des sowjetischen Geheimdienstes mussten die beiden SS-Offiziere über Monate
schriftlich und mündlich Auskunft geben: zunächst über die
letzten Tage Hitlers, immer wieder über sein Privatleben und
schließlich auch über seine militärischen und politischen Entscheidungen. Von 1945 arbeiteten sich die Vernehmer bis 1935 zurück, dem Jahr, in dem Linge dem Führer-Begleitkommando
beigetreten war. Anschließend wurden die politischen Ereignisse
der Jahre 1933 und 1934 ergänzt, obwohl weder Linge noch Günsche Informationen aus erster Hand beisteuern konnten.
Schließlich lag jene detaillierte Hitler-Biographie vor, die nach

---

[454] Vgl. Schreiben von Kruglow an Stalin, 27.4.1948, GARF, 9401/2/199, Bl. 494–516. Im
Präsidentenarchiv der Russischen Föderation ist das Dokument unter folgender Signatur
abgelegt: 3/58/530, Bl. 69–78. Die Herausgeber danken Herrn Prof. Wladimir N. Chaustow für diese Information.

[455] Vgl. Schreiben des stellv. Leiters der GUPWI, Generalleutnant Amajak S. Kobulow,
an den Chef des Butyrka-Gefängnisses des MWD, Oberstleutnant Michail I. Schuralew,
3.6.1948, GARF, 9401/2/550, Bl. 240.

[456] Die wirklichen Gründe sind allerdings unklar. Zum einen verweigerte Baur weitere
Aussagen und trat in Hungerstreik. Zum anderen hatte er sich bereits als »zweitrangige«
Quelle erwiesen. Er wurde ab 1948 durch mehrere Lager geschleust, zu 25 Jahren Gefäng-
nis verurteilt und 1955 in die Bundesrepublik entlassen. Vgl. Baur, *Mit Mächtigen*, a.a.O.

Ansicht der NKWD-Offiziere Stalins Erwartungshaltung erfüllen würde.[457]

Redaktionell verantwortlich waren die NKWD-, jetzt MWD-Offiziere Oberstleutnant Fjodor Parparow und Major Igor Salejew. Sie überwachten den Fortgang der Arbeit, stellten die erkenntnisleitenden Fragen und fügten Erklärungen oder Hintergrundinformationen ein.[458] Sie hatten, wie oben erwähnt, bereits die Verhöre zwischen 1945 und 1946 geführt, sprachen hervorragend Deutsch und übersetzten die Aussagen der Gefangenen ins Russische. Am Ende übernahmen sie die Bearbeitung und Vereinheitlichung des Textes, sodass ein gut lesbares Ganzes entstand.[459]

Die Geheimdienstoffiziere konnten dabei besonders auf die Mitarbeit von Linge setzen. Während dieser in seinen späteren Memoiren angab, er sei nicht besonders kooperativ gewesen,[460] liest sich der entsprechende sowjetische Vermerk anders: »Während der Arbeiten verhielt sich Linge positiv und machte freimütige Geständnisse. Anhand einiger Überprüfungen wurde festgestellt, dass Linge darauf hoffte, er könne seine Verantwortung für den Dienst in der engsten Umgebung Hitlers herunterspielen und damit seine Freilassung aus der Haft erreichen. Seine Aufzeichnungen betrachtete Linge als ›seine Rettung‹.«[461]

Günsche hingegen zeigte sich zugeknöpft: »Im Zuge der Arbeiten verhielt sich Günsche äußerst negativ. Er weicht wahr-

---

[457] Vgl. Schreiben des stellv. Leiters der GUPWI, Generalleutnant Amajak S. Kobulow, an den Chef der Spionageabwehr des MWD, Generalmajor Alexej N. Asmolow, 6.8. 1948, GARF, 9401/2/550, Bl. 248; Rohmanuskript »Über Hitler«, 1948, GARF, 9401/2/553, Bl. 1–170.

[458] Zur Arbeitsgruppe gehörten außer dem fließend Deutsch sprechenden und in nachrichtendienstlicher Arbeit erfahrenen Parparow und dem ebenfalls einst in Deutschland tätigen promovierten Gesellschaftswissenschaftler Salejew der estnische Oberstleutnant Julius Karlowitsch Klausen, der Lette Jan W. Schwejzer, seit 1925 Mitglied in den Organen der sowjetischen Staatssicherheit, der Historiker Wolf Salomonowitsch Stern, später Chef des Militärhistorischen Instituts der DDR, sowie der nicht deutschsprachige Leutnant Nikolai Michailowitsch Smirnow und eine Dolmetscherin aus Leningrad.

[459] Vgl. Rohmanuskript »Über Hitler«, 1949, GARF, 9401/2/554, Bl. 1–291; Koslow, »*Gde Gitler?*«, a.a.O., S. 168–176; Besymenskij, *Operazija »Mif«*, a.a.O., S. 184ff.

[460] Vgl. Linge, *Bis zum Ende*, a.a.O., S. 307f.

[461] Auskunftsschreiben von Generalleutnant Amajak S. Kobulow zu Heinz Linge, November 1949, GARF, 9401/2/555, Bl. 382f.

heitsgemäßen Angaben aus und versucht Linge auch in diesem
Sinne zu beeinflussen, wobei er vor Drohungen nicht zurück-
schreckt.« Günsche sei, so das abschließende Urteil von Parparow und Salejew, »ein überzeugter Hitlerist und ein potenzieller
Feind der Demokratie und der Sowjetunion«.[462]

Die Arbeiten an der Hitler-Biographie des NKWD/MWD
dauerten mehr als anderthalb Jahre, nicht zuletzt deshalb, weil
sich Vernehmer und Verhörte nicht über die Darstellung bestimmter Probleme – etwa die Zusammenarbeit zwischen dem
Deutschen Reich und der Sowjetunion in den Jahren 1939 bis
1941 – einigen konnten. Auch hatten die einstigen SS-Offiziere
nicht auf alle Fragen eine Antwort. Schließlich änderten die Vernehmer das Konzept.

Zunächst dachten die NKWD-Offiziere an eine Gesamtdarstellung der deutschen Politik und Kriegführung unter dem Titel
»Wolkenschlösser«. Aus sowjetischer Sicht war das Wort eine
kennzeichnende Metapher für die Ambitionen des Hitler-Re-
gimes, sind die russischen »Wolkenschlösser« doch nichts anderes als die deutschen »Luftschlösser«. Der Titel bot sich jedoch
auch wegen der pompösen Residenzen des deutschen Diktators
an, hatte doch der Berghof samt der neu geschaffenen Infrastruktur schlossartige Dimensionen, die Neue Reichskanzlei ohnehin. Am Ende erschien der Titel doch zu lyrisch; entstanden
war eben keine Überblicksdarstellung zur deutschen Politik, sondern ein Text über Hitler.

Faktisch entsprach er einer Biographie des deutschen Diktators für die Jahre 1933 bis 1945, stilistisch hatte er den Charakter
eines Dossiers, der äußeren Form nach war er eine Akte, in ge-
bundener Form ein Buch. Stalin erhielt das *Buch Hitler* am
29. Dezember 1949 aus der Hand seines Innenministers Sergej
Kruglow. Der 413 Seiten lange Bericht über das Leben Hitlers
wurde ihm in einem einzigen Exemplar übergeben, das die ande-

---

[462] Auskunftsschreiben von Generalleutnant Amajak S. Kobulow zu Otto Günsche, November 1949, GARF, 9401/2/555, Bl. 384 ff.

ren Mitglieder des Politbüros nicht erhielten.[463] Einigen gestattete Stalin jedoch Einsicht in das Dokument. Nach der Lektüre ließ er das *Buch Hitler* in seinem persönlichen Archiv ablegen.[464] Obwohl der sowjetische Diktator im Buch selbst keine Anstreichungen vornahm und sich auch mit Randbemerkungen zurückhielt,[465] ist aus anderen Quellen zu rekonstruieren, was ihn besonders interessiert haben dürfte. Stalin, der ein tiefes Misstrauen gegen seine eigene Umgebung hegte, hatte in der Übersetzung des ihm am 22. Juni 1945 übergebenen Notizbuchs von Bormann vor allem Stellen angestrichen, die Entlassungen ehemaliger Parteigenossen und enger Vertrauter Hitlers betrafen: »29. März [...] Guderian beurlaubt!«, »30. März [...] Dr. Dietrich vom Führer beurlaubt!«, »25. April Göring aus Partei ausgestoßen!«, »28. April [...] Fegelein degradiert«, »29. April [...] Trauung Adolf Hitler + Eva Braun [...] Die Verräter Jodl, Himmler und Gen.[erale]«; »1. Mai Ausbruchsversuch!«.[466]

Linge und Günsche wurden nach der Fertigstellung des Buchs zunächst noch weiter im Sonderobjekt Nr. 5 festgehalten, um für eventuelle Rückfragen zur Verfügung zu stehen. Nachdem der Staatssicherheitsdienst die beiden nicht mehr benötigte, verurteilte sie am 15. Mai 1950 ein Militärtribunal der MWD-

---

[463] Vgl. Schreiben von Kruglow an Stalin, 29. 12. 1949, GARF, 9401/2/236, Bl. 231 f.

[464] Vgl. Schreiben Nr. 5910/K an Stalin, 29. 12. 1949, AP RF, 3/58/533, Bl. 1–415. Die Herausgeber danken Herrn Prof. Wladimir N. Chaustow für die Überlassung dieser Information.

[465] Dies ist nicht weiter verwunderlich, da Stalin zumeist ausschließlich Dokumente operativen Charakters mit Randbemerkungen und Anstreichungen versah, also Schreiben, in denen es darum ging, bestimmte Personen zu verhaften, zu verhören und zu foltern. Vgl. *Lubjanka, Stalin i glavnoe upravlenie gosbesopasnosti NKWD, Archiv Stalina. Dokumenty wyschich organow partijnoj i godudarstwennoj wlasti, 1937–1938* [Lubjanka, Stalin und die Hauptverwaltung für Staatssicherheit des NKWD. Das Archiv Stalins, Dokumente der höchsten Partei- und Staatsorgane, 1937–1938], Moskau 2004. Im März 1938 wies der Diktator beispielsweise persönlich Folterungen an, um GRU-Chef Urizki als Mitglied einer Gruppe von linken Sozialrevolutionären zu überführen. Vgl. Anweisung J. W. Stalins über Verhöre, 13. 3. 1938, in: ebd., S. 499.

[466] Schreiben von Berija an Stalin, 22. 6. 1945, GARF, 9401/2/97, Bl. 32–48; Schreiben von Berija an Stalin, 22. 6. 1945, AP RF, 3/58/532, Bl. 1–17. Die Herausgeber danken Herrn Prof. Wladimir N. Chaustow für die Überlassung dieser Information. Eine Abschrift des deutschen Originals ist zu finden bei: Lew Besymenski, *Die letzten Notizen von Martin Bormann. Ein Dokument und sein Verfasser*, Stuttgart 1974.

Truppen des Gebiets Iwanow wegen der Beteiligung an Kriegsverbrechen zu 25 Jahren Arbeitslager. Als Antrittstag der Haftstrafe wurde der 6. April 1950, der Zeitpunkt ihrer Überstellung
in das Haftlager Nr. 48 bei Iwanowo in der Nähe von Moskau,
festgelegt.[467] Wenig später verlegte das MWD Linge in das
Straflager Nr. 476 bei Swerdlowsk, aus dem er am 8. Oktober 1955
in die Bundesrepublik entlassen wurde.[468] In dasselbe Lager hatte
man auch Günsche eingewiesen. Dieser zeigte sich jedoch wesentlich renitenter als Linge und hatte während seiner Haftzeit
zusätzlich zahlreiche Sonderstrafen wegen antisowjetischer Propaganda und Arbeitsverweigerung zu verbüßen.[469] Das MWD
überstellte Günsche schließlich im Dezember 1955 an das Innenministerium der DDR und stellte den ostdeutschen Behörden
frei, mit ihm nach Gutdünken zu verfahren.[470]

3. Fakten und Interpretationen.
Zum Inhalt des *Buches Hitler*

Die Offiziere des NKWD waren ideologisch geschulte Marxis-
ten-Leninisten und hatten daher fest gefügte Ansichten, wie
Geschichte zu interpretieren sei. Bei der Abfassung des *Buches
Hitler* stützten sie sich auf Aussagen von Personen, die ihre Ideologie nicht teilten. Außerdem waren sie gezwungen, den Voyeu-
rismus des Auftraggebers Stalin zu bedienen. Trotz dieser drei-
fach gebrochenen Sicht auf die nationalsozialistische Diktatur
und den Zweiten Weltkrieg kann kein Zweifel daran bestehen,
dass das Autorenkollektiv der sowjetischen Staatssicherheit die

---

[467] Vgl. Urteil gegen Otto Günsche, 15.5.1950, Russisches Staatliches Militärarchiv
(RGWA), 460/1878.2–40, Bl. 7; Urteil gegen Heinz Linge, 15.5.1950, RGWA, 460/
1871.5–7, Bl. 7.
[468] Vgl. Auskunftsschreiben des Leiters des Straflagers Nr. 476, Oberstleutnant Skorn-
jakow, über die Haftentlassung von Heinz Linge, 17.11.1955, RGWA, 460/1871.5–7, Bl. 30.
[469] Vgl. Beschluss der Lagerleitung des Haftlagers Nr. 476 vom 13.7.1954 zur Verurteilung zu einem Jahr Haft, 20.7.1954, RGWA, 460/1871.5–7, Bl. 38 f.
[470] Vgl. Auskunftsschreiben zum *Buch Hitler*, 20.4.1959, Russisches Staatsarchiv für
Zeitgeschichte (RGANI), 5/30/462a, Bl. 1.

Geschichte so zu erfassen versuchte, wie sie wirklich war. Denn an sich stehen weder ein marxistisches Herangehen noch die Nutzung ideologisch überformter Quellen der Suche nach der historischen Wahrheit entgegen.[471]

Auch die Befriedigung spezieller Erkenntnisinteressen war der Wahrheitssuche nicht unbedingt abträglich, zumal sich die Auswahl der Themen für den Adressaten Stalin mit den Interessen des heutigen Lesers überschneidet. Nur weil Stalin unablässig damit beschäftigt war, persönliche Angaben über seine Gegner zu sammeln,[472] liegen diese Informationen ja überhaupt vor. Der Blick auf den Menschen Hitler war nach Ansicht der Vernehmer aber auch deshalb geboten, weil er der personenzentrierten Geschichtsbetrachtung Stalins entsprach.[473] Erst die marxistisch-leninistische Geschichtswissenschaft der nachstalinistischen Ära entkoppelte die Zusammenhänge zwischen der Person Hitlers und der nationalsozialistischen Diktatur.[474] 1948/49, in der Entstehungszeit des für Stalin bestimmten *Buches Hitler*, er-

---

[471] Vgl. dazu die Auseinandersetzung von Marx mit der Religion als »verkehrtem Weltbewusstsein«, die sich wiederum auf den zur Ideologie gewordenen Marxismus-Leninismus projizieren lässt. Marx 1844 in seiner Kritik der Hegel'schen Rechtsphilosophie: »Es ist also Aufgabe der Geschichte [gemeint ist Geschichtswissenschaft; d. Hg.], nachdem das Jenseits der Wahrheit verschwunden ist, die Wahrheit des Diesseits zu etablieren.« Engels wiederum führte, von Marx' naivem Zugriff abgehend, in das marxistische Denken den Begriff der »relativen Wahrheit« ein, die sich durch systematische Annäherung an Mensch, Geschichte und Natur immer mehr der »absoluten Wahrheit« annähere.

[472] Er tat das nicht zuletzt, um Anklagen in der »Säuberung« plastisch zu untermauern. Aber auch das Sammeln von Informationen über die von ihm abhängigen Personen war herrschaftstechnisch motiviert. Im Laufe der Zeit wandelte sich das politische Kalkül in unkontrollierte Paranoia. Vgl. Bullock, *Hitler und Stalin*, a.a.O., bes. S. 619, 639 und 1236 ff.; detaillierter, aber z. T. unsachlich wertend beschreibt die Mechanismen der Säuberung Donald Rayfield, *Stalin und seine Henker*, München 2004, S. 342–370.

[473] Diese Geschichtsauffassung widersprach der klassischen marxistischen Lehre von der gesellschaftlichen Entwicklung, erwies sich aber als tragendes ideologisches Fundament des Stalinismus. Im Zuge des Personenkults wurden tradierte russisch-orthodoxe Heils- und Erlösungserwartungen in die Gegenwart transformiert. Beredtes Beispiel ist bereits Stalins Gedenkrede für Lenin am 26. 1. 1924, also wenige Tage nach dessen Tod. Vgl. J. W. Stalin, *Werke*, Berlin 1950 ff., Bd. 6, S. 41 ff.

[474] Dies jedoch in der Rückbesinnung auf Georgi Dimitroffs Definition des Begriffs Faschismus auf dem VII. Weltkongress der Kommunistischen Internationale 1935. »Faschismus« ist demnach eine Erscheinungsform des staatsmonopolistischen Kapitalismus, und zwar die »offene terroristische Diktatur der reaktionärsten, am meisten chauvinistischen, am meisten imperialistischen Elemente des Finanzkapitals«.

schien der Zusammenhang zwischen dem Leben des Diktators und den Epochen seiner Diktatur signifikant. Aufstieg, Höhepunkt, Verfall: in diese Phasen ließ sich sowohl das Leben Hitlers als auch die nationalsozialistische Diktatur gliedern.

Bei der Betrachtung der Privatperson Hitler waren für das Autorenkollektiv drei Punkte maßgeblich. Ernährungs- und Trinkgewohnheiten, die Krankheiten Hitlers und das Zusammenleben mit Eva Braun. Ihnen ging es aber nicht allein um wertfreie Schilderungen, sondern um die Beschreibung seines fortschreitenden körperlichen und geistigen Verfalls. Dass Hitler Nichtraucher war und Tabakqualm in seiner Umgebung verabscheute,[475] wird erst anlässlich der Schilderung einer Szene im Berliner Führerbunker erwähnt, in der Hitler geistig abwesend, sogar desorientiert wirkte.[476] Auch die äußerste Zurückhaltung Hitlers gegenüber Alkohol wird im *Buch Hitler* nicht ausdrücklich angemerkt. Zwar trank Hitler vor 1931 in Parteiversammlungen reichlich Bier – bis zu sieben Maß –, üblicherweise aber nur ein bis zwei Glas zum Abendbrot. Als Verdauungsschnaps nahm er gelegentlich einen Kräuterlikör oder einen Obstbrand zu sich. Die Autoren des *Buches Hitler* erwähnen diese Zurückhaltung erst zu dem Zeitpunkt, als Hitler sie aufgab. Sie zitieren eine Angabe Linges, dass Hitler nach der Schlacht bei Stalingrad zu »jedem Mittag- und Abendessen« eine »beträchtliche Menge Schnaps oder Kognak« trank, verschweigen aber, dass er beim Trinken niemals die Kontrolle verlor und es auch bald wieder bleiben ließ.[477]

---

[475] Das Rauchen gab Hitler bereits als junger Mann auf, dafür waren finanzielle Überlegungen maßgeblich. Erst später entwickelte er, bestärkt durch Todesfälle im Freundeskreis und populärwissenschaftliche Darstellungen, eine konsequent ablehnende Haltung zum Rauchen. Er untersagte es in seiner persönlichen Umgebung, unterstützte Nichtraucherkampagnen und die medizinische Forschung zu diesem »Gift«, verbot es aber aus politischen Erwägungen nicht. Die Angaben der Zeitzeugen und der frühen Forschungsliteratur wurden vom einstigen SS-Arzt Ernst Günther Schenck diskutiert. Vgl. Ernst Günther Schenck, *Patient Hitler. Eine medizinische Biographie*, Augsburg 2000, S. 32–38.
[476] Vgl. *Buch Hitler*, S. 424.
[477] Vgl. Schenck, *Patient Hitler*, a.a.O., S. 32, sowie mehrfach bei Maser, *Adolf Hitler*, a.a.O.

Nur gestreift wird im Text Hitlers vegetarische Ernährung,[478] obwohl darin eine Ursache für die häufigen Erkrankungen Hitlers zu sehen sein dürfte, die wiederum für das NKWD und Stalin von außerordentlichem Interesse waren. Immerhin registrierten die NKWD-Offiziere den raschen Wechsel von Mäßigung und Völlerei in Hitlers Essgewohnheiten, der auch anderen Zeitzeugen auffiel. So berichtete Friedelind Wagner, dass Hitler in Bayreuth jeden Mittag und manchmal abends Nudelsuppe aß, aber bis zu zwei Pfund Pralinen am Tag verzehrte.[479] Sein langjähriger Wegbegleiter Ernst Hanfstaengel nannte Hitlers »Kuchenvegetarismus« und seine Naschsucht »unbegreiflich«.[480] Im *Buch Hitler* wird der Diktator als Person geschildert, die unter Stress große Mengen an Kohlehydraten (»pfundweise Pralinen«) zu sich nahm.[481]

Immer wieder werden aber, gestützt auf Aussagen Linges, Schwächeanfälle und Erkrankungen Hitlers beschrieben. Ausführlich geben die NKWD-Offiziere Eindrücke wieder, die seinen zunehmenden körperlichen Verfall dokumentieren. Hitler erscheint als verbrauchter, hinfälliger Mann. Nur an einer Stelle erwähnen sie den grimmigen Humor, mit dem er seinen verfallenden Körper betrachtete.[482] In diesem Zusammenhang wird auch Hitlers Leibarzt Theodor Morell, den die NKWD-Offiziere rundheraus als »Scharlatan« bezeichnen, ein ausgesprochen schlechtes Zeugnis ausgestellt.[483] Angesichts der zahlreichen Belege für Medikamentenmissbrauch, die im *Buch Hitler* angeführt sind, scheint diese Meinung nicht abwegig.

---

[478] Dazu ebenfalls ausführlich Schenck und Maser. Essen und Trinken maß Hitler zunächst wenig Bedeutung bei. Er aß, was zur Verfügung stand. Vegetarisch ernährte sich Hitler seit 1931, dem Todesjahr seiner Nichte Geli Raubal. Nach mehreren Darmkoliken wurde für ihn ein spezielles Diätprogramm zusammengestellt.

[479] Vgl. Friedelind Wagner, *Nacht über Bayreuth*, München 2002, S. 121.

[480] Zit. nach Schenck, *Patient Hitler*, a.a.O., S. 38.

[481] Vgl. *Buch Hitler*, S. 118.

[482] Vgl. *Buch Hitler*, S. 373.

[483] Zwar waren auch zahlreiche andere Zeitzeugen dieser Ansicht, wirklich unqualifiziert agierte Morell jedoch nicht. Vgl. dazu Schenck, *Patient Hitler*, a.a.O., S. 161–267.

Zwar ist die Verabreichung der kokainhaltigen Augentropfen nicht als Behandlungsfehler oder gar Suchtmittelmissbrauch zu bezeichnen, wie im *Buch Hitler* suggeriert wird.[484] Anders verhielt es sich jedoch mit den häufig verabreichten »stimulierenden Spritzen«. Morell injizierte dabei das von ihm entwickelte Präparat »Vitamultin«, das extrem hohe Mengen Pervitin und Koffein enthielt.[485] Wenn Hitler dieses Aufputschmittel regelmäßig konsumierte und an einem Tag sogar vier Spritzen von dem ohnehin überdosierten »Vitamultin« erhielt, muss wohl von einer Abhängigkeit gesprochen werden. Auch Hitlers überaus rascher körperlicher und geistiger Verfall zwischen 1942 und 1945 dürfte auf diesen Medikamentenmissbrauch zurückzuführen sein.[486] Der SS-Arzt Ernst Günther Schenck, der in den letzten Tagen im Lazarett unter der Reichskanzlei arbeitete und später eine medizinische Biographie Hitlers verfasste, kam jedoch zu dem Schluss, dass Hitlers Verfall »nicht Folge von Pervitin-Abhängigkeit, sondern eher Ausdruck völliger Verausgabung und Erschöpfung eines Menschen« gewesen sei. Schenck führt außerdem an, dass Hitler unter der »schicksalhaften Entwicklung eines Parkinson-Syndroms« gelitten habe. Als Ursache für das Parkinson-Syndrom gilt zerebrale Arteriosklerose. Die Anwendung von Psychopharmaka und Amphetaminen – in Hitlers Fall »Pervitin« – jedoch üblicherweise nicht.[487]

---

[484] Die Augentropfen Morells enthielten eine Lösung von einem Prozent Kokain, eine Menge, die nicht ausreicht, um Suchtverhalten zu erzeugen. Morells Aufzeichnungen weisen dreimal die Gabe dieser Tropfen aus: am 14.7.1944, am 8.10.1944 und am 22.3.1945. Den Beobachtungen von Linge folgend, scheint es sich jeweils um den Beginn einer längeren Behandlung gehandelt zu haben. Vgl. Schenck, *Patient Hitler*, a.a.O., S. 202. Maser erwähnt, dass der HNO-Arzt Erwin Giesing Hitlers Nase einmal mit einer zehnprozentigen Kokainlösung auspinselte. Hitler bat ihn, diese Behandlung zu wiederholen, da sie seinen Kopf »frei« gemacht hätte. Giesing lehnte ab. Vgl. Maser, *Adolf Hitler*, a.a.O., S. 411.

[485] Laut Maser, der sich auf eine von Schenck veranlasste Analyse im Labor der Militärärztlichen Akademie Berlin bezieht. Vgl. ebd. Zum Aufputschmittel vgl. Helmut Weißenstein, *Über Steigerung körperlicher Leistungsfähigkeit durch Pervitin*, Berlin 1941.

[486] Zu berücksichtigen sind allerdings auch die Folgen des Attentats vom 20.7.1944, bei dem Hitler schwerer verletzt wurde, als die Propaganda des Regimes glauben machen wollte. Vgl. Peter Hoffmann, *Widerstand, Staatsstreich, Attentat. Der Kampf der Opposition gegen Hitler*, München 1969, S. 476; korrigierend: Kershaw, *Hitler*, a.a.O., Bd. 2, S. 907.

[487] Vgl. Schenck, *Patient Hitler*, a.a.O., S. 203.

Leibarzt Morell akzeptierte die an sich eindeutige Diagnose Parkinson-Syndrom erst Anfang 1945. Die langjährigen Fehldiagnosen Morells wurden bestärkt durch Hitlers unkooperative Haltung. Erst jetzt erhielt der Diktator Medikamente, die den geistigen und körperlichen Verfall verzögern sollten. Möglich ist aber, dass sich Morell mit der Verabreichung von Amphetaminen generell eine Verbesserung der nachlassenden körperlichen und geistigen Beweglichkeit Hitlers erhofft hatte.[488] Trotzdem scheint angesichts der Aussagen von Linge und Günsche auch eine Neubewertung von Hitlers geistiger Leistungsfähigkeit im Jahr 1945 notwendig. Der Biograph Werner Maser urteilte aufgrund von Zeugenaussagen, dass Hitlers Geist »bis an sein Lebensende bestechend klar und zupackend« gewesen sei.[489] Dies blieb bislang unwidersprochen, zumal so auch die unbedingte Loyalität von Hitlers Gefolgschaft zu erklären ist.[490] Nicht zuletzt bot die Version von der ungetrübten geistigen Gesundheit Raum für essayistische Darstellungen mit weit reichenden Spekulationen über die Sehnsucht des Volkes nach dem »Untergang«.[491] Die Aussagen von Linge und Günsche sind in diesem Punkt jedoch sehr bestimmt: Häufig ist von geistiger Abwesenheit Hitlers die Rede, sogar von Desorientierung und völliger Gleichgültigkeit gegenüber seiner Umgebung. Einige der Wutausbrüche des Diktators haben laut dem *Buch Hitler* niemals stattgefunden und gehören in das Reich der Kolportage.[492]

---

[488] Hinweis von Dr. med. Hans W. Schweizer.

[489] Vgl. Maser, *Adolf Hitler*, a.a.O., S. 485.

[490] Bullock lässt nicht erkennen, dass er die geistige Leistungsfähigkeit Hitlers für eingeschränkt hielt. Vgl. Bullock, *Hitler und Stalin*, S. 1152–1160. Kershaw bezeichnet Hitler als »hysterisch«, »müde«, »ausgebrannt«, beschreibt ihn aber als aktiv Handelnden. Vgl. Kershaw, *Hitler*, Bd. 2, a.a.O., S. 1025–1064.

[491] Vgl. Joachim Fest / Bernd Eichinger, *Der Untergang. Das Filmbuch*, Berlin 2004, S. 13.

[492] Ein beredtes Beispiel ist der angebliche Tobsuchtsanfall anlässlich von Fegeleins Verrat. Während Fest, ohne eine Quelle anzugeben, Hitler einen »schroffen Ton« unterstellt und behauptet, er hätte den Befehl gegeben, Fegelein ohne Urteil hinzurichten, wurde daraus in dem Kinofilm *Der Untergang* eine effektvolle Szene. »Verrat!«, hätte Hitler gebrüllt und dann außer sich gerufen: »Fegelein! Fegelein! Fegelein!« Das Drehbuch weiter: »Jedes Mal schlägt Hitler mit der Faust auf den Tisch. Sein Gesicht ist zum Platzen gerötet.« Vgl. Fest / Eichinger, *Der Untergang*, a.a.O., S. 332. Hitler musste von Günsche genötigt werden, Fegelein einem Standgericht zu übergeben. Vgl. *Buch Hitler*, S. 429 ff.

Bereits im Herbst 1945 befragten die sowjetischen Vernehmer Gefangene aus Hitlers Umgebung nach dessen Sexualverhalten. Insbesondere Linge wurde zu entsprechenden Angaben genötigt. Aber auch Flugkapitän Baur und Günsche sollten zu diesen Themen Auskunft geben. Rasch stießen die NKWD-Offiziere auf das Verhältnis Hitlers zu Eva Braun. In den Akten wird sie – wie später auch im *Buch Hitler* – ohne Umschweife als Hitlers »Geliebte« oder »Bettgenossin« geführt, was durch plastische Schilderungen Linges über gemütliche Abende mit Champagner, Pralinen und Stimulanzmitteln untermauert wird. Es erschien auch den sowjetischen Offizieren plausibel, dass Hitler das Verhältnis aus politischen Erwägungen geheim hielt. Folgerichtig war für sie, dass er Eva Braun am Ende seines Lebens heiratete. Spekulationen über die Art des Verhältnisses der beiden erübrigten sich.

Als Indizien für einen aus sowjetischer Sicht »normal« veranlagten Hitler mögen auch die abfälligen Bemerkungen über die Homosexuellen in der SA, Schilderungen der ungezwungenen Umgangsformen auf dem Berghof und die Kolportagen über Hitlers Nichte Angela gedient haben. Man nahm in Kauf, dass sich diese Darstellungen zum Teil auf Hörensagen gründeten, wie die falsche Nennung des Kosenamens »Nicki« anstelle von »Geli« für Angela Raubal belegt. Nicht in das Dossier für Stalin wurde hingegen eine Information aufgenommen, die auf dem »Agenturbericht« von Baurs Zellenspitzel »Jäger« beruhte. »Jäger« gab seinem Führungsoffizier am 25. Dezember 1945 zu Protokoll: »Am Ende des Krieges erwartete Eva ein Kind von Hitler.«[493]

Die Verfechter der These von Hitlers – wenn auch verdrängter oder nur latenter – Homosexualität werden sich durch diese Angaben in den sowjetischen Akten nicht umstimmen lassen.[494]

---

[493] Vgl. Agenturbericht des Zellenagenten »Jäger«, 25. 12. 1945, GARF, 9401/2/550, Bl. 136 RS.

[494] Die ebenso ausgiebig wie erfolglos diskutierten Argumente fasste Lothar Machtan 2001 zusammen. Sein Buch genügt jedoch nicht wissenschaftlichen Standards. Falsch ist auch seine Behauptung, die bisherige Hitler-Forschung hätte bestimmte, von ihm angeführte Quellen nicht herangezogen. In der 2. Auflage unterstellte er Kritikern seines

Sie wiesen bereits Zeugenaussagen von einstigen Geliebten des Diktators als unglaubwürdig zurück[495] und zweifelten die Forschungen verschiedener Hitlerbiographen an.[496] Andererseits ist auch Pilot Baurs Bemerkung über Eva Brauns Schwangerschaft nicht als eindeutiger Beweis für ein sexuelles Verhältnis mit Hitler und seine Zeugungsfähigkeit zu werten. Denn der Historiker Anton Joachimsthaler, der das persönliche Umfeld Hitlers detailliert untersuchte, hält eine sexuelle Beziehung von Eva Braun zu ihrem Schwager, dem SS-Offizier Hermann Fegelein, für möglich, vielleicht sogar für wahrscheinlich.[497] Doch ganz gleich, ob man die Ergebnisse der deutschen Geschichtswissenschaft oder die zeitgenössischen deutschen und sowjetischen Quellen heranzieht: vieles spricht für eine sexuelle Zurückhaltung Hitlers,[498] auch für die Abnahme seines sexuellen Verlangens,[499] aber nur wenig für eine homosexuelle Veranlagung.

Im Hinblick auf den einstigen Verbündeten und späteren Kriegsgegner interessierten sich Stalin und der sowjetische Sicherheitsapparat zwar für Hitlers Privatleben, legten aber einen weiteren Schwerpunkt auf seine Herrschaftstechnik. Trotzdem verbot es sich für die NKWD-Offiziere, die ins Auge springen-

---

Buchs dann Voreingenommenheit, insbesondere »Nichtwissenwollen« und »Erkenntnisverweigerung«. Vgl. Lothar Machtan, *Hitlers Geheimnis. Das Doppelleben eines Diktators*, Frankfurt / Main 2003 (aktualisierte Taschenbuchausgabe).

[495] So die von Maria »Mizzi« Reiter, zu der sich Hitler 1927 hingezogen fühlte und die nach dem Scheitern ihrer Ehe 1931 zu ihm nach München flüchtete. Vgl. Anna Maria Siegmund, »Maria Reiter. Hitlers ›Mizzi‹ – Die unbekannte Geliebte«, in: Anna Maria Siegmund, *Die Frauen der Nazis*, Bd. 3, München 2002, S. 28–48.

[496] Werner Maser beharrt in seiner Darstellung der zahlreichen Geschichtsfälschungen über Hitler und Stalin auf der heterosexuellen Veranlagung Hitlers und benennt mehrere Frauen, mit denen er Geschlechtsverkehr hatte. Machtans Darstellung nennt er ein »absurdes Fantasieprodukt«. Vgl. Werner Maser, *Fälschung, Dichtung und Wahrheit über Hitler und Stalin*, München 2004, S. 167–182. Anton Joachimsthaler sah sich zu der Aussage veranlasst: »Ich habe lange Jahre genau recherchiert. Für eine homosexuelle Beziehung oder auch nur eine erkennbare homoerotische Veranlagung Adolf Hitlers fand ich keine Beweise!« Vgl. Joachimsthaler, *Hitlers Liste*, a.a.O., S. 39.

[497] Joachimsthaler, *Hitlers Liste*, a.a.O., S. 475–482.

[498] Ausführlich ebd. Vgl. auch Maser, *Adolf Hitler*, a.a.O., sowie Anna Maria Siegmund, *Die Frauen der Nazis*, Bd. 1–3, Wien 1998–2002, und Henriette von Schirach. *Frauen um Hitler*, Berlin, München 1983.

[499] Schenck, *Patient Hitler*, a.a.O., S. 122–130.

den Unterschiede explizit zu benennen. Stalin verfuhr auch in seiner engeren Umgebung nach dem Motto: »Überzeugungen können sich ändern, aber die Furcht bleibt«.[500] Hitler teilte diese Auffassung in Bezug auf die Völker, über die er herrschte, doch hielt er seine persönliche Umgebung für treu, zumindest loyal. Nicht zuletzt deshalb legten die NKWD-Offiziere großen Wert darauf zu zeigen, dass Hitlers Vertrauen am Ende enttäuscht wurde. Passagen über den angeblichen »Verrat« der Wehrmachtsgenerale sowie der SS-Führung nehmen daher breiten Raum ein.

Geradezu unfassbar war aus Sicht der sowjetischen Bearbeiter die Großmut, mit der Hitler die Führung des Heeres behandelte. »Zwar behauptete Hitler ständig, an seinen Niederlagen seien nur die Generale schuld«, formulierten sie, »aber er zog keinen von ihnen zur Rechenschaft.«[501] Die NKWD-Offiziere konnten nicht verstehen, dass er sie in den Ruhestand versetzte und ihnen auch noch hohe Orden verlieh. Stalin hingegen hatte während der »Säuberungen« 1937/38 tausende hoher Militärs hinrichten lassen und auf diese Weise Loyalität erzwungen. Auch noch während des Krieges ließ er Generale, die in seinen Augen versagt hatten, exekutieren.[502]

Zur Herrschaftstechnik Hitlers gehörte auch sein informeller Regierungsstil. Das Kabinett schaltete er aus, indem er alle wichtigen Entscheidungen im persönlichen Gespräch mit den Ministern vorbereitete und letztlich selbst traf. Unterstützt wurde er dabei von der gut geführten Reichskanzlei unter Minister Lammers und der nicht minder effektiven Parteikanzlei unter den NSDAP-Reichsleitern Heß bzw. Bormann.[503] Darüber hinaus

---

[500] Zit. nach Bullock, *Hitler und Stalin*, a.a.O., S. 1236. So ließ Stalin auch die Frauen seiner engen Mitarbeiter Kalinin und Molotow inhaftieren, um deren Loyalität sicherzustellen. Vgl. Larissa Wassiljewa, *Die Kreml-Frauen. Erinnerungen, Dokumente, Legenden*, Zürich 1994.

[501] Vgl. *Buch Hitler*, S. 266 f., 344, 361 ff., 391–402, 421 f., 429 f.

[502] Vgl. ausführlich: Oleg F. Suwenirow, *Tragedija RKKA 1937–1938*, Moskau 1998; Rayfield, *Stalin und seine Henker*, a.a.O., S. 472 ff., sowie Antony Beevor, *Stalingrad*, München 2001, S. 110–128.

[503] Vgl. das apologetische Plädoyer für Lammers in: Georg Franz Willing, *Die Reichskanzlei 1933–1945. Rolle und Bedeutung unter der Regierung Hitler*, Tübingen, Buenos Aires, Montevideo 1984, S. 132–144; Die Rolle Bormanns überhöhend: Jochen von Lang /

nutzte Hitler die entstehenden Rivalitäten der Doppelstruktur von Partei und Exekutive, um beider Effizienz zu erhöhen und die wechselseitige Kontrolle zu sichern. Der Antagonismus der Machtfunktionen war einzig in der faktisch omnipotenten Schlüsselstellung des »Führers« aufgehoben.[504] Diese Machtstellung Hitlers wird im *Buch Hitler* – zutreffend – im Hinblick auf die kommandierenden Feldmarschälle und Generale hinterfragt. Die übrigen Inhaber staatlicher Machtbefugnisse erscheinen als Befehlsempfänger, wobei sie nicht als Personen ohne eigene Verantwortung beschrieben werden. Korrekt wird geschildert, wie Hitler Aufgaben an andere übertrug.

Die spezifisch sowjetische Sicht spiegelt sich allerdings in der häufigen Nennung von Unterstützern der NSDAP wider. Dass dabei verschiedenen Industriellen eine große Rolle zugewiesen wurde, erscheint in der Rückschau keineswegs falsch. Auch die Auswahl der Personen – Krupp, Kirdorf, Poensgen, Schroeder usw. – war nicht völlig abwegig.[505] Deren Bezeichnung als »Monopolherren« entsprach der von den NKWD-Offizieren und Stalin verinnerlichten marxistisch-leninistischen Ideologie, derzufolge die zu Monopolen verschmolzenen Finanz- und Industrieunternehmen »alle Gebiete des öffentlichen Lebens« durchdringen würden.[506] Das Autorenkollektiv des NKWD verzichtete allerdings darauf, diese Sichtweise dem gesamten *Buch Hitler* überzustülpen, und folgte damit den historischen Fakten. Rüstungsminister Albert Speer betonte mehrfach, dass nicht die

Claus Sibyll, *Der Sekretär. Martin Bormann, Der Mann, der Hitler beherrschte*, München, Berlin 1987; mit zahlreichen Korrekturen am bisherigen Bild des Hitler-Stellvertreters: Kurt Pätzold / Manfred Weißbecker, *Rudolf Heß. Der Mann an Hitlers Seite*, Leipzig 1999.

[504] Diskutiert wurde die Frage der Auswirkungen dieses polykratischen Systems u. a. von Klaus Hildebrand, »Monokratie oder Polykratie? Hitlers Herrschaft und das Dritte Reich«, in: Karl Dietrich Bracher / Manfred Funke / Hans Adolf Jacobsen, *Nationalsozialistische Diktatur 1933–1945. Eine Bilanz*, Bonn 1986, S. 73–96.

[505] Zur zwar nicht entscheidenden, aber durchaus existenten finanziellen Unterstützung Hitlers vgl. Henry Ashby Turner jr., *Die Großunternehmer und der Aufstieg Hitlers*, Berlin 1985.

[506] Vgl. Wladimir I. Lenin, »Der Imperialismus als höchstes Stadium des Kapitalismus«, in: ders., *Ausgewählte Werke in 6 Bänden*, Berlin 1983, Bd. 2, S. 698.

Großindustriellen den Staat beherrscht hätten, und urteilte rückschauend: »Geholfen haben ihm einige allerdings, aber sie waren niemals mehr als Gehilfen.«[507]

Diese untergeordnete Rolle der Industriellen zeigte sich auch daran, dass kein einziger Manager zum engeren Kreis um Hitler zählte, ebenso wenig hohe Militärs oder Beamte. In den Führerhauptquartieren oder auf dem Berghof waren zwar Albert Speer, Heinrich Himmler oder die Generalstabschefs häufig anzutreffen, mit Ausnahme von Speer blieben die Kontakte jedoch auf Arbeitsbeziehungen beschränkt. Zum informellen Zirkel gehörten ausschließlich alte Parteigenossen, die Adjutanten der einzelnen Wehrmachtsteile, die Sekretärinnen und die Leiter der Parteikanzlei, Heß und Bormann.

Auffällig ist, dass Personen, die Hitler vor 1933 nahe gestanden hatten, schrittweise ausgetauscht wurden. Zunehmend umgab sich Hitler mit Personen, die ihm weder intellektuell gewachsen waren noch verantwortliche Positionen innehatten. Im *Buch Hitler* erscheint der Berghof überwiegend als Ort privater Festlichkeiten, nicht als Regierungssitz. Hitlers unregelmäßige Arbeitszeiten verstärkten diesen Eindruck, doch trotz seiner »Bohème-Natur« ordnete er seinen Tagesablauf diszipliniert den täglichen Aufgaben der Administration unter, teils bis zur völligen Erschöpfung.[508]

Die gemeinsam eingenommenen Mahlzeiten nutzte Hitler zur Entspannung, oft aber auch als Gelegenheit, bestimmte rhetorische Muster zu erproben. In den Jahren bis zum Kriegsbeginn

---

[507] Vgl. Albert Speer, *Spandauer Tagebücher*, Frankfurt / Main, Berlin, Wien 1975, S. 122. Zur Organisation der Rüstungsindustrie vgl. Walter Naasner, *Neue Machtzentren in der deutschen Kriegswirtschaft 1942–1945. Die Wirtschaftsorganisation der SS, das Amt des Generalbevollmächtigten für den Arbeitseinsatz und das Reichsministerium für Bewaffnung und Munition/Reichsministerium für Rüstung und Kriegsproduktion im nationalsozialistischen Herrschaftssystem*, Boppard am Rhein 1994. Zu Fragen der Wirtschaftskonzeption für einen Blitzkrieg vgl. Willi A. Boelcke, *Die deutsche Wirtschaft 1930–1945. Interna des Reichswirtschaftsministeriums*, Düsseldorf 1983, S. 233–274. Zu den Spielräumen eines Industrieunternehmens exemplarisch Werner Abelshauser, »Rüstungsschmiede der Nation?«, in: Lothar Gall (Hg.), *Krupp im 20. Jahrhundert. Die Geschichte des Unternehmens vom Ersten Weltkrieg bis zur Gründung der Stiftung*, Berlin 2002, S. 328–445.

[508] Vgl. Maser, *Adolf Hitler*, a.a.O., S. 465.

hörte er seinen Gesprächspartnern zu, fragte sie auch zielstrebig aus. Später monologisierte er nur noch. Seiner Umgebung erschienen diese Monologe wertvoll genug für eine Überlieferung an die Nachwelt.[509] In der Rückschau erweisen sich diese Auslassungen lediglich als bemerkenswerte Zeugnisse für das Weltbild des Diktators. Es ist offensichtlich, dass er versuchte, seine Umgebung mit angelesener Halbbildung zu beeindrucken. Seine exzellente Merkfähigkeit[510] leistete ihm dabei gute Dienste, an Originalität mangelte es ihm nicht, zugleich fehlte in seinen Auslassungen allerdings jegliche durch systematische Bildung erworbene Struktur.[511]

Die sowjetischen Offiziere wählten von den Aufzeichnungen Linges und Günsches für das *Buch Hitler* kennzeichnende politische Aussagen Hitlers aus. So präsentierten sie Stalin zum Beispiel Hitlers Reaktion auf das Flottenabkommen 1935, dessen Überlegungen zur Spaltung der Verbündeten Großbritannien und Frankreich 1940 und des Diktators Sicht auf andere Staatschefs. Bestimmt wurde die Auswahl von den 1948/49 bestehenden machtpolitischen Konstellationen.

Für Stalin waren zweifellos Länder von Interesse, in denen die Sowjetunion offensiv agierte, etwa Ungarn und Rumänien, oder Staaten, in denen eine Entscheidung über den künftigen Entwicklungsweg noch nicht gefallen war, zum Beispiel Italien.[512] Vor dem Hintergrund des beginnenden Kalten Krieges

[509] Vgl. Werner Jochmann (Hg.), *Adolf Hitler, Monologe im Führerhauptquartier 1941–1944. Aufgezeichnet von Heinrich Heim*, München 2000, und Henry Picker, *Hitlers Tischgespräche im Führerhauptquartier*, Frankfurt / Main, Berlin 1993.

[510] Exemplarisch ist ein Erlebnis Hans Baurs. Ernst Hanfstaengel hatte einen Marsch komponiert und spielte ihn Hitler vor. Aus dem Gedächtnis spielte Hitler den Marsch auf dem Klavier nach und schlug Änderungen vor. Vgl. Baur, *Mit Mächtigen*, a.a.O., S. 100. Maser trug zahlreiche Belege für die erstaunliche Belesenheit und Merkfähigkeit Hitlers zusammen. Vgl. Maser, *Hitler*, a.a.O., S. 187–295.

[511] Die Systematik in Hitlers Weltbild ist eine rückwärts gewandte Projektion der Historiker und Publizisten. Exemplarisch für die daraus folgenden weit reichenden Schlussfolgerungen: Rainer Zitelmann, *Hitler. Selbstverständnis eines Revolutionärs*, München 1998.

[512] In Ungarn und Rumänien stand aus sowjetischer Sicht der Übergang zur sozialistischen Gesellschaftsordnung auf der Tagesordnung, in Italien war die Kommunistische Partei noch in der Exekutive vertreten. Georgi Dimitroffs Bulgarien stand fest zur Sowjetunion, Titos Jugoslawien war gerade auf Konfrontationskurs gegangen. Folgerichtig fanden Jugoslawien und Bulgarien im *Buch Hitler* kaum Erwähnung.

gewannen die Einschätzungen über die britische Appeasement-Politik aktuelle Bedeutung. Mit Argwohn beobachtete Stalin die Abkehr der einstigen Verbündeten. Folgerichtig legte das Autorenkollektiv der sowjetischen Staatssicherheit größten Wert auf die Auswahl von Episoden, die auf ein Zusammengehen von England und Deutschland oder auf eine nur halbherzige Kriegführung der Briten hindeuteten.

Derartige Themen waren das Münchner Abkommen zur Aufteilung der Tschechoslowakei 1938 und die gescheiterte britische Landung in Norwegen. Aber auch die Separatverhandlungen Himmlers mit britischen Unterhändlern und der damit scheinbar in Zusammenhang stehende »Verrat« der von SS-Obergruppenführer Felix Steiner befehligten Armeegruppe wurden ausführlich geschildert.

Ausgesprochen detailliert ist die Wiedergabe der Reaktion Hitlers zum Englandflug von Rudolf Heß. Sie widerspricht auch der später von Linge präsentierten Version. In seinen in der Bundesrepublik veröffentlichten Memoiren schrieb Linge, dass Hitler nach dem Anklopfen rasch öffnete und bereits angekleidet sowie rasiert gewesen sei.[513] Diese Darstellung fand auch Eingang in die wissenschaftliche Fachliteratur.[514] Im *Buch Hitler* stellte Linge den Sachverhalt anders dar. Hitler hätte mit »verschlafener Stimme« geantwortet und sei »unrasiert« gewesen. Dass Hitler ihm angekleidet gegenübertrat, erklärt sich aus der Tatsache, dass er »einige Minuten« brauchte, um das an den Schlafraum angrenzende Arbeitszimmer zu verlassen.[515] Die These von der Mitwisserschaft Hitlers an dem vermuteten »Botengang« von Heß verliert damit eine ihrer wichtigsten Grundlagen.

Die Vernehmer interessierten sich auch für das gespannte Verhältnis zwischen Hitler und den kommandierenden Genera-

[513] Vgl. Linge, *Ende*, a.a.O., S. 142f. Es ist unklar, ob der Herausgeber Werner Maser diese Aussage veranlasste.
[514] Vgl. Rainer F. Schmidt, *Rudolf Heß, »Botengang eines Toren?« Der Flug nach Großbritannien vom 10. Mai 1941*, München 2000, S. 186f.
[515] Vgl. *Buch Hitler*, S. 142f.

len. Sie kamen nach den Linge-Günsche-Verhören zu ähnlichen Schlussfolgerungen wie die Militärhistoriker des Westens.[516] Anschaulich beschreiben die sowjetischen Offiziere, wie das Zweckbündnis zwischen dem nationalsozialistischen Regime und dem preußisch geprägten Offizierskorps mit jeder neuen Niederlage brüchiger wurde.[517] Das Attentat auf Hitler am 20. Juli 1944 interpretierten sie als augenfälliges Zeugnis für die schwindende Loyalität.[518] Selbst Überlebende der Stalin'schen Säuberungen, versuchten die Vernehmer der Staatssicherheit, im *Buch Hitler* das Ausmaß der Verschwörung zu rekonstruieren. Bei Linge und Günsche fragten sie immer wieder nach, wer loyal zu Hitler gestanden und wer an der Vorbereitung des Attentats mitgewirkt habe. Es erstaunte sie nicht, dass an der Verschwörung auch höchste Offiziere beteiligt waren. In der Sowjetunion waren ja sogar Mitglieder des Politbüros der Kommunistischen Partei als »Volksfeinde« bezeichnet und hingerichtet worden.

Der Stalin übergebene Text suggeriert jedoch deutliche Verachtung gegenüber Hitler, weil er eben diese »Säuberung« im Offizierskorps nicht eher vornahm. Die NKWD-Offiziere verzichteten auch nicht auf die Wiedergabe von Hitlers Aussage, er sei durch die »Vorsehung« gerettet worden.[519]

[516] Vgl. Basil Liddell Hart, *Geschichte des Zweiten Weltkrieges*, Wiesbaden 1985.

[517] Vgl. Thomas Vogel (Hg.), *Aufstand des Gewissens. Militärischer Widerstand gegen Hitler und das NS-Regime 1933–1945*, Hamburg, Berlin, Bonn 2000; Gerhard Ritter, *Carl Goerdeler und die deutsche Widerstandsbewegung*, Stuttgart 1954; Christian Müller, *Stauffenberg. Eine Biographie*, Düsseldorf 2003.

[518] Die Vorstellung, vonseiten des militärischen Widerstandes habe es kontinuierlich Überlegungen gegeben, den Diktator zu töten, entbehrt jeder Grundlage. Auch 1944 war die Zahl derer, die – in Verantwortung vor dem deutschen Volk – bereit gewesen wären, sich zu opfern, offenbar gering. Nicht einmal der zum letzten entschlossene Attentäter Schenk von Stauffenberg vertraute seinen Mitverschwörern. Er entschied sich für das Überleben, da er sich für die Etablierung einer anderen Regierung für unersetzlich hielt. Dass nach dem Attentat über 7000 Personen hingerichtet oder ermordet wurden, ist dem Verfolgungswillen der NSDAP geschuldet, nicht dem Ausmaß und Engagement des Widerstandes. Vgl. Hoffmann, *Widerstand, Staatsstreich, Attentat*, a.a.O., bes. S. 606–618.

[519] Das Wirken der »Vorsehung« bei politischen und militärischen Führern kommentierte bereits Seneca zynisch: »Das Glück lässt sich auch zur Masse und zu minderwertigen Naturen herab, aber Unglück und die Schrecken zu bezwingen ist Eigenart eines großen Mannes«. Vgl. Gerhard Krüger (Hg.), *Seneca, »De otio«/»De providentia«*, Stuttgart 1996, S. 45 (*De providentia*, 4, 1).

Obwohl die Auswahl der geschilderten Szenen aus der Zeit des Zweiten Weltkrieges aus heutiger Sicht selektiv erscheint, zeichnet das *Buch Hitler* insgesamt ein differenziertes Bild vom Diktator als militärischem Führer. Bis ins Detail sind die Reaktionen Hitlers auf bestimmte Ereignisse des Krieges wiedergegeben. Ausführlich sind zum Beispiel die Schlachten bei Stalingrad 1942/43, Kursk 1943 und an der Oder 1945 beschrieben. Da von nahezu keiner der im Text erwähnten Lagebesprechungen Protokolle erhalten sind, erweisen sich Günsches Berichte als einzigartige Quelle.[520] Angesichts der mehr als 50 Jahre andauernden und unverändert intensiven Forschung zu allen Aspekten des Zweiten Weltkrieges wäre es jedoch abwegig anzunehmen, durch das *Buch Hitler* würde eine umfassende Neubewertung notwendig.[521]

Der genaue Blick auf den Kriegsherren Hitler regt allerdings erneut zum Nachdenken über bestimmte Ereignisse und Entscheidungen an. So verblüfft die Leichtfertigkeit, mit der Hitler den USA − in einer strategisch höchst ungewissen Situation − den Krieg erklärte. Ebenso erstaunt Hitlers unreflektierte Haltung zur alliierten Landung in der Normandie wie auch sein − zu diesem Zeitpunkt − noch immer ungebrochenes Verhältnis zum Oberbefehlshaber der Luftwaffe Göring. Im Kontrast zu dieser Gleichgültigkeit stehen die beschriebenen häufigen Stimmungswechsel nach Siegen oder Niederlagen an der Ostfront, die zeigen, dass Hitler nicht in der Lage war, diesen Feldzug so zu führen, wie es die schwierige Situation erfordert hätte. Spätestens nach der Niederlage bei Stalingrad, so wird im *Buch Hitler* deutlich, verlor er den nüchternen Blick auf strategische Probleme und stellte den taktischen Erfolg in den Vordergrund.

Nicht zuletzt spiegelt sich in diesen Beschreibungen ein in der Rückschau verblüffender Realitätsverlust wider: Offenbar nahm

---

[520] Helmut Heiber, *Hitlers Lagebesprechungen. Die Protokollfragmente seiner militärischen Konferenzen*, Stuttgart 1962.
[521] Als Quellengrundlage noch immer maßgeblich: Percy Ernst Schramm (Hg.), *Kriegstagebuch des Oberkommandos der Wehrmacht (Wehrmachtführungsstab) 1940−1945. Studienausgabe in 8 Bänden*, Bonn o. J. (Erstausgabe 1961−1965).

Hitler an, die Bataillone, Regimenter und Divisionen, deren Bewegungen er auf den Stabskarten verfolgte, verfügten über dieselbe Kampfkraft wie zu Beginn des Krieges.[522] Das Scheitern seiner angeordneten Angriffe, Gegenschläge und »Zangenbewegungen« führte er auf das Versagen der Kommandeure und Stabsoffiziere zurück. Häufig unterstellte er mangelnden Einsatz oder Feigheit, gelegentlich sogar Sabotage. Die Ablösung der zuständigen militärischen Führer erfolgte in immer kürzeren Abständen; nicht selten waren damit heftige emotionale Ausbrüche Hitlers verbunden. Einige dieser Auseinandersetzungen zwischen Hitler und hochrangigen Militärs werden im *Buch Hitler* plastisch geschildert, etwa jene, die der Entlassung Guderians als Generalstabschef vorangig.

Die große Zahl vorliegender Memoiren ranghoher Offiziere zeichnen kein anderes Bild: Hitler war mit dem Oberbefehl über die Wehrmacht intellektuell überfordert. Er hatte, wie der britische Militärschriftsteller Basil Liddel Hart 1948, also zeitgleich zum *Buch Hitler*, urteilte, »das natürliche Gefühl, das den Genius kennzeichnet, aber auch eine Neigung, elementare Fehler zu begehen«.[523] Zu diesen elementaren Fehlern zählte zweifellos der sogenannte Haltebefehl vom 24. Mai 1940, der den britischen Verbänden den Rückzug aus Frankreich erlaubte. Andererseits hatten mit dem durchschlagenden operativen Erfolg des »Sichelschnitts«, Mansteins gewagtem Sprung über die Maas zur Kanalküste, weder die alliierten Generale noch Hitler gerechnet.[524]

---

[522] Exemplarisch ist die Mittagslage vom 10.1.1945. Vgl. Heiber, *Lagebesprechungen*, a.a.O., S. 793–820.

[523] Vgl. Basil H. Liddel Hart, *Jetzt dürfen sie reden. Hitlers Generale berichten*, Stuttgart, Hamburg 1950, S. 571f.

[524] Vgl. *Das Deutsche Reich und der Zweite Weltkrieg*, Bd. 2: *Die Errichtung der Hegemonie auf dem europäischen Kontinent*, Stuttgart 1979, S. 238–259, sowie Karl-Heinz Frieser, *Blitzkrieg-Legende. Der Westfeldzug 1940*, München 1995, S. 364–393. Frieser macht Dünkirchen als entscheidenden Wendepunkt des Krieges aus, da Hitler mit seinem Eingriff in die Führung des Feldzuges den deutschen Generalstab als »exzellent funktionierendes militärisches Gehirn« entmachtet und zur bloßen Kulisse für seine einsamen Entscheidungen degradiert hätte.

In der Rückschau erweist sich auch die Nichtbesetzung Englands als ein solcher kriegsentscheidender Fehler. Hitler verschob die Operation »Seelöwe« mehrfach, weil er das Risiko eines Fehlschlags nicht eingehen wollte.[525] Doch ob die Eroberung der britischen Insel tatsächlich nicht möglich gewesen war oder ob Hitler aus innenpolitischen Gründen hohe Opfer scheute, muss aufgrund des spekulativen Charakters dieser Überlegung dahingestellt bleiben.

Kriegsentscheidende Fehler unterliefen der deutschen militärischen Führung auch im Feldzug gegen die Sowjetunion. So wurde durch eine operative Zersplitterung der Kräfte in die Heeresgruppen A und B – für den gleichzeitigen Vorstoß zur Wolga und zum Kaukasus – die Niederlage bei Stalingrad mit verursacht.[526] Die Stoßrichtung der deutschen Sommeroffensive 1942 zum Kaukasus wurde von der Rohstoffknappheit diktiert. Ohne die Eroberung der dortigen Ölfelder schien Hitler eine Fortsetzung des Krieges unmöglich.[527]

Doch auch den Alliierten unterliefen Fehleinschätzungen, die schwere Niederlagen verursachten. So verzichtete Frankreich im September 1939 auf eine Offensive gegen das Deutsche Reich, obwohl es ihm den Krieg erklärt hatte. 1940 unterblieb dann die mögliche Bombardierung der vorrückenden deutschen Truppen in den Ardennen.[528] 1941 führte die offensive Aufstellung der

---

[525] Vgl. Andreas Hillgruber, *Hitlers Strategie. Politik und Kriegführung 1940–1941*, München 1982, S. 166–178.

[526] Magenheimer kommt in seiner Analyse der Kriegswende bei Stalingrad zu dem Schluss, dass die begrenzten militärischen Ressourcen nur zur Erlangung eines der beiden Ziele – Stalingrad oder Kaukasus – ausreichten. Hitler und der deutsche Generalstab hätten es jedoch unterlassen, den Vorrang eines der beiden Hauptziele des Feldzuges zu definieren. Vgl. Heinz Magenheimer, *Die Militärstrategie Deutschlands 1940–1945. Führungsentschlüsse, Hintergründe, Alternativen*, München 1997, S. 175–181.

[527] Vgl. Rainer Karlsch / Raymond G. Stokes, *»Faktor Öl«. Die Mineralölwirtschaft in Deutschland 1859–1974*, München 2003, S. 213 ff.

[528] Am dritten Tag der deutschen Offensive stauten sich die Fahrzeuge der Heeresgruppe A bis 250 Kilometer von der Maas über französisches, luxemburgisches und deutsches Gebiet bis zum Rhein. Das französische Oberkommando entschied jedoch, den größten Teil der Flugzeuge für spätere Operationen ins Hinterland zu verlegen. Vgl. Karl-Heinz Frieser, »Die deutschen Blitzsiege. Operativer Triumph – strategische Tragödie«, in: Rolf-Dieter Müller / Hans-Erich Volkmann (Hg.), *Die Wehrmacht. Mythos und Realität*, München 1999, S. 188.

sowjetischen Streitkräfte an der 1939 gezogenen Grenzlinie zum Verlust von mehr als drei Millionen Soldaten. Der militärische Zusammenbruch der Sowjetunion schien nur eine Frage der Zeit zu sein.[529] Die westlichen Alliierten begingen 1943/44 bei mehreren Landeunternehmen in Italien, Südfrankreich und in der Normandie Fehler, die den Erfolg dieser Operationen gefährdeten.[530]

Der Sieg der Anti-Hitler-Koalition wurzelte letztlich in der wirtschaftlichen Überlegenheit der USA und der Sowjetunion. Je länger der Krieg dauerte, desto größer wurde der Ausstoß ihrer Rüstungsindustrien. Dieses nüchterne Fazit ist allerdings eine Erkenntnis der historischen Forschung des späten 20. Jahrhunderts. Es verwundert daher nicht, dass im *Buch Hitler* diese Schlussfolgerung nicht gezogen wird.

Die Einschätzung, dass der Bombenkrieg der Westalliierten kriegsentscheidende Wirkung hatte, verbot sich 1948/49 aus aktuell-politischen Erwägungen. Denn aus Sicht Stalins wie auch der sowjetischen Offiziere hätte diese Würdigung den Sieg der sowjetischen Armee geschmälert. Außer Frage steht jedoch die Wirksamkeit der gezielten Bombardements auf die deutsche Rüstungsindustrie, obwohl ihr Ausstoß zwischen Januar 1942 und Mai 1943 auf mehr als das Doppelte anstieg und erst im letzten Quartal des Jahres 1944 deutlich zurückging.[531] Bestimmte Bereiche wie die Flugzeugindustrie hatten die alliierten Bomber schon vorher entscheidend getroffen. Kombinierte Luft-Boden-Operationen der deutschen Streitkräfte waren bereits seit 1943

[529] Vgl. Magenheimer, *Militärstrategie Deutschlands*, a.a.O., S. 101–109.

[530] Vgl. Basil Liddel Hart, *Geschichte des Zweiten Weltkrieges*, Wiesbaden 1985, S. 689 ff., sowie Militärgeschichtliches Forschungsamt (Hg.), *Das Deutsche Reich und der Zweite Weltkrieg*, Bd. 7: *Das Deutsche Reich in der Defensive: Strategischer Luftkrieg in Europa, Krieg im Westen und in Ostasien 1943–1944/45*, Stuttgart, München 2001, zur Schlacht in der Normandie S. 536–565, zur Landung in Südfrankreich S. 581–605. Zum Brückenkopf bei Anzio vgl. *Deutschland im Zweiten Weltkrieg*, Bd. 5: *Der Zusammenbruch der Defensivstrategie des Hitlerfaschismus an allen Fronten (Januar bis August 1944)*, Berlin 1986, S. 129–137.

[531] Zur Bedeutung des Bombenkrieges vgl. Richard Overy, *Die Wurzeln des Sieges. Warum die Alliierten den Zweiten Weltkrieg gewannen*, Reinbek b. Hamburg 2002, S. 163–174; zur Rüstungsindustrie vgl. Naasner, *Machtzentren*, a.a.O., S. 175.

kaum noch möglich. Die Schlacht in der Normandie war ebenso wie die Ardennenoffensive wegen der alliierten Luftüberlegenheit für die Wehrmacht nicht zu gewinnen.

Das Autorenkollektiv des *Buches Hitler* verschob den Akzent aber nicht grundlos auf den deutsch-sowjetischen Krieg. Auch die deutschen Historiker kamen in ihren Analysen zu dem Schluss, dass der Zweite Weltkrieg an der Ostfront entschieden wurde. So urteilte Andreas Hillgruber 1965: »Die westalliierte Großlandung 1944 erfolgte erst, als das Schicksal weiter Teile Ostmittel- und Südosteuropas schon besiegelt war – politisch um mindestens zwei Jahre zu spät, militärisch nachdem die deutsche Wehrmacht bereits entscheidend geschwächt und in ihrer Bewegungsfreiheit gelähmt war.«[532]

Nicht zuletzt wird die Annahme von der Entscheidung im Osten durch die Opferzahlen gestützt.[533] Neueste Ermittlungen russischer Historiker gehen für den deutsch-sowjetischen Krieg von 11,27 Millionen Militärtoten auf sowjetischer Seite aus.[534] Von den 4,2 Millionen getöteten deutschen Soldaten starben bis zum 31. Januar 1945 1,83 Millionen an der deutsch-sowjetischen Front. Bis zum 9. Mai 1945 wurden weitere 1,4 Millionen Angehörige von Wehrmacht und SS in den Kämpfen mit sowjetischen Truppen getötet.[535] Weitere 3,1 Millionen Deutsche gerieten zwischen 1941 und 1945 in sowjetische Kriegsgefangenschaft.[536]

---

[532] Vgl. Hillgruber, *Strategie*, a.a.O., S. 557.

[533] Auf die Unzuverlässigkeit der folgenden statistischen Angaben weist hin: Rüdiger Overmanns, »Die Toten des Zweiten Weltkriegs in Deutschland. Bilanz der Forschung unter besonderer Berücksichtigung der Wehrmachts- und Vertreibungsverluste«, in: Wolfgang Michalka (Hg.), *Der Zweite Weltkrieg. Analysen, Grundzüge, Forschungsbilanz*, München 1997 (Erstausgabe 1989), S. 858–873.

[534] Davon waren 8,38 Millionen Soldaten, 1,98 Millionen Unteroffiziere und mehr als 898 000 Offiziere. Vgl. *Rossija i SSSR w wojnach XX weka. Statistitscheskoe issledowanie* [Russland und die UdSSR in den Kriegen des 20. Jahrhunderts. Statistische Untersuchungen], Moskau 2001, S. 252. Bisher ging die Forschung von 8,53 Millionen Militärtoten auf sowjetischer Seite aus. Vgl. Magenheimer, *Deutschlands Militärstrategie*, a.a.O., S. 315f.

[535] Vgl. *Rossija i SSSR: Statistitscheskoe issledowanie*, a.a.O., S. 514.

[536] Von den zirka elf Millionen deutschen Kriegsgefangenen gerieten mehr als 3,1 Millionen in sowjetische Hände. Von ihnen starben zwischen 1941 und 1945 etwa 550 000, zwischen Mai 1945 und Juni 1950 zirka 542 000. Der Verbleib von etwa 260 000 Kriegsgefangenen ist ungeklärt. Etwa 5,7 Millionen Angehörige der sowjetischen Streitkräfte

Diese Zahlen stehen für die Erbarmungslosigkeit des deutsch-sowjetischen Krieges. Sie ist trotz der personenzentrierten Darstellung auch aus dem *Buch Hitler* herauszulesen. Angedeutet wird allerdings nur an wenigen Stellen, dass es sich bei dem Feldzug gegen die Sowjetunion um einen rassistisch motivierten Vernichtungskrieg handelte, dem 18,4 Millionen Zivilisten zum Opfer fielen.[537] Geführt wurde dieser Vernichtungskrieg vor allem von der SS, aber auch von der politisch indoktrinierten Wehrmacht.

Bereits in der ergänzenden Weisung 21 a zum »Fall Barbarossa« erhielt die SS »zur Vorbereitung der politischen Verwaltung« am 13. März 1941 Sondervollmachten, die mit »dem endgültig auszutragenden Kampf zweier entgegengesetzter politischer Systeme« begründet wurden. Den Wehrmachtsbefehlshabern stellte Hitler die Aufgabe, die »Ausnutzung des Landes« für die »Zwecke der deutschen Wirtschaft« sicherzustellen. Wehrmacht und SS sollten ihr Vorgehen abstimmen, wobei die SS der Wehrmacht aber nicht unterstellt, sondern nachgeordnet war.[538] Wie schon häufig hatte Hitler Doppelstrukturen geschaffen, die Rivalität erzeugten und zugleich die jeweiligen Institutionen von Verantwortlichkeit entbanden.[539] Zur Radikalisierung des Krieges trugen aber auch die politischen Vorgaben der Kommunistischen Partei der Sowjetunion, also Stalins, bei.[540]

---

wurden von deutschen Truppen gefangen genommen. 3,3 Millionen wurden systematisch zu Tode gehungert. Vgl. Gunnar Heinsohn, *Lexikon der Völkermorde*, Reinbek b. Hamburg 1998, S. 117 und 294.

[537] Vgl. Magenheimer, *Deutschlands Strategie*, a.a.O., S. 315.

[538] Ausgefertigt vom Wehrmachtführungsstab im Oberkommando der Wehrmacht. Vgl. Walther Hubatsch, *Hitlers Weisungen für die Kriegsführung 1939–1945. Dokumente des Oberkommandos der Wehrmacht*, Bonn 1982, S. 89.

[539] Trotz zum Teil überzogener Wertungen wurde die Verantwortung der Wehrmacht in der Debatte um die »Wehrmachtsausstellung« schlüssig nachgewiesen. Vgl. Hannes Heer / Klaus Naumann (Hg.), *Vernichtungskrieg. Verbrechen der Wehrmacht 1941–1944*, Hamburg 1995. Zur Diskussion vgl. Hans-Ulrich Thamer, »Vom Tabubruch zur Historisierung? Die Auseinandersetzung um die ›Wehrmachtsaustellung‹«, in: Martin Sabrow / Ralph Jessen / Klaus Große Kracht (Hg.), *Zeitgeschichte als Streitgeschichte. Große Kontroversen nach 1945*, München 2003, S. 171–186.

[540] Vgl. Bogdan Musial, »*Konterrevolutionäre Elemente sind zu erschießen*«. *Die Brutalisierung des deutsch-sowjetischen Krieges im Sommer 1941*, Berlin 2001; Joachim Hoffmann, *Stalins Vernichtungskrieg 1941–1945. Planung, Ausführung, Dokumentation*, München 1999.

Die deutsche Propaganda nutzte die Verbrechen, die an deutschen Soldaten und an der Zivilbevölkerung begangen wurden,[541] in den letzten Kriegsmonaten für eine wirksame Mobilisierung aller Reserven. Am 28. Februar 1945 rief Propagandaminister Joseph Goebbels in einer Rundfunkansprache zum Kampf gegen einen »blutdürstigen und rachsüchtigen [!] Feind« auf.[542] Ein nie gekannter »Hass« müsse sich in jedem deutschen Herzen festsetzen, forderte Gauleiter Paul Giesler in der *Münchener Feldpost* Anfang 1945: »Der Hass muss freie Bahn haben. Unsere hasserfüllte Gesinnung muss dem Gegner wie eine versengende Glut entgegen schlagen.«[543] Im *Buch Hitler* erscheint diese Propaganda zwar in verzerrter Form, wird aber im Kern richtig wiedergegeben.

Im *Panzerbär*, dem »Kampfblatt für die Verteidiger Groß-Berlins«, gedruckt im Propagandaministerium, erschienen vor allem Durchhalteappelle und Lügen über den tatsächlichen Stand des Kriegsverlaufs. »Berlin« sei der »Wellenbrecher der roten Flut«, vermeldete der *Panzerbär* am 25. April 1945. Gleichzeitig musste er einräumen, dass es den Bolschewisten an der Oder »mithilfe einer ungeheuren Materialzusammenballung an wenigen schmalen Stellen« gelungen sei, die Oder-Neiße-Front »aufzureißen«. »Wir stehen und halten«, war die Schlagzeile vom 25. April.

Auf Seite eins fett gedruckt fanden die Leser unter der Überschrift »Der eherne Ruf« ein Zitat Ulrich von Huttens: »Sterben kann ich, aber Knecht sein kann ich nicht, und Deutschland geknechtet sehen kann ich nicht!«[544] Die Reduzierung des dichterischen Werks des Ulrichs von Hutten auf dieses Schlagwort wäre nur eine Marginalie, hätte nicht wenige Tage zuvor eine

---

[541] Vgl. u. a. Franz W. Seidler, *Verbrechen an der Wehrmacht. Kriegsgreuel der Roten Armee 1941/42*, Selent 1998; *Amtliches Material zum Massenmord von Winniza – Im Auftrage des Reichsministers für die besetzten Ostgebiete aufgrund urkundlichen Beweismaterials zusammengestellt, bearbeitet und herausgegeben*, Berlin 1944; dazu kritisch Henrik Eberle, *Die Martin-Luther-Universität in der Zeit des Nationalsozialismus 1933–1945*, Halle 2002, S. 125 f.
[542] Vgl. Helmut Heiber (Hg.), *Goebbels-Reden*, Bd. 2: *1939–1945*, Bindlach 1991, S. 432.
[543] Vgl. Léon Poliakow / Josef Wulf, *Das Dritte Reich und seine Diener*, Berlin 1956, S. 444.
[544] Vgl. *Der Panzerbär*, 25. 4. 1945, S. 1.

»Volksgrenadier-Division« den Namen des Humanisten erhalten.[545] Neben diesen hastig aufgestellten Verbänden, regulären Truppen der Wehrmacht und der Waffen-SS kämpften in den letzten Kriegsmonaten auch Einheiten des Volkssturms, der am 26. September 1944 auf Betreiben von Martin Bormann gebildet wurde. Die Führung des Volkssturms lag in den Regionen bei den NSDAP-Gauleitern; den Oberbefehl hatten Bormann und Heinrich Himmler in seiner Funktion als Befehlshaber des Ersatzheeres. Eingezogen wurden jetzt alle Männer im Alter von 16 bis 60 Jahren, etwa 200 000 von ihnen starben oder gelten als vermisst.[546] Im *Buch Hitler* wird der Volkssturm moralisch verurteilt. Über die militärische Sinnlosigkeit dieses letzten deutschen Aufgebots kann in der Rückschau keinerlei Zweifel bestehen.

Trotz ihrer miserablen Bewaffnung verzögerten diese todgeweihten Verbände den Sieg der Roten Armee um Wochen. Sie hielten den »bolschewistischen Weltfeind«, den »Mongolensturm«, wie Goebbels in seinem Aufruf an die Berliner vom 24. April 1945 formulierte, kurzfristig auf. Den sowjetischen Streitkräften gelang zwar bis Ende April die Umfassung Berlins, nicht aber die gesamte Besetzung des ihnen bei der Konferenz von Jalta zugesprochenen deutschen Territoriums. Es waren Hitlerjungen wie jene, die der Diktator am 20. März 1945 im Garten der Reichskanzlei mit Eisernen Kreuzen auszeichnete, die Goebbels' Durchhaltewillen umsetzten. Eine große Zahl von ihnen zweifelte weder an der Wahrheit der Propaganda noch an der Führungsstärke Hitlers.[547]

Doch auch die älteren Soldaten kämpften bis zur Selbsttötung Hitlers weiter, obwohl sie desillusioniert waren und den

---

[545] Vgl. *Buch Hitler*, S. 249.

[546] Der Hitlererlass ist auf den 25.9.1944 datiert. Zur Entstehung des Entwurfs, zur Kompetenzverteilung und den Opferzahlen vgl. Franz W. Seidler, »*Deutscher Volkssturm«. Das letzte Aufgebot 1944/1945*, Augsburg 1999, S. 44–54, 374.

[547] Einer der Dekorierten formulierte in seinen Erinnerungen: »Damals hielt ich ihn immer noch für den Führer, die große Leitfigur. Mein Glaube an ihn war ungebrochen.« Vgl. Armin D. Lehmann, *Der letzte Befehl. Als Hitlers Botenjunge im Führerbunker*, Bergisch Gladbach 2003, S. 305.

Krieg für verloren hielten.[548] Sie gerieten in die moralische Falle eines übersteigerten Patriotismus, zu dessen Motto zwei Zeilen aus Heinrich Lerschs Gedicht »Soldatenabschied« von 1914 wurde. Dessen Kernaussage »Deutschland muss leben, und wenn wir sterben müssen!« fand sich auf zahlreichen Denkmälern für die Gefallenen des Ersten Weltkrieges; jeder Schüler behandelte das Gedicht im Deutschunterricht.[549] In der Generation der Teilnehmer des Ersten Weltkrieges war die Zurückstellung des Individuums hinter die Gemeinschaft ebenso selbstverständlich wie der Wille, für abstrakte Begriffe wie »Volk«, »Deutschland«, »Fahne« oder »Ehre« zu sterben.[550]

Sein eigenes Leben sei »unwesentlich geworden«, »eingeströmt in den Fluss unseres gemeinsamen Schicksals«, formulierte zum Beispiel einer der erfolgreichsten Kampfflieger des Ersten Weltkrieges, der Göring- und Riefenstahl-Freund General Ernst Udet 1935 in seinen Memoiren. Und er verband seine Todessehnsucht mit einem Bekenntnis zu Adolf Hitler: »Wir sind Soldaten ohne Fahne gewesen. Wir haben unsere Fahne wieder aufgerollt. Der Führer gab sie uns zurück. Für die alten Soldaten lohnt es sich wieder zu leben.«[551]

Deshalb muss dahingestellt bleiben, ob die Protagonisten des *Buches Hitler* tatsächlich den Abscheu über die sinnlosen Verteidigungsanstrengungen empfanden, der im Text zum Ausdruck gebracht wird. Das »Urteil der Geschichte« formulierte – übereinstimmend mit dem Urteil der Überlebenden des Krieges – 1961 der Historiker Percy Ernst Schramm, Mitautor und späterer

---

[548] Amerikanische Untersuchungen aus den Nachkriegsjahren gingen davon aus, dass 71 Prozent der Deutschen den Krieg 1944 für verloren hielten, 29 Prozent hätten jedoch bis zum Ende weiterkämpfen wollen. Die Genauigkeit dieser retrospektiven soziologischen Untersuchung mag angezweifelt werden, sie gibt jedoch einen Anhaltspunkt für das Ausmaß der Demoralisierung. Vgl. Overy, *Wurzeln*, a.a.O., S. 397.

[549] Heinrich Lersch, *Das dichterische Werk*, Stuttgart, Berlin 1934, S. 275f.; Hans Sarkowicz / Alf Mentzer, *Literatur in Nazi-Deutschland*, Hamburg, Wien 2000, S. 270ff.

[550] Vgl. Stefan Breuer, *Grundpositionen der deutschen Rechten 1871–1945*, Tübingen 1999; Axel Schildt, *Konservatismus in Deutschland. Von den Anfängen im 18. Jahrhundert bis zur Gegenwart*, München 1998; exemplarisch: Oswald Spengler, *Preußentum und Sozialismus*, München 1920.

[551] Ernst Udet, *Mein Fliegerleben*, Berlin 1935, S. 176f.

Herausgeber des *Kriegstagebuchs des Oberkommandos der Wehr-macht*: »Hitler, der früher als irgendein Mensch in der Welt ahnte und wusste, dass der Krieg verloren war, ...lud auch dadurch un-auslöschbare Schuld auf sich, dass er den Krieg verlängerte.«[552]

Einem der Initiatoren des Verzweiflungskampfes erschienen die unzähligen Opfer allerdings noch Jahrzehnte später als ge-rechtfertigt. Es sei nicht darum gegangen, das Leben Adolf Hit-lers um drei Tage zu verlängern, erklärte zynisch der ehemalige Reichsjugendführer Artur Axmann, sondern »darum, dass die Treue nicht aus der Welt kommt«.[553]

4. Lücken. Die politisch motivierten Fehlstellen im *Buch Hitler*

Hitler nutzte die mentalen Prägungen des deutschen Volkes ge-schickt aus und mobilisierte zumindest große Teile durch das Ansprechen tatsächlicher und vermeintlich brennender politi-scher Probleme.[554] Als Redner verfügte er im persönlichen Ge-spräch wie bei Massenveranstaltungen über Suggestivkraft. Seine Stimme sprach emotionale Wahrnehmungszentren direkt an, und die »Show«, die er darbot, war in Zeiten rudimentärer Mas-senkommunikationsmittel einzigartig.[555]

Friedelind Wagner, in der Wagner-Familie einzige Kritikerin Hitlers, erschien seine Rede, wenn auch mit »misstönender Stimme« und »affektgeladen« vorgetragen, wie »ein Sturmwind, der den Atem beraubt, betäubt und die Menschen erregt zurück-

---

[552] Vgl. Schramm (Hg.), *Kriegstagebuch*, Bd. 7, a.a.O., S. 73 f.

[553] Artur Axmann, »*Das kann doch nicht das Ende sein«. Hitlers letzter Reichsjugendführer erinnert sich*, Koblenz 1995, S. 560. Axmann, der unter antikommunistischen Parolen tau-sende Hitlerjungen in den sinnlosen Tod jagte, gründete später eine Firma, die im Ost-West-Handel mit der DDR und der Sowjetunion gute Geschäfte machte.

[554] Vgl. Kershaw, *Hitler*, Bd. 1, a.a.O.; Bullock, *Parallele Leben*, a.a.O.; sowie Werner Maser, *Adolf Hitler. Das Ende der Führer-Legende*, Düsseldorf, Wien 1980.

[555] Vgl. Josef Kopperschmidt / Johannes G. Pankau (Hg.), *Hitler der Redner*, München 2003, S. 11–24.

lässt«.[556] Schon 1931 hatte das amerikanische Fachblatt der Büh-
nenkünstler *Vanity Fair* Hitler unter die besten Redner der Gegenwart eingereiht. Die *Berliner Illustrierte*, ein Massenblatt von
erheblichem Einfluss, stellte ihn im selben Jahr unter der Rubrik
»Redner, über die man am meisten redet« in eine Reihe mit Mussolini, Stalin und Mahatma Gandhi.[557]

Im *Buch Hitler* wird zwar erwähnt, dass der Diktator seine
Reden geprobt und sich »vor dem Spiegel« an seinem Bild gewei-
det habe »wie ein eitler Pfau«.[558] Auf die Herausstellung der rhe-
torischen Fähigkeiten Hitlers wurde jedoch verzichtet, obwohl
sie wesentlich für seinen Erfolg waren.

Darüber hinaus verstand es Hitler, eine Partei zu formen, die
sich als geeignetes Werkzeug zur Erringung persönlicher Macht
erwies. Die bereits 1933 auf über eine Million Mitglieder ange-
wachsene NSDAP war, soziologisch betrachtet, eine »Volkspartei des Protests«.[559] Nach 1933 wurde sie zur Staatspartei und damit de facto zur Trägerin der Exekutive.[560] In seiner persönlichen
Herrschaft verband Hitler Ideologie und Terror mit charismatischen Elementen, verzichtete aber auf eine Revolutionierung
der Gesellschaft.[561]

---

[556] Friedelind Wagner, *Nacht über Bayreuth. Die Geschichte der Enkelin Richard Wagners*,
München 2002, S. 105.

[557] Vgl. Werner Maser (Hg.), *Paul Devrient: Mein Schüler Adolf Hitler. Das Tagebuch seines Lehrers*, München 2003, S. 8.

[558] Vgl. *Buch Hitler*, S. 98. Tatsächlich nahm Hitler 1932 Schauspielunterricht, erprobte
Gebärden, Redewendungen, Gesichtsausdrücke. Sein Lehrer Paul Devrient, einer der erfolgreichsten Opernsänger und -darsteller der Weimarer Republik, war mit den Fortschrit-
ten, die sein Schüler machte, zufrieden. Devrient lehrte ihn all die unverzichtbaren Tricks,
ohne die ein Schauspieler nicht auskommt – und er schulte seine Stimme. Vor dem Schauspielunterricht war Hitler nach einer Rede oft heiser, hatte sich bis zur Erschöpfung verausgabt und war unsicher über die Wirkung seiner Ansprachen. Laut Angaben von Hitlers da-
maligem HNO-Arzt drohte sogar eine Stimmbandlähmung. Nach Auftritten fragte er seine
Entourage: »Wie war ich?« Devrient beseitigte diese Defizite. In sein Tagebuch notierte er:
»Er ist, das muss ich eingestehen, wirklich ein guter Schauspieler.« Vgl. ebd., S. 16, 24.

[559] Vgl. Jürgen W. Falter, *Hitlers Wähler*, München 1991, S. 365–374.

[560] Michael Burleigh, *Die Zeit des Nationalsozialismus. Eine Gesamtdarstellung*, Frankfurt / Main 2000; Ian Kershaw, *Hitlers Macht*, München 2000.

[561] Vgl. Hannah Arendt, *Elemente und Ursprünge totaler Herrschaft. Antisemitismus, Imperialismus, Totalitarismus*, München, Zürich 2000 (7. Taschenbuchausgabe), S. 814–839;
Max Weber, *Wirtschaft und Gesellschaft. Grundriss der verstehenden Soziologie*, Köln, Berlin
1964, S. 38–87.

Stalin hingegen verfügte nicht über persönliches Charisma, es wurde durch Personenkult systematisch erzeugt.[562] Die Macht übernahm er nach parteiinternen Kämpfen, als Diktator war er aber ein zumindest ebenbürtiger virtuoser Lenker von Bürokratie und Terrorapparat. Er gestaltete eine Revolution, die das kommunistische Weltsystem erst Wirklichkeit werden ließ.

Um die Unterschiede der beiden Diktatoren nicht deutlich hervortreten zu lassen, beschnitt das Autorenkollektiv der Staatssicherheit die Texte von Linge und Günsche so, dass Hitlers Talent zur Massenführung nur wenig sichtbar wurde. Die zahllosen Großveranstaltungen der NSDAP werden daher nur gestreift, die Wirkung auf die Masse bleibt ausgeblendet. Breiten Raum nimmt allerdings das nichtöffentliche Auftreten Hitlers ein, doch nur selten erscheint der Diktator im NKWD-Dossier als witziger Gesellschafter. Meist werden von ihm schadenfrohe, zynische oder bösartige Äußerungen wiedergegeben.

Immerhin übernahmen die sowjetischen Bearbeiter die offenbar von Günsche verfassten Passagen über die SS-Leibstandarte »Adolf Hitler«. Deren unbedingte Loyalität zu ihrem »Führer« klingt an, selbst nachdem Hitler der Leibstandarte Ende März 1945 nach der gescheiterten Balaton-Offensive seinen Namen entzogen hatte.[563] Bemerkenswert erscheint in diesem Zusammenhang die Trotzreaktion von Wilhelm Mohnke, dem letzten Kampfkommandanten des Regierungsviertels, der im April 1945 zu Günsche sagte: »Der Führer wollte von seiner Leibstandarte nichts mehr wissen, aber jetzt werden wir ihm zeigen, dass er noch eine Leibstandarte hat.«[564] Die Art und Weise, wie es Hitler gelang, diese Treue zu erzeugen, untersuchten die NKWD-Offiziere jedoch nicht.[565]

---

[562] Vgl. Hans-Peter Schwarz, *Das Gesicht des Jahrhunderts. Monster, Retter und Mediokritäten*, Berlin 1998, S. 305 ff.

[563] Sepp Dietrich, der langjährige Kommandeur der Leibstandarte, sah in Hitler nicht weniger als den »Vater« der von ihm geführten Männer. Vgl. Baur, *Mit Mächtigen*, a.a.O., S. 114.

[564] Vgl. *Buch Hitler*, S. 392.

[565] Eine Erklärung für die Loyalität der SS, nicht nur seiner Leibstandarte, dürfte sein, dass Hitler ein wechselseitiges Loyalitätsverhältnis suggerierte. Als SA und SS 1932 ver-

Sind diese Versäumnisse im *Buch Hitler* erklärlich und wohl auch verschmerzbar, erscheint es in der Rückschau empörend, dass die Vernehmer des NKWD keinerlei Anstrengungen unternahmen, die Ursachen für die Ermordung der Juden im deutschen Machtbereich aufzuklären. Denn allein für die von der deutschen Wehrmacht besetzten Gebiete der Sowjetunion werden für die Jahre 1941 bis 1945 2,1 Millionen ermordete Juden genannt. Zweifelsfrei steht fest, dass die Zahl der jüdischen Opfer der nationalsozialistischen Herrschaft insgesamt weit über fünf Millionen liegt. Rechnet man die in Ghettos und Lagern aufgrund von Hunger und mangelhafter sanitärer Verhältnisse ums Leben Gekommenen hinzu, überschreitet die Zahl der Holocaust-Opfer mit Sicherheit die 6-Millionen-Grenze.[566]

Trotzdem versuchten die sowjetischen Vernehmer weder, Hitlers Anweisungen für den Judenmord zu rekonstruieren, noch, sein antisemitisches Weltbild zu beschreiben. Sowohl Linge als auch Günsche hätten dazu Angaben machen können. Lediglich an einer Stelle wird Hitler mit dem Bau von Gaskammern in Verbindung gebracht. Im *Buch Hitler* heißt es, dass sich Hitler »persönlich« für die Entwicklung von Gaskammern interessiert hätte. Er habe sogar Modelle und Zeichnungen, die ihm Himmler vorlegte, begutachtet und angeordnet, den Konstrukteuren »umfassende Unterstützung zu geben«.[567] Bisherige Forschungen gingen davon aus, das Hitler die SS mit der Durchführung des Genozids beauftragte, von den Details aber möglichst wenig wissen wollte.[568]

---

boten wurden, formulierte er einen Aufruf, in dem es hieß: »So lange ich lebe, gehöre ich euch, und ihr gehört mir.« Zit. nach: *Völkischer Beobachter*, 15. 4. 1932, S. 1.

[566] Vgl. Gert Robel, »Sowjetunion«, in: Wolfgang Benz, *Dimension des Völkermordes. Die Zahl der jüdischen Opfer des Nationalsozialismus*, München 1991, S. 560.

[567] Vgl. *Buch Hitler*, S. 196.

[568] So vermutet Kershaw, dass es bei den Besprechungen zwischen Hitler und Himmler im Dezember 1940 um dessen »allgemeines Einverständnis« für die Planung des Holocaust ging. Vgl. Kershaw, *Hitler*, Bd. 2, a.a.O., S. 470. Im Dienstkalender Himmlers finden sich keine Hinweise darauf, inwieweit Himmler die Einzelheiten der Massentötungen mit Hitler besprochen hat. Vgl. Peter Witte u.a., *Der Dienstkalender Heinrich Himmlers 1941/42*, Hamburg 1999, bes. S. 71, 205f., 228–231.

Der Himmler-Biograph Richard Breitmann stellt in Bezug auf den Einsatz von Gaswagen und Gaskammern resümierend fest: »Wir wissen nicht, wie rasch Himmler den Führer über die neuen Möglichkeiten, im Osten zu vernichten, informierte.«[569] Dass Hitler über die Gaskammern und damit über die Kapazitäten der neuen Massentötungsanlagen informiert gewesen sein muss, geht aus einer Anweisung Himmlers vom 18. September 1941 hervor. Hitler wünsche, so heißt es in dem Himmler-Brief, die möglichst rasche Deportation der Juden aus dem Deutschen Reich und dem Generalgouvernement Polen. Zwei Tage zuvor hatten Himmler und Hitler mehrere Stunden in der Wolfschanze miteinander gesprochen.[570]

Die Erklärung für das Verschweigen des Holocaust im *Buch Hitler* liegt jedoch auf der Hand. Schon vor und während dem Zweiten Weltkrieg waren von den Organen für Staatssicherheit zahlreiche Juden ermordet oder nach Scheinanklagen als politische Gegner hingerichtet worden. Die Zahl dürfte in die Zehntausende gehen, ist aber nicht exakt bestimmt.[571] Seit 1947 steigerten sich Intensität und Ausmaß der vorübergehend eingeschränkten Verfolgungen. Außerdem waren sie nicht mehr nur politisch motiviert, sondern erhielten jetzt eine eindeutig antisemitische Ausrichtung.

Verantwortlich für die Repressalien war der NKWD-Nachfolger MWD. Die Anklagen gegen die »Zionisten« und »Kosmopoliten« wurden von den Offizieren der Staatssicherheit zusammengestellt, die auch Mordaktionen ohne Gerichtsurteil, nur auf Anweisung Stalins oder Berijas durchführten.[572] Das *Buch Hitler* wurde auf dem Höhepunkt der antijüdischen Politik der Sowjetunion verfasst. Angesichts der eindeutig antisemitischen Ein-

---

[569] Vgl. Richard Breitman, *Heinrich Himmler. Der Architekt der »Endlösung«*, Zürich 2000, S. 291.

[570] Vgl. Kershaw, *Hitler*, Bd. 2, a.a.O., S. 638.

[571] Vgl. Robel, »Sowjetunion«, in: Benz, *Dimension des Völkermordes*, a.a.O., S. 560.

[572] Vgl. Rayfield, *Stalin und seine Henker*, a.a.O., S. 515–523; mit Ausblicken auch auf andere Verfolgungsaktionen: Arno Lustiger, *Rotbuch: Stalin und die Juden. Die tragische Geschichte des Jüdischen Antifaschistischen Komitees und der sowjetischen Juden*, Berlin 1998.

stellung Stalins war eine differenzierte Aufklärung des Judenmords nicht gefragt.[573]

Als Tabu galt offenbar auch das deutsch-sowjetische Bündnis in den Jahren 1939 bis 1941. Im *Buch Hitler* wird lediglich ein Teil dieser Partnerschaft, der Nichtangriffsvertrag, erwähnt. Weder sein Zustandekommen noch die Folgen werden beschrieben. Bei der Schilderung des deutschen Feldzugs gegen Polen lassen die sowjetischen Bearbeiter unerwähnt, dass auch ihr Land Krieg gegen Polen führte. Der für das *Buch Hitler* entworfene Arbeitsplan sah ursprünglich die Erörterung des Themas vor.[574]

Diese Idee wurde von den für das Buch verantwortlichen NKWD-Offizieren, Oberstleutnant Parparow und Major Salejew, jedoch wieder verworfen. Zu genau wussten die beiden Geheimdienstoffiziere, zum Teil auch aufgrund eigener Repressionserfahrungen während der stalinistischen Säuberungen, was für den engsten sowjetischen Führungszirkel politisch opportun war.[575]

Vermutlich war es nicht die »Beuteteilung« mit Hitler, die unerwähnt bleiben sollte. Denn immerhin erhielt die Sowjetunion Teile Polens und Rumäniens sowie den Zugriff auf die baltischen Staaten und Finnland. Darüber hinaus konnte die sowjetische Führung sicher sein, im Krieg gegen Japan an der mongolisch-mandschurischen Grenze freie Hand zu haben.[576] Eine Erörterung des Nichtangriffspakts im *Buch Hitler* hätte jedoch die Erinnerung an einige der gravierendsten Fehleinschätzungen der sowjetischen Führung geweckt.

---

[573] Vgl. Matthias Uhl, »»Und deshalb besteht die Aufgabe darin, die Aufklärung wieder auf die Füße zu stellen«. Zu den Großen Säuberungen in der sowjetischen Militäraufklärung 1937/38«, in: *Jahrbuch für historische Kommunismusforschung*, Berlin 2004, S. 87–92.

[574] Vgl. Plan für das Buch »Wolkenschlösser«, o. Datum, GARF, 9401/2/553, Bl. 1–111; Rohmanuskript »Über Hitler«, 1948, GARF, 9401/2/553, Bl. 118–123; Rohmanuskript »Über Hitler«, 1949, GARF, 9401/2/554, Bl. 89 f.

[575] Für eine Biographie Parparows siehe: Kolpakidi / Prochow, *Wneschnaja raswedka Rossii*, a.a.O., S. 318 f.; Helmut Röwer / Stefan Schäfer / Matthias Uhl, *Lexikon der Geheimdienste im 20. Jahrhundert*, München 2003, S. 341.

[576] Donal O'Sullivan, *Stalins »Cordon sanitaire«. Die sowjetische Osteuropapolitik und die Reaktionen des Westens 1939–1949*, Paderborn u.a. 2003, S. 74 ff.

Zunächst erschien die Annahme der deutschen Vorschläge zur Aufteilung Osteuropas rational. Beim Ringen um die Gunst der Sowjetunion hatte Hitler Stalin wesentlich mehr geboten als die Westmächte. Klar war für das Politbüro ebenfalls, dass es sich nur um ein Bündnis auf Zeit handeln konnte. Sein Nachfolger Nikita Chruschtschow erinnerte sich an Stalins Worte: »Hier läuft ein Spiel, wer wen überlistet und betrügt.«[577]

Das Deutsche Reich profitierte jedoch in einer unvorhergesehenen Weise von dem Pakt. Es war in der Lage, seine Autarkiebestrebungen vorübergehend einzuschränken, ohne aber tatsächlich einen ökonomischen Kurswechsel vornehmen zu müssen. Die großen Handelsvolumina bei Öl und Nichteisenmetallen waren entscheidend für die deutsche Rüstungsindustrie. Nicht zuletzt konnte dank der Öllieferungen der erwartete Treibstoffengpass im Frankreichfeldzug vermieden werden.[578] Die deutsche Führung vermied aber eine zu starke Anbindung an die Sowjetunion und entzog sich der erhofften Erpressbarkeit.[579]

Stalin irrte sich auch in der Beurteilung des aus seiner Sicht folgerichtigen Krieges zwischen den »imperialistischen« Mächten Deutschland und Frankreich/Großbritannien. Er rechnete mit einer Schwächung, nicht mit einer Stärkung des deutschen militärischen Potenzials und hoffte, von den Auseinandersetzungen profitieren zu können. Die erneuten Sondierungen Großbritanniens für ein Militärbündnis behandelte er mit größter Zurückhaltung.[580]

---

[577] Zit. nach: ebd., S. 78. Zur Flexibilität Stalins in ideologischer Hinsicht vgl. seine Vorlesungen an der Swerdlow-Universität 1924: »Die Strategie [...] bleibt [...] während der ganzen Zeitdauer der gegebenen Etappe im wesentlichen unverändert... Die Taktik ist die Festlegung der Linie des Handelns des Proletariats für die verhältnismäßig kurze Periode der Flut oder Ebbe der Bewegung, des Aufstiegs oder Abstiegs der Revolution, sie ist der Kampf für die Durchführung dieser Linie mittels Ersetzung der alten Kampf- und Organisationsformen durch neue...« Vgl. J. Stalin, »Über die Grundlagen des Leninismus«, in: ders., *Fragen des Leninismus*, Berlin 1956, S. 78.

[578] Vgl. Karlsch / Stokes, »Faktor Öl«, a.a.O., S. 208.

[579] Rolf-Dieter Müller, *Das Tor zur Weltmacht. Die Bedeutung der Sowjetunion für die deutsche Wirtschafts- und Rüstungspolitik zwischen den Weltkriegen*, Boppard am Rhein 1984, S. 322–339.

[580] Vgl. O'Sullivan, *Stalins »Cordon sanitaire«*, a.a.O., S. 125 ff.

Auch dem deutschen Angriff gegen die Sowjetunion war eine Reihe von Fehlentscheidungen Stalins vorangegangen. Folgerichtig wurden die Ereignisse im Sommer 1941 im *Buch Hitler* nur sehr kursorisch behandelt. Immerhin verzichtete das Autorenkollektiv der Staatssicherheit auf die Wiedergabe der propagandistischen Formel vom »heimtückischen Überfall«, wussten die Nachrichtendienstoffiziere doch am besten, dass Stalin der Angriffstermin im Frühsommer 1941 bekannt war. Entsprechende Geheimdienstberichte wies er jedoch, mit unflätigen Randbemerkungen versehen, als angebliche Desinformation zurück.[581] Verursacht durch die Überschätzung eigener Möglichkeiten und die Unterschätzung des deutschen Gegners entwarf die sowjetische Führung stattdessen eigene Offensivpläne. Die Frage, ob es sich daher aus deutscher Sicht um einen Präventivkrieg gehandelt hätte, ist ausführlich diskutiert und sowohl bejaht als auch verneint worden.[582]

Fest steht, dass sich an der Grenze des 1939 vereinbarten Machtbereichs zwei hochgerüstete Weltmächte gegenüberstanden, deren imperiale Interessen gegensätzlich waren. Sowohl die Sowjetunion als auch das Deutsche Reich waren ideologisch geprägte, totalitäre Staaten, hatten in den letzten Jahren eine Reihe von Angriffskriegen geführt und betrachteten die militärische Auseinandersetzung als unausweichlich. Beide Seiten entwickelten detaillierte Angriffspläne und versuchten, dem Gegner zuvorzukommen. Der Begriff vom Präventivkrieg erscheint mithin als politisch motivierte und daher ungeeignete Charakterisierung des deutsch-sowjetischen Krieges.[583]

---

[581] Nach der Lektüre der Warnung von Harro Schulze-Boysen (»Choro«) vom 16.6.1941 empfahl Stalin, diesen Informanten zu seiner »Hurenmutter« zurückzuschicken. Richard Sorges Berichte aus Tokio ignorierte er, da er sie für Fantasieprodukte eines »verlogenen Arschlochs« hielt. Einen in Berlin stationierten Agenten wollte Stalin bestrafen lassen, weil dieser ihm »englische Provokationen« zugesandt hätte. Vgl. Helmut Roewer, *Skrupellos. Die Machenschaften der Geheimdienste in Russland und Deutschland 1914–1941*, Leipzig 2004, S. 650.

[582] Vgl. u.a. Hillgruber, *Strategie*, a.a.O.; Magenheimer, *Militärstrategie Deutschlands*, a.a.O.; Hoffmann, *Stalins Vernichtungskrieg*, a.a.O.; Bianka Pietrow-Enker (Hg.), *Präventivkrieg? Der deutsche Angriff auf die Sowjetunion*, Frankfurt / Main 2000; Werner Maser, *Der Wortbruch. Hitler, Stalin und der Zweite Weltkrieg*, München 1994.

[583] Die von Magenheimer angebotene Charakterisierung vom »Krieg zweier Angreifer«, die sich synchron auf eine Offensive vorbereitet hätten, eignet sich zwar zur Beschreibung

Die Eroberung des europäischen Russland zur Errichtung eines kolonialen Imperiums strebte Hitler, ungeachtet aller taktischen Wendungen, seit 1933 konsequent an. In seiner Weltanschauung nahm die Eroberung von »Lebensraum im Osten« eine zentrale Stellung ein. Bereits 1927 in *Mein Kampf* bezeichnete er Russland als künftigen Siedlungsraum, das bolschewistische Regime sei ohnehin »reif für den Zusammenbruch«.[584] Der Krieg gegen die Sowjetunion war, trotz einer durch den Kriegsverlauf bedingten strategischen Notwendigkeit, letztlich ein Eroberungskrieg.[585]

Den Entschluss zum Angriff fasste Hitler jedoch intuitiv. Wie neuere Forschungen zeigen, war den deutschen Generalstabsoffizieren weder die Stärke des Gegners noch seine Aufstellung exakt bekannt. Eine nüchterne Beurteilung der Kampfstärke der sowjetischen Armee existierte ebenfalls nicht.[586]

So wie die sowjetischen Bearbeiter die Aussagen von Linge und Günsche zum Beginn des Feldzuges »kürzten«, verschwiegen sie konsequenterweise auch die Anfangserfolge der deutschen Wehrmacht gegen die offensiv aufgestellten Streitkräfte der UdSSR. Obwohl die sowjetischen Truppen mehrfach überlegen und gut ausgerüstet waren, gerieten bis Ende 1941 über 3,8 Millionen ihrer Soldaten in deutsche Kriegsgefangenschaft.[587]

Genauere Beschreibungen über den Kriegsverlauf und das Agieren Hitlers als Oberster Befehlshaber der Wehrmacht finden sich im *Buch Hitler* erst zu dem Zeitpunkt, ab dem die deutsche Offensive ins Stocken geriet. Plastisch werden seine Reaktionen auf die Niederlage vor Moskau und die erfolglose

---

der Fakten, verschleiert aber die ideologischen Motive Hitlers. Vgl. Magenheimer, *Militärstrategie*, a.a.O., S. 61.

[584] Vgl. Adolf Hitler, *Mein Kampf*. Hier zitiert nach der 548–552. Aufl., München 1940, S. 743.

[585] Ausführlich: Hillgruber, *Strategie*, a.a.O., S. 516–535.

[586] Helmut Roewer, ehemals Leiter eines deutschen Nachrichtendienstes, untersuchte die geheimdienstliche Aufklärung der Jahre 1939 bis 1941 erstmals systematisch und kam zu dem Urteil: »Die Faktenlage, auf die Hitler baute, war ein Mixtum compositum aus unrichtigen Erkenntnissen und falschen Schlussfolgerungen.« Keine deutsche Analyse aus diesen Jahren halte einer »ernsthaften Kontrolle stand«. Vgl. Roewer, *Skrupellos*, a.a.O., S. 620.

[587] Vgl. Hoffmann, *Stalins Vernichtungskrieg*, a.a.O., S. 98.

Blockade Leningrads wiedergegeben. Doch auch in den folgenden Schilderungen scheint es immer wieder, als seien ganze Abschnitte über Erfolge der deutschen Armeen gestrichen worden. Bis zum Zeitpunkt der Schlacht von Stalingrad wirkt der Text episodenhaft.

Doch unabhängig von den aus heutiger Sicht irrigen Interpretationen und den politisch motivierten Fehlstellen wurde das *Buch Hitler* zum aussagekräftigen Porträt des deutschen Diktators. Es bietet eine bemerkenswert detaillierte Beschreibung seines politischen und militärischen Handelns. Deutlich gezeigt werden Hitlers absolute Skrupellosigkeit und sein schrankenloser Vernichtungswille. Erschütternd ist das Kapitel über die letzten Tage im Führerbunker. Sie zeugen von Hitlers Bestreben, sein Leben bis zum letztmöglichen Zeitpunkt zu verlängern, auch wenn er das deutsche Volk dabei in die Katastrophe führen würde. Dass das *Buch Hitler* speziell für den sowjetischen Diktator Stalin verfasst wurde, nimmt ihm nichts von seiner Eindringlichkeit.

Biographien

Im biographischen Anhang sind die handelnden und zeitgenössischen Personen angeführt, nicht jedoch historische wie Friedrich II. Dabei wurde möglichst großer Wert auf Nachvollziehbarkeit für den heutigen Leser gelegt. Amtliche Bezeichnungen, etwa die Zuordnung bestimmter Orte zu preußischen Provinzen, sind daher oft durch eine ungefähre Lagebeschreibung ersetzt worden (z.B. Niederrhein, Ostpreußen oder am Starnberger See). Orte ohne diese Angaben sind durchweg die größeren Städte (z.B. Oberhausen im Ruhrgebiet, Görlitz in Schlesien, heute Freistaat Sachsen). Sofern Daten nicht oder nicht exakt ermittelt werden konnten, ist entweder ein Fragezeichen oder eine ungenaue Angabe (z.B.: nach 1956), eingefügt.

Um unklare Zuschreibungen zu vermeiden, wandten wir uns an zahlreiche Standesämter. Einige Städte oder das für die einstigen Ostgebiete des Deutschen Reiches zuständige Standesamt in Berlin sind jedoch aufgrund mangelnder Ausstattung mit Personal und moderner Computertechnik nicht in jedem Fall auskunftsfähig. Bestimmte Gemeinden geben aus datenschutzrechtlichen Gründen keine Auskunft. Aber auch die angegebenen exakten Daten können fehlerhaft sein, etwa wenn eine Person vermisst und später amtlich für tot erklärt wurde.

Dienstgrade wurden entsprechend ihrer jeweiligen Formation angegeben. Wenn etwa der Eintritt in die SA oder SS vermerkt wurde, sind die entsprechenden Ränge meist ohne Hinzufügung der Formation genannt. Die häufige Angabe »Wiedereintritt in die NSDAP« erklärt sich aus dem Verbot der Partei nach dem gescheiterten Hitler-Ludendorff-Putsch 1923 und dem regional unterschiedlich rasch vorangetriebenen Wiederaufbau ihrer Organisation nach 1925. Zeitgenössische Bezeichnungen werden ohne Anführungszeichen wiedergegeben, auch wenn sie aus heutiger Sicht befremdlich oder verharmlosend erscheinen.

Angesichts der gebotenen Benutzerfreundlichkeit sind nicht alle Karrierestufen und Ämter angeführt. Personen wie Hermann Göring oder Heinrich Himmler hatten eine derart große Zahl von Ämtern inne, dass sich die Aufzählung aller Posten, Stellungen und Ehrenämter verbot. Auch die Karrierestufen und Verwendungen von Militärs wurden aus den erwähnten Gründen nicht vollständig angegeben.

Die mittlerweile große Zahl von biographischen Nachschlagewerken für die Zeit des NS-Regimes gibt für viele Personen zuverlässig Auskunft. Die benutzten Nachschlagewerke sind im Literaturverzeichnis aufgeführt. Zur Ergänzung zogen wir Unterlagen des Instituts für Zeitgeschichte, des einstigen Berlin Document Center (Personalunterlagen von SS und NSDAP) und des Militärarchivs Freiburg heran. Einige Personen waren aufgrund der phonetischen Schreibweise nicht eindeutig identifizierbar. Für andere gab es zu viele Namensvarianten oder Träger des gleichen Namens. So enthält die SS-Personalkartei 17 Personen mit dem Namen Sander, mehrere waren Angehörige der SS-Leibstandarte »Adolf Hitler«.

Wie jedes Lexikon ist auch dieses fehlerhaft, wofür wir den Nutzer um Verständnis bitten. Korrekturen werden erbeten an: historisches.buero@gmx.de – und natürlich bei einer Nachauflage des Buches eingearbeitet.

Adam, Arthur (* ?, † ?): Wachtmeister im Nachrichtenbataillon des Führerhauptquartiers, nach dem Attentat am 20.7.1944 zum Oberwachtmeister befördert.

Alba y de Tormes, Jacobo Fitz-James Stuart Falcó Duque de (* 17.10.1878 Madrid, † 24.9.1953 Lausanne): Studium der Rechtswissenschaft, Geschichte und schönen Künste in Großbritannien und Madrid, Reisen durch Europa, Amerika, Afrika und Asien, schriftstellerische und wissenschaftliche Tätigkeit, 1918 Mitglied der Königlichen Akademie für Geschichte in Madrid, seit 1927 deren Direktor, Berater des Königs, Minister für Volksaufklärung, Staatsminister, während des Spanischen Bürgerkrieges aufseiten Francos, 1939 Botschafter in London, bemühte sich um die Annäherung Spaniens an die Alliierten.

Albrecht, Alwin-Broder (* 18.9.1903 St. Peter [Friesland], † 1.5.1945 Berlin): 1922 Eintritt in die Reichsmarine, 1926 Leutnant zur See, 1934 Kapitänleutnant, Hitlers Verbindungsoffizier zur Kriegsmarine, 1937 Korvettenkapitän, von Juni 1938 bis Juni 1939 Marineadjutant Hitlers, nach nicht standesgemäßer Heirat auf Anweisung Raeders Abschied aus dem aktiven Dienst, von Hitler daraufhin zum Persönlichen Adjutanten und NSKK-Oberführer ernannt, am 1.5.1945 beim Ausbruch aus der Reichskanzlei getötet.

Alfieri, Dino (* 8.6.1886 Bologna, † 2.1.1966 Mailand): Studium der Rechtswissenschaften, Rechtsanwalt, gründete 1910 die Grupo Nazionalista Milanese, Teilnahme am Ersten Weltkrieg, Eintritt in die faschistische Bewegung, 1921 Abgeordneter für Mailand, 1929 Unterstaatssekretär im Außenministerium, 1936 bis 1939 Presse- und Propagandaminister Italiens, 1940 bis 1943 italienischer Botschafter in Berlin, ab Mai 1942 Mitglied des Faschistischen Großrats, stimmte am 25.7.1943 für die Absetzung Mussolinis, Flucht in die Schweiz, in Abwesenheit durch ein Gericht der Republica Sociale Italiana verurteilt, nach dem Krieg als Rechtsanwalt und Schriftsteller tätig.

Almer, möglicherweise Christine: Antiquitätenhändlerin in München.

Alvensleben, Ludolf von (* 17.3.1901 Halle, † 1.4.1970 Santa Rosa de Calamuchita [Argentinien]): 1911 Eintritt in das preußische Kadettenkorps, 1912 Erbe des verpachteten Gutes Schochwitz, 1918 Fahnenjunker, 1920 Freikorps Maercker, 1923 bis 1928 Gutspächter in der Altmark, 1929 Eintritt in die NSDAP (Nr. 149345), verschiedene Funktionen im Gau Halle-Merseburg, u.a. Gauinspekteur, 1933 bis 1945 Mitglied des Reichstags, 1934 aus der SA in die SS übernommen (Nr. 177002), Sturmbannführer, 1935/36 Standartenführer Halle, danach Führer der SS-Abschnitte Stuttgart und Schwerin, November 1938 bis Januar 1941 Chefadjutant des Reichsführers SS Himmler, seit Kriegsbeginn verschiedene Kommandierungen in besetzte Gebiete, 1940

SS-Brigadeführer, ab Oktober 1941 SS- und Polizeiführer in Südrussland bzw. der Ukraine, ab 1943 Höherer SS- und Polizeiführer im Gebiet der Heeresgruppe A, 1943 SS-Gruppenführer, 1944/45 Führer des SS-Oberabschnitts Elbe, 1945 verhaftet, Flucht mit Unterstützung der evangelischen Kirche nach Argentinien, dort Fischerei-Inspektor, in Abwesenheit von einem polnischen Gericht wegen der Ermordung von 4247 Menschen zum Tode verurteilt, 1964 Haftbefehl durch das Amtsgericht München, nicht ausgeliefert.

Amann, Max (* 24. 11. 1891 München, † 29. 3. 1957 München): Kaufmann, 1914 bis 1918 Kriegsdienst als Unteroffizier, ab 1919 in der Abwicklungsstelle des bayerischen Kriegsministeriums tätig, 1919/20 Thule-Gesellschaft, 1921 NSDAP, 1921 bis 1923 Geschäftsführer der Partei, 1921 Hauptgeschäftsführer des *Völkischen Beobachters*, 1922 bis 1945 Geschäftsführer und Direktor der Verlagsgruppe Eher, 1923 Teilnehmer am gescheiterten Putsch, Festungshaft, 1924 entlassen, 1925 Wiedereintritt in die NSDAP (Nr. 3), 1932 Eintritt in die SS (Nr. 53143), 1933 bis 1945 NSDAP-Reichsleiter für die Presse, 1936 SS-Obergruppenführer, verschiedene Ämter in Berufsverbänden (u. a. Vorsitzender des Reichsverbandes der deutschen Zeitungsverleger), 1945 verhaftet, 1948 zu zehn Jahren Arbeitslager verurteilt, 1953 entlassen.

Anders, Wladyslaw (* 11. 8. 1892 Blonie bei Warschau, † 12. 5. 1970 London): Berufsoffizier, 1936 General, 1939 sowjetische Gefangenschaft, 1941 freigelassen, Aufbau einer polnischen Freiwilligenarmee, mit seiner Truppe Einsatz auf alliierter Seite im Orient, Afrika und Italien, im Februar 1945 Oberbefehlshaber aller polnischen Truppen im Westen, nach Demobilisierung im britischen Exil.

Antonescu, Ion (* 2. 6. 1882 Pitesti [Rumänien], † 1. 6. 1946 Militärgefängnis Jilava bei Bukarest [hingerichtet]): Berufssoldat, 1904 Leutnant, rasche Beförderung, während des Ersten Weltkrieges Leiter der Operationsabteilung des rumänischen Generalstabs, 1919 maßgeblich an der Niederwerfung der ungarischen Räterepublik beteiligt, danach Militärattaché in Paris und London, 1933 Chef des Generalstabs, 1934 Rücktritt, als Divisionskommandeur nach Pitesti abgeschoben, 1937/38 Kriegsminister, Verbindungen zur Eisernen Garde, verhaftet, entlassen, verbannt, 1940 Ministerpräsident mit uneingeschränkten Vollmachten, Beitritt Rumäniens zum Dreimächtepakt (»Achse«), 1941 beim Putsch der Eisernen Garde von Hitler gestützt, 1941 Krieg gegen die Sowjetunion mit dem Ziel der Rückgewinnung Bessarabiens, Marschall, 1942/43 erfolglose Bemühungen um einen Sonderfrieden, 1944 Sondierungsgespräche mit der Sowjetunion, am 23. 8. 1944 auf Befehl des Königs verhaftet und an die Sowjetunion ausgeliefert, nach Kriegsende den kommunistischen Behörden

Rumäniens überstellt, zum Tode verurteilt.

Arendt: Frau des Bühnenbildners der Reichstheater.

Arndt, Wilhelm (* 6.7.1913, † 22.4.1945 bei Börnersdorf bei Pirna [Sachsen]): Eintritt in die SS-Leibstandarte »Adolf Hitler«, Ausbildung an der Hotelfachschule Pasing, ab 1943 Kammerdiener Hitlers, Hauptscharführer, flog mit einer Ju 352 der Führerstaffel am 22.4.1945 von Staaken ab, beim Absturz der Maschine getötet; im *Buch Hitler* fälschlich als SS-Hauptsturmführer bezeichnet.

Asensio, Carlos Cabanillas (* 14.11.1896 Madrid, † 28.4.1970 in Spanien): Infanterieakademie, 1914 Offizier, Einsatz im Afrika-Korps, 1930 bis 1935 Studium an der Escuela Superior de Guerra, 1935 Oberstleutnant, wieder in Afrika, Truppenchef in Tetuán, Teilnehmer am Putsch gegen die Spanische Republik, Truppenführer an allen Fronten des Spanischen Bürgerkrieges, 1939 Hoher Kommissar in Marokko, 1942 bis 1945 Heeresminister, später Direktor mehrerer Kriegsschulen, Parlamentsgeschäftsführer, Präsident des Obersten Gesellschaftlichen Aktionsrats im Heeresministerium.

Assmann, Heinz (* 15.8.1904, † 15.10.1954): 1922 Eintritt in die Reichsmarine, 1926 Leutnant zur See, 1934 Kapitänleutnant, 1937 Referent im OKM, ab Oktober 1937 Marineakademie, 1938 Korvettenkapitän und Admiralstabsoffizier beim Marinegruppenkommando Ost, ab November 1939 Referent im Oberkommando der Marine, von Januar bis März 1941 Beauftragter der Seekriegsleitung bei Admiral Lütjens (Schlachtschiff *Gneisenau*), 1942 Fregattenkapitän und Erster Offizier des Schlachtschiffs *Tirpitz*, 1943 Kapitän zur See, ab August 1943 im Wehrmachtführungsstab.

Attolico, Bernardo (* 17.1.1880 Canneto [Provinz Bari], † 9.2.1942 Rom): nach dem Studium der Rechtswissenschaften Eintritt in den diplomatischen Dienst, 1920/21 Kommissar des Völkerbundes für Danzig, 1922 bis 1927 Vizegeneralsekretär des Völkerbunds, von 1927 bis 1930 Botschafter in Brasilien, 1930 Botschafter in Moskau, 1935 Botschafter in Berlin, im Mai 1940 abberufen und durch Dino Alfieri ersetzt, da er sich seit Kriegsbeginn für eine Nichtbeteiligung Italiens am Krieg eingesetzt hatte.

Axmann, Artur (* 18.2.1913 Hagen, † 24.10.1996 Berlin): 1928 Gründer der ersten Hitlerjugendgruppe im Berliner Arbeiterbezirk Wedding, Schulgruppenleiter der HJ, ab 1931 Studium der Volkswirtschaft und Rechtswissenschaften, Eintritt in die NSDAP, 1933 hauptamtlicher Funktionär, Gebietsführer Berlin, Leiter des Sozialamts der Reichsjugendführung, ab 1939 Kriegsdienst, 1940 als Unteroffizier entlassen, 1940 Reichsjugendführer der NSDAP, 1941 Kriegsdienst als Leutnant, nach Verwundung entlassen, ab Februar 1945 Kommandant der Panzerjagdbrigade »Hitlerjugend« des Volkssturms, am 2.5.1945 Flucht aus Berlin, am 15.12.1945 durch amerikanische Truppen inhaftiert, 1949 nach Entnazifizierungsverfahren entlassen, Handelsvertreter, tätig im Ost-West-Handel (DDR, China), 1958 in Westberlin wegen seiner Tätigkeit im NS-Regime zu einer Geldstrafe verurteilt, tätig für ein Bauunternehmen auf Gran Canaria, ab 1976 bei der Auskunftei Creditreform.

Baarova, Lida (* 16.11.1914 Prag, † 27.10.2000 Salzburg): Theaterschauspielerin, mit 17 Jahren erste Filmrollen in Prag, 1934 von der UFA verpflichtet, erfolgreich mit temperamentvoll-exotischen Rollen (u.a. 1935 *Barcarole*), im Januar 1935 bei einem Studiobesuch von Hitler und Goebbels zum Besuch in der Reichskanzlei eingeladen, seitdem lose Bekanntschaft mit Goebbels, seit 1936 dessen Geliebte, 1938 auf Anweisung Hitlers gekündigt, Rückkehr nach Prag, 1942 Übersiedlung nach Italien, überwiegend in belanglosen Komödien und Melodramen eingesetzt, jedoch auch Arbeit mit Federico Fellini (1953 *Die Müßiggänger*), seit 1955 in Spanien, ab 1957 Theaterrollen in Österreich und der Bundesrepublik.

Bach-Zelewski, Erich von dem (* 1.3.1899 Lauenburg [Pommern], † 8.3.1972 München): 1914 Kriegsfreiwilliger, 1916 Leutnant, 1918 Kompanieführer, 1919 Freikorps, schlesischer Grenzschutz, Eintritt in die Deutschvölkische Freiheitspartei, Übernahme in die Reichswehr, 1924 wegen politi-

scher Aktivitäten verabschiedet, Taxifahrer, Gutsverwalter, 1930 eigener Bauernhof, Eintritt in die NSDAP (Nr. 489101), 1931 SS (Nr. 9831), Sturmführer, 1932 Führer der SS-Standarte »Ostmark«, Standartenführer, Oberführer, ab Oktober 1932 hauptamtlich Führer des SS-Abschnitts XII (Frankfurt/Oder), 1933 Brigadeführer, 1934 Führer des SS-Oberabschnitts Nordost (Königsberg), Gruppenführer, 1936 Leiter der Staatspolizeileitstelle Königsberg, nach disziplinarischer Maßregelung Führer des SS-Oberabschnitts Südost (Breslau), 1938 Höherer SS- und Polizeiführer Südost (Breslau), ab 1938 zugleich im Sudetengau, 1939 Oberschlesien, 1941 Generalleutnant der Polizei, ab November 1941 SS-Obergruppenführer und General der Polizei, ab 1941 HSSPF Russland-Mitte, 1942 Sonderbevollmächtigter für die »Bandenbekämpfung«, 1943 Chef der »Bandenkampfverbände«, 1944 General der Waffen-SS, ab Oktober 1944 Kommandierender General der Korpsgruppe von dem Bach, leitete die Niederschlagung des Warschauer Aufstands, ab November 1944 Führer des XIV. SS-Armeekorps, ab Januar 1945 Führer des X. SS-Armeekorps, ab Februar 1945 Führer des Oder-Korps, 1945 verhaftet, 1946 Belastungszeuge im Hauptkriegsverbrecher-Prozess, 1950 entlassen, 1951 von einer Entnazifizierungskommission zu zehn Jahren Haft verurteilt, entlassen, 1958 erneut verhaftet, mehrfach angeklagt und 1962 in München wegen des Befehls zum Mord an sechs Kommunisten zu lebenslangem Zuchthaus verurteilt, starb im Gefängniskrankenhaus.

Backe, Herbert (* 1. 5. 1896 Batumi [Grusinien, Russland], † 6. 4. 1947 Nürnberg [Selbsttötung]): Gymnasium Tiflis, 1914 interniert, 1918 Flucht nach Deutschland, Schlosser, Buchhalter, Studium der Landwirtschaft, 1923 Diplom-Landwirt, Domänenpächter, 1922 SA, 1932 Mitglied des preußischen Landtags, hauptamtlicher NSDAP-Funktionär, Beamter, Oktober 1933 Staatssekretär im Reichsministerium für Ernährung und Landwirtschaft, 1942 nach der Kaltstellung Walter Darrés mit der Führung des Ministeriums beauftragt, 1944 Reichsminister für Ernährung und Landwirtschaft, SS-Obergruppenführer, Ernährungsminister im Kabinett Dönitz, Angeklagter im »Wilhelmstraßenprozess«.

Badoglio, Pietro (* 18. 9. 1871 Grazzano Monferrato [Provinz Asti], † 1. 11. 1956 Grazzano Monferrato [heute G. Badoglio]): Berufssoldat, Militärakademie Turin, Ingenieurschule der Artillerie, Kriegsdienst in Eritrea, ab 1899 Ausbildung zum Generalstabsoffizier, Kriegseinsatz in Libyen und während des Ersten Weltkrieges, 1917 Generalstabschef der italienischen Armee, 1918 Armeegeneral, 1919 bis 1949 Senator, 1921 Rücktritt als Generalstabschef, diplomatische Missionen u. a. in Rumänien, USA, 1925 Aussöhnung mit Mussolini, erneut Chef des Generalstabs, Planung der Kriege in Libyen und Abessinien, 1926 Marschall, 1928 geadelt, 1939 gegen den Kriegseintritt auf deutscher Seite, 1940 Rücktritt nach der Niederlage der italienischen Armee in Griechenland, 1943 durch Viktor Emanuel III. zum Ministerpräsidenten ernannt, später Regierungschef einer antifaschistischen Koalition, die mit den US-Truppen einen Waffenstillstand erreichte und dem Deutschen Reich den Krieg erklärte, 1947 Rücktritt.

Bärenfänger, Erich (* 12. 1. 1915 Menden [Sauerland], † 2. 5. 1945 Berlin [Selbsttötung]): kaufmännische Lehre, 1935/36 Reichsarbeitsdienst, 1936 Eintritt ins Heer, 1937 als Unteroffizier d. R. entlassen, tätig als kaufmännischer Angestellter, 1939 reaktiviert, Leutnant, 1941 Oberleutnant, 1942 Hauptmann und Kompanieführer, 1943 Major, Regimentskommandeur in der 50. Infanteriedivision, Januar 1944 Oberstleutnant und Reichsinspekteur für die Wehrertüchtigung, ab Februar 1945 Kommandeur des Verteidigungsabschnitts A in Berlin, am 20. 4. 1945 unter Überspringung des Dienstgrades Oberst zum Generalmajor befördert, am 1. 5. 1945 Ausbruch aus dem Bunker, tötete sich am U-Bahnhof Prenzlauer Berg selbst.

Barra y Camer, Alfonso (* ?, † ?): Oberst, spanischer Militärattaché in Warschau, 1935 ins Kriegsministerium versetzt, später Militärattaché in London.

Bastians, Hans (* 2. 11. 1894,
† 14. 6. 1940): Mechaniker und Kraft-
fahrzeugführer, zwischen 1914 und
1919 mehrere Ermittlungsverfahren,
u. a. wegen schweren Diebstahls,
Urkundenfälschung und Unterschlagung bestraft, 1931 Eintritt in die
NSDAP (Nr. 504982) und die SS
(Nr. 8363), 1933 Untersturmführer,
1934 Obersturmführer im Stab des
Reichsführers SS; Chauffeur Himmlers, erschoss sich im Führerhauptquartier »Wolfsschlucht« versehent-
lich mit einer Maschinenpistole.

Baumbach, Werner (* 27. 12. 1916
Cloppenburg, † 20. 10. 1953 über dem
Rio de la Plata [Argentinien]): Luftwaffenoffizier, im Zweiten Weltkrieg
erfolgreichster deutscher Bomber-
pilot, vorübergehend Pilot Albert
Speers, 1944 Oberst, Kommodore des
Kampfgeschwaders 200, zuständig für
die deutschen Selbstopfer-Flieger,
protestierte Anfang 1945 schriftlich
bei Göring gegen die sinnlose Fort-
führung des Krieges und legte sein
Amt nieder, 1945 an der Übergabe der
Stadt Hamburg beteiligt, britische
Gefangenschaft, 1948 entlassen, ab
1949 Militärberater in Argentinien,
starb bei einem Testflug.

Baur, Hans (* 19. 6. 1897 Ampfing bei
Mühldorf am Inn, † 17. 2. 1993 Neu-
widdersberg bei Herrsching am Am-
mersee [Bayern]): kaufmännische
Ausbildung, 1915 Kriegsfreiwilliger, ab
1916 Flugzeugführer, Vizefeldwebel,
1919/20 Freikorps Epp, ab 1920 bei der
Bayerischen Luftpost, später bei Junkers Luftverkehr, ab 1926 Lufthansa,

1932 im Wahlkampf Pilot Hitlers, 1933
mit dem Aufbau einer Regierungs-
Flugstaffel beauftragt, Oktober 1933
SS-Standartenführer, 1934 Oberführer im Reichssicherheitsdienst, 1944
Brigadeführer, 1945 Gruppenführer
der Waffen-SS, Generalleutnant der
Polizei, am 1. 5. 1945 Ausbruch aus
der Reichskanzlei, sowjetische Gefangenschaft, 1955 entlassen.

Beck, Ludwig (* 29. 6. 1880 Biebrich
bei Wiesbaden, † 20. 7. 1944 Berlin
[ermordet]): 1898 Fahnenjunker, 1899
Leutnant, Besuch der Artillerie- und
Ingenieurschule, 1908 bis 1911 Kriegsakademie, 1912 kommandiert zum
Großen Generalstab, 1913 Hauptmann, ab 1914 im Generalstab des
XIV. Armeekorps, ab 1917 im Generalstab der Heeresgruppe Kronprinz
Wilhelm von Preußen, von der
Reichswehr übernommen, weiterhin
hohe Stabsverwendungen, 1922 im
Generalstab der 6. Division, 1923
Oberstleutnant, 1929 Kommandeur
des Artillerieregiments 5, 1931 Generalmajor, 1932 Generalleutnant, 1933
Chef des Truppenamts im Reichswehrministerium, 1935 Chef des Generalstabs des Heeres, Versuch politischer Einflussnahme, 1938 General
der Artillerie, März/April kurzfristig
Oberbefehlshaber West, forderte 1938
den kollektiven Rücktritt der Generalität, um das Kriegsrisiko zu ver-
mindern, Abschied als Generaloberst,
Angehöriger verschiedener Wider-
standskreise, nach dem geplanten
Staatsstreich als Staatsoberhaupt vorgesehen, am 20. 7. 1944 versuchte

Selbsttötung, auf Anweisung Fromms durch einen Unteroffizier erschossen.

Bedford, Williams Sackville Russel Hastings, 12th Duke of (* 21.12.1888, † 9.10.1953 [Jagdunfall]): Studium in Oxford, Master of Arts, Eintritt in die Royal Army, Teilnahme am Ersten Weltkrieg, Leutnant, Erbe mehrerer Baronien (u.a. Streatham, Thornhaugh), 1940 12th Duke of Bedford, tätig als Ornithologe, während des Zweiten Weltkrieges wegen Kontakten zu deutschen Diplomaten und Politikern unter Beobachtung des britischen Inlandsnachrichtendienstes MI 5.

Behrens, Manja (* 11.4.1914 Dresden, † 18.1.2003 Dresden): Schauspielerin, von 1935 bis 1954 am Staatstheater Dresden, außerdem Rollen in UFA-Filmen (u.a. 1936 *Susanna im Bade*), während des Zweiten Weltkrieges Geliebte Martin Bormanns, gelegentlich auf dem Berghof, nach 1945 DEFA-Karriere, u.a. in Filmen von Wolfgang Staudte und Konrad Wolf (1958 *Sonnensucher*), 1952 Gastrollen im Theater am Schiffbauerdamm (Berliner Ensemble), 1953 bis 1967 Volksbühne Berlin, danach Maxim-Gorki-Theater, ab 1991 Gastrollen in der Schweiz und Österreich (Burgtheater).

Below, Nikolaus von (* 20.9.1907 Jargelin bei Greifswald, † 24.7.1983 Detmold): ab 1928 zivile Fliegerausbildung, 1929 Eintritt in die Reichswehr, 1932 Leutnant, 1933 Übertritt zur Luftwaffe, 1935 Fliegergruppe Döberitz, 1936 Staffelkapitän in einem Jagdgeschwader, 1937 Hauptmann und Adjutant der Luftwaffe bei Hitler, 1941 Major, 1943 Oberstleutnant, 1944 Oberst, 1945 von britischer Armee verhaftet, 1948 entlassen.

Beneš, Edvard (* 28.5.1884 Kozlany bei Pilsen, † 3.9.1948 Sezimovo Usti bei Tabor): Studium der Volkswirtschaft in Prag, Paris, London, Berlin, 1909 Dozent für Nationalökonomie an der Handelsakademie Prag, Einsatz für die Schaffung eines tschechoslowakischen Staates, ab 1918 Außenminister der Tschechoslowakei, Anlehnung an Frankreich und die Sowjetunion (1935 Beistandspakt), 1935 Staatspräsident, Rücktritt nach Abschluss des Münchner Abkommens, Professor in Chicago, 1939 Bildung des Tschechoslowakischen Nationalkomitees in Paris, 1940 Präsident der Exilregierung in London, 1945 Staatspräsident der Tschechoslowakei, stellte sich der Umwandlung in ein kommunistisches Regime entgegen, Rücktritt am 7.6.1948.

Berger, Heinrich (* ?, † 20.7.1944 bei Rastenburg [Ostpreußen]): Stenograf des Deutschen Reichstags, Regierungsrat, beim Attentat auf Hitler tödlich verletzt.

Bergeret, Jean-Marie Joseph (* 1895, † 1956): Offizier der französischen Luftstreitkräfte, 1938 Oberst, Dienst in Nordafrika, 1939 Chef der Operationsabteilung im Hauptquartier der französischen Luftwaffe, 1940 Brigadegeneral, Mitunterzeichner des französischen Waffenstillstands am 21.6.1940, von September 1940 bis

April 1942 französischer Luftfahrtminister, 1942 Divisionsgeneral, von April 1942 bis November 1942 Inspekteur der Luftabwehr, von November 1942 bis März 1943 Hochkommissar, Chef der militärischen und Zivilverwaltung in Französisch-Nordafrika, im Oktober 1944 verhaftet und wegen Kollaboration zu einer Gefängnisstrafe verurteilt.

Bergmüller, Johann, »Hans« (* 10. 5. 1894 Gunzenhausen [Bayern], † ?): 1914 bis 1918 Kriegsdienst, 1919 Eintritt in die Polizei, Kriminaloberwachtmeister, später Kriminalsekretär, 1933 Übernahme in den Stab Reichsführer SS (Kriminalkommando), abgestellt zum Führer-Begleitkommando, 1934 Mitglied der SS (Nr. 249997), 1934 Untersturmführer, 1937 Aufnahme in die NSDAP (Nr. 4053966), 1938 Obersturmführer, 1940 nach Ausschreitungen in volltrunkenem Zustand wegen Ungehorsams und Beleidigung vom SS- und Polizeigericht München zu drei Jahren Haft verurteilt, Strafe wurde zur Bewährung ausgesetzt, Kriegseinsatz bei der Waffen-SS in Frankreich und im Russlandfeldzug, 1941 aus der NSDAP und der SS ausgeschlossen, 1942 durch Himmler begnadigt und als Untersturmführer wieder in die SS aufgenommen, ab 1942 erneut im Begleitkommando Hitlers, 1943 Obersturmführer und nach Zustimmung Hitlers zum Kriminalkommissar ernannt, im Juni 1944 wieder in die NSDAP aufgenommen und zum SS-Hauptsturmführer befördert, nach

dem 20. 7. 1944 mit der Vernehmung der Verschwörer beauftragt, am 1. 5. 1945 Ausbruch aus der Reichskanzlei, in sowjetische Gefangenschaft, 1949 entlassen.

Bernadotte af Wisborg, Folke Graf (* 2. 1. 1895 Stockholm, † 17. 9. 1948 Jerusalem [ermordet]): Neffe des schwedischen Königs Gustav V., 1918 Leutnant, 1923 Rittmeister, Regimentsquartiermeister, ab 1928 (nach Heirat mit einer amerikanischen Industriellentochter) tätig in der Industrie, verschiedene diplomatische Missionen, 1943 Vizepräsident des Roten Kreuzes in Schweden, verhandelte im April 1945 in Lübeck mit Himmler, 1946 Präsident des Roten Kreuzes in Schweden, 1948 UNO-Vermittler im Palästina-Konflikt, nach Erreichen eines Waffenstillstands von zionistischen Extremisten erschossen.

Best, Sigismund Payne (* 14. 4. 1885, † 21. 9. 1978): Importhändler in den Niederlanden, Captain des MI-6-Ablegers Z, am 9. 11. 1939 vom SD gekidnappt (so genannter Venlo-Zwischenfall), lange Verhöre durch SD und Gestapo, bis 1945 in deutscher Haft, nach Kriegsende nicht wieder eingestellt.

Betz, Georg (* 15. 6. 1903 Kolbermoor bei Rosenheim [Bayern], † 2. 5. 1945 Berlin): Elektrotechniker, Ausbildung bei der Lufthansa zum Flugkapitän, ab 1932 Langstreckenpilot, 1935 SS-Untersturmführer im Stab Reichsführer SS, kommandiert zur Regierungsstaffel, zweiter Pilot Hitlers, 1944 Obersturmbannführer, wurde beim Ausbruch aus dem Bunker getötet.

Blaschke, Hugo (* 14. 11. 1881 Neustadt in Westpreußen, † 6. 12. 1959 Nürnberg): Studium der Zahnmedizin in Philadelphia und London, Fachausbildung zum Kieferchirurgen, ab 1911 eigene Praxis in Berlin, während des Ersten Weltkrieges Militär-Zahnarzt in Frankfurt/Oder, Zahnarzt von Hermann Göring, ab 1933 von Adolf Hitler, 1931 NSDAP, 1935 SS, zum Professor ernannt, 1943 Oberster Zahnarzt im Stab Reichsführer SS, SS-Brigadeführer und Generalmajor der Waffen-SS, 1946 interniert, 1948 entlassen, bis zur Pensionierung Zahnarzt in Nürnberg.

Blomberg, Werner von (* 2. 9. 1878 Stargard [Pommern], † 14. 3. 1946 Nürnberg): Kadett, 1897 Leutnant, 1905–1908 Kriegsakademie, verschiedene Stabs- und Truppenverwendungen, 1911 Hauptmann, 1914 Offizier einer Reservedivision, 1917/18 Generalstabsoffizier I a bei der 7. Armee, 1919/20 Referent im Reichswehrministerium, dann im Generalstab der Brigade Döberitz bzw. der Reichswehrbrigade 10, 1921 bis 1924 Chef des Stabs der 5. Division und des Wehrkreises V, 1925 Oberst und Leiter Ausbildungswesen im Reichswehrministerium, 1927 bis 1929 Chef des Truppenamts im Reichswehrministerium, von 1929 bis 1933 Kommandeur der 1. Division und Befehlshaber im Wehrkreis I (Ostpreußen), 1933 General der Infanterie und Reichswehrminister, Loyalitätserklärungen für Hitler, ab 1935 Reichskriegsminister und Oberbefehlshaber der Wehrmacht, 1936 Generalfeldmarschall, im Januar 1938 wegen der Heirat mit einer vorbestraften Prostituierten (Trauzeugen Hitler und Göring) als Minister und aus der Wehrmacht entlassen, 1945 Inhaftierung durch die Alliierten, verstarb im Gerichtsgefängnis Nürnberg.

Bock, Fedor von (* 3. 12. 1880 Küstrin an der Oder, † 3. 5. 1945 Lensahn [Ostholstein]): Kadett, 1898 Leutnant, 1910 kommandiert zum Großen Generalstab, 1914–1918 Bataillonskommandeur und Generalstabsoffizier, 1916 I a im Generalstab der 200. Infanteriedivision, 1917 I a der Heeresgruppe Kronprinz Wilhelm von Preußen, Übernahme in die Reichswehr, weiterhin hohe Stabsfunktionen, u. a. 1920 Chef des Generalstabs im Wehrkreis III, Oberstleutnant, 1925 Oberst, 1926 Kommandeur des Infanterieregiments 4, 1929 Generalmajor im Reichswehrministerium, 1931 Generalleutnant, 1932 Kommandeur der 2. Division und Befehlshaber im Wehrkreis II, 1935 General der Infanterie und Oberbefehlshaber Gruppenkommando III (Dresden), 1938 Oberbefehlshaber der 8. Armee (Einmarsch in Österreich), Generaloberst, 1939 Oberbefehlshaber der Heeresgruppe Nord (Polenfeldzug), dann der Heeresgruppe B (Frankreichfeldzug), 1940 Generalfeldmarschall, bis zum Dezember 1941 Chef der Heeresgruppe Mitte, Januar 1942 bis Juli 1942 Chef der Heeresgruppe Süd, 1942 in die Führerreserve versetzt, stellte sich 1945 der Regierung Dönitz zur Verfügung, starb bei einem Tieffliegerangriff.

Bodenschatz, Karl Heinrich (* 10. 2. 1890 Rehau [Oberfranken], † 25. 8. 1979 Erlangen): 1910 Fahnenjunker in der bayerischen Armee, 1912 Leutnant, während des Ersten Weltkrieges zunächst Zug- und Kompanieführer, 1916 Übertritt zur Fliegertruppe, 1917 Adjutant im Jagdgeschwader Richthofen, 1919 Übernahme durch die Reichswehr, verschiedene Truppenverwendungen in der Infanterie, 1932 Major, 1933 Chef des Luftschutzamts im Reichswehrministerium, im September 1933 Übertritt zur Luftwaffe, Chefadjutant des Oberbefehlshabers der Luftwaffe (Göring), 1934 Oberstleutnant, 1935/36 zugleich Adjutant der Luftwaffe bei Hitler, 1936 Oberst und Chef des Stabsamts im Luftfahrtministerium, 1937 Chef des Ministeramts, 1938 Generalmajor, 1938/39 Verbindungsoffizier im Führerhauptquartier, 1941 General der Flieger, am 20. 7. 1944 schwer verwundet, dienstunfähig, 1945 bis 1947 Gefangenschaft, Entlastungszeuge Görings im Hauptkriegsverbrecher-Prozess.

Boehm-Tettelbach, Karl (* 1910 in den USA, † nach 1981): 1915 Rückkehr mit der Familie nach Deutschland, 1931 Eintritt ins Heer, Fliegerausbildung im Reichswehr-Flugzentrum in Lipezk (Sowjetunion), 1934 Oberleutnant, Dolmetscherexamen für Englisch, später auch für Französisch und

Russisch, 1935 Lehrer an der Jagdflieger-Schule Schleißheim, nach Absturz Luftwaffenadjutant beim Reichskriegsminister von Blomberg, 1939 Generalstabsoffizier I a beim Luftgaukommando IV in Dresden, ab November 1939 I c im Stab des V. Fliegerkorps, nach dem Frankreichfeldzug Tätigkeit für das Amt Ausland/Abwehr, während des Russlandfeldzugs erneut beim V. Fliegerkorps, ab Mai 1942 I a im Stab des Luftwaffenbefehlshabers Mitte (Berlin), von August 1943 bis Juni 1944 Kommodore des Zerstörergeschwaders 26, im September/Oktober 1944 Kommandeur der Verbandsführerschule beim General der Jagdflieger, Oberstleutnant, dann zur Einsatzabteilung beim stellvertretenden Chef des Operationsstabs beim Oberkommando der Wehrmacht kommandiert, tätig im Wehrmachtführungsstab, am 8. 5. 1945 Teilnehmer an den Kapitulationsverhandlungen in Berlin-Karlshorst, mit der Regierung Dönitz am 23. 5. 1945 verhaftet, im Dezember 1945 Flucht aus einem Kriegsgefangenenlager, 1946 Angestellter der US-Army in Würzburg, 1951 Übersiedlung in die USA, tätig in der Trainingsabteilung der Panamerican Airways, 1957 Dispatcher License, von 1959 bis in die 1970er-Jahre Leiter des PanAm-Flughafens in Nürnberg.

Bohle, Ernst-Wilhelm (* 28. 7. 1903 Bradford [England], † 9. 11. 1960 Düsseldorf): Schulbesuch in Südafrika, Studium in Deutschland, 1923 Kaufmann, tätig bei verschiedenen britischen und amerikanischen Firmen in Deutschland (u. a. Chrysler, Hamburg), ab 1930 selbstständig als Importeur, 1932 Aufnahme in die NSDAP (Nr. 999185), 1933 Abteilungsleiter in der Reichsleitung der NSDAP, von 1933 bis 1945 Mitglied des Reichstags, von 1934 bis 1945 Gauleiter und Leiter der NSDAP-Auslandsorganisation, Staatssekretär im Auswärtigen Amt, 1936 Eintritt in die SS als Brigadeführer (Nr. 276915), 1943 SS-Obergruppenführer, 1945 amerikanische Gefangenschaft, Zeuge im Nürnberger Hauptkriegsverbrecher-Prozess, Angeklagter im »Wilhelmstraßenprozess«, zu fünf Jahren Gefängnis verurteilt, 1949 entlassen, danach in Hamburg als Kaufmann tätig.

Boldt, Gerhard (* 1918, † ?): 1937 Eintritt in die Kavallerie, Oberleutnant der Reserve und Schwadronsführer in der Divisions-Aufklärungsabteilung 158, 1943 Rittmeister, eingesetzt in der Abteilung Fremde Heere Ost, 1944 Offizier zur besonderen Verwendung beim Chef des Generalstabs Guderian, nach dessen Ablösung Ordonnanzoffizier von dessen Nachfolger Krebs, nach 1945 tätig für die Organisation Gehlen, später für den Bundesnachrichtendienst.

Borgmann, Heinrich (* 15. 8. 1912, † April 1945 Berlin): 1932 Eintritt in die Reichswehr, 1935 Leutnant, 1940 Oberleutnant, Hauptmann und Bataillonskommandeur im Infanterieregiment 46, Ende 1942 Major bei der 3. Luftwaffen-Felddivision, Januar 1943 Generalstabsoffizier I b der 327. Infanteriedivision, ab Juni 1943 I a im Generalstab der 94. Infanteriedivision, im September 1943 zur Adjutantur der Wehrmacht bei Hitler kommandiert, ab Oktober 1943 Adjutant der Wehrmacht bei Hitler, beim Attentat am 20. 7. 1944 verletzt, im Januar 1945 Rückkehr ins Führerhauptquartier, Oberstleutnant, ab März 1945 Führer einer Fahnenjunker-Division der 12. Armee, wurde bei den Kämpfen in Berlin getötet.

Bormann, Albert (* 2. 9. 1902 Halberstadt, † 8. 4. 1989 München): Bruder Martin Bormanns, nach Abitur kaufmännische Ausbildung, ab 1922 Bankbeamter, 1927 Eintritt in die NSDAP und die SA, von 1929 bis 1931 Gauführer der Hitlerjugend in Thüringen, 1931 Sachbearbeiter in der Hilfskasse der NSDAP, ab Oktober 1931 tätig in der Privatkanzlei des Führers, von 1933 bis 1945 Leiter der Privatkanzlei Hitlers, 1933 SA-Sturmbannführer, 1934 Adjutant bei Hitler, 1938 NSKK-Brigadeführer und Adjutant im Persönlichen Stab Hitlers, zugleich Reichshauptamtsleiter der NSDAP im Rang eines Oberdienstleiters der NSDAP, 1940 Gruppenführer des NSKK, am 21. 4. 1945 aus Berlin zum Obersalzberg ausgeflogen, danach unter falschem Namen (»Roth«) Landarbeiter in Bayern, im April 1949 Selbstanzeige, interniert, im Oktober 1949 entlassen, lebte in Süddeutschland.

Bormann, Gerda, geb. Buch (* 23. 10. 1909 Konstanz, † 23. 3. 1946

Meran [Tirol]): Tochter des späteren Obersten Richters der NSDAP Walter Buch, ab 1923 Ausbildung zur Kindergärtnerin, 1929 Heirat mit Martin Bormann (Trauzeugen Hitler und Heß), aus der Ehe gingen neun Kinder hervor, von denen zwei starben, nach der Zerstörung des Bormannschen Anwesens am Obersalzberg am 26.4.1945 Flucht nach Tirol, starb an Unterleibskrebs.

Bormann, Martin (* 17.6.1900 Halberstadt, † 2.5.1945 Berlin [Selbsttötung]): 1918/19 Kanonier, nach Demobilisierung Landwirt, Angehöriger des Freikorps Roßbach, 1922/23 Mitglied der Deutschvölkischen Freiheitspartei, 1923 an einem Fememord beteiligt, 1924 zu einem Jahr Gefängnis verurteilt, 1925 Eintritt in den Frontbann, 1927 Eintritt in die NSDAP (Nr. 60508), Gau-Obmann und Gau-Geschäftsführer in Thüringen, 1928 Wechsel zum Stab des Obersten SA-Führers, 1930 in die Reichsleitung der NSDAP, Leiter der Hilfskasse der NSDAP, 1931 SA-Standartenführer, 1933 bis 1945 Mitglied des Reichstags, ab Juli 1933 Stabsleiter im Amt des Stellvertreters des Führers, seit Oktober 1933 im Rang eines Reichsleiters, Verbindungsmann zwischen Heß und Hitler, verantwortlich für den Ausbau des Obersalzbergs zur Residenz, 1937 Übertritt zur SS (Nr. 278267), SS-Gruppenführer, ab 1938 im Persönlichen Stab Hitlers, 12.5.1941 Leiter der Parteikanzlei der NSDAP, 12.4.1943 Sekretär des Führers, 1944 Reichsminister ohne Geschäftsbereich, am 1.5.1945 Ausbruchsversuch aus der Reichskanzlei, 1946 in Abwesenheit als Hauptkriegsverbrecher zum Tode verurteilt, 1954 gerichtlich für tot erklärt.

Bornholdt, Hermann (* 30.3.1908 in Böningstedt [Holstein], † 1.8.1976 Hamburg): Landwirt, 1929 Eintritt in die NSDAP (Nr. 125342), 1931 Eintritt in die SS (Nr. 10992), 1933 Eintritt in die Leibstandarte »Adolf Hitler«, eingesetzt im Führer-Begleitkommando, 1939 Untersturmführer, 1942 Obersturmführer, 1944 Hauptsturmführer.

Brandt, Anni, geb. Rehborn (* 25.8.1904 Langenberg bei Bochum, † ?): 1923 und 1924 Deutsche Schwimmeisterin (100-Meter-Freistil, 100-Meter-Rücken), bis 1929 weitere Erfolge, u.a. Bronze-Medaille bei den Europameisterschaften 1927, seit 1925 befreundet mit Adolf Hitler, 1931 nach einem Sportunfall von Karl Brandt operiert, 1932 Verlobung, machte Brandt 1933 mit Hitler bekannt, 1934 Heirat (Trauzeugen Hitler und Göring), gehörte bis 1945 zum engeren Kreis um Hitler, lebte nach Kriegsende in Norddeutschland.

Brandt, Heinz (* 11.3.1907 Berlin-Charlottenburg, † 22.7.1944 Rastenburg [Ostpreußen]): 1925 Eintritt in die Reichswehr, 1928 Leutnant, 1932 bis 1936 Kavallerieschule Hannover, Oberleutnant, Teilnehmer an den Olympischen Spielen in Berlin (Springreiten), 1936 Rittmeister, 1936 bis 1938 Kriegsakademie, 1938 Generalstabsoffizier in der 25. Division, 1940 I a im Generalstab der 297. Infanteriedivision, Major, Wechsel zur Operationsabteilung im Oberkommando des Heeres, 1942 Oberstleutnant, 1943 Oberst, beim Attentat auf Hitler am 20.7.1944 schwer verletzt, starb im Lazarett Rastenburg, postum zum Generalmajor ernannt.

Brandt, Karl (* 8.1.1904 Mühlhausen [Elsass], † 2.6.1948 Landsberg am Lech [hingerichtet]): Studium der Medizin, 1928 Promotion zum Dr. med., chirurgische Fachausbildung im Krankenhaus Bergmannsheil in Bochum, 1932 Eintritt in die NSDAP (Nr. 1009617), 1933 Wechsel in die Chirurgische Universitätsklinik in der Ziegelstraße in Berlin, 1934 Eintritt in die SS, Unterscharführer, Arzt im Begleitkommando Hitlers, 1937 Sturmbannführer im Stab des SS-Hauptamts, erster Arzt an der chirurgischen Klinik, 1939 Kriegsdienst in der SS-Leibstandarte »Adolf Hitler«, nach der Rückkehr aus dem Polenfeldzug mit der Durchführung des Programms der Ermordung Geisteskranker betraut (»Euthanasieprogramm«), 1940 außerplanmäßiger Professor, für die Dauer des Krieges zu Hitler kommandiert, Sonderbevollmächtigter Hitlers auf dem Gebiet des Gesundheitswesens, 1942 Koordinator des militärischen und zivilen Gesundheitswesens, 1943 Generalkommissar für das Sanitäts- und Gesundheitswesen, Sonderbefugnisse für die medizinische Forschung (Initiator von Menschenversuchen in Konzentrationslagern), 1944 Reichskommissar für das Sanitäts- und Gesundheitswe-

sen, Mitglied des Reichsforschungsrates, SS-Gruppenführer und Generalleutnant der Waffen-SS, nach Konflikten um die Behandlung Hitlers durch Morell als Begleitarzt entlassen, am 16.4.1945 auf Befehl Hitlers durch die SS verhaftet, da er Frau und Kind ohne Genehmigung aus Berlin gebracht hatte, am 17.4. zum Tode verurteilt, inhaftiert, am 3.5.1945 in Flensburg freigelassen, am 23.5. gemeinsam mit der Regierung Dönitz verhaftet, 1947 im Nürnberger Ärzteprozess zum Tode verurteilt.

Brauchitsch, Walther von (* 4.10.1881 Berlin, † 18.10.1948 Hamburg): Kadett, 1900 Leutnant, 1909 bis 1912 Kriegsakademie, 1913 Hauptmann, kommandiert zum Großen Generalstab, während des Ersten Weltkrieges verschiedene Stabsverwendungen, 1919/20 in Abwicklungsstellen tätig, Übernahme in die Reichswehr, 1922 Eintritt ins Reichswehrministerium, ab 1925 Truppenverwendungen, Oberstleutnant, 1927 Chef des Stabs der 6. Division und des Wehrkreises VI, 1929 Abteilungsleiter im Reichswehrministerium, 1931 Generalmajor, 1932 Inspekteur der Artillerie, 1933 Kommandeur der 1. Infanteriedivision und Befehlshaber im Wehrkreis I, Generalleutnant, 1935 General der Artillerie, Kommandierender General des I. Armeekorps, 1937 Oberbefehlshaber des Gruppenkommandos 4, Februar 1938 Generaloberst, Oberbefehlshaber des Heeres, 1940 Generalfeldmarschall, nach der gescheiterten Moskau-Offensive am 19.12.1941 in die Führerreserve versetzt, seit 1946 in britischer Gefangenschaft.

Bräuer, Curt (* 24.2.1889 Breslau, † 8.9.1969 Wiesbaden): Studium der Rechtswissenschaften, Gerichtsassessor, Kriegsteilnehmer, 1920 Eintritt in das Auswärtige Amt, Vizekonsul in Kapstadt, später Konsul in Pretoria (Südafrika), 1926 Auswärtiges Amt Berlin, 1928 Legationsrat, 1930 Gesandtschaftsrat in Brüssel, 1931 Gesandtschaftsrat I. Klasse, 1935 Aufnahme in die NSDAP (Mitglied Nr. 2553264), 1937 Sonderbeauftragter des AA, ab November 1937 Botschaftsrat in Paris, ab November 1939 Gesandter I. Klasse in Oslo, 1940 Wehrmacht, Ende 1940 aus dem diplomatischen Dienst ausgeschieden.

Braun, Eva, verh. Hitler (* 6.2.1912 München, † 30.4.1945 Berlin [Selbsttötung]): Handelsschule, Sprechstundenhilfe, später tätig beim Fotografen Heinrich Hoffmann, 1929 mit Hitler bekannt gemacht, ab 1930 gelegentliche Rendezvous, nach dem Tod Geli Raubals engere Bindung, 1932 und 1935 Selbstmordversuche, seit 1936 ständig bei Hitler, eigenes Appartement bzw. Wohnräume auf dem Berghof und in den Führerhauptquartieren, ab dem 7.3.1945 ständig in Berlin, am 28.4.1945 Hochzeit mit Adolf Hitler (Trauzeugen Goebbels und Martin Bormann), Selbsttötung gemeinsam mit Hitler.

Braun, Franziska (* 12.12.1885 Geiselhöring bei München, † 13.1.1976

Ruhpolding): Hausfrau und Mutter von Eva, Margarete und Ilse Braun.

Braun, Friedrich Wilhelm, »Fritz« (* 17.9.1879 Stuttgart, † 22.1.1964 Ruhpolding): Vater Eva Brauns, Schreiner, Möbelzeichner, Gewerbelehrer, 1914 Kriegsfreiwilliger, zunächst in einer Schneeschuhabteilung, nach Erkrankung Rechnungsführer, 1919 Vizefeldwebel im Freikorps Oberland, ab 1920 wieder Gewerbelehrer, 1921 Scheidung von Franziska Braun, 1922 erneute Heirat mit Franziska Braun, Stahlhelm, ab 1934 NSKK, 1937 NSDAP (Nr. 5021670), 1944 Verwaltungschef eines Reservelazaretts, nach 1945 Schreinergehilfe, dann arbeitslos.

Braun, Ilse (* 1909 München, † 28.6.1979 München): ältere Schwester Eva Brauns, Internatsschule, Sprechstundenhilfe, ab 1937 Sekretärin bei Albert Speer, nach wenigen Wochen Kündigung und Hochzeit, 1940/41 Volontärin bei der *Deutschen Allgemeinen Zeitung*, ab 1941 Schriftleiterin im Feuilleton, 1941 Scheidung, erneute Hochzeit, Umzug nach Breslau, 1945 Flucht zum Obersalzberg, kurzfristig interniert, danach in Ruhpolding, später in Heidelberg und München.

Braun, Margarete, »Gretl«, verh. Fegelein (*31.8.1915 München, † 10.10.1987 Steingaden [Bayern]): jüngere Schwester Eva Brauns, Lyzeum, Klosterschule, ab 1932 Kontoristin beim Fotografen Hoffmann, ab 1943 Besuch der Bayerischen Staatslehranstalt für das Lichtbildwesen, jedoch üblicherweise stets bei ihrer Schwester Eva, am 3. 6. 1944 Hochzeit mit Hermann Fegelein (Trauzeugen Himmler und Martin Bormann), 1945 auf dem Berghof, am 5. 5. 1945 Geburt einer Tochter in Garmisch, Übersiedlung nach München, 1954 Heirat mit einem Textilvertreter.

Braun, Wernher von (* 23. 3. 1912 Wirsitz bei Posen, † 16. 6. 1977 Alexandria bei Washington): Ingenieur, ab 1932 angestellt beim Heereswaffenamt (Versuchsstelle Kummersdorf), Entwicklung von Flüssigkeitsraketen, 1934 Dr.-Ing., 1937 technischer Leiter der Raketenentwicklung in der Versuchsanstalt Peenemünde, Eintritt in die NSDAP, 1940 SS-Sturmbannführer, ab 1943 Verlagerung von Produktionsstätten für die Rakete A4 (»Vergeltungswaffe 2«) u. a. in den Harz zum KZ Dora-Mittelbau, 1945 Flucht nach Bayern, durch amerikanische Truppen interniert, im Rahmen der Operation »Paperclip« gemeinsam mit ranghohen Mitarbeitern in die USA ausgeflogen, dort an Waffenentwicklungen beteiligt, 1955 eingebürgert, 1960 Direktor des George C. Marshall Space Flight Center in Huntsville (Texas), beteiligt am Weltraumprogramm Apollo, 1970 Leiter der Planungsabteilung der NASA.

Brückner, Wilhelm (* 11. 12. 1884 Baden-Baden, † 18. 8. 1954 Herbstdorf [Chiemgau]): Studium der Rechts- und Volkswirtschaft, 1914 bis 1918 Kriegsdienst als Oberleutnant, 1919 Freikorps Epp, 1920 Aufnahmetechniker bei Arri-Film München, 1922

NSDAP, Regimentsführer der SA in München während des Hitlerputsches, verhaftet, 1924 entlassen, tätig als Verbandsfunktionär, Tennislehrer und Vertreter für Sportartikel, 1930 Wiedereintritt in die NSDAP (Nr. 298623), SA-Adjutant bei Hitler, von 1930 bis 1933 Zweiter Persönlicher Adjutant Hitlers, 1932 SA-Oberführer, von 1934 bis 1940 Chefadjutant Hitlers, 1934 SA-Obergruppenführer, von 1936 bis 1945 Mitglied des Reichstags, 1940 nach Zerwürfnis mit Hitler als Chefadjutant entlassen, Einberufung zur Wehrmacht als Major, 1944 Oberstleutnant, 1945 Oberst, von 1945 bis 1948 von der US-Armee interniert.

Brugmann, Walter (* 2. 4. 1887 Leipzig, † 26. 5. 1944): Architekt, 1912 Dipl.-Ing., Kriegsdienst, 1920 in Stargard Eintritt in den Kommunaldienst, 1922 Wechsel ins Hochbauamt der Stadt Nürnberg, ab 1925 dessen Leiter, von 1928 bis 1940 Stadtbaurat und Hochbaureferent, vor allem stadtplanerische Tätigkeit, eigene Entwürfe von Gewerbe- und Gesellschaftsbauten, 1933 Eintritt in die NSDAP (Nr. 3181417), 1934 von Speer mit der Bauleitung für das Reichsparteitagsgelände beauftragt, 1937 Professorentitel, 1940 Generalbauleiter für die Neugestaltung von Berlin und Leiter des Baustabs Speer in Russland.

Buchholz, Heinz (* ?, † nach 1945): Stenograf im Führerhauptquartier.

Büchs, Herbert (* 20. 11. 1913 Beuthen [Oberschlesien], † 19. 5. 1996 Meckenheim bei Bonn): Studium der

Volkswirtschaft, 1935 Eintritt in
die Reichsmarine, Übertritt zur Luftwaffe, 1937 Leutnant, 1939 Pilot
im Kampfgeschwader 77, 1941 Luftkriegsakademie, ab Oktober 1942
Hauptmann im Stab des Luftwaffenkommandos Don, ab März 1943 I a im
Generalstab des VIII. Fliegerkorps,
ab August 1943 Major im Luftwaffen-
führungsstab, I a im Generalstab des
I. Fliegerkorps, ab November 1943
im Wehrmachtführungsstab, 1945 in
amerikanische Gefangenschaft, nach
Entlassung kaufmännischer Angestellter und Dolmetscher, 1957 Eintritt
in die Bundeswehr als Major, Lehrer
an der Luftwaffenakademie, später an
der Führungsakademie, 1958 Oberst-
leutnant, 1960 Oberst, 1962 Unter-
abteilungsleiter im Führungsstab der
Luftwaffe im Bundesministerium für
Verteidigung, Brigadegeneral, 1964
Chef des Stabs der Bundeswehr, nach
Umgliederung Chef des Stabs der
Abteilung Streitkräfte bzw. Chef des
Stabs beim Generalinspekteur der
Bundeswehr, 1964 Generalmajor, 1967
Generalleutnant, stellvertretender
Generalinspekteur, 1971 Aufbau einer
Managementagentur für Fernmelde-
systeme (NIOS) im Auftrag der
NATO, 1974 Ruhestand.

Buhle, Walter (* 26. 10. 1894 Heilbronn, † 27. 12. 1959 Stuttgart): 1913
Fahnenjunker in einem Infanterieregiment, während des Ersten Weltkrieges u. a. Kompanieführer in einem
Minenwerfer-Bataillon, 1919 Übernahme durch die Reichswehr, verschiedene Verwendungen in Infante-

rieregimentern, 1924 kommandiert
zur Ausbildungsabteilung des Reichswehrministeriums, 1926 kommandiert
zum Reichsarchiv, dann Eintritt in die
Operationsabteilung des Oberkommandos des Heeres, 1930 Kompaniechef in einem Infanterieregiment,
1932 Rückkehr in die Operationsabteilung, 1936 Oberstleutnant und
Bataillonskommandeur, 1937 I a im
Generalstab des V. Armeekorps, 1938
Chef der Operationsabteilung im
OKH, 1939 Oberst, 1940 Generalmajor, ab Februar 1942 Chef des Heeres-
stabs beim OKW, 1944 General der
Infanterie, Vertreter des Heeresorga-
nisationsamts im Führerhauptquartier, am 1. 2. 1945 zum Chef der Wehr-
machtsrüstung ernannt.

Bullit, William C. (* 25. 1. 1891 Philadelphia, † 15. 2. 1967 Paris): Studium
der Rechtswissenschaften ohne Abschluss, Journalist, während des Ersten Weltkrieges Kriegskorrespondent
in Europa, nach Eintritt der USA in
den Krieg Leiter der Geheimen Abteilung für mitteleuropäische Angelegenheiten im State Department, 1919
Verhandlungen mit Lenin, ab 1921 beratende politische Tätigkeit, später
Schriftsteller, 1933 von Roosevelt in
den Staatsdienst zurückgerufen, erster US-Botschafter in Moskau, 1936
auf Wunsch der Sowjetunion abberufen (Verbindung zu »trotzkistischen
Kreisen«), 1936 Botschafter in Paris,
1940 abberufen, Sonderbeauftragter
für den Nahen Osten, tätig im Marine
Department, 1944 Korrespondent für
das Magazin *Life*, ab August 1944 im

Generalstab Charles de Gaulles Chef der psychologischen Kriegführung, ab 1949 schriftstellerische Betätigung, verschiedene diplomatische Missionen, u. a. in China (1949).

Burgdorf, Wilhelm (* 14. 2. 1895 Fürstenwalde, † 2. 5. 1945 Berlin): 1914 Fahnenjunker, 1915 Leutnant, 1919 durch die Reichswehr übernommen, verschiedene Truppenverwendungen, 1930 Hauptmann und Kompaniechef, 1935 Major und Taktiklehrer an der Kriegsschule Dresden, 1937 Adjutant im Generalkommando des IX. Armeekorps, 1938 Oberstleutnant, 1940 Kommandeur eines Infanterieregiments, Oberst, 1942 Generalmajor und Chef der 2. Abteilung des Heerespersonalamts, im gleichen Jahr stellvertretender Chef des Amts, 1943 Generalleutnant, 1944 General der Infanterie, Chef des Heerespersonalamts und als Nachfolger Schmundts Chefadjutant der Wehrmacht bei Hitler.

Busch, Ernst (* 6. 7. 1885 Essen-Steele, † 17. 7. 1945 Lager Aldershot bei London): Kadett, 1904 Leutnant, verschiedene Truppenverwendungen, 1912/13 Kriegsschule Kassel, während des Ersten Weltkrieges Kompanie- und Bataillonsführer, Hauptmann, 1919 Freikorps Watter, Übernahme durch die Reichswehr, ab 1921 verschiedene Stabsverwendungen, 1925 Major, Eintritt ins Reichswehrministerium, ab 1928 im Generalstab der 2. Division, 1930 Oberstleutnant und Bataillonskommandeur, 1932 Oberst und Kommandeur eines Infanterie-

regiments, 1935 Generalmajor, Kommandeur der 23. Division, 1938 General der Infanterie, Kommandierender General des VIII. Armeekorps, 1940 Generaloberst, Oberbefehlshaber der 16. Armee, 1943 Generalfeldmarschall, von Oktober 1943 bis Juni 1944 Chef der Heeresgruppe Mitte, in die Führerreserve versetzt, ab 20. 3. 1945 Oberbefehlshaber der Heeresgruppe Nordwest, am 23. 3. 1945 in britische Gefangenschaft, starb an einem Herzinfarkt.

Busse, Theodor (* 15. 12. 1897 Frankfurt/Oder, † 21. 10. 1986 Wallerstein): 1915 Fahnenjunker, 1917 Leutnant, Kriegsdienst in einem Infanterieregiment, von der Reichswehr übernommen, 1925 Oberleutnant, 1929 im Generalstab der 5. Division, 1932 Hauptmann, 1936 Major, ab 1937 im Generalstab der 22. Division, 1939 Oberstleutnant, 1940 I a des Generalstabs der 11. Armee, 1941 Oberst, 1942 I a im Generalstab der Heeresgruppe Don, später Süd, 1943 Generalmajor und Chef des Generalstabs der Herresgruppe Süd, 1944 Kommandierender General des I. Armeekorps und General der Infanterie, ab 9. 1. 1945 Oberbefehlshaber der 9. Armee, am 6. 5. 1945 in Gefangenschaft; nach der Entlassung lebte Busse in Württemberg.

Canaris, Wilhelm (* 1. 1. 1887 Aplerbeck bei Dortmund, † 9. 4. 1945 KZ Flossenbürg [hingerichtet]): 1905 Eintritt in die Marine, 1914 Teilnahme an der Schlacht bei den Falklandinseln, in Chile interniert, Flucht, 1916 nachrichtendienstliche Tätigkeit in Spanien, 1917 U-Boot-Kommandant, 1919/20 Aufbau von Einwohnerwehren, beteiligt am Kapp-Putsch, ab 1920 im Stab der Ostseeflotte, 1932 Kommandant des Linienschiffes *Schlesien*, 1935 Chef des Amts Ausland/Abwehr im Reichskriegsministerium (ab 1938 des Oberkommandos der Wehrmacht), ab 1938 Kontakte zu Widerstandsgruppen, im Februar 1944 wegen der Enttarnung mehrerer Mitarbeiter als Doppelagenten entlassen, am 23.7.1944 verhaftet, wegen Verbindung zu den Verschwörern des 20. Juli am 8.4.1945 durch ein Standgericht zum Tode verurteilt.

Cavalero, Ugo Conte (* 20.9.1880 Casale Monferrato [Italien], † 10.9.1943 Frascati bei Rom [Selbsttötung]): Berufssoldat, zunächst bei der Gebirgstruppe, dann Generalstabsausbildung, 1917 Oberst, ab November 1917 Chef der Operationsabteilung der italienischen Obersten Heeresleitung, ab 1920 tätig in der Industrie, 1925 Unterstaatssekretär im Kriegsministerium, 1926 Senator, 1927 Generalleutnant, 1928 geadelt, verschiedene politische Missionen, 1938 Oberkommandierender im Abessinienkrieg, 1940 Chef des italienischen Generalstabs, zugleich 1940/41 Oberbefehlshaber in Albanien, 1942 Marschall von Italien, 1943 von der Regierung Badoglio verhaftet, durch deutsche Truppen befreit, tötete sich unmittelbar danach selbst, da er mit den Gegnern Mussolinis Gespräche geführt hatte und Repressalien fürchtete.

Chamberlain, Arthur Neville (* 18.3.1869 Birmingham, † 9.11.1940 Heckfield bei Reading [Berkshire]): kaufmännische Ausbildung, metallurgische Studien, 1890 Farmer auf den Bahamas, ab 1897 Kommunalpolitiker in Birmingham, 1915/16 Bürgermeister, ab 1918 Mitglied des Unterhauses, seit 1922 verschiedene Ministerposten, u.a. von 1924 bis 1929, 1931 bis 1935, 1935 bis 1937 Schatzkanzler, 1937 bis 1940 Premierminister; profiliertester Vertreter einer Appeasement-Politik gegenüber Deutschland, am 10.5.1940 Rücktritt.

Christian, Eckhard (* 1.12.1907 Berlin-Charlottenburg, † 1985): 1926 Eintritt in die Marine, 1930 Leutnant zur See, 1934 als Oberleutnant zur Luftwaffe, Besuch der Aufklärungsfliegerschule (See) in Warnemünde, 1935 Hauptmann, ab 1938 im Reichsluftfahrtministerium, 1940 Major, 1941 Generalstabsoffizier beim Chef des Wehrmachtführungsstabs, Vertreter Jodls im Führerhauptquartier, 1942 Oberstleutnant, 1943 Oberst, 1944 Generalmajor und Chef des Luftwaffenführungsstabs, am 22.4.1945 Flug nach Schleswig-Holstein, am 8.5.1945 mit der Regierung Dönitz in englische Gefangenschaft, 1947 entlassen, lebte in Westdeutschland.

Christian, Gerda, geb. Daranowski (* 13.12.1913 Berlin, † 14.4.1997 Düsseldorf): Kontoristin in einem Modegeschäft, 1937 Sekretärin in der Persönlichen Adjutantur Hitlers, tätig in verschiedenen Führerhauptquartieren, 1943 Heirat mit Eckhard Christian, am 1.5.1945 erfolgreiche Flucht nach Westdeutschland.

Churchill, Winston (* 30.11.1874 Blenheim Palace [Oxfordshire, England], † 24.1.1965 London): Ausbildung an der Militärakademie Sandhurst, Leutnant der Kavallerie, Kriegsberichterstatter in Kuba, Indien und Südafrika, dort Gefangenschaft, Flucht, ab 1900 konservativer Abgeordneter des Unterhauses, 1904 bis 1922 als liberaler, von 1924 bis 1965 erneut als konservativer Abgeordneter, kurzzeitig Handels- und Innenminister, 1911 bis 1915 Erster Lord der Admiralität, 1917 Munitionsminister, 1919 bis 1921 Kriegs- und Luftfahrtminister, 1924 bis 1929 Schatzkanzler, Gegner der Appeasement-Politik Chamberlains, 1939/40 erneut Erster Lord der Admiralität, 1940 Ministerpräsident einer Allparteienkoalition, am 12.7.1941 Abschluss einer Verteidigungsvereinbarung mit der Sowjetunion, verstärkte Annäherung an die USA, gemeinsam mit Roosevelt Abstimmung der Kriegsziele (Atlantik-Charta vom 14.8.1941), durch die Wahlniederlage im Frühjahr 1945 von der Gestaltung des Nachkriegseuropa ausgeschlossen, ab 1951 dritte Amtszeit als Premierminister, 1955 Rücktritt, 1953 Nobelpreis für Literatur.

Chvalkovsky, František (*30.7.1885 Jilové [Böhmen], † 25.2.1945 bei Berlin): Studium der Rechtswissenschaften an der Universität Prag, 1908 Promotion zum Dr. jur., 1909/10 Besuch der Handelshochschule in London, von 1914 bis 1916 Teilnehmer am Ersten Weltkrieg in der k. u. k. Armee, von 1916 bis 1918 Rechtsanwalt in Prag, 1919/20 Privatsekretär des Innenministers und Parlamentsreferent der tschechoslowakischen Nationalversammlung, 1920/21 Leiter der politischen Sektion des Außenministeriums, 1921 bis 1923 Gesandter in Tokio, 1923 bis 1925 in Washington, 1925 bis 1927 Mitglied des Abgeordnetenhauses der Nationalversammlung für die Republikanische Partei, 1927 bis 1932 Gesandter in Berlin, 1932 bis 1938 in Rom, 1938/39 tschechoslowakischer Außenminister, danach »Gesandter« des Protektorats Böhmen und Mähren in Berlin, starb bei einem amerikanischen Luftangriff auf der Autobahn bei Berlin.

Ciano di Cortelazzo, Galeazzo Conte (* 18.3.1903 Livorno, † 11.1.1944 Verona [hingerichtet]): Studium der Rechtswissenschaften, ab 1925 im diplomatischen Dienst, u. a. tätig in Südamerika und China, 1930 Heirat mit Mussolinis Tochter Edda, 1933 Pressechef Mussolinis, 1935 Propagandaminister, 1936 bis 1943 Außenminister Italiens, stimmte 1943 im Faschistischen Großrat für die Absetzung Mussolinis, verhaftet durch deutsche Truppen, von einem Sondergericht in Mussolinis Republica Sociale Italiana zum Tode verurteilt.

Codreanu, Corneliu (* 13.9.1899 Husi [Rumänien], † 30.11.1938 bei Tincabeni [Rumänien; ermordet]):

Studium der Rechtswissenschaften, Dr. jur., 1923 Gründer der antijüdischen Liga zur Nationalen Christlichen Vereinigung, wegen Terroranschlägen seiner Anhänger mehrfach vor Gericht gestellt und freigesprochen, 1927 Gründung der »Legion des Erzengels Michael«, aus der die Eiserne Garde hervorging, 1932 Abgeordneter des rumänischen Parlaments, zielstrebige Destabilisierung der rumänischen Monarchie, 1938 nach der Errichtung der Königsdiktatur Carlos II. verhaftet, zu zehn Jahren Zwangsarbeit verurteilt, vermutlich auf Anweisung des Königs ermordet.

Conti, Leonardo (* 24.8.1900 Luzern [Schweiz], † 6.10.1945 Nürnberg [Selbsttötung]): Studium der Medizin, Freikorpskämpfer, 1922 Deutschvölkische Freiheitspartei, 1923 Promotion zum Dr. med., 1923 Eintritt in die SA, ab 1925 Praxis in Berlin, 1927 NSDAP, Aufbau des SA-Sanitätsdienstes, Gründer des NSD-Ärztebundes, 1930 SS, 1932 Mitglied des Landtags Preußen, 1933 Berufung in das preußische Innenministerium, 1939 bis 1944 Reichsgesundheitsführer, Leiter des Hauptamts Volksgesundheit in der Reichsleitung der NSDAP, 1944 SS-Obergruppenführer, initiiert Menschenversuche in Konzentrationslagern, beteiligt an der Massentötung von Geisteskranken (»Euthanasieprogramm«), im Mai 1945 in Flensburg verhaftet und in das Gerichtsgefängnis Nürnberg überstellt.

Coulondre, Robert (* 11.9.1885 Nîmes, † 1959): Studium der Rechtswissenschaften, Eintritt in den diplomatischen Dienst, 1919 Konsul in Marokko, 1920 Mitglied der Delegation bei den französisch-sowjetrussischen Verhandlungen, danach im Handelsministerium, von 1929 bis 1932 französischer Bevollmächtigter bei internationalen Verhandlungen, 1934 Direktor der Politischen Abteilung des Außenministeriums, von 1936 bis 1938 französischer Botschafter in Moskau, ab 1938 Botschafter in Berlin, im März 1939 abberufen, 1939/40 Außenminister, 1940 Botschafter in Bern, im gleichen Jahr in den Ruhestand versetzt, 1945 Mitglied der Reparationskommission in Moskau.

Crockett, James C. (* 1893, † 1973): Oberst der US-Armee, von 1933 bis 1939 Gehilfe des US-Militärattachés in Berlin, 1941 Geheimdienstoffizier bei den US-Panzerstreitkräften, 1944 Mitarbeiter des US-Militärattachés in Moskau.

Daladier, Edouard (* 18.6.1884 Carpentras [Departement Vaucluse, Frankreich], † 11.10.1970 Paris): Lehrer für Geschichte und Geographie, von 1919 bis 1940 und von 1946 bis 1958 Abgeordneter der Radikalsozialistischen Partei, mehrfach ihr Vorsitzender (1927 bis 1931, 1935 bis 1938, 1957/58), verschiedene Ministerämter in kurzlebigen Regierungen (1924/25 Kolonialminister, 1925/26 Unterrichtsminister, 1930/31/32 Arbeitsminister), 1933 Ministerpräsident, 1934

Ministerpräsident und Außenminister, 1936 bis 1938 Verteidigungsminister der Volksfrontregierung, 1938 bis 1940 Ministerpräsident und Verteidigungsminister, 1939/40 auch Außenminister, 1938 Mitunterzeichner des Münchner Abkommens, 1939 Anerkennung Franco-Spaniens, am 21.3.1940 als Ministerpräsident abgelöst, aber weiterhin Kriegsminister, am 8.9.1940 auf Verlangen der Regierung Pétain in Französisch-Marokko verhaftet, 1942 wegen seiner Mitverantwortung für die Niederlage 1940 vor Gericht gestellt, 1943 an Deutschland ausgeliefert, 1945 befreit, 1947 bis 1954 Führer der »Vereinigung linker Republikaner«, Gegner des Vietnamkrieges, der Europäischen Verteidigungsverträge und der Verfassung der Fünften Republik.

Dänicke, möglicherweise **Kurt** (* 7.10.1902 Berlin, † ?): Ingenieur in Guatemala, 1939 Rückkehr nach Deutschland, Aufnahme in die NSDAP (Nr. 7139310), Kriegsdienst als Feldwebel, Schreiber im Wehrmachtführungsstab.

Daranowski, Gerda (siehe: Christian, Gerda).

Deverell, Cyrill John (* 9.11.1874, † 1947): 1895 Eintritt in die Armee, Kriegsdienst in Indien, 1907 Generalstabsausbildung, 1908 Rückkehr nach Indien, ab 1912 im Generalstab der Kolonialstreitkräfte, 1914 bis 1919 Kriegsdienst bei der British Expeditionary Force in Belgien und Frankreich, u.a. als Divisionskommandeur, von 1919 bis 1921 in Wales, von 1921 bis 1925 Distriktkommandeur in Indien, von 1927 bis 1930 Generalquartiermeister in Indien, 1930/31 Generalstabschef in Indien, von 1931 bis 1933 Kommandierender General des Eastern Command, von 1933 bis 1936 Kommandierender General des Western Command, 1936/37 Chef des Generalstabs der britischen Streitkräfte, 1937 Ruhestand.

Diesing, Kurt (* 3.9.1885 Magdeburg, † 1941 ?): Handelsschule, Gehilfe beim Wetterdienst, Beginn eines Mechanikstudiums an der Universität Halle, 1915 bis 1918 Kriegsdienst als Luftschiffer und Ballonbeobachter, danach Studium der Mathematik und Naturwissenschaften in Königsberg und Leipzig, Hilfsassistent am Geophysikalischen Institut Leipzig, 1923 Promotion zum Dr. rer. nat. mit einer Dissertation über die Folgen einer Warmfront, Studienrat in Magdeburg, Zeitz, Breslau, Mitteldeutschland, 1933 Aufnahme in die NSDAP (Nr. 2006316), seit 1939 Kriegsdienst im Heer, vortragender Meteorologe bei den Planungen für die Eroberung Dänemarks und Norwegens.

Dietrich, Josef, »Sepp« (* 25.5.1892 Hawangen [Unterallgäu], † 21.4.1966 Ludwigsburg): Kutscher, Hotelkaufmann, 1911 Soldat, Kriegsteilnehmer, 1919 Wachtmeister beim Wehrregiment I München, 1920 bis 1927 in der bayerischen Landespolizei, vorübergehend Freikorps Oberland, 1923 NSDAP, Teilnehmer am Hitlerputsch, 1928 Wiedereintritt in die NSDAP (Nr. 89015) und als Sturm-

bannführer Eintritt in die SS
(Nr. 1177), 1929 Standartenführer,
Führer der SS-Brigade Bayern, 1930
Oberführer, 1930 bis 1945 Mitglied des
Reichstags, 1933 mit der Aufstellung
der Leibstandarte »Adolf Hitler« beauftragt, 1934 SS-Obergruppenführer,
ab 1939 Kriegsdienst, 1941 General der
Waffen-SS, 1942 Divisionskommandeur, 1944 Oberstgruppenführer und
Generaloberst der Waffen-SS, Oberbefehlshaber der 5., später der 6. SS-
Panzerarmee, am 8. 5. 1945 in Österreich gefangen genommen, 1946 wegen Kriegsverbrechen zu lebenslanger
Haft verurteilt (»Malmedy-Prozess«),
1955 entlassen, 1957 wegen Beihilfe
zum Totschlag während der Macht-
kämpfe 1934 (»Röhm-Putsch«)
zu 18 Monaten Gefängnis verurteilt,
1959 entlassen.

Dietrich, Otto (* 31. 8. 1897 Essen,
† 22. 11. 1952 Düsseldorf): Kriegsfreiwilliger, später Leutnant, ab 1918 Studium der Philosophie und Staatswissenschaften, 1921 Promotion zum
Dr. rer. pol., Verbandsfunktionär
im Ruhrgebiet, 1926 Zeitungsredak-
teur, 1929 Eintritt in die NSDAP
(Nr. 126727), 1930/31 stellvertretender
Chefredakteur der *Essener National-
zeitung*, 1931 bis April 1945 Reichspressechef der NSDAP, 1933 SS
(Nr. 101349), 1934 SS-Brigadeführer,
1941 SS-Obergruppenführer, 1936 bis
1945 Mitglied des Reichstags, 1937 bis
1945 Staatssekretär im Propagandaministerium, 1938 bis 1945 Pressechef der
Reichsregierung, 1945 verhaftet, 1947
Angeklagter im »Wilhelmstraßen-

prozess«, 1949 zu sieben Jahren Haft
verurteilt, 1950 entlassen, danach in
leitender Position bei einem Trans-
portunternehmen tätig.

Dirr, Adolf (* 14. 2. 1907 München,
† ?): Schmied, semiprofessioneller
Boxer (Leichtgewicht), 1929 SA und
NSDAP, 1932 Eintritt in das Führer-
Begleitkommando, 1934 Untersturmführer, 1944 Hauptsturmführer, am
22. 4. 1945 zum Obersalzberg ausgeflogen, im Mai 1945 inhaftiert, 1948
entlassen, lebte in Süddeutschland;
im *Buch Hitler* fälschlich als Obersturmbannführer bezeichnet.

Dodd, William E. (* 1869, † 1940):
Studium der Geschichte und Staats-
wissenschaften an der Universität
Leipzig, Dr. phil., tätig als Historiker,
Schriften zur Geschichte der USA
im 19. Jahrhundert, von 1900 bis 1908
Collegeprofessor, von 1908 bis 1933
Professor an der University of Chi-
cago, von 1933 bis 1938 Botschafter in
Berlin, Verfasser kritischer Berichte
zur deutschen Politik, Übersetzer des
HJ-Schulungshandbuches ins Eng-
lische, unterstützte die jüdische Emig-
ration in die USA, wurde während
seiner Botschafterzeit von seiner
Tochter Martha im Auftrag des so-
wjetischen Nachrichtendienstes
NKWD bespitzelt.

Dollmann, Eugen (* 21. 8. 1900 Regensburg, † 17. 5. 1985 München):
Studium der neueren Philologie, Dr.
phil., seit 1927 Archivstudien in Italien und im Vatikan, 1934 in Rom,
Eintritt in die NSDAP (Nr. 3402541),
Mitglied im Stab des Reichsführers

SS Himmler, 1937 Obersturmführer, 1938 Hauptsturmführer, 1941 Verbindungsoffizier der SS bei Mussolini, u. a. eingesetzt als Dolmetscher, 1941 Obersturmbannführer, 1943 SS-Standartenführer, Einsatz für den Vatikan und das italienische Königshaus, 1945 an den Kapitulationsverhandlungen in Italien beteiligt, im Mai 1945 gemeinsam mit seinem Vorgesetzten Wolff von amerikanischen Truppen verhaftet, an den britischen Secret Service übergeben, 1946 Flucht aus einem Kriegsgefangenenlager, mithilfe der katholischen Kirche weitere Flucht nach Spanien, dort publizistisch und wissenschaftlich tätig.

Dönitz, Karl (* 16. 9. 1891 Grünau bei Berlin, † 24. 12. 1980 Aumühle bei Hamburg): 1910 Seekadett, 1913 Leutnant zur See, 1916 Wechsel zur U-Boot-Waffe, 1918 Kommandant eines U-Boots, Oktober 1918 bis Juli 1919 britische Kriegsgefangenschaft, nach der Rückkehr Kommandant eines Torpedoboots, 1923/24 Referent für U-Boot-Wesen bei der Inspektion des Torpedo- und Minenwesens, 1924 Admiralstabslehrgang, 1924 bis 1927 Dezernatsleiter in der Marineabteilung des Reichswehrministeriums, 1928 Korvettenkapitän, Chef der 4. Torpedoboot-Halbflottille, 1930 bis 1934 Erster Admiralstabsoffizier bei der Marinestation der Nordsee, 1933 Fregattenkapitän, 1934 Kommandant des Kreuzers *Emden*, 1935 Kapitän zur See, 1935/36 Kapitän der U-Boot-Flottille *Weddingen*, 1936 Führer bzw. ab 1939 Befehlshaber der U-Boot-

Waffe, 1939 Konteradmiral, 1942 Admiral, 1943 Großadmiral und Oberbefehlshaber der Kriegsmarine, am 30. 4. 1945 durch Hitler zum Reichspräsidenten und Obersten Befehlshaber der Wehrmacht ernannt, am 23. 5. 1945 durch die britische Armee verhaftet, 1946 als Hauptkriegsverbrecher in Nürnberg zu 10 Jahren Haft verurteilt, 1956 entlassen.

Doose, Heinrich (* 1. 7. 1912 Kiel, † 16. 1. 1952 Piding [Oberbayern]): 1934 Eintritt in die SS-Leibstandarte »Adolf Hitler«, ab 1937 im Führer-Begleitkommando, Fahrer von Julius Schaub, 1943/44 Fronteinsatz im Osten, 1945 Untersturmführer, am 21. 4. 1945 gemeinsam mit Schaub Flug zum Obersalzberg, Vernichtung der Unterlagen Hitlers in den Büros am Obersalzberg, im Juni 1945 verhaftet, 1948 entlassen, lebte in München.

Dopfer, Alfons (* ?, † ?): Dr. med. et med. vet., Spezialist für Hunde- und Katzenkrankheiten, Inhaber einer Tierklinik in München.

Dörnberg zu Hausen, Alexander Freiherr von (* 17. 3. 1901 Darmstadt, † 7. 8. 1983 Oberaula-Hausen bei Bad Hersfeld): 1919/20 Freikorps, Studium der Rechtswissenschaften, 1925 Promotion zum Dr. jur., 1927 Eintritt in das Auswärtige Amt, 1930 Attaché in Bukarest, 1933 Reval, 1934 Legationssekretär, Eintritt in die NSDAP, 1936 Auswärtiges Amt Berlin, 1937 London, Protegé Ribbentrops, 1938 Legationsrat in der Protokollabteilung des AA, SS-Hauptsturmführer, 1939 Obersturmbannführer, 1940

Oberführer beim Stab des Reichsführers SS, Gesandter I. Klasse, Ministerialdirigent, 1945 verhaftet, 1948 von der Spruchkammer Garmisch-Partenkirchen wegen »aktiven und passiven Widerstands« entlastet.

Dornberger, Walter (* 6.9.1895 Gießen, † 26.6.1980 Ottersweier [Baden]): 1914 Kriegsfreiwilliger, befördert zum Leutnant, 1918 in französische Gefangenschaft, nach Rückkehr Übernahme in die Reichswehr, von 1925 bis 1930 zum Maschinenbaustudium an die TH Berlin abkommandiert, Dipl.-Ing., Hauptmann im Heereswaffenamt, Assistent im Referat Ballistik, befasst mit der Entwicklung von Raketengeschossen, 1935 Major, Leiter des Testgeländes der Heeresversuchsanstalt Kummersdorf, verantwortlicher Leiter der Raketenentwicklung, seit 1936 Erprobung von Flüssigkeitsraketen, ab 1937 befasst mit dem Aufbau der Raketenentwicklungsanstalt Peenemünde, Oberst, 1943 Kommandant der Versuchsanstalt für Raketenwaffen in Peenemünde, Generalmajor, 1944 Generalleutnant und Chef der Raketenentwicklung, 1945 Flucht nach Bayern, am 12.5.1945 gemeinsam mit ranghohen Mitarbeitern in amerikanische Gefangenschaft, bei einem Raketentest Ende 1945 von britischen Truppen verhaftet, 1947 nach Niederschlagung der Anklage als Kriegsverbrecher Übersiedlung in die USA, Berater der US-Luftwaffe, ab 1950 tätig bei Bell Aircraft, 1960 Vizepräsident, zuständig für Raumfahrttechnik,

Entwicklung eines Spaceshuttle, 1965 Ruhestand, starb während einer Besuchsreise.

Douglas-Hamilton, Douglas (* 3.2.1903 London, † 1973): Erbe großer Ländereien in Schottland, Inhaber mehrerer Adelstitel (u.a. Earl of Lanark, Marquess of Clydesdale, Earl of Arran and Cambridge, Marquess of Douglas), Studium in Oxford, Pilotenausbildung, 1933 Chefpilot einer Himalaya-Expedition, Mitglied der Royal Geographic Society, schriftstellerische Tätigkeit, Reisen durch Europa, bekannt mit Rudolf Heß, während des Zweiten Weltkrieges Pilot der Royal Air Force, 1940 Mitglied des Unterhauses für die Konservative Partei, 1941 Treffen mit Heß, Entgegennahme seines Friedensangebots, 1948 bis 1973 Kanzler der St Andrew University, zahlreiche Ehrenämter und Aufsichtsratsmandate.

Dreesen, Fritz (* 5.2.1884 Bad Godesberg, † ?): Besitzer des Rheinhotels in Bad Godesberg bei Bonn, 1925 Einladung Hitlers zu einem Erholungsurlaub, seitdem gelegentliche Ausrichtung von Tagungen der NSDAP, 1933 Eintritt in die NSDAP (Nr. 1757195), Mitarbeit in deren Wirtschaftsgruppe Gaststätten und Beherbergungsbetriebe.

Dufving, Theodor von (* ?, † ?): Oberstleutnant, 1944 Kriegsakademie, dann Kommandeur des Panzer-Artillerieregiments 76, ab Januar 1945 in der Festung Breslau Chef des Stabs der 609. Division, Oberst i. G.,

10. 3. 1945 Stabschef des LVI. Panzerkorps (bei Weidling), Mai 1945 sowjetische Gefangenschaft, 1955 entlassen,
danach im Bundesministerium für
Verteidigung.

Eicken, Carl von (* 31. 12. 1873 Mül-
heim/Ruhr, † 29. 6. 1960 Heilbronn):
Dr. med., 1903 Habilitation für Hals-
Nasen-Ohren-Heilkunde an der Uni-
versität Freiburg, 1909 außerordent-
licher, 1911 ordentlicher Professor
Universität Gießen, 1922 Universität
Berlin, 1926 Direktor der HNO-Kli-
nik der Charité, beratender Arzt der
Heeressanitätsinspektion, 1944 im
Beirat des Bevollmächtigten für das
Gesundheitswesen (Brandt), 1950
emeritiert, Übersiedlung in die Bun-
desrepublik.

Eigruber, August (* 16. 4. 1907 Steyr
[Oberösterreich], † 28. 5. 1946 Landsberg am Lech [hingerichtet]): Ver-
messungstechniker, Feinmechaniker,
1922 Eintritt in die Nationalsozialistische Arbeiterjugend Österreichs, 1925
deren Führer, 1928 Eintritt in die
NSDAP-Österreich (Nr. 83432), 1930
Bezirksleiter Steyr-Stadt, mehrfach
wegen der Betätigung für die NSDAP
zu kurzen Gefängnisstrafen verurteilt,
1935 Gau-Geschäftsführer der illegalen NSDAP im Gau Oberösterreich,
1936 bis 1945 Gauleiter Oberösterreich, 1938 Landeshauptmann, SA-
Oberführer, Übertritt zur SS als Standartenführer (Nr. 292778), noch im
gleichen Jahr SS-Oberführer, 1939
Brigadeführer, ab 1940 Reichsstatthalter Oberdonau, zahlreiche weitere

staatliche und Parteifunktionen,
1942 Reichsverteidigungskommissar,
1943 SS-Obergruppenführer, ab 1944
Führer des Volkssturms im Gau
Oberdonau, 1945 mit dem Ausbau der
Alpenfestung beauftragt, am 10. 5. 1945
in amerikanische Gefangenschaft,
wegen seiner Verantwortung für Verbrechen im KZ Mauthausen am
29. 3. 1946 zum Tode verurteilt.

Eisenhower, Dwight David
(* 14. 10. 1890 Denison [Texas, USA],
† 28. 3. 1969 Washington): Absolvent
der Militärakademie Westpoint, danach verschiedene Truppenverwendungen, befasst mit der Entwicklung
neuer taktischer Einsatzmöglichkei-
ten der Panzerwaffe, Aufenthalte in
Panama, Paris und auf den Philippinen, Generalstabsausbildung in Fort
Leavenworth, 1926 Major, ab 1930 im
War Department, mit Fragen der
industriellen Mobilmachung befasst,
1933 bis 1935 Stabsoffizier, ab 1935 auf
den Philippinen eingesetzt, 1941 Brigadegeneral, stellvertretender Chef
der Operationsabteilung im Generalstab der US-Armee, 1942 zum
Befehlshaber der US-Streitkräfte in
Europa kommandiert, mit den Planungen für die Eröffnung der Zweiten Front befasst, zunächst auf Druck
Großbritanniens Forcierung des militärischen Engagements in Nordafrika,
Oberbefehlshaber bei den Landungen
in Nordafrika, Sizilien und Nordfrankreich, im Dezember 1944 zum
5-Sterne-General befördert, von
Kriegsende bis November 1945 Militärgouverneur der amerikanischen

Besatzungszone in Deutschland, danach bis 1948 Generalstabschef der US-Armee, 1948 ausgeschieden, Präsident der Columbia University New York, 1950 reaktiviert, NATO-Oberbefehlshaber in Europa, 1952 erfolgreiche Kandidatur für das Präsidentenamt (Republikanische Partei, Wiederwahl 1956), innenpolitisch Exponent des »dynamischen Konservatismus«, in der Außenpolitik taktisches Verhalten gegenüber der Sowjetunion bei gleichzeitiger Ausweitung des amerikanischen Engagements besonders in der so genannten Dritten Welt.

Elser, Johann Georg (* 4.1.1903 Hermaringen [Württemberg], † 9.4.1945 Dachau [ermordet]): Eisendreher, Schreiner, auf Wanderschaft u.a. in deutschen und schweizer Uhrenfabriken beschäftigt, 1928/29 kurzzeitig Mitglied des Roten Frontkämpferbundes, 1932 arbeitslos, Gelegenheitsarbeiten, ab 1936 in einer Rüstungsfabrik beschäftigt, aufgrund pazifistischer Auffassungen Gegner der NSDAP, seit März 1939 Arbeit an einer Bombe, ließ sich in 30 bis 35 Nächten unbemerkt im Saal des Bürgerbräukellers einschließen, am Tag der Detonation, dem 8.11.1939, an der deutsch-schweizerischen Grenze verhaftet, im KZ Sachsenhausen als Sonderhäftling für einen künftigen Schauprozess festgehalten, im Dezember 1944 oder Januar 1945 in das KZ Dachau verbracht, dort auf Weisung einer hohen Berliner Stelle ermordet.

Engel, Gerhard (* 13.4.1906 Guben, † 9.12.1976 Düsseldorf): Abitur, 1925 Eintritt in die Reichswehr, 1930 Leutnant, Besuch der Infanterieschule Dresden, 1933 Oberleutnant, 1937 Hauptmann und Kompaniechef, ab 1938 Adjutant des Heeres bei Hitler, zugleich Verbindungsoffizier des Oberbefehlshabers des Heeres zum Führer und Reichskanzler, 1940 Major, 1943 Oberstleutnant, Kommandeur des Infanterieregiments 27, 1944 Oberst und Führer der 12. Infanteriedivision, November 1944 Generalmajor, April 1945 Generalleutnant und Kommandeur der Volksgrenadier-Division »Ulrich von Hutten«, 1945 bis 1947 in amerikanischer Gefangenschaft.

Erhardt, Walter (* 19.5.1911 Neckarrems bei Waiblingen, † ?): Maler und Gipser, 1931 Eintritt in die NSDAP (Nr. 915199) und die SA, 1932 Übertritt zur SS (Nr. 49557), 1933 Eintritt in die Leibstandarte »Adolf Hitler«, Sturmmann, ab 1936 Unterscharführer im Führer-Begleitkommando, 1938 Oberscharführer, am 21.6.1944 zum Untersturmführer, am 9.11.1944 zum Obersturmführer befördert; im *Buch Hitler* fälschlich als SS-Obersturmbannführer bezeichnet.

Falkenhorst, Nikolaus von (eigentl. Jastrzembski) (* 17.1.1885 Breslau, † 18.6.1968 Holzminden): Kadett, 1904 Leutnant, während des Ersten Weltkrieges zunächst Kompanieführer, ab Ende 1914 verschiedene Stabsverwendungen, ab 1917 im Generalstab der 2. Division, 1918 im Generalstab der Ostsee-Division 7, ab

Juni 1918 I a des deutschen Generals in Finnland, danach beim Grenzschutz Schlesien, 1920 Übernahme in die Reichswehr, ab 1923 in der Heeresabteilung des Truppenamts im Reichswehrministerium, 1925 Major, ab 1928 Bataillonskommandeur in Königsberg, ab 1930 im Stab der 4. Division in Dresden, 1932 Oberst, Stabschef der Division, 1933 Eintritt in die Abteilung Fremde Heere im Reichswehrministerium, im selben Jahr als Militärattaché nach Prag, 1935 im Generalstab beim Gruppenkommando III, Generalmajor, 1936 Kommandeur der 32. Division, 1937 Generalleutnant, 1939 Kommandierender General des XXI. Armeekorps, General der Infanterie, 1940 Leitung des Unternehmens »Weser-Übung« (Besetzung Dänemarks und Norwegens), Generaloberst, 1941 bis 1944 Oberbefehlshaber des Armeeoberkommandos Norwegen, zugleich Wehrmachtsbefehlshaber Norwegen, am 18. 12. 1944 entlassen, 1946 von einem britisch-norwegischen Militärgericht wegen der Erschießung von englischen Kommandosoldaten zum Tode verurteilt, kurze Zeit später zu 20 Jahren Haft begnadigt und 1953 entlassen.

Fanger, Paul (* 11. 4. 1899 Schöningen [Braunschweig], † 15. 4. 1945 Schöningen): Seekadett, 1911 Leutnant, während des Ersten Weltkrieges Wachoffizier, Adjutant und Artillerieoffizier auf dem Linienschiff *Deutschland* und dem Kreuzer *Moltke*, 1919 Marinekommando Kiel, verschiedene Verwendungen, 1921 Lehrer an der Artillerieschule der Marine, 1926 zur Inspektion der Marineartillerie, 1927 Korvettenkapitän, 1929 im Marinekommando, 1932 Kommandant des Artillerie-Schulschiffes *Bremse*, 1933 Kommandeur der Marineartillerie-Schule, 1934 Kapitän zur See, 1935 bis 1937 Kommandant des Panzerkreuzers *Deutschland*, danach Kommandeur der Küstenbefestigungen in Ostfriesland, 1938 Konteradmiral, 1940 Abteilungsleiter im Oberkommando der Marine, 1943 zur Verfügung des Oberkommandierenden der Marine, ab August 1944 Inspekteur im Marinekommando Norwegen, Januar bis März 1945 Kommandeur der Küstenbefestigungen Molde (Norwegen), bei Kampfhandlungen in Schöningen getötet.

Färber, Gotthard (* 13. 5. 1896 München, † ?): Handelsschule, 1914 bis 1918 Kriegsdienst, danach tätig als Kaufmann, 1930 Eintritt in die NSDAP (Nr. 306004), ab 1933 Häuserverwalter der NSDAP, tätig in der NSDAP-Reichsleitung München, 1934 Hauptstellenleiter, 1935 Amtsstellenleiter, Leiter Haus- und Grundstücksverwaltung der NSDAP, u. a. befasst mit den Enteignungen der Anwohner des Obersalzbergs.

Faupel, Wilhelm (* 29. 10. 1873 Lindenbusch [Niederschlesien], † 1. 5. 1945 Berlin): 1893 Leutnant, später u. a. Einsatz in den Kolonien, 1911 bis 1914 Militärberater in Argentinien, danach Kriegsdienst, befördert zum Generalleutnant, 1919 Freikorpsführer in Niederschlesien, 1921–1926 Militärberater in Argentinien, 1926 bis 1930 General-inspekteur der peruanischen Armee, 1930 Rückkehr nach Deutschland, Vorsitzender des Volksbundes für Arbeitsdienst, 1934 Präsident des Ibero-amerikanischen Instituts Berlin, ab November 1936 dt. Geschäftsträger bei der Technischen Staatsjunta bzw. in Francos Hauptquartier in Salamanca, 9.2.1937 Botschafter, de facto Militärberater, im August 1938 abberufen und in den Ruhestand versetzt.

Fegelein, Hermann (* 30.10.1906 Ansbach, † 29.4.1945 Berlin [hingerichtet]): 1927 Offiziersanwärter der bayerischen Landespolizei, Polizeiof-fizier, Turnierreiter, 1931 NSDAP, 1933 SS, 1935 Gründer der SS-Hauptreit-schule München, 1936 Sturmbann-führer, 1939 als Obersturmbannführer Wechsel zur Waffen-SS, Komman-deur der SS-Kavalleriebrigade, SS-Standartenführer, 1942 Inspekteur des Reit- und Fahrwesens im SS-Füh-rungshauptamt, 1943 SS-Oberführer und Kommandeur der 8. SS-Kavalle-riedivision »Florian Geyer«, einge-setzt bei der Partisanenbekämpfung (Pripjet-Sümpfe), verwundet, nach Genesung ab 1.1.1944 Verbindungs-offizier der Waffen-SS zu Hitler, 3.6.1944 Heirat mit Eva Brauns Schwester Gretl, 21.6.1944 Beförde-rung zum Gruppenführer und Gene-ralleutnant der Waffen-SS, deser-tierte am 27.4.1945 aus dem Bunker der Reichskanzlei, verhaftet, durch Standgericht zum Tode verurteilt und im Garten des Auswärtigen Amts erschossen.

Fegelein, Johann (* 17.11.1876 Grett-stadt [Unterfranken], † ?): Bauer, Oberleutnant a.D., Besitzer einer Reitschule, Vater von Hermann und Waldemar Fegelein.

Fegelein, Maria Barbara, geb. Jess-berger (* 8.5.1883 Windmühle Schalk-hausen bei Elpersdorf [Mainfranken], † ?): Tochter eines Gutsbesitzers, Mutter von Hermann und Waldemar Fegelein.

Fegelein, Waldemar (* 9.1.1912 Ans-bach, † 20.11.2000 Schwabmünchen bei Augsburg): Studium der Tier-medizin in München, 1933 Eintritt in die NSDAP (Nr. 2942829) und die SS (Nr. 229780), Tierarzt, 1936 Unter-sturmführer, Übertritt zur SS-Verfügungstruppe bzw. Waffen-SS, Kriegseinsatz in Polen, 1942 Sturm-bannführer, vorübergehend an der SS-Hauptreitschule München, danach Kommandeur des 2. Regiments in der 8. SS-Kavalleriedivision.

Fellgiebel, Fritz Erich (* 4.10.1886 Pöpelwitz [Schlesien], † 4.9.1944 Ber-lin [hingerichtet]): Abitur, Fahnen-junker, Leutnant bei der Nachrichten-truppe, Generalstabsausbildung, während des Ersten Weltkrieges beim Oberkommando der 7. Armee, Über-nahme in die Reichswehr, Verwen-dung auf verschiedenen nachrichten-technischen Posten der Reichswehr, 1939 Chef des Wehrmachts-Nachrich-tenverbindungswesens im OKW, Ge-neral der Nachrichtentruppe, seit 1939 Verbindungen zum Widerstand, in einer künftigen Regierung vorgesehen als Reichspostminister, bei den Staatsstreichplänen des 20. Juli verantwortlich für die nachrichtentechnische Isolierung des Führerhauptquartiers, die jedoch nur anfänglich gelang, am 20. 7. 1944 verhaftet, am 10. 8. 1944 zum Tode verurteilt.

Feuchtinger, Edgar (* 9. 11. 1894 Metz, † 21. 1. 1960 Berlin [Ost]): 1914 Fahnenjunker, Kriegsdienst bei der Artillerie, von der Reichswehr übernommen, 1925 Oberleutnant, 1929 Hauptmann und Batteriechef, 1935 Major, Lehrer an der Artillerieschule Jüterbog, 1937 Abteilungskommandeur im Artillerieregiment 26, 1938 Oberstleutnant, 1939 Kommandeur Artillerieregiment 227, 1941 Oberst, am 16. 8. 1942 in die Führerreserve versetzt, 1943 Generalmajor und Kommandeur der 21. Panzerdivision, 1944 Generalleutnant, im Januar 1945 wegen Korruption zum Tode verurteilt, am 2. 3. zur Frontbewährung in einer Panzergrenadier-Division begnadigt, Flucht nach Celle, britische Gefangenschaft; nach Entlassung lebte Feuchtinger in Krefeld, Tätigkeit in der Chemie-Industrie, 1953 Anwerbung durch die sowjetische Militäraufklärung GRU, Reaktivierung alter Verbindungen, lieferte Bundeswehr- und NATO-Material an die Sowjetunion, starb bei einem Treffen mit seinem Führungsoffizier.

Forster, Albert (* 26. 7. 1902 Fürth, † 28. 2. 1954 Warschau [hingerichtet]): Bankkaufmann, 1923 Eintritt in die NSDAP, 1924 entlassen, danach Zeitschriftenwerber für das antijüdische Hetzblatt *Der Stürmer*, Funktionär in der rechtsextremen Splitterpartei Großdeutsche Volksgemeinschaft, 1925 Wiedereintritt in die NSDAP (Nr. 1924), hauptamtlicher Parteifunktionär und -journalist, 1926 Eintritt in die SS (Nr. 158), ab 1928 tätig für den Deutschnationalen Handlungsgehilfenverband (u. a. in Nürnberg, Hamburg und Danzig), 1932 entlassen, von 1930 bis 1945 Mitglied des Reichstags, von 1930 bis 1939 NSDAP-Gauleiter in Danzig, 1932 SS-Standartenführer, 1934 SS-Gruppenführer, 1939 Staatsführer der Freien Stadt Danzig, nach dem Anschluss an das Deutsche Reich Chef der Zivilverwaltung, von 1939 bis 1945 Gauleiter und Reichsstatthalter des Reichsgaus Danzig-Westpreußen, 1941 SS-Obergruppenführer, im März 1945 Flucht nach Schleswig-Holstein, verhaftet, 1946 an Polen ausgeliefert, 1948 zum Tode verurteilt, nach zeitweiliger Überstellung an den Staatssicherheitsdienst hingerichtet, als Todesdatum wird auch der 28. 2. 1952 genannt.

Forster, Ludwig (* 15. 8. 1891, † nach 1956): Polizist, Eintritt in die NSDAP (Nr. 1723149), Eintritt in die SS (Nr. 242881), Kriminalrat im Reichssicherheitsdienst, höchster Dienstgrad 1945 SS-Obersturmbannführer, Chef des RSD 15 (Reichskanzlei).

Franco y Bahamonde, Francisco (* 4. 12. 1892 El Ferrol [Spanien], † 20. 11. 1975 Madrid): Militärakademie Toledo, ab 1912 Kolonialdienst in Marokko, 1913 Leutnant, 1920 Stellvertretender Kommandeur, 1922

Kommandeur der spanischen Fremdenlegion, Einsatz gegen die Rifkabylen, 1926 General, ab 1928 Leiter der Obersten Militärakademie Saragossa bis zu ihrer Auflösung 1931, auf die Balearen versetzt, 1933 reaktiviert, Generalmajor, 1934 mit der Niederschlagung des Aufstands in Asturien beauftragt, 1935 Chef des Generalstabs, nach dem Wahlsieg der Volksfront-Regierung Militärgouverneur der Kanarischen Inseln, an den Planungen zu einer Militärrevolte beteiligt, am 18.7.1936 Putsch, der in einen Bürgerkrieg mündete, 1936 Bildung einer Junta, Oberbefehlshaber der Aufständischen, 1937 Schaffung der Einheitspartei Falange aus rechten Gruppierungen, deren »Caudillo« (Führer), am 30.1.1938 Bildung einer »Nationalen Regierung« in Burgos, nach der Eroberung Madrids 1939 auch von den USA, Frankreich und Großbritannien anerkannt, Etablierung einer klerikal geprägten Militärdiktatur, am 4.9.1939 Neutralitätserklärung, lehnte 1940 ein engeres Bündnis mit dem Deutschen Reich ab, zunächst wohlwollende Neutralität gegenüber den Achsenmächten (Lieferung von Rohstoffen, Unterstützung der Seekriegführung, 1941 Aufstellung der Freiwilligeneinheit »División Azul« für den Russlandfeldzug, ab 1943 Hinwendung zu den westlichen Alliierten, teilweiser Abzug der Division, 1947 formelle Wiedereinführung der Monarchie, jedoch Staatschef auf Lebenszeit, enge Anlehnung an die USA (1953 Wirtschafts-, Militär-, Stützpunktabkommen), ab 1956 schrittweise Dekolonisation, seit den 1960er-Jahren vorsichtige politische und wirtschaftliche Liberalisierung.

François-Poncet, André (* 13.6.1887 Provins [Frankreich], † 8.1.1978 Paris): Studium in Paris, München, Heidelberg, Berlin, 1913 Dozent für deutsche Literatur und Geschichte am Polytechnikum Paris, Kriegsteilnehmer, nach Verwundung ab 1917 Mitarbeiter der Presseabteilung der französischen Botschaft in Bern, während der Ruhr-Besetzung Leiter der Nachrichtenstelle für die Presse, 1928 bis 1930 Unterstaatssekretär, zunächst für schöne Künste, dann für Volkswirtschaft, 1930/31 stellvertretender Delegierter beim Völkerbund, 1931 bis 1938 französischer Botschafter in Berlin, 1938 bis 1940 Botschafter in Rom, 1940 bis 1943 Mitglied des französischen Nationalrats, 1943 durch deutsche Truppen verhaftet, interniert, nach dem Zweiten Weltkrieg Berater des französischen Militärgouverneurs in Deutschland, 1949 Alliierter Hoher Kommissar in Deutschland, 1949 bis 1955 Botschafter in Bonn, ab 1951 Engagement in der Wissenschaftspolitik, 1952 Mitglied der Académie Française, 1955 Vize-Präsident des französischen Roten Kreuzes, Präsident des französischen Rates der Europäischen Bewegung, 1961 bis 1964 Kanzler des Institut Français.

Frank, Bernhard (* 15.7.1913 Frankfurt/Main): Studium der Geschichte,

Philologie, Volkskunde und Nationalökonomie, 1934 Eintritt in die SS-
Verfügungstruppe, Führerlehrgang,
1935 wissenschaftlicher Mitarbeiter an
der SS-Schule Wewelsburg, Fortsetzung des Studiums an der Universität
Münster, 1938 Promotion zum Dr.
phil., Bibliothekar auf der Wewelsburg, 1939 Kriegsdienst in der Waffen-SS, Zugführer, Bataillonsadjutant
und Kompanieführer, 1942 Kommandeur einer Flak-Abteilung in Ostpreußen, 1943 an den Berghof versetzt
(Flak-Abteilung B), 1944 SS-Obersturmbannführer, Kommandant der
SS-Einheiten am Obersalzberg,
im April 1945 mit der Verhaftung Görings beauftragt, setzte sich im Mai
1945 nach Tirol ab, später wissenschaftlich und publizistisch tätig, lebt
in Süddeutschland.

Frank, Hans (*23.5.1900 Karlsruhe,
† 16.10.1946 Nürnberg [hingerich-
tet]): 1918 Kriegsfreiwilliger, 1919 Eintritt ins Freikorps Epp, Vorstandsmitglied der Thule-Gesellschaft in
München, Studium an der Universität München, Hilfskraft bei Karl
Haushofer, 1923 Eintritt in die
NSDAP, Teilnahme am Hitler-Ludendorff-Putsch, Flucht, 1924 Rückkehr, an der Universität Kiel Promotion zum Dr. jur., 1925 Wiedereintritt
in die NSDAP (Nr. 14), 1926 Austritt,
große juristische Staatsprüfung,
Assistent an der TH München, 1927
Rechtsanwalt, Wiedereintritt in die
NSDAP (Nr. 40079), Leiter des Referats für Rechtsangelegenheiten in
der Reichsleitung der NSDAP, von

1928 bis 1936 Reichsführer des Bundes
Nationalsozialistischer Deutscher Juristen, von 1930 bis 1945 Mitglied des
Reichstags, 1931 SA-Gruppenführer,
1933/34 bayerischer Justizminister, von
1934 bis 1945 Reichsminister ohne Geschäftsbereich, verschiedene Ämter in
Justiz, Wissenschaftsverwaltung und
Partei, von 1939 bis 1945 Generalgouverneur für die besetzten polnischen
Gebiete, 1945 verhaftet, im Nürnberger Hauptkriegsverbrecher-Prozess
zum Tode verurteilt.

Frank, Karl Hermann (* 24.1.1898
Karlsbad [Böhmen], † 22.5.1946 Prag
[hingerichtet]): 1918 Abitur und Beamter einer Stadtverwaltung, 1919/20
Freiwilliger im schlesischen Grenzschutz, Buchhalter, Verlagsgehilfe,
von 1925 bis 1932 selbstständiger
Buchhändler, danach Verbandsfunktionär, ab 1933 Mitglied der Sudetendeutschen Heimatfront, 1935 Eintritt
in die Sudetendeutsche Partei (Nr. 18),
von 1935 bis 1938 Abgeordneter des
tschechoslowakischen Parlaments,
Fraktionsführer, Vorstandsmitglied,
1938 Aufnahme in die NSDAP
(Nr. 6600002), von 1938 bis 1940 stellvertretender Gauleiter Sudetenland,
Eintritt in die SS (Nr. 310460), SS-
Brigadeführer, von 1938 bis 1945 Mitglied des Reichstags, von 1939 bis 1945
Höherer SS- und Polizeiführer Böhmen und Mähren, ab 1944 zugleich im
Sudetenland, 1943 SS-Obergruppenführer, 1944 General der Waffen-SS,
von 1943 bis 1945 Staatsminister für
Böhmen und Mähren, im Mai 1945
Flucht nach Bayern, amerikanische

Gefangenschaft, 1946 an die Tschechoslowakei ausgeliefert, wegen Hochverrats zum Tode verurteilt.

Freisler, Roland (* 30. 10. 1893 Celle, † 3. 2. 1945 Berlin): nach Abitur Beginn des Studiums der Rechtswissenschaften, 1914 Kriegsdienst, von 1915 bis 1920 in russischer Kriegsgefangenschaft, dort Kommissar der Bolschewiki, Fortsetzung des Studiums an der Universität Jena, 1922 Promotion zum Dr. jur., ab 1924 Rechtsanwalt und Abgeordneter des Völkisch-Sozialen Blocks in Kassel, 1925 Eintritt in die NSDAP (Nr. 9679), zeitweise stellvertretender Gauleiter und Gaurechtsberater Hessen-Nassau-Nord, Ortsgruppenleiter Kassel, 1930 Mitglied des Provinziallandtags Hessen-Nassau, ab Februar 1933 Leiter der Zentralabteilung im preußischen Justizministerium, Staatssekretär, von 1933 bis 1945 Mitglied des Reichstags, zahlreiche Ämter und Funktionen im nationalsozialistischen Justizsystem, 1934 bis 1942 Staatssekretär im Reichsjustizministerium, ab 24. 8. 1942 Präsident des Volksgerichtshofs und Vorsitzender Richter von dessen Erstem Senat, daher Vorsitzender Richter bei den Prozessen gegen die Verschwörer des 20. 7. 1944, starb bei einem Luftangriff.

Frentz, Walter (* 21. 8. 1907 Heilbronn, † 6. 7. 2004 Überlingen am Bodensee): Studium der Elektrotechnik, Kameramann bei der UFA, Regiekameramann von Leni Riefenstahl, ab 1939 Filmberichterstatter im Führerhauptquartier, 1941 SS-Untersturm-

führer, 1942 Leutnant der Luftwaffe, im April 1945 Flucht aus Berlin, nach längerer Internierung wieder tätig als Fotograf, Naturfilmer und für das Südwestfernsehen.

Freytag-Loringhoven, Bernd von (* 6. 2. 1914): 1934 Eintritt in die Reichswehr, 1937 Leutnant, 1939 Oberleutnant im Kommando der 1. Panzerdivision, 1940 im Generalkommando des XIX. Armeekorps, 1942 Hauptmann im Panzerregiment 2, 1943 Major im Kommando der 111. Infanteriedivision, 1943/44 Kriegsakademie, ab April 1944 in der Operationsabteilung im Generalstab des Heeres, Adjutant von Guderian und Krebs, verließ am 29. 4. 1945 den Bunker mit dem Auftrag, die Armee Wenck zum sofortigen Entsatz von Berlin zu bewegen, am 3. 5. 1945 in amerikanische Gefangenschaft, nach der Entlassung tätig für verschiedene bundesdeutsche Behörden, ab 1956 Bundeswehr, befördert zum Generalmajor, Kommandeur der Panzerbrigade 19, später Generalleutnant, 1973 pensioniert, lebt in München.

Frick, Helmuth (* 25. 11. 1913 Schwerin, † ?): Schlosser, 1931 Eintritt in die SS (Nr. 48881) und in die NSDAP (Nr. 983731), 1933 Übertritt zur Leibstandarte »Adolf Hitler«, Hauptscharführer, eingesetzt im Führer-Begleitkommando, 1943 Untersturmführer, vorübergehend Kriegseinsatz in der Leibstandarte »Adolf Hitler«, 1944 Obersturmführer.

Frick, Wilhelm (* 12. 3. 1877 Alsenz [Pfalz], † 16. 10. 1946 Nürnberg [hingerichtet]): Studium der Philologie und Rechtswissenschaften, 1901 Promotion zum Dr. jur., 1903 Assessorexamen, tätig in der Steuerverwaltung, ab 1905 zugleich Amtsanwalt bei der Polizeidirektion München, von 1907 bis 1917 Bezirksamtsassessor in Pirmasens, 1917 Regierungsassessor, Leiter der Kriegswucher-Abteilung bei der Polizeidirektion München, 1919 Bezirksamtmann und Leiter der Politischen Polizei in der Polizeidirektion München, von 1921 bis 1923 Leiter des Polizeiamts III in München, von Februar 1923 bis 9.11.1923 Leiter der Kriminalpolizei bzw. des Sicherheitsdienstes in der Polizeidirektion München, nach dem Hitler-Ludendorff-Putsch inhaftiert, wegen Unterstützung der NSDAP zu Bewährungsstrafe verurteilt und wegen Dienstvergehens als Polizeibeamter entlassen, von 1924 bis 1945 Mitglied des Reichstags zunächst für die Deutschvölkische Freiheitspartei, dann für die NSDAP, 1925 Eintritt in die NSDAP, 1924/25 Fraktionsvorsitzender, nach erfolgreichem Berufungsverfahren ab November 1924 Leiter der Kriminalabteilung in der Polizeidirektion München, von 1926 bis 1930 Oberamtmann beim Oberversicherungsamt München, ab 1928 Vorsitzender der NSDAP-Reichstagsfraktion, 1930/31 Innen- und Volksbildungsminister in Thüringen, 1932/33 erneut beim Oberversicherungsamt München, vom 30.1.1933 bis zum 18.7.1943 Reichsminister des Inneren und von 1934 bis 1943 preußi-

scher Innenminister, ab 1933 Reichsleiter der NSDAP, NSKK-Obergruppenführer, von August 1943 bis 1945 Reichsprotektor von Böhmen und Mähren sowie Reichsminister ohne Geschäftsbereich, Ende 1945 von amerikanischen Truppen verhaftet, 1946 im Hauptkriegsverbrecher-Prozess zum Tode verurteilt.

Friedel, Vorname unbekannt (*?, †?): 1943 Major i. G., 1944 im Wehrmachtführungsstab, dann im Stab der Wehrinspektion Posen, 1945 Mitunterzeichner der Kapitulationsurkunde in Reims als Zeuge.

Friedrichs, Helmuth (* 22.9.1899 Otterndorf [Unterelbe], † 31.12.1945 [zu diesem Datum für tot erklärt]): ab 1916 Kriegsdienst in einem Pionierbataillon, 1918 Leutnant, englische Gefangenschaft, 1920 entlassen, Eintritt in das Freikorps Lichtschlag, danach beim Grenzschutz Oberschlesien, 1921 Bergmann, 1925 Grubensteiger-Examen, Bergbaustudium in Clausthal ohne Abschluss, 1929 Eintritt in die NSDAP (Nr. 124214), seit 1930 hauptamtlicher Funktionär, u. a. Gau-Geschäftsführer und -Personalamtsleiter Hessen-Kassel, 1933 Mitglied des Provinziallandtags, 1934 stellvertretender Gauleiter, ab 1934 tätig in der Reichsleitung der NSDAP, von 1934 bis 1941 als Reichsamtsleiter bzw. Abteilungsleiter II (Innere Parteiangelegenheiten), danach Leiter der Mobilisierungsabteilung, 1942 als Sachbearbeiter enger Mitarbeiter Martin Bormanns, seit 1936 Angehöriger der SS (Nr. 278299), 1937 Stan-

dartenführer, 1938 Oberführer, 1942
Brigadeführer, 1944 Gruppenführer,
seit 1943 Oberbefehlsleiter der
NSDAP, im April 1945 Kriegseinsatz
beim Volkssturm, seitdem vermisst.

Fritzsche, Hans (* 21. 4. 1900 Bo-
chum, † 27. 9. 1953 Köln): 1918 Kriegsdienst, Studium der Philologie,
Geschichte und Philosophie ohne
Abschluss, 1923 Mitglied der DNVP,
1924 Redakteur bei der *Telegraphen-
Union*, 1932 Leiter des *Drahtlosen
Nachrichtendienstes* beim Deutschen
Rundfunk, seit Mai 1933 Mitglied der
NSDAP und Leiter des Nachrichten-
wesens in der Presseabteilung im
Reichsministerium für Volksaufklärung und Propaganda, seit 1937 auch
Rundfunkkommentator, 1942 Ministerialdirektor und Leiter der Rund-
funkabteilung des Propagandaministeriums, identifizierte 1945 in Berlin
die Leichen der Familie Goebbels, im
Hauptkriegsverbrecher-Prozess angeklagt und 1946 nach Distanzierung
vom Nationalsozialismus freigesprochen, 1947 von einer Spruchkammer
zu neun Jahren Arbeitslager verurteilt, 1950 entlassen.

Fromm, Friedrich (* 8. 10. 1888 Berlin, † 12. 3. 1945 Brandenburg [hinge-
richtet]): Gymnasium, Studium an
der Universität Berlin, 1906 Eintritt
ins Heer, 1908 Leutnant, 1914 Oberleutnant, verschiedene Stabsverwendungen, ab 1917 im Generalstab der
30. Infanteriedivision, 1919 Übernahme
in die Reichswehr, 1920 Batteriechef,
ab 1922 erneut Stabsverwendungen,
ab 1928 im Reichswehrministerium,

1931 Oberstleutnant, 1934 Oberst und
Chef des Allgemeinen Heeresamts im
Reichswehrministerium, 1935 Generalmajor, 1938 Generalleutnant, 1939
General der Artillerie, Chef der Hee-
resrüstung und Oberbefehlshaber des
Ersatzheeres, 1940 Generaloberst,
ordnete am 20. 7. 1944 die standrecht-
liche Erschießung u. a. Olbrichts und
von Stauffenbergs an, am 21. 7. wegen
seiner Kontakte zum Widerstand verhaftet, im Februar 1945 vom Volksgerichtshof zum Tode verurteilt.

Funk, Walther (* 18. 8. 1890 Trakeh-
nen [Ostpreußen], † 31. 5. 1960 Düsseldorf): Studium der Philosophie,
Volkswirtschaft, Rechts- und Staatswissenschaften, Journalist, ab 1912
Redakteur, 1913 Einjährig Freiwilliger,
ab 1914 Kriegsdienst in einem Füsilierregiment, ab Juli 1916 tätig in der
Redaktion der *Berliner Börsenzeitung*,
ab 1920 leitender Redakteur, von 1922
bis 1930 Chefredakteur, 1931 Eintritt
in die NSDAP, Redakteur des nationalsozialistischen *Wirtschaftspoliti-
schen Pressediensts*, Wirtschaftsberater
Hitlers, Zweiter Vorsitzender des
Reichswirtschaftsrates der NSDAP,
1932/33 Mitglied des Reichstags, in
der NSDAP-Reichsleitung Leiter der
Kommission für Wirtschaftspolitik,
vom 30. 1. 1933 bis 7. 2. 1938 Pressechef
der Reichsregierung, ab März 1933
zugleich Staatssekretär im Reichsministerium für Volksaufklärung und
Propaganda, ab 1938 Reichswirtschaftsminister und 1938/39 Generalbevollmächtigter für die Wirtschaft,
ab Januar 1939 zugleich Präsident

der Reichsbank, 1946 im Hauptkriegsverbrecher-Prozess zu lebenslanger
Haft verurteilt, 1957 wegen Krankheit
aus dem Gefängnis Berlin-Spandau
entlassen.

Gabriel, Vorname unbekannt (* ?, † ?):
Offizier im Oberkommando der
Wehrmacht, 1945 Adjutant Keitels.

Ganzenmüller, Albert (* 25. 2. 1905
Passau, † 20. 3. 1996 München): 1923
Teilnahme am Hitler-Ludendorff-
Putsch, Maschinenbau- und Elektro-
technik-Studium, Dr.-Ing., 1931 Eintritt in die NSDAP, ab 1931 angestellt
bei der Deutschen Reichsbahn, befasst mit Fragen der Elektrifizierung,
nach dem Anschluss Österreichs
Leiter der Elektrischen Oberbetriebs-
leitung in Innsbruck, 1941 Vizepräsident der Haupteisenbahn-Direktion
Poltawa, ab Februar 1942 Reichsbahn-
Generalkommissar für den Bereich
der Haupteisenbahn-Direktion
Ost in Poltawa, ab Mai 1942 stellvertretender Direktor der Deutschen
Reichsbahn und Staatssekretär im
Reichsverkehrsministerium, zuständig für den Einsatz der Reichsbahn
bei den Judendeportationen (Sonder-
züge in die Vernichtungslager), am
21. 4. 1945 Flucht aus Berlin, Angehöriger der Regierung Dönitz, im Mai
1945 verhaftet, 1947 Flucht nach Argentinien, 1955 Rückkehr in die Bundesrepublik, 1960 Einleitung eines
Gerichtsverfahrens wegen Beihilfe
zum tausendfachen Mord, 1973
aus gesundheitlichen Gründen eingestellt.

Gariboldi, Italo (* 20. 4. 1879 Lodi
[Italien], † 12. 2. 1970 Rom): Berufssoldat, während des Ersten Weltkrieges Generalstabsoffizier, Kommandeur verschiedener Einheiten in den
Kolonialkriegen Italiens, 1928 Brigadegeneral, 1936 Militärgouverneur
von Addis Abeba, später Chef des
Generalstabs der italienischen Ost-
afrika-Armee, 1939 abberufen, 1940
Oberbefehlshaber der 5. Armee in
Nordafrika, Stellvertreter Grazianis
beim Angriff auf Ägypten, nach
dessen Abberufung Oberbefehlshaber
der italienischen Streitkräfte in Nordafrika, 1941 Generalgouverneur von
Libyen, ab Juni 1942 Kommandeur
der 8. italienischen Armee im Feldzug
gegen die Sowjetunion, im Frühjahr
1943 abberufen, nach dem Ausscheiden Italiens aus dem Krieg interniert,
an die Regierung Mussolini ausgeliefert, zu 10 Jahren Haft verurteilt, 1945
befreit und in den Ruhestand versetzt.

Gaus, Friedrich (* 26. 2. 1881 Mahlum
[Braunschweig], † 17. 7. 1955 Göttin-
gen): Studium der Rechtswissen-
schaften, Dr. jur., 1907 Eintritt in das
Auswärtige Amt, von 1914 bis 1916
Kriegsdienst, 1919 juristischer Leiter
der Delegation bei den Friedensver-
handlungen in Versailles, Leiter des
Referats für Internationales Recht im
AA, 1924 Ministerialdirektor, Leiter
der Rechtsabteilung des AA, 1939 Un-
terstaatssekretär, Mitarbeit an den
Verträgen von Locarno (1925) und am
Nichtangriffspakt mit der Sowjet-
union (1939), 1943 von der Leitung der
Rechtsabteilung entbunden, Bot-

schafter z. b. V., 1947 Hauptbe-
lastungszeuge der Anklage im »Wilhelmstraßenprozess«.

Gebhardt, Karl (* 23. 11. 1897 Haag
[Niederbayern], † 2. 6. 1948 Landsberg am Lech [hingerichtet]): Medizinstudium, 1922 Promotion zum Dr.
med., 1924 Assistenzarzt von Ferdinand Sauerbruch, 1932 Habilitation
für Chirurgie und Orthopädie, 1933
Eintritt in die NSDAP, 1935 außerordentlicher Professor, Leiter des SS-
Sanatoriums in Hohenlychen, 1937
ordentlicher Professor Universität
Berlin, 1938 Begleitarzt Himmlers,
1940 beratender Chirurg der Waffen-SS, 1943 Oberster Kliniker im
Stab des Reichsarztes SS Grawitz,
Initiator von Menschenversuchen in
Konzentrationslagern, SS-Gruppenführer und Generalleutnant der
Waffen-SS, im Nürnberger Ärzte-
prozess 1947 zum Tode verurteilt.

Gehlen, Reinhard (* 3. 4. 1902 Erfurt,
† 8. 6. 1979 Berg am Starnberger See):
1920 Eintritt in die Reichswehr, 1923
Leutnant, von 1933 bis 1935 Kriegsakademie, danach verschiedene Stabsverwendungen, u. a. als Adjutant des
Obersten Quartiermeisters, 1939
Major, mit Kriegsbeginn im Stab der
213. Infanteriedivision, ab Oktober
1939 im Generalstab des Heeres, 1940
Gruppenleiter Landesbefestigung in
der Operationsabteilung im OKH,
während des Frankreichfeldzugs Verbindungsoffizier, ab Oktober 1940
Gruppenleiter Ost-Operationen, 1941
Oberstleutnant, 1942 Chef der Abteilung Fremde Heere Ost im General-

stab des Heeres, Oberst, 1944 Generalmajor, am 9. 4. 1945 entlassen, ab
8. 5. 1945 in amerikanischer Gefangenschaft, im Auftrag des US-Militärs
Aufbau der Organisation Gehlen, die
1955 als Bundesnachrichtendienst in
die Bundeswehr eingegliedert wurde,
Generalleutnant, wegen zunehmen-
der Misserfolge und der bekannt gewordenen Unterwanderung des BND
durch das Ministerium für Staatssicherheit der DDR 1968 pensioniert.

Geilenberg, Edmund (* 13. 1. 1902
Buchholz bei Hattingen, † 19. 10. 1964
Ibbenbühren [Westfalen]): Ingenieur,
leitender Angestellter der Hermann-
Göring-Werke, seit 1939 Direktor der
Stahlwerke Braunschweig, ab 1942
zugleich Leiter des Hauptausschusses
Munition im Reichsrüstungsministe-
rium, ab Mai 1944 Generalkommissar
für Sofortmaßnahmen beim Reichsminister für Rüstung und Kriegsproduktion (Speer), maßgeblich beteiligt
an der Planung der Untertage-Verlagerung von Rüstungswerken und
der Ausbeutung von KZ-Häftlingen.

Gercke, Rudolf (* 17. 8. 1884 Nikolai-
ken [Ostpreußen], † 17. 2. 1947 Marburg): 1903 Eintritt ins Heer, 1904
Leutnant, von 1911 bis 1914 Kriegsakademie, im Ersten Weltkrieg verschiedene Stabsverwendungen, u. a. beim
Chef des Feldeisenbahnwesens und
im Generalstab der Heeresgruppe
Kronprinz Rupprecht von Bayern,
1919 Wechsel zum Grenzschutz, 1923
Abschied, danach kaufmännischer
Direktor der AEG in Königsberg, seit
1928 Angestellter im Reichswehr-

ministerium, 1933 Major und Abteilungsleiter, 1937 Oberst, 1939 Chef des Heerestransportwesens, Generalmajor, 1942 General der Infanterie, 1945 in amerikanische Gefangenschaft, im Lazarett verstorben.

Giesing, Erwin (* 7.12.1907 Oberhausen, † 22.5.1977 Krefeld): Studium der Medizin, Dr. med., Assistenzarzt am Virchow-Krankenhaus Berlin, 1932 Eintritt in die NSDAP, 1936 Facharzt für Hals-Nasen-Ohren-Heilkunde, 1939 Militärdienst als Oberarzt, eingesetzt in verschiedenen Lazaretten, 1944 zur Behandlung von Hitlers Ohrenverletzung ins Führerhauptquartier gerufen, im September 1944 nach Auseinandersetzungen um Morells Behandlungsmethoden entlassen, 1945 durch US-Armee interniert, 1947 entlassen, danach Arzt in Krefeld.

Giesler, Paul (* 15.6.1895 Siegen, † 4.5.1945 Berchtesgaden [Selbsttötung]): von 1914 bis 1918 Kriegsdienst, zuletzt als Kompanieführer, Baustudium in Darmstadt, von 1922 bis 1933 selbstständiger Architekt in Siegen, 1922 Eintritt in NSDAP und SA, ab 1924 NSDAP-Parteiredner, 1928 Wiedereintritt in die NSDAP (Nr. 72741), seit 1929 Ortsgruppenleiter und Gauredner in Westfalen, 1932 SA-Standartenführer, von 1933 bis 1945 Mitglied des Reichstags, 1934 SA-Brigadeführer, ab 1935 Führer der SA-Gruppe Oldenburg-Ostfriesland, ab 1936 der SA-Gruppe Hochland (München), ab 1938 SA-Gruppe Alpenland (Linz), Teilnehmer am Polen- und Frankreichfeldzug, 1941

im Rang eines stellvertretenden Gauleiters abgeordnet zur Parteikanzlei in München, von November 1941 bis Juni 1943 Gauleiter des NSDAP-Gaus Westfalen-Süd, seit Juni 1942 geschäftsführender Gauleiter im Gau München-Oberbayern, 1943 SA-Obergruppenführer, ab 12.4.1944 Gauleiter im NSDAP-Gau München-Oberbayern und bayerischer Ministerpräsident, ab 25.9.1944 Führer des Deutschen Volkssturms im Gau München-Oberbayern, organisierte eine nationalsozialistische Terrorbewegung, am 29.4.1945 Flucht aus München, in Hitlers Testament als Reichsinnenminister vorgesehen, misslungene Selbsttötung mit Gift, ließ sich im Lazarett erschießen.

Goebbels, Joseph (* 29.10.1897 Rheydt bei Mönchengladbach, † 1.5.1945 Berlin [Selbsttötung]): 1917 Abitur, wegen körperlicher Behinderung nicht kriegsverwendungsfähig, kurzfristig Bürosoldat des Vaterländischen Hilfswerks, Studium der Germanistik, Geschichte und Altphilologie, 1922 Promotion zum Dr. phil., Volontär bei der *Westdeutschen Landeszeitung*, 1923 Bankangestellter, arbeitslos, schriftstellerische Tätigkeit, 1924 Mitbegründer der Nationalsozialistischen Freiheitspartei im Rheinland, Hauptschriftleiter der Zeitung *Völkische Freiheit*, 1925 Eintritt in die NSDAP (Nr. 8762, offizielle Aufnahme 1926, rückwirkend Mitgliedsnr. 22), Geschäftsführer des NSDAP-Gaus Rheinland-Nord, Schriftleiter der Zeitschrift *National-*

sozialistische Briefe, ab 28.10.1926
Gauleiter im NSDAP-Gau Berlin-
Brandenburg, Herausgeber der Zeitung *Der Angriff*, von 1928 bis 1945
Gauleiter im NSDAP-Gau Groß-
Berlin, von 1928 bis 1945 Mitglied des
Reichstags, von 1930 bis 1945
Reichspropagandaleiter der NSDAP
im Rang eines Reichsleiters, vom
13.3.1933 bis zum 30.4.1945 Reichsminister für Volksaufklärung und
Propaganda, Herausgeber mehrerer
Zeitungen und Zeitschriften, Präsident der Reichskulturkammer und
des Reichskultursenats, von 1942 bis
zum 1.5.1945 Reichsverteidigungskommissar für Groß-Berlin, 1943
bis 1945 Reichsinspekteur der zivilen Luftkriegsmaßnahmen, vom
25.7.1944 bis zum 1.5.1945 Reichs-
bevollmächtigter für den totalen
Kriegseinsatz, vom 25.9.1944 bis
zum 1.5.1945 Führer des Deutschen
Volkssturms im Gau Groß-Berlin,
am 29.4.1945 testamentarisch von
Hitler zum Reichskanzler ernannt,
30.4./1.5.1945 Reichskanzler, Selbsttötung nach erfolglosen Kapitulationsverhandlungen.

Goebbels, Magda, geb. Ritschl,
adopt. Friedländer, gesch. Quandt
(* 11.11.1901 Berlin, † 1.5.1945 [Selbst-
tötung]): 1904 von einem jüdischen
Kaufmann adoptiert, 1919 Reifeprüfung, anschließend Ausbildung in
einem Pensionat, 1921 Hochzeit mit
dem Industriellen Günther Quandt,
Geburt des Sohnes Harald, 1929
Scheidung, 1930 Eintritt in die
NSDAP, ehrenamtlich tätig als Sekre-

tärin in der NSDAP-Gauleitung
Groß-Berlin, 1931 Hochzeit mit
Josef Goebbels, sechs Kinder: Helga
(* 19.1932 Berlin), Hilde (* 12.4.1934
Berlin), Hellmut (* 2.10.1935 Berlin),
Holde (* 19.2.1937 Berlin), Hedda
(* 2.5.1938 Berlin), Heide (* 29.10.
1940), am 23.4.1945 Einzug in den
Bunker unter der Reichskanzlei,
tötete ihre Kinder am 1.5.1945 gemeinsam mit dem Arzt Stumpfegger,
wenige Stunden später Selbsttötung
durch Gift, nach anderer Version von
ihrem Ehemann erschossen.

Goerdeler, Carl (* 31.7.1884 Schneidemühl [Westpreußen], † 2.2.1945
Berlin [hingerichtet]): Studium der
Rechtswissenschaften, Dr. jur., Ver-
waltungsbeamter, Weltkriegsteilneh-
mer, 1920 Zweiter Bürgermeister in
Königsberg, 1930 Oberbürgermeister
von Leipzig, 1931/32 und 1934/35 zugleich Reichskommissar für die Preis-
bildung und Preisüberwachung, 1937
zwangsweise pensioniert, zentrale
Figur der konservativ-bürgerlichen
Sammlung von Regimegegnern,
durch seine Tätigkeit für die Firma
Bosch zahlreiche Kontakte zu ein-
flussreichen Persönlichkeiten in den
USA, England und Frankreich, Verfasser zahlreicher Denkschriften und
Friedenspläne, beteiligt an den Planungen für einen Staatsstreich, vorgesehen als Reichskanzler, im August
1944 verhaftet, am 8.9.1944 vom
Volksgerichtshof zum Tode verurteilt.

Göhler, Johannes (* 15.9.1918 Bi-
schofswerda bei Dresden, † ?): 1937
Eintritt in die NSDAP (Nr. 5229214)

und die SS (Nr. 310963), während des Zweiten Weltkrieges Schwadronskommandeur in der SS-Kavalleriedivision, eingesetzt bei der 8. Armee (Heeresgruppe Süd) an der Ostfront, höchster Dienstgrad SS-Sturmbannführer, 1945 Adjutant von Hermann Fegelein.

Göring, Edda (* 2. 6. 1938 Berlin): Tochter von Hermann und Emmy Göring, nach Kriegsende gemeinsam mit ihrer Mutter interniert, erfolglose juristische Auseinandersetzung um das väterliche Vermögen, später tätig als Arzthelferin in einer deutschen Großstadt.

Göring, Emmy, geb. Sonnemann (* 24. 3. 1893 Hamburg, † 8. 6. 1973 München): erfolgreiche Bühnenschauspielerin, u. a. am Staatstheater Weimar, am 20. 4. 1935 Hochzeit mit Hermann Göring, führende Rolle im gesellschaftlichen Leben des Deutschen Reiches (»First Lady«), nach Kriegsende in Görings Landhaus am Obersalzberg verhaftet, 1948 entlassen, von deutscher Spruchkammer wurde Auftrittsverbot verhängt, lebte in Etzelwang (Oberpfalz), später in München.

Göring, Hermann (* 12. 1. 1893 Rosenheim, † 15. 10. 1946 Nürnberg [Selbsttötung]): Kadett, 1914 Leutnant in einem Infanterieregiment, Kriegseinsatz im Elsass, Wechsel zur Fliegertruppe, zunächst Luftbeobachter, dann Pilot, 1918 Kommandeur des Jagdgeschwaders »Freiherr von Richthofen«, 1919 Abschied als Hauptmann, 1920 Chefpilot der Svenska Lufttrafik, 1922/23 Studium der Geschichte und Nationalökonomie an der Universität München, Bekanntschaft mit Hitler, 1922 Eintritt in die NSDAP, Aufbau der Sturmabteilung (SA), Führer der SA beim Putschversuch 1923, verwundet, Flucht nach Österreich, schwere Medikamentenabhängigkeit, Flucht nach Schweden, Aufenthalt in psychiatrischen Kliniken, 1926 nach Aufhebung des Haftbefehls Rückkehr nach Deutschland, 1928 Wiedereintritt in die NSDAP, Spitzenkandidat für die Reichstagswahlen, 1928 bis 1945 Mitglied des Reichstags, zweiter Fraktionsvorsitzender, Schriftführer, vom 30. 8. 1932 bis 1945 Reichstagspräsident, zugleich Persönlicher Beauftragter Hitlers für die NSDAP in Berlin, 1931 SA-Gruppenführer, vom 30. 1. 1933 bis zum 5. 5. 1933 Reichsminister ohne Geschäftsbereich, vom 11. 4. 1933 bis 1945 preußischer Ministerpräsident, 1933/34 zugleich Innenminister und Chef der preußischen Polizei, General der Landespolizei, Chef der Geheimen Staatspolizei, ab Mai 1933 Reichsminister für Luftfahrt, mit dem Aufbau der Luftwaffe beauftragt, 1935 General der Flieger, 1935 bis 1945 Oberbefehlshaber der Luftwaffe, 1936 Generaloberst, 1938 Generalfeldmarschall, 1940 Reichsmarschall, von 1936 bis 1945 Reichsbeauftragter für Rohstoff- und Devisenfragen, zugleich Beauftragter für den Vierjahresplan und damit für die Rüstungswirtschaft, von 1937 bis 1945 Hauptleiter (»Schirmherr«) der

Reichswerke AG für Erzbergbau und Eisenhütten »Hermann Göring«, seit 1938 Beauftragter für die Regelung der Judenfrage, von 1939 bis 1945 Vorsitzender des Ministerrats für die Reichsverteidigung, von 1940 bis 1945 Leiter der Kriegswirtschaft, von 1941 bis 1945 Leiter des Wirtschaftsführungsstabs Ost, von 1934 bis 1945 Reichsforstmeister und Reichsjägermeister, am 23.4.1938 Ernennung zum Stellvertreter Hitlers in allen Ämtern für den Fall, dass dieser durch »Erkrankung oder andere Ereignisse« an der Erfüllung seiner Aufgaben verhindert sei, am 1.9.1939 offizielle Ernennung zum Stellvertreter und Nachfolger Hitlers als Reichskanzler, auf Weisung Hitlers am 23.4.1945 aller Ämter enthoben und verhaftet, am 29.4.1945 von Hitler testamentarisch aus der NSDAP ausgeschlossen, am 8.5.1945 vom US-Militär verhaftet, im Hauptkriegsverbrecher-Prozess zum Tode verurteilt, Selbsttötung durch Gift.

Göring, Karin, geb. von Fock, gesch. von Kantzow (* 21.10.1888 Stockholm, † 25.9.1931 Schloss Rockelstad [Östergötland, Schweden]): Tochter eines deutschstämmigen schwedischen Offiziers, Ehefrau des schwedischen Offiziers Nils von Kantzow, im Februar 1920 Bekanntschaft mit Hermann Göring, ab Sommer 1920 mit ihm zusammen, Engagement für die NSDAP, Scheidung von Nils von Kantzow, am 3.2.1923 Hochzeit mit Hermann Göring, 1923 Flucht mit Hermann Göring nach Österreich, dann nach Schweden, 1927 Rückkehr nach Berlin, trotz schwerer Erkrankung Übernahme gesellschaftlicher Verpflichtungen, starb während eines Besuchs bei ihrer Familie an einer Herzerkrankung.

Gort, John Standish (* 10.7.1886 London, † 13.3.1946 London): Ausbildung in Sandhurst, während des Ersten Weltkrieges in Frankreich eingesetzt, 1937 Ernennung zum Chef des britischen Generalstabs, seit November 1939 Oberbefehlshaber des britischen Expeditionskorps in Frankreich, leitete im Mai 1940 den erfolgreichen Rückzug aus dem Kessel von Dünkirchen, im Juli 1940 Generalinspekteur des Heeres, Feldmarschall, 1941 Oberbefehlshaber in Gibraltar, 1942 Gouverneur und Oberbefehlshaber der Insel Malta, 1945 Hochkommissar für Palästina und Transjordanien.

Grawitz, Ernst (* 8.6.1899 Berlin-Charlottenburg, † 24.4.1945 Berlin [Selbsttötung]): Medizinstudium, Dr. med., Habilitation, 1931 Eintritt in die SS, 1932 Eintritt in die NSDAP, 1933 leitender Arzt am Westend-Krankenhaus Berlin, 1935 Chef des Sanitätsamts der SS, zahlreiche weitere Ämter, 1937 Reichsarzt der SS, Präsident des Deutschen Roten Kreuzes, 1940 Sanitätsinspekteur der Waffen-SS, Initiator von Menschenversuchen in Konzentrationslagern, 1941 Honorarprofessor der Universität Graz, 1944 SS-Obergruppenführer und General der Waffen-SS; im *Buch Hitler* fälschlich als Führer des NSD-Ärztebundes bezeichnet.

Graziani, Rodolfo (* 11.8.1882 Filettino [Latium, Italien], † 11.1.1955 Rom): Studium der Rechtswissenschaften, 1906 Unterleutnant, Berufssoldat, Teilnahme am libyschen Feldzug und dem Ersten Weltkrieg, später Vizegouverneur der Cyrenaica, Feldzüge gegen Beduinen, 1935 Gouverneur von Somaliland, Oberbefehlshaber der von Somalia aus geführten Truppen im Abessinienkrieg, 1936 Vizekönig von Äthiopien, 1937 Marschall, 1939 Generalstabschef des Heeres, 1940 zugleich Befehlshaber der italienischen Truppen in Libyen, nach Niederlagen 1942 Rücktritt von allen Ämtern, 1943 Kriegsminister der Repubblica Sociale Italiana, 1945 durch amerikanische Truppen verhaftet, verschiedene Gerichtsverfahren, 1950 von einem italienischen Militärgericht zu 19 Jahren Haft verurteilt, noch im selben Jahr entlassen, Landwirt auf eigenem Gut in Latium.

Greim, Robert Ritter von (* 22.6.1892 Bayreuth, † 24.5.1945 Salzburg [Selbsttötung]): 1913 Leutnant, seit 1916 Flugzeugführer, Oberleutnant, 1918 Staffelführer, Hauptmann, von 1920 bis 1922 Studium der Rechtswissenschaften, von 1924 bis 1927 Aufenthalt in Kanton (China), Organisation der chinesischen Militärfliegerei, von 1928 bis 1934 Leiter der Fliegerschule in Würzburg, 1934 Oberstleutnant der Luftwaffe, 1935 Kommodore des Jagdgeschwaders »Freiherr von Richthofen«, ab November 1935 Inspekteur für Flugsicherheit und Gerät, ab 1937 Chef des Personalamts der Luftwaffe, 1938 Generalmajor, 1939 Kommandeur der 5. Fliegerdivision, 1940 Generalleutnant und Kommandierender General des V. Fliegerkorps, 1941 Befehlshaber des Luftwaffenkommandos Ost, 1943 Generaloberst und Oberbefehlshaber der Luftflotte 6, am 26.4.1945 von Hitler als Nachfolger Görings zum Generalfeldmarschall und Oberbefehlshaber der Luftwaffe ernannt, Flug zur Regierung Dönitz, Flucht nach Tirol, im Mai 1945 von amerikanischen Truppen inhaftiert.

Guderian, Heinz (* 17.6.1888 Kulm [Westpreußen], † 14.5.1954 Schwangau bei Füssen [Oberbayern]): Kadett, 1908 Leutnant, 1913 Kriegsakademie, während des Ersten Weltkrieges zunächst Nachrichtenoffizier, 1915 Hauptmann, ab 1916 verschiedene Stabsverwendungen, im November 1918 Wechsel ins Kriegsministerium (Zentralstelle Grenzschutz Ost), ab 1919 im Generalstab des Grenzschutzes, 1920 Kompaniechef in einem Jägerbataillon, ab 1922 bei der Abteilung Kraftfahrwesen im Reichswehrministerium, 1924 im Generalstab der 2. Division, 1927 Major, tätig in der Transportabteilung des Reichswehrministeriums, 1930 Kommandeur der Kraftfahrabteilung, 1931 Oberstleutnant, 1933 Oberst, 1934 Stabschef beim Inspekteur der Kraftfahrtruppen, 1935 Kommandeur der 2. Panzerdivision, 1936 Generalmajor, 1938 Kommandierender General des XVI. Armeekorps, 1939 des XIX. Armeekorps, 1940 Oberbefehlshaber

der 2. Panzergruppe (ab 1941 Panzerarmee), Generaloberst, im Dezember
1941 aufgrund seines Vorschlags für
einen begrenzten Rückzug in die
Führerreserve versetzt, 1943 reaktiviert, Generalinspekteur der
Panzerwaffe, am 21. 7. 1944 mit der
Wahrnehmung der Geschäfte des
Generalstabschefs des Heeres betraut,
Mitglied des Ehrenhofs des Heeres,
der die Verschwörer des 20. Juli
aus der Wehrmacht ausstieß, am
28. 3. 1945 entlassen wegen seines
Vorschlags, Kapitulationsverhandlungen im Westen einzuleiten, 1945
in amerikanische Gefangenschaft,
1948 entlassen.
Günsche, Otto (* 24. 9. 1917 Jena,
† 2. 10. 2003 Lohmar bei Bonn): 1931
Eintritt in die Hitlerjugend, 1934
Eintritt in die SS-Leibstandarte
»Adolf Hitler« (SS-Mitglied
Nr. 257773), 1935 Aufnahme in die
NSDAP (Nr. 3601524), ab 1936 Unter-
führer im Führer-Begleitkommando,
1941/42 Besuch der Junkerschule Bad
Tölz, Fronteinsatz, von Januar bis
August 1943 vertretungsweise Persönlicher Adjutant Hitlers, Fronteinsatz
als Kompaniechef in der Panzerdivision der SS-Leibstandarte »Adolf
Hitler«, ab Februar 1944 erneut Hitlers Persönlicher Adjutant, 1944 SS-
Sturmbannführer, ab 2. 5. 1945 in
sowjetischer Gefangenschaft, 1950 zu
25 Jahren Strafarbeit verurteilt, 1955
in die DDR überführt, 1956 aus dem
Zuchthaus Bautzen entlassen, Flucht
in die Bundesrepublik, lebte in
Westdeutschland.

Haase, Werner (* 2. 8. 1900 Köthen
[Anhalt], † 30. 11. 1950 Moskau):
1918/19 Militärdienst, Medizinstudium, 1924 Promotion zum Dr. med.,
Facharztausbildung für Chirurgie,
1927 Schiffsarzt, 1933 Eintritt in
NSDAP und SA, 1934 Assistenzarzt
an der Chirurgischen Universitätsklinik, Berlin, Übertritt zur SS, 1935 als
Begleitarzt zum Stab des Führers,
1935 SS-Sturmführer, wegen Krankheit aus dem Dienst bei Hitler ausgeschieden, 1936 Habilitation, 1937 Dozent an der Universität Berlin, 1938
SS-Obersturmführer, 1940 außerplanmäßiger Professor für Chirurgie,
1943 SS-Obersturmbannführer,
Oberarzt in der Chirurgischen Universitätsklinik, ab April 1945 Leiter
der Krankenstation im Bunker der
Neuen Reichskanzlei, am 3. 5. 1945 von
sowjetischen Truppen gefangen genommen, im Haftkrankenhaus der
Butyrka verstorben.
Haberstock, Karl (* 19. 6. 1878 Augsburg, † ?): Kunst- und Antiquitätenhändler in Berlin, 1933 Eintritt in
die NSDAP (Nr. 1772846), kaufte im
Auftrag Hitlers Gemälde an.
Hácha, Emil (* 12. 7. 1872 Trhove-Sviny
bei Budweis [Böhmen], † 27. 6. 1945
Prag): Studium der Rechtswissenschaften, Dr. jur., Rechtsanwalt, Mitglied des Böhmischen Landesaus-
schusses in Prag, 1916 Hofrat am
Verwaltungsgerichtshof Wien, nach
der Unabhängigkeit der Tschechoslowakei Zweiter Präsident des Obersten
Gerichts in Prag, ab 1925 Erster Präsident, 1938 Staatspräsident der Tsche-

choslowakischen Republik, unterzeichnete am 15.3.1939 das Abkommen
zur Eingliederung des verbliebenen
Staatsgebiets als »Protektorat Böhmen und Mähren« in das Deutsche
Reich, weiterhin Präsident von Böhmen und Mähren, am 12.5.1945 inhaftiert, starb im Gefängniskrankenhaus.
Haig, Vorname unbekannt (* ?, † ?):
Major, Gehilfe des britischen Militärattachés in Berlin.
Halder, Franz (* 30.6.1884 Würzburg, † 2.4.1972 Aschau [Oberbay-
ern]): 1904 Leutnant, von 1911 bis 1914
Kriegsakademie, im Ersten Weltkrieg
Generalstabsoffizier, Hauptmann,
1920 von der Reichswehr übernommen, weiterhin Stabsoffizier, außerdem Verwendung als Lehrer für
Taktik und als Batteriechef, 1929
Oberstleutnant, 1931 Oberst, Stabschef beim Wehrkreiskommando VI,
1934 Generalmajor, Kommandeur der
7. Infanteriedivision, 1936 Oberquartiermeister II im Generalstab des
Heeres, 1937 Leiter des Manöverstabs
für das Wehrmachtsmanöver, ab Februar 1938 Oberquartiermeister I des
Heeres, General der Artillerie, seit
September 1938 Chef des Generalstabs des Heeres, 1940 Generaloberst,
am 24.9.1942 in die Führerreserve
versetzt, seit 1938 vorsichtige Annäherung an verschiedene Widerstandszir-
kel, nach dem 20.7.1944 verhaftet und
in das KZ Dachau verbracht, im Mai
1945 durch das US-Militär interniert,
1947 entlassen, von 1946 bis 1961 Leiter der deutschen Abteilung in der
Historical Division der US-Army.

**Halifax, Edward Frederick Vis-
count,** seit 1944 **Earl of** (* 16.4.1881
Powderham Castle [Devonshire,
England], † 23.12.1959 Garrowby
Hall [Yorkshire, England]): Studium
der Geschichte, Weltreise, publizistische und wissenschaftliche Veröffentlichungen, von 1910 bis 1925 Mitglied
des Unterhauses, danach Mitglied des
Oberhauses, von 1935 bis 1938 dessen
Sprecher, während des Ersten Weltkrieges zunächst Kavallerie-Offizier
in Frankreich, 1917/18 im Ministerium
für Nationale Dienste, 1921/22 Unterstaatssekretär im Kolonialministe-
rium, von 1922 bis 1924 und von 1932
bis 1935 Erziehungs-, 1924/25 Land-
wirtschaftsminister, von 1925 bis 1931
Generalgouverneur und Vizekönig
von Indien, 1935 Kriegsminister, von
1935 bis 1937 Lordsiegelbewahrer im
Kabinett Chamberlain, im November
1937 Gespräche mit Hitler und Göring, ab Februar 1938 Außenminister,
Befürworter der britischen Appeasement-Politik gegenüber dem Deutschen Reich, Abbruch der Verhandlungen mit der Sowjetunion, von
Dezember 1940 bis Mai 1946 Botschafter in Washington, Teilnehmer
an den Konferenzen von Dumberton
Oaks (1944) und San Francisco
(UNO-Gründung, 1945).
Hamann, Otto (* 23.5.1916 Berlin,
† 2.(?) 5.1945 Berlin): Eintritt in die
Hitlerjugend, 1933 Unterbannführer,
Führer des Bannes Berlin-Tempelhof, Studium, 1935 Aufnahme in die
NSDAP (Nr. 3706571), 1938 Oberbannführer, Stabsleiter in der HJ-

Gebietsführung Berlin, 1942 Haupt-
bannführer, Führer des HJ-Gebiets
Berlin, 1943 Gaubannführer, enger
Mitarbeiter Axmanns, stellte Anfang
1945 das Regiment Berlin der HJ auf,
bei den Kämpfen in Berlin getötet.

Hamilton (siehe: Douglas-Hamilton).

Hammitzsch, Angela, geb. Hitler,
verw. Raubal (* 28. 7. 1883 Wien,
† 30. 10. 1949 Dresden): Volksschule,
Heirat mit dem Steuerbeamten Leo
Raubal, drei Kinder: Leo (* 2. 10. 1906),
Angela (»Geli«, s. d.), Elfriede
(* 10. 1. 1910), nach dem Tod ihres
Mannes Küchenleiterin in einem
Wiener Mädchenheim, ab 1926
Haushälterin Adolf Hitlers im Haus
Wachenfeld (Berghof), 1935 entlas-
sen, da sie sich über Eva Brauns öf-
fentliches Auftreten mokierte (laut
Joachimsthaler); für das im *Buch Hit-
ler* genannte Eintreten für ein Opfer
des »Röhm-Putsches« gibt es keine
Anhaltspunkte. 1936 Heirat mit dem
Architekten Prof. Dr.-Ing. Martin
Hammitzsch.

Hammitzsch, Martin (* 22. 5. 1878
Plauen bei Dresden, † 5. 6. 1945 Ober-
wiesenthal, Erzgebirge [Selbsttö-
tung]): Architekturstudium, Dr.-Ing.,
1905 Lehrer für Bauwissenschaft an
der Staatshochbauschule Dresden,
zugleich tätig als Architekt (u. a.
Zigarettenfabrik Yenidze 1908/10,
Dresden), 1909 Lehrer an der Gewer-
beakademie Chemnitz, Weltkriegs-
teilnehmer, höchster Dienstgrad
Hauptmann, 1918 Professor, 1919 Ruf
an die Staatsbauschule Dresden, ab

1920 Direktor der Staatsbauschule,
1935 Aufnahme in die NSDAP
(Nr. 3693268), 1936 Hochzeit mit
Angela Raubal, geb. Hitler.

Hanke, Karl (* 24. 8. 1903 Lauban
[Schlesien], † Juni 1945 bei Neudorf
[Sudetenland; erschossen]): Müller,
1920 Zeitfreiwilliger, Mitglied mehre-
rer Wehrverbände, Gewerbelehrer in
Berlin, 1928 Eintritt in die NSDAP
(Nr. 102606), 1931 aus dem Schul-
dienst entlassen, NSDAP-Kreisleiter
in Berlin, von April 1932 bis Dezem-
ber 1932 Mitglied des Landtags von
Preußen, von November 1932 bis 1945
Mitglied des Reichstags, ab März 1933
Persönlicher Referent und Leiter
des Privatsekretariats von Joseph
Goebbels im Reichsministerium für
Volksaufklärung und Propaganda,
im Februar 1934 Eintritt in die SS
(Nr. 203013), SS-Sturmbannführer, ab
1935 Obersturmbannführer im Stab
Reichsführer SS, 1937 Ministerialdirektor, SS-Oberführer, geschäftsführender Vizepräsident der Reichskulturkammer, 1938 Staatssekretär im
Propagandaministerium, Freiwilliger
im Polen- und Frankreichfeldzug,
1941 Oberleutnant der Wehrmacht,
aus persönlichen Gründen Abkühlung des Verhältnisses zu Josef Goebbels (während einer Ehekrise Partei-
nahme für dessen Ehefrau), 1941
Gauleiter und Oberpräsident in Niederschlesien (Breslau), 1941/42
Reichsverteidigungskommissar, 1942
bis 1945 Reichsverteidigungskommissar für den Gau Niederschlesien,
1943/44 kommissarischer Chef des

Zentralamts im Reichsministerium für Rüstung und Kriegsproduktion, 1944 SS-Obergruppenführer, ab September 1944 Führer des Deutschen Volkssturms im Gau Niederschlesien, 1945 treibende Kraft bei der Erklärung von Breslau zur Festung und damit verantwortlich für die Zerstörung der Stadt und den Tod ihrer Bewohner, am 5.5.1945 Flucht aus Breslau, von tschechischen Partisanen gefangen genommen und vermutlich unerkannt erschossen.

Hansen, Max (* 31.7.1908 Niebüll [Nordfriesland], † 7.3.1990 Niebüll): 1933 Eintritt in die Leibstandarte »Adolf Hitler«, 1939 Kompaniechef, 1942/43 Sturmbannführer und Kommandeur des II. Bataillons des SS-Panzergrenadier-Regiments 1, 1944 Standartenführer, Kommandeur des 1. Panzergrenadier-Regiments der Leibstandarte »Adolf Hitler«, Teilnahme an der Ardennenschlacht und der gescheiterten Offensive in Ungarn, 1945 verhaftet, vermutlich 1949 entlassen.

Harlan, Veit (* 22.9.1899 Berlin, † 13.4.1964 Capri [Italien]): ab 1915 Theaterschauspieler in Meiningen und Berlin, seit 1926 erfolgreich in Filmrollen, 1934 Wechsel zur Schauspiel- und Filmregie, zahlreiche Dramen, v.a. mit seiner Ehefrau Kristina Söderbaum in der Hauptrolle, ab 1937 Filme, in denen ideologische Grundprinzipien des NS-Regimes verherrlicht wurden, Regie und Mitarbeit bei dem antisemitischen Hetzfilm *Jud Süß*, 1941 Regie bei der Filmbiographie über Friedrich II. von Preußen *(Der große König)*, seit 1942 Regie bei dem monumentalen Durchhalteepos *Kolberg* (Premiere am 30.1.1945), nach 1945 zunächst mit Berufsverbot belegt, ab 1950 erneut tätig als Filmregisseur.

Hase, Paul von (* 24.7.1885 Hannover, † 8.8.1944 Berlin [hingerichtet]): Studium der Rechtswissenschaften, 1905 Eintritt in das Heer als Einjährig Freiwilliger, Wechsel zur Offizierslaufbahn, 1907 Leutnant, 1914 Oberleutnant, während des Ersten Weltkrieges verschiedene Stabsverwendungen, 1920 Kompaniechef in der Reichswehr, ab 1923 erneut Verwendung in verschiedenen Stäben, 1926 Leiter des Schießplatzes (der späteren Heeresversuchsstelle) Kummersdorf, 1928 Major, 1933 Oberstleutnant, 1934 Kommandeur des Infanterieregiments Küstrin, 1938 Generalmajor, 1939 Kommandeur der 46. Infanteriedivision, Generalleutnant, seit November 1940 Kommandant von Berlin; bei den Planungen zum Staatsstreich 1944 war den durch von Hase befehligten Einheiten eine Schlüsselrolle zugedacht. Am 20.7.1944 verhaftet, am 8.8.1944 zum Tode verurteilt.

Hasselbach, Hans-Karl von (* 2.11.1903 Berlin, † 1988 München): Studium der Medizin, 1927 Promotion zum Dr. med., chirurgische Facharztausbildung in München, 1933 Eintritt in die NSDAP, 1934 Aufnahme in die SS, ab 1935 Begleitarzt Hitlers, ab September 1939 Sanitätsoffizier der Wehrmacht, SS-Hauptsturmführer, ab September 1942 ständiger Begleitarzt Hitlers, tätig in den jeweiligen Führerhauptquartieren, 1943 Ernennung zum Professor, am 9.10.1944 (gemeinsam mit Karl Brandt) von Hitler entlassen, Leiter eines Feldlazaretts an der Westfront, von 1945 bis 1948 in amerikanischer Gefangenschaft, danach Chefarzt der Krankenanstalten Bethel in Bielefeld, später Arzt in München.

Hassell, Ulrich von (* 12.11.1881 Anklam, † 8.9.1944 Berlin [hingerichtet]): Studium der Rechtswissenschaften, 1909 Eintritt in das Auswärtige Amt, 1911 Vizekonsul in Genua, 1914 Kriegsdienst, verwundet, danach Verwaltungsdienst, 1917 Direktor des Verbands preußischer Landkreise, 1919 Eintritt in die DNVP, Rückkehr in den Auswärtigen Dienst, Gesandtschaftssekretär in Rom, 1920 dort Botschaftsrat und Geschäftsträger, 1921 Generalkonsul in Barcelona, 1926 Gesandter in Kopenhagen, 1930 Gesandter in Belgrad, 1932 Botschafter in Rom, 1938 von Ribbentrop in den Wartestand versetzt, seit März 1939 an den Planungen für einen Staatsstreich beteiligt, Gegner der Judenverfolgungen und der Großmachtpolitik des Deutschen Reiches, in den Staatsstreichplanungen zum 20.7.1944 als Außenminister der Regierung Goerdeler vorgesehen, am 28.7.1944 verhaftet, am 8.9.1944 vom Volksgerichtshof zum Tode verurteilt.

Haushofer, Albrecht (* 7.1.1903 München, † 23.4.1945 Berlin [ermordet]): Sohn von Karl Haushofer, Historiker und Geograph, ab 1928 Generalsekretär der Gesellschaft für Erdkunde, Verfasser historischer Dramen und Romane, Dozent an der Hochschule für Politik, Berlin, 1940 Professor für politische Geographie an der Auslandswissenschaftlichen Fakultät der Universität Berlin, außenpolitischer Berater von Rudolf Heß, 1941 verhaftet und auf dem Obersalzberg verhört, später Verbindung zu den Verschwörern des 20.7.1944, im Dezember 1944 verhaftet, ohne Gerichtsurteil erschossen.

Haushofer, Karl (* 27.8.1869 München, † 13.3.1946 Pähl [Oberbayern; Selbsttötung]): 1887 Eintritt in die bayerische Armee, Berufssoldat, Kriegsakademie, ab 1903 Lehrer für Kriegsgeschichte, 1908 bis 1910 Beobachter bei der japanischen Armee, Studium der Geographie, 1913 Promotion zum Dr. phil., im Ersten Weltkrieg Stabsverwendungen, später Kommandeur einer Division, Generalmajor, 1919 Abschied und Habilitation für Geographie an der Universität München, Vorsitzender der Gesellschaft für Geopolitik, 1921 Honorarprofessor, akademischer Mentor von Rudolf Heß, 1933 ordentlicher Professor, von 1934 bis 1937 Senator der Deutschen Akademie, 1939 emeritiert, Berater der von der SS betriebenen Volksdeutschen Mittelstelle, ab 1941 Gestapo-Verhöre, 1944 kurzfristig inhaftiert, tötete sich selbst, um der Verhaftung durch die alliierte Militärpolizei zu entgehen.

Heines, Edmund (* 21. 7. 1897 München, † 30. 6. 1934 München [ermordet]): 1914 Abitur, Kriegsfreiwilliger, Leutnant, 1919 Freikorps Oberland, 1920 beteiligt an den Planungen zu einem Fememord, 1921 Freikorps Roßbach, Eintritt in die NSDAP und SA, 1922/23 Kommandeur eines Münchner SA-Bataillons, Teilnahme am Putsch, zu Festungshaft verurteilt, 1925 Wiedereintritt in die NSDAP, Bundesleiter der Schilljugend (Vorläuferorganisation der Hitlerjugend), 1927 aus der NSDAP ausgeschlossen, 1928 wegen des Fememords zu fünf Jahren Zuchthaus verurteilt, 1929 amnestiert, 1929 Wiederaufnahme in die NSDAP, Führer der SA-Standarte München-Land, ab 1930 Mitglied des Reichstags, ab April 1931 SA-Führer in Berlin, ab Mai 1931 Stellvertreter Röhms, SA-Gruppenführer, seit Herbst 1931 SA-Führer in Schlesien, 1933 SA-Obergruppenführer und Polizeipräsident in Breslau, 1934 Führer der III. bzw. VIII. SA-Obergruppe Schlesien, am 30. 6. 1934 im Zusammenhang mit dem »Röhm-Putsch« in Bad Wiessee verhaftet, in das Gefängnis München-Stadelheim gebracht und dort erschossen.

Heinrici, Gotthard (* 25. 12. 1886 Gumbinnen [Ostpreußen], † 13. 12. 1971 Endersbach bei Waiblingen): 1905 Eintritt ins Heer, 1906 Leutnant, während des Ersten Weltkrieges Generalstabsoffizier, durch die Reichswehr übernommen, weiterhin in verschiedenen Stäben tätig, 1924 Kompaniechef in einem Infanterieregiment, 1926 Major, 1927 Wechsel zum Reichswehrministerium, Heeresorganisationsabteilung, 1930 Oberstleutnant und Bataillonskommandeur, 1932 im Generalstab des Gruppenkommandos 1, 1933 Oberst und Abteilungschef im Reichswehrministerium, 1936 Generalmajor, 1937 Kommandeur der 16. Division, 1938 Generalleutnant, 1940 Führer des VII. Armeekorps, dann des XII. Armeekorps, General der Infanterie, 1942 Oberbefehlshaber der 4. Armee, 1943 Generaloberst, 1944 Oberbefehlshaber der 1. Panzerarmee, ab März 1945 der Heeresgruppe Weichsel, am 28. 4. 1945 entlassen, englische Kriegsgefangenschaft; nach 1948 lebte Heinrici in Württemberg.

Helldorf, Wolf Heinrich Graf von (* 14. 10. 1896 Merseburg, † 15. 8. 1944 Berlin [hingerichtet]): Kriegsdienst, 1919 in den Freikorps Lützow und Roßbach, 1920 Teilnahme am Kapp-Lüttwitz-Putsch, ab 1920 Landwirt auf eigenem Rittergut, 1923 Führer des Stahlhelm im Unstrut-Gebiet, Adjutant des Stahlhelmführers Theodor Duesterberg, 1924 Flucht nach Italien, nach Amnestierung Kommandeur des Frontbann, von 1927 bis 1933 Präsident der Landwirtschaftskammer der Provinz Sachsen, 1930 Eintritt in die NSDAP (Nr. 325408), 1931 Führer der SA-Standarte 2, SA-Oberführer, 1931/32 Führer der SA-Gruppe Berlin-Brandenburg, zugleich ab 1932 SS-Führer im Gau Brandenburg, 1931 zu sechs Monaten Haft verurteilt, ab Ende 1932 erneut

Führer der Obergruppe I, Vorsitzender der NSDAP-Fraktion im Preußischen Landtag, von 1933 bis 1935 Polizeipräsident in Potsdam, Leiter der Stapo-Leitstelle, von 1933 bis 1944 Mitglied des Reichstags, von 1935 bis Juli 1944 Polizeipräsident in Berlin, 1938 SA-Obergruppenführer, ab 1938 Beziehungen zum Goerdeler-Kreis, 1939 Höherer Polizeiführer von Groß-Berlin, 1941 vorübergehend Kommandeur eines Panzerbataillons an der Ostfront im Rang eines Rittmeisters, nach dem Attentat auf Hitler im Juli 1944 verhaftet, am 8.8.1944 zum Tode verurteilt.

Henderson, Neville (* 10.6.1882 Sedwick Park Horsham [Sussex], † 30.12.1942 London): 1905 Eintritt in den diplomatischen Dienst, u.a. in den Missionen in Sankt Petersburg, Tokio, Rom, Paris, von 1929 bis 1935 britischer Botschafter in Belgrad, von 1935 bis 1937 in Buenos Aires, von 1937 bis 1939 in Berlin, nahm an den NSDAP-Parteitagen 1937 und 1938 teil, gehörte zu den einflussreichsten Vertretern der britischen Appeasement-Politik.

Hennicke, Paul (* 31.1.1883 Erfurt, † 25.7.1967 Braunschweig): Maschinenschlosser, ab 1910 Eisenbahnbeamter, Reichsbahninspektor, während des Ersten Weltkrieges im technischen Dienst der Feldeisenbahn, 1920 Teilnehmer am Kapp-Lüttwitz-Putsch, 1922 Eintritt in die NSDAP, SA-Führer in Thüringen, 1925 Wiedereintritt in die NSDAP (Nr. 36492), ab 1927 Stadtverordneter in Gotha,

1929 Eintritt in die SS (Nr. 1332), hauptamtlicher SS-Führer, 1931 Standartenführer, 1933 Oberführer, Führer des SS-Abschnitts XXVII, 1934 Brigadeführer, 1937 bis 1942 Polizeipräsident in Weimar, 1938 SS-Gruppenführer, 1942/43 SS- und Polizeiführer in Rostow, 1943/44 SS- und Polizeiführer in Kiew, 1944/45 Führer einer Sonderkommission, 1945 Vertreter des Führers im SS-Oberabschnitt Fulda-Werra, im Juni 1945 durch amerikanische Truppen verhaftet, Zeuge in Kriegsverbrecherprozessen, 1948 von einem deutschen Gericht von der Anklage der vorsätzlichen Tötung freigesprochen, 1949 von der Anklage des Mordes freigesprochen, 1950 von einer Spruchkammer wegen Zugehörigkeit zur SS zu einem Jahr Haft verurteilt, lebte danach unbehelligt in Braunschweig.

Hentschel, Johannes, »Hans« (* 10.5.1908 Berlin, † 27.4.1982 Achern [Baden]): Mechaniker, Meisterprüfung für Elektromaschinen, seit 1934 Maschinenmeister in der Alten Reichskanzlei, ab Mitte April 1945 ständig im Führerbunker, am 2.5. als letzter Verbliebener von sowjetischen Truppen im Bunker gefangen genommen, 1949 entlassen.

Hermani, August (* 31.5.1911, † ?): 1928 Eintritt in die Reichswehr, 1934 Leutnant, 1937 Oberleutnant und Adjutant im Infanterieregiment 42, 1940 Hauptmann, 1940 zum Chef des Transportwesens im Generalstab des Heeres kommandiert, 1942 Chef des Transportwesens im Bezirk Poltawa,

ab November 1942 Generalstabsoffizier I b im Stab der 304. Infanteriedivision, 1943 Major und Quartiermeis-
ter des LII. Armeekorps, ab August
1943 I a im Generalstab des XXXXII.
Armeekorps, 1944 Oberstleutnant
und I a im Stab der 26. Infanteriedivision, im September 1944 in die Operationsabteilung des Generalstabs
versetzt, im April 1945 Chef des Generalstabs des Korps Reimann,
1956 Eintritt in die Bundeswehr.

Herrmann, Harry (* 27. 5. 1909 Ber-
lin, † 12. 3. 1995 Altenstadt bei Schon-
gau [Oberbayern]): 1929 Eintritt in
die Schutzpolizei, 1934/35 Polizei-
schule Potsdam-Eiche, Leutnant,
Teilnahme an einem Lehrgang der
Fallschirmschule Stendal, 1937 Bataillonsadjutant, 1939 Inspekteur der
Fallschirmschule, 1940 Kriegseinsatz
in den Niederlanden, 1941 auf Kreta,
Hauptmann, danach Kompaniechef
im Fallschirmjäger-Lehrregiment 1,
Leiter der Erprobungsabteilung, 1943
Kriegseinsatz in Italien, Oberst, 1944
Kommandeur des Fallschirmjäger-
Regiments 21, ab September 1944
Kommandeur der 6. Fallschirmjäger-
Division, 1945 Oberst, Kommandeur
der Fallschirm-Panzerjagd-Brigade,
am 19. 4. 1945 zum Kommandeur der
9. Fallschirmjäger-Division ernannt,
eingesetzt in Berlin, am 2. 5. 1945 in
sowjetische Gefangenschaft, 1955 entlassen, 1957 Eintritt in die Bundesluft-
waffe, Abteilungsleiter Luftlandewe-
sen im Truppenamt, 1959 Oberst der
Bundeswehr, stellvertretender Kommandeur der 1. Luftlande-Division,

1962 Kommandeur der Luftlande-
Transportschule Altenstadt, 1967 Ruhestand.

Heß, Alfred (* 29. 3. 1897 Alexandria
[Ägypten], † 9. 6. 1963 Reichholds-
grün bei Wunsiedel [Fichtelgebirge]):
Bruder von Rudolf Heß, Übersied-
lung zum Zweck der Schul- und kauf-
männischen Ausbildung nach
Deutschland, 1920 Eintritt in die
NSDAP, 1924 Rückkehr ins väterliche
Unternehmen in Alexandria, seit 1926
Aufbau der NSDAP in Ägypten, 1932
Wiederaufnahme in die NSDAP
(Nr. 1368285), 1933 Landesgruppenlei-
ter der NSDAP in Ägypten, Aufbau
des Außenhandelsamts der NSDAP
in Berlin, ab 1934 stellvertretender
Leiter der NSDAP-Auslandsorgani-
sation, 1945 amerikanische Gefangen-
schaft, 1946 Entlastungszeuge im
Hauptkriegsverbrecher-Prozess, nach
Spruchkammerverfahren entlassen.

Heß, Ilse, geb. Pröhl (* 22. 6. 1900
Hannover, † 7. 9. 1995 Lilienthal [All-
gäu]): als Gymnasiastin Bekanntschaft mit Rudolf Heß und Adolf
Hitler, 1921 Eintritt in die NSDAP,
Studium der Germanistik, Partei-
aktivistin, Gelegenheitsarbeiten, 1925
Wiedereintritt (Nr. 25071), 1927
Hochzeit mit Rudolf Heß, ein
Sohn, 1941 Repressalien ausgesetzt,
die nach Intervention Hitlers gestoppt wurden, 1943 Übersiedlung ins
Allgäu, 1947 verhaftet, 1948 von einer
Spruchkammer zu einer Bewährungsstrafe verurteilt, lebte nach der Entlassung vom Gemüseanbau, seit
1952 Herausgeberin der Briefe und

Schriften ihres Mannes, 1955 Eröffnung einer Pension.

Heß, Rudolf (* 26.4.1894 Alexandria [Ägypten], † 17.8.1987 Berlin [Selbsttötung]): kaufmännische Ausbildung in Hamburg, 1914 Kriegsfreiwilliger, zunächst Infanterie, später Leutnant der Fliegertruppe, ab 1919 Studium der Volkswirtschaft, Geographie und Geopolitik in München, Mitglied der Thule-Gesellschaft und des Freikorps Epp, 1920 Eintritt in die DAP bzw. NSDAP (Mitglied Nr. 16), Teilnehmer am Putsch 1923, zu Festungshaft verurteilt, ab 1925 Privatsekretär Hitlers, 1932 Vorsitzender der Politischen Zentralkommission der NSDAP, am 21.4.1933 zum Stellvertreter des Führers in der NSDAP ernannt, 1933 SS-Obergruppenführer, Mitglied des Reichstags, Reichsminister ohne Geschäftsbereich, 1938 Mitglied des Geheimen Kabinettsrats, 1939 des Ministerrats für Reichsverteidigung, am 10.5.1941 Flug mit einer Me 110 nach Schottland zur Anbahnung von Friedensverhandlungen, von Hitler zum Psychopathen erklärt, am 15.10.1941 versuchte Selbsttötung, 1945 nach Nürnberg überführt, im Hauptkriegsverbrecher-Prozess angeklagt, zu lebenslanger Haft verurteilt, seit 1966 einziger Häftling im Kriegsverbrecher-Gefängnis Berlin-Spandau.

Hessen, Mafalda Prinzessin von (* 9.11.1902, † 28.8.1944 KZ Buchenwald): Tochter des italienischen Königs Victor Emanuel III., verheiratet mit Prinz Philipp von Hessen, am 9.9.1943 in das KZ Buchenwald verbracht, starb bei einem alliierten Luftangriff.

Hessen, Philipp Prinz von (* 6.11.1896 Schloss Rumpenheim bei Hanau, † 25.10.1980 Rom): Offizier, Architekt, 1930 Eintritt in die NSDAP, 1931 Aufnahme in die SA, später SA-Gruppenführer, ab 1933 Oberpräsident der Provinz Hessen-Nassau, mit verschiedenen semi-offiziellen diplomatischen Missionen betraut, am 9.9.1943 in das KZ Flossenbürg verbracht, später in Dachau, nach Kriegsende Übersiedlung nach Italien.

Heusinger, Adolf (* 4.8.1897 Holzminden, † 30.11.1982 Köln): 1915 Fahnenjunker, ab 1916 Kriegsdienst als Leutnant, 1917 Kompaniefrührer, englische Gefangenschaft, 1919 Rückkehr, Übernahme durch die Reichswehr, 1925 Oberleutnant, 1927 bis 1929 Führergehilfen-Ausbildung, ab 1929 Stabsoffizier, 1932 Hauptmann im Reichswehrministerium, 1934 Kompaniechef in einem Infanterieregiment, 1936 Major, I a im Generalstab der 11. Division, 1937 Wechsel in die Operationsabteilung im Generalstab des Heeres, 1938 Oberstleutnant, 1940 Oberst und Chef der Operationsabteilung im Oberkommando des Heeres, 1941 Generalmajor, 1943 Generalleutnant, ab Juni 1944 Vertreter des Generalstabschefs, nach dem Attentat auf Hitler vorübergehend in Gestapo-Haft, verfasste in der Haft Denkschrift für Hitler, 1945 bis 1948 Kriegsgefangenschaft, Zeuge im Hauptkriegsverbrecher-Prozess, 1948 bis 1950 Chef der Auswertungsabteilung in der Organisation Gehlen, ab 1950 militärischer Berater der Bundesregierung, 1952 militärischer Sachverständiger im Amt Blank, Chef der Militärabteilung, 1955 als Generalleutnant in die Bundeswehr übernommen, ab November 1955 Vorsitzender des Militärischen Führungsrats, 1957 Leiter der Abteilung Streitkräfte im Bundesverteidigungsministerium, Generalinspekteur der Bundeswehr, 1961 Vorsitzender des Ständigen Militärausschusses der NATO in Washington, 1964 ausgeschieden, danach Militärberater der CDU.

Hewel, Walther (* 2.1.1904 Köln, † 2.5.1945 Berlin [Selbsttötung]): ab 1923 Studium der Technik und Volkswirtschaft an der TH München, 1923 Fahnenträger des Stoßtrupps Hitler beim Putsch in München, zu Festungshaft verurteilt, nach Haftentlassung Kaufmann in Hamburg, dann in England, ab 1927 bei einem Pflanzungsunternehmen in Niederländisch-Ostindien, 1933 Eintritt in die NSDAP-Auslandsorganisation, ab 1934 tätig in der Hauptverwaltung des Plantagenkonzerns, 1935 Wirtschaftsreferent der Ortsgruppe Bandoeng, 1936 Rückkehr nach Deutschland, Gau-Hauptstellenleiter und Ostasien-Referent der NSDAP (AO), 1937 SS-Sturmbannführer und Hauptreferent in der England-Abteilung in der Dienststelle Ribbentrop, 1938 Legationsrat I. Klasse im Auswärtigen Amt, Leiter des Persönlichen Stabs des Ministers, SS-Standartenführer,

ab Juni 1938 Beauftragter des Reichsaußenministers bei Hitler, Warnung vor dem Einmarsch ins Sudentenland, 1939 Vortragender Legationsrat, Warnung vor der Entfesselung eines Krieges, 1940 Gesandter I. Klasse und Ministerialdirigent, ständiger Beauftragter des Reichsaußenministers bei Adolf Hitler, 1942 Brigadeführer, 1943 Botschafter zur besonderen Verwendung, 1944 bei einem Flugzeugabsturz verletzt, nach der Genesung ständig in Hitlers Umgebung, am 1.5.1945 Ausbruch aus der Reichskanzlei gemeinsam mit Martin Bormann, Selbsttötung mit Gift und Pistolenschuss.

Himmler, Heinrich (* 7.10.1900 München, † 23.5.1945 bei Lüneburg [Selbsttötung]): seit 1915 militärische Ausbildung, 1918 Fahnenjunker, ohne Kriegseinsatz entlassen, 1919 Freikorps Landshut und Oberland, Studium der Landwirtschaft in München, Mitglied der Einwohnerwehr, 1922/23 tätig in einer Düngemittelfirma, 1922/23 Angehöriger der Reichsflagge, 1923 Eintritt in die NSDAP (Nr. 42404) und den Stoßtrupp Hitler, Teilnahme am Hitler-Ludendorff-Putsch, danach in verschiedenen rechtsextremistischen Verbänden, ab Juli 1924 Sekretär und Gauleiter-Stellvertreter in der Nationalsozialistischen Freiheitspartei, zugleich Handelsvertreter, ab 1925 Gauführer des Artamanenbundes in Bayern, Wiedereintritt in die NSDAP (Nr. 14303), stellvertretender Gauleiter und Gau-Geschäftsführer des

NSDAP-Gaus Niederbayern, 1926/27 in gleicher Funktion im Gau Oberbayern, von 1926 bis 1930 stellvertretender Reichspropagandaleiter der NSDAP, 1927 bis 1929 stellvertretender Reichsführer SS, Mitglied des Stabs der Obersten SA-Führung, vom 6.1.1929 bis zum 29.4.1945 Reichsführer SS, Mitglied der Reichsleitung der NSDAP, 1930 bis 1945 Mitglied des Reichstags, im März/April 1933 kommissarischer Polizeipräsident der Polizeidirektion München, Einrichtung des KZ Dachau, ab 1.4.1933 Politischer Polizeikommandeur in Bayern, ab Herbst 1933 in weiteren 12 Ländern, ab 1934 Inspekteur der preußischen Geheimen Staatspolizei, am 30.6.1934 führend beteiligt an der Ermordung zahlreicher hoher SA-Führer und Regimegegner (»Röhm-Putsch«), ab Juli 1934 Reichsleiter der NSDAP und Beauftragter für Volkstumsfragen, ab 1934 stellvertretender Chef der preußischen Gestapo, ab 1936 Chef der Deutschen Polizei, Hauptverantwortlicher für den Ausbau des Terrorapparats des Regimes und ab Kriegsbeginn für den Völkermord an Juden, Polen, Russen und anderen Ethnien, ab 1939 Reichskommissar für die Festigung des deutschen Volkstums, Reichskommissar für das deutsche Siedlungswesen, 1940 bis 1943 Chef des Kommandos der Waffen-SS und Chef des SS-Führungshauptamts, ab 1942 Leiter der Partisanenaktionen, vorübergehend Chef der Bandenkampfverbände, zahlreiche weitere Parteiämter und

-funktionen, ab 21.7.1944 Befehlshaber bzw. Oberbefehlshaber des Ersatzheeres, am 1.9.1944 mit der Verteidigung im Westen beauftragt, am 1.10.1944 Beauftragter des Führers für die Organisation des nationalen Widerstands im Osten, Dezember 1944/Januar 1945 Oberbefehlshaber der Heeresgruppe Oberrhein, von Januar 1945 bis zum 20.3.1945 Oberbefehlshaber der Heeresgruppe Weichsel, nach von Hitler nicht gebilligten Friedensverhandlungen am 29.4.1945 aller Kommandos, Ämter und Funktionen enthoben und aus der NSDAP ausgeschlossen, nach Kriegsende unter falschem Namen untergetaucht, am 23.5.1945 verhaftet, nach Feststellung seiner Identität Selbsttötung durch Gift.

Hindenburg, Paul von Beneckendorff und von (* 2.10.1847 Posen, † 2.8.1934 Neudeck [Pommern]): Kadett, 1866 Leutnant in einem Garderegiment, Teilnehmer an den Kriegen 1866 und 1870/71, 1877/78 Generalstabsausbildung, Hauptmann, danach wechselnde Truppen- und Stabsverwendungen, 1888 bis 1893 Abteilungschef im Kriegsministerium, 1893 Regimentskommandeur, 1894 Oberst, 1897 Generalmajor, 1900 Generalleutnant und Divisionskommandeur, 1903 kommandierender General des IV. Armeekorps, 1905 General der Infanterie, 1908 Ruhestand, 1914 reaktiviert, Oberbefehlshaber der 8. Armee, Generaloberst, nach dem Sieg über russische Truppen bei Tannenberg zum Generalfeldmarschall befördert,

1916 Chef der Obersten Heeresleitung, 1919 erneut Ruhestand, 1925 als Kandidat der konservativen Parteien zum Reichspräsidenten gewählt, 1932 nach Unterstützung der SPD Wiederwahl, erfolglose Versuche zur Stabilisierung der Republik durch Präsidialkabinette und Notverordnungen, am 30. 1. 1933 Ernennung Hitlers zum Reichskanzler, unterstützte den schrittweisen Ausbau der Machtbefugnisse Hitlers durch weitere Notverordnungen und symbolische Handlungen (»Tag von Potsdam«), seit Herbst 1933 häufig erkrankt und ohne Einfluss auf das politische Tagesgeschehen.

Hitler, Angela (siehe: Hammitzsch, Angela).

Hoepner, Erich (* 14. 9. 1886 Frankfurt/Oder, † 8. 8. 1944 Berlin [hingerichtet]): 1905 Fahnenjunker, 1906 Leutnant in einem Dragonerregiment, Generalstabsausbildung, Teilnahme am Ersten Weltkrieg, 1920 Übernahme in die Reichswehr als Rittmeister, verschiedene Truppen- und Stabskommandos, 1926 Major, 1933 Oberst und Chef des Stabs im Wehrkreis I (Ostpreußen), 1935 Chef des Stabs im Gruppenkommando I in Berlin, erste Kontakte zum militärischen Widerstand um Beck und Halder, 1936 Generalmajor, 1937 Kommandeur der 1. leichten Division, 1938 Generalleutnant, Kommandierender General des XVI. (motorisierten) Armeekorps, 1939 General der Kavallerie, Kriegseinsatz in Polen und Frankreich, 1940 Generaloberst, 1941

Oberbefehlshaber der Panzergruppe 4 bzw. der 4. Panzerarmee, nach Rückzug seiner Armee vor Moskau und abfälligen Bemerkungen über die »laienhafte Führung« des Russlandfeldzugs am 8. 1. 1942 wegen »Feigheit und Ungehorsams« unehrenhaft entlassen, Intensivierung der Kontakte zu Olbricht und später zu von Stauffenberg, in den Staatsstreichplänen als Oberbefehlshaber im Heimatkriegsgebiet vorgesehen, Ende Juli 1944 verhaftet und vom Volksgerichtshof zum Tode verurteilt.

Hofer, Franz (* 27. 11. 1902 Badgastein [Salzburg], † 18. 2. 1975 Mülheim/Ruhr): selbstständiger Kaufmann, Sozialdemokrat, 1931 Eintritt in die NSDAP (Nr. 610451), 1932 Kreisleiter in Innsbruck, stellvertretender Gauleiter für Tirol, von November 1932 bis Juli 1934 Gauleiter der seit Juni 1933 illegalen NSDAP in Tirol, nach Verhaftung Flucht, zunächst nach Italien, dann nach Deutschland, 1937/38 Leiter der Mitglieder-Sammelstelle für Österreich in Berlin, vom Mai 1938 bis 1945 Gauleiter für Tirol-Vorarlberg, ab Mai 1938 Landeshauptmann von Tirol, ab 1940 Reichsstatthalter für Tirol und Vorarlberg, ab 1942 Reichsverteidigungskommissar, 1938 NSKK-Gruppenführer, 1939 NSKK-Obergruppenführer, ab September 1943 Hochkommissar für die italienischen Provinzen Bozen, Trento und Belluno, Oberster Kommissar in der Operationszone Alpenvorland, ab September 1944 Führer des Deutschen Volkssturms im Gau

Tirol-Vorarlberg, am 29.4.1945 zum Reichskommissar für die Alpenfestung ernannt, am 6.5.1945 von amerikanischen Truppen verhaftet, 1948 geflohen, lebte unter falschem Namen im Ruhrgebiet, später unter seinem richtigen Namen selbstständiger Kaufmann und Leiter einer Metallfabrik, in Abwesenheit von einer Spruchkammer zu zehn Jahren Arbeitslager und von einem österreichischen Gericht zum Tode verurteilt, 1953 von einer Berufungskammer in München zu drei Jahren und fünf Monaten Arbeitslager verurteilt, 1959 von der Oberstaatsanwaltschaft Duisburg Einleitung eines Ermittlungsverfahrens, 1963 eingestellt.

Hoffmann, Heinrich (* 12.9.1885 Fürth, † 16.12.1957 München): ab 1908 Fotograf in München, während des Ersten Weltkrieges Bildberichterstatter, 1920 Eintritt in die NSDAP, 1925 Wiedereintritt (Nr. 425), Exklusivrechte an allen Fotografien Hitlers, Aufbau eines lukrativen Bildverlages, 1933 Mitglied des Reichstags, 1938 Professorentitel, 1945 von der US-Armee interniert, 1947 im Spruchkammerverfahren zu 10 Jahren Arbeitslager und Berufsverbot verurteilt, 1950 entlassen, 1956 erfolgreiche Berufungsverhandlung.

Högl, Peter (* 19.8.1897 Passau, † 2.5.1945 Berlin): Müller, ab 1916 Kriegsdienst als Unteroffizier in einem Infanterieregiment, 1919 Übertritt zur Polizei, 1932 Wechsel zur Kriminalpolizei, ab 1933 beim »Führerschutz«, 1934 Aufnahme in

die NSDAP (Nr. 3289992) und die SS (Nr. 249998), SS-Obersturmführer, 1935 Leiter der Dienststelle I im Reichssicherheitsdienst (Schutz- und Begleitdienst), 1937 Hauptsturmführer, 1940 Sturmbannführer, 1944 Kriminaldirektor und Obersturmbannführer, beim Ausbruch aus der Reichskanzlei getötet.

Hollidt, Karl Adolf (* 25.4.1891 Speyer, † 22.5.1985 Siegen): 1909 Fahnenjunker, 1910 Leutnant in einem Infanterieregiment, während des Ersten Weltkrieges Fronteinsatz, Übernahme durch die Reichswehr, verschiedene Stabs- und Truppenverwendungen, 1935 Oberst, 1938 Generalmajor, Kommandeur des Infanterieregiments 9, beauftragt mit der Aufstellung der 52. Infanteriedivision, 1939 Chef des Generalstabs beim Oberfehlshaber Ost in Polen, Generalleutnant, während des Frankreichfeldzugs Chef des Generalstabs der 9. Armee, ab Oktober 1940 Kommandeur der 50. Infanteriedivision, eingesetzt im Balkan- und Russlandfeldzug, ab Januar 1942 Kommandierender General des XVII. Armeekorps, General der Infanterie, ab November 1942 Kommandeur der Armeeabteilung Hollidt, ab März 1943 Oberbefehlshaber der nach der Katastrophe von Stalingrad neu gebildeten 6. Armee, Generaloberst, am 7.4.1944 in die Führerreserve versetzt, 1945 amerikanische Gefangenschaft, 1948 im Prozess gegen das Oberkommando der Wehrmacht zu fünf Jahren Haft verurteilt, 1949 entlassen.

**Horthy von Nagybánya, Nikolaus
(Miklós)** (* 18.6.1868 Kenderes [Ungarn], † 9.2.1957 Estoril [Portugal]):
Absolvent der k. u. k. Marineakademie Fiume, 1909 Flügeladjutant bei
Kaiser Franz Joseph I., während des
Ersten Weltkrieges Kommandant
eines Großverbands in der nördlichen
Adria, 1917 Flottenkommandant,
Konteradmiral, 1919 Kriegsminister
der Gegenregierung in Szeged, Oberbefehlshaber der »Nationalen Armee«
Ungarns, 1920 Regent von Ungarn
(als Reichsverweser bis zur geplanten
Wiedererrichtung der Monarchie),
bemüht um die Revision des Vertrags
von Trianon, Anlehnung an Italien,
seit 1934 an das Deutsche Reich, am
23.2.1939 Beitritt Ungarns zum Antikomintern-Pakt, am 30.8.1940 Erweiterung des ungarischen Territoriums auf Kosten Rumäniens (»Wiener
Schiedsspruch«), am 20.11.1940 Beitritt Ungarns zum Dreimächtepakt,
beteiligt an den Feldzügen gegen Jugoslawien und die Sowjetunion, 1943
Rückzug der ungarischen Armee,
Sondierungen für einen Sonderfrieden mit den Westalliierten, erzwungener Rücktritt am 16.10.1944, danach in Haft auf Schloss Hirschberg
bei Weilheim, von Mai bis Dezember
1945 in amerikanischer Haft, Zeuge
im Hauptkriegsverbrecher-Prozess,
1948 Übersiedlung nach Portugal.

Hotblack, Frederick Elliot (* 1887,
† 1979): von 1914 bis 1916 britischer
Nachrichtendienstoffizier in Frankreich, ab 1916 beim Royal Tank Corps,
von 1923 bis 1931 Generalstabsoffizier,

von 1932 bis 1935 Ausbilder am Staff
College in Chamberley, von 1935
bis 1937 britischer Militärattaché in
Berlin, 1939/40 Divisionskommandeur, 1941 Abschied aus dem aktiven
Dienst.

Hoth, Hermann (* 12.04.1884 Neuruppin, † 25.1.1971 Goslar): 1904
Fähnrich, 1905 Leutnant, 1918 Übernahme in die Reichswehr, 1932 Oberst
und Kommandeur des Infanterieregiments 17, 1934 Generalmajor, 1938
General der Infanterie und Kommandeur des XV. Armeekorps, Teilnahme am Polen- und Frankreichfeldzug, 1942 Oberbefehl über die
4. Panzerarmee, vergeblicher Einsatzversuch für Stalingrad, 1943 wegen
»Defätismus« seines Kommandos
enthoben, im OKW-Prozess zu 15
Jahren Haft verurteilt, 1954 begnadigt.

Hube, Hans-Valentin (* 29.10.1890
Naumburg/Saale, † 21.4.1944 bei
Thundorf bei Salzburg [Flugzeugabsturz]): 1910 Leutnant, 1914 Zugführer,
Regimentsadjutant, 1918 Hauptmann,
1919 in einer Freiwilligenkompanie, ab
1925 Infanterie- und Taktiklehrer an
der Kriegsschule Dresden, 1931 Major,
1934 Oberstleutnant, 1935 Kommandeur der Infanterieschule Dresden,
1936 Oberst, 1939 Regimentskommandeur, 1940 Generalmajor, Kommandeur der 16. Infanteriedivision,
1942 Generalleutnant und Kommandierender General des XIV. Panzerkorps, in Stalingrad eingeschlossen,
zur Dekorierung ausgeflogen, am
8.1.1943 Rückkehr nach Stalingrad,

am 18.1.1943 erneut ausgeflogen, vergebliche Bitte bei Hitler, einen Ausbruchsversuch zu genehmigen, General der Panzertruppe, Neuaufstellung des XIV. Panzerkorps, Einsatz auf Sizilien, ab Oktober 1943 Oberbefehlshaber der I. Panzerarmee (Ostfront), am 20.4.1944 auf dem Obersalzberg zum Generaloberst befördert, stürzte beim Abflug vom Flugplatz Ainring ab.

Huebner, Rudolf (* 29.4.1897 Erlental bei Posen, † 28.2.1965 Lemgo): 1916 Meldung als Kriegsfreiwilliger, befördert zum Leutnant, nach Kriegsende Studium der Zahnheilkunde, 1923 Promotion zum Dr. med. dent., Zahnarzt in Saarau (Schlesien), 1935 als Hauptmann aktiviert, Kompaniechef, 1940 Major, Bataillonskommandeur im Infanterieregiment 529, 1942 Oberstleutnant und Kommandeur des Infanterieregiments 529, 1943 Oberst, Abfassung der Schrift »Wofür kämpfen wir?«, danach versetzt zum Heerespersonalamt, ab April 1944 im Nationalsozialistischen Führungsstab im Oberkommando der Wehrmacht, ab August 1944 Stabschef des NS-Führungsstabs im OKW, ab Januar 1945 Chef des NS-Führungsstabs des Heeres, Generalmajor, ab 1.2.1945 Kommandeur der 303. Infanteriedivision »Döberitz«, am 10.3.1945 zum Kommandeur des Fliegenden Sondergerichts West ernannt, verurteilte die Verantwortlichen für die Nichtzerstörung der Brücke von Remagen zum Tode, ab dem 28.4.1945 Kommandant

von München, veranlasste die Ermordung von 200 so genannten Meuterern, im Mai 1945 verhaftet, 1948 entlassen, in den 1960er-Jahren wegen der Unrechtsurteile in Remagen zu vier Jahren Gefängnis verurteilt.

Huntziger, Charles (* 25.6.1880 Lesneven bei Finistere, † 12.11.1941 bei Le Vigan [Gard; Flugzeugabsturz]): Berufssoldat, von 1934 bis 1938 französischer Oberbefehlshaber in Syrien, 1939 Oberbefehlshaber der 2. Armee, ab August 1940 Kommandeur der 5. Armee, unterzeichnete am 22.6.1940 in Compiègne das Waffenstillstandsabkommen mit der Wehrmacht, am 24.7.1940 in Rom den Waffenstillstand mit den italienischen Streitkräften, seit September 1940 Kriegsminister der französischen Regierung in Vichy, 1941 Oberbefehlshaber in Nordafrika.

Innitzer, Theodor (* 25.12.1875 Weipert-Neugeschrei [Böhmen], † 9.10.1955 Wien): katholischer Theologe, 1911 Universitätsprofessor für neutestamentliche Exegese, 1928/29 Rektor der Universität Wien, 1929/30 österreichischer Bundesminister für soziale Verwaltung, 1932 bis 1955 Erzbischof von Wien, seit 1933 Kardinal, am 18.3.1938 Initiator der Loyalitätserklärung der österreichischen Bischöfe, versuchte erfolglos, Übereinkommen mit der NSDAP zum Schutz der Kirche auszuhandeln, initiierte eine »Hilfsstelle für nichtarische Katholiken«, nach 1945 Erneuerer der

Katholischen Akademie, verstärkte die Rolle der Laien in der Kirche.

Jaenecke, Erwin (* 22.4.1890 Freren [Emsland], 3.7.1960 Köln): 1911 Eintritt ins Heer, 1912 Leutnant, im Ersten Weltkrieg zunächst Zugführer, dann Stabsoffizier, 1918 im Großen Generalstab, ab 1919 in der Abteilung Fremde Heere, Übernahme durch die Reichswehr, verschiedene Truppen- und Stabsverwendungen, 1930 Major, Stab im Gruppenkommando 1, Besuch der Kriegsakademie, 1932 im Generalstab der 7. Division, 1933/34 Lehrgangsleiter an der Kriegsakademie Berlin, Oberstleutnant, 1934 Kommandeur eines Pionierbataillons, 1936 Oberst, von Juli 1936 bis November 1938 Stabschef im Sonderstab »W« im Oberkommando der Wehrmacht (Bürgerkrieg in Spanien), 1938 Oberquartiermeister der 8. Armee beim Einmarsch in Österreich, 1939 beim Einzug in Prag Generalmajor, von 1940 bis 1942 Oberquartiermeister in Belgien und Paris, 1941 Generalleutnant, 1942 General der Pioniere, Kommandeur des IV. Armeekorps, 1943/44 Oberbefehlshaber der 17. Armee (Kaukasus, Krim), Generaloberst, legte Hitler nahe, Sewastopol zu räumen, in die Führerreserve versetzt, im Januar 1945 Abschied aus dem aktiven Dienst, von Juni 1945 bis Oktober 1955 in sowjetischer Gefangenschaft.

Jagwitz, Eberhard von (* 21.4.1887 Bensberg bei Köln, † ?): Kaufmann, von 1914 bis 1918 Kriegsdienst als Major, danach Kaufmann in Argentinien, dort 1933 Eintritt in die NSDAP (Nr. 1634749), Funktionär der NSDAP (AO), später Chef der NSDAP (AO) in Spanien, 1937 Leiter der Geschäftsgruppe Außenhandelsgeschäfte beim Bevollmächtigten für den Vierjahresplan, Ministerialrat bzw. Hauptabteilungsleiter im Reichswirtschaftsministerium, Unterstaatssekretär, Amtsleiter der NSDAP (AO), Mitglied der SS (Nr. 448976), 1944 Sturmbannführer der Reserve beim SS-Hauptamt, nicht als Zeuge in den Nürnberger Prozessen geladen, Sterbedatum beim Standesamt Bensberg/Bergisch Gladbach nicht registriert, wahrscheinlich also 1945 getötet.

Jeckeln, Friedrich (* 2.2.1895 Hornberg im Schwarzwald, † 3.2.1946 Riga [hingerichtet]): während des Ersten Weltkrieges Kriegsdienst als Offizier, von 1919 bis 1925 Gutspächter, danach freiberuflicher Ingenieur in Braunschweig, 1929 Eintritt in die NSDAP (Nr. 163348), 1930 Eintritt in die SS (Nr. 4367), Führer der SS-Standarte Braunschweig, ab 1933 Verwendung in hohen Polizeiämtern, 1936 SS-Obergruppenführer, 1938 Höherer SS- und Polizeiführer Mitte (Braunschweig, Hannover, Anhalt), 1940/41 HSSPF West (Düsseldorf), 1941 General der Polizei, 1941 bis 1945 HSSPF Ostland (Riga), 1944 General der Waffen-SS, ab Januar 1945 HSSPF Oberschlesien, Kommandierender General im Raum Breslau, im Mai 1945 sowjetische Kriegsgefangenschaft, in Riga zum Tode verurteilt.

Jeschonnek, Hans (* 9. 4. 1899 Hohensalza bei Bromberg, 19. 8. 1943 bei Goldap [Ostpreußen; Selbsttötung]): 1914 Eintritt ins Heer, ab 1917 Jagdflieger, 1919 versetzt zu einem Reiterregiment, 1925 Oberleutnant, 1928 Wechsel zum Reichswehrministerium, Führergehilfen-Ausbildung, beteiligt an der heimlichen Luftrüstung, 1934 Hauptmann und Übertritt zur Luftwaffe, Adjutant bei Milch, 1935 Major, Gruppenkommandeur im Kampfgeschwader »Hindenburg«, 1937 Oberstleutnant, Kommodore des Lehrgeschwaders, 1938 Abteilungschef im Generalstab der Luftwaffe, ab Februar 1939 Generalstabschef der Luftwaffe, Generalmajor, 1940 General der Flieger, Selbsttötung nach schweren Angriffen auf deutsche Städte, postum zum Generaloberst ernannt.

Jodl, Alfred (* 10. 5. 1890 Würzburg, † 16. 10. 1946 Nürnberg [hingerichtet]): Kadett, 1910 Fähnrich, 1912 Leutnant in einem Artillerieregiment, während des Ersten Weltkrieges Front- und Stabsverwendungen, 1919 Mitglied der Volkswehr, Übernahme in die Reichswehr, 1921 Hauptmann, Führergehilfen-Ausbildung, 1931 Major, ab 1932 im Truppenamt des Reichswehrministeriums, 1933 zum Oberstleutnant befördert und zur türkischen Armee kommandiert, 1935 Oberst und Chef der Abteilung Landesverteidigung im Wehrmachtführungsamt, ab 1938 in Wien eingesetzt, 1939 Generalmajor, ab August 1939 Chef des Wehrmachtführungsstabs im Oberkommando der Wehrmacht,

1940 General der Artillerie, 1944 Generaloberst, am 7. 5. 1945 Unterzeichner der bedingungslosen Kapitulation in Reims, Mitglied der Regierung Dönitz, am 23. 5. 1945 verhaftet, am 1. 10. 1946 als Hauptkriegsverbrecher zum Tode verurteilt.

Johannmeyer, Willy (* 27. 7. 1915, † ?): 1933 Eintritt in die SS (Nr. 262992), 1936 Eintritt ins Heer als Fahnenjunker, 1938 Leutnant in einem Infanterieregiment, hoch dekoriert, 1942 Hauptmann, 1943 Bataillonskommandeur im Infanterieregiment 503, 1944 Major im Heerespersonalamt, im November 1944 als Ordonnanzoffizier zur Adjutantur der Wehrmacht bei Hitler kommandiert, im April 1945 Nachfolger Albert Bormanns als Adjutant, brachte Hitlers Testament zu Ferdinand Schörner, 1945 durch amerikanische Truppen inhaftiert.

John von Freyend, Ernst (* 25. 3. 1909, † 1980): 1936 Leutnant der Reserve, 1937 aktiviert, 1941 Hauptmann, ab Februar 1942 im Zentralamt des Wehrmachtführungsstabs beim Oberkommando der Wehrmacht, ab März 1942 Heeresadjutant beim Chef des OKW, Keitel, höchster Dienstgrad Oberstleutnant, 1945 inhaftiert, Zeuge im Hauptkriegsverbrecher-Prozess.

Junge, Gertraud, geb. Humps (* 16. 3. 1920 München, † 11. 2. 2002 München): Handelsschule, Kontoristin in einer Metallfabrik, 1938/39 Sekretärin in einer Rechtsanwaltskanzlei, ab Februar 1939 Redaktionssekretärin beim *Rundschau*-Verlag München, ab September 1942 Sekre-

tärin der Reichskanzlei (Kanzlei des
Führers), im November 1942 zum
Führerhauptquartier »Wolfschanze«
abgeordnet, am 30.1.1943 als Sekretärin Hitlers eingestellt, bis zum
30.4.1945 im Bunker, nach Ausbruch
und Flucht in sowjetischer Gefangenschaft, lebte dann bei einem sowjetischen Offizier, 1946 Flucht nach
Bayern, dort verhaftet und 1947 entlassen, tätig als Sekretärin u.a. bei
der Illustrierten *Quick*, später journalistische Tätigkeit.
Jungfer, Vorname unbekannt (*?, † ?):
»Zeremonienmeister« in der Reichskanzlei.

Kaltenbrunner, Ernst (* 4.10.1903
Ried [Oberösterreich], † 16.10.1946
Nürnberg [hingerichtet]): Studium
der Rechtswissenschaften, 1926 Promotion zum Dr. jur., Rechtsanwalt
in Linz, 1930 Eintritt in die NSDAP
Österreich (Nr. 3179), 1931 in die SS
(Nr. 13039), 1934 Führer der SS-Standarte Linz, verhaftet und zu 6 Monaten Haft wegen Geheimbündelei verurteilt, 1935 Führer der illegalen SS im
Abschnitt VIII (Ober- und Nieder-
österreich), 1936 SS-Standartenführer,
1937 SS-Oberführer, von Himmler
mit der Führung der SS in Österreich
(SS-Oberabschnitt Donau) beauftragt, von März 1938 bis März 1940
Staatssekretär für öffentliche Sicherheit in Österreich, SS-Brigadeführer,
1938 bis 1943 Höherer SS- und Polizeiführer bei den Reichsstatthaltern
in Wien, Ober- und Niederdonau,
1941 Generalleutnant der Polizei, ab

30.1.1943 Chef der Sicherheitspolizei
und des SD sowie Chef des Reichssicherheitshauptamts, zugleich Staatssekretär im Reichsinnenministerium,
SS-Obergruppenführer und General
der Polizei, ab Februar 1944 zugleich
Leiter des Amts Ausland/Abwehr
im Oberkommando der Wehrmacht,
General der Waffen-SS, Ende
April Versuch der Bildung einer Regierung für Österreich, am 12.5.1945
durch amerikanische Truppen verhaf-
tet, im Hauptkriegsverbrecher-Pro-
zess zum Tode verurteilt.
Kammler, Hans (* 26.8.1901 Stettin,
† Mai 1945 bei Pilsen [vermisst]): im
Februar 1919 Eintritt in die Reichs-
wehr, von Mai 1919 bis Juli 1919 Frei-
korps Roßbach, Studium an den TH
München und Danzig, 1923 Dipl.-
Ing. Hochbau, tätig als Bauleiter und
wissenschaftlicher Mitarbeiter, 1932
Dr.-Ing., Eintritt in die NSDAP
(Nr. 1011855), Sachbearbeiter in der
NSDAP-Gauleitung Hannover, 1933
Abteilungsleiter für Wohnungs- und
Siedlungswesen in der NSDAP-Gau-
leitung Groß-Berlin, Referent für
das bäuerliche Siedlungswesen beim
Reichsernährungsministerium, Ein-
tritt in die SS (Nr. 113619), Unter-
scharführer, 1934 Regierungsrat, 1936
Referent für Bauangelegenheiten im
Reichsluftfahrtministerium, SS-Un-
tersturmführer, Wechsel zum Rasse-
und Siedlungshauptamt der SS, 1937
Obersturmführer, 1938 Sturmbann-
führer, Obersturmbannführer, 1940
Baudirektor im SS-Verwaltungs- und
Wirtschaftshauptamt, 1941 SS-Ober-

führer, befasst mit der Planung und Errichtung von Konzentrations- und Vernichtungslagern in Majdanek und Auschwitz, ab Dezember 1941 Leiter der Amtsgruppe C, u. a. zuständig für Konzentrationslager und Rüstungswerke, ab 1943 vorwiegend mit der Untertage-Verlagerung befasst, 1942 SS-Brigadeführer und Generalmajor der Waffen-SS, seit 1943 Leiter von Dienststellen zur Waffenentwicklung, Sonderbeauftragter für Baufragen der A4-(V2-)Fertigung, Einrichtung des Mittelwerks im KZ Dora bei Nordhausen, 1944 SS-Gruppenführer, Leiter des Sonderstabs Kammler, direkt Himmler unterstellt, Generalbevollmächtigter für die V2-Fertigung, ab März 1945 Generalbevollmächtigter für Strahlflugzeuge, seit dem 17. 4. 1945 vermisst, laut Zeugenaussagen Selbsttötung, zahlreiche Legenden um seinen Verbleib.

Kannenberg, Arthur (* 23. 2. 1896 Berlin-Charlottenburg, † 26. 1. 1963 Düsseldorf): Koch, Kellner, Küfer, Buchhalter, ab 1915 Kriegsdienst in einem Telegrafenbataillon, 1918 Gefreiter, führte ab 1919 die Gastronomiebetriebe seines Vaters, 1930 Konkurs, im gleichen Jahr Geschäftsführer eines Lokals, in dem auch Göring und Goebbels verkehrten, 1931 Leiter des Casinos im Braunen Haus, München, ab 1933 Hausintendant der Reichskanzlei, 1945 in Bayern verhaftet, 1946 entlassen, später Gastwirt in Düsseldorf.

Kaschula, Herbert (* 23. 9. 1912 Berlin-Lichterfelde, † ?): Drogist, 1931

Eintritt in die NSDAP (Nr. 531107) und die SA, Übertritt zur SS (Nr. 23708), 1933 Eintritt in die Leibstandarte »Adolf Hitler«, 1934 Unterscharführer, 1935 Oberscharführer, 1936 Führerlehrgang, Untersturmführer, 1937 Obersturmführer, 1939/40 im Polen- und Frankreichfeldzug Bataillonskommandeur, 1940 Hauptsturmführer, 1943 zum SS-Panzergrenadier-Ausbildungsbataillon Berlin versetzt, 1944 Sturmbannführer, seit März 1945 in der Kampfgruppe Mohnke.

Kastrup, Vorname unbekannt (* ?, † ?): Freundin und Gesellschafterin Eva Brauns.

Keitel, Wilhelm (* 22. 9. 1882 Helmscherode im Harz, † 16. 10. 1946 Nürnberg [hingerichtet]): 1901 Leutnant, während des Ersten Weltkrieges zunächst bei der Artillerie, Hauptmann, später Generalstabsoffizier beim Marinekorps, 1919 Reichswehrbrigade Hannover, Übernahme in die Reichswehr, 1923 Major, verschiedene Stabskommandos, 1929 Oberstleutnant im Reichswehrministerium, 1930 Abteilungsleiter für Heeresorganisation, 1931 Oberst, 1934 Generalmajor, Infanterieführer VI Bremen, 1935 Chef des Wehrmachtsamts im Reichskriegsministerium, 1936 Generalleutnant, 1937 General der Artillerie, 1938 Generaloberst, Chef des Oberkommandos der Wehrmacht, nach der Kapitulation Frankreichs 1940 zum Generalfeldmarschall befördert, am 8. 5. 1945 Unterzeichner der bedingungslosen Kapitulation des Deutschen Reiches in Berlin-Karls-

horst, am 1.10.1946 als Hauptkriegsverbrecher zum Tode verurteilt.

Kempka, Erich (* 16.9.1910 Oberhausen, † 24.1.1975 Freiburg-Heu-
tingsheim): Elektrotechniker, Kfz-
Mechaniker, 1930 NSDAP und SS,
Kraftfahrer beim Gau Essen, 1932
Fahrer in Hitlers Begleitkommando,
ab 1936 Hitlers ständiger Fahrer, Führer des Kraftfahrzeugparks, SS-Obersturmbannführer, am 1.5.1945 Flucht
aus Berlin, am 18.6.1945 von der
US-Armee verhaftet, 1947 entlassen,
lebte danach in München, später in
Südwestdeutschland.

Keppler, Wilhelm (* 14.12.1882 Hei-
delberg, † 13.6.1960 Kressbronn am
Bodensee): Maschinenbaustudium,
Einjährig Freiwilliger, 1910 Leutnant
d. R., von 1911 bis 1922 leitender
Ingenieur einer badischen Chemie-
fabrik, 1921 bis 1933 Direktor der Che-
mischen Werke Odin in Eberbach
(Bayern), 1927 Eintritt in die NSDAP
(Nr. 62424), 1932/33 als Persönlicher
Wirtschaftsberater Hitlers tätig,
Gründer des Freundeskreises der
Wirtschaft (später Freundeskreis des
Reichsführers SS), 1933 Eintritt in die
SS (Nr. 50816) als Standartenführer,
1933 bis 1945 ehrenamtlicher Führer
im Stab Reichsführer SS, 1933/34
Beauftragter Hitlers für Wirtschafts-
fragen, zugleich Leiter der Wirt-
schaftspolitischen Abteilung in der
Reichsleitung der NSDAP, von 1934
bis 1945 Aufsichtsratsvorsitzender der
Braunkohle-Benzin AG (Brabag),
später zahlreiche Aufsichtsratsman-
date von Rüstungsbetrieben, u.a.

Steyr-Daimler-Puch, 1935 SS-Brigadeführer, Leiter verschiedener Stäbe
und Kommissionen für Roh- und
Werkstoffe sowie industrielle Fette,
1936 SS-Gruppenführer, von 1936 bis
1945 Mitglied des Ministerrats für
den Vierjahresplan, 1937 Beauftragter
für österreichische Angelegenheiten
in der NSDAP, Sekretär an der deutschen Botschaft in Wien, von 1938 bis
1945 Staatssekretär z. b. V. im Auswärtigen Amt, beauftragt mit der rüs-
tungswirtschaftlichen Eingliederung
angeschlossener Gebiete, 1942 SS-
Obergruppenführer, am 10.5.1945
verhaftet, 1947 im »Wilhelmstraßenprozess« angeklagt und 1949 zu zehn
Jahren Haft verurteilt, 1951 entlassen.

Kesselring, Albert (* 30.11.1885
Marksteft [Unterfranken],
† 16.7.1960 Bad Nauheim): 1904 Ein-
tritt in das bayerische Heer, 1906
Leutnant, Besuch der Artillerie- und
Ingenieurschule, 1913 Oberleutnant,
während des Ersten Weltkrieges Ad-
jutant beim bayerischen General der
Fußartillerie, Hauptmann, ab 1917 im
Generalstab einer Division, ab 1918 im
Generalstab des II. bayerischen Ar-
meekorps, 1919 Übernahme durch die
Reichswehr, 1921 Batteriechef im Ar-
tillerieregiment 7, 1922 Wechsel ins
Reichswehrministerium, 1925 Major
im Stab der Heeresleitung, 1926 im
Wehramt, danach verschiedene hohe
Stabsverwendungen, 1932 Oberst,
1933 Übertritt zur Luftwaffe, Chef des
Luftwaffenverwaltungsamts, 1934
Generalmajor, 1936 Generalleutnant,
Chef des Luftwaffenkommandoamts,

1937 General der Flieger, Kommandierender General und Befehlshaber im Luftkreis III, 1938 Chef der Luftflotte 1, 1940 Chef der Luftflotte 2, Generalfeldmarschall, 1943 Oberbefehlshaber der Heeresgruppe Süd (Mittelmeer-Raum, Italien), später der Heeresgruppe C, ab 1945 der Heeresgruppe D (West), 1945 in englische Kriegsgefangenschaft, 1947 zum Tode verurteilt, zu lebenslanger Haft begnadigt, 1952 entlassen.

Kirdorf, Emil (* 8.4.1847 Mettmann [Rheinland], † 13.7.1938 Mülheim/Ruhr): kaufmännische Lehre, zunächst tätig im väterlichen Textilbetrieb, ab 1869 in Bergbauunternehmen, 1871 kaufmännischer Leiter der Zeche Holland bei Wattenscheid, von 1873 bis 1926 (seit 1892 Generaldirektor) der von ihm mitbegründeten Gelsenkirchner Bergwerks AG, zugleich bis 1925 Vorsitzender des Rheinisch-Westfälischen Kohlen-Syndikats, 1926 beteiligt an der Gründung der Vereinigten Stahlwerke AG, 1927 Rücktritt, seit 1927 bekannt mit Hitler, Übertritt von der DNVP zur NSDAP, öffentliches Bekenntnis und finanzielle Unterstützung der NSDAP, 1928 Austritt, jedoch weiterhin finanzielle Zuwendungen an Hitler, 1934 Wiedereintritt in die NSDAP.

Kleist, Ewald von (* 8.8.1881 Braunfels [Hessen], † 16.10.1954 Lager Wladimirowka [Sowjetunion]): 1901 Eintritt ins Heer, 1902 Leutnant, 1910 bis 1913 Besuch der Kriegsakademie, während des Ersten Weltkrieges zunächst Rittmeister in einem Husarenregiment, ab 1915 verschiedene Stabsstellen, zuletzt als I a im Generalstab des VII. Armeekorps, Übernahme durch die Reichswehr, weiterhin in verschiedenen Stabsfunktionen, 1929 Oberst, Chef des Generalstabs der 3. Division, 1931 Kommandeur eines Infanterieregiments, 1932 Generalmajor, 1933 Generalleutnant, 1935 Kommandierender General des VIII. Armeekorps, 1938 verabschiedet, 1939 aktiviert, Kommandierender General des XXII. Armeekorps, 1940 Generaloberst, 1941/42 Oberbefehlshaber der 1. Panzerarmee, 1942 bis 1944 Oberbefehlshaber der Heeresgruppe A bzw. Südukraine, 1943 Generalfeldmarschall, im März 1944 entlassen, im Mai 1945 in englische Kriegsgefangenschaft, 1946 an Jugoslawien ausgeliefert, dort zu 15 Jahren Haft verurteilt, 1948 an die Sowjetunion ausgeliefert.

Klopfer, Gerhard (* 18.2.1905 Schreibersdorf [Schlesien], † 29.1.1987 Ulm): Studium der Rechtswissenschaften, 1927 Promotion zum Dr. jur., Richter, 1933 NSDAP, SA, Eintritt in das preußische Landwirtschaftsministerium, 1934 Wechsel zur Gestapo, 1935 zum Stab beim Stellvertreter des Führers Heß, SS, 1941 Ministerialdirektor, enger Mitarbeiter Martin Bormanns, Teilnehmer an der Wannsee-Konferenz, Führer im SD-Hauptamt, 1944 SS-Gruppenführer, 1945 verhaftet, 1949 als »minderbelastet« entnazifiziert, 1956 Rechtsanwalt in Ulm, staatsanwaltliche Ermittlungsverfahren wurden 1962 eingestellt.

Kluge, Hans Günther von
(* 30. 10. 1882 Posen, † 19. 8. 1944 bei
Metz [Selbsttötung]): Kadett, 1901
Leutnant, 1908 bis 1911 Kriegsakademie, 1912 kommandiert zum Großen
Generalstab, 1914 Hauptmann im Generalstab des XXI. Armeekorps, ab
1916 im Generalstab der Südarmee,
dann im Generalstab des Alpenkorps,
ab Frühjahr 1918 I a im Generalstab
der 236. Infanteriedivision, Übernahme durch die Reichswehr, 1923
Wechsel zum Reichswehrministerium, 1927 Oberstleutnant, 1930
Oberst, Kommandeur eines Artillerieregiments, 1933 Generalmajor, Inspekteur der Nachrichtentruppen,
1934 Generalleutnant und Kommandeur der 6. Division, Befehlshaber im
Wehrkreis VI, 1935 Kommandeur des
VI. Armeekorps, 1939 Oberbefehlshaber der 4. Armee, Generaloberst, 1940
Generalfeldmarschall, 1941 Oberbefehlshaber der Heeresgruppe Mitte,
1943 in die Führerreserve versetzt, im
Juli 1944 Ernennung zum Oberbefehlshaber West und der Heeresgruppen D und B, am 16. 8. 1944 entlassen
und ins Führerhauptquartier einbe-
stellt; tötete sich selbst, da er Fragen
nach seinen Kontakten zum militärischen Widerstand und nach seinem
Verhalten bei der Invasion der alliierten Truppen fürchtete.

Knesebeck, von dem, Vorname
unbekannt (* ?, † ?): Oberstleutnant
im Oberkommando des Heeres.

Koch, Erich (* 19. 6. 1896 Elberfeld,
† 12. 11. 1986 Barczewo [Polen]): kaufmännische Ausbildung, Beamtenan-
wärter bei der Reichsbahn, von 1915
bis 1918 Kriegsdienst, von 1919 bis 1926
Eisenbahnbetriebsassistent, zwischen
1919 und 1923 in verschiedenen Freikorps und Wehrverbänden, 1922
Eintritt in die NSDAP, 1922/23 Gau-
Geschäftsführer der NSDAP im
Ruhrgebiet, mehrfach durch französisches Militär verhaftet, 1926 Wiedereintritt in die NSDAP (Nr. 32672),
Leiter des NSDAP-Bezirks Essen
und Geschäftsführer des Großgaus
Ruhr, von der Reichsbahn entlassen,
1927/28 stellvertretender Gauleiter des
Großgaus Ruhr, nach innerparteili-
chen Auseinandersetzungen NSDAP-
Gauleiter in Ostpreußen bis 1945, von
1930 bis 1945 Mitglied des Reichstags,
von 1933 bis 1945 Oberpräsident der
Provinz Ostpreußen und von 1939 bis
1945 zugleich Reichsverteidigungskommissar, 1938 SA-Obergruppenführer, 1941 bis 1944 Chef der Zivilverwaltung im Bezirk Bialystok,
von Mai 1942 bis September 1944
Reichskommissar für die Ukraine, ab
25. 9. 1944 Führer des Deutschen
Volkssturms im Gau Ostpreußen, am
23. 4. 1945 Flucht nach Flensburg,
untergetaucht als Landarbeiter, 1949
verhaftet, 1950 Auslieferung nach
Polen, inhaftiert, am 9. 3. 1959 vom
Warschauer Bezirksgericht wegen der
Planung, Vorbereitung und Organisation von Massenmorden zum Tode
verurteilt, 1960 zu lebenslanger Haft
begnadigt.

Koller, Karl (* 22. 2. 1898 Glonn bei
München, † 22. 12. 1951 Glonn): 1914
Kriegsfreiwilliger, zunächst Kraftfah-

rer, ab 1916 Ausbildung zum Spezial-
schlosser, Kriegseinsatz, ab 1917 Pilot,
englische Kriegsgefangenschaft, 1919
Rückkehr, Übernahme durch die
Polizei, 1922 Leutnant, ab 1930 Ausbilder bei der Reichswehr, 1933
Hauptmann, 1935 in die Luftwaffe
überführt, Höhere Luftwaffenschule
Gatow, 1936 Staffelkapitän, von 1936
bis 1938 Luftkriegsakademie, danach
verschiedene hohe Stabsverwendungen, u. a. im Gruppenkommando III,
1939 Oberstleutnant, 1941 Oberst,
Chef des Generalstabs der Luftflotte
3, 1943 Generalmajor, Chef des
Führungsstabs im Generalstab der
Luftwaffe, am 20. 7. 1944 verletzt, ab
1. 11. 1944 Chef des Generalstabs der
Luftwaffe, General der Flieger, 1945
Kriegsgefangenschaft, 1947 entlassen.

Körber, August (* 20. 1. 1905, † nach
1945): Mitglied der NSDAP
(Nr. 4202), 1932 Eintritt in die SS
(Nr. 5887), 1933 Obersturmführer im
Begleitkommando des Führers, 1935
Hauptsturmführer, bis zum April 1945
in der Reichskanzlei, brachte am
21./22. 4. Unterlagen zum Berghof, im
Mai 1945 von US-Truppen verhaftet.

Korten, Günther (* 26. 7. 1898 Köln,
† 22. 7. 1944 Rastenburg [Ostpreu-
ßen]): 1914 Kriegsfreiwilliger, Zugführer, 1915 Leutnant, 1919 Übernahme durch die Reichswehr,
verschiedene Stellungen in Pionier-
bataillonen, 1931 Hauptmann, 1933
Wechsel zur Luftwaffe, 1934 Major im
Generalstab der Luftwaffe, 1936
Kommandeur der Fernaufklärer-
gruppe 122, 1937 Oberstleutnant,

Abteilungschef im Generalstab, 1938
Chef des Luftwaffenkommandos
Österreich, 1939 Chef der Luftflotte 4, Oberst, 1940 Generalmajor,
1941 Chef des Generalstabs der Luftflotte Südost, 1942 Generalleutnant,
1943 Chef der Luftflotte 1, ab August
1943 Chef des Generalstabs der Luftwaffe, beim Attentat auf Hitler am
20. 7. 1944 tödlich verletzt, postum
zum Generaloberst ernannt.

Köster, SS-Mann, vermutlich handelte es sich um August Körber.

Krancke, Theodor (* 3. 3. 1893 Magdeburg, † 18. 6. 1973 Wentorf bei
Hamburg): 1912 Seekadett, während
des Ersten Weltkrieges Wachoffizier
in der IX. Torpedoboot-Flottille, 1917
Oberleutnant, Adjutant der Nordsee-
Marinestation, 1920 Kommandant
eines Minensuchers, 1922 Kapitänleutnant, Chef der II. Torpedoboot-
Flottille, von 1927 bis 1930 Führergehilfen-Ausbildung, 1930 Korvettenkapitän, Chef der 4. Torpedoboot-
Halbflotte, 1932 Admiralstabsoffizier
im Stab des Flottenkommandos, ab
1935 im Kriegsministerium, Fregattenkapitän, 1937 Kapitän zur See, 1937
Kommandeur der Marineakademie,
ab August 1939 Stabschef des Kommandeurs im Verteidigungsbereich
Nordsee, 1939/40 Kommandant des
Schweren Kreuzers *Admiral Scheer*, ab
Februar 1940 Mitglied des Planungs-
stabs für das Unternehmen »Weser-
Übung« (Invasion in Dänemark und
Norwegen), ab April 1940 Stabschef
beim Kommandierenden Admiral in
Norwegen, von Juni 1940 bis Juni 1941

erneut Kommandant der *Admiral Scheer*, Konteradmiral, ab Juni 1941 Chef des Marine-Befehlsamts, Vizeadmiral, von Januar 1942 bis Februar 1943 gleichzeitig Verbindungsoffizier des Oberbefehlshabers der Kriegsmarine im Führerhauptquartier, 1943 Admiral, ab April 1943 Kommandierender Chef des Marine-Gruppenkommandos West (Paris), ab Oktober 1944 Kommandierender Chef des Marine-Generalstabs West, am 26.4.1945 Chef im Marinekommando Norwegen, von August 1945 bis Juli 1947 britische Gefangenschaft.

Krause, Alfred (* 22.9.1880 Leopoldshall, † ?): 1935 NSDAP (Nr. 3601751) und SS (Nr. 257499), Versorgungsoffizier in der SS-Leibstandarte »Adolf Hitler«, 1943 SS-Obersturmbannführer, seit April 1945 in der Kampfgruppe Mohnke.

Krebs, Hans (* 4.3.1898 Helmstedt, † 1.5.1945 Berlin [Selbsttötung]): 1914 Kriegsfreiwilliger, 1915 Leutnant, nach 1919 in Freiwilligenverbänden, Übernahme durch die Reichswehr, 1925 Oberleutnant, 1931 Wechsel zum Reichswehrministerium, 1933 Gehilfe des Militärattachés in Moskau, ab Oktober 1934 in verschiedenen Stabsverwendungen, u.a. 1937 im Generalstab des Heeres, 1938 Oberstleutnant und Chef der Heeresausbildungsabteilung, 1939 Chef des Generalstabs des VII. Armeekorps, 1942 Chef des Generalstabs der 9. Armee, 1943 der Heeresgruppe Mitte, 1944 der Heeresgruppe B, General der Infanterie, am 1.4.1945 zum Chef des Generalstabs des Heeres ernannt, in der Nacht vom 30.4. zum 1.5.1945 Kapitulationsverhandlungen mit den sowjetischen General Tschuikow.

Krüger, Else, verh. James (* 9.2.1915 Hamburg-Altona, † ?): 1942 Sekretärin von Martin Bormann, am 1.5.1945 Flucht aus Berlin, 1945 durch die britische Armee interniert, heiratete ihren Vernehmer, Umzug nach England.

Krüger, Heinz (* ?, † ?): SS-Hauptscharführer, Ordonnanz bei Hitler.

Krupp von Bohlen und Halbach, Alfried (* 13.8.1907 Essen, † 1.1.1967 Essen): ältester Sohn von Gustav Krupp, Studium der Ingenieurwissenschaften, seit 1931 Förderndes Mitglied der SS, später Standartenführer im Nationalsozialistischen Fliegerkorps, 1936 Vorstandsmitglied der Firma Fried. Krupp AG, 1938 Mitglied des Direktoriums, Eintritt in die NSDAP, seit Dezember 1943 Alleininhaber der Firma Krupp, Mitglied in den Reichsvereinigungen Kohle und Stahl und im Reichsrüstungsrat, 1945 verhaftet, 1948 wegen Verbrechens gegen die Menschlichkeit und Verstößen gegen das Kriegsrecht zu einer Gefängnisstrafe von zwölf Jahren und Vermögensentzug verurteilt, 1951 aus der Haft entlassen, ab 1953 erneut Leitung des Konzerns, Umstellung der Firma auf Zivilproduktion, verfügte die Gründung der Alfried-Krupp-von-Bohlen-und-Halbach-Stiftung.

Krupp von Bohlen und Halbach, Gustav (* 7.8.1870 Den Haag, † 16.1.1950 Blühnbach bei Salzburg):

Kaufmann, 1906 Heirat mit Bertha Krupp, der Alleinerbin der Fried. Krupp AG, 1909 Vorsitzender des Aufsichtsrats, von 1931 bis 1934 Vorsitzender des Reichsverbands der Deutschen Industrie, maßgeblich an den Aufrüstungsprogrammen des Deutschen Reiches beteiligt, im Nürnberger Hauptkriegsverbrecher-Prozess als Repräsentant der deutschen Schwer- und Rüstungsindustrie angeklagt, Einstellung des Verfahrens wegen Verhandlungsunfähigkeit.

Kube, Wilhelm (* 13. 11. 1887 Glogau, † 22. 9. 1943 Minsk [ermordet]): Studium der Geschichte, Nationalökonomie, Kirchengeschichte und Geographie in Berlin ohne Abschluss, 1912 bis 1914 Hauslehrer, danach journalistische Tätigkeit, 1917 Mitbegründer der Deutsch-Konservativen Partei, 1919 bis 1923 Mitglied der DNVP, 1920 bis 1923 Generalsekretär des DNVP-Landesverbands Berlin, 1922/23 Reichsführer der Bismarck-Jugend, 1924 Eintritt in die Deutschvölkische Freiheitspartei, 1926/27 deren Reichsgeschäftsführer, 1924 bis 1928 Mitglied des Reichstags für die DVFP, 1928 Eintritt in die NSDAP (Nr. 71682), von 1928 bis 1933 Fraktionsführer der NSDAP im Preußischen Landtag, 1933 Eintritt in die SS als Oberführer (Nr. 114771), von 1933 bis 1936 Gauleiter des NSDAP-Gaus Kurmark und Oberpräsident der Provinz Brandenburg, 1934 SS-Gruppenführer, im August 1936 wegen ungerechtfertigter Denunziation ranghoher Parteimitglieder Ausschluss aus

der SS, von allen Staats- und Parteiämtern entbunden, am 17. 7. 1941 zum Generalkommissar von Weißruthenien (Weißrussland) ernannt, Leiter der Zivilverwaltung in Weißruthenien, starb bei einem Sprengstoffanschlag.

Kuhlmann, Franz (* 1905, † 1989): Kapitänleutnant d. R., Kommandant der Rügendammbrücke, 1945 Kommandeur eines Marine-Schützenbataillons in Stralsund, das Ende April 1945 in Berlin eingesetzt wurde.

Lammers, Hans Heinrich (* 27. 5. 1879 Lublinitz [Oberschlesien], † 4. 1. 1962 Düsseldorf): Studium der Rechtswissenschaften, Richter, ab 1914 Kriegsdienst, nach Verwundung in der Verwaltung, seit 1921 Beamter im Reichsinnenministerium, Eintritt in die DNVP, 1932 Eintritt in die NSDAP, vom 30. 1. 1933 bis zum 23. 4. 1945 Staatssekretär und Chef der Reichskanzlei, ab 1937 im Rang eines Reichsministers, 1933 Eintritt in die SS als Brigadeführer, 1940 SS-Obergruppenführer, im März 1945 Nervenzusammenbruch, unterstützte am 23. 4. 1945 Görings Vorschlag, die Amtsgeschäfte an diesen zu übertragen, verhaftet, von US-Militär befreit und erneut inhaftiert, 1949 im »Wilhelmstraßenprozess« zu 20 Jahren Haft verurteilt, 1951 entlassen.

Lanz, Hubert (* 22. 5. 1896 Entringen [Württemberg], † 12. 5. 1982 München): 1914 Eintritt ins Heer, 1915 Leutnant der Gebirgsjäger, Übernahme in die Reichswehr, ab 1921 im

Generalstab der 5. Division zuständig für Ausbildung, 1929 Hauptmann im Reichswehrministerium, 1933 Kompaniechef in einem Infanterieregiment, 1934 Major, verschiedene hohe Stabsverwendungen, u. a. als I a des IX. Armeekorps, Oberstleutnant, 1938 Kommandeur des Gebirgsjägerregiments 100, 1939 Oberst, Generalstabschef des XVIII. Gebirgskorps, Generalmajor, 1942 Generalleutnant, ab Januar 1943 Befehlshaber der Gruppe Lanz, ab Februar 1943 Kommandierender General des XXII. Gebirgskorps, General der Gebirgstruppe, am 8. 5. 1945 in Kriegsgefangenschaft, 1947 wegen Kriegsverbrechen zu zwölf Jahren Gefängnis verurteilt, 1951 aus der Haft entlassen, danach in der Holzindustrie tätig, Vorsitzender des Wehrpolitischen Ausschusses der FDP.

Lasch, Otto (* 25. 6. 1893 Pleß [Oberschlesien], † 29. 4. 1971 Bad Godesberg): 1913 Eintritt ins Heer, Kriegsdienst als Zugführer, später in der Fliegertruppe, 1920 verabschiedet, Übertritt zur Polizei, 1921 Hauptmann, ab 1924 in der Verwaltung, 1927 bis 1934 Kommandeur der Polizeischule Sensburg, 1934/35 Stabsoffizier I c bei der Landespolizei-Inspektion Breslau, 1935 Übertritt zum Heer, Major, 1939 Oberst, Kommandeur des Infanterieregiments 43, 1942 Generalmajor, Kommandeur der 217. Infanteriedivision, Generalleutnant, Kommandeur der 349. Infanteriedivision, 1944 Kommandierender General des LXIV. Armeekorps, General der Infanterie, ab Januar 1945 Kommandant der Festung Königsberg, am 10. 4. 1945 Kapitulation, russische Gefangenschaft, in Abwesenheit in Deutschland zum Tode verurteilt, in der Sowjetunion zu 25 Jahren Haft verurteilt, 1955 entlassen, danach schriftstellerische Tätigkeit.

Laval, Pierre (* 28. 6. 1883 Châteldon [am Puy-de-Dôme], † 15. 10. 1945 Fresnes bei Paris): Studium der Rechtswissenschaften, 1907 Anwalt, von 1914 bis 1919 sozialistischer Parlamentsabgeordneter, ab 1924 Bürgermeister der Kleinstadt Aubervilliers, von 1924 bis 1927 unabhängiger Deputierter, von 1927 bis 1940 Senator, seit 1925 mehrfach Minister, u. a. für Justiz (1926), Arbeit (1930 bis 1932), 1931/32 französischer Ministerpräsident, von 1934 bis 1936 Außenminister, 1935/36 Ministerpräsident und zugleich Außenminister, Protagonist einer Annäherung an Italien und Deutschland, 1935 Abschluss eines Beistandspakts mit der Sowjetunion, 1936 durch den Wahlsieg der Volksfront aus dem inneren Zirkel der Macht ausgeschlossen, Übergang zur extremen Rechten, 1940 unter Pétain Stellvertretender Ministerpräsident und Außenminister, von 1942 bis 1944 Ministerpräsident der Vichy-Regierung, am 9. 10. 1945 wegen Kollaboration und Landesverrats zum Tode verurteilt.

Leander, Zarah, eigentlich Zarah Stina Hedberg (* 15. 3. 1907 Karlstad [Schweden], † 23. 6. 1981 Stockholm): seit 1929 Theaterschauspielerin und Sängerin in Schweden, 1936 erfolgreiches Engagement in Wien, 1937 erste UFA-Produktion, erfolgreich mit dramatisch-melancholischen, gelegentlich verrucht-exotischen Rollen sowie als Sängerin (»Ich weiß, es wird einmal ein Wunder geschehen«, »Davon geht die Welt nicht unter«), 1943 Rückkehr nach Schweden, 1945 Berufsverbot in Deutschland und Schweden, seit 1949 wieder Schauspielerin und Sängerin.

Leeb, Wilhelm Ritter von (* 5. 9. 1876 Passau, † 29. 4. 1954 Hohenschwangau [Bayern]): 1895 Eintritt in die bayerische Armee, 1897 Leutnant, Artillerie- und Ingenieurschule München, 1900 ostasiatisches Feldartillerie-Regiment, 1901 Rückkehr, von 1903 bis 1906 Kriegsakademie, 1907 Oberleutnant in der Zentralstelle des bayerischen Generalstabs, von 1909 bis 1911 im Großen Generalstab, 1912 Hauptmann, während des Ersten Weltkrieges im Stab der 11. bayerischen Infanteriedivision, ab 1917 im Generalstab der Heeresgruppe Kronprinz Rupprecht von Bayern, 1919 Abteilungschef im bayerischen Kriegsministerium, ab Oktober 1919 im Reichswehrministerium, 1920 Oberstleutnant, ab 1921 verschiedene hohe Stabsfunktionen, 1926 Kommandeur des Artillerieregiments 7, 1929 Generalmajor, 1930 Kommandeur der 7. Infanteriedivision, Befehlshaber im Wehrkreis VII, 1933 Oberbefehlshaber des Gruppenkommandos II, 1934 General der Artillerie, im Februar 1938 im Rahmen der Fritsch-Affäre aus dem aktiven Dienst verabschiedet, bereits im Ok-

tober 1938 wieder aktiviert, Kommandeur der 12. Armee bei der Besetzung des Sudetenlandes, 1939/40 Oberbefehlshaber der Heeresgruppe C, 1940 Generalfeldmarschall, 1941/42 Oberbefehlshaber der Heeresgruppe Nord, in die Führerreserve versetzt, 1945 verhaftet, 1948 zu drei Jahren Gefängnis verurteilt, die als verbüßt galten.

Le Luc, Maurice Athanase (* 1885, † 1964): Berufssoldat, 1937 Konteradmiral, Chef des Verteidigungsbereichs Brest, 1939 Mitkommandeur der französischen Marine, ab 1939 stellvertretender Chef des Marinestabs, 1940 Vizeadmiral, Generalstabschef, Marinestaatssekretär, 1941 beratende Tätigkeit für die französische Regierung, 1942 Generalstabschef der Marine, 1943 in die Reserve versetzt, 1944 entlassen, 1949 zu zwei Jahren Gefängnis verurteilt, 1951 ehrenvoll pensioniert.

Ley, Robert (* 15. 2. 1890 Niederbreidenbach bei Gummersbach, † 25. 10. 1945 Nürnberg [Selbsttötung]): Studium der Naturwissenschaften, Aufbaustudium als Nahrungsmittelchemiker, 1914 Kriegsfreiwilliger zunächst bei der Infanterie, 1917 zum Fliegerkorps versetzt, abgeschossen und schwer verwundet, bis 1920 in französischer Kriegsgefangenschaft, 1920 Promotion zum Dr. phil., 1921 Anstellung bei Bayer in Leverkusen, 1924 Eintritt in die Nationalsozialistische Freiheitspartei, Gauleiter der NSFP im Rheinland, 1925 Eintritt in die NSDAP (Nr. 18441), Gauleiter im NSDAP-Gau Rheinland-Süd, 1927 von den Bayer-Werken entlassen, von 1928 bis 1931 Verleger der Zeitung *Westdeutscher Beobachter*, Gau-Organisationsleiter im NSDAP-Gau Köln-Aachen, mehrfach wegen antijüdischer Hetze zu Geld- und Bewährungsstrafen verurteilt, 1930 Mitglied des Preußischen Landtags, von 1930 bis 1945 Mitglied des Reichstags, verschiedene hohe Funktionen in der NSDAP (u. a. 1932 Reichsorganisationsinspektor), von 1932 bis 1934 geschäftsführender Stellvertreter des Reichsorganisationsleiters der NSDAP, von 1933 bis 1945 Führer bzw. Reichsleiter der Einheitsgewerkschaft Deutsche Arbeitsfront (DAF), von 1934 bis 1945 Reichsorganisationsleiter der NSDAP, 1937 SA-Obergruppenführer, verschiedene staatliche Funktionen (u. a. von 1942 bis 1945 Reichswohnungskommissar), nach Auftritten in volltrunkenem Zustand ab Februar 1942 öffentliches Redeverbot, am 28. 3. 1945 zum Führer des Freikorps »Adolf Hitler« ernannt, am 20. 4. 1945 Flucht aus Berlin, am 15. 5. 1945 westlich von Berchtesgaden verhaftet, Angeklagter im Hauptkriegsverbrecher-Prozess, erdrosselte sich nach Erhalt der Anklageschrift.

Liebel, Willy (* 31. 8. 1897 Nürnberg, † 20. 4. 1945 [Selbsttötung]): 1914 bis 1918 Kriegsdienst als Leutnant, danach in Wehrverbänden, 1924 Persönlicher Assistent von Erich Ludendorff, Druckereibesitzer, Verleger (*Panzerfaust*-Verlag), 1925 Eintritt in die NSDAP (Nr. 23091), 1926 Austritt, 1928 Wiedereintritt, NSDAP-Ortsgruppenleiter Nürnberg, zugleich Gau-Organisationsleiter im NSDAP-Gau Franken, 1933 bis 1945 Bürgermeister von Nürnberg, SA-Standartenführer, von 1936 bis 1945 Mitglied des Reichstags, 1941 SA-Obergruppenführer, tätig in verschiedenen Verbänden, hohe NSDAP-Funktionen (u. a. ab 1943 Reichshauptamtsleiter), 1942 bis 1944 Chef des Zentralamts und Vertreter des Reichsministers für Rüstung und Kriegsproduktion Albert Speer, ab Ende 1944 wegen Erkrankung beurlaubt.

Lindloff, Ewald (* 27. 9. 1908 Stuba bei Danzig, † 2. 5. 1945 Berlin): Ingenieurschule, 1932 Eintritt in die SS, ab 1933 in der Leibstandarte »Adolf Hitler«, seit 1934 im Führer-Begleitkommando, 1934 Unterscharführer, 1938 Hauptscharführer, 1941 Untersturmführer, 1942/43 Fronteinsatz, Obersturmführer, 1945 Hauptsturmführer, beteiligt an der Verbrennung der Leichen von Adolf Hitler und Eva Braun, vergrub die Überreste im Garten der Reichskanzlei, wurde beim Ausbruch aus der Reichskanzlei getötet.

Linge, Heinz (* 23. 3. 1913 Bremen, † 24. 6. 1980 Bremen): Maurer, Besuch einer Baufachschule ohne Abschluss, 1932 Eintritt in die NSDAP (Nr. 1260419) und SS (Nr. 35795), 1933 Wechsel zur Leibstandarte »Adolf Hitler«, 1935 nach Lehrgang an einer Hotelfachschule Ordonnanz Hitlers, ab 1939 persönlicher Diener, SS-Untersturmführer, Chef des Persönlichen Dienstes bei Hitler, höchster Dienstgrad SS-Sturmbannführer, am

2.5.1945 von sowjetischen Truppen verhaftet, mehrjährige Verhöre durch das NKWD, 1950 zu 25 Jahren Strafarbeit verurteilt, 1955 in die Bundesrepublik entlassen.

List, Wilhelm (* 14.5.1880 Oberkirchberg bei Ulm, † 16.8.1971 Garmisch-Partenkirchen): Fahnenjunker, 1900 Leutnant im bayerischen Heer, Besuch der Artillerie- und Ingenieurschule München, 1908 bis 1911 Kriegsakademie, 1913 Hauptmann, 1914 in Zentralstelle des bayerischen Generalstabs, danach verschiedene Stabsverwendungen, ab 1918 im bayerischen Kriegsministerium, 1920 Major im Generalstab des Wehrkreises VII, ab 1926 im Reichswehrministerium, 1927 Oberst, 1930 Kommandeur der Infanterieschule Dresden, 1933 Befehlshaber im Wehrkreis IV und Kommandeur der 4. Division, 1938 Oberbefehlshaber des Gruppenkommandos 2, nach dem »Anschluss« Österreichs Oberbefehlshaber des Gruppenkommandos 5 in Wien, 1939/40 Oberbefehlshaber der 12. Armee im Frankreichfeldzug, 1940 Generalfeldmarschall, 1941 Oberbefehlshaber Südost (Athen), 1942 Übernahme der Heeresgruppe A, nach dem Scheitern der Sommeroffensive im Russlandfeldzug im September 1942 in die Führerreserve versetzt, 1945 von US-Militär verhaftet und 1948 in Nürnberg wegen deutscher Vergeltungsaktionen bei der Bekämpfung von Partisanen auf dem Balkan zu lebenslanger Haft verurteilt, 1952 aus Krankheitsgründen entlassen.

Löhlein, Manfred (* 5.1.1882 Berlin, † 14.9.1954 Essen): Studium der Medizin, Dr. med., Facharztausbildung für Augenheilkunde, 1910 Habilitation an der Universität Greifswald, 1914 außerordentlicher Professor, 1921 ordentlicher Professor, 1924 Wechsel an die Universität Jena, 1932 nach Freiburg, 1933 Eintritt in die NSDAP, seit 1934 ordentlicher Professor der Universität Berlin, Leiter der Augenklinik der Charité, Spezialist für Hornhautverpflanzungen sowie Erbkrankheiten des Auges, ab 1944 mehrfach von Morell zur Behandlung von Hitlers Bindehautentzündung angefordert, Mitglied beim Rat des Bevollmächtigten für das Gesundheitswesen Brandt, 1945 von der Universität Berlin formal entlassen, aber weiterbeschäftigt, 1949 Honorarprofessor an der Freien Universität Berlin.

Löhr, Alexander (* 20.5.1885 Turnu-Severin [Rumänien], † 16.2.1947 Jugoslawien [hingerichtet]): 1906 Eintritt in die k. u. k. Armee, 1910 bis 1913 Kriegsschule Wien, während des Ersten Weltkrieges Generalstabsoffizier u. a. in der Luftabteilung, 1919 Übernahme in das Bundesheer, 1928 Oberst und Vorstand der 5. Luftabteilung im Kriegsministerium, 1933 Kommandeur der österreichischen Luftstreitkräfte, 1934 Generalmajor, 1938 Generalleutnant der deutschen Wehrmacht, Befehlshaber der Luftwaffe in Österreich, 1939 Chef der Luftflotte 4, Generaloberst, Befehlshaber Südost Wien, Teilnahme am Polen- und Balkanfeldzug, 1941 Befehlshaber der Luftflotte 4 beim Angriff gegen die Sowjetunion, Oberbefehlshaber der Luftwaffe in der Ukraine, 1942 Wehrmachtsbefehlshaber Südost, 1943 vorübergehend Oberbefehlshaber Südost, danach Chef der Heeresgruppe E (Griechenland), im Mai 1945 von der britischen Armee an Jugoslawien ausgeliefert, wegen der Bombardierung Belgrads (die auf Anweisung Hitlers ohne formelle Kriegserklärung erfolgte) zum Tode verurteilt.

Lohse, Vorname unbekannt (* ?, † ?): Chef des Führer-Nachrichtenbataillons.

Lohse, Hinrich (* 2.9.1896 Mühlenbarbek bei Itzehoe, † 25.2.1964 Mühlenbarbek): Kriegsdienst, 1916 verwundet, kaufmännische Lehre, Bankbeamter, 1923 NSDAP, ab 1924 Abgeordneter in Altona für den Völkisch-Sozialen Block, ab 1925 Gauleiter in Schleswig-Holstein, ab 1932 Mitglied des Reichstags, ab 1933 Oberpräsident von Schleswig-Holstein, 1934 SA-Gruppenführer, 1941 bis 1944 als Reichskommissar »Ostland« in Riga Chef der Zivilverwaltung für das Baltikum und ab 1942 auch Weißrussland, 1945 durch britische Truppen verhaftet, 1948 von einem deutschen Gericht zu zehn Jahren Haft verurteilt, 1951 entlassen.

Lorenz, Heinz (* 7.8.1913 Schwerin, † 23.11.1985 Düsseldorf): Studium der Rechtswissenschaft und Volkswirtschaft, 1932 Pressestenograf beim Deutschen Telegraphenbüro, 1934 Hilfsschriftleiter, seit 1936 bei Otto Dietrich, zuständig für außenpolitische Berichte, 1942 Hauptschriftleiter beim Deutschen Nachrichtenbüro, tätig im Führerhauptquartier bis zum 28.4.1945, im Mai 1945 durch britisches Militär verhaftet, 1947 entlassen, danach als Journalist tätig.

Mackensen, Eberhard von (* 24.9.1889 Bromberg, † 19.5.1969 Altmühlendorf [Holstein]): 1908 Eintritt in das Heer, 1910 Leutnant, 1915 verwundet, nach Genesung Ordonnanzoffizier, 1917 Rittmeister, kommandiert zum Generalstab der Heeresgruppe von Scholtz, 1919 im Generalstab des Oberkommandos Grenzschutz Nord, 1920 Übernahme durch die Reichswehr, verschiedene Truppenverwendungen, 1924 Eintritt in das Reichswehrministerium, 1932 Oberstleutnant, Chef der Heerestransportabteilung, 1933 Generalstabschef des Kavalleriekorps, 1935 Oberst, 1935 Chef des Generalstabs im X. Armeekorps, 1937 Kommandeur der 1. Kavalleriebrigade, 1939 Generalstabschef im Gruppenkommando V, später der 14. und der 12. Armee, 1940 General der Kavallerie, 1941 Kommandierender General des III. motorisierten Armeekorps, 1942 Oberbefehlshaber der 1. Panzerarmee, 1943 Generaloberst und Oberbefehlshaber der 14. Armee, im Juli 1944 in die Führerreserve versetzt, 1945 durch britisches Militär verhaftet, wegen Kriegsverbrechen zum Tode verurteilt, zu 21 Jahren Haft begnadigt, 1952 aus der Haft entlassen.

Mandtal, Erich (* ?, † ?): Eintritt in SA, 1923 Mitglied der »Stabswache« bei Hitler, seit 1925 Angehöriger der Leibwache Hitlers, Mitglied des Führer-Begleitkommandos, bis 1945 eingesetzt in der Persönlichen Adjutantur Hitlers.

Manstein, Erich von, eigentl. Fritz-Erich von Lewinski (* 24.11.1887 Berlin, † 9.6.1973 Irschenhausen [Oberbayern]): Kadettenkorps Plön, 1907 Leutnant, Teilnehmer am Ersten Weltkrieg, befördert zum Hauptmann, von 1921 bis 1923 Kompaniechef in Angermünde, von 1923 bis 1927 Ausbildung zum Generalstabsoffizier, 1933 Oberst, 1934 Chef des Stabs im Wehrkreiskommando III Berlin, 1936 Adjutant bei Beck, 1938 Divisionskommandeur, 1939 Chef des Generalstabs der Heeresgruppe Süd, dann der Heeresgruppe A, gemeinsam mit Guderian erster Entwurf des »Sichelschnittplans« für den Frankreichfeldzug, 1940 General der Infanterie, Chef des XXXVIII. Armeekorps, 1941 Oberbefehlshaber der 11. Armee, März 1942 Generaloberst, Juli 1942 Generalfeldmarschall, ab November 1942 Oberbefehlshaber der Heeresgruppe Don, später Süd, am 31.3.1944 in die Führerreserve versetzt, 1945 durch britisches Militär verhaftet, 1949 von einem britischen Militärgericht in Hamburg wegen Kriegsverbrechen zu 18 Jahren Haft verurteilt, 1953 entlassen, von 1953 bis 1960 offizieller Berater der Bundesregierung.

Manteuffel, Hasso von (* 14.1.1897 Potsdam, † 24.9.1978 Reith [Öster-reich]): ab 1916 Kriegsdienst als Leutnant in einem Husarenregiment, 1919 Freikorps, 1920 durch die Reichswehr übernommen, verschiedene Truppenverwendungen bei motorisierten Verbänden, 1933 Rittmeister, ab 1937 beim Stab des Inspekteurs der Panzertruppe, 1939 Lehrgangsleiter an der Panzertruppenschule II, Oberstleutnant, 1941 Regimentskommandeur in der 7. Panzerdivision, Oberst, 1942 Kommandeur der 7. Panzergrenadier-Brigade, ab 1943 der Division »von Manteuffel« in Tunesien, 1943 Generalmajor, Kommandeur der 7. Panzerdivision, 1944 Generalleutnant, Kommandeur der Panzergrenadier-Division »Großdeutschland«, September 1944 General der Panzertruppe, während der Ardennen-Offensive Oberbefehlshaber der 5. Panzerarmee, ab März 1945 Oberbefehlshaber der 3. Panzerarmee, von 1945 bis 1947 in britischer Gefangenschaft, 1948 Exportleiter in einem Schraubenwerk, publizistische Stellungnahmen zur Wiederbewaffnung, Militärberater der FDP, 1953 bis 1957 als Mitglied der FDP Angehöriger des Deutschen Bundestages (ab 1956 Mitglied der Freiheitlichen Volkspartei, später der Deutschen Partei), 1959 wegen eines ungerechtfertigten Standgerichtsurteils zu 2 Jahren Gefängnis verurteilt.

Manziarly, Constanze (* 14.4.1920 Innsbruck, † 2.5.1945 Berlin [vermutlich Selbsttötung]): Besuch einer Haushaltsschule, Diätassistentin, seit 1943 im Kurheim Zabel in Bischofs-

wiesen, ab September 1944 Diätköchin Hitlers.

Marras, Efisio (* 2. 8. 1888 Cagliari
[Sardinien], † 28. 1. 1981 Rom): 1908
Unterleutnant, während des Ersten
Weltkrieges Hauptmann und Batteriechef, 1918 Major, danach Generalstabsoffizier, 1937 Brigadegeneral,
Militärattaché in Berlin, 1940 Divisionsgeneral, 1942 Korpsgeneral, am
31. 3. 1944 von den Deutschen an
Mussolinis Regierung ausgeliefert, im
Gefängnis von Verona inhaftiert, im
August 1944 Flucht in die Schweiz,
nach Kriegsende Gebietskomman-
dant in Mailand, ab 1. 2. 1947 Generalstabschef des italienischen Heeres,
1950 Chef des großen Generalstabs,
beteiligt an der Reorganisation der
italienischen Streitkräfte im Rahmen
der NATO, 1954 Ruhestand.

Marshall, George Catlett
(* 31. 12. 1880 Uniontown [Pennsylva-
nia, USA], 16. 10. 1959 Washington):
1901 Leutnant, während des Ersten
Weltkrieges in Frankreich eingesetzt,
Oberstleutnant, danach verschiedene
Kommandos, u. a. in China, General,
Dozent am Army War College in
Washington, ab Oktober 1938 stellvertretender Generalstabschef der
US-Streitkräfte, ab September 1939
Generalstabschef, seit 1942 nur Präsident Roosevelt verantwortlich, Teilnehmer an allen alliierten Gipfelkon-
ferenzen, am 21. 11. 1945 Rücktritt,
danach diplomatische Missionen,
1947 Außenminister (Schöpfer des
European Rescue Program »Mar-
shall-Plan«), 1949 Rücktritt, 1950/51

Verteidigungsminister, 1953 Friedens-
nobelpreis.

Martin, Benno (* 12. 2. 1893 Kaisers-
lautern, † 2. 7. 1975): Studium der
Rechtswissenschaften, Kriegsteilnehmer, 1919 im Freikorps Epp, Eintritt
in die bayerische Landespolizei, 1923
Promotion zum Dr. jur., ab 1925 in
der Polizeidirektion Nürnberg-Fürth,
1933 Eintritt in die NSDAP, seit 1933
Polizeipräsident in Nürnberg, zunächst kommissarisch, 1934 Eintritt in
die SS, 1942 Generalmajor der Polizei,
1942 SS-Gruppenführer und Generalleutnant der Polizei, Höherer SS- und
Polizeiführer Main, 1944 SS-Obergruppenführer und General der
Waffen-SS, 1945 verhaftet, angeklagt
wegen der Deportation von Juden aus
Franken, 1953 Freispruch durch das
Landgericht Nürnberg.

Meichßner, Joachim (* 4. 4. 1906
Deutsch-Eylau [Westpreußen],
† 29. 9. 1944 Berlin [hingerichtet]):
1924 Abitur, Eintritt in die Reichswehr, Offizier in einer Nachrichtenabteilung, 1935 bis 1937 Generalstabsausbildung an der Kriegsakademie
Berlin, seit September 1937 im Oberkommando des Heeres, unterbrochen
durch Truppenkommandos, ab 1940
Gruppenleiter im Allgemeinen Heeresamt, im Russlandfeldzug 1941/42 Generalstabsoffizier, 1943 Oberst, Chef
der Organisationsabteilung im Oberkommando der Wehrmacht bzw. im
Wehrmachtführungsstab, war in die
Attentatspläne eingeweiht, die er jedoch ablehnte, Ende Juli 1944 verhaftet, am 29. 9. 1944 zum Tode verurteilt.

Meißner, Otto (* 13. 3. 1880 Bischweiler [Elsass], † 27. 5. 1953 München): Studium der Rechtswissenschaften, 1903 Promotion zum Dr. jur., 1906 Gerichtsassessor, 1911 Regierungsrat in der Reichsbahnverwaltung, 1915 Kriegsdienst bei der Infanterie, ab 1917 beim Generalkommando der Militäreisenbahn in Bukarest, ab 1918 in der Militärverwaltung der besetzten Ukraine, 1919 deutscher Geschäftsträger in der Ukraine, ab April 1919 Vortragender Rat im Büro des Reichspräsidenten, 1920 Ministerialdirektor und Büroleiter, 1923 Staatssekretär, juristischer Berater Hindenburgs, 1935 Chef der Präsidialkanzlei, 1937 Staatsminister, 1945 verhaftet, 1949 im »Wilhelmstraßenprozess« freigesprochen, 1951 von einer Spruchkammer als »Belasteter« eingestuft, 1952 Einstellung weiterer Verfahren.

Mertz von Quirnheim, Albrecht (* 25. 3. 1905 München, † 20. 7. 1944 Berlin [hingerichtet]): 1923 Eintritt in die Reichswehr, seit einem Generalstabslehrgang mit von Stauffenberg befreundet, 1939 Stabsoffizier bei der Organisationsabteilung des Generalstabs, 1941 im Führerhauptquartier Winniza, 1942 Oberstleutnant, ab November 1942 Stabschef des XXIV. Armeekorps, 1943 Oberst, seit September 1943 in die Attentatspläne eingeweiht, arbeitete zusammen mit seinen Vorgesetzten Olbricht und von Stauffenberg den Operationsplan »Walküre« aus, 1944 Nachfolger von Stauffenbergs als Chef des Stabs im Allgemeinen Heeresamt, drängte am 20. 7. 1944 auf die Auslösung von »Walküre«, nach Standgerichtsverfahren im Hof des Bendlerblocks erschossen.

Meyer, Kurt, »Panzermeyer« (* 23. 12. 1910 Jerxheim bei Schöningen [Braunschweig], † 23. 12. 1961 Hagen): kaufmännische Lehre, Bergarbeiter, 1929 Eintritt in die Landespolizei Mecklenburg, 1931 Eintritt in die SS, 1932 Untersturmführer, 1933 Wechsel zur Leibstandarte »Adolf Hitler«, 1934 Teilnahme an einem Lehrgang der Panzertruppen, danach Zugführer in der Leibstandarte »Adolf Hitler«, ab 1936 Aufbau einer Panzerjäger-Kompanie in der Leibstandarte, 1939 Hauptsturmführer, Kommandeur der 15. Kradschützen-Kompanie, eingesetzt im Frankreichfeldzug, 1940 Kommandeur der Panzer-Aufklärungsabteilung, zunächst im Balkanfeldzug, ab 1941 im Feldzug gegen die Sowjetunion, 1944 Standartenführer, Kommandeur des SS-Panzergrenadier-Regiments 22 in der Division »Hitlerjugend«, eingesetzt an der Invasionsfront, im September 1944 durch belgische Aufständische gefangen genommen und an die Amerikaner übergeben, von deutscher Seite für tot erklärt und postum zum Brigadeführer und Generalmajor der Waffen-SS ernannt, 1945 durch ein kanadisches Kriegsgericht zum Tode verurteilt, zu lebenslanger Haft begnadigt, 1954 in die Bundesrepublik entlassen.

Milch, Erhard (* 30. 3. 1892 Wilhelmshaven, † 25. 1. 1972 Wuppertal-Barmen): 1911 Leutnant in einem

Fußartillerie-Regiment, seit 1915
Pilot, 1918 Führer der Jagdgruppe 6,
1920 Abschied als Hauptmann, danach bei der Polizeifliegerstaffel Ostpreußen, Wechsel zur Zivilluftfahrt,
1923 Flugbetriebsleiter der Firma Junkers, 1926 technischer Direktor und
Vorstandsmitglied der Deutschen
Lufthansa, 1933 Staatssekretär im
Reichsluftfahrtministerium, 1934
Charakter als Generalmajor, 1936 General der Flieger, 1938 Generaloberst
und Generalinspekteur der Luftwaffe, 1940 Generalfeldmarschall, ab
19.11.1941 zugleich Generalluftzeugmeister, am 20.6.1944 Entbindung
vom Amt des Generalluftzeugmeisters, am 7.1.1945 als Generalinspekteur entlassen, im April 1945 von amerikanischen Truppen verhaftet,
1947 im zweiten Nürnberger Nach-
folgeprozess zu lebenslanger Haft
verurteilt, 1954 entlassen.

Model, Walter (* 24.1.1891 Genthin
bei Brandenburg, † 21.4.1945 bei
Lintorf [Kreis Mettmann; Selbsttö-
tung]): 1910 Leutnant in einem Infanterieregiment, während des Ersten
Weltkrieges verschiedene Stabs- und
Truppenverwendungen, 1919 Übernahme in die Reichswehr, Hauptmann, 1929 Major, Abteilungsleiter
im Reichswehrministerium, 1932
Oberstleutnant, 1934 Oberst, 1938
Generalstabschef des IV. Armeekorps, 1939 Generalmajor, 1940 im
Frankreichfeldzug Generalstabschef
der 16. Armee, ab November 1940
Kommandeur der 3. Panzerdivision,
ab Oktober 1941 Kommandierender

General des XXXXI. motorisierten
Armeekorps, General der Panzertruppe, 1942 Generaloberst, Oberbefehlshaber der 9. Armee, ab Januar
1944 Oberbefehlshaber der Heeresgruppe Nord, Generalfeldmarschall,
ab März Oberbefehlshaber der
Heeresgruppe Nordukraine, ab Juni
1944 der Heeresgruppe Mitte, am
16.8.1944 zum Oberbefehlshaber
West ernannt, ab September 1944
Oberbefehlshaber der Heeresgruppe B, am 17.4.1945 Auflösung der
Heeresgruppe, um die formale Kapitulation zu vermeiden.

Mohnke, Wilhelm (* 15.3.1911 Lübeck, † 6.8.2001 Damp bei Eckernförde): Verkäufer und Lagerist, 1931
Eintritt in die SS, 1933 SS-Sonder-
kommando in Berlin, Übertritt zur
Leibstandarte »Adolf Hitler«, 1933
Sturmführer, Teilnahme an verschiedenen Feldzügen, 1943 SS-Obersturmbannführer, 1944 SS-Standartenführer, Kommandeur eines
Panzergrenadier-Regiments, im
Januar 1945 zum Brigadeführer und
Generalmajor der Waffen-SS ernannt,
am 23.4.1945 mit der Verteidigung des
Regierungsviertels in Berlin (»Zita-
delle«) beauftragt, am 1.5.1945 in
sowjetische Kriegsgefangenschaft,
1955 entlassen; danach lebte Mohnke
in Norddeutschland.

**Montgomery-Massingberd, Archi-
bald Armar** (* 6.12.1871, † 1947):
Ausbildung an der Royal Military
Academy, 1891 Leutnant in einem
Artillerieregiment, von 1899 bis 1902
Einsatz im Burenkrieg, 1904/05 Ge-

neralstabsausbildung, verschiedene Stabsverwendungen, 1909 Major, von 1912 bis 1914 Einsatz in Indien, von 1914 bis 1919 Generalstabsoffizier der British Expeditionary Force, 1915 Brigadegeneral, 1916 Generalmajor, 1919 Generalstabschef der British Army of the Rhine, von 1920 bis 1922 stellvertretender Generalstabschef in Indien, von 1923 bis 1926 Kommandeur der 1. Division, von 1928 bis 1931 Kommandeur des Southern Command, von 1931 bis 1933 Generaladjutant der britischen Streitkräfte, von 1933 bis 1936 britischer Generalstabschef, 1936 Feldmarschall, danach im Ruhestand.

Morell, Theodor (* 22. 7. 1886 Trais-Münzenberg bei Gießen, † 26. 5. 1948 Tegernsee): Ausbildung zum Volksschullehrer, ab 1907 Studium der Medizin, Studienaufenthalt in Paris, 1912 Promotion zum Dr. med., 1913 Schiffsarzt, ab 1915 Kriegsdienst als Chirurg an der Westfront, nach Erkrankung in verschiedenen Lazaretten im Reichsgebiet, 1918 Entlassung als Stabsarzt, seit Ende 1918 urologische Praxis in Berlin, später Erweiterung des Tätigkeitsfeldes auf Geschlechtskrankheiten, 1933 Eintritt in die NSDAP, 1936 durch Vermittlung Heinrich Hoffmanns zur (erfolgreichen) Behandlung der Magenkrämpfe Hitlers herangezogen, seitdem Leibarzt Hitlers, seit 1941 überwiegender Aufenthalt in den jeweiligen Führerhauptquartieren, im April 1945 nach Rücksprache mit Hitler Flucht aus Berlin, in Bayern verhaftet, in verschiedenen Lagern

und Krankenhäusern interniert, 1947 als haft- und vernehmungsunfähig entlassen.

Müller, Erich, »Kanonenmüller« (* 2. 11. 1892 Berlin, † 15. 4. 1963 Kettwig/Ruhr): Praktikant in einem Reichsbahn-Ausbesserungswerk, 1914 Kriegsfreiwilliger, Leutnant, ab 1919 Studium der Ingenieurwissenschaften, Konstrukteur bei Borsig, Assistent an der TH Berlin, Fortsetzung der Ausbildung bei der Reichsbahn und in den USA (bei Ford), 1926 Reichsbahnrat, Leiter des Ausbesserungswerks Königsberg, später tätig im Versuchslaboratorium der Reichsbahn, 1931 Dr.-Ing., erneute Studienreise in die USA, 1932 Leiter des Fahrzeug-Entwicklungsdezernats, 1933 Eintritt in NSDAP und SA, 1934 Direktor des Reichsbahnwerks in Berlin-Tempelhof, 1935 Wechsel zur Fried. Krupp AG, ab 1936 Leiter der Artillerie-Entwicklungsabteilung, 1938 stellvertretender Direktor, zugleich Vorstand der Krupp Stahlbau AG Rheinhausen, 1940 bis 1945 Leiter des Waffenausschusses bzw. der Waffenkommission beim Rüstungsministerium, 1941 stellvertretender Vorstandsvorsitzender der Fried. Krupp AG, 1943 Mitglied des Direktoriums der Firma Krupp, 1945 verhaftet, 1948 im Nürnberger Krupp-Prozess zu 12 Jahren Haft verurteilt, 1951 entlassen.

Müller, Heinrich, »Heinz« (* 7. 7. 1896 Pasing bei München, † 27. 4. 1945 Potsdam): 1914 Kriegsfreiwilliger, 1919 Freikorps, Studium der Rechtswissenschaften, 1920 Promotion zum Dr. jur. et rer. pol., 1921 Eintritt in die NSDAP, 1923 Assistent in der Reichsfinanzverwaltung, 1927 Regierungsrat, 1930 Vorstand des Finanzamts in Alsfeld (Hessen), in der NSDAP Ortsgruppenleiter, Kreisleiter, ab 1931 Abgeordneter des hessischen Provinziallandtags, im März 1933 Reichskommissar für Hessen, kurzzeitig Innenminister, 1933/34 Oberbürgermeister von Darmstadt, 1935 Präsident des Finanzamts Köln, von 1938 bis 1945 Senatspräsident des Rechnungshofs des Deutschen Reiches, Aufsichtsratsvorsitzender der Deutschen Revisions- und Treuhand AG, zahlreiche Ehrenämter, während des Zweiten Weltkrieges Persönlicher Referent Martin Bormanns unter Beibehaltung der übrigen Ämter.

Müller, Heinrich, »Gestapomüller« (* 28. 4. 1900 München, † Mai 1945 Berlin [verschollen]): während des Ersten Weltkrieges Flugzeugmonteur, Unteroffizier, 1919 Eintritt in die bayerische Polizei, in der Politischen Abteilung zur Überwachung der KPD eingesetzt, 1933 Kriminalinspektor, 1934 SS, SD, 1937 Kriminalrat und SS-Obersturmbannführer im RSHA, Hauptabteilungsleiter »Gegnerbekämpfung«, 1939 Eintritt in die NSDAP, Chef des Amts IV (Gestapo), 1940 SS-Brigadeführer, 1941 SS-Gruppenführer und Generalleutnant der Polizei, zahlreiche Spekulationen über seinen Verbleib, Selbsttötung wahrscheinlich.

Mummert, Werner (* 31. 3. 1897 Lüttewitz [Sachsen], † Januar/Februar 1950 Sowjetunion): 1914 Kriegsfreiwilliger, 1916 Leutnant in einem sächsischen Kavallerieregiment, 1918 Abschied, 1936 reaktiviert als Oberleutnant der Reserve, 1938 Rittmeister, 1939 Kommandeur einer Panzer-Aufklärungsabteilung in einer Infanteriedivision, 1942 Oberstleutnant, 1944 Oberst und Kommandeur des Panzergrenadier-Regiments 103, ab Januar 1945 Kommandeur der Panzergrenadier-Division »Müncheberg«, Generalmajor, Kommandeur eines Verteidigungsabschnitts in Berlin, ab April 1945 in sowjetischer Gefangenschaft.

Mussolini, Benito (* 29. 7. 1883 Predappio [Romagna, Italien], † 28. 4. 1945 Giulino di Mezzegra [Provinz Como, Italien; erschossen]): Volksschullehrer, Journalist, 1912 Chefredakteur der sozialistischen Tageszeitung *Avanti*, 1915 Kriegsfreiwilliger, 1919 Gründer der Fasci di Combattimento (Kriegsteilnehmerbund), woraus die Faschistische Partei hervorging, 1922 »Marsch auf Rom«, 1934 Interessenausgleich mit Deutschland, Bildung der »Achse« Rom-Berlin (1937 zum Antikomintern-Pakt und 1939 zu einem Militärbündnis mit dem Deutschen Reich ausgebaut), Initiator der Kriege in Libyen, Abessinien und des erfolglosen Feldzugs gegen Griechenland im Herbst 1939, setzte am 10. 6. 1940 den Kriegseintritt Italiens auf der Seite des Deutschen Reiches durch und befürwortete die

Beteiligung Italiens am Feldzug gegen die Sowjetunion, am 25. 7. 1943 durch den Faschistischen Großrat gestürzt, verhaftet, am 12. 9. 1943 durch ein deutsches Kommandounternehmen befreit, danach Führer eines Marionettenstaats in Norditalien (Repubblica Sociale Italiana, »Republik von Salò«), am 28. 4. 1945 von Partisanen gefangen genommen und gemeinsam mit seiner Geliebten erschossen; die Leichen wurden am Tag danach auf der Piazzale Loreto in Mailand zur Schau gestellt.

Mussolini, Edda (* 1. 9. 1910, † 9. 4. 1995): Tochter Benito Mussolinis, 1930 Hochzeit mit Graf Ciano, drei Kinder, lebte seit Ende der 1930er-Jahre von ihrem Ehemann Graf Ciano getrennt, 1941 Krankenschwester in Italien, 1943 Aussöhnung mit ihrem Ehemann, nach dem Sturz ihres Vaters Flucht mit deutscher Unterstützung nach Bayern, brachte die Kinder in die Schweiz, versuchte ihren Mann zu retten, nach dessen Hinrichtung Flucht in die Schweiz, 1946 Rückkehr nach Italien, kurzfristig auf der Insel Lipari interniert, teilweise erfolgreiche Restituierung des Familienvermögens, keine politische Betätigung.

Mussolini, Vittorio (* 1913 Mailand, † 12. 6. 1997 Rom): Sohn Benito Mussolinis, Journalist, Pilot, Eintritt in die italienische Luftwaffe, 1935 Leutnant, eingesetzt im Abessinienkrieg und im Spanischen Bürgerkrieg, danach Volontär bei Filmproduktionen in Potsdam-Babelsberg und Holly-

wood, 1939 erneut Luftwaffenoffizier, 1943 Generalsekretär der neu gegründeten Republikanisch-Faschistischen Partei, 1945 von katholischen Geistlichen versteckt, Flucht nach Argentinien, dort schriftstellerisch und unternehmerisch tätig, 1951 in Abwesenheit wegen Fahnenflucht zu einer Gefängnisstrafe verurteilt, 1959 Rückkehr nach Italien, rehabilitiert, Publizist, Betätigung in der neofaschistischen Partei.

Natzmer, Oldwig von (* 29. 6. 1904 Liegnitz, † nach 1958): 1925 Fahnenjunker, 1928 Leutnant, verschiedene Truppen- und Stabskommandos, 1938 Major im Generalstab des Heeres, 1941 Generalstabsoffizier I a der 161. Infanteriedivision, ab Juli 1941 I a im Generalstab des XXXIV. Panzerkorps, 1942 Oberstleutnant, Chef des Generalstabs der Panzerdivision »Großdeutschland«, 1943 Oberst, seit dem 1. 7. 1944 Generalmajor und Chef des Generalstabs der Heeresgruppe Nord, ab Januar 1945 Chef des Generalstabs der Heeresgruppe Kurland, ab 17. 2. 1945 Chef des Generalstabs der Heeresgruppe Mitte, am 15. 3. 1945 Generalleutnant, lebte nach 1945 in Nordwestdeutschland.

Naumann, Werner (* 16. 6. 1909 Guhrau [Schlesien], † 25. 10. 1982 Lüdenscheid): 1928 Eintritt in NSDAP und SA, Journalist, 1933 SA-Brigadeführer, Ministerialrat im Reichspropagandaministerium, Persönlicher Referent von Goebbels, Übertritt zur SS als Hauptsturmführer, 1940/41

Bataillonschef in der Leibstandarte »Adolf Hitler«, 1941 verwundet, nach Genesung 1942 Chef des Ministeramts im Propagandaministerium, 1943 SS-Brigadeführer, 1944 Staatssekretär, im April 1945 mit Goebbels im Führerbunker, in Hitlers Testament als Nachfolger Goebbels' bestimmt, Flucht, zunächst Maurer, ab 1950 Geschäftsführer eines Export-Import-Unternehmens, 1953 als führender Kopf eines Kreises einstiger Nationalsozialisten durch britisches Militär verhaftet, noch im selben Jahr entlassen, politische Betätigung in der rechtsextremen Deutschen Reichspartei, später Vorstandschef der zum Quandt-Konzern gehörenden Firma Busch-Jaeger in Lüdenscheid.

Neurath, Constantin Freiherr von (* 2.2.1873 Klein-Glattbach [Württemberg], † 14.8.1956 Enzweihingen [Württemberg]): Studium der Rechtswissenschaften, 1901 Eintritt in den diplomatischen Dienst, verschiedene Verwendungen im In- und Ausland, u.a. von 1914 bis 1916 Botschaftsrat in Konstantinopel, von 1919 bis 1921 Gesandter in Kopenhagen, von 1922 bis 1930 Botschafter in Rom, von 1932 bis 1938 Reichsminister des Auswärtigen, 1937 Eintritt in die NSDAP, von 1939 bis 1943 Reichsprotektor von Böhmen und Mähren, jedoch 1941 beurlaubt und durch Reinhard Heydrich ersetzt, 1943 zum SS-Obergruppenführer ernannt, im Nürnberger Hauptkriegsverbrecher-Prozess zu 15 Jahren Haft verurteilt, 1954 wegen Krankheit entlassen.

Noël, Léon (* 28.3.1888, † 6.8.1987): Studium der Rechtswissenschaften, seit 1913 im Dienst der französischen Regierung, 1927 Leiter der französischen Kommission im Rheinland, 1930 Präfekt des Departements Haut-Rhin, 1931 Staatssekretär im Innenministerium, 1932 bis 1935 Botschafter in Prag, Regierungsbevollmächtigter bei den Verhandlungen in London und Stresa, 1935 bis 1940 Botschafter in Warschau, 1940 beteiligt an den Kapitulationsverhandlungen mit dem Deutschen Reich und Italien, 1944 Akademiemitglied, Mitglied der RPF, 1948 Präsident der Kommission für Außenpolitik in der Nationalversammlung.

Ochs, Vorname unbekannt (* ?, † ?): Kammerdiener von Joseph Goebbels, SS-Unterscharführer, nach sowjetischen Quellen Hauptsturmführer, 1945 gefangen genommen, in Posen inhaftiert, möglicherweise nach Riga überstellt, danach für das NKWD unauffindbar.

Olbricht, Friedrich (* 4.10.1888 Leisnig [Sachsen], † 20.7.1944 Berlin [hingerichtet]): 1908 Leutnant in einem Infanterieregiment, Kriegsschule Dresden, während des Ersten Weltkrieges Truppen- und Generalstabsverwendungen, 1919 durch die Reichswehr übernommen, verschiedene Stabs- und Truppenkommandos, 1926 Referent in der Abteilung T 3 (Fremde Heere) im Reichswehrministerium, 1931 Kommandeur eines Jägerbataillons, 1933 Generalstabschef der 4. Infanteriedivision »Dresden«, 1934 Oberst, 1935 Stabschef des IV. Armeekorps, 1937 Generalmajor, 1938 Kommandeur der 24. Infanteriedivision, 1939 Teilnahme am Polenfeldzug, Generalleutnant, ab März 1940 Chef des Allgemeinen Heeresamts im Oberkommando des Heeres, seit 1943 zugleich Chef des Wehrersatzamts beim Oberkommando der Wehrmacht, entwickelte gemeinsam mit von Stauffenberg, abgestimmt mit Beck und Goerdeler, den Operationsplan »Walküre«, löste am 20. 7. 1944 den »Walküre«-Alarm aus, wurde nach einem Standgerichtsurteil im Hof des Bendlerblocks erschossen.

Oshima, Hiroshi (* 1886, † 1975): japanischer Militär und Diplomat, 1923/24 Militärattaché in Budapest und Wien, 1930/31 Regimentskommandeur, von 1931 bis 1934 Abteilungsleiter im Generalstab, Generalleutnant, von 1934 bis 1938 Militärattaché in Berlin, 1938/39 und von 1941 bis 1945 japanischer Botschafter in Berlin, versuchte 1943 erfolglos, einen Waffenstillstand zwischen dem Deutschen Reich und der Sowjetunion zu vermitteln, 1945 verhaftet, nach Befragung Rückkehr nach Japan, angeklagt und wegen »Verschwörung gegen den Frieden« zu lebenslanger Haft verurteilt, 1955 entlassen.

Osterholz, Liesl (* ?, † ?): Kammermädchen Eva Brauns, bis zum Selbstmord des Ehepaars Hitler im Bunker.

Papen, Franz von (* 29. 10. 1879 Werl, † 2. 5. 1969 Obersasbach [Baden]): Kadett, Page am kaiserlichen Hof, 1899 Leutnant, 1902 bis 1904 Kavallerieschule Hannover, von 1907 bis 1910 Kriegsakademie Berlin, 1911 Oberleutnant im Potsdamer Ulanenregiment, 1911/12 im Großen Generalstab, 1913 Hauptmann, Militärattaché in Washington, 1915 wegen angeblicher Spionage abberufen, 1916 Bataillonskommandeur an der französischen Front, später Stabsverwendungen in Frankreich, Mesopotamien und Palästina, zuletzt als Oberstleutnant bei der türkischen Armee, von 1918 bis 1932 Mitglied des Herrenklubs, 1920 Eintritt in die Zentrumspartei, von 1921 bis 1928 und von 1930 bis 1932 Mitglied des Preußischen Landtags, 1923 bis 1931 Hauptaktionär und Aufsichtsratsvorsitzender des Zeitungsverlags *Germania*, am 1. 6. 1932 zum Reichskanzler ernannt (Präsidialkabinett), Austritt aus der Zentrumspartei, ab dem 20. 6. 1932 Reichskommissar für Preußen, am 17. 11. 1932 Rücktritt als Reichskanzler, von 1933 bis 1945 Mitglied des Reichstags, im ersten Kabinett Hitler vom 30. 1. 1933 bis zum 30. 7. 1934 Vizekanzler, während des »Röhm-Putsches« für drei Tage unter Hausarrest gestellt, von 1934 bis 1938 Botschafter in Wien, von 1939 bis August 1944 Botschafter in Ankara, 1945 verhaftet, 1946 beim Hauptkriegsverbrecher-Prozess freigesprochen, 1947 durch eine deutsche Spruchkammer zu acht Jahren Arbeitslager verurteilt, 1949 entlassen.

Parisot, Henri (* 1881, † 1963): Berufssoldat, 1934 Brigadegeneral, 1936/37 Militärattaché in Rom, 1938 Divisionsgeneral, Kommandeur der 15. französischen motorisierten Infanteriedivision, Mitunterzeichner des französischen Waffenstillstandes, 1940 erneut Militärattaché in Rom.

Patton, George Smith (* 11.11.1885 San Gabriel [Kalifornien], † 21.12.1945 Mannheim [Unfall]): Berufssoldat, 1909 Militärakademie West Point, 1917 Kommandeur einer Panzerbrigade in Frankreich, danach verschiedene Kommandos und Lehraufträge, 1939 Oberst, 1940 Brigadegeneral, seit April 1941 Kommandeur der 2. US-Panzerdivision, landete im November 1942 in Marokko, ab Februar 1943 Oberbefehlshaber des II. US-Korps, Generalmajor, Oberbefehlshaber der 7. Armee (Landung auf Sizilien), seit 1.8.1944 Kommandeur der 3. Armee in der Normandie, Vorstoß zu den Ardennen, im März 1945 zum Rhein, dann bis nach Böhmen, ab Mai 1945 Militärgouverneur in Bayern, starb bei einem Autounfall.

Paulus, Friedrich (* 23.9.1890 Breitenau bei Melsungen [Hessen], † 1.2.1957 Dresden): 1909 Fahnenjunker, 1911 Leutnant in einem badischen Infanterieregiment, während des Ersten Weltkrieges Bataillonsadjutant, später in Stabsfunktionen, Hauptmann, Übernahme in die Reichswehr, verschiedene Stabs- und Truppenkommandos, 1931 Major, 1934 Kommandeur der Kraftfahrabteilung 3, 1935 Oberst, 1938 Chef des Generalstabs des XVI. (motorisierten) Armeekorps unter Guderian, 1939 Generalmajor, Chef des Stabs der 10. Armee, nach der Umbenennung der 10. Armee in 6. Armee weiterhin Stabschef, Generalleutnant, ab September 1940 Oberquartiermeister I im Generalstab des Heeres, ab Januar 1942 Oberbefehlshaber der 6. Armee, General der Panzertruppe, im November 1942 Generaloberst, kapitulierte nach Einkesselung in Stalingrad durch die Rote Armee am 31.1.1943, zuvor am 30.1. zum Generalfeldmarschall befördert, sowjetische Gefangenschaft, nach dem 20.7.1944 Anschluss an das »Nationalkomitee Freies Deutschland«, Belastungszeuge im Hauptkriegsverbrecher-Prozess, 1953 aus der Gefangenschaft entlassen, Übersiedlung nach Dresden.

Pavolini, Alessandro (* 27.9.1903 Florenz, † 28.4.1945 Dongo [Provinz Como; ermordet]): Studium der Rechts- und Staatswissenschaften, 1920 Eintritt in die faschistische Bewegung, Sekretär des Fascio in Florenz, 1924 Führer der Miliz in Florenz, Mitglied des Nationalen Direktoriums der Partei, 1934 Präsident der Vereinigung der Sportler und Künstler, 1938 Freiwilliger im Abessinienkrieg, 1939 bis 1943 Minister für Volkskultur, 1943 Chefredakteur der Zeitung *Il Messaggero*, nach der Gefangennahme Mussolinis Chef einer Interimsregierung, ab September 1943 Sekretär der faschistisch-republikanischen Partei, im April 1945 von

Partisanen gefangen genommen und erschossen.

Peiper, Joachim, »Jochen« (*30. 1. 1915 Berlin, † 13./14. 7. 1976 Traves [Frankreich; ermordet]): Offizier in der SS-Leibstandarte »Adolf Hitler«, 1939/40 Adjutant Himmlers, 1942 Bataillonskommandeur, 1943 Sturmbannführer und Kommandeur des 1. Panzerregiments der Leibstandarte, eingesetzt in Italien, an verschiedenen Kriegsverbrechen beteiligt, während der Ardennen-Offensive Führer der Panzergruppe Peiper in der 1. SS-Panzerdivision Leibstandarte »Adolf Hitler«, 1946 von einem amerikanischen Militärgericht wegen des Massakers von Malmedy (Tötung amerikanischer Kriegsgefangener) zum Tode verurteilt, 1956 aus der Haft entlassen, danach in der Werbebranche tätig, u. a. für Porsche, Übersiedlung in den französischen Jura, angeblich von Kommunisten ermordet.

Peltz, Dietrich (* 9. 6. 1914 Gera, † 10. 8. 2001 München): Flugschein, Abitur, 1934 Soldat in einer Kraftfahrabteilung, Übertritt zur Luftwaffe, Fähnrich, Fliegerschule Salzwedel, 1936 Leutnant im Jagdgeschwader »Immelmann«, 1939 Staffelkapitän eines Stukageschwaders, Oberleutnant, Teilnehmer am Frankreichfeldzug und der Luftschlacht um England, 1941 an die Ostfront verlegt, 1942 Major, mit dem Aufbau einer Verbandsführerschule beauftragt, Aufstellung eines Spezialverbands zur Bekämpfung von Panzerschiffen (Gleitbomben), verschiedene Ein-

sätze im Mittelmeer-Raum und Nordatlantik, 1942 Oberstleutnant, Stabsverwendungen, u. a. Inspekteur der Kampf- und Sturzkampfflieger, 1943 Oberst, Kommandeur des IX. Fliegerkorps und Angriffsführer West, 1944 Generalmajor, Kommandierender General des II. Jagdkorps während der Ardennen-Offensive, ab März 1945 Inspekteur der Reichsverteidigung, im Mai 1945 in westalliierte Gefangenschaft, nach der Entlassung in der Privatwirtschaft tätig.

Pétain, Henri Philippe (* 24. 4. 1856 Cauchy-à-la-Tour bei Calais, † 23. 7. 1951 Port Joinville [Insel Yeu, Atlantik]): Berufssoldat, 1911 Oberst, 1914 Brigadegeneral, 1915 Kommandeur der 2. Armee, 1916 Chef der Heeresgruppe Mitte, leitete die Verteidigung von Verdun, 1917 Oberbefehlshaber der französischen Armee, 1918 Marschall, 1922 bis 1931 Generalinspekteur der Armee, von 1931 bis 1934 der Luftverteidigung, Vizepräsident des Obersten Kriegsrats, 1934 Kriegsminister, 1939 Botschafter bei Franco, 1940 Unterzeichner der Kapitulationen gegenüber Deutschland und Italien, 1940 bis 1942 Ministerpräsident und Staatschef (»Vichy-Frankreich«), ab 1942 Staatschef, am 20. 8. 1944 nach Deutschland geflohen, zwangsweise auf Schloss Sigmaringen festgehalten, im April 1945 in die Schweiz abgeschoben, stellte sich dem Obersten Gerichtshof, am 14. 8. 1945 wegen Kollaboration zum Tode verurteilt, durch Charles de Gaulle zu lebenslanger Haft begnadigt.

Petter, Kurt (* 3. 2. 1909 Dorndorf/
Röhn, † 3. 10. 1969 Hamburg):
Studium der Medizin in Jena, 1930
NSDAP (Nr. 263062), Bannführer der
Hitlerjugend im Bann Weimar/Jena,
1934 Promotion zum Dr. med., tätig
als Arzt, ab Dezember 1934 Referent
im Personalamt der Reichsjugendführung, 1936 stellvertretender Chef
des Personalamts der HJ, 1937 Oberbannführer, Inspekteur der Adolf-
Hitler-Schulen, Gebietsführer, 1938
Kommandeur der Akademie für
Jugendführung in Braunschweig, 1939
Leiter der Reichsführerschule der HJ
in Potsdam, 1939/40 Kriegsdienst als
Unterarzt, 1940 bis 1942 Beauftragter
des Reichsjugendführers in Norwegen, ab Juli 1942 wieder Kommandeur
der Adolf-Hitler-Schulen, zugleich
tätig in der Reichsleitung der NSDAP,
ab November 1943 Obergebietsführer der Hitlerjugend in Wien.
1945 Regimentsarzt der SS-Division
»Nibelungen«, Gefangenschaft,
Flucht am 10. Mai 1945, später Kinder-
arzt in Hamburg.
Pferdmenges, Robert (* 27. 3. 1880
Mönchengladbach, † 29. 9. 1962
Köln): Abitur, Bankkaufmann, u. a.
von 1905 bis 1914 bei der Londoner
Filiale der Disconto-Gesellschaft,
während des Ersten Weltkrieges tätig
in der Zivilverwaltung für Belgien,
1916 Eintritt in den A. Schaaff-
hausen'schen Bankverein, Düsseldorf,
1919 dessen Vorsitzender, 1921 Vorsitzender der Vereinigung der Banken
und Bankiers in Rheinland und Westfalen, seit 1920 Aufsichtsrat zahlrei-

cher Aktiengesellschaften, u. a. Colo-
nia-Versicherung, Klöckner-Werke,
AEG, Demag, Harpener Bergbau,
Mitteldeutsche Stahlwerke, seit
1931 Teilhaber des Bankhauses Sal.
Oppenheim jun. & Cie. in Köln,
»Arisierung« des Bankhauses Levy
und 1938 nach Abstimmung mit
den jüdischen Miteigentümern auch
des Bankhauses Oppenheim, 1944
kurzfristig inhaftiert, 1945 Mitbegründer der CDU-Vorläuferpartei
CDP, Mitglied des Provinzialrats,
1946 Verbot der politischen Betätigung, 1947 wieder zur geschäftlichen
Tätigkeit zugelassen, zahlreiche
Aufsichtsratsmandate, wirtschafts-
politischer Berater Konrad Ade-
nauers, ab 1950 Bundestagsabgeord-
neter für die CDU, von 1950 bis
1960 Präsident des Bundesverbands
des Privaten Bankgewerbes.
Pick, Gerhard (* 7. 11. 1910 Rehden
bei Graudenz, † 11. 5. 1987 Werl):
1941 Hauptmann, Kommandeur des
II. Bataillons im Infanterieregiment
490 der 296. Infanteriedivision, 1944
Major, Kommandeur des Grena-
dierregiments 577 der 305. Infanteriedivision, 1945 Oberstleutnant, vorübergehend Kampfkommandant des
Regierungsviertels, ab April 1945
Kommandeur des Regiments »Pick«
(Division »Scharnhorst«), amerikanische Kriegsgefangenschaft.
Pintsch, Karl Heinz (* 3. 6. 1909, † ?):
kaufmännische Lehre, 1925 Eintritt in
die NSDAP (Nr. 24400), Kaufmann
in Elberfeld, Berlin und Cottbus, 1928
Wiedereintritt in die NSDAP, seit

1934 Adjutant von Rudolf Heß, SA-Oberführer, 1941 als vermeintlicher Mitwisser am England-Flug degradiert und in eine Strafeinheit versetzt, 1944 zum Leutnant befördert, 1945 sowjetische Gefangenschaft, 1955 entlassen.

Pleiger, Paul (* 29. 9. 1899 Buchholz [Westfalen], † 25. 7. 1985 Hattingen): Schlosser, Ingenieur der Harpener Bergbau AG, ab 1925 Aufbau einer Maschinenfabrik, 1932 Eintritt in die NSDAP und SA, 1933 SA-Sturmführer und Gau-Wirtschaftsberater der NSDAP im Gau Westfalen-Süd, 1934 Berufung in das Rohstoffamt in Berlin, 1937 mit der Führung der Reichswerke AG für Erzbergbau und Eisenhütten »Hermann Göring« betraut, ab 1941 zugleich Reichsbeauftragter für die Kohlenversorgung Deutschlands (»Reichsvereinigung Kohle«), ab 1942 auch Reichsbeauftragter für die gesamte Wirtschaft des Ostens, 1949 im »Wilhelmstraßenprozeß« wegen seiner maßgeblichen Verantwortung für die Ausplünderung der besetzten Ostgebiete und der damit verbundenen Zwangs- und Terrormaßnahmen zu 15 Jahren Haft verurteilt, 1951 entlassen, danach Geschäftsführer eines Industrieunternehmens in Westfalen.

Poensgen, Ernst (* 19. 9. 1871 Düsseldorf, † 22. 7. 1949 Bern): Studium der Hüttentechnik, 1900 Eintritt ins väterliche Unternehmen, 1905 dort Vorstand, 1910 Vorstand der Phönix AG, 1914 Vorsitzender des Arbeitgeberverbands der nordwestlichen Eisenindustrie, 1926 Mitbegründer der Vereinigten Stahlwerke AG, stellvertretender Vorstandsvorsitzender, 1929 Vorsitzender des Vereins Deutscher Eisen- und Stahlindustrieller, später der Wirtschaftsgruppe Eisenschaffende Industrie, 1935 Vorstandsvorsitzender der Vereinigten Stahlwerke, Aufsichtsrat mehrerer Stahl- und Chemieunternehmen, persönliche Verbindungen zu Hitler und Göring, versuchte, die Gründung der Hermann-Göring-Werke zu verhindern, aufgrund von Rivalitäten 1942 Rücktritt von allen Ämtern, verbrachte seinen Lebensabend in Kitzbühel bzw. in der Schweiz.

Posse, Heinz (* 6. 2. 1879 Dresden, † Dezember 1942 Dresden): Kunsthistoriker, Prof. Dr. phil., ab 1910 Direktor der Staatlichen Gemäldegalerie Dresden, 1938 entlassen, 1939 auf Betreiben Hitlers wieder eingestellt, ab 1939 Leiter des »Sonderauftrags Linz« (Auswahl von Gemälden für Hitlers Residenzen und dessen geplantes Museum in Linz).

Puttkamer, Karl-Jesko von (* 24. 3. 1900 Frankfurt/Oder, † 4. 3. 1981 Neuried bei München): 1917 Eintritt in die Marine, 1920 Leutnant zur See, 1930 Kapitänleutnant, von 1933 bis 1935 Verbindungsoffizier der Marine zum Oberkommando des Heeres, 1935 Zweiter Adjutant der Marine bei Hitler, 1938 Korvettenkapitän, 1938 Schiffskommandant in der 4. Zerstörerflottille, ab Oktober 1939 Fregattenkapitän und Adjutant der Marine bei Hitler,

1941 Kapitän zur See, 1943 Konteradmiral, am 21. 4. 1945 Flug von Berlin
zum Obersalzberg, im Mai 1945 in der
Nähe des Berghofs durch US-Truppen verhaftet, 1947 freigelassen.

**Rabe von Pappenheim, Friedrich-
Carl** (* 5. 10. 1894 Münster, † 6. 7. 1977):
1914 Fahnenjunker, im Ersten Weltkrieg Kompanieführer, 1918 in die
Reichswehr übernommen, von 1931
bis 1933 im Stab der Kavalleriedivision
Weimar, ab 1934 als Major im Reichswehrministerium, 1937 Militärattaché
in Brüssel, 1940 Oberst und Kommandeur des Infanterieregiments 436,
1942 Militärattaché in Budapest, Generalmajor, Ende 1943 Kommandeur
der 97. Jägerdivision, 1944 Generalleutnant, mit Kriegsende in sowjetischer Kriegsgefangenschaft, 1955 in
die Bundesrepublik entlassen.

Radó, Sándor (* 5. 11. 1899 Budapest,
† 20. 8. 1981 Budapest): 1917/18 Studium der Geographie an der Universität Leipzig, 1918/19 Teilnahme
an der ungarischen Räterevolution,
Flucht nach Österreich, Fortsetzung
des Studiums in Wien, 1920 Gründung einer Nachrichtenagentur, 1922
Wechsel nach Jena, Mitglied im
M-Apparat der KPD, 1923 operativer
Leiter der Proletarischen Hundertschaften beim sächsischen Aufstand,
Flucht in die Sowjetunion, ab Mitte
der 1920er-Jahre Korrespondent der
sowjetischen Nachrichtenagentur
TASS in Berlin, 1935 Übersiedlung
nach Frankreich, ab März 1936 Resi-
dent des sowjetischen Militärnach-

richtendienstes GRU in der Schweiz,
zur Tarnung Gründung der Presse-
agentur Atlas Permanent, 1944 nach
Enttarnung mehrerer Spionageringe
verhaftet, Flucht nach Frankreich,
dort angeklagt, nach Intervenierung
von Schweizer Behörden freigelassen,
1945 Rückkehr in die Sowjetunion,
zu einer langjährigen Haftstrafe verurteilt, 1955 entlassen, danach Professor
für Geographie an der Universität
Budapest, 1966 Ruhestand.

Raeder, Erich (* 24. 4. 1876 Wandsbek
bei Hamburg, † 6. 11. 1960 Kiel): 1894
Eintritt in die Kriegsmarine, 1897
Leutnant, im Ersten Weltkrieg zunächst Admiralstabsoffizier, dann
Kommandant des Kreuzers *Köln*, 1919
Übernahme in die Reichswehr, tätig
im Marinearchiv, 1925 Vizeadmiral,
Chef der Marinestation der Ostsee,
1928 Admiral, Chef der Marinelei-
tung, 1934 Generaladmiral, seit 1935
Oberbefehlshaber der Kriegsmarine,
1939 Großadmiral, 1943 in die Führerreserve versetzt, 1946 im Hauptkriegsverbrecher-Prozess zu lebens-
länglicher Haft verurteilt, 1955
aus Gesundheitsgründen vorzeitig
entlassen.

Rattenhuber, Johann (* 30. 4. 1897
Oberhaching bei München,
† 30. 6. 1957 München): Abitur,
Kriegsdienst, 1918 Leutnant, Freikorps Epp, 1920 Eintritt in die Ord-
nungspolizei Bayreuth, 1922 Versetzung zur bayerischen Landespolizei,
1933 Adjutant beim bayerischen Poli-
zeipräsidenten Heinrich Himmler, im
selben Jahr beauftragt mit der Auf-

stellung eines Kommandos zur besonderen Verwendung Hitlers, Hauptmann, SS-Obersturmbannführer, 1935
Leiter der selbstständigen Dienststelle Reichssicherheitsdienst, 1944
SS-Brigadeführer und Generalmajor
der Polizei, 1945 SS-Gruppenführer,
am 2. 5. 1945 von sowjetischen Truppen gefangen genommen, 1951 entlassen.

Raubal, Angela, »Geli« (* 4. 1. 1908
Linz, † 18. 9. 1931 München [Selbst-
tötung]): im *Buch Hitler* fälschlicher-
weise »Nicki« genannt, Tochter von
Hitlers Halbschwester Angela Raubal, 1927 Abitur, Beginn eines Medi-
zinstudiums in München, ab 1928 Ge-
sangsausbildung, wohnte ab 1929 bei
Hitler am Prinzregentenplatz; nach
einem Streit tötete sie sich mit Hitlers
Pistole durch einen Schuss in die
Herzgegend; die genauen Umstände
wurden nicht geklärt.

Raubal, Angela (siehe: Hammitzsch,
Angela).

Rauch, Josef (* 27. 2. 1902 Kinding
bei Eichstätt, † 14. 8. 1984): 1919 Zeitfreiwilliger, Übernahme in die Reichswehr, 1931 als Feldwebel ausgeschieden, 1935 Wiedereintritt als
Oberleutnant (Pioniere), 1940 Lehr-
gänge an den Pionierschulen Roßlau
und Königsbrück, Major, Kommandeur des Pionier-Ersatzbataillons 8,
1942 Oberstleutnant und Kommandeur des Panzergrenadier-Regiments
110, 1943 Regimentsführer bei Panzer-
lehrgängen in Wünsdorf, Mai 1943
Kommandeur des Panzergrenadier-
Regiments 192, 1944 Oberst, Novem-

ber/Dezember 1944 Divisionsführer-
Lehrgang in Hirschberg, ab 1. 1. 1945
Kommandeur der 18. Panzergrenadier-Division, am 20. 4. 1945 zum Generalmajor ernannt, am 2. 5. 1945 in
Berlin in sowjetische Gefangenschaft,
1949 zu 25 Jahren Arbeitslager verurteilt, 1955 in die Bundesrepublik entlassen.

Reichenau, Walter von (* 8. 10. 1884
Karlsruhe, † 17. 1. 1942 bei Poltawa):
1903 Fahnenjunker, 1904 Leutnant,
1911 bis 1914 kommandiert zur Kriegsakademie, Kriegsdienst als Adjutant
und Generalstabsoffizier, Hauptmann, 1919 Übernahme in die Reichswehr, 1919 beim Generalstab im
Wehrkreis VI, verschiedene Stabs-
und Truppenverwendungen, 1924
Major, 1927 Kommandeur einer
Nachrichtenabteilung, 1929 Oberstleutnant und Stabschef beim Inspekteur der Nachrichtentruppen, 1931
Oberst, Stabschef der 1. Infanteriedivision, 1933 Chef des Ministeramts
im Reichswehrministerium (ab 1934
Wehrmachtsamt), 1934 Generalmajor,
1935 Generalleutnant, Kommandierender General des VII. Armeekorps,
1936 General der Artillerie, 1938
Oberbefehlshaber des Gruppenkommandos IV, 1939 Oberbefehlshaber
der 10. Armee, dann der 6. Armee,
Generaloberst, 1940 Generalfeldmarschall, förderte den Ausbau der
Waffen-SS und deckte die Verbrechen der Einsatzgruppen, Dezember 1941 Oberbefehlshaber der
Heeresgruppe Süd, starb an einem
Schlaganfall.

Reinecke, Hermann (* 14. 2. 1888 Wittenberg, † 10. 10. 1973): Kadett, 1905 Leutnant, 1911 Bataillonsadjutant, während des Ersten Weltkrieges verschiedene Truppen- und Stabsverwendungen, seit 1918 im preußischen Kriegsministerium, Übernahme in die Reichswehr, verschiedene Stationen im Reichswehrministerium, 1929 Major, 1933 Oberstleutnant, 1934 Rückkehr ins Reichswehrministerium, Abteilungsleiter für Heeresfachschulen und Versorgungswesen, 1935 Oberst, Wechsel ins neu gebildete Wehrmachtsamt, 1938 Leiter der Amtsgruppe Allgemeine Wehrmachtsangelegenheiten, 1939 Umbildung zum Allgemeinen Wehrmachtsamt im Oberkommando der Wehrmacht, dessen Leiter bis Kriegsende, Generalmajor, 1942 General der Infanterie, seit 22. 12. 1943 Chef des NS-Führungsstabs im OKW, 1943 Aufnahme in die NSDAP, seit 1934 Beisitzer am Volksgerichtshof, nach dem Attentat auf Hitler Mitglied des Ehrenhofs der Wehrmacht, Mitglied des Volksgerichtshofs bei der Aburteilung der Verschwörer des 20. 7. 1944, 1945 verhaftet, 1948 im Prozeß gegen das Oberkommando der Wehrmacht wegen der Mitformulierung völkerrechtswidriger Befehle und Anweisungen zu lebenslanger Haft verurteilt, 1951 Begnadigung abgelehnt, 1954 entlassen.

Reinhardt, Georg-Hans (* 1. 3. 1887 Bautzen, † 22. 11. 1963 München): 1907 Fahnenjunker, 1908 Leutnant, 1913 Regimentsadjutant, Kriegsdienst als Adjutant, 1916 zur Generalstabsausbildung kommandiert, ab Ende 1916 in verschiedenen Generalstäben, 1917 I a im Generalstab der 192. Infanteriedivision, 1919 Grenzschutz, Übernahme durch die Reichswehr, abwechselnd Stabs- und Truppenverwendungen, 1926 Taktiklehrer an der Infanterieschule Dresden, danach Dozent für Taktik und Kriegsgeschichte, Lehrgangsleiter für Führergehilfen, 1931 Oberstleutnant und Bataillonskommandeur, 1933 Chef des Generalstabs der 4. Division, dann Abteilungsleiter im Reichswehrministerium, 1934 Oberst, 1935 Chef der Ausbildungsabteilung im Generalstab des Heeres, 1937 Generalmajor, 1938 Kommandeur der 4. Panzerdivision im Polenfeldzug, 1939 Generalleutnant, 1940 Kommandierender General des XXXXI. Panzerkorps, General der Panzertruppe, 1941 Oberbefehlshaber der Panzergruppe 3, ab 1942 der 3. Panzerarmee, Generaloberst, 1944 Oberbefehlshaber der Heeresgruppe Mitte, am 25. 1. 1945 wegen des Verlusts von Ostpreußen entlassen, 1945 in Gefangenschaft, im Prozeß gegen das Oberkommando der Wehrmacht 1948 zu 15 Jahren Haft verurteilt, 1952 entlassen.

Reisser, Hans (* 15. 6. 1909 Memmingen, † ?): Stellmacher, 1928 Eintritt in die SA, 1930 Eintritt in NSDAP (Nr. 102784) und SS (Nr. 4844), ab 1933 Sturmmann in der Leibstandarte »Adolf Hitler«, Mitglied im Führer-Begleitkommando, 1934 Unterscharführer, weitere Beförderungen, 1939

Untersturmführer, 1942 Obersturmführer, im April 1944 Übertritt zur
Waffen-SS, am 1.5.1945 Ausbruch aus
dem Bunker, sowjetische Gefangenschaft, 1955 in die Bundesrepublik
entlassen.

Reitsch, Hanna (* 29.3.1912 Hirschberg, † 28.8.1979 Frankfurt/Main):
Studium der Medizin ohne Abschluss, Segelfliegerin, 1932 Weltrekord im Langzeitfliegen für Frauen,
1934 Weltrekord im Höhenfliegen für
Frauen, 1937 Flugkapitän, seit 1939
Testpilotin der Luftwaffe, Lebensgefährtin Ritter von Greims, am
26.4.1945 Flug mit Greim nach Berlin, am 29.4.1945 zu Dönitz nach
Kiel, weiter nach Kitzbühel, 1945 interniert, 1946 entlassen, 1947 von einer
Spruchkammer als »unbelastet«
eingestuft, publizistische Tätigkeit,
weitere sportliche Erfolge.

Remer, Ernst Otto (* 18.8.1912 Neu-
brandenburg, † 4.10.1997 Marbella
[Spanien]): 1933 Abitur, Fahnenjunker, 1935 Leutnant, verschiedene
Truppenverwendungen (Infanterie),
1941 Hauptmann, 1942 Bataillonsführer im Panzergrenadier-Regiment
»Großdeutschland«, 1943 Major, ab
Mai 1944 Kommandeur des Wachregiments »Großdeutschland« in
Berlin, für seine entscheidende Rolle
bei der Niederschlagung des Staatsstreichs vom 20.7.1944 zum Oberst
befördert, ab August 1944 Kommandeur der Führer-Begleitbrigade, bis
15.11.1944 in Rastenburg, danach bis
Januar 1945 im Ardennen-Einsatz,
am 30.1.1945 zum Generalmajor be-

fördert, Kommandant der zur Panzerdivision aufgestockten Führer-
Begleitdivision, ab Mai 1945 Kriegsgefangenschaft, 1947 entlassen, 1950
Mitbegründer der rechtsextremistischen Sozialistischen Reichspartei
(SRP, 1952 verboten), publizistische
Betätigung, 1982 Gründung des
Freundeskreises Ulrich von Hutten,
1983 Gründer der Deutschen Frei-
heitsbewegung, mehrfach verurteilt,
u. a. wegen Volksverhetzung, Aufsta-
chelung zum Rassenhass und Beleidigung, 1991 bis 1993 Herausgeber der
Remer-Depesche, in der der Holocaust
geleugnet wurde, 1993 Bestätigung
eines Hafturteils durch den Bundes-
gerichtshof, Flucht nach Spanien.

Rendulic, Lothar (* 23.11.1887 Wiener Neustadt, † 18.1.1971 Eferding bei
Linz): 1910 Leutnant im k. u. k Heer,
während des Ersten Weltkrieges
Kompaniechef, Regimentsadjutant
und ab 1916 Gerichtsoffizier, 1917
Hauptmann, Übernahme in das Bundesheer, Lehrer an der Offiziers-
schule, ab 1922 tätig in der Organisationsabteilung des Bundesministeri-
ums für Landesverteidigung, 1929
Oberstleutnant, 1933 Oberst, österreichischer Militärattaché in Paris, 1935
wegen Verbindungen zur NSDAP abgelöst, Kommandeur einer motorisierten Brigade, ab 1938 Oberst der
deutschen Wehrmacht, Chef des Generalstabs des XVII. Armeekorps,
1939 Generalmajor, 1940 Kommandeur der 52. Infanteriedivision, 1942
General der Infanterie, Kommandeur
des XXXV. Armeekorps, 1943 Ober-

befehlshaber der 2. Panzerarmee, 1944 Generaloberst und Kommandeur der 20. Gebirgsarmee, 1945 Oberbefehlshaber verschiedener Heeresgruppen (Kurland, Nord, zuletzt Heeresgruppe Süd), im Mai 1945 in amerikanische Kriegsgefangenschaft, 1948 im Prozess gegen die Südost-Generale wegen Kriegsverbrechen zu 25 Jahren Haft verurteilt, 1951 begnadigt und freigelassen, bis zum Tod publizistische Tätigkeit.

Renondeau, Gaston-Ernest (* 1879, † 1967): von 1932 bis 1938 französischer Militärattaché in Berlin, 1939/40 Kommandeur der 2. Division, Generalmajor, 1940 zunächst Kommandierender Offizier des Verteidigungssektors Bas-Rhin, dann Befehlshaber der 103. Festungsdivision, danach Befehlshaber des XXXXII. Festungskorps.

Reymann, Hellmuth (* 24. 11. 1892 Neustadt [Oberschlesien], † 8. 12. 1988 Garmisch-Partenkirchen): Kadett, 1912 Leutnant, ab 1915 Bataillons-, ab 1916 Regimentsadjutant, 1920 Übertritt zur Polizei als Oberleutnant, 1921 Hauptmann, 1922 bis 1928 Lehrer an der Polizeischule Frankenstein, 1928 bis 1932 in der Polizeiverwaltung Elberfeld, Major, 1933 bis 1935 Lehrer an der Höheren Polizeischule Eiche bei Potsdam, 1935 Taktiklehrer an der Kriegsschule Dresden, 1936 Oberstleutnant, 1938 Kommandeur des Grenz-Infanteriebataillons 125 Saarbrücken, 1939 Oberst und Kommandeur des Infanterieregiments 205, 1942 Generalmajor und Kommandeur der 212. Infanteriedivision, 1943 Kommandeur der 13. Luftwaffen-Felddivision, Kommandeur der 11. Infanteriedivision, im November 1944 in die Führerreserve versetzt, ab 6. 3. 1945 Kampfkommandant von Berlin, danach Kommandant der Garnison Potsdam, ab 23. 4. 1945 Führer der Armeegruppe Spree, geriet am 7. 5. 1945 in englische Gefangenschaft, 1946 entlassen, lebte in Iserlohn.

Ribbentrop, Joachim v. (* 30. 4. 1893 Wesel, † 16. 10. 1946 Nürnberg [hingerichtet]): Banklehre in Montreal, Arbeit beim Eisenbahnbau, Reporter, 1913 Eröffnung eines Importgeschäfts für deutsche Weine in Ottawa, 1914 Rückkehr nach Deutschland, von 1915 bis 1918 Kriegsdienst als Kavallerist, befördert zum Leutnant, 1919 entlassen, Eröffnung einer Weinhandlung in Berlin, 1920 Heirat mit Annelies Henkell, Vertreter für die Sektkellerei Henkell in Berlin, seit 1930 finanzielle Unterstützung der NSDAP, 1932 Eintritt in die NSDAP (Nr. 1199927), 1933 bis 1945 Mitglied des Reichstags, am 30. 5. 1933 Eintritt in die SS (Nr. 63083), Standartenführer, ab 1933 außenpolitischer Mitarbeiter Hitlers, von 1934 bis 1939 Beauftragter der NSDAP für außenpolitische Fragen im Stab des Stellvertreters des Führers, 1934/35 Beauftragter der Reichsregierung für Abrüstungsfragen, 1935 SS-Oberführer, 1936 SS-Gruppenführer, ab Juni 1936 deutscher Botschafter in London, vom 5. 2. 1938 bis zum 30. 4. 1945 Reichsaußenminister, 1940 SS-Obergruppenführer, im

Mai 1945 unter dem Namen »Reiser« untergetaucht, am 14.6.1945 durch die britische Armee verhaftet, Angeklagter im Hauptkriegsverbrecher-Prozess, zum Tode verurteilt.

Richthofen, Wolfram Freiherr von (* 10.10.1895 Barzdorf bei Striegau [Schlesien], † 12.7.1945 Bad Ischl [Österreich]): Kadett, Absolvent der Kriegsschule Kassel, 1914 Leutnant, Kriegseinsatz zunächst als Husar, ab 1917 Flieger, 1918 im Jagdgeschwader 1 »von Richthofen«, 1920 Abschied als Oberleutnant, Maschinenbaustudium, 1923 Wiedereintritt in die Reichswehr, verschiedene Truppen- und Stabsverwendungen, 1928 Hauptmann, 1929 Dr.-Ing., von 1929 bis 1932 Militärattaché in Rom, 1934 Übertritt zur Luftwaffe, Major, Leiter der Abteilung Prüfwesen, 1936 Oberstleutnant, ab November 1936 Leiter des Versuchskommandos 88 (getarnter Stabschef der Legion Condor), 1937 Kommodore des Kampfgeschwaders 153 Liegnitz, Rückkehr zur Legion Condor, 1938 Oberst, Kommodore des Kampfgeschwaders 257, Generalmajor, 1939 Kommandant des VIII. Fliegerkorps, 1940 General der Flieger, 1942 Generaloberst und Oberbefehlshaber der Luftflotte 4, zugleich Befehlshaber Südost, 1943 Generalfeldmarschall, Chef der Luftflotte 2 in Italien, im Oktober 1944 erkrankt und beurlaubt, 1945 durch amerikanisches Militär verhaftet, musste sich einer Gehirnoperation unterziehen, an deren Folgen er verstarb.

Riefenstahl, Leni (* 22.8.1902 Berlin, † 8.9.2003 Pöcking am Starnberger See): Tanzausbildung u.a. bei Mary Wigman, ab 1923 Soloauftritte, 1926 Schauspieldebüt, Rollen in Abenteuerfilmen, u.a. 1929 *Weiße Hölle am Piz Palü*, 1932 erste Regiearbeit *(Das blaue Licht)*, danach Dokumentarfilme im Auftrag der NSDAP und staatlicher Stellen in eigener künstlerischer Verantwortung (1933 *Sieg des Glaubens*, 1934 *Triumph des Willens*, 1935 *Tag der Freiheit – Unsere Wehrmacht*), zum größten Erfolg wurde der zweiteilige Film über die Olympischen Spiele 1936 in Berlin *(Fest der Völker, Fest der Schönheit)*, später Spielfilmarbeiten, bei denen Riefenstahl auch Sinti und Roma einsetzte, die nach Abschluss der Dreharbeiten in Konzentrationslager deportiert wurden, 1945 verhaftet, nach Entlassung und Entnazifizierung Fotografin, u.a. spektakuläre Aufnahmen beim Stamm der Nuba und von der Unterwasserwelt des Indischen Ozeans.

Roatta, Mario (* 2.2.1887 Modena, † 7.1.1968 Rom): 1906 Unterleutnant, Berufssoldat, während des Ersten Weltkrieges Stabsoffizier, diplomatische Verwendungen, bis 1930 Militärattaché in Warschau, 1930 Oberst, Kommandant eines Infanterieregiments, 1933 Chef des Generalstabs eines Armeekorps, später Chef des Nachrichtendienstes beim Generalstab, von 1936 bis 1938 Kommandant des italienischen Interventionskorps im Spanienkrieg, Korpsgeneral, von

Juli 1939 bis Oktober 1939 Militärattaché in Berlin, ab November 1939 unter
Graziani stellvertretender Chef des
Generalstabs des Heeres, ab März
1941 Generalstabschef, 1942 Oberbefehlshaber der 2. Armee in Kroatien,
danach Oberbefehlshaber der 6. Armee auf Sizilien, ab Ende Juli 1943
wieder Generalstabschef des Heeres,
schlug sich auf die Seite Badoglios,
gab den Befehl zur Verteidigung
Roms gegen die Deutsche Wehrmacht, der jedoch nicht ausgeführt
wurde, 1945 zu langjähriger Gefängnisstrafe verurteilt; Flucht nach Spanien, 1948 hob der Oberste Kassa-
tionshof in Rom das Urteil auf, 1949
freigesprochen von der Anklage,
die Hauptstadt kampflos geräumt
zu haben, lebte in Rom.

Röchling, Hermann (* 12. 11. 1872
Völklingen [Saarland], † 24. 8. 1955
Mannheim): 1898 Übernahme des vä-
terlichen Montankonzerns, während
des Ersten Weltkrieges maßgeblicher
Rüstungsproduzent, nach dem Krieg
von einem französischen Gericht
wegen Kriegsverbrechen und Raub in
Abwesenheit zu 10 Jahren Zuchthaus
verurteilt, Enteignung der in Frank-
reich gelegenen Betriebsteile der
Völklinger Eisenhütte, politisches
Engagement für den Wiederan-
schluss des Saarlands an das Deutsche
Reich, Ausdehnung des Konzerns
nach Mitteldeutschland, nach 1935
Leiter der Bezirksgruppe Südwest der
Wirtschaftsgruppe Eisenschaffende
Industrie, 1940 Restituierung des
einstigen Besitzes in Lothringen,

1940 bis 1942 Generalbevollmächtigter für die Eisen- und Stahlindustrie
in Lothringen, Meurthe-Moselle
und Longwy, ab Juli 1942 Leiter der
Reichsvereinigung Eisen, 1946 verhaftet, enteignet und 1947 nach
Frankreich ausgeliefert, wegen Über-
griffen gegen Kriegsgefangene und
Zwangsarbeiter zu sieben Jahren Haft
verurteilt, in der Berufungsverhandlung auf zehn Jahre erhöht, 1951
freigelassen mit der Auflage, das
Saarland nicht mehr zu betreten.

Rohland, Walter, »Panzer-Rohland«
(* 14. 12. 1888 Inden bei Jülich,
† 26. 2. 1981): Assistent am Kaiser-
Wilhelm-Institut für Eisenforschung,
Dr.-Ing., 1933 Eintritt in die NSDAP
(Nr. 2267484), Betriebsführer der Bo-
chumer Stahlwerke, von Todt mit der
Durchführung des Panzerprogramms
beauftragt, stellvertretender Vorstandsvorsitzender der Vereinigten
Stahlwerke, 1939 als Vorstandsmitglied der Deutschen Edelstahlwerke
Angehöriger des Beirats der Kohle-
und Eisenforschung GmbH, der
wichtigsten deutschen Rüstungsfor-
schungsgesellschaft, 1942 stellvertretender Vorsitzender der Reichsvereinigung Eisen, stellvertretender
Amtschef des Rüstungsamts im Rüstungsministerium, 1945 interniert,
nach Freilassung tätig in der Stahlindustrie.

Röhm, Ernst (* 28. 11. 1887 München,
† 1. 7. 1934 München [ermordet]):
Abitur, Fahnenjunker, Kriegsschule
München, Berufssoldat, während des
Ersten Weltkrieges Fronteinsatz,

ab 1918 verschiedene Stabsverwendungen, Verbindungen zu Freikorps,
1920 Eintritt in die DAP (Mitglied
Nr. 623), Duzfreund Hitlers, 1923 Beteiligung am Putsch mit dem eigenen
Wehrverband »Reichskriegsflagge«,
1924 Entlassung aus der Reichswehr,
verurteilt zu 15 Monaten Haft auf
Bewährung, Gründer eines Dachver-
bands völkischer Wehrverbände,
Mitglied des Reichstags für die
Deutschvölkische Freiheitspartei,
1928 bis 1930 Militärberater in Boli-
vien (Oberstleutnant), 1931 Stabschef
der SA, 1933 Reichsminister ohne
Geschäftsbereich und Staatsminister
in Bayern; nach Forderungen, die
»nationalsozialistische Revolution«
zu vollenden, und Planungen, die als
Vorbereitung zu einem Putsch inter-
pretierbar waren, am 30. 6. 1934 in
einem Hotel in Bad Wiessee verhaftet, von einem SS-Kommando ins
Gefängnis München-Stadelheim gebracht, wo ihm eine geladene Pistole
mit der Aufforderung ausgehändigt
wurde, sich zu erschießen. Da Röhm
dies verweigerte, auf Befehl Hitlers
erschossen.

Rommel, Erwin (* 15. 1. 1891 Heiden-
heim an der Brenz, † 14. 10. 1944 bei
Herrlingen in Württemberg [Selbst-
tötung]): 1912 Leutnant, während des
Ersten Weltkrieges u. a. Kriegseinsatz an der Isonzo-Front, 1918 Hauptmann, Übernahme durch die Reichswehr, 1929 Taktiklehrer an der Infanterieschule Dresden, 1932 Major, 1933
Bataillonskommandeur, 1935 Lehr-
gruppen-Kommandeur an der Infanterieschule Potsdam, 1937 Oberst,
1938 Kommandeur der Kriegsschule
Wiener Neustadt, 1939 Kommandeur
des Führerhauptquartiers bei der Besetzung der Tschechoslowakei,
Generalmajor, Kommandeur der
7. Panzerdivision, ab Februar 1941
Kommandierender General des
Afrika-Korps, im Januar 1942 Generaloberst, Oberbefehlshaber der
Panzerarmee Afrika, im Juli 1942 Generalfeldmarschall, 1943 Oberbefehlshaber der Heeresgruppe B in Norditalien, ab Ende 1943 Inspekteur der
Küstenbefestigungen in Frankreich,
zunehmend Kritik an der deutschen
Kriegführung, forderte Hitler am
15. 7. 1944 schriftlich auf, den Krieg zu
beenden, am 17. 7. bei einem Bombenangriff schwer verwundet, wegen
Kontakten zu den Verschwörern des
20. 7. 1944 (ohne sein Wissen vorgesehen als Oberbefehlshaber des Heeres)
zum Giftselbstmord gezwungen.

Roosevelt, Franklin Delano
(* 30. 1. 1882 Hyde Park bei New York,
† 12. 4. 1945 Warm Springs [Georgia,
USA]): Studium der Rechtswissenschaften, Anwalt, 1910 Eintritt in die
Demokratische Partei, in die Legis-
lative des Staates New York gewählt,
1913 bis 1920 stellvertretender Marine-
minister, 1920 erfolglose Kandidatur
als Vizepräsident, tätig in verschiedenen Unternehmen, 1928 Gouverneur
des Staates New York (Wiederwahl
1930), 1932 Sieg bei den Präsidentenwahlen (Wiederwahl 1936, 1940,
1944), zunächst Schwerpunkt in der
Innenpolitik (»New Deal«), verstärk-

tes außenpolitisches Engagement seit der zweiten Amtsperiode, 1933 diplomatische Anerkennung der Sowjetunion, im Spanien- und Abessinienkrieg Wahrung der Neutralität der USA, ab 1937 Annäherung an Großbritannien und Frankreich, politische Initiativen zur Friedenssicherung, seit 1939 ökonomische Unterstützung der Gegner der Achsenmächte, am 14.8.1941 Vereinbarung gemeinsamer Kriegsziele mit Churchill (Atlantik-Charta), Kriegseintritt der USA nach dem Überfall auf Pearl Harbor am 7.12.1941, prägte am 24.1.1943 in Casablanca die Formel von der »bedingungslosen Kapitulation« der Achsenmächte, sicherte am 1.12.1943 in Teheran verbindlich die Eröffnung einer zweiten Front in Europa zu, initiierte das amerikanische Atomprogramm, kündigte für die Nachkriegszeit enge Zusammenarbeit mit der Sowjetunion an, starb trotz jahrzehntelanger Erkrankung an Poliomyelitis überraschend.

Rosenberg, Alfred (* 12.1.1893 Reval, † 16.10.1946 Nürnberg [hingerichtet]): Studium in Reval und Moskau, 1918 Architekt, danach Zeichenlehrer in Riga, 1918 Übersiedlung nach München, 1919 Mitglied der Thule-Gesellschaft, Eintritt in die DAP (Nr. 625), 1921 Eintritt in die SA, von März 1923 bis zum Dezember 1937 (mit Unterbrechungen zwischen 1924 und 1926) Chefredakteur des *Völkischen Beobachters*, danach dessen Herausgeber, 1929 Gründer des Kampfbundes für deutsche Kultur, von 1930

bis 1945 Mitglied des Reichstags, von April 1933 bis 1945 Leiter des Außenpolitischen Amts der NSDAP, seit Juni 1933 im Rang eines Reichsleiters, seit 1934 als Beauftragter des Führers für die Überwachung der gesamten geistigen und weltanschaulichen Schulung und Erziehung der NSDAP (Amt Rosenberg) gewissermaßen »Chefideologe« der Partei, zahlreiche weitere Ämter, vom 17.6.1941 bis zum 30.4.1945 Reichsminister für die besetzten Ostgebiete, im Mai 1945 Flucht nach Holstein, von amerikanischer Militärpolizei verhaftet, im Hauptkriegsverbrecher-Prozess angeklagt und zum Tode verurteilt.

Rundstedt, Karl Rudolf Gerd von (* 12.12.1875 Aschersleben, 24.2.1953 Hannover): Kadett, 1893 Leutnant in einem Infanterieregiment, 1894 bis 1897 Kriegsakademie, während des Ersten Weltkrieges überwiegend Stabsverwendungen in der Türkei und Frankreich, Major, 1919 Übernahme in die Reichswehr, 1923 Oberst, 1925 Regimentskommandeur, 1928 Generalmajor und Kommandeur der 2. Kavalleriedivision, 1932 Oberbefehlshaber des Gruppenkommandos 1 Berlin, General der Kavallerie, 1938 Generaloberst, Oberbefehlshaber der Heeresgruppe Süd, seit Oktober 1940 Oberbefehlshaber Ost, im Frankreichfeldzug Oberbefehlshaber der Heeresgruppe A, 1940 Generalfeldmarschall, Oberbefehlshaber West, im Russlandfeldzug Oberbefehlshaber der Heeresgruppe Süd, nach dem Rückzug aus Rostow am

28. 11. 1941 in die Führerreserve versetzt, von März 1942 bis zum 10. 3. 1945 Oberbefehlshaber West, im Sommer 1944 kurzfristig beurlaubt, Präsident des Ehrenhofs der Wehrmacht, der die Verschwörer des 20. 7. aus der Wehrmacht ausstieß, am 3. 3. 1945 als Oberbefehlshaber West abgelöst, im Mai 1945 von amerikanischen Truppen in Bad Tölz verhaftet und dem britischen Militär übergeben, Zeuge der Anklage in den Nürnberger Nachfolgeprozessen, 1949 wegen einer Herzerkrankung aus der Haft entlassen.

Sander, Vorname unbekannt (* ?, † ?): Angehöriger der Leibstandarte »Adolf Hitler«, eingesetzt als Ordonnanz.

Sandig, Rudolf (* 11. 9. 1911 Eppendorf bei Hamburg, † 1994): seit 1933 Angehöriger der SS-Leibstandarte »Adolf Hitler«, Unterscharführer, 1941 Hauptsturmführer, Kompaniechef, 1942 Bataillonskommandant im Panzergrenadier-Regiment 2, 1943 Sturmbannführer, 1944 SS-Obersturmbannführer, Kommandeur des Panzergrenadier-Regiments 2, eingesetzt bei der Heeresgruppe Süd.

Sauckel, Fritz (* 27. 10. 1894 Haßfurt [Unterfranken], † 16. 10. 1946 Nürnberg [hingerichtet]): Matrose, 1914 in Australien in französischer Kriegsgefangenschaft, bis 1919 als Zivilgefangener in Frankreich interniert, 1919 bis 1921 Lehre als Werkzeugschlosser, 1919 Mitglied des Deutschvölkischen Schutz- und Trutzbundes, 1921 Grup-

penwart für Unterfranken, 1922 Eintritt in die SA, 1922/23 Technikstudium in Ilmenau, 1923 Eintritt in die NSDAP (Nr. 1395), 1923 bis 1925 Führer von NSDAP-Tarnorganisationen, 1925 Wiedereintritt in die NSDAP, Gau-Geschäftsführer im Gau Thüringen, 1927 bis 1945 Gauleiter des Gaus Thüringen, 1930 bis 1932 Fraktionsführer der NSDAP-Fraktion im Thüringischen Landtag, 1932/33 Ministerpräsident, 1933 bis 1945 Reichsstatthalter in Thüringen, 1933 SA-Gruppenführer, 1934 SS-Gruppenführer, 1939 bis 1942 Reichsverteidigungskommissar für den Wehrkreis IX, 1942 bis 1945 Reichsverteidigungskommissar für Thüringen, 1942 SS-Obergruppenführer, ab 21. 3. 1942 Generalbevollmächtigter für den Arbeitskräfteeinsatz, schrittweise mit immer weiter reichenden Kompetenzen ausgestattet, ab 25. 9. 1944 Führer des Deutschen Volkssturms in Thüringen, am 10. 4. 1945 Flucht aus Weimar, am 19. 4. 1945 durch US-Militär in Oberbayern verhaftet, im Hauptkriegsverbrecher-Prozess zum Tode verurteilt.

Saur, Karl-Otto (* 16. 6. 1902 Düsseldorf, † 28. 7. 1966 München): Dipl.-Ing., tätig in der Montanindustrie, 1929 Direktor der August-Thyssen-Hütte in Duisburg, 1931 Eintritt in die NSDAP, 1935 Gauamtsleiter für Technik in Essen, 1939 Amtschef im NSDAP-Hauptamt für Technik, Stellvertreter Todts, ab 1940 auch im Reichsministerium für Rüstung Stellvertreter Todts, 1942 Leiter des Tech-

nischen Amts im Rüstungsministerium, stellvertretender Leiter des
Rüstungsstabs, 1944 Chef des »Jäger-
stabs«, in Hitlers Testament zum
Nachfolger Speers ernannt, 1945 britische Gefangenschaft, nach Nürnberg
überstellt, im Krupp-Prozess Haupt-
belastungszeuge der Anklage, nach
der Entlassung Leiter eines technischen Büros für Luftfahrttechnik
in München.

Schach, Gerhard (* 8. 3. 1906 Berlin,
† 27. 1. 1972 Dickel bei Diepholz):
Textilverkäufer, Handlungsgehilfe,
1928 Eintritt in die NSDAP, Straßen-
zellenleiter, Sektionsleiter, Kreisleiter
in Berlin, 1932 Gau-Inspekteur, 1934
Gau-Organisationsleiter im Gau
Groß-Berlin, 1933 bis 1945 Mitglied
des Reichstags, 1935 bis 1945 Ratsherr
der Stadt Berlin, 1937 NSKK-Standartenführer, 1940 NSKK-Oberführer, 1943 NSKK-Brigadeführer, 1942
Gaustabsamtsleiter der NSDAP-
Gauleitung Groß-Berlin, 1944/45
stellvertretender Gauleiter für Groß-
Berlin, ab 30. 1. 1945 Oberdienstleiter
der NSDAP, im *Buch Hitler* fälschlich für gefallen erklärt.

Schacht, Hjalmar (* 22. 1. 1877 Ting-
leff [Nordschleswig], † 3. 6. 1970
München): aufgewachsen in den
USA, Studium der Wirtschaftswissenschaften in Kiel, München und
Berlin, 1903 Promotion zum Dr. rer.
pol., angestellt bei der Dresdner
Bank, ab 1908 in leitenden Positionen,
1916 Direktor der (privaten) Nationalbank, 1922 Direktor der Darmstädter
und Nationalbank, 1918 Mitbegründer

der Deutschen Demokratischen Partei (1926 Austritt), 1923 Reichswäh-
rungskommissar, Reichsbankpräsident, 1930 Rücktritt nach Kritik an
der Schuldenpolitik der Reichsregierung, 1931 Beitritt zur Harzburger
Front, Mitglied im Keppler-Kreis,
1932 Intervention bei Hindenburg für
die Ernennung Hitlers zum Reichskanzler, 1933 erneut Reichsbankpräsident, ab 1934 zugleich Reichswirtschaftsminister, ab 1935 zugleich
Generalbevollmächtigter für die
Kriegswirtschaft, 1937 Rücktritt als
Wirtschaftsminister und Generalbevollmächtigter, 1939 Rücktritt als
Reichsbankpräsident, Kontakte zum
zivilen Widerstand um Goerdeler, am
29. 7. 1944 verhaftet, nach Verhören in
das KZ Ravensbrück verbracht, 1945
in das KZ Flossenbürg verlegt, von
US-Truppen befreit und erneut verhaftet, Angeklagter im Hauptkriegsverbrecher-Prozess, freigesprochen,
1947 von deutscher Spruchkammer als
»Hauptschuldiger« eingestuft und zu
acht Jahren Arbeitslager verurteilt,
1948 Revision des Urteils, entlassen,
danach tätig als Wirtschafts- und
Finanzberater sowie als Bankier (Au-
ßenhandelsbank Schacht & Co.).

Schädle, Franz (* 19. 11. 1906 Wester-
heim [Kreis Memmingen], † 1. 5. 1945
Berlin [Selbsttötung]): Bautech-
niker, 1930 Eintritt in die NSDAP
(Nr. 73023) und die SS (Nr. 2605), seit
1932 beim Begleitkommando Hitlers,
1933 Eintritt in die Leibstandarte
»Adolf Hitler«, Angehöriger des Führer-Begleitkommandos, Sturmfüh-

rer, 1934 Obersturmführer, höchster Dienstgrad Obersturmbannführer, seit 5.1.1945 Chef des Begleitkommandos, am 28.4.1945 durch Granatsplitter am Bein verletzt, daher nicht am Ausbruch aus der Reichskanzlei beteiligt.

Schaub, Julius (* 20.8.1898 München, † 27.12.1967 München): Drogist, während des Ersten Weltkrieges Lazarettdienst, danach tätig im bayerischen Hauptversorgungsamt, 1920 Eintritt in NSDAP und SA, Teilnehmer am Putsch 1923, Festungshaft, ab 1925 von Hitler zunächst als Privatangestellter beschäftigt, später formell Persönlicher Adjutant Hitlers, Wiedereintritt in die SS (Nr. 7) und die NSDAP (Nr. 81), 1932 SS-Sturmführer, 1933 Standartenführer, 1935 Brigadeführer, 1940 Chefadjutant des Führers, 1943 Obergruppenführer, vernichtete 1945 persönliche Akten Hitlers in Berchtesgaden und München, verhaftet, 1949 wegen Mangels an Beweisen von der Anklage der Beihilfe zum Mord freigesprochen, danach Drogist in München.

Scheel, Gustav Adolf (* 22.11.1907 Rosenberg [Baden], † 23.3.1979 Hamburg): Studium der Rechtswissenschaften, Volkswirtschaftslehre und Theologie, 1929 Eintritt in den Nationalsozialistischen Studentenbund (NSDStB), 1930 Eintritt in die NSDAP (Nr. 391271) und die SA, ab 1930 Medizinstudium, Hochschulgruppenführer des NSDStB, 1934 Promotion zum Dr. med., 1934 SA-Sturmführer, Übertritt zur SS

(Nr. 17189), von September 1934 bis Mai 1941 SS-Führer im SD-Hauptamt (ab 1939 Reichssicherheitshauptamt), von 1935 bis 1939 Führer des SD-Abschnitts Süd-West (Stuttgart), 1935 Obersturmführer, 1936 Sturmbannführer, 1937 Standartenführer, von 1936 bis 1945 Reichsstudentenführer, 1940 Kriegsdienst als Unterarzt, 1940/41 Befehlshaber der Sicherheitspolizei und des SD beim Chef der Zivilverwaltung im Elsass, 1941 SS-Brigadeführer, Führer des SS-Oberabschnitts Alpenland (Salzburg), von November 1941 bis 1945 NSDAP-Gauleiter in Salzburg, zugleich Reichsstatthalter, zahlreiche weitere Staats- und Parteiämter, 1944 SS-Obergruppenführer und General der Polizei, ab 25.9.1944 Führer des Deutschen Volkssturms im Gau Salzburg, im Mai 1945 von amerikanischen Truppen verhaftet, 1948 von einer deutschen Spruchkammer zu fünf Jahren Arbeitslager verurteilt, Ende 1948 entlassen, danach Arzt an einem Hamburger Krankenhaus, zwischen 1951 und 1954 mehrfach inhaftiert, 1954 eigene Arztpraxis in Hamburg.

Schenck, Ernst Günther (* 3.8.1904 Marburg, † 21.12.1998 Aachen): Studium der Naturwissenschaften und der Medizin, 1927 Promotion zum Dr. phil. nat., 1929 Promotion zum Dr. med., Assistenzarzt in Heidelberg, 1931 Oberassistent am Kaiser-Wilhelm-Institut für Medizinische Forschung, Heidelberg, 1933 Eintritt in die SA, 1934 Habilitation und Dozent, Ernährungs- und Hungerver-

Biographien

suche vor allem an der eigenen Person,
1937 NSDAP, Chefarzt einer internis-
tischen Abteilung an einem Münchner Klinikum, Referent im Hauptamt
für Volksgesundheit in der NSDAP-
Reichsleitung, Berater des Reichsge-
sundheitsführers in Ernährungs-
fragen, Zusammenarbeit mit der SS,
1940 SS-Untersturmführer, Ernäh-
rungsinspektor der Waffen-SS, tätig
im SS-Wirtschafts- und Verwaltungshauptamt, 1942 Sturmbannführer und außerplanmäßiger Professor,
ab Mitte 1944 Inspekteur für Trup-
penverpflegung der Wehrmacht,
Oberstarzt der Wehrmacht, SS-
Obersturmbannführer, beteiligt an
Menschenversuchen in Konzentrationslagern, nach Auflösung der
Dienststelle tätig im Lazarett in der
Reichskanzlei, am 1.5.1945 Ausbruch
aus dem Bunker, sowjetische Gefangenschaft, 1955 Entlassung, tätig in
der pharmazeutischen Industrie, Arzt
in München und Aachen, Gutach-
ter in Sozialgerichtsprozessen.

Scherff, Walter (* 1.11.1898 Bad
Cannstatt, † 24.5.1945 Saalfelden
[Österreich; Selbsttötung]): 1915
Kriegsfreiwilliger, 1917 Leutnant in
einem Füsilierregiment, durch die
Reichswehr übernommen, ab 1920
verschiedene Truppen- und Stabsverwendungen, ab 1931 im Stab der
9.Division, 1931 kommandiert zum
Reichswehrministerium, 1933 Hauptmann, 1935 im Generalstab des Heeres, 1936 Major, 1937 im Stab der
21.Division, 1938 Leiter der 7.Abtei-
lung im Generalstab des Heeres, 1939

Oberstleutnant im Oberkommando
des Heeres, ab November 1940 im
Wehrmachtführungsstab, seit Februar
1941 Chef der kriegsgeschichtlichen
Abteilung im Oberkommando
der Wehrmacht, Oberst, seit dem
17.5.1942 Beauftragter des Führers für
die militärische Geschichtsschreibung, 1945 vernichtete Scherff einen
großen Teil der von ihm archivierten
Unterlagen, u.a. Protokolle der Lagebesprechungen im Führerhauptquartier, danach begab er sich in amerikanische Gefangenschaft.

Schirach, Baldur von (* 9.5.1907
Berlin, † 8.8.1974 Kröv/Mosel): 1925
Eintritt in die NSDAP (Nr. 17251),
Studium der Kunstgeschichte, Ger-
manistik und Philosophie, 1928
Führer des Nationalsozialistischen
Deutschen Studentenbundes, journa-
listische Tätigkeit, 1931 Reichsju-
gendführer der NSDAP, 1932 Heirat
mit der Tochter von Heinrich
Hoffmann (Trauzeugen Hitler und
Röhm), 1932 bis 1945 Mitglied des
Reichstags, 1933 Jugendführer des
Deutschen Reiches, Reichsleiter der
NSDAP, 1939/40 Kriegsdienst, Leut-
nant, ab August 1940 Reichsstatthalter und Gauleiter in Wien, im Juni
1945 von amerikanischer Militärpolizei verhaftet, 1946 als Hauptkriegsverbrecher zu 20 Jahren Haft verurteilt, 1966 entlassen, publizistische
Tätigkeit.

Schleicher, Kurt von (* 7.4.1882 in
Brandenburg, † 30.6.1934 Potsdam
[ermordet]): Kadett, 1900 Leutnant
in einem Garderegiment, 1910 Besuch

der Kriegsakademie Berlin, danach in der Eisenbahnabteilung des Großen Generalstabs, verschiedene Stabs- und Truppenverwendungen, ab 1916 Abteilungsleiter beim Generalquartiermeister in der Obersten Heeresleitung, 1918 Major, Übernahme in die Reichswehr, dort im Truppenamt tätig, 1922 Leiter der Politischen Abteilung, 1926 Leiter der Wehrmachtsabteilung im Reichswehrministerium, 1929 Staatssekretär, Leiter des Ministeramts, Generalmajor, von Juni 1932 bis Dezember 1933 im Kabinett von Papen Reichswehrminister, von Dezember 1932 bis Januar 1933 für 57 Tage letzter Reichskanzler der Weimarer Republik, erfolgloser Versuch, durch Zusammenarbeit mit Gregor Strasser die NSDAP zu spalten, während des »Röhm-Putsches« zusammen mit seiner Frau im eigenen Haus erschossen.

Schlünder, Ernst (* 23.5.1898 Oespel bei Dortmund, † ?): 1914 Kriegsfreiwilliger, Leutnant, Studium der Wirtschaftswissenschaften, 1922 Promotion zum Dr. rer. pol., Syndikus, Bankangestellter, 1927 Sportlehrer in der »schwarzen« Reichswehr, 1931 Reichssportwart des Kyffhäuserbundes, 1933 Übertritt zur Hitlerjugend, Eintritt in die NSDAP (Nr. 3018311), zunächst Referent im Amt für körperliche Ertüchtigung, seit 1936 Oberbannführer und Leiter des Amts für körperliche Schulung, Verbindungsführer zum Reichskriegsministerium und anderen Stellen, 1941 Ministerialrat beim Reichsjugendführer, Chef des Hauptamts II, 1944 Eintritt in die

SS (Nr. 476195), Hauptsturmführer in der SS-Panzerdivision »Hitlerjugend«, ab Juni 1944 in der Stabsabteilung des SS-Personalamts, leitete das letzte Aufgebot der Hitlerjugend an den Pichelsdorfer Brücken in Berlin, nach 1945 Vorstandsmitglied des Witikobundes, Engagement im Bund der Heimatvertriebenen und Entrechteten, Oberregierungsrat im hessischen Wirtschaftsministerium.

Schmidt, Paul-Otto (* 23.6.1899 Charlottenburg bei Berlin, † 21.4.1970 München): 1918 Kriegsdienst als Maschinengewehrschütze, nach Verwundung Studium der Philologie in Berlin, Teilnahme an einem Dolmetscherkurs des Auswärtigen Amts, 1923 Promotion zum Dr. phil., Eintritt in die Sprachenabteilung des AA, seit 1924 Dolmetscher, ab 1927 Chefdolmetscher, 1933 Legationssekretär, 1935 Legationsrat, 1938 Vortragender Legationsrat, Gesandter, 1940 Gesandter I. Klasse, Ministerialdirigent, Leiter des Ministerbüros, 1943 Eintritt in die NSDAP, im Mai 1945 durch amerikanisches Militär verhaftet, 1948 entlassen, 1950 von einer bayerischen Spruchkammer als »Entlasteter« eingestuft, danach tätig als Übersetzer und Publizist, seit 1952 Leiter eines Spracheninstituts in München, Mitglied der rechtskonservativen Deutschen Partei.

Schmit, Max (* ?, † ?): belgischer General, seit 1927 Militärattaché in Berlin.

Schmundt, Rudolf (* 13.8.1896 Metz, † 1.10.1944 Rastenburg [Ostpreußen]): 1914 Kriegsfreiwilliger, Fahnenjunker, 1915 Leutnant, 1921 Übernahme in die Reichswehr, verschiedene Truppen- und Stabsverwendungen, 1935 Major, 1936 im Stab der 18. Division, seit 1938 Chefadjutant der Wehrmacht bei Hitler, ab Oktober 1942 Generalleutnant und Chef des Heerespersonalamts, am 20.7.1944 beim Attentat auf Hitler schwer verwundet, erlag seinen Verletzungen.

Schnäbele, Carl (* 20.1.1896 Pirmasens, † Ende Oktober 1942 bei Shitomir): Ausbildung zum Zuschneider, Eintritt in die Schutzpolizei, dort Beförderung bis zum Major, 1928 Eintritt in die NSDAP (Nr. 48114), Ausbildung zum Flugkapitän, Dienst bei der Deutschen Lufthansa, 1936 Übertritt zur SS als Sturmbannführer (Nr. 276326), Pilot Himmlers, 1938 befördert zum SS-Obersturmbannführer, von Partisanen erschossen.

Schneider, Herta, geb. Ostermeier (* 4.4.1913 Nürnberg, † 1994): Schulkameradin von Eva Braun, häufiger Gast auf dem Berghof, lebte nach 1945 in Süddeutschland.

Scholze, Georg (* 21.8.1897 Löbau [Sachsen], † April 1945 Berlin [Selbsttötung]): 1914 Kriegsfreiwilliger, 1915 Leutnant in einem Infanterieregiment, 1918 demobilisiert, 1934 reaktiviert, Hauptmann, verschiedene Truppen- und Stabskommandos, Major im Stab des III. Armeekorps, 1939 Lehrer an der Infanterieschule Döberitz, 1940 Oberstleutnant, 1942 Oberst und Kommandeur des Lehr-

Infanterieregiments, ab Dezember 1942 Kommandeur des Infanterieregiments 901, 1944 Mitglied der deutschen Militärmission in Rumänien, ab 1.1.1945 Kommandeur der 20. Panzergrenadier-Division, am 20.4.1945 zum Generalmajor befördert, tötete sich während der Schlacht um Berlin selbst.

Schönmann, Marion, geb. Petzl (* 19.12.1899 Wien, † 17.3.1981 München): Bekannte von Heinrich Hoffmanns Ehefrau Erna, von 1935 bis 1944 häufiger Gast auf dem Berghof, Freundin Eva Brauns, ab 1937 mit dem Tiefbau-Unternehmer Fritz Schönmann aus München verheiratet.

Schörner, Ferdinand (* 12.6.1892 München, † 2.7.1973 München): 1911/12 Einjährig Freiwilliger, Studium der Philosophie und neueren Philologie, 1914 Leutnant im bayerischen Leib-Infanterieregiment, eingesetzt an der West- und an der Isonzo-Front, 1918 Oberleutnant, 1919 Freikorps Epp, 1920 Übernahme in die Reichswehr, verschiedene Truppen- und Stabskommandos, 1934 Major, 1935 bis 1937 Gruppenleiter in der Abteilung Fremde Heere im Generalstab, 1937 Regimentskommandeur, 1939 Oberst, 1940 Kommandeur der 6. Gebirgsjäger-Division, Generalmajor, Einsatz in Griechenland und im Feldzug gegen die Sowjetunion, 1942 Generalleutnant, General der Gebirgstruppen, 1944 Generaloberst, von März bis Mai 1944 Chef des Nationalsozialistischen Führungsstabs im Oberkommando des Heeres, danach Oberbefehlshaber verschiedener Heeresgruppen an der Ostfront, bis Juli 1944 HG Südukraine, bis Januar 1945 HG Nord, im Januar 1945 HG A, ab 25. 1. 1945 HG Mitte, am 5. 4. 1945 zum Generalfeldmarschall befördert, am 8. 5. 1945 Flucht nach Tirol, durch amerikanisches Militär verhaftet und an die Sowjetunion ausgeliefert, dort in verschiedenen Lagern und Kriegsverbrecher-Gefängnissen, 1955 entlassen, 1957 in München wegen Totschlags zu viereinhalb Jahren Haft verurteilt, 1960 entlassen.

Schreiber, Helmut, »Kalanag« (* 23. 11. 1903 Stuttgart, † 24. 12. 1963 Gaildorf bei Schwäbisch Hall): seit 1919 Zauberkünstler in München, Organisator des weltweit ersten Zauberkunst-Kongresses, später Illusionist, Schauspieler und Dramaturg in Berlin, Herausgeber der Fachzeitschrift *Magie* bis 1945, nach 1933 Produktionschef der Tobis und Direktor der Bavaria Filmkunst, 1939 Eintritt in die NSDAP (Nr. 7040625), nach 1945 Aufbau einer großen Unterhaltungsrevue, Gastspiele in Südamerika, den USA und Kanada, dort zahlreiche Fernsehauftritte, in Deutschland Gründung einer Fernsehproduktionsgesellschaft, Ehrenpräsident des Magischen Zirkels von Deutschland; Schreibers Ehefrau Gloria assistierte ihm auf der Bühne und schrieb seine Texte.

Schroeder, Christa (* 19. 3. 1908 Hannoversch Münden, † 28. 6. 1984 München): kaufmännische Ausbildung, Stenotypistin, 1930 Sekretärin bei der Reichsleitung der NSDAP (tätig vor allem in der obersten SA-Führung), Eintritt in die NSDAP, 1933 bis 1939 Sekretärin in der Persönlichen Adjutantur des Führers, danach als Sekretärin Hitlers in verschiedenen Führerhauptquartieren, am 22. 4. 1945 Flucht nach Bayern, verhaftet, von einer Spruchkammer als »Hauptschuldige« eingestuft, nach Revisionsverfahren 1948 entlassen, danach Sekretärin in verschiedenen Industrieunternehmen.

Schröder, Kurt Freiherr von (* 24. 11. 1889 Hamburg, † 4. 11. 1966 Hamburg): Studium der Rechtswissenschaften und Nationalökonomie, 1909 Leutnant, 1914 bis 1918 Kriegsdienst als Hauptmann, 1921 bis 1945 Mitinhaber des Bankhauses J. H. Stein in Köln, zahlreiche Aufsichtsratsmandate, seit 1932 Mitglied des Keppler-Kreises, engagierte sich für die Ernennung Hitlers zum Reichskanzler, arrangierte am 4. 1. 1933 das Treffen zwischen Hitler und von Papen, im Februar 1933 Eintritt in die NSDAP, 1934 Leiter der Fachgruppe Privatbanken, 1936 Eintritt in die SS, Brigadeführer, Mitglied des Freundeskreises Reichsführer SS, Präsident der Industrie- und Handelskammer Köln, ab 1942 Präsident der Gau-Wirtschaftskammer Köln-Aachen, 1945 von französischer Militärpolizei verhaftet, 1947 von einer Spruchkammer zu drei Monaten Haft, im Berufungsverfahren zu einer Geldbuße verurteilt, lebte danach zurückgezogen in Eckernförde bei Kiel.

Schukow, Georgi K. (* 19. 11. 1896 Strelkowa bei Kaluga, † 18. 6. 1974 Moskau): Kürschner, ab 1915 Kriegsdienst in der russischen Armee, 1916 Feldwebel, verwundet, 1918 für die Rote Armee mobilisiert, 1919 Eintritt in die Kommunistische Partei, 1920 Schwadronskommandeur, 1923 Kommandeur des 39. Kavallerieregimentes, 1928 Teilnahme an einem Lehrgang der deutschen Reichswehr für Offiziere der Roten Armee, 1930 Brigadekommandeur, 1933 Kommandeur der 4. Kavalleriedivision, 1937/38 Kommandeur des 6. Kosakenkorps, 1939 Befehlshaber der 1. Armee in der Schlacht am Chalchyn-Gol, 1940 Befehlshaber des Militärbezirks Kiew, ab Januar 1941 Generalstabschef und stellvertretender Verteidigungsminister, 1941 bis 1946 Kandidat des ZK der WKP(B), ab Juni 1941 Mitglied der STAWKA des Oberkommandierenden, im Juli 1941 als Generalstabschef abgelöst, 1941/42 Kommandeur der Roten Armee beim sowjetischen Gegenstoß vor Moskau, 1942/43 Koordinator der Offensiven bei Stalingrad, Leningrad und Kursk, ab Februar 1944 Befehlshaber der 1. Ukrainischen Front, seit November 1944 Oberkommandierender der 1. Belorussischen Front, die im April 1945 Berlin einnahm, 1945/46 Oberkommandierender der Gruppe der sowjetischen Streitkräfte in Deutschland und Chef der Sowjetischen Militäradministration, im März 1946 abberufen und auf den dekorativen Posten des Chefs der Landstreitkräfte abgeschoben, seit 1946 Untersuchungen wegen persönlicher Bereicherung, zum Militärbezirk Odessa versetzt, 1948 bis 1953 Chef des Militärbezirkes Ural, im Juni 1953 an der Absetzung Berijas beteiligt, wenig später zum Mitglied des ZK der KPdSU und zum 1. Stellvertretenden Verteidigungsminister ernannt, 1955 bis 1957 Verteidigungsminister, seit 1957 Mitglied des Präsidiums des ZK der KPdSU, im Oktober 1957 aller Ämter enthoben und im März 1958 in den Ruhestand versetzt.

Schulenburg, Friedrich Werner Graf von der (* 20. 11. 1875 Kemberg bei Wittenberg, † 10. 11. 1944 Berlin [hingerichtet]): Studium der Rechtswissenschaften, 1901 Eintritt in den diplomatischen Dienst, 1917 Konsul in Damaskus, 1918/19 als Hauptmann im Kaukasus, danach im Auswärtigen Amt Berlin, 1921 Vortragender Legationsrat in der Politischen Abteilung, 1923 Gesandter II. Klasse in Teheran, 1931 Gesandter I. Klasse in Bukarest, 1934 Eintritt in die NSDAP, Botschafter in Moskau, Eintreten für Verständigung zwischen dem Deutschen Reich und der Sowjetunion, 1939 maßgeblich am Zustandekommen des Nichtsangriffspakts beteiligt, warnte die sowjetische Führung im Mai 1941 vor den deutschen Angriffsplänen, am 24. 6. 1941 abberufen, danach Leiter des Russlandreferats in der Politischen Abteilung des Auswärtigen Amts, Kontakte zur militärischen Opposition, vorgesehen als Unterhändler in Friedensgesprächen mit der Sowjetunion, im August 1944 verhaftet, am 23.10.1944 vom Volksgerichtshof zum Tode verurteilt.

Schuschnigg, Kurt (* 14.12.1897 Riva [Südtirol], † 18.11.1977 Mutters [Tirol]): Studium der Rechtswissenschaften, christlich-konservativer Politiker, 1927 Abgeordneter des Nationalrats, gründete 1930 den christlichen Wehrverband »Ostmärkische Sturmscharen«, seit 1932 Justiz-, 1933/34 auch Unterrichtsminister, vom 29.7.1934 bis 11.3.1938 Bundeskanzler, zugleich Unterrichts- und Heeresminister, versuchte die Unabhängigkeit Österreichs zu sichern, indem er die Bindung an das Italien Mussolinis festigte und Österreich als »zweiten deutschen Staat« propagierte, setzte für den 13.3.1938 eine Volksabstimmung an, der der Einmarsch deutscher Truppen zuvorkam, Rücktritt als Bundeskanzler, bis 1945 inhaftiert, 1948 Übersiedlung in die USA, von 1948 bis 1967 Professor für Staatsrecht an der University of St. Louis, kehrte dann nach Tirol zurück.

Schuster, Kurt Oskar (* 31.10.1909 Oelsnitz/Vogtland, † 21.4.1995 Kaufbeuren): Studium der Naturwissenschaften an den TH München und Dresden, 1933 Eintritt in die NSDAP (Nr. 2446393), 1934 Referendar, 1935 Eintritt in den Reichswetterdienst, 1939 Regierungsrat und Leiter der Wetterwarte beim Chef des Generalstabs der Luftwaffe, vortragender Meteorologe im Führerhauptquartier.

Schwägermann, Günther (* 24.7.1915 Uelzen, † ?): Kaufmann, 1937 Eintritt in die SS-Leibstandarte »Adolf Hitler«, 1938 SS-Junkerschule, 1939 Schutzpolizei Berlin-Mitte, danach Persönlicher Adjutant von Goebbels, am 1.5.1945 Flucht aus dem Führerbunker, durch amerikanische Truppen verhaftet, 1947 entlassen, lebte in Norddeutschland, politisch aktiv in der FDP.

Schwerin von Krosigk, Johann Ludwig Lutz Graf (* 22.8.1877 Rathmannsdorf [Anhalt], † 4.3.1977 Essen): Studium der Rechts- und Staatswissenschaften, 1909 Eintritt in die preußische Verwaltung, 1914 Referendarexamen, während des Ersten Weltkrieges in der Heeresverwaltung, 1919 Verwaltungsjurist in Oberschlesien, 1920 Regierungsrat in der Reparationsabteilung des Reichsfinanzministeriums, ab 1923 Referent in der Haushaltsabteilung, 1929 Ministerialdirigent und Leiter der Haushaltsabteilung, ab 1931 zugleich Leiter der Reparationsabteilung, seit Juni 1932 Reichsfinanzminister, vom 3.–23.5. 1945 Leiter der Geschäftsführenden Reichsregierung in Mürwik bei Flensburg, Außen- und Finanzminister, durch britisches Militär verhaftet, 1949 im »Wilhelmstraßenprozess« zu zehn Jahren Haft verurteilt, 1951 entlassen, danach publizistische Tätigkeit.

Schwiedel, Werner (* 29.10.1920 Bielefeld, † nach 1956): 1933 Eintritt in die Hitlerjugend, Schriftsetzer, 1939 Eintritt in die SS, Sturmmann in

der Leibstandarte »Adolf Hitler«, ab
1941 im Führer-Begleitkommando,
1942 SS-Unterscharführer, als Ordonnanz bei der Bedienung von Gästen
eingesetzt, höchster Dienstgrad
Oberscharführer, am 1.5.1945 Ausbruch aus dem Bunker.

Serrano Súñer, Rámon (* 12.9.1901
Cartagena [Spanien], † 1.9.2003
Madrid): Studium der Rechtswissen-
schaften in Spanien und Italien,
Leiter einer Jugendorganisation,
konservativer Politiker, Schwager
Francos, ab 1937 dessen Berater, von
1938 bis 1940 Innenminister, danach
Außenminister, vermittelte die Be-
gegnung zwischen Franco und Mus-
solini, 1942 entlassen, bis zu seinem
Tod als Vordenker der franquistischen
Bewegung aktiv.

Seydlitz-Kurzbach, Walter von
(* 22.8.1888 Hamburg, † 28.4.1976
Bremen): 1910 Leutnant, Weltkriegs-
teilnehmer, 1919 Übernahme in die
Reichswehr, 1930 als Major Adjutant
des Chefs des Heereswaffenamts,
1936 Oberst und Kommandeur des
Artillerieregiments 22, 1939 Generalmajor, 1940 Kommandeur der
12. Infanteriedivision, 1941 Generalleutnant, seit Mai 1942 Kommandierender General des LI. Armeekorps,
General der Artillerie, im Januar 1943
Kapitulation im Kessel von Stalingrad, sowjetische Gefangenschaft,
Vizepräsident des Nationalkomitees
Freies Deutschland, seit September
1943 zugleich Vorsitzender des Bundes Deutscher Offiziere, 1944 in Abwesenheit vom Reichskriegsgericht

zum Tode verurteilt, wegen eigener
politischer und militärischer Ambitionen für ein eigenständiges Nach-
kriegsdeutschland vom NKWD
kaltgestellt, 1950 durch sowjetisches
Militärgericht wegen angeblicher
Kriegsverbrechen zum Tode verurteilt,
1955 in die Bundesrepublik entlassen.

Seyß-Inquart, Arthur (* 22.7.1892
Stannern bei Iglau [Mähren],
† 16.10.1946 Nürnberg [hingerich-
tet]): Studium der Rechtswissenschaften, 1914 Kriegsfreiwilliger, Einsatz an der Isonzo-Front, 1916
Leutnant, 1917 Promotion zum Dr.
jur., 1919 Referendar, 1921 angestellter
Rechtsanwalt, ab 1923 freiberuflich
tätig, Mitglied in deutschnationalen
Verbänden, 1932 Obmann des Deutschen Klubs und Vorsitzender des
Verbands deutschvölkischer Vereine
Österreichs, Kontakte zur NSDAP,
1937 Staatsrat, ab 16.2.1938 Innenminister, ab 11.3.1938 Bundeskanzler,
vom 15.3.1938 bis zum 30.4.1939
Reichsstatthalter der »Ostmark«,
1938 Aufnahme in die NSDAP
(Nr. 6270392), Aufnahme in die SS als
Gruppenführer (Nr. 292771), 1938 bis
1945 Mitglied des Reichstags, seit Mai
1939 Reichsminister ohne Geschäftsbereich, 1940 Reichskommissar für
die besetzten Niederlande, 1941 SS-
Obergruppenführer, in Hitlers Testament zum Reichsaußenminister
bestimmt, durch alliiertes Militär
verhaftet, im Hauptkriegsverbrecher-
Prozess zum Tode verurteilt.

Sima, Horea (* 3.7.1906 Mandra bei
Fugaras [Rumänien], † 25.5.1993

Madrid): Bauer, Mitglied der natio-
nalistischen, christlich-mystischen,
antisemitischen Bewegung Eiserne
Garde, ab 1938 ihr Führer, 1940 stellvertretender Ministerpräsident, nach
erfolglosem Putschversuch vom SD
der SS gerettet und in Deutschland
interniert, Ausbruch aus dem Lager
Berkenbrück, nach Ergreifung ins KZ
Buchenwald gebracht, nach der Kapitulation Rumäniens im August 1944
Ministerpräsident einer rumänischen
»Nationalregierung« in Wien, lebte
später in Madrid, 1951 Beginn einer
von den USA unterstützten Guerilla-
Operation in Rumänien, 1953 gescheitert, danach publizistisch tätig, ab
1989 in Rumänien erfolgloses Werben
für seine unveränderten politischen
Ziele.

Skorzeny, Otto (* 12.6.1908 Wien,
† 5.7.1975 Madrid): Diplom-Inge-
nieur, 1930 NSDAP, Betriebsleiter und
Teilhaber an einer Gerüstbaufirma,
1939 Eintritt in die Leibstandarte
»Adolf Hitler«, 1940 zur SS-Division
»Das Reich«, später zur SS-Division
»Totenkopf«, 1943 Übernahme in die
Abteilung Auslandssabotage (im Amt
VI) des RSHA, leitete ab Juli 1943 den
Einsatz zur Befreiung Mussolinis,
1944 an der Verhaftung des ungarischen Reichsverwesers Horthy beteiligt, während der Ardennen-Offensive Chef der SS-Panzerbrigade 150,
die Kommandounternehmen durch-
führt, 1945 befördert zum Obersturmbannführer und ernannt zum Ver-
bandsführer der SS-Jagdverbände an
der Ostfront, Mai 1945 amerikanische

Kriegsgefangenschaft, 1947 durch US-
Militärgericht freigesprochen, 1948
Flucht aus dem Internierungslager
Darmstadt nach Spanien, dort
als Kaufmann tätig, Gründer einer
rechtsextremistischen politischen
Gruppierung.

Smend, Günther (* 29.11.1912 in
Westfalen, † 8.9.1944 Berlin [hinge-
richtet]): 1932 Offiziersanwärter, 1934
Leutnant, Kriegseinsatz mit einem
Infanterieregiment in Frankreich und
der Sowjetunion, 1942 Oberstleutnant, in den Generalstab versetzt,
1943 Oberst, Adjutant des Chefs des
Generalstabs Zeitzler, Kontakte zu
den Verschwörern des 20.7.1944, am
1.8.1944 verhaftet, am 30.8.1944 vom
Volksgerichtshof zum Tode verurteilt.

Smith, Truman (* 25.8.1893 West
Point [USA], † 3.10.1970): 1916 Abschluss an der Columbia University,
1917/18 Offizier der American Expeditionary Force in Frankreich, 1919/20
politischer Berater in Koblenz, 1920
bis 1924 Gehilfe des US-Militärattachés in Berlin, 1928 bis 1932 Ausbilder
an der US-Infanterieschule Fort Ben-
ning, ab 1933 Dienst im 27. Infanterieregiment auf Hawaii, von 1935 bis 1939
US-Militärattaché in Berlin, 1939
bis 1945 Deutschland-Spezialist des
Militärgeheimdienstes und Persönlicher Berater von General George
C. Marshall.

Sonnemann, Emmy (siehe: Göring,
Emmy).

Sonnleithner, Franz von (* 1.6.1905
Salzburg, † 18.4.1981 Ingelheim am
Rhein): Studium der Rechtswissen-

schaften an den Universitäten Wien und Innsbruck, 1928 Promotion zum Dr. jur., Polizeikommissär in Wien und Salzburg, danach im Bundeskanzleramt, 1934 wegen Engagements für die illegale NSDAP und wegen seines Eintretens für den Anschluss Österreichs an das Deutsche Reich verhaftet, 1936 wegen Hochverrats und Missbrauchs der Amtsgewalt verurteilt, nach dem Anschluss freigelassen, seit 2.12.1938 im Auswärtigen Amt in Berlin, 1939 Legationsrat, 1940 Legationsrat I. Klasse im Ministerbüro, später im Persönlichen Stab des Reichsaußenministers, 1941 Vortragender Legationsrat, 1943 Ministerialdirigent und Gesandter I. Klasse, ständiger Vertreter des AA im Führerhauptquartier, dort Vertreter Hewels, von April 1945 bis 1949 in amerikanischer Gefangenschaft, ab 1949 in der Industrie sowie publizistische Tätigkeit.

Speer, Albert (* 19.3.1905 Mannheim, † 1.9.1981 London): Architekturstudium u.a. bei Heinrich Tessenow, 1928 dessen Assistent an der TH Berlin-Charlottenburg, 1931 Eintritt in die NSDAP (Nr. 474481) und die SA, von 1932 bis 1942 selbstständig, seit 1932 Aufträge der NSDAP, von 1934 bis 1941 Beauftragter für Bauwesen in der NSDAP, Abteilungsleiter beim Stab des Stellvertreters des Führers, zugleich Unterabteilungsleiter für technische und künstlerische Ausgestaltung von Großkundgebungen, ab 1934 Bau des Parteitagsgeländes in Nürnberg, 1936 mit der Neugestal-

tung Berlins beauftragt, 1937 Professor, Generalbauinspekteur für Berlin, 1938/39 Leiter des Baus der Neuen Reichskanzlei, 1939 bis 1942 Leiter des »Baustabs Speer«, ab dem 9.2.1942 Reichsminister für Bewaffnung und Munition, Chef der »Organisation Todt«, Generalinspekteur für das Straßenwesen sowie für Wasser und Energie, Leiter des Hauptamts für Technik der NSDAP, ab 2.9.1943 Reichsminister für Rüstung und Kriegsproduktion, vom 5.–23.5.1945 Geschäftsführender Reichswirtschafts- und Produktionsminister, durch britisches Militär in Flensburg verhaftet, 1946 im Hauptkriegsverbrecher-Prozess wegen Verbrechen gegen die Menschlichkeit zu 20 Jahren Haft verurteilt, 1966 entlassen, danach publizistische Tätigkeit.

Speer, Margarete, geb. Weber (* 1906, † ?),: seit 1922 bekannt mit Albert Speer, 1927 Hochzeit, sechs Kinder.

Sperrle, Hugo (* 7.2.1885 Ludwigsburg, † 2.4.1953 München): 1903 Fahnenjunker, 1904 Leutnant, 1913 Kriegsakademie, während des Ersten Weltkrieges Flieger, 1917 Kommandeur der Flieger der 7. Armee, 1919 Kommandeur der Fliegertruppe des Freikorps Lüttwitz, nachfolgend in der Reichswehr bei verschiedenen Truppenkommandos, 1924/25 kommandiert zum Reichswehrministerium, 1931 Oberstleutnant, 1933 Oberst, Kommandeur eines Infanterieregiments, 1934 Übertritt zur Luftwaffe, Kommandeur der 1. Luftwaffendivision, 1935 Generalmajor und

Befehlshaber im Luftgau V (München), 1936/37 Kommandeur der Legion Condor, Generalleutnant, 1938 Befehlshaber der Luftflotte 3, General der Flieger, ab 1940 verantwortlich für die Luftkriegführung gegen England, Generalfeldmarschall, am 23. 8. 1944 seines Kommandos enthoben, 1945 Gefangenschaft, 1948 im Prozess gegen das Oberkommando der Wehrmacht freigesprochen.

Stahel, Rainer (* 15. 1. 1892 Bielefeld, † 30. 11. 1955 Lager Woikowo, [Sowjetunion]): 1911 Fahnenjunker, 1912 Leutnant, während des Ersten Weltkrieges Zugführer, später Bataillonsadjutant, ab 1915 Kompaniechef, 1916 Oberleutnant, 1918 Abschied als Hauptmann, Übertritt zur finnischen Armee, Kommandeur eines Jägerbataillons, später Kommandeur des Infanterieregiments Helsingfors und Kommandant des Schutzkorps Abo, 1933 Eintritt in die deutsche Luftwaffe, Hauptmann, im Reichsluftfahrtministerium zuständig für Waffenprüfungen, 1936 Major, 1938 Kommandeur einer Flak-Abteilung, 1939 Oberstleutnant, Kommandeur des Flak-Regiments Leipzig, 1943 Kommandeur einer Luftwaffen-Kampfgruppe, Kommandant des Festen Platzes Wilna, Generalmajor, später Kommandant von Rom, befahl den Schutz des Vatikans, dann Führer des Sonderstabs Stahel, 1944 Luftwaffenkommandeur in Rumänien, Kommandant von Bukarest, im Juli 1944 Generalleutnant, in Rumänien in sowjetische Kriegsgefangenschaft.

Stauffenberg, Claus Schenk Graf von (* 15. 11. 1907 Jettingen [Württemberg], † 20. 7. 1944 Berlin [hingerichtet]): 1927 Leutnant, 1934 Hauptmann, Teilnahme am Polen- und am Frankreichfeldzug, 1940 Major im Generalstab des Heeres, ab 1941 in den eroberten Gebieten der Sowjetunion mit der Aufstellung von Freiwilligenverbänden beauftragt, Kontakte zum militärischen Widerstand, ab Januar 1943 beim Afrika-Korps, am 7. 4. 1943 schwer verwundet, Oberst, ab Herbst 1943 Stabschef im Allgemeinen Heeresamt des OKH (bei Olbricht), an den Planungen für den Staatsstreich (Stichwort »Walküre«) beteiligt, ab 1. 7. 1944 Chef des Generalstabs des Ersatzheeres (bei Fromm); am 20. 7. 1944 stellte er die mit Sprengstoff gefüllte Aktenmappe in der Lagebaracke ab und verließ das Führerhauptquartier, in Berlin angekommen, versuchte er, den Staatsstreich zum Erfolg zu führen, nach dem Scheitern des Aufstands durch ein Standgericht zum Tode verurteilt und im Innenhof des Oberkommandos der Wehrmacht erschossen.

Steiner, Felix Martin (* 23. 5. 1896 Stallupönen [Ostpreußen], † 12. 5. 1966 München): 1914 Kriegsfreiwilliger, während des Ersten Weltkrieges zum Oberleutnant befördert, 1919 Kompanieführer in einem ostpreußischen Freiwilligenkorps, 1922 Übernahme in die Reichswehr, Besuch der Kriegsakademie, 1927 Hauptmann, Regimentsadjutant in Königsberg, 1932 Kompaniechef, 1933

Ausscheiden aus der Reichswehr, Ausbildungsleiter der Landespolizei-Inspektion West, Eintritt in die NSDAP, 1935 als Sturmbannführer Eintritt in die SS-Verfügungstruppe, 1936 Kommandeur der SS-Standarte »Deutschland«, 1940 Brigadeführer und Generalmajor der Waffen-SS, Kommandeur der aus europäischen Freiwilligen gebildeten SS-Panzergrenadier-Division »Wiking«, 1942 Gruppenführer und Generalleutnant der Waffen-SS, 1943 Kommandierender General des III. SS-Panzerkorps, 1944 SS-Obergruppenführer und General der Waffen-SS, im Februar 1945 zum Oberbefehlshaber der 11. Armee ernannt, dann Befehlshaber der Armeegruppe Steiner, verweigerte am 21.4.1945 den aussichtslosen Befehl zur Entsetzung Berlins, überführte die Armee am 3.5.1945 in britische Gefangenschaft, aus der er 1948 entlassen wurde, danach publizistisch tätig.

Stevens, Richard H. (* ?, † 13.1.1967): 1933 britischer Nachrichtendienst-Offizier in Indien, zwischen 1935 und 1937 beteiligt an der Ausarbeitung von Mobilmachungsplänen, 1938 Eintritt in den SIS, 1939 Stationschef der Residentur in Holland, am 9.11.1939 beim Venlo-Zwischenfall von Angehörigen des SD-Ausland verhaftet, verhört und in ein Konzentrationslager verbracht, 1945 in Südtirol von alliierten Truppen befreit, da er in der Haft Namen von britischen Agenten angab, nicht wieder beim MI6 eingestellt.

Stieff, Helmuth (* 6.6.1901 Deutsch-Eylau, † 8.8.1944 Berlin [hingerichtet]): ab 1917 freiwilliger Kriegsdienst, 1919 Übernahme in die Reichswehr (Artillerie), 1922 Leutnant, 1934 Hauptmann, Besuch der Kriegsakademie, ab 1936 im Generalstab der 21. Division, 1938 Batteriechef, ab November 1938 Major im Stab des Oberquartiermeisters I im Generalstab des Heeres, mit Kriegsbeginn Gruppenleiter, 1940 Oberstleutnant, 1941 I a der 4. Armee, 1942 Oberst, seit Dezember 1942 Chef der Organisationsabteilung des Generalstabs, am 30.1.1944 zum Generalmajor befördert, seit 1943 in Kontakt mit von Tresckow, an den Attentatsvorbereitungen beteiligt, am 20.7.1944 verhaftet, am 8.8.1944 vom Volksgerichtshof zum Tode verurteilt.

Stinnes jr., Hugo (* 16.10.1897 Mülheim/Ruhr, † 10.3.1982 Mülheim): kaufmännische Lehre, 1924 Übernahme des väterlichen Konzerns (ca. 1500 Unternehmen, vor allem aus dem Montan- und Logistikbereich), 1925 Umbau, danach 40-prozentiger Familienanteil, zahlreiche Aufsichtsratsmandate, nach 1933 zielstrebige Einbindung von Unternehmen (v. a. Kohlenbergwerke, chemische und Hydrierwerke) in die Kriegswirtschaft, nach 1939 Beschlagnahme des Auslandsvermögens in den alliierten Ländern, unternehmerische Tätigkeit in besetzten Ländern, 1945 verhaftet, 1948 entlassen und mit der Entflechtung seines Konzerns beauftragt, ab 1955 nach Intervention der Bundesregierung in den USA schrittweise Rückgabe des Vermögens, 1956 Umbau des Konzerns, finanzielle Förderung konservativer und rechtsextremistischer Parteien und Gruppierungen, 1971 bankrott, lebte danach zurückgezogen im Ruhrgebiet.

Stohrer, Eberhard von (* 5. 2. 1883 Stuttgart, † 7. 3. 1953 Konstanz): Studium der Rechtswissenschaften, 1909 Eintritt in den diplomatischen Dienst, 1913 bis 1918 Legationssekretär in Madrid, 1919 Auswärtiges Amt Berlin, 1920 Legationsrat I. Klasse, 1923 Vortragender Legationsrat, Dirigent der Presseabteilung, 1924 Ministerialdirektor, Leiter der Personal- und Verwaltungsabteilung, 1927 Gesandter II. Klasse in Kairo, 1936 zum deutschen Botschafter in Madrid ernannt, Amtsantritt im September 1937 bei der nationalspanischen Regierung (Franco) in Salamanca, 1943 Ruhestand.

Stork, Sophie (* 5. 5. 1903 München, † 21. 10. 1981 Seeshaupt am Starnberger See): Malerin und Kunsthandwerkerin, zeitweilig Geliebte von Wilhelm Brückner, 1931 Eintritt in die NSDAP (Nr. 787084), befreundet mit Eva Braun, beteiligt an der Innenausstattung des Berghofs, von Hitler finanziell unterstützt, nach 1945 vorübergehend interniert.

Strecker, Karl (* 20. 9. 1884 Radmannsdorf, Kreis Kulm [Westpreußen], † 10. 4. 1973 Riezlern [Österreich]): Kadett, 1905 Leutnant in einem Infanterieregiment, ab 1911 Adjutant eines Bataillonskommandeurs, während des Ersten Weltkrieges Regimentsadjutant, 1915 Hauptmann, 1917 in den Generalstab versetzt, 1918 I a im Generalstab der 121. Jägerdivision, 1919 Wechsel zur Sicherheitspolizei, 1921 Lehrer an der Polizeischule Münster, 1924 Lehrer an der Polizeischule Eiche bei Potsdam, 1927 Leiter der Polizeiinspektion Pankow (Berlin), 1932 Oberstleutnant, 1933 Oberst, 1934 Generalmajor der Polizei, Kommandeur der Polizeiinspektion Nord, 1935 Übernahme ins Heer, Generalmajor, 1937 Kommandeur des Infanterieregiments 4, 1938 Kommandeur des Infanterieregiments 34, 1939 Kommandeur der 79. Infanteriedivision, 1940 Generalleutnant, 1942 General der Infanterie und Befehlshaber des XVII. Armeekorps, dann des XI. Armeekorps, mit dem Korps im Kessel von Stalingrad eingeschlossen, nach eigener Angabe zum Generaloberst befördert, am 2. 2. 1943 in sowjetische Gefangenschaft, seit 1944 Mitglied des Nationalkomitees Freies Deutschland, im Oktober 1955 nach Westdeutschland entlassen.

Streicher, Julius (* 12. 2. 1885 Fleinhausen bei Augsburg, † 16. 10. 1946 Nürnberg [hingerichtet]): Volksschullehrer, von 1914 bis 1918 Kriegsdienst bei der Infanterie an der West- und Südfront, von 1919 bis 1928 mit Unterbrechungen wieder im Schuldienst, seit 1919 in rechtsextremistischen und antijüdischen Verbänden und Parteien tätig, u. a. im Deutschvölkischen Schutz- und Trutzbund, 1922 gemeinsam mit 2000 Mitgliedern der Deutschsozialen Partei Eintritt in die NSDAP, von 1923 bis 1944 Herausgeber und zeitweise Chefredakteur des antisemitischen Hetzblattes *Der Stürmer*, nach dem gescheiterten Hitler-Ludendorff-Putsch Gründung von Ersatzorganisationen, von April 1924 bis 1932 Mitglied des Bayerischen Landtags (zunächst für den Völkischen Block, ab 1925 NSDAP), 1925 Wiedereintritt in die NSDAP (Nr. 17), Gauleiter für Nordbayern, ab 1928 Gauleiter im NSDAP-Gau Nürnberg-Fürth (ab 1929 Mittelfranken, ab 1936 Franken), 1925 und 1930 wegen übler Nachrede und antisemitischer Agitation zu kurzfristigen Gefängnisstrafen verurteilt, 1933 bis 1945 Mitglied des Reichstags, 1933 Leiter des »Zentralkomitees zur Abwehr der jüdischen Greuel- und Boykotthetze«, Vorsitzender mehrerer nationalsozialistischer und antijüdischer Vereinigungen, 1937 SA-Obergruppenführer, wegen Korruption 1938 mit Redeverbot belegt, 1940 von der Führung der Geschäfte als Gauleiter entbunden, lebte danach auf seinem Gut Pleikershof bei Cadolzburg, 1945 Flucht unter dem Namen »Seiler«, am 22.5.1945 von der amerikanischen Militärpolizei verhaftet und im Hauptkriegsverbrecher-Prozess angeklagt, wegen Verbrechens gegen die Menschlichkeit zum Tode verurteilt.

Streve, Gustav (* ?, † ?): 1941 Oberstleutnant der Wehrmacht, Kommandant von Hitlers Hauptquartier, 1944 Oberst, seit 1.9. nur noch Lagerkommandant des Führerhauptquartiers, nach der Versetzung Remers erneut Kommandant des Führerhauptquartiers.

Streve: Stabschef der Heeresgruppe Mitte, im *Buch Hitler* falsch (siehe: Natzmer, Oldwig von).

Stuckart, Wilhelm (* 16.11.1902 Wiesbaden, † 15.11.1953 bei Hannover): 1919 Mitglied des Freikorps Epp, Studium der Rechtswissenschaften, 1922 Eintritt in die NSDAP, ab 1926 Rechtsberater der NSDAP, 1930 Richter, 1931 wegen Begünstigung der NSDAP entlassen, 1932/33 Rechtsanwalt, 1933 kommissarischer Bürgermeister in Stettin, ab Juni 1933 Staatssekretär im preußischen Kultusministerium, 1935 Staatssekretär im Reichsinnenministerium, mitbeteiligt an der Ausarbeitung der »Nürnberger Gesetze«, Mitautor des *Kommentars zur Rassengesetzgebung*, 1936 Aufnahme in die SS als Standartenführer, nach 1938 maßgebliche Mitwirkung an der verwaltungstechnischen Eingliederung angeschlossener und besetzter Gebiete in das Deutsche Reich, am 20.1.1942 Vertreter des Innenministeriums bei der Wannsee-Konferenz, 1942 SS-Gruppenführer, 1944 SS-Obergruppenführer, 1945 verhaftet und 1948 im »Wilhelmstraßenprozess« angeklagt, aufgrund unzureichender Beweise zu drei Jahren und zehn Monaten Haft verurteilt und sofort freigelassen, danach politische Betätigung im Bund der Heimatvertriebenen und Entrechteten, Geschäftsführer des Instituts zur

Förderung der niedersächsischen Wirtschaft, starb bei einem Autounfall.

Student, Kurt (* 12.5.1890 Birkholz, Provinz Brandenburg, † 1.6.1978 Bad Salzuflen): Kadett, 1911 Leutnant, während des Ersten Weltkrieges Aufklärungs-, dann Bomben- und ab 1916 Jagdflieger, 1918 Hauptmann, 1919 in Abwicklungsstelle beim Inspekteur der Fliegertruppen, 1920 Referent für Flugtechnik beim Inspekteur für Waffen und Gerät, später tätig im Heereswaffenamt, 1928 Kompaniechef in einem Infanterieregiment, 1930 Major, 1931 Bataillonskommandeur, 1933 Kommandeur der technischen Schulen in Jüterbog, Übertritt zur Luftwaffe, Oberstleutnant im Reichsluftfahrtministerium, 1935 Kommandeur der Erprobungsstellen in Rechlin, Oberst, 1937 Inspekteur der Fliegerschulen, 1938 Generalmajor und Kommandeur der Fallschirmjäger-Truppen, 1939 Kommandeur der 7. Fallschirmjäger-Division, 1940 Generalleutnant, Mai 1940 Führer der ersten Luftlande-Operation über den Niederlanden, durch Gehirnschuss schwer verwundet, zum General der Flieger befördert, 1941 Kommandierender General des XI. Fliegerkorps, Initiator und Leiter des verlustreichen Fallschirmjäger-Unternehmens gegen Kreta im Mai 1941, 1943 gemeinsam mit Skorzeny mit der Befreiung Mussolinis beauftragt, 1944 Oberbefehlshaber der Fallschirmjäger-Armee, Generaloberst, von November 1944 bis Januar 1945 Oberbefehlshaber

der Heeresgruppe H, in den letzten Kriegstagen Oberbefehlshaber der Heeresgruppe Weichsel, 1946 von britischem Militärgericht in Lüneburg zu fünf Jahren Gefängnis verurteilt, vorzeitig entlassen.

Stumpfegger, Ludwig (* 11.7.1910 München, † 2.5.1945 Berlin [Selbsttötung]): Studium der Medizin, 1933 Eintritt in die SS, 1935 Aufnahme in die NSDAP, 1937 Promotion zum Dr. med., Arzt im SS-Sanatorium Hohenlychen, zeitweilig Leibarzt Himmlers, 1943 SS-Obersturmbannführer, ab Oktober 1944 Begleitarzt Hitlers, am 1.5.1945 Ausbruch aus dem Bunker, tötete sich gemeinsam mit Martin Bormann.

Stürtz, Emil (* 15.11.1892 Wiebs bei Allenstein, † 31.12.1945 ? in sowjetischer Haft): Matrose, während des Ersten Weltkrieges in der U-Boot-Waffe eingesetzt, 1918 als Invalide entlassen, danach Schlosser und Kraftwagenführer, 1925 Eintritt in die NSDAP (Nr. 26929), Kreisleiter in Dortmund, 1929 Abgeordneter des Westfälischen Provinziallandtags, von 1930 bis 1945 Mitglied des Reichstags, ab 1930 Gau-Geschäftsführer der NSDAP in Westfalen-Süd, später stellvertretender Gauleiter, 1936 als Nachfolger Wilhelm Kubes Gauleiter der Kurmark bzw. des Gaus Mark-Brandenburg, 1937 Oberpräsident der Provinz Brandenburg, 1942 Reichsverteidigungskommissar für die Kurmark, ab 25.9.1944 Führer des Deutschen Volkssturms im Gau Kurmark, 1945 von sowjetischem Militär verhaftet, der Zeitpunkt des Todes wurde gerichtlich festgelegt.

Thierack, Otto Georg (* 19. 4. 1889 Wurzen [Sachsen], † 22. 11. 1946 Sennelager bei Bielefeld [Selbsttötung]): Studium der Rechtswissenschaften, 1914 Promotion zum Dr. jur., von 1914 bis 1918 Kriegsteilnehmer, entlassen als Leutnant, 1920 Assessor, 1921 Staatsanwalt beim Landgericht Leipzig, 1926 beim Oberlandesgericht Dresden, im August 1932 Eintritt in die NSDAP, von 1933 bis 1935 Staatsminister der Justiz in Sachsen, 1934 Aufnahme in die SA, 1935 Vizepräsident des Reichsgerichts, vom 1. 5. 1936 bis zum 19. 8. 1942 Präsident des Volksgerichtshofs, zugleich verschiedene Funktionen in der NSDAP (1942 Oberbefehlsleiter und SA-Gruppenführer), vom 20. 8. 1944 bis Kriegsende Reichsjustizminister, verantwortlich für die systematische Übertragung von justiziellen Zuständigkeiten an Gestapo und SS, 1945 von britischem Militär verhaftet, entzog sich einer Anklage durch Selbstmord.

Thomas, Kurt (* 2. 3. 1896 Bünde [Westfalen], † 5. 5. 1943 Mittelmeer bei Tunesien): ab August 1914 Kriegsdienst in einem Pionierbataillon, Übernahme durch die Reichswehr, 1925 Oberleutnant in einem Reiterregiment, 1930 Rittmeister, 1933 Wechsel zur Kraftfahrabteilung Kassel, 1935 Major, Adjutant in einer Panzerbrigade, 1937 Kommandeur einer Panzerabteilung, Oberstleutnant, 1940

Kommandeur der Panzer-Ersatzabteilung 1, ab 22. 1. 1940 Kommandeur des Führer-Begleitkommandos, ab 15. 2. 1940 Kommandant des Führerhauptquartiers, 1941 Oberst, im September 1942 in die Führerreserve versetzt, ab Oktober 1942 Kommandeur der Afrika-Brigade 999, im April 1943 zum Generalmajor befördert, Kommandeur der 999. Afrika-Division, bei einem Flug über dem Mittelmeer zwischen Tunesien und Sardinien abgeschossen, postum zum Generalleutnant ernannt.

Tippelskirch, Kurt von (* 9. 10. 1891 Charlottenburg bei Berlin, † 10. 5. 1957 Lüneburg): Kadett, 1911 Leutnant in einem Garde-Grenadierregiment, 1914 Kriegseinsatz, nach Verwundung in französische Gefangenschaft, später in der Schweiz interniert, dort philologische Studien, später militärische Dolmetscher-Examina in Französisch, Italienisch und Englisch, 1918 Rückkehr nach Deutschland, Hauptmann und Kompaniechef in einem Infanterieregiment, Übernahme in die Reichswehr, verschiedene Truppen- und Stabsverwendungen, vorübergehend in der Abteilung Fremde Heere im Reichswehrministerium tätig, 1933 Oberstleutnant, 1934 Kommandeur des Infanterieregiments 27 in Rostock, 1935 Oberst und Chef der Abteilung Fremde Heere/Attachégruppe im Kriegsministerium, 1938 Generalmajor, Oberquartiermeister IV, u. a. verantwortlich für die Abteilungen Fremde Heere Ost und West, 1940 Generalleutnant, ab Ja-

nuar 1941 Kommandeur der 30. Infanteriedivision, eingesetzt im Russlandfeldzug, 1942 General der Infanterie,
deutscher General bei der 8. italienischen Armee, 1943/44 Kommandeur
des XII. Armeekorps, im Juli 1944
bei einem Flugzeugabsturz verletzt,
im Oktober/November 1944 Oberbefehlshaber der 1. Armee in Frankreich,
Dezember 1944 bis 22. 2. 1945 Kommandeur der 14. Armee in Italien,
ab 27. 4. 1945 Oberbefehlshaber der
21. Armee in Mecklenburg und vertretungsweise Oberbefehlshaber der
Heeresgruppe Weichsel, am 2. 5. 1945
Kapitulation, Überführung der
Truppen in britische Kriegsgefangenschaft, 1948 entlassen, publizistische
Tätigkeit, starb an einem Herzinfarkt.

Tiso, Josef Gaspar (* 13. 10. 1887 Velka
Bytca [Mittelslowakei], † 18. 4. 1947
Bratislava [hingerichtet]): Studium
der katholischen Theologie, seit 1910
Geistlicher, Dr. theol., 1918 Professor
am Priesterseminar Nitra (Slowakei),
seit 1925 Abgeordneter der Slowakischen Volkspartei, 1927 bis 1929 Ge-
sundheitsminister der Tschechoslowakei, 1938 Vorsitzender der slowakischen Volkspartei, 1938/39 slowaki-
scher Ministerpräsident, 1939 bis 1945
Staatspräsident, 1945 verhaftet und
1947 durch ein Volksgericht zum Tode
verurteilt.

Todt, Fritz (* 4. 9. 1891 Pforzheim,
† 8. 2. 1942 bei Rastenburg): Technik-
studium in München, 1914 Kriegsfreiwilliger, Offizier, Luftbeobachter,
nach Verwundung Fortsetzung des
Studiums in Karlsruhe, 1922 Eintritt
in die NSDAP, 1931 SA-Oberführer im Stab Röhms, 1933 Chef
des Hauptamts für Technik in der
NSDAP-Reichsleitung, ab 30. 6. 1933
Generalinspekteur für das deutsche
Straßenwesen, 1938 Generalbevollmächtigter für die Bauwirtschaft,
zuständig für den Bau militärischer
Befestigungsanlagen (»Westwall«,
»Atlantikwall«), Gründer der »Organisation Todt«, die für Großbau-
ten überwiegend Fremd- und
Zwangsarbeiter beschäftigte, SA-
Obergruppenführer, Generalmajor
der Luftwaffe, ab 1940 zugleich
Reichsminister für Bewaffnung und
Munition, ab 1941 auch Generalinspekteur für Wasser und Energie,
starb bei einem Flugzeugabsturz.

Tornow, Fritz (* ?, † ?): Feldwebel der
Wehrmacht, Hundedresseur Hitlers.

Troost, Gerhardine, »Gerdy«, geb.
Andersen (3. 3. 1904, † 8. 2. 2003 Bad
Reichenhall): Kunsthandwerkerin,
1925 Heirat mit Paul Troost, 1932
NSDAP, leitete ab 1934 das Atelier ihres Mannes, 1934 Vorstand des Hauses
der Deutschen Kunst, 1937 Professorentitel, 1938 Beirat der Bavaria
Filmkunst, nach 1945 freiberuflich
in Schützing am Chiemsee tätig.

Troost, Paul Ludwig (* 17. 8. 1878 Elberfeld, † 21. 1. 1934 München [Selbst-
tötung]): Architekt, 1902 Habilitation, freiberuflich in München,
Innenarchitekt des Norddeutschen
Lloyd, zahlreiche Bauten in München, u. a. für die NSDAP.

Trotha, Ivo Thilo von (* 16. 7. 1905
Berlin-Charlottenburg, † 1998):
1925 Fahnenjunker, 1915 Leutnant
in einem Infanterieregiment, 1937
bis 1939 Kriegsakademie Berlin, ab
1. 9. 1939 im Oberkommando der
Wehrmacht, ab April 1941 I a der
267. Infanteriedivision, 1942 Oberst-
leutnant, ab Oktober 1942 I a der
4. Armee, 1943 Oberst, ab April 1944
I a der Heeresgruppe Südukraine, ab
Oktober 1944 Chef des Generalstabs
der 1. Panzerarmee, ab März 1945
Chef der Operationsabteilung im
OKH, am 1. 4. 1945 zum Generalmajor
befördert, von Ende April 1945 bis zur
Kapitulation Chef des Generalstabs
der Heeresgruppe Weichsel, britische
Gefangenschaft, lebte nach der
Entlassung in Wiesbaden.
Truman: Militärattaché (siehe:
Smith, Truman).
Truman, Harry Spencer (* 8. 5. 1884
Lamar [Missouri, USA], † 26. 12. 1972
Kansas City [Missouri]): Bankan-
gestellter, ab 1906 Arbeit auf der
familieneigenen Farm, als Offizier
Teilnehmer am Ersten Weltkrieg in
Frankreich, nach der Rückkehr unter-
nehmerisch tätig, dann Studium der
Rechtswissenschaften, Eintritt in die
Demokratische Partei, 1935 bis 1944
Senator von Missouri, seit 1940 Vor-
sitzender der Senatskommission
zur Kontrolle der Verteidigungsmaß-
nahmen, 1944 Vizepräsident, nach
Roosevelts Tod US-Präsident (Wie-
derwahl 1948), leitete nach dem
Kriegsende in Europa Konfrontations-
politik gegenüber der Sowjetunion

ein (Kalter Krieg), befahl im August
1945 den Abwurf der Atombomben
auf Hiroshima und Nagasaki, 1947
Verkündung der Truman-Doktrin
(»Eindämmung des Kommunismus«),
startete Initiativen zur finanziellen
Unterstützung des Wiederaufbaus
in Europa bei gleichzeitiger Forcierung demokratischer Entwicklung,
Aufbau eines weltweiten Militärpakt-
systems, Ausgleich mit Japan (Sicher-
heitspakt 1951), ordnete 1951 den
Einsatz amerikanischer Truppen im
Koreakrieg an, verzichtete 1952
auf eine erneute Kandidatur für das
Präsidentenamt.
Tschuikow, Wassili I. (* 12. 2. 1900
Serebrjannyje Prudy bei Moskau,
† 18. 3. 1982 Moskau): Schlosser, 1917
Matrose, 1918 Eintritt in die Rote Armee, seit 1919 Mitglied der Kommunistischen Partei Russlands (Bolschewiki), im gleichen Jahr Ernennung
zum Regimentskommandeur, von
1922 bis 1925 Besuch der Frunse-Mili-
tärakademie, dann bis 1927 Studium
an der Ostfakultät der Militärakademie, danach Militärberater in China,
1935 Kurs an der Akademie für Me-
chanisierung und Motorisierung der
Roten Armee, danach verschiedene
Kommandos in mechanisierten und
Panzereinheiten, im sowjetisch-finni-
schen Krieg Kommandeur der 9. Armee, 1942 Kommandeur der 62. Armee, Einsatz in Stalingrad, seit April
1943 Kommandeur der 8. Garde-Armee, 1945 an den Kämpfen um Berlin
beteiligt, 1945/46 Chef der Sowjetischen Militäradministration Thürin-

gen, von 1946 bis 1949 stellvertretender Oberbefehlshaber, von 1949 bis 1953 Oberbefehlshaber der sowjetischen Besatzungstruppen in Deutschland, zugleich Chef der Sowjetischen Kontrollkommission, von 1952 bis 1961 Kandidat, ab 1961 Mitglied des Zentralkomitees der Kommunistischen Partei der Sowjetunion, von 1953 bis 1960 Chef des Militärbezirks Kiew, 1955 Marschall, von 1960 bis 1964 Oberkommandierender der Landstreitkräfte, nach dem Sturz Chruschtschows Chef der sowjetischen Zivilverteidigung, 1972 zur Gruppe der Generalinspekteure des Verteidigungsministeriums versetzt.

Udet, Ernst (* 26.4.1896 Frankfurt/ Main, † 17.11.1941 Berlin [Selbsttötung]): 1914 Kriegsfreiwilliger, ab 1915 Jagdflieger, 1918 Leutnant, zweiterfolgreichster Jagdflieger des Ersten Weltkrieges, 1919 entlassen als Oberleutnant, Gründer eines Flugzeugbau-Unternehmens, ab 1925 hauptberuflich Kunstflieger und Testpilot, Mitwirkung an mehreren Filmproduktionen, 1933 Kommodore im Deutschen Luftsportverband, 1935 Oberst im Reichsluftfahrtministerium, 1936 Inspekteur der Jagd- und Sturzkampfflieger, ab Juni 1936 Chef des technischen Amts der Luftwaffe, ab Februar 1938 Generalluftzeugmeister, 1939 Generalmajor, 1940 Generaloberst, Selbsttötung nach heftigen Auseinandersetzungen mit Göring, der ihn für die unzureichende Ausrüstung der Luftwaffe verantwortlich machte.

Uiberreither, Siegfried (* 29.3.1908 Salzburg, † 29.12.1984 ?): 1924 Eintritt in die Schilljugend, Studium der Rechtswissenschaften, Bauhilfsarbeiter, 1930 Sekretär der Arbeiterkrankenkasse für Steiermark in Graz, 1933 Promotion zum Dr. jur., Direktionssekretär der Krankenkasse, 1931 SA, 1937 Führer der illegalen SA-Brigade Steiermark, 1938 SA-Brigadeführer, Aufnahme in die NSDAP (Nr. 6102560), im März 1938 kommissarischer Polizeidirektor in Graz, vom 24.5.1938 bis 1945 NSDAP-Gauleiter der Steiermark, ab Juni 1938 Landeshauptmann, SA-Gruppenführer, 1939/40 kurzzeitig Kriegsdienst als Gebirgsjäger, Teilnahme an der Landung in Norwegen, im April 1940 entlassen als Leutnant der Wehrmacht, ab März 1940 Reichsstatthalter der Steiermark, 1941 Chef der Zivilverwaltung in den besetzten jugoslawischen Gebieten der Untersteiermark, 1942 Reichsverteidigungskommissar für den Gau Steiermark, 1943 SA-Obergruppenführer, ab 25.9.1944 Führer des Volkssturms in der Steiermark, am 8.5.1945 Übergabe der Amtsgeschäfte, Ende Mai 1945 verhaftet, Zeuge in Kriegsverbrecher-Prozessen, 1947 wegen drohender Auslieferung an Jugoslawien Flucht (möglicherweise mit US-amerikanischer Unterstützung); unbestätigte Hinweise auf einen Aufenthalt in Argentinien, vermutlich lebte Uiberreither bei seiner Familie in Sindelfingen (Baden-Württemberg), weder Sterbedatum noch Ort sind bestätigt: Es wird auch der 7. 1. 1986 genannt.

Umberto von Savoyen (* 15. 9. 1904 Schloss Racconigi [Provinz Cuneo, Italien], † 18. 4. 1983 Genf [Schweiz]): Sohn Victor Emmanuels III. von Italien, Kronprinz, während des Zweiten Weltkrieges Oberbefehlshaber verschiedener Heeresgruppen in Italien, September 1943 Flucht zu den alliierten Truppen nach Süditalien, seit dem 4. 6. 1944 Inhaber der königlichen Rechte, nach der Abdankung seines Vaters ab dem 9. 5. 1946 auch formal König von Italien, durch Volksentscheid für die Republik am 2. 6. 1946 zur Abdankung gezwungen, lebte in Portugal und in der Schweiz.

Viktor Emanuel III. von Italien (* 11. 11. 1869 Neapel, † 28. 12. 1947 Alexandria [Ägypten]): militärische Ausbildung, Kommandeur eines Armeekorps, ab 1900 italienischer König, 1915 Befürworter des italienischen Kriegseintritts, Unterstützer Mussolinis, 1936 Kaiser von Äthiopien; nach dem Beginn der alliierten Invasion im Juli 1943 initiierte er die Verhaftung Mussolinis und setzte Marschall Badoglio als Regierungschef ein, nach der Besetzung Roms durch deutsche Truppen Flucht nach Süditalien zu den US-Truppen, am 12. 4. 1944 wegen der Nähe zum faschistischen Regime zur Übertragung des Kronrechts an Umberto genötigt, dankte am 9. 5. 1946 ab.

Vögler, Albert (* 8. 2. 1877 Borbeck an der Ruhr, † 14. 4. 1945 Wittbräucke bei Dortmund [Selbsttötung]): Technikstudium in Karlsruhe, 1901 Dr.-Ing., tätig als Hütteningenieur, 1902 Oberingenieur eines Bergbau- und Hüttenbetriebs, 1906 Direktor der Union AG für Eisen- und Stahlindustrie Dortmund, 1909 Wechsel zur Deutsch-Luxemburgischen Bergwerks- und Hütten AG, von 1915 bis 1926 deren Generaldirektor, 1917 Vorsitzender des Vereins der Eisenhüttenleute, 1920 gemeinsam mit Hugo Stinnes sen. Gründung mehrerer Montan- und Transportgesellschaften, 1926 Mitbegründer der Vereinigten Stahlwerke, bis 1936 deren Vorstandsvorsitzender, danach in ihrem Aufsichtsrat (1939 bis 1945 Vorsitzender), zahlreiche weitere Aufsichtsratsmandate, 1918 bis 1933 Mitglied der Deutschen Volkspartei, 1920 bis 1924 Abgeordneter des Reichstags, Sachverständiger für Reparationen, seit 1930 finanzielle Unterstützung Hitlers, ab 1932 Mitglied im Keppler-Kreis, ab 1933 Mitglied des Reichstags für die NSDAP, ohne Parteimitglied zu sein, 1941 bis 1945 Mitglied im Industrierat für die Fertigung von Luftwaffengerät, 1942 bis 1945 Mitglied des Reichsrüstungsrats, 1942 bis 1945 Mitglied des Reichsforschungsrats, 1940 bis 1945 Präsident der Kaiser-Wilhelm-Gesellschaft, 1944/45 Generalbevollmächtigter für Rüstung im Rhein-Ruhr-Gebiet, in amerikanischer Gefangenschaft Selbsttötung durch Gift.

Voss (auch **Voß**), **Hans-Erich** (* 30. 10. 1897 Angermünde [Uckermark], † 18. 11. 1969 Berchtesgaden): 1915 Seekadett, 1917 Leutnant zur See, 1928 Kapitänleutnant, 1934 Korvettenkapitän, 1937 Fregattenkapitän, 1938 Kommandeur der 3. Marine-Unteroffiziers-Lehrabteilung, 1939 Admiralstabsoffizier im Marinegruppenkommando Ost, Kapitän zur See, ab November 1939 Chef der Flotten- und Ausbildungsabteilung, später der Kommandoabteilung im Quartiermeister-Amt der Seekriegsleitung, ab Januar 1942 Chef der Kommandoamtsgruppe im Marinekommando-Amt, von Oktober 1942 bis Februar 1943 Kommandant des Schweren Kreuzers *Prinz Eugen*, ab 1. 3. 1943 Konteradmiral und ständiger Vertreter des Oberbefehlshabers der Kriegsmarine im Führerhauptquartier, 1944 Vizeadmiral, am 2. 5. 1945 durch sowjetische Truppen verhaftet, Januar 1955 entlassen.

Wächtler, Fritz (* 7. 1. 1891 Triebes bei Zeulenroda [Thüringen], † 19. 4. 1945 Herzogau bei Waldmünchen [Bayerischer Wald; ermordet]): Volksschullehrer, 1913 Einjährig Freiwilliger in einem Infanterieregiment, von 1914 bis 1918 Kriegsdienst zunächst als Maschinengewehrführer, nach Verwundung als Leutnant in der Heeresverwaltung, von 1919 bis 1932 erneut Lehrer, 1926 Eintritt in die NSDAP (Nr. 35313), Ortsgruppenleiter in Vippachedelhausen bei Weimar, von 1927 bis 1932 NSDAP-Kreisleiter Weimar-Nord, Gau-Obmann des Nationalsozialistischen Lehrerbundes, 1930/31

Referent beim Volksbildungsminister Frick, von 1932 bis 1935 Gau-Organisationsleiter und stellvertretender Gauleiter des Gaus Thüringen, von 1932 bis 1936 thüringischer Staatsminister für Volksbildung, zugleich von 1933 bis 1936 Innenminister und stellvertretender Ministerpräsident, 1934 Aufnahme in die SS (Nr. 29058), 1936 Brigadeführer, 1937 Gruppenführer, 1944 Obergruppenführer, von Dezember 1935 bis 19. 4. 1945 Gauleiter des Gaus Bayerische Ostmark (ab 1943 Gau Bayreuth), 1935 bis 1943 Leiter des Hauptamts für Erzieher in der Reichsleitung der NSDAP, 1942 bis 1945 Reichsverteidigungskommissar für den Gau Bayerische Ostmark, ab 25. 9. 1944 Führer des Deutschen Volkssturms im Gau Bayreuth, am 12. 4. 1945 Verlegung der Gauleitung in ein Ausweichquartier, kampflose Übergabe Bayreuths, am 19. 4. 1945 wegen »Feigheit vor dem Feind« und »Verlassens der Gau-Hauptstadt« auf Befehl Hitlers von einem SS-Kommando erschossen.

Wagner, Eduard (* 1. 4. 1894 Kirchenlamitz [Fichtelgebirge], † 23. 7. 1944 Zossen bei Berlin [Selbsttötung]): 1914 Leutnant in einem bayerischen Artillerieregiment, Zug-, später Batterieführer, 1919 Freikorps Epp, Übernahme in die Reichswehr, verschiedene Stabs- und Truppenverwendungen, u. a. im Stab einer Eisenbahnabteilung und als Batteriechef, 1932 Major, seit 1933 in der Quartiermeister-Abteilung des Reichswehrministeriums, 1935 Oberstleutnant,

1936 Chef der 6. Abteilung im Generalstab des Heeres, 1937 Oberst, seit 1938 Kontakte zum militärischen Widerstand um Beck, 1939 Kommandeur des Artillerieregiments 10, 1940 Generalmajor und Generalquartiermeister des Heeres, 1942 Generalleutnant, 1943 General der Artillerie, an der Planung des Attentats vom 20.7.1944 beteiligt.

Wagner, Gerhard (* 23.11.1898 Schwerin, † 26.6.1986): 1916 Eintritt in die Kriegsmarine, 1918 Leutnant zur See, 1919 Freikorps Potsdam, von der Reichsmarine übernommen, 1923 Oberleutnant, Adjutant des Kommandierenden Admirals der Nordsee, 1925 Wachoffizier, später Kommandant in der 3. Torpedoboot-Halbflottille, 1929 Kapitänleutnant, 1930 Propaganda-Missionen auf den Kreuzern *Emden* und *Karlsruhe*, 1931 Marineakademie, 1933 Referent in der Operationsabteilung im Oberkommando der Kriegsmarine, 1935 Korvettenkapitän, 1936 Spanienkrieg, 1937 Kommandant des Zerstörers *Leberecht Maaß*, 1939 Fregattenkapitän und I a in der Operationsabteilung der Seekriegsleitung, 1940 Kapitän zur See, Juni 1941 Chef der Operationsabteilung, zugleich Verbindungsoffizier der Seekriegsleitung zum OKM, 1943 Konteradmiral, Juni 1944 Admiral beim Oberbefehlshaber der Marine, 1945 in Haft, 1947 entlassen, kaufmännischer Angestellter in einer Druckerei, ab 1949 Mitarbeiter des U. S. Naval Historical Team, ab 1952 tätig für verschiedene deutsche Behörden, 1956 Konteradmiral, Leiter der Abteilung Marine im Bundesverteidigungsministerium, später stellvertretender Inspekteur und Chef des Führungsstabs der Marine, ab Juni 1961 Befehlshaber des NATO-Kommandos »Nord-Zentraleuropa« (Ostsee) in Kiel-Holtenau, 1962 Vizeadmiral, Ende 1962 Ruhestand, publizistische Tätigkeit.

Wagner, Walter (* 24.7.1907, † ?): Stadtrat und Gau-Amtsleiter in Berlin, Beamter des Propagandaministeriums, Standesbeamter bei der Eheschließung Hitler/Braun.

Wagner, Winifred, geb. Williams (* 23.6.1897 Hastings [Sussex, England], † 5.3.1980 Überlingen am Bodensee): Vollwaise, von einem Berliner Klavierlehrer adoptiert, 1914 Bekanntschaft mit der Familie des Komponisten Richard Wagner, 1915 Heirat mit Siegfried Wagner, ab 1923 finanzielle Unterstützung der NSDAP, 1926 Eintritt in die Partei, nach dem Tod Siegfried Wagners 1930 Leiterin der Festspiele in Bayreuth, seit 1933 von Hitler finanziell gefördert, 1947 als »belastet« eingestuft, 1948 Revision des Spruchkammerurteils, da sie auch Gegner des NS-Regimes unterstützt hatte; 1951 Verzicht auf die Leitung der Festspiele in Bayreuth, noch 1975 öffentliches Bekenntnis zu Hitler.

Wagner-Lafferenz, Verena (* 2.12.1920 Bayreuth): Tochter von Siegfried und Winifred Wagner, 1939/40 Ausbildung zur Krankenschwester, 1943 Hochzeit mit dem

NSDAP-Amtsleiter und Leiter der DAF-Organisation »Kraft durch Freunde« Bodo Lafferenz, fünf Kinder, 1949 Ausschluss von der Mitsprache in der Festspielleitung, Ehrenmitglied mehrerer Wagner-Gesellschaften, keine künstlerische Betätigung.

Waizenegger, Heinz (* 22.10.1913, † ?): 1932 Eintritt in die Polizei, 1934 Leutnant, 1935 Übertritt ins Heer, Adjutant in einem Infanterieregiment, 1938 als Oberleutnant Chef des 9. Bataillons im Infanterieregiment 56, 1940 Hauptmann und Ordonnanzoffizier I beim Generalkommando des V. Armeekorps, im März 1942 zum Armee-Oberkommando 3 kommandiert, ab August 1942 Generalstabsoffizier im Wehrmachtführungsstab, 1943 Major, 1944 Oberstleutnant, ab März 1945 Ordonnanzoffizier I beim Armee-Oberkommando 2.

Wanderer, Madeleine (* 1925 ?, † ?): Sängerin und Tänzerin an der Oper Berlin, Geliebte Robert Leys.

Warlimont, Walter (* 3.10.1894 Osnabrück, † 9.10.1976 Kreuth [Oberbayern]): 1913 Fahnenjunker, Kriegsdienst als Leutnant in einem Fußartillerie-Regiment, Adjutant und Batterieführer, 1920 Übernahme in die Reichswehr, verschiedene Truppen- und Stabsverwendungen, 1925 Hauptmann im Reichswehrministerium, 1929 als Beobachter zur US-Armee kommandiert, um die Methoden der wirtschaftlichen Mobilmachung zu studieren, 1933 erneut im Reichswehrministerium, 1934

Chef der Wirtschaftsabteilung, 1935 Oberstleutnant, 1936 Bataillonskommandeur in einem Artillerieregiment, 1936/37 Bevollmächtigter des Reichskriegsministers bei Franco, 1937 Kommandeur des Artillerieregiments 26, 1938 Oberst, Chef der Abteilung Landesverteidigung im Oberkommando der Wehrmacht, kurzfristig in Wien tätig, 1939 mit der Wahrnehmung der Geschäfte des Chefs des Wehrmachtführungsamts beauftragt (Vertretung Jodls), 1940 Generalmajor, an der Ausarbeitung der Pläne für den Feldzug gegen die Sowjetunion beteiligt, seit Dezember 1941 stellvertretender Chef des Wehrmachtführungsstabs, 1942 Generalleutnant, 1944 General der Artillerie, 1945 verhaftet, 1948 im OKW-Prozess wegen der Mitformulierung völkerrechtswidriger Befehle (bes. Kommissarbefehl, Kommandobefehl) zu lebenslanger Haft verurteilt, 1951 zu 18 Jahren Gefängnis begnadigt, 1957 entlassen.

Wauer, Vorname unbekannt (* ?, † 2.5.1945 Berlin), Ordonnanz Hitlers, SS-Unterscharführer, meist bei der Bedienung von Gästen eingesetzt, beim Ausbruch aus dem Bunker gefallen.

Wavell, Archibald (* 5.5.1883 Colchester [England], † 24.5.1950 London): Absolvent der Militärakademie Sandhurst, während des Ersten Weltkrieges Militärattaché, u.a. in Russland, 1919/20 in Ägypten, 1932/33 Adjutant des Königs, 1937 als Generalleutnant Oberbefehlshaber in Palästina, ab dem 2.8.1939 Oberbefehlshaber aller Landstreitkräfte im Nahen Osten, im Herbst 1940 erfolgreiche Abwehr der italienischen Offensive gegen Ägypten, nach dem Eingreifen des deutschen Afrika-Korps schwere Niederlagen, 1941 abgelöst und zum Oberbefehlshaber in Indien ernannt, nach Niederlagen in Malaya und Niederländisch-Indien abgelöst und zum Vizekönig in Indien ernannt, 1946 abberufen, Ruhestand; im *Buch Hitler* fälschlich als Kommandeur des Expeditionskorps bei Dünkirchen bezeichnet.

Weber, Christian (* 25. 8. 1883 Polsingen, † 11. 5. 1945 auf der Schwäbischen Alb [Unfall]): Pferdeknecht, während des Ersten Weltkrieges Kriegsdienst als Unteroffizier in der Kavallerie, ab 1919 Kaufmann, 1921 NSDAP (Nr. 3850), 1922 Fuhrparkleiter der NSDAP, Mitglied des Stoßtrupps Hitler, 1923 Teilnehmer am Putsch, 1926 Stadtrat in München, Fraktionsführer, 1935 Ratsherr, zahlreiche SS-Ämter, u. a. Inspekteur der Reitschulen, höchster Dienstgrad SS-Standartenführer, am 1. 5. 1945 verhaftet, starb bei der Verlegung in ein anderes Lager nach einem Verkehrsunfall.

Weichs an der Glon, Maximilian Freiherr von und zu (* 12. 11. 1881 Dessau, † 27. 9. 1954 Burg Rösberg bei Bonn): 1900 Fahnenjunker, 1902 Leutnant, 1908 bis 1910 Kavallerieschule, 1910 bis 1913 Kriegsakademie, 1913/14 in der Zentralstelle des bayerischen Generalstabs, während des Ersten Weltkrieges zunächst Ordonnanz-, später Stabsoffizier, 1917 I a im Generalstab des III. bayerischen Armeekorps, 1919 im Stab der Reichswehrbrigade 23, danach verschiedene Truppenverwendungen, 1925 Taktiklehrer an der Infanterieschule Dresden, 1928 Oberstleutnant, 1930 Chef des Generalstabs einer Kavalleriedivision, Oberst, 1933 Generalmajor, Kommandeur der 3. Kavalleriedivision, 1935 Generalleutnant, Kommandeur einer Panzerdivision, 1936 General der Kavallerie, 1937 Kommandierender General des XIII. Armeekorps, 1939 Oberbefehlshaber der 2. Armee, eingesetzt im Frankreichfeldzug, 1940 Generaloberst, 1941 eingesetzt beim Balkanfeldzug, dann im Russlandfeldzug, ab Juli 1942 Oberbefehlshaber der Heeresgruppe B, 1943 Generalfeldmarschall, ab August 1943 Oberbefehlshaber der Heeresgruppen F und Südost, am 25. 3. 1945 in die Führerreserve versetzt, am 2. 5. 1945 von amerikanischem Militär verhaftet und im Prozess gegen die Südost-Generale angeklagt, wegen Erkrankung noch vor Prozessbeginn entlassen.

Weidling, Helmuth (* 2. 11. 1891 Halberstadt, † 17. 11. 1955 Lager Wladimirowka [Sowjetunion]): 1911 Fahnenjunker im Luftschiffer-Bataillon, 1912 Leutnant, während des Ersten Weltkrieges Kommandant der Zeppeline 85, 97 und 113, ab 1917 im Stab des Kommandierenden Generals der Luftstreitkräfte, 1919 Übernahme in die Reichswehr (Artillerie), 1922 Hauptmann, ab 1923 Ausbilder an der Artillerieschule, 1927 Batteriechef,

1933 Major, Abteilungskommandeur in einem Artillerieregiment, 1935 Oberstleutnant, Kommandeur des Artillerieregiments 75, später des Artillerieregiments 56, 1938 Oberst, 1942 Generalmajor und Kommandeur der 86. Infanteriedivision, 1943 Generalleutnant, Führer des XXXXI. Panzerkorps, 1944 General der Artillerie, nach dem 20. 7. 1944 Führerreserve, ab dem 12. 4. 1945 Kommandierender General des LXI. Panzerkorps und Kampfkommandant von Berlin, am 3. 5. 1945 in sowjetische Gefangenschaft.

Welczeck, Johannes Graf von (* 2. 9. 1878 Laband [Oberschlesien], 11. 10. 1972 Marbella [Spanien]): 1904 Eintritt in den diplomatischen Dienst, verschiedene auswärtige Verwendungen, 1915 Wechsel ins Auswärtige Amt, 1919 auf eigenen Antrag entlassen, 1923 Wiedereintritt in den diplomatischen Dienst, Gesandter I. Klasse in Ungarn, 1926 Botschafter in Madrid, 1936 Botschafter in Paris, am 23. 8. 1939 abberufen, 1940 einstweiliger Ruhestand, 1944 außer Dienst, nach 1945 Übersiedlung nach Spanien.

Welczeck, Johannes Bernhard Graf von (* 1. 10. 1911 Santiago de Chile, † 4. 4. 1969 Caracas [Venezuela]): Sohn von Johannes Graf von Welczeck, Studium der Rechtswissenschaften und Philologie, Dr. jur., Eintritt in den diplomatischen Dienst, 1940 Hochzeit mit Sigrid von Laffert, die als Verwandte von Viktoria von Dirksen zum engeren Kreis um Hitler gehörte, 1941 Attaché an der deutschen Botschaft in Madrid, befreundet mit Hewel, 1942 zurückbeordert, Kriegsdienst als Leutnant, ab 1949 im diplomatischen Dienst der Bundesrepublik, u. a. ab 1968 Botschafter in Venezuela.

Wenck, Walther (* 18. 9. 1900 Wittenberg, † 1. 5. 1982 Bad Rothenfelde bei Osnabrück [Autounfall]): 1919 Fahnenjunker im Freikorps von Oven, Übernahme in die Reichswehr, 1923 Leutnant, verschiedene Truppenverwendungen (Infanterie), 1933 Wechsel zur Panzertruppe (Aufklärungsabteilung), 1934 Hauptmann, 1935/36 Kriegsakademie, danach im Stab des Kommandos der Panzertruppen, 1939 I a im Stab der 1. Panzerdivision, 1940 Oberstleutnant, kurzfristig Lehrer an der Kriegsakademie, Oberst, ab September 1942 Chef des Generalstabs des LVII. Panzerkorps, ab November 1942 Chef des Generalstabs der 3. rumänischen Armee, Februar 1943 Generalmajor, Chef des Generalstabs der 1. Panzerarmee, April 1944 Generalleutnant und Chef des Generalstabs der Heeresgruppe Südukraine, ab Juli 1944 Chef der Operationsabteilung im Generalstab des Heeres, am 17. 2. 1945 Kraftwagenunfall, nach Genesung im April 1945 General der Panzergruppe und Oberbefehlshaber der 12. Armee (Entsatzheer für Berlin), später Vorstandsmitglied der Rüstungsfirma Diehl.

Weygand, Maxime (* 21. 1. 1867 Brüssel, † 28. 1. 1965 Paris): Absolvent der Militärakademie Saint-Cyr, Karriere bei der französischen Kavallerie, 1914 Kommandeur der 9. Armee, 1918 Chef des Generalstabs beim Oberbefehlshaber der alliierten Armeen in Frankreich, Marschall Foch, formulierte am 11.11.1918 in Compiègne den Text des Waffenstillstandsabkommens, 1923/1924 Oberbefehlshaber der Levante-Armee, 1930 Chef des französischen Generalstabs, 1931 Generalinspekteur der Armee sowie Vizepräsident des Obersten Kriegsrats, 1935 Ruhestand, 1939 reaktiviert, Kommandeur einer Armee, nach dem katastrophalen Verlauf der alliierten Operationen ab 19. 5. Oberbefehlshaber der französisch-britischen Streitkräfte in Frankreich, bat am 12. 6. 1940 um Waffenstillstand, in der Regierung Pétain kurzfristig Kriegsminister, dann Generalgouverneur in Französisch-Nordafrika mit Sitz in Algier, nach Abschluss des »Weygand-Murphy-Abkommens« mit den USA über wirtschaftliche Zusammenarbeit 1941 abberufen, 1942 verhaftet und bei Hamburg interniert, im Mai 1945 aus deutscher Gefangenschaft befreit, an Frankreich ausgeliefert und inhaftiert, vom Vorwurf der Kollaboration freigesprochen und 1948 rehabilitiert.

Wibizek, Vorname unbekannt (* ?, † ?): untreue SS-Ordonanz.

Wiedemann, Fritz (* 16. 8. 1891 Augsburg, † 17. 1. 1970 Fuchsgrub bei Pfarrkirchen [Bayern]): 1910 Fahnenjunker, Besuch der Kriegsakademie, 1912 Leutnant, 1915 Adjutant im Stab des 16. bayerischen Infanterieregiments, in dem Hitler als Meldegänger eingesetzt war, 1919 entlassen als Hauptmann, Landwirt, Mitbegründer einer Molkerei, nach wirtschaftlichen Schwierigkeiten Bitte um Anstellung bei Hitler, ab 1. 2. 1934 Hauptstellenleiter im Stab des Stellvertreters des Führers Heß, Aufnahme in die NSDAP, von Januar 1935 bis Januar 1939 Persönlicher Adjutant Hitlers, 1936 NSKK-Standartenführer, Reichshauptamtsleiter der NSDAP, mehrfach mit inoffiziellen diplomatischen Missionen betraut (u. a. 1936/37 in Österreich, 1938 in London), 1937 NSKK-Brigadeführer, 1938 Mitglied des Reichstags, wegen »pessimistischer« politischer Einschätzungen als Adjutant entlassen, von Februar 1939 bis Juli 1941 Generalkonsul in San Francisco, ab November 1941 Leiter des Generalkonsulats in Tientsin (China), 1945 dort durch US-Militär verhaftet, Zeuge im Hauptkriegsverbrecher-Prozess, 1948 entlassen, im Spruchkammerverfahren als »Mitläufer« eingestuft, wieder als Landwirt tätig.

Wilberg, Helmut (* 1. 6. 1880 Berlin, † 20. 11. 1941 bei Dresden): 1899 Fähnrich, 1900 Leutnant in einem Füsilierregiment, 1910 bis 1913 Kriegsakademie Berlin, 1913 Adjutant in der Inspektion der Fliegertruppe, während des Ersten Weltkrieges Kommandeur der Feldflieger-Abteilung II, ab 1915 Kommandeur der Flieger in verschiedenen Armee-Oberkommandos, 1919 bis 1926 Referent im Reichswehrministerium, 1921 Major, 1926/27

im Truppenamt, danach verschiedene
Truppenkommandos, 1932 Abschied
als Generalmajor, 1934 aktiviert,
Abteilungsleiter im Reichswehrministerium, Generalleutnant, 1935/36
Kommandeur der Höheren Luftwaffenschule, vom 1. 10. 1937 bis 31. 3. 1938
Kommandeur des Sonderstabs »W«
(Legion Condor) im Oberkommando
des Heeres, General der Flieger,
ab August 1939 Höherer Flieger-Aus-
bildungskommandeur 4, starb bei
einem Flugzeugabsturz.

Winter, Anni, geb. Schuler
(* 27. 2. 1905 Pfakofen bei Regensburg,
† 17. 10. 1970 München): Volksschule,
hauswirtschaftliche Ausbildung, danach bei einer Gräfin angestellt, ab
1. 10. 1929 Hitlers Haushälterin in der
Wohnung Prinzregentenplatz 16 in
München, 1945 interniert, lebte nach
der Entlassung wieder in München.

Winter, August (* 18. 1. 1897 München, † 16. 2. 1979 München): 1916
Fahnenjunker, 1916 bis 1918 Kriegsdienst in einer Fernsprechabteilung,
Übernahme durch die Reichswehr,
Oberleutnant in der Nachrichtenabteilung 7, 1930 im Generalstab der
7. Division, 1933 Hauptmann, ab 1934
tätig im Lehrstab der Kriegsakademie, ab 1937 im Oberkommando des
Heeres, 1939 Oberstleutnant, ab 1940
im Generalstab der Heeresgruppe A,
später Süd, später B, 1941 Oberst, 1943
Chef des Generalstabs der 2. Panzerarmee, später der Heeresgruppe E,
Generalmajor, 1944 Chef des
Generalstabs der Heeresgruppe F,
Generalleutnant, ab Dezember 1944

Stellvertreter Jodls im Wehrmachtführungsstab, am 1. 12. 1944 zum
General der Gebirgstruppe befördert,
lebte nach der Entlassung aus der
Gefangenschaft in München.

Wisch, Theodor (* 13. 12. 1907 Dith-
marschen, † 11. 1. 1995 Hamburg): 1930
Eintritt in SS und NSDAP, 1933 Über-
nahme in die Leibstandarte »Adolf
Hitler«, 1941 dort Bataillonskomman-
deur, 1942 Kommandeur des motori-
sierten SS-Infanterieregiments 2, 1943
Kommandeur des Panzergrenadier-
Regiments 2 der SS-Leibstandarte
»Adolf Hitler«, 1944 SS-Brigadeführer
rer und Generalmajor der Waffen-SS,
Kommandeur der 1. SS-Panzergrena-
dier-Division »Leibstandarte ›Adolf
Hitler«, 1944/45 Dienst im SS-
Führungshauptamt.

Witzleben, Erwin von (* 4. 12. 1881
Breslau, † 9. 8. 1944 Berlin [hingerich-
tet]): Kadett, 1901 Leutnant, Generalstabsausbildung, während des Ersten
Weltkrieges verschiedene Truppen-
und Stabsverwendungen, Hauptmann,
1919 Übernahme in die Reichswehr,
erneut Truppen- und Stabskommandos, 1929 Oberstleutnant, 1931 Oberst,
Kommandeur des Infanterieregiments 8, 1934 Generalmajor, Kommandeur der 3. Infanteriedivision,
1935 Kommandierender General des
III. Armeekorps (Berlin), 1936 General der Infanterie, 1938 Oberbefehlshaber des Gruppenkommandos 2,
entwarf gemeinsam mit Generaloberst Beck und anderen Pläne zur
Absetzung Hitlers, ab 1. 9. 1939
Oberbefehlshaber der 1. Armee, 1940

Generalfeldmarschall, Oberbefehlshaber der Heeresgruppe D, ab Mai
1941 Oberbefehlshaber West, im März
1942 in die Führerreserve versetzt,
stellte sich den Verschwörern vom
20. Juli als potenzieller Oberbefehlshaber zur Verfügung, am 21.7.1944
verhaftet, am 8.8.1944 zum Tode
verurteilt.

Wöhler, Otto (* 12.7.1894 Großburg-
wedel bei Hannover, † 5.2.1987 Groß-
burgwedel): 1913 Fahnenjunker, 1914
Leutnant, während des Ersten
Weltkrieges Zug-, Kompanie- und
Bataillonsführer, Übernahme in die
Reichswehr, von 1923 bis 1926 Führergehilfen-Ausbildung, 1925 Hauptmann, verschiedene Stabs- und Truppenverwendungen, 1935 Oberstleutnant, 1936 I a im Generalstab des
VIII. Armeekorps, 1937 Generalstab
der Wehrmachtsakademie, 1938
Oberst, I a im Generalstab des Gruppenkommandos 5 (Wien), 1939 Chef
des Generalstabs des XVII. Armeekorps, 1940 der 11. Armee, 1942 der
Heeresgruppe Mitte, Generalleutnant, März 1943 Führerreserve, ab
April 1943 Kommandierender General des I. Armeekorps, General der
Infanterie, Ende 1943 Oberbefehlshaber der Gruppe Wöhler bzw. der
8. Armee, dann der Heeresgruppe
Süd, am 25.3.1945 entlassen, ab Mai
1945 in Kriegsgefangenschaft, 1948 im
Prozess gegen das Oberkommando
der Wehrmacht wegen Verfolgung
der Zivilbevölkerung und Unterstützung der SS-Einsatzgruppe D zu acht
Jahren Haft verurteilt, 1951 entlassen.

Wolf, Johanna (* 1.6.1900 München,
† 5.6.1985 München): Ausbildung zur
Stenotypistin, 1929 Eintritt in die
NSDAP, Sekretärin in der Privatkanzlei Hitlers (bei Rudolf Heß), 1933
Wechsel nach Berlin (Persönliche
Adjutantur Hitlers), Dienst in verschiedenen Führerhauptquartieren,
am 22.4.1945 auf Anweisung Hitlers Flucht nach Bayern, bis 1948 interniert, lebte in Kaufbeuren, später
in München.

Wolff, Karl (* 13.5.1900 Darmstadt,
† 15.7.1984 Rosenheim): 1917 Kriegs-
abitur, Fahnenjunker, Leutnant, 1919
im Freikorps Hessen, 1920 kurzzeitig
in der Reichswehr, 1920 bis 1922
Banklehre, danach kaufmännischer
Angestellter, ab 1925 Inhaber eines
Anzeigenbüros in München, 1931
Eintritt in NSDAP (Nr. 695131) und
SS (Nr. 14235), 1932 SS-Sturmführer,
1933 Sturmhauptführer, Adjutant des
Reichsstatthalters von Bayern, ab Juni
1933 im Stab des Reichsführers SS
Himmler, Stellvertreter Himmlers im
Freundeskreis des Reichsführers SS,
Sturmbannführer, 1934/35 Erster Ad-
jutant Himmlers, Standartenführer,
Oberführer, ab November 1935 Chef-
adjutant Himmlers, Brigadeführer,
1936 bis 1939 Chef des Persönlichen
Stabs des Reichsführers SS, 1937
Gruppenführer, 1939 bis 1945 Chef des
Hauptamts Persönlicher Stab Reichsführer SS (ab Februar 1943 beurlaubt),
ab August 1939 Verbindungsoffi-
zier der SS bei Hitler, 1942 SS-Obergruppenführer und General der
Waffen-SS, zeitweilig Koordinator

der Judendeportationen in Vernichtungslager, ab Februar 1943 Höherer SS- und -Polizeiführer in Italien, von September 1943 bis 29. 4. 1945 Höchster SS- und Polizeiführer im Gebiet der Heeresgruppe B und im Gebiet des Oberbefehlshabers Süd (Italien), Bevollmächtigter General der Deutschen Wehrmacht in Italien, Leiter der Militärverwaltung, am 20. 4. 1945 zum Oberstgruppenführer und Generaloberst der Waffen-SS befördert, seit Februar 1945 Geheimverhandlungen mit den Westalliierten mit dem Ergebnis der vorzeitigen Kapitulation der deutschen Truppen in Italien am 2. 5. 1945, im Hauptkriegsverbrecher-Prozess Zeuge der Anklage, danach in britischer Haft, 1948 von einer Hamburger Spruchkammer zu fünf Jahren Gefängnis verurteilt, im Berufungsverfahren wurde die Strafe reduziert; freigelassen, 1949 bis 1960 Generalvertreter der Anzeigenabteilung der Illustrierten *Revue*, 1962 verhaftet und 1964 wegen Beihilfe zum Mord in wenigstens 3000 Fällen zu 15 Jahren Zuchthaus verurteilt, 1969 krankheitshalber entlassen.

Wollenhaupt, August (* 17. 4. 1886 Großalmerode [Harz], † nach 1945): Friseur Hitlers in Berlin und den Führerhauptquartieren, 1937 Aufnahme in die NSDAP (Nr. 5589794), 1945 in amerikanische Gefangenschaft.

Zander, Wilhelm (* 22. 4. 1911 Saarbrücken, † 27. 9. 1974 München):

Handelsschule, Kaufmann, tätig im Holzhandel, am 1. 6. 1931 in Italien Eintritt in die NSDAP (Nr. 552659), nach Rückkehr Eintritt in die SS (Nr. 27789), Scharführer, 1933 Sturmführer in der Personalabteilung des Reichsführers SS, 1935 Adjutant des SS-Oberabschnittsführers Nordwest, 1936 in gleicher Position beim Oberabschnittsführer Mitte, 1937 Sturmbannführer, nach Duell zum Stab des Führers bzw. zu Reichsleiter Martin Bormann versetzt, 1940 Reichsamtsleiter der NSDAP, 1941 bis 1943 in verschiedenen Stäben der Waffen-SS, 1943 Oberbereichsleiter der NSDAP, SS-Obersturmbannführer, im September 1944 SS-Standartenführer, bis 29. 4. 1945 im Bunker, brachte eine Abschrift von Hitlers Testament nach Bayern.

Zeitzler, Kurt (* 9. 6. 1895 Coßmar, Kreis Luckau, † 25. 9. 1963 Hohenaschau [Oberbayern]): 1914 Fahnenjunker, Kriegsdienst als Kompanieführer in einem Pionierbataillon, Leutnant, ab 1917 Regimentsadjutant, 1918 Oberleutnant, 1919/20 Freikorps Torgau, in die Reichswehr übernommen, verschiedene Stabs- und Truppenverwendungen, u. a. Erster Adjutant im Infanterieregiment 18, ab 1926 in verschiedenen Divisionsstäben, 1928 Hauptmann, 1932 Kompaniechef in einem Infanterieregiment, ab 1934 im Reichswehrministerium (Ministeramt), Major, 1937 Oberstleutnant, ab 1938 im Oberkommando der Wehrmacht, 1939 Oberst und Kommandeur des Infanterieregiments 60, ab August 1939 Chef des Generalstabs des XXII. Armeekorps, ab 1940 Chef des Generalstabs der Panzergruppe I, ab 1941 des Generalstabs der 1. Panzerarmee, Generalmajor, ab April 1942 Chef des Generalstabs beim Oberbefehlshaber West (Heeresgruppe D), ab 24.9.1942 General der Infanterie und Generalstabschef des Heeres, Januar 1944 Generaloberst, im Juli 1944 nach Zusammenbruch beurlaubt, am 18.8.1944 in die Führerreserve versetzt, im Januar 1945 verabschiedet, 1945 durch britisches Militär verhaftet, nach der Entlassung publizistisch tätig.

Leser wiesen uns auf das Schicksal der beiden Pfarrer hin, die Göring in einem Lokal nicht gegrüßt hatten (vgl. S. 122f.). Sie wurden tatsächlich verhaftet und starben im Konzentrationslager.

Schulz, Johannes (* 3.4.1884 Luisenthal, † 19.8.1942 Dachau): Reifeprüfung, Priesterseminar Trier, geweiht 1911; Kaplan, Divisionspfarrer, 1919 Pfarrer in Derlen (Saarland), 1935 nach Konflikten mit Nationalsozialisten nach Nickenich am Laacher See versetzt; Ende Mai 1940 auf Veranlassung Görings verhaftet und ins KZ Buchenwald verbracht, später nach Sachsenhausen bzw. Dachau verlegt. Nach Zeugenaussagen dort verhungert.

Zillicken, Josef (* 17.9.1872 Mayen, † 3.10.1942 Dachau): Reifeprüfung, Priesterseminar Trier, geweiht 1898, Pfarrer im Saarland, 1938 nach Wassenach versetzt; Ende Mai 1940 auf Veranlassung Görings verhaftet und ins KZ Buchenwald, später nach Sachsenhausen bzw. Dachau verbracht. Nach Zeugenaussagen dort unter ungeklärten Umständen gestorben.

Quellen- und Literaturverzeichnis (Auswahl)

I. Archivalien

1. Russisches Staatsarchiv für Zeitgeschichte (RGANI):
5/30/462a

2. Auskunft aus Archiv des Präsidenten der Russischen Föderation
(AP RF):
3/58/530
3/58/531
3/58/532

3. Russisches Staatliches Militärarchiv (RGWA):
460/1871 (Haftakte Linge)
460/1878 (Haftakte Günsche)

4. Staatsarchiv der Russischen
Föderation (GARF):
9401/2/96
9401/2/97
9401/2/199
9401/2/236
9401/2/550
9401/2/551
9401/2/552
9401/2/553
9401/2/554
9401/2/555

5. Institut für Zeitgeschichte,
Archiv:
Fa 74 Günsche, Otto, Akz. 2108/57
Fa 74 Linge, Heinz, Akz 2108/57
F 135/1, Akz 6714/83

II. Memoiren, Zeitzeugen-
berichte, publizierte Quellen

*Akten zur deutschen auswärtigen Politik
(ADAP) 1918–1945. Aus dem Archiv
des Deutschen Auswärtigen Amtes.*
Serie C: 1933–1937, 6 Bde., Göttingen 1971–1975; Serie D:
1937–1941, 13 Bde., Baden-Baden
1950–1970; Serie E: 1941–1945,
8. Bde., Göttingen 1967–1979.

*Archiv nowejschej istorii Rossii. Tom I.,
»Osobaja papka«, I. W. Stalina, Is
materialow Sekretariata NKWD-
MWD SSSR 1944–1953 gg. Katalog
dokumentow,* Moskau 1994 ff.

Axmann, Artur: »*Das kann doch nicht
das Ende sein«. Hitlers letzter
Reichsjugendführer erinnert sich,*
Koblenz 1995.

Baur, Hans: *Ich flog die Mächtigen
der Welt,* Kempten 1956.

Below, Nicolaus von: *Als Hitlers
Adjutant 1937–1945,* Selent 1999.

Bernecker, Walther L. (Hg.): *Der
spanische Bürgerkrieg. Materialien, Quellen,* Frankfurt / Main
1986.

Boehm-Tettelbach, Karl: *Als Flieger in
der Hexenküche,* Mainz 1981.

Boldt, Gerhard: *Die letzten Tage der
Reichskanzlei,* bearbeitet v. Ernst
A. Hepp, Hamburg, Stuttgart
1947.

Bor, Peter: *Gespräche mit Halder*, Wiesbaden 1950.

Bundesministerium der Verteidigung (Hg.): *Adolf Heusinger. Ein deutscher Soldat im 20. Jahrhundert*, o. O., 1987.

Devrient, Paul: *Mein Schüler Adolf Hitler. Das Tagebuch seines Lehrers*, hrsg. v. Werner Maser, München 2003.

Domarus, Max: *Hitler. Reden 1932 bis 1945*. Kommentiert v. einem deutschen Zeitgenossen, 2 Bde., Wiesbaden 1973.

Fall 7: Das Urteil im Geiselmordprozess, gefällt am 19. 2. 1948 vom Militärgerichtshof V der Vereinigten Staaten von Amerika, Berlin (Ost) 1965.

Fall 12: Das Urteil gegen das Oberkommando der Wehrmacht, gefällt am 28. 10. 1948 in Nürnberg vom Militärgerichtshof V der Vereinigten Staaten von Amerika, Berlin (Ost) 1960.

François-Poncet, André: *Als Botschafter in Berlin 1931–1938*, Mainz 1949.

Giesler, Hermann: *Ein anderer Hitler. Bericht seines Architekten*, Leoni 1978.

Hedin, Sven: *Ohne Auftrag in Berlin. Begegnungen mit Mächtigen des Dritten Reiches*, Kiel 2000.

Heiber, Helmut (Hg.): *Hitlers Lagebesprechungen. Die Protokollfragmente seiner militärischen Konferenzen 1942–1945*, Stuttgart 1962.

Heiber, Helmut (Hg.): *Goebbels-Reden, 1939–1945*, 2 Bde., Bindlach 1991.

Hess, Ilse: *Ein Schicksal in Briefen. England–Nürnberg–Spandau. Gefangener des Friedens, Antwort aus Zelle Sieben*, Leoni 1971.

Hillgruber, Andreas (Hg.): *Staatsmänner und Diplomaten bei Hitler. 1. Teil: Vertrauliche Aufzeichnungen über Unterredungen mit Vertretern des Auslandes 1939–1941*, Frankfurt / Main 1967.

Hillgruber, Andreas (Hg.): *Staatsmänner und Diplomaten bei Hitler. 2. Teil: Vertrauliche Aufzeichnungen über Unterredungen mit Vertretern des Auslandes 1942–1944*, Frankfurt / Main 1970.

Hitler, Adolf: *Mein Kampf*, München 1940.

Hofer, Walther (Hg.): *Der Nationalsozialismus. Dokumente 1933–1945*, Frankfurt / Main 1957.

Hossbach, Friedrich: *Zwischen Wehrmacht und Hitler 1934–1938*, Wolfenbüttel, Hannover 1949.

Hubatsch, Walther: *Hitlers Weisungen für die Kriegsführung 1939–1945. Dokumente des Oberkommandos der Wehrmacht*, Bonn 1983.

Huber, Heinz / Artur Müller (Hg.): *Das Dritte Reich. Seine Geschichte in Texten, Bildern und Dokumenten*, 2 Bde., München 1964.

Joachimsthaler, Anton (Hg.): *Christa Schroeder. Er war mein Chef. Aus dem Nachlaß der Sekretärin von Adolf Hitler*, München, Wien 1985.

Jochmann, Werner (Hg.): *Adolf Hitler. Monologe im Führerhauptquartier 1941–1944*, München 2000.

Junge, Traudl mit Melissa Müller: *Bis zur letzten Stunde. Hitlers Sekretärin erzählt ihr Leben*, München 2003.

Keitel, Wilhelm: *Mein Leben. Pflichterfüllung bis zum Untergang*, hrsg. v. Werner Maser, Berlin 1998.

Kotze, Hildegard von (Hg.): *Heeresadjutant bei Hitler 1938–1943. Aufzeichnungen des Majors Engel*, Stuttgart 1974.

Kuch, Kurt: *Bei Hitlers. Zimmermädchen Annas Erinnerungen*, St. Andrä-Wördern 2003.

Lehmann, Armin D.: *Der letzte Befehl. Als Hitlers Botenjunge im Führerbunker*, Bergisch Gladbach 2003.

Linge, Heinz: *Bis zum Ende. Als Chef des Persönlichen Dienstes bei Hitler*, hrsg. v. Werner Maser, München 1980.

Lubjanka. Stalin i glavnoe upravlenie gosbesopasnosti NKWD, Archiv Stalina. Dokumenty wyschich organow partijnoj i godudarstwennoj wlasti, 1937–1938, Moskau 2004.

Malvezzi, Piero / Giovanni Pirelli (Hg.): *Letzte Briefe zum Tode Verurteilter aus dem europäischen Widerstand*, München 1962.

Manstein, Erich von: *Verlorene Siege*, Bonn 1955

Manstein, Rüdiger / Theodor Fuchs (Hg.): *Erich von Manstein. Soldat im 20. Jahrhundert*, Koblenz 1983.

Meissner, Otto: *Staatssekretär unter Ebert, Hindenburg, Hitler*, Hamburg 1950.

Noël, Léon: *Der deutsche Angriff auf Polen*, Paris 1948.

Picker, Henry: *Hitlers Tischgespräche im Führerhauptquartier*, Berlin 1993.

Rückerl, Adalbert (Hg.): *NS-Vernichtungslager im Spiegel deutscher Strafprozesse*, München 1977.

Ruhm von Oppen, Beate (Hg.): *Helmuth J. von Moltke. Briefe an Freya*, München 1995.

Schacht, Hjalmar: *76 Jahre meines Lebens*, Bad Wörishofen 1953.

Schenck, Ernst Günther: *Das Notlazarett unter der Reichskanzlei. Ein Arzt erlebt Hitlers Ende in Berlin*, Wiesbaden 2000.

Schirach, Henriette von: *Frauen um Hitler*, Berlin, München 1983.

Schirach, Henriette von: *Der Preis der Herrlichkeit*, München 2003.

Schmidt, Paul: *Statist auf Diplomatischer Bühne 1923–1945*, Bonn 1949.

Schramm, Percy Ernst (Hg.): *Kriegstagebuch des Oberkommandos der Wehrmacht (Wehrmachtführungsstab) 1940–1945*, Studienausgabe in 8 Bde., Bonn o.J. (Erstausgabe 1961–1965).

Schukow, Georgi K.: *Erinnerungen und Gedanken*, Stuttgart 1969.

Schulz, Alfons: *Drei Jahre in der Nachrichtenzentrale des Führerhauptquartiers*, Stein am Rhein 1996.

Skorzeny, Otto: *Meine Kommandounternehmen*, München 1981.

Smersch. Istoritscheskie otscherki i archiwnye dokumenty, Moskau 2003.

Speer, Albert: *Erinnerungen*, Berlin 1969.

Speer, Albert: *Spandauer Tagebücher*, Frankfurt / Main, Berlin, Wien 1975.

Speer, Albert: *Der Sklavenstaat. Meine Auseinandersetzungen mit der SS*, Stuttgart 1981.

Staff, Ilse (Hg): *Justiz im Dritten Reich. Eine Dokumentation*, Frankfurt / Main, Hamburg 1964.

Stalin, Josef W.: *Werke*, Berlin 1950 ff.

Udet, Ernst: *Mein Fliegerleben*, Berlin 1935.

Unknown Pages of the History of World War II: Hitler. Documents from KGB secret archives, Moskau 1995 (CD-ROM).

Wagner, Friedelind: *Nacht über Bayreuth. Die Geschichte der Enkelin Richard Wagners*. Mit einem Nachwort v. Eva Weissweiler, München 2002.

Die Wehrmachtsberichte 1939–1945. 3 Bde., Köln 1989.

Weißenstein, Helmut: *Über Steigerung körperlicher Leistungsfähigkeit durch Pervitin*, Berlin 1941.

Welles, Sumner: *Jetzt oder nie!* Stockholm 1944.

Witte, Peter u.a.: *Der Dienstkalender Heinrich Himmlers 1941/42*, Hamburg 1999.

III. Nachschlagewerke

Auswärtiges Amt, Historischer Dienst (Hg.): *Biographisches Handbuch des deutschen Auswärtigen Dienstes 1871–1945*, München, Wien, Zürich 2000.

Bathe, Horst / Johann Heinrich Kumpf (Bearb.): *Die Mittelbehörden der Reichsfinanzverwaltung und ihre Präsidenten 1919–1945*, Brühl 1999.

Benz, Wolfgang / Walter H. Pehle: *Lexikon des deutschen Widerstandes*, Frankfurt / Main 1994.

Benz, Wolfgang / Herbert Graml / Hermann Weiß (Hg.): *Enzyklopädie des Nationalsozialismus*, München 2001.

Benz, Wolfgang: *Legenden, Lügen, Vorurteile. Ein Wörterbuch zur Zeitgeschichte*, München 2002.

Benz, Wolfgang: *Lexikon des Holocaust*, München 2002.

Bishop, Chris (Hg.): *Waffen des Zweiten Weltkrieges. Handfeuerwaffen, Flugzeuge, Artillerie, Kriegsschiffe, U-Boote*, Augsburg 2000.

Broszat, Martin / Norbert Frei: *Das Dritte Reich im Überblick. Chronik, Ereignisse, Zusammenhänge*, München, Zürich 1999.

Degener, Herrmann A. L. (Hg.): *Wer ist's?* 10. Ausgabe, Berlin 1935.

Diroll, Bernd: *Personen-Lexikon der NSDAP.* Bd. 1: *SS-Führer A–B*, Norderstedt 1980.

Hahn, Fritz: *Waffen und Geheimwaffen des deutschen Heeres 1933–1945*, 2 Bde., Bonn 1998.

Heinsohn, Gunnar: *Lexikon der Völkermorde*, Reinbek b. Hamburg 1998.

Hildebrand, Hans H. / Ernest Henriot: *Deutschlands Admirale 1849–1945. Die militärischen Werdegänge der See-, Ingenieur-, Sanitäts-, Waffen- und Verwaltungsoffiziere im Admiralsrang*, Osnabrück 1988.

Hildebrand, Karl-Friedrich: *Die Generale der deutschen Luftwaffe 1935–1945. Die militärischen Werdegänge der Flieger-, Flakartillerie, Fallschirmjäger-, Luftnachrichten- und Ingenieur-Offiziere einschließlich der Ärzte, Richter, Intendanten und Ministerialbeamten im Generalsrang*, 3 Bde., Osnabrück 1990.

Hildebrand, Karl-Friedrich / Dermot Bradley / Markus Rövekamp: *Die Generale des Heeres 1921–1945. Die militärischen Werdegänge der Generale, sowie Ärzte, Veterinäre, Intendanten, Richter und Ministerialbeamten im Generalsrang*, 5 Bde., Osnabrück 1993.

Höffkes, Karl: *Hitlers politische Generale. Die Gauleiter des Dritten Reiches*, Tübingen 1997.

Kammer, Hilde / Bartsch Elisabeth: *Lexikon Nationalsozialismus. Begriffe, Organisationen und Institutionen*, Reinbek b. Hamburg 2002.

Keilig, Wolf: *Die Generale des Heeres und die Sanitätsoffiziere im Generalsrang. Alphabetisches Verzeichnis, Daten, Laufbahn, Dienststellungen, Auszeichnungen*, Friedberg 1983.

Lilla, Joachim: *Statisten in Uniform. Die Mitglieder des Reichstages 1933–1945, ein biographisches Handbuch*, Düsseldorf 2004.

McLean, French L.: *The Camp Men: The SS Officers who ran the Nazi Concentration Camp System*, Atglen 1999.

McLean, French L.: *The Field Men: The SS Officers who led the Einsatzkommandos – the Nazi mobile killing units*, Atglen 1999.

Overesch, Manfred / Friedrich-Wilhelm Saal: *Chronik deutscher Zeitgeschichte. Politik, Wirtschaft, Kultur*, 3 Bde., Düsseldorf 1999.

Preradovich, Nikolaus von: *Die Generale der Waffen-SS*, Berg am See 1985.

Roewer, Helmut / Stefan Schäfer / Matthias Uhl: *Lexikon der Geheimdienste im 20. Jahrhundert*, München 2003.

Schulz, Andreas / Günter Wegmann: *Die Generale der Waffen-SS und der*

Polizei. Die militärischen Werdegänge der Generale, sowie der Ärzte,
Veterinäre, Intendanten, Richter
und Ministerialbeamten im Generalsrang, Bd. 1, Bissendorf 2003.

Seidler, Franz W.: Die Kollaboration
1939–1945, München, Berlin
1995 ff.

Steinbach, Peter / Johannes Tuchel
(Hg.): Widerstand gegen den
Nationalsozialismus, Bonn 1994.

Stockhorst, Erich: 5000 Köpfe. Wer
war wer im Dritten Reich, Kiel
1998.

Thomas, Franz / Günter Wegmann:
Die Ritterkreuzträger der
Deutschen Wehrmacht, 2 Bde.,
Osnabrück 1993.

Thomas, Franz: Die Eichenlaubträger
1940–1945, 2 Bde., Osnabrück
1997.

Vierhaus, Rudolf / Ludolf Herbst
(Hg.): Biographisches Handbuch
der Mitglieder des Deutschen
Bundestages 1949–2002, 3 Bde.,
München 2002.

Weiß, Hermann (Hg.): Biographisches
Lexikon zum Dritten Reich, Frankfurt / Main 1998.

Wer leitet? Die Männer der Wirtschaft
und der einschlägigen Verwaltung
einschließlich Adreßbuch der Direk-
toren und Aufsichtsräte 1941/42,
Berlin 1942.

Wistrich, Robert: Wer war wer im
Dritten Reich? Ein biographisches
Lexikon, Frankfurt / Main 1989.

Wörterbuch zur Deutschen Militärge-
schichte, 2 Bde., Berlin (Ost) 1985.

Zentner, Christian / Friedemann Be-
dürftig (Hg.): Das große Lexikon
des Zweiten Weltkrieges, München
1988.

Zentner, Christian (Hg.): Der Zweite
Weltkrieg. Ein Lexikon, Wien 2003.

IV. Darstellungen

Absolon, Rudolf: Die Wehrmacht
im Dritten Reich, 5 Bde., Boppard
am Rhein 1975.

Agonija i smert' Adol'fa Gitlera,
Moskau 2000.

Arendt, Hannah: Elemente und Ursprünge totaler Herrschaft. Antisemitismus, Imperialismus, Totalitarismus, München, Zürich 2000.

Aust, Stefan / Stephan Burgdorff
(Hg.): Die Flucht. Über die Vertrei-
bung der Deutschen aus dem Osten,
Stuttgart, München 2002.

Backes, Uwe u. a.: Reichstagsbrand.
Aufklärung einer historischen
Legende, München 1986.

Bahar, Alexander / Wilfried Kugel:
Der Reichstagsbrand. Wie Geschichte gemacht wird, Berlin 2001.

Barkai, Avraham: Das Wirtschafts-
system des Nationalsozialismus,
Frankfurt / Main 1998.

Bartov, Omer: Hitlers Wehrmacht. Soldaten, Fanatismus und die Brutalisierung des Krieges, Reinbek b.
Hamburg 1999.

Beevor, Antony: *Stalingrad*, München 2001.

Beevor, Antony: *Berlin 1945. Das Ende*, München 2002.

Benz, Wolfgang (Hg.): *Dimension des Völkermordes. Die Zahl der jüdischen Opfer des Nationalsozialismus*, München 1996.

Benz, Wolfgang (Hg.): *Die Juden in Deutschland 1933–1945. Leben unter nationalsozialistischer Herrschaft*, München 1996.

Benz, Wolfgang / Werner Bergmann (Hg.): *Vorurteil und Völkermord. Entwicklungslinien des Antisemitismus*, Bonn 1997.

Berger, Florian: *Mit Eichenlaub und Schwertern. Die höchstdekorierten Soldaten des Zweiten Weltkrieges*, Wien 1999.

Besymenski, Lew: *Der Tod des Adolf Hitler. Unbekannte Dokumente aus Moskauer Archiven*, Hamburg 1968.

Besymenski, Lew: *Die letzten Notizen von Martin Bormann. Ein Dokument und sein Verfasser*, Stuttgart 1974.

Besymenski, Lew: *Der Tod des Adolf Hitler. Der sowjetische Beitrag über das Ende des Dritten Reiches und seines Diktators*, München 1982.

Besymenski, Lew: *Stalin und Hitler. Das Pokerspiel der Diktatoren*, Berlin 2004.

Besymenskij, Lew A.: *Operazija »Mif« ili skol'ko ras choronili Gitlera*, Moskau 1995.

Beyrau, Dietrich: *Schlachtfeld der Diktatoren. Osteuropa im Schatten von Hitler und Stalin*, Göttingen 2000.

Boelcke, Willi A.: *Die deutsche Wirtschaft 1930–1945. Interna des Reichswirtschaftsministeriums*, Düsseldorf 1983.

Boelcke, Willi A.: *Die Kosten von Hitlers Krieg. Kriegsfinanzierung und finanzielles Kriegserbe in Deutschland 1933–1948*, Paderborn 1985.

Bracher, Karl Dietrich: *Die deutsche Diktatur. Entstehung, Struktur, Folgen des Nationalsozialismus*, Köln 1972.

Bracher, Karl Dietrich / Manfred Funke / Hans Adolf Jacobsen (Hg.): *Nationalsozialistische Diktatur 1933–1945. Eine Bilanz*, Bonn 1986.

Braese, Stephan (Hg.): *Rechenschaften. Juristischer und literarischer Diskurs in der Auseinandersetzung mit den NS-Massenverbrechen*, Göttingen 2004.

Bräuninger, Werner: *Hitlers Kontrahenten in der NSDAP 1921–1945*, München 2004.

Buchstab, Günter / Brigitte Kaff / Hans-Otto Kleinmann: *Christliche Demokraten gegen Hitler. Aus Verfolgung und Widerstand zur Union*, Freiburg, Basel, Wien 2004.

Bullock, Alan: *Hitler und Stalin. Parallele Leben*, Berlin 1991.

Burleigh, Michael: *Die Zeit des Nationalsozialismus. Eine Gesamtdarstellung*, Frankfurt / Main 2000.

Chaussy, Ulrich / Christoph Püschner: *Nachbar Hitler. Führerkult und Heimatzerstörung am Obersalzberg*, Berlin 2004.

Collier, Richard: *Mussolini. Aufstieg und Fall des Duce*, München 1995.

Cornwell, John: *Forschen für den Führer. Deutsche Naturwissenschaftler und der Zweite Weltkrieg*, Bergisch Gladbach 2004.

Dahms, Hellmuth Günther: *Francisco Franco. Soldat und Staatschef*, Zürich, Frankfurt / Main 1972.

Deutscher, Isaac: *Stalin. Eine politische Biographie*, Berlin 1990.

Dierich, Wolfgang (Hg.): *Die Verbände der Luftwaffe 1935–1945. Gliederungen und Kurzchroniken. Eine Dokumentation*, Stuttgart 1976.

Döscher, Hans-Jürgen: *SS und Auswärtiges Amt im Dritten Reich. Diplomatie im Schatten der »Endlösung«*, Frankfurt / Main, Berlin 1991.

Durth, Werner: *Deutsche Architekten. Biographische Verflechtungen 1900 bis 1970*, München 1992.

Ebbinghaus, Angelika / Klaus Dörner (Hg.): *Vernichten und Heilen. Der Nürnberger Ärzte-Prozess und seine Folgen*, Berlin 2001.

Engelmann, Joachim: *Die 18. Infanterie und Panzergrenadier-Division 1934–1945*, Eggolsheim o. J.

Falter, Jürgen W.: *Hitlers Wähler*, München 1991.

Fest, Joachim / Bernd Eichinger: *Der Untergang. Das Filmbuch*, Berlin 2004.

Foltmann, Josef / Hanns Möller: *Opfergang der Generale*, Berlin (West) 1952.

Frank, Bernhard: *Geheime Regierungsstadt Hitlers*, Obersalzberg, Berchtesgaden 2004.

Friedländer, Saul: *Das Dritte Reich und die Juden. Die Jahre der Verfolgung 1933–1939*, München 2000.

Frieser, Karl-Heinz: *Blitzkrieg-Legende. Der Westfeldzug 1940*, München 1995.

Führerhauptquartier Wolfschanze 1940 bis 1945. Zeitgeschichte in Farbe, Kiel 2001.

Furet, François: *Das Ende der Illusion. Der Kommunismus im 20. Jahrhundert*, München 1996.

Gall, Lothar (Hg.): *Krupp im 20. Jahrhundert*, Berlin 2002.

Glantz, David M. / Jonathan M. House: *When Titans Clashed: How the Red Army stopped Hitler*, Kansas 1995.

Gorodetsky, Gabriel: *Die große Täuschung. Hitler, Stalin und das Unternehmen »Barbarossa«*, Berlin 2001.

Groehler, Olaf: *Die Neue Reichskanzlei. Das Ende*, Berlin 1995.

Günther, Sonja: *Design der Macht. Möbel für Repräsentanten des »Dritten Reiches«*, Wiesbaden o. J.

Haffner, Sebastian, *Anmerkungen zu Hitler*, München 1975.

Hamann, Brigitte: *Winifred Wagner oder Hitlers Bayreuth*, München, Zürich 2003

Hass, Gerhart (Leiter des Autorenkollektivs): *Deutschland im Zweiten Weltkrieg*, Berlin (Ost) 1974.

Heer, Hannes / Klaus Naumann (Hg.): *Vernichtungskrieg. Verbrechen der Wehrmacht 1941–1944*, Hamburg 1995.

Henke, Klaus-Dietmar / Hans Woller: *Politische Säuberung in Europa. Die Abrechnung mit Faschismus und Kollaboration nach dem Zweiten Weltkrieg*, München 1991.

Hilberg, Raul: *Die Quellen des Holocaust. Entschlüsseln und Interpretieren*, Frankfurt / Main 2002.

Hildebrand, Klaus: *Das vergangene Reich. Deutsche Außenpolitik von Bismarck bis Hitler*, Stuttgart 1995.

Hildermeier, Manfred: *Geschichte der Sowjetunion 1917–1991. Entstehung und Niedergang des ersten sozialistischen Staates*, München 1998.

Hillgruber, Andreas: *Hitlers Strategie. Politik und Kriegführung 1940 bis 1941*, München 1982.

Hitlers Neue Reichskanzlei. »Haus des Großdeutschen Reiches« 1938–1945, Kiel 2002.

Hobsbawm, Eric: *Das Zeitalter der Extreme. Weltgeschichte des 20. Jahrhunderts*, München 1998.

Hoffmann, Joachim: *Stalins Vernichtungskrieg 1941–1945. Planung, Ausführung, Dokumentation*, München 1999.

Hoffmann Peter: *Widerstand, Staatsstreich, Attentat. Der Kampf der Opposition gegen Hitler*, München 1969.

Hoffmann, Peter: *Die Sicherheit des Diktators*, München, Zürich 1975.

Höhne, Heinz: *Der Orden unter dem Totenkopf. Die Geschichte der SS*, Bindlach 1990.

Höhne, Heinz: *»Gebt mir vier Jahre Zeit«. Hitler und die Anfänge des Dritten Reiches*, Berlin 1999.

Horstmann, Bernhard: *Hitler in Pasewalk. Die Hypnose und ihre Folgen*, Düsseldorf 2004.

Institut für Zeitgeschichte (Hg.): *Dokumentation Obersalzberg. Die tödliche Utopie. Bilder, Texte, Daten zum Dritten Reich*, München, Berlin 2000.

Irving, David: *Goebbels. Macht und Magie*, Kiel 1997.

Jeckel, Hartmut: *Menschen in Berlin. Das letzte Telefonbuch der alten Reichshauptstadt*, München 2000.

Jesse, Eckard (Hg.): *Totalitarismus im 20. Jahrhundert. Eine Bilanz der internationalen Forschung*, Bonn 1996.

Joachimsthaler, Anton: *Hitlers Weg begann in München 1913–1923*, München 2000.

Joachimsthaler, Anton: *Hitlers Liste. Ein Dokument persönlicher Beziehungen*, München 2003.

Joachimsthaler, Anton: *Hitlers Ende. Legenden und Dokumente*, München 2004.

Karlsch, Rainer / Raymond G. Stokes: »Faktor Öl«. Die Mineralölwirtschaft in Deutschland 1859–1974, München 2003.

Karlsch, Rainer: Hitlers Bombe. Die geheimen deutschen Kernwaffenversuche, München 2005.

Keegan, John: Der Zweite Weltkrieg, Berlin 2004.

Kershaw, Ian: Hitlers Macht, München 2000.

Kershaw, Ian: Hitler, 3 Bde., München 2002.

Klass, Gert von: Die drei Ringe. Lebensgeschichte eines Industrieunternehmens, Tübingen, Stuttgart 1953.

Klee, Ernst: Was sie taten, was sie wurden. Ärzte, Juristen und andere Beteiligte am Kranken- oder Judenmord, Frankfurt / Main 1992.

Klee, Ernst: Auschwitz. Die NS-Medizin und ihre Opfer, Frankfurt / Main 1997.

Knyschewskij, Pawel Nikolaewitsch: Moskaus Beute. Wie Vermögen, Kulturgüter und Intelligenz nach 1945 aus Deutschland geraubt wurden, München 1995.

Kogon, Eugen / Hermann Langbein / Adalbert Rückerl u. a. (Hg.): Nationalsozialistische Massentötungen durch Giftgas, Frankfurt / Main 2003.

Kolpakidin, Alexander I. / Dimitrij P. Prochorow: Wneschnaja raswedka Rossii, St. Petersburg, Moskau 2001.

Kopperschmidt, Josef / Johannes G. Pankau (Hg.): Hitler der Redner, München 2003.

Koslow, Wladimir A.: »Gde Gitler?« Powtornoe rassledowanie NKWD-MWD SSSR obstojatel'stwistschesnowenija Adol'fa Gitlera 1945–1949, Moskau 2003.

Kurowski, Franz: Hitlers letzte Bastionen. Endkampf um das Reich 1944–1945, Utting, o. J.

Ladwig-Winters, Simone: Wertheim. Ein Warenhausunternehmen und seine Eigentümer, Ein Beispiel der Entwicklung der Berliner Warenhäuser bis zur Arisierung, Münster 1997.

Landdorf, Werner: Die großen Militärparaden des Dritten Reiches. Zeitgeschichte in Bildern, Kiel 2002.

Lang, Jochen von / Claus Sibyll: Der Sekretär. Martin Bormann – Der Mann, der Hitler beherrschte, München 1987.

Lehmann, Rudolf: Die Leibstandarte, 4 Bde., Osnabrück 1977.

Liddell Hart, Basil H.: Jetzt dürfen sie reden, Zürich 1948.

Liddel Hart, Basil H.: Geschichte des Zweiten Weltkrieges, Düsseldorf, Wien 1985.

Lobsien, Richard: Legion Condor. Sie flogen jenseits der Grenze, Kiel 2003.

Longerich, Peter: Die braunen Bataillone. Geschichte der SA, Augsburg 1999.

Lusar, Rudolf: Die deutschen Waffen und Geheimwaffen des 2. Weltkrieges und ihre Weiterentwicklung, München 1958.

Lustiger, Arno: *Rotbuch. Stalin und die Juden, Die tragische Geschichte des Jüdischen Antifaschistischen Komitees und der sowjetischen Juden*, Berlin 1998.

Machtan, Lothar: *Hitlers Geheimnis. Das Doppelleben des Diktators*, Frankfurt / Main 2003.

Macksey, Kenneth: *Guderian, der Panzergeneral*, Düsseldorf, Wien 1975.

Magenheimer, Heinz: *Die Militärstrategie Deutschlands 1940–1945. Führungsentschlüsse, Hintergründe, Alternativen*, München 1997.

Maier, Helmut: *Rüstungsforschung im Nationalsozialismus. Organisation, Mobilisierung und Entgrenzung der Technikwissenschaften*, Göttingen 2002.

Mammach, Klaus: *Der Volkssturm. Bestandteil des totalen Kriegseinsatzes der deutschen Bevölkerung 1944/45*, Berlin (Ost) 1981.

Martin, Bernd / Stanislawa Lewandowska (Hg.): *Der Warschauer Aufstand*, Warschau 1999.

Martin, Bernd: *Deutschland und Japan im Zweiten Weltkrieg 1940–1945. Vom Angriff auf Pearl Harbor bis zur deutschen Kapitulation*, Hamburg 2001.

Maser, Werner: *Nürnberg. Tribunal der Sieger*, Düsseldorf 1977.

Maser, Werner: *Adolf Hitler. Das Ende der Führerlegende*, Düsseldorf, Wien 1980.

Maser, Werner: *Hindenburg*, Rastatt 1990.

Maser, Werner: *Adolf Hitler. Legende, Mythos, Wirklichkeit*, München, Esslingen 1993.

Maser, Werner: *Der Wortbruch. Hitler, Stalin und der Zweite Weltkrieg*, München 1994.

Maser, Werner: *Hermann Göring. Hitlers janusköpfiger Paladin, eine politische Biographie*, Berlin 2000.

Maser, Werner: *Fälschung, Dichtung und Wahrheit über Hitler und Stalin*, München 2004.

Medwedew, Roy: *Das Urteil der Geschichte. Stalin und der Stalinismus*, Berlin 1992.

Michalka, Wolfgang (Hg.): *Der Zweite Weltkrieg. Analysen und Grundzüge. Forschungsbilanz*, München 1989.

Middeldorf, Eike: *Taktik im Rußlandfeldzug. Erfahrungen und Folgerungen*, Frankfurt / Main 1956.

Militärgeschichtliches Forschungsamt (Hg.): *Das Deutsche Reich und der Zweite Weltkrieg*, 9 Bde., Stuttgart 1978–2004.

Möller, Horst: *Weimar. Die unvollendete Demokratie*, München 1997.

Mommsen, Hans: *Von Weimar nach Auschwitz. Zur Geschichte Deutschlands in der Weltkriegsepoche*, Stuttgart 1999.

Mommsen, Hans: *Alternative zu Hitler. Studien zur Geschichte des deutschen Widerstandes*, München 2000.

Morzik, Fritz / Gerhard Hümmelchen: *Die deutschen Transportflie-

ger im Zweiten Weltkrieg, Frankfurt / Main 1966.

Müller, Christian: *Stauffenberg*,
Düsseldorf 2003.

Müller, Rolf-Dieter: *Das Tor zur
Weltmacht. Die Bedeutung der
Sowjetunion für die deutsche Wirt-
schafts- und Rüstungspolitik
zwischen den Weltkriegen*, Boppard am Rhein 1984.

Müller, Rolf-Dieter / Gerd Ueberschär: *Kriegsende 1945. Die Zerstörung des Deutschen Reiches*, Frankfurt / Main 1994.

Müller, Rolf-Dieter / Hans-Erich
Volkmann (Hg.): *Die Wehrmacht.
Mythos und Realität*, München
1999.

Museum für Verkehr und Technik
(Hg.): *Ich diente nur der Technik.
Sieben Karrieren zwischen 1940
und 1950*, Berlin 1995.

Musial, Bogdan: *»Konterrevolutionäre
Elemente sind zu erschießen«. Die
Brutalisierung des deutsch-sowje-
tischen Krieges im Sommer 1941*,
Berlin 2001.

Naasner, Walter: *Neue Machtzentren in der deutschen Kriegswirtschaft 1942–1945. Die Wirtschaftsorganisation der SS, das Amt des
Generalbevollmächtigten für den
Arbeitseinsatz und das Reichsministerium für Bewaffnung und
Produktion/Reichsministerium
für Rüstung und Kriegsproduktion
im nationalsozialistischen Herrschaftssystem*, Boppard am Rhein
1994.

Neufeld, Michael J.: *Die Rakete
und das Reich. Wernher von
Braun, Peenemünde und der
Beginn des Raketenzeitalters*,
Berlin 1997.

Neulen, Hans Werner: *Europa und das
3. Reich. Einigungsbestrebungen im
deutschen Machtbereich 1939–1945*,
München 1987.

Neumayer, Anton: *Hitler. Wahnideen,
Krankheiten, Perversionen*, Wien
2001.

Novick, Peter: *Nach dem Holocaust.
Der Umgang mit dem Massenmord*,
München 2001.

Orth, Karin, *Die Konzentrations-
lager-SS*, München 2004.

O'Sullivan, Donal: *Stalins »Cordon
sanitaire«. Die sowjetische Osteuropapolitik und die Reaktionen
des Westens 1939–1949*, Paderborn u. a. 2003.

Overy, Richard: *Die Wurzeln des
Sieges. Warum die Alliierten den
Zweiten Weltkrieg gewannen*,
Reinbek b. Hamburg 2002.

Pätzold, Kurt / Manfred Weißbecker:
Geschichte der NSDAP 1920–1945,
Köln 1998.

Pätzold Kurt / Manfred Weißbecker:
*Rudolph Heß. Der Mann an Hitlers
Seite*, Leipzig 1999.

Peter, Antonio / Robert Maier (Hg.):
*Die Sowjetunion im Zeichen des
Stalinismus*, Köln 1991.

Petersen, Jens: *Hitler-Mussolini. Die
Entstehung der Achse Berlin-Rom
1933–1936*, Tübingen 1973.

Petrowa, Ada: *Sagadka smerti adol'fa gitlera*, Moskau 2004.

Petzina, Dieter: *Autarkiepolitik im Dritten Reich. Der nationalsozialistische Vierjahresplan*, Stuttgart 1968.

Piekalkiewicz, Janusz: *Stalingrad. Anatomie einer Schlacht*, München 1977.

Pietrow-Ennker, Bianca (Hg.): *Präventivkrieg? Der deutsche Angriff auf die Sowjetunion*, Frankfurt / Main 2000.

Podewin, Norbert (Hg.): *Braunbuch. Kriegs- und Naziverbrecher in der Bundesrepublik und in Berlin (West)*, Berlin 2002 (Reprint 1968).

Poliakov, Léon / Josef Wulf: *Das Dritte Reich und seine Diener. Auswärtiges Amt, Justiz, Wehrmacht*, Berlin 1956.

Pressac, Jean-Claude: *Die Krematorien von Auschwitz. Die Technik des Massenmordes*, München 1994.

Presse in Fesseln: Eine Schilderung des NS-Pressetrustes, Berlin 1947.

Rauscher, Walter: *Hitler und Mussolini. Macht, Krieg und Terror*, Graz, Wien, Köln 2001.

Rayfield, Donald: *Stalin und seine Henker*, München 2004.

Remy, Maurice Philip: *Mythos Rommel*, Berlin 2002.

Reschin, Leonid: *Feldmarschall Friedrich Paulus im Kreuzverhör 1943–1953*, Augsburg 2000.

Rhodes, Richard: *Die deutschen Mörder. Die SS-Einsatzgruppen und der Holocaust*, Bergisch Gladbach 2004.

Ritter, Gerhard: *Carl Goerdeler und die deutsche Widerstandsbewegung*, Stuttgart 1954.

Roewer, Helmut: *Skrupellos. Die Machenschaften der Geheimdienste in Russland und Deutschland 1914 bis 1941*, Leipzig 2004.

Rossija i SSSR w wojnach XX weka. Statistitscheskoe issledowanie, Moskau 2001.

Rshewskaja, E. M.: *Berlin, maj 1945*, Moskau 1967.

Ryan, Cornelius: *The last Battle*, New York 1965.

Sabrow, Martin / Ralph Jessen / Klaus Große Kracht (Hg.): *Zeitgeschichte als Streitgeschichte. Große Kontroversen nach 1945*, München 2003.

Scheel, Klaus (Hg.): *Die Befreiung Berlins 1945*, Berlin 1985.

Schenck, Ernst Günther: *Patient Hitler. Eine medizinische Biographie*, Augsburg 2000.

Schmidt, Rainer F.: *Rudolf Heß. »Botengang eines Toren?« Der Flug nach Großbritannien vom 10. Mai 1941*, München 2000.

Schulze, Dietmar: *»Euthanasie« in Bernburg. Die Landes-Heil- und Pflegeanstalt Bernburg/Anhaltische Nervenklinik in der Zeit des Nationalsozialismus*, Essen 1999.

Schwarz, Hans-Peter: *Das Gesicht des Jahrhunderts. Monster, Retter und Mediokritäten*, Berlin 1998.

Schwengler, Walter: *Völkerrecht, Versailler Vertrag und Auslieferungsfrage. Die Strafverfolgung wegen*

Kriegsverbrechen als Problem des Friedensschlusses 1919/20, Stuttgart 1982.

Seidler, Franz W.: *Verbrechen an der Wehrmacht. Kriegsgreuel der Roten Armee 1941/42*, Selent 1998.

Seidler, Franz W.: *»Deutscher Volkssturm«. Das letzte Aufgebot 1944/45*, Augsburg 1999.

Seidler, Franz W. / Dieter Zeigert: *Die Führerhauptquartiere. Anlagen und Planungen im Zweiten Weltkrieg*, München 2000.

Seidler, Franz W.: *Avantgarde für Europa. Ausländische Freiwillige in Wehrmacht und Waffen-SS*, Selent 2004.

Siegmund, Anna Maria: *Die Frauen der Nazis*, 3 Bde., Wien 1998–2002.

Smelser, Ronald: *Robert Ley. Hitlers Mann an der »Arbeitsfront«*, Paderborn 1989.

Smelser, Ronald / Enrico Syring (Hg.): *Die Militärelite des Dritten Reiches. 27 biographische Skizzen*, Frankfurt / Main 1995.

Smelser, Ronald / Enrico Syring / Rainer Zitelmann: *Die braune Elite*, 2 Bde., Darmstadt 1999.

Steinbach, Peter / Johannes Tuchel (Hg.): *Widerstand in Deutschland 1933–1945. Ein historisches Lesebuch*, München 2000.

Stettner, Ralf: *»Archipel GULag«. Stalins Zwangslager, Terrorinstrument und Wirtschaftsgigant*, Paderborn 1996.

Suwenirow, Oleg F.: *Tragedija RKKA 1937–1938*, Moskau 1998.

Telford, Taylor: *Die Nürnberger Prozesse. Hintergründe, Analysen und Erkenntnisse aus heutiger Sicht*, München 1994.

Tessin, Georg: *Formationsgeschichte der Wehrmacht 1933–1939. Stäbe und Truppenteile des Heeres und der Luftwaffe*, Boppard am Rhein 1959.

Tissier, Tony le: *Der Kampf um Berlin 1945. Von den Seelower Höhen zur Reichskanzlei*, Berlin 1997.

Turner jr., Henry Ashby: *Die Großunternehmer und der Aufstieg Hitlers*, Berlin 1985.

Ueberschär, Gerd R. (Hg.): *Das Nationalkomitee »Freies Deutschland« und der Bund Deutscher Offiziere*, Frankfurt / Main 1996.

Ueberschär, Gerd R. (Hg.): *Hitlers militärische Elite. Vom Kriegsbeginn bis zum Weltkriegsende*, 2 Bde., Darmstadt 1998.

Ueberschär, Gerd R. (Hg.): *Der Nationalsozialismus vor Gericht. Die alliierten Prozesse gegen Kriegsverbrecher und Soldaten 1943–1952*, Frankfurt / Main 1999.

Ueberschär, Gerd R. / Winfried Vogel: *Dienen und Verdienen. Hitlers Geschenke an seine Eliten*, Frankfurt / Main 2001.

Vogel, Thomas (Hg.): *Aufstand des Gewissens. Militärischer Widerstand gegen Hitler und das NS-Regime 1933–1945*, Hamburg, Berlin, Bonn 2000.

Völklein, Ulrich (Hg.): *Hitlers Tod. Die letzten Tage im Führerbunker*, Göttingen 1998.

Wallach, Jehuda L.: *Das Dogma der Vernichtungsschlacht*, München 1970.

Walther, Herbert: *Die 1. SS-Panzer-Division Leibstandarte*, Utting o.J.

Wassiljewa, Larissa: *Die Kreml-Frauen. Erinnerungen, Dokumente, Legenden*, Zürich 1994.

Wegner, Bernd: *Hitlers politische Soldaten. Die Waffen-SS 1933–1945*, Paderborn u.a. 1996.

Weihsmann, Helmut: *Bauen unterm Hakenkreuz. Architektur des Untergangs*, Wien 1998.

Weinberg, Gerhard L.: *Eine Welt in Waffen. Die globale Geschichte des Zweiten Weltkriegs*, Stuttgart 1995.

Weißmann, Karlheinz: *Der Weg in den Abgrund. Deutschland unter Hitler 1933–1945*, München 1997.

Wette, Wolfram: *Die Wehrmacht. Feindbilder, Vernichtungskrieg, Legenden*, Frankfurt / Main 2002.

Wilderotter, Hans: *Alltag der Macht. Berlin Wilhelmstraße*, Berlin 1998.

Wilhelm, Friedrich: *Die Polizei im NS-Staat. Die Geschichte ihrer Organisation im Überblick*, Paderborn u.a. 1997.

Willing, Georg Franz: *Die Reichskanzlei 1933–1945. Rolle und Bedeutung unter der Regierung Hitler*, Tübingen, Buenos Aires, Montevideo 1984.

Wojak, Irmtrud: *Eichmanns Memoiren. Ein kritischer Essay*, Frankfurt / Main 2004.

Wolkogonow, Dimitri: *Stalin. Triumph und Tragödie*, Düsseldorf 1990.

Zdral, Wolfgang: *Der finanzierte Aufstieg des Adolf H.*, Wien 2002.

Zelnhefer, Siegfried: *Die Reichstage der NSDAP. Geschichte, Struktur und Bedeutung der größten Propagandafeste im nationalsozialistischen Feierjahr*, Nürnberg 1991.

Zitelmann, Rainer: *Hitler. Selbstverständnis eines Revolutionärs*, München 1998.

Danksagung

Allen Mitarbeitern der von uns genutzten russischen und deutschen Archive danken wir für ihr Engagement und ihre Hilfsbereitschaft. Stellvertretend für alle seien hier Natalia G. Tomilina, Direktorin des Russischen Staatsarchivs für Zeitgeschichte (RGANI), und Michail Ja. Prosumenschtschikow, Leiter der Publikationsabteilung des RGANI, sowie Berit Pistora vom Bundesarchiv in Koblenz genannt.

Unser besonderer Dank gilt Prof. Dr. Wladimir N. Chaustow, der die Authentizität des *Buches Hitler* anhand der Unterlagen des für uns nicht zugänglichen Archivs des Präsidenten der Russischen Föderation prüfte und bestätigte.

Wir danken auch Helmut Ettinger für seine gelungene Übertragung des amorphen Textes ins Deutsche, unserem Agenten Thomas Karlauf für klugen Rat und Elmar Klupsch, Rita Bollig, Christian Stüwe, Dagmar Müller stellvertretend für das engagierte Team des Gustav Lübbe Verlags.

Nicht zuletzt schulden wir den Kollegen des Instituts für Zeitgeschichte München-Berlin und der Martin-Luther-Universität Halle-Wittenberg Dank. Sie unterstützten uns in vielfältiger Hinsicht.

Diese Taschenbuchausgabe verdankt einige Ergänzungen aufmerksamen Lesern, die uns Mitteilungen zum Schicksal ihrer einstigen Vorgesetzten machten – und freundlicherweise Kopien von in Privatbesitz befindlichen Dokumenten oder auch Nachrufe zusandten. Professor Károly Balogh (Harvard) wies uns darauf hin, dass Hitler 1945 nicht wegen einer Fistel, sondern wegen Polypen auf den Stimmbändern operiert wurde. Dr. med. Hans W. Schweizer (Frankfurt am Main) korrigierte unsere Passagen zur Parkinson-Erkrankung Hitlers. Ihnen und allen anderen kritischen Lesern sei an dieser Stelle ausdrücklich noch einmal gedankt.

Bildnachweis

Nr. 1: BArch, Bild 183-R80329, o. Ang.;
Nr. 2: BArch, Bild 146-1982-044-11, o. Ang.;
Nr. 3: Heinrich Hoffmann, Bayerische
Staatsbibliothek, München; *Nr. 4:* Heinrich
Hoffmann, Bayerische Staatsbibliothek,
München; *Nr. 5:* BArch, Bild 102-14569,
o. Ang.; *Nr. 6:* BArch, Bild 102-17311,
o. Ang.; *Nr. 7:* BArch, Bild 183-2004-1202-
500, o. Ang.; *Nr. 8:* BArch, Bild 102-14886,
o. Ang.; *Nr. 9:* BArch, Bild 183-2004-
1202-503, o. Ang.; *Nr. 10:* BArch, Bild
183-2004-1202-501, o. Ang.; *Nr. 11:* BA
Berlin 146-1972-061-38; *Nr. 12:* BArch, Bild
183-2004-1202-501, Heinrich Hoffmann;
Nr. 13: kein Nachweis; *Nr. 14:* BArch, Bild
146-1974-132-10A, Heinrich Hoffmann;
Nr. 15: BArch, Bild 146-1973-034-42,
Heinrich Hoffmann; *Nr. 16:* BArch, Bild
146-1990-048-29A, Heinrich Hoffmann;
Nr. 17: BArch, Bild 183-1999-0412-502,
Heinrich Hoffmann; *Nr. 18:* Bild 146-1991-
077-31, Heinrich Hoffmann; *Nr. 19:* BArch,
Bild 146-1985-064-28A, o. Ang.; *Nr. 20:*
BArch, Bild 146-1980-101-27, o. Ang.;
Nr. 21: BArch, Bild 183-E03059, o. Ang.;
Nr. 22: Heinrich Hoffmann, Bayerische
Staatsbibliothek, München; *Nr. 23:* BArch,
Bild 146-1976-033-06, Heinrich Hoffmann;
Nr. 24: BArch, Bild 183-2004-1202-505,
o. Ang.; *Nr. 25:* BArch, Bild 146-1970-050-
07, Heinrich Hoffmann; *Nr. 26:* BArch, Bild
183-B03212, o. Ang.; *Nr. 27:* BArch, Bild
C13771, o. Ang.; *Nr. 28:* BArch, Bild 183-

2004-1202-504, o. Ang.; *Nr. 29:* BArch, Bild
183-E12329, o. Ang.; *Nr. 30:* BArch, Bild
183-E12359, o. Ang.; *Nr. 31:* BArch, Bild
146-2004-0191, o. Ang.; *Nr. 32:* BArch, Bild
101-796-0229-12A, o. Ang.; *Nr. 33:* BArch,
Bild 146-2004-0192, o. Ang.; *Nr. 34:* BArch,
Bild 146-1995-009-07, o. Ang.; *Nr. 35:*
BArch, Bild 146-1971-015-30, o. Ang.;
Nr. 36: BArch, Bild 146-1982-089-18,
o. Ang.; *Nr. 37:* BArch, Bild 101-407-0651-
09, o. Ang.; *Nr. 38:* BArch, Bild 101-209-
0086-12, o. Ang.; *Nr. 39:* BArch, Bild
146-1979-060-14, o. Ang.; *Nr. 40:* BArch,
Bild 183-B24543, o. Ang.; *Nr. 41:* BArch,
Bild 122-F51673-059, o. Ang.; *Nr. 42:* BArch,
Bild 183-J31330, o. Ang.; *Nr. 43:* BArch,
Bild 183-N0827-318, o. Ang.; *Nr. 44:* BArch,
Bild 146-1974-132-28A, o. Ang.; *Nr. 45:* kein
Nachweis; *Nr. 46:* BArch, Bild 146-1970-097-
76, Heinrich Hoffmann; *Nr. 47:* BArch, Bild
146-1969-069-29, o. Ang.; *Nr. 48:* BArch,
Bild 183-J00340, Heinrich Hoffmann; *Nr. 49:*
kein Nachweis; *Nr. 50:* BArch, Bild 146-
1987-108-10, Europapress; *Nr. 51:* BArch,
Bild 183-W0128-316, Tass; *Nr. 52:* Heinrich
Hoffmann, Bayerische Staatsbibliothek,
München; *Nr. 53:* Heinrich Hoffmann,
Bayerische Staatsbibliothek, München;
Nr. 54: BArch, Bild 183-W0129-325, o. Ang.;
Nr. 55: Aus den Haftakten Linges, Russisches
Staatliches Militärarchiv Moskau; *Nr. 56:*
Aus den Haftakten Günsches, Russisches
Staatliches Militärarchiv Moskau.

Personenregister

(*Kursive* Seitenangaben verweisen auf Einträge im Kapitel »Biographien«, S. 517–643)